법,
과학을 만나다

Law Meets Science | 김건우 편저

法 文 社

차 례

Ⅲ. 법적 규제와 과학

일러두기

본서에서 대괄호([　])는 본 편저자가 원문 속에서 추가하거나 수정한 대목임을 가리키는 부호이다.

법, 과학을 만나다

편저자 서론

김 건 우

1. '법과 과학'에 관한 몇 가지 흔한 이야기

오늘날 우리는 과학기술의 발전이 불러온 가공할 충격과 영향을 경험하고 있다. 그러한 충격은 과학기술의 발전으로 인해 우리 삶의 현실이 엄청나게 변화하고 있다는 데에서 기인한다. 그러한 변화는 우리의 일상은 물론이고 법을 비롯한 사회 제도 전반이 도저히 좇아갈 수 없을 정도로 급진적인 변화다.

이러한 현실을 배경으로, 이 책은 '**법과 과학**'[1)] 혹은 '**법과 과학의 만남**'을 테마로 다룬다. 왜 **법과 과학**인가? '법'과 '과학'은 어떻게 만나는가? 두 분야는 서로에게 무엇을 알려주고 어떠한 영향을 주며, 또한 무엇을 요구하는가? 두 분야는 서로에게 어떠한 도전과제를 던져주며, 그러한 과제에 어떻게 응답하는가? 이런 질문들이 이 책의 가장 큰 관심사다.

이 모든 질문에 대한 답을 모색하기에 앞서, '법과 과학', 혹은 '법과 과학의 만남'이라는 말이 일반적으로 어떻게 인식되는가로부터 시작해보자. 그런 말을 들을 때, 어쩌면 사람들은 다음 몇 가지 '이야기' 중에서 어느 하나부터 떠올릴지 모른다. 흔한, 널리 퍼진 이야기로서 말이다.

그중 한 가지 이야기는 **과학자의 사회적, 법적 책임**에 관한 이야기다, 혹자는 '법과 과학'이라고 할 때 이를 먼저 떠올릴 법하다. 법과 도덕(윤리)이 과학을 향해 말해주는 이야기로서 말이다. 제2차 세계대전에서 미국 원자폭탄 개발의 아버지로 불리는 물리학자 로버트 오펜하이머(Robert Oppenheimer)는 전후에 자신의 복잡한 심경을 담아 여러 인터뷰 등에서 다음과 같이 말한 바 있다.

> 과학자는 자연법칙에 대해서는 책임이 없다. 과학자의 임무는 자연법칙들이 어떻게 작용하는지를 밝혀내는 한편 이 법칙들이 인간의 의지를 어떻게 충족시킬 수 있는지를 찾는 것이다. 그러나 수소폭탄이 사용되어야 하는지 여부를 결정하는 것은 과학자의 책임이 아니다. 그 책임은 미국 국민과 그들이 선택한 대표들에게 있다. 도덕적 행동규범의 제정과 집행에 대해서는 사회 전체, 특히 법률가들에게 의

1) 이하 이 용어가 하나의 분과 명칭으로서 고유명사로 사용될 때에는 볼드체로 표시하여 구별한다.

지해야 한다.[2)]

사실 오펜하이머의 이 같은 태도는 과학자들 사이에서는 흔한 것일지 모른다. 하지만 그러한 태도는 과학을 사회와 동떨어진 사안인 것처럼 보는 시각이라는 이유로 종종 비판받기도 한다. 그리고는 과학자도 사회적, 윤리적, 법적 책임을 가져야 한다는 가르침이 거기에 더해진다. 때로는, 반전(反戰)평화주의자로 알려진 천재과학자 아인슈타인의 태도와 대비해서 말이다. 예컨대, 다음과 같은 식으로 말이다.

> 과학자는 연구와 기술 개발이 사회에 미치는 영향을 고려해야 한다. 과학적 발견과 기술은 인류의 복지와 발전에 기여할 수 있지만, 잘못 사용될 경우 심각한 윤리적 문제를 초래할 수 있다. 예를 들어, 핵 기술은 에너지 문제를 해결하는 데 도움을 줄 수 있지만, 군사적 목적으로 사용되면 대규모 파괴와 살상을 초래할 수 있다. 따라서 과학자는 연구의 목적과 결과가 사회에 미칠 긍정적·부정적 영향을 충분히 평가하고, 그것이 공공의 이익에 기여할 수 있도록 연구를 수행해야 한다.

여기에 과학자에게 명시적으로 '법적' 책임을 부과하는 내용이 이어지기도 한다. 예를 들어,

> 과학자에게는 법적 책임도 주어진다. 과학자는 연구 과정에서 법적 규정을 준수해야 하며, 연구 결과로 인해 발생하는 피해에 대해 책임을 질 수 있다. 만약 과학적 연구가 환경 오염, 생명 윤리 침해, 또는 공공 안전에 위협을 가한다면, 형사상 처벌이나 민사상 배상의 책임을 지게 될 수 있다. 또한 연구윤리를 위반하거나 허위 데이터를 조작하는 경우에도 법적 책임을 질 수 있다. 요컨대, 과학자는 자신의 연구가 사회와 법적 규범 내에서 적합하게 이루어지도록 노력해야 하며, 연구의 윤리적·법적 한계를 준수함으로써 공공의 신뢰를 유지하기 위해 노력해야 한다.

---

2) 사실 이 말을 처음으로 한 사람은 오펜하이머가 아니라 물리학자 에드워드 텔러(Edward Teller)라고 한다. 출처는 Edward Teller, "Back to the Laboratories", *The Bulletin of the Atomic Scientists*, 6 (March 1950). 원문은 다음과 같다.

The scientist is not responsible for the laws of nature, but it is a scientist's job to find out how these laws operate. It is the scientist's job to find ways in which these laws can serve the human will. However, it is not the scientist's responsibility to determine whether a hydrogen bomb should be used. That responsibility rests with the American people and their chosen representatives. It is to society as a whole and lawyers in particular that we must look for the framing and enforcing of moral codes of conduct.

이와 같은 서술은 <과학사>나 <과학기술과 사회>와 같은 제목의 대학 교양강의의 교과서나 에세이과제의 주제로 흔히 볼 법한 내용이다. 모든 현대인에게 '교양 중의 교양'임은 말할 것도 없고, 특히 과학기술 관련 종사자가 되고자 하는 학생에게 필수적 일깨움을 주는 내용으로서 말이다. 필자도 때로 이공계학생들을 상대로 한 수업에서 그 같은 내용이 이견의 여지없는 ABC인 것처럼 언급하기도 한다.

'법과 과학', 혹은 '법과 과학의 만남'에 관한 이야기는 위 '교양'과는 반대의 방향으로 제기되기도 한다. 과학이 법을 향해 말해주는, 결코 사소하지 않은 또 다른 이야기로서 말이다. 바로 **법률가와 법학자들도 마땅히 과학적 소양을 배양해야 한다**는 이야기가 그것이다. 법이 인간과 세상의 존재와 행위에 관한 규범 질서를 규율하는 것이라면, 과학기술이 크게 변화시킨 세상이 도대체 어떠한 세상인지를, 그리고 그러한 변화된 여건 속에서 사람은 어떤 존재가 되어 가고 있는지를 제대로 포착한다는 것은 법에게도 법률가에게도 필수불가결한 과제라는 것이다. 법이 인간과 세상에서 효과적으로 작동하고 신뢰성 있게 수용되기 위해서 말이다. 이 책 전반에 걸쳐 그러한 필요와 당위는 마땅한 요청으로 제시되고 있다.

위 두 이야기는 내용상 함의를 주고받는 방향 면에서 반대이지만 맥락상으로는 서로 유사하다. 우리는 흔히 문과와 이과, 인문사회계와 이공계로 선명하게 나뉜 현재의 교육 제도가 모든 사회문제의 연원인 것처럼 비난한다. 한편으로, 과학자들에게 인문사회적 소양이 부족하다고, 그래서 오늘의 물신주의적 풍토가 세상을 망치는 데에 그들이 일조하고 있다고 질타한다. 다른 한편으로, 문과와 인문사회계의 한 축을 형성하는 법률가와 법학자들에 대해서도 그들에게 현 시대를 지배하는 이공계의 과학기술과 관련한 소양이 크게 부족하다고 질타한다. 그래서 '법과 과학'이라는 표현으로부터 법률가들도 과학기술 소양을 길러야 한다는 이야기를 떠올리는 것은 전혀 놀랍지 않다.

법과 과학에 관한 또 하나의—아마도 사람들이 거론할 가능성이 더 높은—이야기는 법의 '실무적' 관심사에서 비롯한다. 이른바 **법정의 과학**이 그것이다. 예를 들어, 형사 사건에서의 거짓말탐지기나 지문 검사, DNA 검사, 마약이나 향정신성의약품에 관한 약물 검사, 혹은 사이코패쓰 심리검사 등와 같은 이른바 '포렌식'(forensics) 같은 것을 말이다. 요즘은 포렌식 중에서 특히 '디지털' 포렌식에 대한 관심이 높아지고 있다. 혹은 민사손해배상소송에서 외상후스트레스장애(PTSD)에 관한 정신의학적 검사 등도 주목받고 있다. 이러한 과학수사 기법이나 법의학적 지식은 관련 대중매체에서도 흔히 접할 수 있다. 독자들은 미국의 TV 쇼(드라마) *CSI*나 한국의 TV 예능프로그램 '그것이 알고싶다'와 같은 매체를 본 적이 있을 것이다. 이런 매체에서 법정의 과학은 가장 인기있는 소재 중 하나다.

그리고 혹자는 포렌식 외에도, 법정에 들어오고 있는 온갖 과학을 떠올릴지도 모른다. 물리학, 화학, 생물학 등으로 대표되는 자연과학 제 분야나, 혹은 그 과학성이 종종 의심받기도 하는 사이비과학이나 심지어 쓰레기 과학(junk science)에 이르기까지 말이다.[3] 이 모든 지식이나 활동은 주로 형사사건에서 거론되지만, 민사재판이나 행정재판, 특허심판, 혹은 헌법재판에서도 종종 거론된다. 이렇게 과학은 마치 외계인이 지구를 침공하듯이 법정을 '침공'했다.

여기에 하나 덧붙일 이야기가 있다. 다소 소박한 시도이기는 하지만, 양자간 관계맺음의 특징을 더 단순하게 일반화해 볼 수도 있다. 예를 들어, 위와 같이 법과 과학의 만남이 어떤 면에서는 과학으로부터 법으로의 일방적 '침공'이라 할 수 있지만, 그 만남은 때로 인간관계가 그렇듯이 복잡미묘한 친소관계로 해명되기도 한다. 미국 뉴욕주 남부지법에서 근무했던 제드 레이코프(Jed. S. Rakoff) 판사는 역사적 관찰과 자신의 경험에 비추어, 법과 과학의 관계를 '애증(愛憎)'의 관계라고 표현한 바 있다. 과학은 진리의 수호자로서 법이 어쩔 수 없이 배태한 불확실성을 줄여주거나 제거해준다. 이때 법과 과학은 '애'(愛)의 관계를 맺는다. 반면 법정에 들어오는 과학은 때로 신빙성이 떨어지거나 오류투성이여서, 오히려 법적 사실발견(fact-finding)과 정의의 실현에 큰 위해가 되기도 한다. 이때 법과 과학은 '증'(憎)의 관계가 된다.[4]

2. 기획 의도: '법과 과학'에 관한 기존 관행을 넘어

앞 절에서 언급한 이야기들은 법과 과학을 바라보는 몇 가지 관점을 예시한 것일 뿐 그것의 전부는 아니다. 실상 법과 과학을 바라보는 시각은 그보다 더욱 다양하고도 풍부하다. 뿐만 아니라, 질적 측면에서 법과 과학을 더욱 전향적이고

---

3) Jed S. Rakoff, "Science and the Law: Uncomfortable Bedfellows", Speech as the Timbers Lecture Delivered at Dartmouth College in 2008.

4) Id.

도전적으로 사유할 여지도 열려 있다.

하지만 필자가 볼 때, 이제까지 거론되어 온 '법과 과학'이라는 주제 분야는 그러한 실상과 요청을 온전히 담아내지 못했다. 적어도 다음 두 가지 중요한 측면에서 그러했다. 첫째, **법과 과학**은 그 자체 독자적 주제 영역으로 다루어지기보다는 대체로 '과학기술과 법' 혹은 '법과 과학기술'이라는, 겉보기에 더 넓은 분야 명칭 하에서 다루어져 왔다. 그 명칭상 후자는 전자보다 더 넓은 주제 영역을 포괄할 것 같지만, 아이러니하게도 학계나 실무계에서 '과학기술과 법'이 다루는 주제 영역은 오히려 상대적으로 제한적이었다. 특히 '과학기술과 법'은 실정법 중에서도 '특허법'이나 각종 '규제법'(예: 방송법, 게임산업법 등)을 중심으로 이해되어 왔다. '특허법과 기술'이나 '규제법과 기술'로 말이다. 이러한 사정은 관련한 주요 저술이나 학술지를 훑어보면 쉽게 알 수 있다. 국내에서는 더욱 그러했다.

둘째, **법과 과학**의 이름은 '법과 과학'이되, 그 실상은 '법과 기술'이었다. 즉 **법과 과학**에서는 법을 '과학'과의 연관 하에서 다루기보다는 대체로 '기술'과의 연관 하에서 다루어 왔다. 추정컨대, 이러한 관행의 배후에는 과학과 기술 양자를 쉽게 동일시되거나 서로 연속적인 것으로 여기는 널리 퍼진 통념이 자리해 있었다. 일반인들은 말할 것도 없고, 심지어 법학이나 과학에 종사하는 많은 연구자나 실무가들조차도 양자 간의 차이나 관계에 크게 관심을 기울이지 않거나 잘 인식하지 못한 것이다. 그러다 보니, 많은 이들은 기술의 면면을 잘 이해한다면 그것으로 곧 '과학기술' 혹은 심지어 '과학'의 학문적, 사회적 함의를 잘 이해하는 것이라고 여겨왔다.

본서는 이 같은 기존 관행을 넘어, 법과 '기술'의 만남보다는 법과 '과학'을 더욱 부각시키는 한편, 그것도 기존에 소홀했던 주제나 접근법을 포함하여 더욱 '풍부하게' 다루고자 한다. 나아가, '과학'은 밀폐된 실험실 속에서 가운 입은 몇몇 전문가들이 비밀스럽게 행하는 그들만의 일이 아니라 인간의 삶과 존재 그 자체로부터 비롯하는 인식적·실천적 활동이다. 따라서 과학은 법과 광범위한 상호 접점과 연관성을 가질 수밖에 없다. 물론 규제 대상으로서의 기술 역시도 법과의 중요한 상호연관과 함의를 가지지만, 과학이 가지는 그러한 의의와 역할이 상대적으로 간과되어 왔다는 것이며, 본서는 바로 이 점을 드러내고자 한다. (물론 과학과 기술이 항상 명확히 구별되지는 않으므로, 기술과 관련한 논의를 이 책에서 배제하지는 않을 것이다.)

본서에서 **법과 과학**이라 할 때 '과학'은 주로 자연과학을 일컫는다. 그래서 사회학, 정치학, 경제학 등 소위 사회과학과 법의 접점은 이 책의 초점이 아니다. 다만 심리학의 경우, 흔히 학제상 사회과학으로 분류되지만 이 책에서는 법과 매우 중요한 접점을 이루는 분야로서 다룬다. 실제로 **법과 과학**에서 심리학은 법과 상호작용하는 가장 활발하고도 중요한 분과과학 분야이기 때문이다. 반면 물리학이나 화학과 같이 자연과학의 대명사로 불리는 이른바 '물리과학'(physical sciences)의 경우, 법이나 법학과의 유의미한 접점들이 있음에도 **법과 과학**에서는 상대적으로 관심이 적은 편이고 국내 관련 연구도 거의 없다시피한 형편이라, 이 책에서는 관련 논의를 포함하지 못했다. 또한 '법과 지구과학·우주과학' 혹은 '법과 생태학'과 같은 새롭고 중요한 영역에서 법과 과학이 만나는 양상을 다루는 글도 포함하지 못했다. 역시 국내에서 관련 연구의 저변이 얕은 탓이다. '법과 생태학'의 경우, '지구법학'(earth jurisprudence) 혹은 '생태법학'(ecolaw)이라는 명칭으로 새롭게 성장하고 있는 분야다. 이 분야의 중요성은 결코 가볍지 않지만 이 분야 글도 본서에 포함하지 못했다.

이러한 제한점 하에, 이 책 대부분의 글들은 법이 특정 분과과학과 맺는 관계나 서로 주고받는 함의를 정면으로 다루고 있다. 제1장은 근대 이후 자연과학 전반을, 제2장은 주로 진화생물학과 진화심리학을, 제3장은 진화생물학과 뇌과학, 그리고 시스템 과학을, 제4장은 유전학을 포함한 현대 생의학 전반을, 제5장은 주로 정신의학과 심리학을, 제6장은 (인지)심리학을, 그리고 제7장은 인지신경과학을 다룬다. 제8장은 베이지언 네트워크라는 최신의 통계적 기법을, 제9장은 특정 분과과학이 아니라 근현대 과학 전반을 포함한 법정의 과학(포렌식)을, 제10장은 보건학 및 역학(epidemiology)을 다룬다. 제11장은 비록 인공지능기술에 초점을 두고 있지만, 그 분석의 방법론으로 진화경제학 및 인지심리학 등을 바탕에 두고 있다. 제12장 역시 인공지능과 디지털 기술에 초점을 두면서도 그것이 법에 대해 주는 새롭고도 근본적인 함의를 논하고 있다. 마지막 제13장은 생의학 및 생명공학을 중심으로 다룬다.

사실 **법과 과학**이라는 영역은 이 책이 다루는 주제 영역을 넘는, 훨씬 더 풍부하고 광대한 주제와 관점이 각축하는 광장이다. 이 책도 꽤나 다양한 주제를 포함하고 있지만 그것이 결코 '법과 과학'이라는 제하에 탐구해 볼 만한 전체 주제 영역을 모두 아우르지는 못한다. 아니, 단지 그 빙산의 일각만을 다루고 있을 뿐이다. 이러한 한계점에는 제한된 지면과 제한된 원고의 편수, 그리고 국내에서 출간된 관련 연구 자체의 부족함이 컸다. 이로 인해, 아쉽게도 이 책에서 법과 과학 간의 역사적 연관까지 포괄하여 다루지는 못했고, 단지 법과 과학 상호 간의 개별적 상호연관에, 혹은 일반적 상호연관에 대한 기존 국내 학계의 주요 성과에 국한해서 주목할 수밖에 없었다.

그렇지만 이 책 고유의 특장점도 있다. 한편으로 **법과 과학**이라는 영역에서 중요하게 다룰 만한 주제임에도 제대로 조망하기 어렵거나 관련 국내 연구가 많지 않은 것들에 관해 조망하고자 했다. 법과 진화론, 법과 심리학, 법과 인간 분류, 법과 지식재산권의 정치성 등이 그러한 주제의 예이다. 다른 한편으로, 이 책에 실린 개개의 글을 놓고 보면 그 중요성에 비해 그동안 크게 주목받지 못한 채 여기저기에 흩어져 있던 글들이기도 하다. 필자는 나름의 자부심으로 이 글들을 발굴하여 독자들에게 소개하고자 했다.

끝으로 **법과 과학**을 탐구하는 과정에서, 위와 같이 관점을 다양화하는 것 외에 전향적이고도 도전적인 이해를 모색해야 한다는 사실도 강조해야겠다. 기존의 흔한 이해에 따르면, 당대의 법은 인식자(법관이나 공직자)가 인식하고 있건 아니건 간에, 그 실체(형식과 내용)가 이미 고정되어 있기에 그 인식자가 그것을 찾아내기만 하면 된다는 의미에서 '죽은' 것이라고 여겨진다. 이는 과학에 대해서도 마찬가지다. 기존의 흔한 이해에 따르면, 당대의 과학은 인식자(과학자)가 인식하고 있건 아니건 간에, 그 실체(형식과 내용)가 이미 고정되어 있기에 그 인식자가 그것을 찾아내기만 하면 된다는 의미에서 '죽은' 것이라고 여겨진다.

하지만 법도 과학도 그렇지 않다. 법과 과학 양자는 끊임없이 재발견되고 재해석되고 재정의된다는 점에서 '살아있다.' 이는 본 편저자가 책 전체를 관통하여 전하고 싶은 메시지다. 다시 말해, "법과 과학은 제대로 이해되어야 하고 제대로 만나야 한다. 그리고 그런 이해 속에서 법과 과학은 서로 끊임없이 대화해야 한다."

부연하면 이렇다. 법은 법철학을 비롯한 기초법학 전반에 의해 끊임없이 재해석되고 재구성되어야 하며, 과학은 과학기술학을 비롯한 과학학(Science Studies) 전반에 의해 끊임없이 재해석되고 재구성되어야 한다. 즉 법과 과학 각각은 헌 옷을 버리고 새 옷을 입어야 한다. 이들의 만남은 그러한 재구성과 재해석의 기반 위에서 이루어져야 한다. 법과 과학이 이렇게 만날 때 둘의 관계는 종전에 보이던 모습과는 사뭇 다르게, 더욱 풍부하고 입체적이며 역동적으로 보일 것이다.

그처럼 '보정된' 만남의 결과가 새로운 분과로서의 **법과 과학**이며, 이 책은 그러한 보정의 일단(一斷)을 보이고자 한 작은 노력의 산물이다.

'법'과 '과학' 각각에 관한, 그리고 '법과 과학'에 관한 이 같은 '갱신'에는 그야말로 성찰적이고 도전적인 사유와 태도가 요청된다. 이때, 그러한 지적·실천적 자원으로 이른바 '과학학' 혹은 '과학기술학'(Science, Technology, and Society; STS)을 제안할 만하다. 과학기술학은 과학기술에 관한 성찰적·비판적 인문사회과학의 일환으로 성장한 분야로서, 과학, 기술, 사회의 역동적 상호작용을 포착하고 설명한다. 과학기술학에서는 대체로 과학기술이 내적 논리에 의해 형성·발전된다기보다는 "외적·사회적으로 구성"되는 것으로 본다.

법도 오늘날 과학기술학의 주요한 주제관심으로 자리잡아가고 있다. 과학기술학의 눈으로 볼 때, 인간, 법, 과학기술, 사회, 이 모든 테마는 세계 속 유기적 네트워크를 통해 연관되어 있으며, 이러한 네트워크는 그러한 테마들 간의 권력작용(영향력)과 더불어 끊임없이 변해간다. 우리는 이러한 시각을 통해, 인간, 법, 과학기술, 사회를 통합적 연관 하에 다루는 한편 그 복잡한 역동성을 밝혀낼 수 있다. 나아가 가장 첨예하게 얽힌 현실 문제에 개입하고 실천하는 기회를 가질 수 있다.[5)]

본서 전체가 과학기술학의 관점을 취하고 있는 것은 아니다. 하지만 본서 여러 글에서 그러한 관점의 크고작은 시도와 영향을 발견할 수 있다. 제3, 5, 9, 10 13장 등이 그러한데, 특히 제9장 "수문장의 딜레마: 다우버트 기준 도입 이후 과학과 법의 관계 변화"가 언급할 만하다. 재판이 이루어지는 법정에서 소위 '과학적 증거'를 어떤 기준에 따라 인정할 것인지에 대해, 과학기술학적 통찰이 유익하다는 것이다. 이러한 통찰에 입각해서 보면, 법정은 과학과 법이 만나는 주요한 장이다. 앞서 말했듯이 법과 과학이 만나기 전후에 각각은 서로 독립적이거나 혹은 (내용과 형식상) 이미 고정되어 있는 것이 아니라, 둘의 만남을 통해 양자는 상호적으로 변모해간다. 이는 다우버트(Daubert) 기준 사례에서도 확인된다. 과학적

5) 필자가 볼 때, 과학기술학을 포함한 현대 인문사회과학의 비판담론 전반에는 경계해야 할 근본적 한계점도 있다. 바로 그러한 담론은 기존의 주류 담론이라는 상대역(counterpart) 없이 독자적 담론이 되기 힘들며, '마땅한 상식'으로 여겨지는 주류 담론(테제)에 대한 '대항담론'(안티테제)로서만 성립가능한 것 같다는 점이다. 게다가 오늘날 학계 안팎에서 종종 보듯, 비판담론은 자칫 학술 담론의 영역을 넘어 마치 교조적 이데올로기처럼 작동하기 쉽다. 그 자체로 대항담론임에도, 사태를 바라보는 다양한 시각의 여지와 전망을 애써 외면하는 '닫힌 체계'로 매몰되기 쉬운 것이다. 이는 일종의 역설이다. 그럼에도 불구하고 이 같은 맹점에 유의하기만 한다면, 그러한 비판담론의 필요성과 의의를 부인하기는 힘들 것이다.

기준이라 할 다우버트 기준이 소송에 적용되면서 법정의 실무가 크게 변화했다. 또한 그 역으로, 이러한 법정 관행상의 변화는 특정 과학 지식이 선별적으로 형성되고 발전하는 데에 영향을 미칠 수 있다. 가령 피고에게 유리한 과학 지식만을 만들어내거나 하는 식으로 말이다.

법과 과학은 광대한 미개척의 대륙이다. 앞서 언급한 여러 이야기, 관점, 그리고 접근법에서 보듯, 법과 과학의 스펙트럼은 너무도 넓고 복합적이어서 어쩌면 그 실체가 잘 잡히지 않을 수도 있다. 하지만 바로 그러한 이유로, 법과 과학은 법학의 그 어떤 분과보다도 아직까지 덜 개척된 영역이라고 말할 수 있다. 흥미진진하고도 심오한 탐구의 주제와 영역들이 넘쳐나는 미지의 땅이라고 말이다.

필자는 미력하나마 이러한 도전의 길에 서 있다. 더 많은 분들이 그 길에 관심을 기울이고 함께 해주기를 바란다. 그리고 이 책이 그 길에 작은 유인(誘因)이 된다면 더 바랄 것이 없겠다.

3. 책의 구성과 요지

이제 책의 구성과 주요 내용을 짧게 일별해 본다. 더 자세하고 심화된 해설은 책 뒤에 필자가 '편저자 해제'를 작성하여 붙여놓은 것이 있으니 참고하기 바란다.

이 책은 세 개의 부(部)로 이루어진다. 법과 과학이 대면하는 여러 지점과 양상을 '법적 인간과 과학'(제Ⅰ부), '법적 판단과 과학'(제Ⅱ부), '법적 규제와 과학'(제Ⅲ부), 세 범주로 나누어 관련 글들을 배치하였다. 다만 각 범주에서 관련되는 과학의 분야들도 중복되지 않게 적절히 안배하였으며, 그럼으로써 법과 과학의 제 분야간 전체적 다양성과 균형을 도모하였다. 이하 각 부와 장의 요지를 간략히 스케치해 본다.

(1) 법적 인간과 과학(제Ⅰ부)

먼저 **제Ⅰ부**는 법과 과학의 만남을 조명하되 '인간'이란 무엇인가에 주목한다. 이론적으로든 실천적으로든 간에 법은 인간을 과학적으로 이해하는 바탕 위에서 더욱 타당하고 온전하게 이해될 수 있다는 취지에서, 이 파트를 제I부로 내세워 비중을 싣고자 했다.

제1장은 "**법인격, 과학을 만나다**"로, 이 장은 본서 전체에 대한 총론으로 볼 수 있어 책의 전면에 배치했다. 그 주제는 법의 주요 개념 중의 하나인 '법인격'

으로, 이 개념이 어떻게 과학을 만나는가를 다룬다. 오늘날 첨단 과학기술의 출현과 더불어 동물과 자연물, 인공지능 등 각종 '사물'(물건)의 법인격 여부가 논란이 되고 있다. 저자(김건우)는 먼저 이러한 현실에 비추어, 법인격이란 무엇인가를 논의한다. 그런 다음, '법인격'만이 아니라 '법' 일반이 과학을 만나는 접점의 양상이 어떠한가를, 그리고 어떠해야 하는가를 탐색하고 전망한다.

저자는 특히 과학에 기반한 인간관과 세계관이 새로운 진리로서 특별한 권위를 누림에 따라, 법인격이란 무엇인가에 대해서도 그러한 세계관에 기반한 견해를 고려할 만하다고 주장한다. 이것이 소위 '자연주의적 법인격론'이다. 저자는 이러한 이론의 예로서 폴란드의 법철학자 토마시 피에트르지코브스키(Tomasz Pietrzykowski)가 제안한 이론적 제안을 소개하고 비판적으로 검토한다.

이 제안의 핵심 내용은 크게 두 가지다. 하나는, 법에서 '법인격'과 '권리주체'라는 두 유관 개념을 더 이상 동일시할 것이 아니라 분리하여 사용하자는 것이며, 다른 하나는 그러한 법인격과 권리주체 개념의 자격요건을 법이 단순히 현실적·정책적 필요에 의해 정할 것이 아니라 해당 존재의 이성적·감정적 능력에 관한 과학적·자연적 기준으로 돌리자는 것이다. 그러나 저자는 피에트르지코브스키의 제안에 유의미한 이점이 있지만 몇 가지 쉽게 해결되기 어려운 근본적 난점도 도사리고 있다고 논평한다.

제2장 "도덕 본능을 넘어서는 법을 위하여"에서 법은 현대의 진화론, 특히 진화심리학을 만난다. 이 글에서 저자(전중환)는 현대 진화심리학을 통해 도덕, 정의, 법 등 인간 사회의 '규범적' 개념과 제도를 이해할 수 있다고 주장한다.

저자가 설명하는바 진화심리학에 따르면, 인간의 마음은 경제적 이득을 최대화하거나 사회정의를 실현하게끔 만들어진 것이 아니라, 단지 먼 과거의 소규모 사회에서 오직 조상들의 번식을 높이게끔 '설계된' 것일 뿐이다. 이러한 설명이 마음과 도덕에 관한 '진화적 적응주의'(evolutionary adaptationism)다.

이어서 저자는 법판단과 법행동, 법감정, 그리고 법본능에 관한 해명으로 나아간다. 이는 도덕판단과 연관되어 있지만 그것과는 구별되는 심리 기제다. 저자에 따르면, 법은 "객관적이고 초월적인 도덕 원리의 집합이 아니라 사회생활에서 이해관계의 갈등을 조정하게끔 자연선택된 도덕본능으로부터 유래한다." 그래서 법전이나 법규범이란, 수렵-채집 사회에서 행위의 잘잘못을 직관적으로 판단하도록 진화한 심리적 적응, 즉 도덕 본능 혹은 도덕 모듈이 구체적으로 성문화한 것이다.

따라서 저자는 법을 이해하기 위해서는 법전이나 판결문, 혹은 법학서적만을 들여다볼 것이 아니라 현대 진화심리학을 들여다봐야 한다고 주장한다. 인간 본성에 대한 진화심리학적 설명이야말로 인간 사회의 가치 질서 및 운용의 토대가 되는 개념과 제도를 제대로 이해할 수 있게 해준다고 보기 때문이다. 법교육이나 법실무에서 법조문이나 판례만이 중요하다고 여겨온 법학도나 법률가들에게, 이는 가히 흥미롭고도 도전적인 주장일 것이다.

제3장은 **"법적 인간과 생물학적 인간, 그리고 시스템"**으로, 여기서 법은 현대 생물학, 특히 진화생물학과 뇌과학, 그리고 시스템 과학을 만난다. 저자(백도명)에 따르면, 그 만남의 결과는 사뭇 급진적이다. 우리는 인간과 인과관계, 책임 등 법의 주요 개념을 기존 근대법에서와 다르게 시스템적으로 바라봐야 한다.

저자는 먼저 근대법적 인간상을 서술하고 이를 통렬하게 비판한다. 저자에 따르면, 근대법적 인간은 자유의지에 따라 행위하며, 따라서 그러한 자유의지를 행사한 결과로서 '타행위가능성'이 있었는가(위법하지 않은 다른 행위를 할 수 있었는가)의 여하에 따라 마땅히 책임을 질 수 있는 존재다. 하지만 이러한 인간상에서는 작위와 부작위 간의 구분이 행위자가 처한 시스템 속에서 이루어지지 않는다. 이러한 문제점은 공정거래, 심신미약, 촉법연령 등 다양한 법적 쟁점 사안에서 불거지고 있다.

저자에 따르면, 현대 인지심리학이나 뇌신경과학은 인간의 인식과 행동에 관해 근대법적 설명과는 크게 다른 설명을 해준다. 인간의 인식은 대체로 자유의지에 의해서가 아니라 무의식 하에서 이루어진다. 또한 의식 하에서 이루어지는 행위에서조차도, 인간은 자유의지에 따라 먼저 문제상황을 인식한 후 그 인식 여하에 따라 자신의 행위를 선택하는 것이 아니라, 문제상황이 낳을 결과를 예측함과 동시에 행위를 먼저 선택하며, 그 후에야 비로소 그 행위와 관련한 상황을 인식하게 된다. 인간이 '위험'을 인식하는 기제도 마찬가지다.

이 모든 변화의 결과이자 문제점에 대한 대안으로 부각되는 것은 이른바 '시스템 사고'(systems thinking)다. 과학적으로 볼 때 인간의 인식과 행위는 단선적 원인과 결과의 관계로서 이루어지는 것이 아니라 되먹임(feedback)과 적응의 반복 속에서 회귀적·시스템적으로 이루어진다는 것이다. 저자에 따르면, 법도 시스템의 일부이기에 시스템적 사고가 법의 영역에서도 요청된다. 그래서 법적 인간의 자유의지나 사물변별능력, 혹은 행위통제능력 등을 고려할 때에도 그러한 인간이 처한 시스템의 맥락을 서술하고 평가해야 한다. 저자는 이러한 시스템 관점에 의거하여, 산업현장에서 반복되는 산업재해를 시스템 위험의 결과라고 지적한다. 또한 이태원 사고와 같은 일들을 개인의 자율적 선택과 행위에 기인하는 사고라기보다는 '사회적' 재난이라거나 '시스템적' 재난이라고 말한다. 나아가 이 같은 '사회적·시스템적' 관점을 더욱 적극적으로 우리 법과 제도에도 수용해야 한다는 것이다.

제4장 "인체유래물의 법적 지위에 관한 패러다임(paradigm) 전환의 필요성"에서 법은 과학 중에서도 현대 생명과학, 특히 유전학을 만난다. 이 글에서는 특히 '인체유래물'이라 불리는 존재 범주에 주목하여 그것의 법적 지위 및 기타 관련 쟁점을 논의한다. 저자(유지홍)는 인체유래물을 물건으로 보는 기존의 관점과 달리 그것을 인격성을 담지한 무엇으로 보아야 한다고 주장한다. 또한 신체로부터 분리되었느냐 아니냐에 관한 법적 구별은 더 이상 무의미하고 말한다.

저자는 자신의 논지를 전개하는 과정에서, 인체유래물의 정의 및 법적 지위에 대한 기존의 여러 견해들을 간략히 비교하여 소개하고 있으며, 그 법적 지위에 관한 국내외 주요 판례들을 소개하고 있다. 저자는 이처럼 총론적 차원에서 인체유래물의 법적 지위를 그것의 인격성에 입각하여 재조명할 것을 강조한 데에 이어, 글의 후반에서 이 주제의 각론적 차원으로 나아간다. 시체의 법적 지위 문제나, 의학연구를 위한 인체유래물 기증계약의 법적 성격 문제, 첨단의료보조생식술의 법적 함의 문제, 그리고 인체유래물을 활용한 불법행위 문제 등이 그것이다.

제5장 "인간 분류의 과학과 법"에서 법은 더욱 넓은 범위의 과학이라 할 정신의학, 심리학, 범죄학 등과 대면한다. 이 글은 법이 그러한 '과학'을 만나 '범죄자'라는 인간 집단을 어떻게 분류하는가를 다룬다. 이를 보이기 위해 저자는 범죄학의 역사를 추적한다. 저자(유 진)에 따르면, '범죄자'라는 범주는 19세기에 범죄학과 (법)정신의학에 의해 학문적 탐구의 대상으로서 형성되었다. 그 구체적 양상으로, 저자는 18세기 고전주의 범죄학으로부터 19세기의 실증주의 범죄학, 범죄사회학, 범죄인류학, (법)정신의학 등으로의 이행 과정을 일별한다. 이러한 과정과 맞물려 서구의 형사정책도 변해갔고, 범죄자라는 범주의 의의와 범위, 그리고 그것을 바라보는 관점 등도 변해갔다는 것이다. 또한 저자는 20세기 정신의학의 진화과정을 비교적 자세히 소개하는데, 정신질환진단 및 통계편람('DSM')의 내용과

역할이 어떻게 변화했는가와, 이른바 PCL-R과 같은 심리검사를 통해 사이코패쓰라는 새로운 범주가 어떻게 재부상했는가를 논의한다.

글의 논지는 이렇다. 형사사법에서는 사회방위라는 목표 하에 인간 집단 중에서 '범죄자'라는 범주를 분류하는 데에 이런저런 과학 지식 혹은 그에 준하는 지식을 동원해왔으며, 그러한 지식이 법제도적 실천과의 상호작용을 통해 ('성폭력' 범죄자, 반사회적 성격장애, 사이코패스 등을 포함하여) 소위 '위험한 범죄자'라는 집단 범주를 구성해왔다. 다시 말해, 위험한 범죄자라는 범주는 특정한 사람들을 위험한 범죄를 저지를 '성향'을 지닌 특별한 '종류'의 인간이라고 '구성'되고 '창출'된 것이며, 이러한 구성과 창출의 작업은 서구의 정신의학, 심리학, 범죄학 등이 개발해낸 '정상-비정상 구분'에 관한 의학적 모델에 의해 이루어졌다는 것이다.

(2) 법적 판단과 과학(제Ⅱ부)

제Ⅱ부의 주제는 법적 판단이다. 법적 판단이란 무엇이며(개념), 그것이 실제로 어떠하며(존재 사실), 그것이 마땅히 어떠해야 하는가(당위)가 주요 관심사다. 우리가 일상에서나 법실무에서 늘 접하듯이, 법적 사안은 복합적인데다가 애매하고 불투명하기까지 해서 쉽게 해명되지 않는다. 그래서 어떤 의미에서 법적 판단은 블랙박스와도 같다. 그럼에도 법적 판단이야말로 법 및 법학에서 가장 중요한 역할을 하는 것으로, 법률가나 법학자라면 피해갈 수 없는 주제영역이다. 이에 제Ⅱ부의 글들은 제각기 관련한 다양한 과학을 매개로 하여 법적 판단의 해명이라는 탐구과제에 도전하고 있다.

제6장 "법적 추론과 심리학"에서는 법적 추론의 이론과 실제 전반을 개관한다. 저자(강태경)는 법적 추론에 관한 기존의 탐구 양상을 한편으로는 '법학'으로부터, 다른 한편으로는 현대 심리학이라는 '과학'으로부터 불러내 보여준다. 특히 후자의 작업에서는 '범주화'(categorization)와 '이상적 인지모형'(idealized cognitive model) 등 현대 인지심리학의 유력한 이론과 접근법을 원용한다. 이상적 인지모형에 관한 이 같은 일반론을 바탕으로, 저자는 법정에서 사실이 인정되는 과정에 대해서도 이상적 인지모형을 써서 이해할 수 있다고 주장한다. 그러한 모형이 사실 인정을 위한 경험칙의 인지 기제를 이룬다고 보기 때문이다.

이러한 논지 전개를 위해, 저자는 법적 추론 일반에 관한 이론적 개관에서부터 출발한다. 이를 '법학적(법이론적)' 관점과 '심리학적' 관점으로 나누어 소개한다.

여기에 이어, 저자는 법적 추론을 범주화라는 심리학적 개념틀의 일환으로 이론화하는 한편, 그것을 특히 이상적 인지모형이라는 심리학적 개념틀로 좀 더 정교하게 도식화해간다. 끝으로 저자는 이상적 인지모형을 성폭력사건에 적용한 사례를 소개하면서, 이를 통해 이상적 인지모형의 규범적 함의를 짚어낸다. 이상적 인지모형이 그 자체로 좋거나 옳은 모형임을 함축하지는 않으며, 옳고 그름의 규범적 판단에 대해 열려 있다는 것이 그 함의다.

제7장 "법적 제재와 인지신경과학"에서 법은 지난 몇십 년간 학계의 인간 연구를 주도해 온 인지신경과학을 만난다.

이 글에서 저자(박은정)는 이른바 '신경법(철)학'의 일단을 시도한다. 정확히는, 신경법(철)학이 새로운 도전과제를 제기한다고 할 때 그러한 도전과제에 대해 응전하고 있다. 저자는 그러한 과학의 성과가 어떤 식으로 법의 규범성(특히 법적 제재)을 정당화하는지를 검토하고, 경험과학의 의의와 관련하여 비판적이고 부정적인 답을 내놓는다. "인간의 판단이나 의사결정 영역에 대한 경험과학적 설명이 늘어날수록 [인간의 사유와 활동의] 규범지향적 태도는 약화될 수 있다"라고 말이다. 이렇듯 저자는 인간의 보편적 규범지향성을 근거로 하여, 신경과학에 대한 맹신이 신경중심주의나 신경본질주의, 혹은 과학주의로 나아갈 수 있으며, 이는 곧 법의 근본 토대를 허무는 일이 될 것이라고 경고한다.

부연하면, 저자는 인지신경과학이라는 과학기술이 제시하는 함의를 과장 없이 냉철하게 봐야 하며 그 한계점을 놓쳐서는 안 된다고 주장한다. 뇌영상 이미지나 뇌파 신호로부터 곧바로 '마음'을 읽어낼 수 있다고 주장하거나, 혹은 벤자민 리벳(Benjamin Libet)의 실험에서 그랬듯이 그 같은 과학적 데이터가 자유의지가 존재하지 않음을 보여준다고 추론하는 것은 논란의 여지가 크다. 신경과학자들이 기술적, 물리적 언어 범주를 넘어서는 개념들(예: 마음, 자유의지, 감정 등)을 자신의 작업에 끌어들임으로써 그러한 작업이 명시적으로 입증해주는 바를 넘어선 더 큰 주장("마음은 뇌신경상태의 일정한 배치 상태이다" 혹은 "자유의지는 존재하지 않는다" 등)으로 나아가는 주장을 하는 순간, 환원주의의 근본적 난점으로 빠져들고 만다는 것이다. 비록 인지신경과학이 인간의 마음과 행동, 그리고 의사결정에 대한 이해를 증진해 준다고 하더라도, 그러한 이해가 온전한 것이리라고는 기대할 수 없다고 보기 때문이다.

제8장 "베이지안 망을 이용한 법적 논증"에서 저자들(고민조/박주용)은 법적 논

증 방법의 하나로서 베이지언(Bayesian) 논증을 소개하고 그 의의와 전망을 검토한다. 베이즈주의는 진화생물학이나 인지신경과학, 혹은 심리학과 같은 경험과학이 아니라 그 자체로 수학(확률론)에서 비롯한 형식적 틀이다. 게다가 법적 판단은 그야말로 변화무쌍하고도 불투명하기로 악명 높다. 따라서 베이지언 네트워크와 같은 양적·통계적 분석틀이 그 같은 법적 판단의 이론과 실무에 과연 얼마나 타당하고 유용할 것인지를 가늠하기란 좀처럼 쉽지 않다. 그럼에도 저자들은 이 어려운 도전의 길에 선도적으로 나섰다.

이 글 소개는 저자들이 제시한 다음 요약문으로 대신해 본다.

> 처벌과 관련된 법 제도인 형사사법절차에서는 사건에 대한 실체적 진실 규명을 중시한다. 그런데 예나 지금이나 실체적 진실을 밝히기란 쉽지 않을 뿐만 아니라, 종종 그 과정에서 오류를 일으키기도 하고 결과적으로 잘못된 판단에 이르기도 한다. 국내외에서 오판의 실태를 확인하고 유형을 나누는 연구가 최근 활발하게 이루어지고 있으며, 이를 바탕으로 오판을 줄이기 위한 실질적 방안이 모색되고 있다. 이러한 배경에서, 본 연구는 영미 학계에서는 비교적 오래 전부터 탐색되어 왔음에도 불구하고 국내에서는 상대적으로 생소한 베이지안 법적 논증 방식을 소개하고 국내외의 실제 사건들을 대상으로 그 적용가능성을 알아보고자 하였다. 베이지안 분석법의 이론적 유용성은 도처에서 인정되었지만, 계산의 복잡성 때문에 전문가들조차 이 분석법을 적용하는 것이 쉽지 않았다. 최근 통계학적 기법과 이를 처리하는 소프트웨어의 발전으로 그 사용가능성이 그 어느 때보다도 유망하다. 본 연구에서는 AgenaRisk 프로그램을 이용하여 국내외의 재판사례를 분석하고, 궁극적으로 법적 논증에서 베이지안 분석법의 적용 가능성을 높이고자 한다.

저자들은 과거 출간된 원문에 후기(後記)를 덧붙여, 그 사이 지난 10년 간 이 분야에서 이루어진 연구의 진전 양상을 업데이트해주고 있다. 이는 크게 두 갈래인데, 베이즈주의를 네트워크 기법을 통해 인과추론과 법적 논증에 확장하는 연구와, 그렇게 해서 만들어진 베이지언 네트워크를 실제 판례를 분석하는 데에 적용하는 연구가 그것이다. 이어서 저자들은 이 글 본문에서 법적 논증에 대한 베이지언 네트워크 분석 기법의 의의를 다시금 강조한다. 이 기법이 적어도 재판의 보조도구로서의 유용성은 여전히 충분하니 만큼, 법률가들이 이 기법을 진지하게 검토하고 활용해주기를 바란다는 것이다.

제9장 "수문장의 딜레마: 다우버트 기준 도입 이후 과학과 법의 관계 변화"에

서 저자들(김성은/박범순)은 법적 판단 중에서도 특히 '법정'에서의 판단 기준으로 '과학'이 어떻게 도입되고 운용되어 왔는가를 반성적으로 다룬다.

오늘날 과학기술은 사회적 분쟁이나 갈등의 국면에서도 점점 더 중요해지고 있다. 유해물질 손해배상소송이나 특허법, 혹은 공정거래법 등을 포함하여 사실상 법의 거의 모든 주제영역으로 확산되고 있다. 이 같은 분쟁에서 감정인(鑑定人)이나 전문가는 증인으로서 법정에 자신의 전문적 의견이나 증언을 내놓는다. 이러한 의견이나 증언이 '과학적 증거'(scientific evidence)다. 그래서 이러한 증거를 어떻게 이해하고 다룰 것인가가 재판에서 결정적 관건이 되며, 관련한 전문적 지식을 적절히 이해하고 활용하는 일은 양 당사자는 물론 재판부나 관련 법실무를 담당하는 법률가들에게 중요한 과제가 된다.

'과학적' 증거를 '법정'에서 어떠한 기준으로 승인할 것인가가 긴요한 물음으로 등장하자, 법정 안팎에서는 과학적 증거를 적절히 수용하기 위한 기준이 거론되기 시작했다. 관련하여, 저자들은 이른바 '프라이 기준'(Frye Standard)에서부터 '다우버트 기준'(Daubert Standard)으로 이어지는 과정에서 20세기 미국 법원의 과학적 증거 수용 기준이 어떻게 변화해왔으며 그 함의는 어떠했는가를 검토한다.

저자들은 이러한 논의로부터 다음의 함축과 교훈을 이끌어낸다. 사회 정의를 추구하는 법의 정신과 불변의 진리를 찾아가는 과학의 속성 사이에서 합리적 판단을 해야 하는 판사의 고충, 즉 '수문장[문지기]의 딜레마'가 문제의 핵심이며, 판사가 다우버트 기준의 실용성과 형식적 공정성에 매몰되지 않아야 한다는 것이다. 그리고 저자들은 이러한 풍부한 함의를 제대로 읽어내기 위해 과학기술학(STS)으로부터 배울 것을 제안한다. 법과 과학이 만나는 주요한 장이라 할 법정에서 이루어지는 판단과 실천은 법과 과학 양자를 상호적으로 변모시킨다. 저자들에 따르면, 과학적 기준이라 할 다우버트 기준이 소송에 적용됨에 따라 법정의 실무가 크게 영향을 받아 변화했음은 물론이고, 역으로 이러한 법정의 관행상의 변화가 특히 피고에게 유리한 과학적 지식만을 편파적으로 만들어내거나 정립해내는 데에 영향을 미칠 수 있다. 따라서 다우버트 기준 확산의 역사적 맥락에 대한 연구와 함께 깊이 있는 판례 연구를 해야 하며, 이를 통해 입법과정과 공공정책 개발 과정에 적극적으로 참여해야 한다는 것이다.

(3) 법적 규제와 과학(제III부)

마지막으로 **제III부**의 초점은 '규제'(regulation) 혹은 '규율'이다. 제III부의 글들은 현대 과학기술적 맥락과 배경 속에서 사람이나 사물의 법적 지위나 권리와 의무가 어떻게 규율되며, 그러한 규율이 언제, 어떻게 정당화되는가를 논하고 있다. 이들 글에서 보듯, 법적 규율의 양상은 크게 변모하고 있다. 오늘날 법적 규율은 개인의 자유·권리·의무와 그것을 규제·규율하고자 하는 국가법 사이의 이분법적 혹은 변증법적 역학을 통해서 구성되고 작동할 뿐만 아니라, 과학기술 자체가 일면 규율의 형식과 적용방법 면에서 새로운 유형의 법규(코드)나 규제 체제와 같은 역할을 하기도 한다.

제10장은 세 저자(유기훈/김도균/김옥주)가 공저한 글로, "**감염병 팬데믹에서의 강제적 격리와 치료는 정당한가?**"이다. 이 글에서 법의 무대는 감염병과 공중보건이며, 법이 대면하는 과학은 '역학'(疫學, epidemiology)이다. 역학은 전염병 등 질병의 원인이나 변동 상태를 인구집단 차원에서 연구하는 분야다.

이 글은 코로나19와 같은 예외적 감염병 팬데믹 상황 하에서 국가가 공중보건과 공익을 목적으로 개인의 자유를 얼마나 제한할 수 있는가를 다루고 있다. 나아가 그러한 자유 제한 조치의 정당성에 대한 판단 기준을 다각도로 분석하는 한편, 국가가 팬데믹에서 취한 법률적 조치를 분석하고 평가하기 위한 틀을 제시하고 있다.

글은 크게 전반부와 후반부로 나뉜다. 전반부는 팬데믹 하에서의 공중보건을 위해 개인의 자유를 얼마나, 어떻게 제한할 수 있는가에 관한 일반 원리를 다룬다. 먼저 국가가 개인의 자유를 제한하는 일반적 원리로서 '해악의 원리'(Harm Principle)를 제시한 후, 팬데믹 하의 정부의 자유제한 조치를 다룰 수 있도록 그러한 원리를 적절히 확장한다. 나아가 대한민국 정부가 「감염병의 예방 및 관리에 관한 법률」(이하 「감염병예방법」)을 통해 감염병 환자의 자유를 제한하고자 취했던 조치를 다룬다.

글의 후반부의 작업도 크게 두 가지로 나뉜다. 먼저 '총론적' 작업으로, 저자들은 코로나19 팬데믹 상황에서의 자유제한 조치가 기본권을 제한하는지의 여부에 관한 사법심사에서, 심사의 '결론'은 가부 모두 거론되었으나 정작 왜 그러한 가부가 도출되는지의 '논거'가 제대로 논의되지 않았다고 지적한다. 그렇다면 팬데믹 상황에서 국가의 특정한 자유 제한 조치를 헌법의 기본권 제한 법리에 비추어 어떻게 심사할 것인가? 저자들은 바로 그 구체적 기준을 제시하고자 한다. 그 요체는 바로 '인구집단에 대한 리스크 예방 조치'의 허용가능한 외연을 책정하는 일이라는 것이다. 그리하여 저자들은 비례성 심사를 위한 세부 원칙으로 알려진 기존의 기준들을 전반부 논의에 맞게 재정식화한다.

이어 저자들은 '각론적' 작업으로 나아간다. 저자들은 앞서 개념화한 '확장된 해악의 원리' 하에서 개정 「감염병의 예방 및 관리에 관한 법률」의 자유 제한이 정당화될 수 있는지를 검토한다. 특히 논란이 된 동법상 '격리의무화 조항'과 '치료의무화 조항' 각각의 정당성을 검토한다. 먼저 격리위반 처벌조항은 감염병 확진자만이 아니라 감염병 의심자에 대해서까지 적용되었기에 더욱 논란이 되었다. 저자들은 이 조항에 따른 조치가 비례성 심사 세부 기준들을 충족하는지를 검토하고, 그러한 조치는 '인구집단에 대한 리스크'에 대한 자유 제한에 해당하기에, 강제검사 또한 무증상 감염자라는 감염병의 특성에 의거하여 '확장된 해악의 원리'의 차원에서는 정당성이 부정되지 않는다고 논구한다. 이에 반해, 치료거부 처벌조항은 전통적 해악의 원리뿐만 아니라 '인구집단에 대한 리스크'라는 팬데믹의 특성을 고려한 '확장된 해악의 원리' 하에서도 정당화되기 어려우며, 추가적 단서조항을 포함하여야만 정당화 근거를 획득할 수 있을 것이라는 사실도 논증해낸다.

제11장 "인간 편향성과 인공지능의 교차"에서 저자(박도현)는 최근 국내외에서 인공지능 윤리 및 규제와 관련하여 많이 거론되어 온 주제인 '편향성' 문제를 정면으로 다룬다. 이 글은 위 주제들 중에서도 가장 첨예한 논란을 불러온 '편향·차별성·공정성'의 문제의 의의와 쟁점을 소개한 후, 그와 직결된 또 다른 주요 주제인 인공지능에 대한 '규제 거버넌스'에 관한 논의로 나아간다.

저자는 먼저 인공지능 편향성 문제에 대해 신선한 분석을 개진한다. 기존의 많은 논의에서는, 인공지능의 판단이나 의사결정으로부터 얻어진 결과가 차별적이라거나 불공정할 수 있다는 주장을 애써 반복하거나, 혹은 이러한 주장에서 출발하여 이런저런 기술적, 사회적, 정치적, 혹은 제도적 방안을 써서 그러한 편향과 차별을 완화하거나 제거해야 한다는 당위 주장으로 나아가곤 했다.

하지만 저자는 기존 논의와 차별화된 관점을 제시한다. 저자는 인공지능의 편향 문제를 '있는 그대로', 혹은 어떤 의미에서는 '과학적으로' 볼 것을 주문한다. 이러한 논증에서 저자가 소환하고 있는 과학은 진화심리학 및 진화경제학이다.

이러한 과학에 따라 저자는 인간을 합리적 의사결정의 주체로, 즉 효용극대화와 같은 목적을 달성하기 위해 자신의 행위를 선택하고 결정하는 주체로 바라본다. 다만 인간은 제한된 합리성에 따라 예측하고 행위할 수밖에 없기에, 편향을 선호하는 성향과 회피하는 성향을 모두 가지고 있다는 것이다.

이러한 과학적 개념틀을 바탕으로 하여, 저자는 '편향성 거울 문제'를 표적으로 겨냥한다. 이 논제는 인공지능이 산출하는 결괏값(output)이 인간 사회에 만연한 편향성과 차별을 마치 '거울' 비추듯 되풀이한다고 하는 것으로, 인공지능 기술에 대한 기존의 비판자들에게서 흔히 발견된다. 기존의 비판자들은 대체로 이 논제(전제)를 당연시하면서, 그에 따라 인공지능에 대한 새로운 (대체로 강력한!) 규제가 필요하다는 주장(결론)으로 나아간다. 하지만 저자는 얼핏 당연해 보이는 이 같은 기존의 논제 및 논변을 정면으로 논박한다. 경험적 근거가 빈약하다는 것이다. 그래서 인간과 인공지능에 대한 과학적이고 경험적인 탐구에 기반하여 규제 거버넌스를 구축해야 한다고 주장한다.

제12장 "법의 개인화 단상"의 주제는 '법의 개인화'(personalization of law)라는 주제다. 아마 많은 독자들에게 생소할 것이다. 법의 개인화라는 기획은 법규칙을 "사람(개인)마다 다르게 (그 사람에 맞게 달리) 적용되도록 만들려는 것이며, 이렇게 만들어진 규칙은 '개인화된 법'(personalized law)이라고 불린다. (이러한 법은 특정 시간과 장소, 혹은 상황과 맥락에 특화된 법까지 포괄하는 것으로 볼 수도 있다.) 한 마디로, 이러한 시도는 법의 '일반성'이라는, 일견 자명해보이는 특성을 뒤엎으려는 것이다.

이 글에서 저자(권영준)는 법의 개인화란 무엇인지, 그것이 가능한지, 그것이 어떠한 법적 쟁점을 낳는지를 둘러싸고 서구 학계에서 진행되어 온 논의를 소개하고, 이 모든 논의가 시사하는 바가 무엇인지를 정리해주고 있다. 이 글은 법의 개인화 논의가 가지는 잠재력과 한계점을 모두 개관한다. 글의 요지는 저자가 이 글의 학술지 원문에서 제공한 다음 요약문에 잘 나타나 있다.

> 법의 개인화 논의는 개인에게 최적화된 맞춤형 광고나 맞춤형 의약품을 제공하듯 맞춤형 법을 만들어 적용하자는 논의이다. 법은 유형화에는 친숙하나 개인화까지 나아가지는 않는다. 따라서 법은 수범자 모두에게 같은 내용을 가진다. 그런데 데이터 및 통신 기술, 통계 분석 및 행태 심리학 발달은 국가가 개인의 속성과 상황을 충분히 파악한 뒤 그에게 가장 적합한 개별 규범을 만들고 이를 개별적으로

전달할 가능성을 높여 주었다. 이러한 가능성에 주목하여 법의 획일성을 극복해 보자는 논의가 시작되었다. 가령 이자제한법상 제한이율이나 도로교통법상 제한속도를 수범자의 개별적 상황에 맞게 개별화해 보자는 것이다. 이는 데이터에 '대한' 법제를 넘어서서 데이터에 '의한' 법제로 논의의 장을 확장한 것이다.

필자는 이 논의의 잠재력에 주목하는 한편, 그 기술적, 규범적 한계에도 주목한다. 특히 규범적 측면과 관련해서 법의 개인화가 법의 본질에 부합하는지, 개인정보 보호 이념과 저촉되는지, 수범자들이 전략적 행태를 보이지 않을지가 논의될 필요가 있다. 그러므로 지금은 법의 개인화가 전면 수용될 단계는 아니다. 다만 법의 개인화가 추구하는 정신은 일부 영역에서 고려할 수 있다. 예컨대 소비자계약 같은 비대칭적 계약에서 정보제공의무를 부과하는 경우가 많은데 맞춤형 정보제공방식을 가미하면 정보제공의무의 취지를 더욱 효과적으로 달성할 수 있다. 마찬가지 맥락에서 맞춤형 약관도 생각해 볼 수 있다. 또한 데이터에 기초하여 불법행위법상 주의의무의 판단 기준을 세분화하는 방안도 생각해 볼 수 있다. 이는 엄밀한 의미에서는 법의 개인화라기보다는 법 적용의 개인화이다.

결론적으로, 법의 개인화는 당장 전면 실현하기는 어렵지만 이론적으로든 법정책적으로든 흥미로운 주제이다. 이 주제에는 법이란 무엇인가, 평등이란 무엇인가, 법은 얼마나 정밀하고 효율적이어야 하는가 등의 오래된 물음과 데이터 시대는 법을 어떻게 변화시킬 것인가, 알고리즘에 기한 법은 가능한가, 그것은 타당한가, 알고리즘에 의한 차별은 어디까지 정당화되는가 등의 새로운 물음이 공존한다. 이 주제에는 전통적 법이론과 새로운 사회과학적, 기술적 방법론이 공존한다. 이 주제에는 법과 기술의 관계, 실증과 규범의 관계, 사전과 사후의 관계 등과 관련하여 치열한 대립 구도와 변증법적 절충 구도가 공존한다. 이 글은 이 주제의 논의 가치에 주목하여 그 효용과 한계를 인식하고 향후 발전적 논의를 위한 기초 소재를 제공하고자 시론 차원에서 작성되었다.[6]

마지막 **제13장 "지식재산과 과학기술학의 접점들"**은 '생의학'과 '생명공학'을 만난다. 관련한 주제는 '지식재산'(intellectual property), 그중에서도 '특허'(patent)다. 그리고 저자(이두갑)가 취하는 관점과 접근법은 앞서 언급한 바 있는 '과학기술학(STS)'이라는 학문 분야의 것인 동시에, 역사학적이면서도 철학적인 성격 또한 띠고 있다.

저자에 따르면, 흔히 지식재산이 혁신과 창의성의 상징으로 여겨지지만 실상 이러한 의의와 효과가 자명하지 않다. 저자는 관련 역사를 돌이켜보면서 여러 '논

6) 권영준, "법의 개인화 단상", 『법조』, 제70권 제5호, 7쪽(논문요약).

쟁'을 소환해낸다. 저자는 글의 의제와 목적을 이렇게 약술한다.

> 누가 무엇을 소유할 수 있는가의 문제는 사회의 질서와 경제의 운용에 있어 핵심적인 질문이다. 사적 재산권의 명확한 확립이 근대 자본주의의 도래에 큰 역할을 했[다.] 그렇다면 지식재산(intellectual property)의 확립 과정과 이를 둘러싸고 나타난 논의는 21세기 지식경제와 정보사회를 이해하는 데에 핵심적 부분을 차지한다고 할 수 있을 것이다. '지식'을 소유한다는 것은 무엇을 소유한다는 것인가? 지식을 '소유'한다는 것은 이에 대해 어떠한 권리를 가진다는 것을 의미하는가? 그리고 지식경제의 시대에 지식재산권의 확립과 확대가 지니는 경제적, 사회적 함의는 무엇인가? 지적 재산에 대한 논의는 지식경제의 기반을 이루는 과학기술-기반 첨단 산업과 문화 산업에서의 경제적 이해관계와 시장 지배를 둘러싼 논쟁의 중요한 한 축으로 나타나고 있다. 특히 생명공학과 소프트웨어와 같은 첨단 산업의 영역에서 특허와 저작권의 문제에서 누가, 무엇을 소유할 수 있는가의 문제는 한 혁신가와 기업, 그리고 산업 전체의 혁신과 경쟁, 그리고 미래의 성장 방향을 결정하는 데 있어 매우 중요한 질문이다. 그래서 이 글의 목적은 과학기술 기반 첨단 산업에서 지식재산이란 무엇이고, 이를 법적으로 독점적으로 소유하는 것이 어떠한 경제적, 사회적 함의들을 지니고 있는가에 대한 논의들을 개괄하는 것에 있다.

이 글은 많은 과학기술학자들의 논의를 따라, 특허의 쟁점이 단순히 법적·기술적 쟁점에 국한되지 않으며, 혁신이 정치경제, 사회문화, 공공정책, 윤리 및 사회정의 등 광범위한 차원에서 새로운 논의와 분석, 그리고 실천의 틀을 열어주고 있다고 지적한다. 특히 이 글은 특허가 단순히 개인의 권리를 법적으로 보호하고 규율하는 장치인 것만이 아니라 혁신을 추동하기도 하며, 이런 의미에서 복합적 '정치'의 성격을 띤다는 사실을 보여준다.

4. 책을 엮으며

이 책에서는 앞서 소개한 본 편저자의 기획 의도에 따라 대부분의 원고를 법을 둘러싼 '간학문적'(interdisciplinary) 성격의 글로 모았다. 필진의 상당수를 진화심리학자, 인지심리학자, 법심리학자, 보건학자, 과학기술학(STS) 연구자, 의학자 등 법학 이외 분야에 종사하면서도 법학과의 접점에서 연구하는 전문가들로 섭외했다. 그래서 아마도 이들의 글은 주제나 접근법의 측면에서 '신선한' 글들로 비칠 것이다. 기존 법학계에서 흔히 볼 수 있는 법률 해석론이나 입법론 등 법률학적 글쓰기와는 사뭇 다른 글들이다. 그러한 글쓰기에 익숙한 법률가나 법학자들에게는 다소 낯설게 느껴질 법도 하지만 말이다. 그 외 나머지 필진은 법실무나 실정법학의 전문가들이지만, 이들의 글도 적어도 문제의식과 지향점의 측면에서 기존 주류 법학계에 대해 뚜렷한 자기 변신을 요청하는 것들이다.

이러한 '특별한' 기획을 하게 된 나름의 경위를 밝혀야겠다. 돌이켜보면, 오래전부터 '법과 과학'을 테마로 한 책을 집필하거나 편집해 보고 싶다는 생각을 막연하게나마 했었다. 단행본 저술을 통해 법과 과학이라는 두 영역 간의 접점을 탐색하고 독자들과 공유하고 싶다는 생각이었다. 그러던 차에 먼저 서울대 법이론연구센터 측에서 법철학연구기금을 활용할 좋은 기회를 제안해 주었고, 이내 본 편저자는 평소 생각했던 '법과 과학' 편저에 대한 대략의 '기획'을 역으로 제안했다. 이 책은 그렇게 시작됐다.

원고를 모으는 일이 과제였다. 몇몇 원고는 이미 기존에 출간된 논문들 중에서 염두에 두고 있었지만, 나머지 몇몇은 새로이 발굴해야 했다. 그래서 주요 학술지 등 국내에 현존하는 많은 저술을 살펴보고, 그중에서 십여 편의 논문을 '선택'했다. 그리고는 이 글들을 '인간', '판단', '규제'라는 큰 범주 구분 속에서 서로 중복되지 않도록 선택하고 분류하였다. 그 과정에서, 조금이라도 지금과 다른 기획이었다면 선택되었을 수도 있는 논문이 최종 원고 목록에서 제외되었고, 역시 지금과 다른 기획이었다면 제외되었을 수도 있는 논문들이 선택되기도 했다. 나아가, 몇몇 주제를 위해서는 기존 논문을 찾지 못해, 아예 별도의 집필자를 구해 새 글을 집필해주실 것을 요청해야 했다. 제2, 3, 5, 6, 13장이 그러한 글들이다.

물론 이러한 기획과 선택만이 본서의 모습을 결정지은 것은 아니다. '국내에 현존하는' 논문이라는 전제는 본서의 모습을 애초부터 크게 제약한 요소였다. 주제와 성격 면에서 기획 의도에 부합하는 글을 국내에서 찾지 못한 탓에 애초의 기획을 포기해야만 하기도 했다. 또한 그렇게 수정된 기획의도에 적합한 글일지라도 이미 다른 책에 실린 탓에 재수록을 포기하기도 했다. 게다가 아쉽게도 이미 모든 원고를 편집하는 단계에 와서야 뒤늦게 필자의 눈에 띈 탓에 좋은 글임에도 싣지 못한 경우도 있었다. 물론 필자가 국내의 '모든' 문헌을 살펴본 것도 아니며, 단지 여하한 경로로 필자의 눈에 들어온 글들을 우선적으로 검토했을 뿐이니, 아마 필자가 놓친 좋은 글들이 더 있을 것이다. 어쨌든 이렇게 필연에 우연이 더해져 책이 만들어졌다.

애초 기획 단계에서는 본서가 성격상 학술교양서가 되기를 바랬다. 학술논문집과 일반교양서의 중간쯤에 자리하여 학술성(전문성)과 가독성, 두 마리 토끼를 모두 잡기를 바랬다. 그래서 비록 기존 학술지에 이미 게재되었던 논문을 이 책에 옮겨 싣더라도 그 글을 가능한 한 친절하고 다가가기 좋은 글이 되게 하려고 애썼다. 하지만 이러한 애초의 지향과 노력에도 불구하고, 최종적으로 많은 글들이 여전히 학술논문의 무거움을 떨치지 못한 것 같다. 필자 본인이 쓴 제1장과 해제부터가 그렇다. 그래서 아마 지금 많은 독자의 눈에는 학술논문집에 해제를 추가한 책처럼 보일 것이다. 아무쪼록 독자들이 보기에 책이 지나치게 어렵거나 건조하여 읽기가 부담스럽게 느껴지지 않기를 바란다.

이 책에 특별히 정해진 독자는 없다. 이 책의 독자는 법률가나 법학자, 혹은 과학자만으로 국한되지 않는다. 그들 집단을 넘어 책이 더 넓은 독자층과 대면하기를 희망한다. 법에 관심을 가진 독자든, 과학에 관심을 가진 독자든, 법과 과학 둘 다에 관심을 가지 독자든 좋다. 아니, 그저 인간과 세계에 대해 일말의 진지한 관심을 가지고 있다면 좋다. 이제껏 두 영역 중 어느 것에도 특별한 관심은 없었었을지라도 이 책을 통해 비로소 서로 생경할 것 같던 법과 과학이 만나는 다양한 양상을 호기심 어린 눈으로 바라볼 독자라면 그 어떤 독자든 좋을 것이다. 법과 과학이 어떻게 마주하고 손을 내미는지, 그렇게 해서 상대를 어떻게 변화시키고 만들어가는지, 혹은 어떻게 서로 긴장관계에 놓이는지를 말이다.

다만 법의 현장에서 활동하는 법실무가들에게는 이 책 내용이 다소 이질적으로 느껴질지도 모르겠다. 그들로서는 이 책이 특유하게 지향하는 '법과 과학'의 성격으로 인해 책 내용이 애초에 제목을 통해 예상한 바와 적잖이 다르다고 느낄지도 모른다. 혹은 이 책의 지향이 지나치게 학술적으로 치우쳐 있어서 자신의 실무에 직접적으로 연결되지 않는다고 지레 시선을 돌릴지도 모른다. 제4장과 제12장을 제외한 나머지 글들은 실정법학의 글로 분류하기 어려운 것도 사실이다.

하지만 본서의 글들은 대체로 '융합학문적'인 동시에 다분히 시론적 성격을 띠도록 기획한 것이다. 요리에 비유하면, 고객에게 곧바로 먹을 수 있는 잘 조리된 요리를 마련해주는 것이 아니라 대략의 식재료와 레시피만을 스케치해줄 뿐이다. 하지만 자신하건대, 이 식재료는 신선하고도 풍부하며, 이 레시피는 무궁무진하게 응용가능하다. 또한 이 책의 글들이 다루고 있는 주제는 어느 하나 예외 없이 현대 법학에서 중요한 것들로, 과학이나 기술과 관련하여 법의 현재와 미래에 대해

관심이 있는 독자라면 누구든 살펴봐야 할 것이다. 물론 각 주제와 관련하여 해당 저자가 취한 견해에 대해 독자들은 얼마든지 이견을 가질 수 있다. 독자들은 단지 각 글을 요리 재료로 삼아 자유롭게 자신의 요리를 시도해 보거나, 혹은 각 글을 품평 대상인 요리로 삼아 마음껏 품평해 보면 되는 것이다. 하나하나의 글을 음미해 보기를 바란다.

물론 이 모든 목표가 이 한 권의 책으로 달성될 수는 없다. 이 책은 완성이 아니라 시작에 불과하다. 그렇지만 적어도 국내 학계에서, **법과 과학**이라는 도전적 분과의 의제와 목표를 과감하게 제시하는 한편 그것을 위한 설계와 시공을 시도한 첫 작업이고자 한다. 이 작업에 이어 필자는 향후 **법과 과학**에 관한 단행본 연구서를 집필하여 이 책에 보태고 싶다. 혹은 여하한 다른 기회를 통해 남은 과제를 보충해 나가려 한다. 뜻있는 독자들과 함께 말이다.

감사의 말

이 책은 본 편저자에게 오랫동안 구상해 온 편저를 내는 소중한 기회였지만 동시에 하나의 큰 도전과제였다. 하지만 의욕만 앞설 뿐, 필자의 역량도 집중력도 거기에 미치지 못했다. 이에 더해, 다른 빡빡한 일들과 병행해야 했던 탓에 출간이 계속 지연되면서 부담과 괴로움도 날로 커졌다. 하지만 늦게라도 이제 책이 나올 때가 되니 그 모든 시름은 사라지고 뿌듯함이 앞선다. 물론 여전히 아쉬운 점들도 남아있으니, 이에 대한 책임감 또한 편저자로서 안고 가야 할 것이다.

감사해야 할 분들이 많다. 먼저 이 책의 발간을 위해 서울대학교 발전기금 중 법철학연구기금의 지원을 받았다. 기금을 출연해주신 남승우 풀무원재단 이사장님께 서울대학교 법이론연구센터를 대신하여 감사드린다.

그리고 이 기금을 활용하여 책을 편집할 기회를 제공해주신 동 센터의 김도균 교수님과 공두현 교수님께도 감사드린다. 김도균 교수님께서는 이 책의 기획에서부터 편집과 출간에 이르는 전 과정에서 격려와 조언을 아끼지 않으셨고, 공두현 교수님께서는 번거로운 실무적 일들을 마다하지 않고 도와주셨다. 두 분과의 약속이나 두 분으로부터의 도움이 없었다면 이 책은 결코 세상에 나올 수 없었을 것이다. 책 출간이 처음에 목표로 한 것보다 많이 지연되었음에도 두 분 모두 조금도 재촉하지 않고 격려해 주셨다. 인내에 인내를 거듭하시는 동안 아마 많이 답답하셨을 것이다. 이 점 송구하기 그지없다.

사실 누구에게보다 본문 각 장의 저자분들께 감사드려야 할 것이다. 저자들께서는 적시에 원고를 제공하는 데에 잘 협조해 주셨을 뿐 아니라, 필자가 처음에 자신했던 것에 비해 출간 작업이 상당히 지연되었음에도 불구하고 묵묵히 기다려 주시고 마지막까지 교정과 수정에 성의를 다해 주셨다. 저자들께 다시 한 번 고개 숙여 감사드린다.

긴 시간 인내하고 편집에 정성을 기울여 말끔한 책을 만들어주신 법문사 관계자분들께, 그리고 저작권 사용과 관련하여 흔쾌히 협조해주신 관련 학술지의 관계자들께도 감사드린다.

끝으로, 이 순간 할 수만 있다면, 지극히 평범하면서도 소중한 삶의 가르침을 남겨주신 선친께 못다 한 사랑과 감사의 말씀을 전해 올리고 싶다.

Law and Science

Law Meets Science

I

법적 인간과 과학

legal person

01

법인격, 과학을 만나다*

김건우

현재 광주과학기술원(GIST) 인문사회과학부 교수(법철학, 과학기술윤리법)로 재직하고 있다. 주된 연구 관심사는 법철학의 다양한 측면과 관련하여 법의 토대를 검토하는 것과, 인공지능과 생명공학 등 첨단 과학기술을 둘러싼 윤리적·법적·사회적 문제를 탐색하는 데에 있다. 최근에는 이 두 관심사를 종합하여 이른바 '포스트휴먼 혹은 포스트디지털 법리학'이라는 연구 기획을 통해 근대법의 해체와 재구성에 주력하고 있다. 관련 주제로 다수의 논문을 썼으며, 역서로 프레더릭 샤워, 『법률가처럼 사고하는 법(도서출판 길, 2019)』, 편저로 『인공지능 규제거버넌스의 현재와 미래』 등이 있다.

* 이 글은 필자가 출간한 두 논문, "자연주의 법인격론의 도전: 토마시 피에트르지코브스키의 이론을 중심으로", 『법철학연구』 제25권 제3호(2022), 7－42쪽과, "인공지능 법인격 논쟁 다시 보기: 철학적 분석", 『법철학연구』 제26권 제3호(2023), 205－46쪽으로부터 일부 내용을 추출하여 이 책의 취지에 맞게 수정하고 다듬은 것이다. 한편 이하 본 장에서는, 용어를 강조하고자 할 경우 해당 용어를 언급(mention)하는 경우와 구별하기 위해 겹따옴표(" ")를 사용하였다.

Ⅰ. 법인격론

1. 법인격이라는 문제적 개념: 법인격은 법이 고안한 최고의 발명품?

얼핏 답이 뻔한 것 같지만, 생각할수록 우리를 당혹케 하는 질문이 있다.

이 세상은 무엇으로 이루어져 있는가?

이 질문은 우리의 상식에 관한 질문이자, 세계 내의 "존재"(being)나 "존재자"(entity)에 관한 질문이라는 점에서 철학적 질문이기도 하다. 이 질문의 답은 무엇일까? 독자들은 그 답으로 온갖 개별적 존재들이 생각날 것이다. 하지만 이 질문을 존재의 "범주"에 관한 것이라고 본다면, 아마 가장 먼저 떠올릴 만한 답은 "사람"(혹은 "인간")일 것이다. 이 글을 쓰고 있는 필자나 이 글을 읽고 있는 독자나 모두 사람이고, 사람이야말로 우리의 삶과 활동의 출발점이나 종착점이 결국 "사람"일테니까 말이다. 다음으로, 사람 외에 떠올릴 수 있는 답은 "사물"(혹은 "물건")일 것이다. 사람을 둘러싼 외부 환경 속의 많은 것들은 생명이 없는 죽은 "사물"이니까 말이다. 사물에는 저기 보이는 산이나 들판, 바위, 바다와 같은 자연물도 있고, 내 눈앞의 책상이나 컴퓨터, 혹은 찻잔과 같은 인공물도 있다. 편의상 이런 존재 범주를 '전형 범주', 그리고 그러한 범주에 속하는 사례를 '전형 사례'라 하자.

그렇다면 세계는 "사람"과 "사물", 두 전형 범주로 이루어져 있다고 답하면 되는 것일까? 섣불리 그렇게 말할 수는 없다. 세상에는 소위 "비전형 범주"와 "비전형 사례"도 많이 있기 때문이다. 무엇보다 동물 등 인간 아닌 생물의 범주가 있다. 동물은 사람도 아니고 사물도 아닌 것 같은 무엇이라고 해야 하지 않을까? 또 (어떤 의미에서든) 그러한 비전형 범주나 비전형 사례라 할 만한 것에는 동물 외에도 더 있다. 시체(죽은 사람)는 어떤가? 사고로 절단된 손가락처럼 (신체로부터) 분리된 신체의 일부는 어떤가? 아니면 혈액이나 조직과 같이 인체에서 추출된 각종 "인체유래물"(human materials)[1]은 어떤가? 특히 (인체유래물 중에서) 정자나 난

1) 대한민국 <생명윤리 및 안전에 관한 법률> 제2조 제11호에서는 '인체유래물'을, "인체로부터 수

자와 같이 그 속에 인간의 생명유전정보가 담긴 DNA가 들어 있어 특별히 중요하다고 여겨지는 생식세포는 어떤가? 혹은 오늘날 첨단기술사회 혹은 디지털 전환의 시대가 도래하면서 많이 거론되는 "데이터"나 "정보", 또는 "인공지능"은 어떤가? 이 모든 것들은 사람과 사물, 두 범주 중에서 단지 사물에 속한다고 하면 될까? 만약 이것들이 사람도 사물도 아니라면, 그 사이에 속한 무엇(something)이라 하면 될까? 만약 그렇다면, 그것들은 우리가 세계 내 존재를 더이상 사람과 사물의 이분법으로만 나누어 이해할 수 없음을 말해주는 것인가? 애초에 그러한 존재 양태를 단순히 범주화할 수 없는 것인가? 도대체 이 세상은 무엇으로 이루어져 있는가?

이 모든 당혹스러운 질문들은 법적 맥락에서도 고스란히 제기된다. 법이 다루는 세상은 무엇으로 이루어져 있는가? 법에서는 어떤 존재를 다루는가? 법적 존재는 어떻게 범주화되는가? 이들 물음을 묶어서 간단히 답하면 이렇다. 법도 위에서 거론한 모든 존재 범주나 사례를 다룬다. 동어반복인 것 같지만, 법은 이들을 "법적으로" 취급하며 위 수수께끼 같은 질문들에 "법적으로" 답한다. 그리고 그 일차적 답은 상식적 답에서처럼 "사람"과 "사물"이다.

다만 여기서 특기할 점이 있다. 법은 이러한 존재 범주를 다룰 때에 '법인격'(legal person; legal personality; legal personhood)이라는 개념을 고안하여 활용해왔다는 점이다. 법학을 조금이라도 공부해 본 사람이라면 이 개념을 접해보았을 것이다. 법에서는 사람이든, 사물이든, 혹은 그 어떤 것이든 간에, 그것이 법인격인지 아닌지의 여부를 따진다. 법은 모든 존재 범주나 사례를 그것이 권리와 의무의 주체인지 객체인지를 구분하여, 같은 것은 같게, 그리고 다른 것은 다르게 취급한다. 그래서 단순화의 오류를 무릅쓰고 말해, 모든 사람은 법인격, 즉 권리의무의 주체(예: 소유권의 주체)로서 동등하게 취급되는 반면, 사물은 법인격이나 권리의무의 주체가 아닌 객체(예: 소유권의 객체)일 뿐이기에 사람과 비교하여 그 지위가 명백히 차별적으로 취급된다.[2)]

이렇게 해서 우리는 법인격이라는 중요한 개념과 만난다. 법인격이란 무엇인

집하거나 채취한 조직・세포・혈액・체액 등 인체 구성물 또는 이들로부터 분리된 혈청, 혈장, 염색체, DNA(Deoxyribonucleic acid), RNA (Ribonucleic acid), 단백질 등"이라고 정의하고 있다.

2) 현대 법인격론에 관한 간략한 개괄로는, Visa A. J. Kurki, "Legal Person", in M. Sellers & S. Kirste (eds.), *Encyclopedia of the Philosophy of Law and Social Philosophy* (Springer Nature, 2020) 참조.

가? 법 혹은 법학에서는 이를 어떻게 설명하는가? 우선 대한민국 민법 제3조는 "사람은 생존한 동안 권리와 의무의 주체가 된다"라고 하여 "자연인"의 권리주체성을 규정하고 있고, 제34조는 "법인은 법률의 규정에 좇아 정관으로 정한 목적의 범위 내에서 권리와 의무의 주체가 된다"라고 하여 "법인"의 권리주체성을 규정하고 있다. 이렇듯 '법인격'이 법규에서 직접 언급되고 있지는 않다. 하지만 그러한 규정에 더해, 많은 법학교과서들은 권리주체(성)을 그것과 동일시하면서, '법인격'에 "자연인"과 "법인", 두 가지가 있다고 간단히 정의하고 있다. 요컨대, 법인격, 즉 법적 권리 주체로 자연인(사람)과 법인이 있으며, 권리 객체로 사물(물건)이 있는 셈이다.

'법인격'에 대한 이같은 교과서적 견해는 "정통적 견해"(The Orthodox View)라고 불리기도 한다.[3] 오늘날 많은 법학도들과 법률가들은 이러한 견해를 의문의 여지 없이 당연한 것으로 받아들이고 있는 듯하며, 교과서나 기타 문헌에서 그러한 견해 이상의 논의는 드물어 보인다. 왜 그럴까? 이는 아마도 정통적 견해와 그에 근거한 법인격 개념이 근대법에서 개념적 도구로서 대단히 중요하고도 유용한 역할을 해왔기 때문일 것이다. 구체적으로 말해, 법적 존재를 사람과 사물로 나누고 사람만을 법인격으로 대별하는 것은 사람과 사물을 중심으로 한 우리의 상식적 존재론과도 잘 조응(照應)할 뿐 아니라, 법인격 개념은 사람, 사물, 법인 등을 포함한 현대 사회의 복잡한 현실 속에서 법이 권리와 의무를 비교적 적절하고 배분하고 귀속시키는 데에 효과적인 장치이기 때문일 것이다. 특히 법인격 개념을 통해 모든 사람의 법적 지위를 마땅히 동등한 것으로 규율하는 한편 그러한 사람과 사물의 지위를 확연히 구별할 수 있게 해주는데다, 그 개념은 법인에 대해 그 지위를 사람의 지위와 유사한 것으로 간주해야 할 현실적 필요를 적절히 충족시켜 주기 때문일 것이다. 이 점에서, 어쩌면 법인격은 로마법에서 유래한 이래 근대법이 고안한 최고의 발명품이라 할 것이며, 정통적 견해는 그러한 발명품을 강학과 실무라는 현실적 목적에 맞도록 "단순하게", 그리고 "최소이론적으로" 해명한 것이라 하겠다.

그렇다면, 법적 맥락에서 존재 범주에 관한 물음들은 이제 '법인격'에 관한 정통적 견해를 통해 충분히 해결되는 것인가? 일견 정통적 견해는 좀 전에 언급본대로, '법인격'이 무엇인지에 관한 단순명쾌한 답처럼 보인다. 하지만 좀 더 들여

3) Visa A. J. Kurki, A Theory of Legal Personhood (Oxford University Press, 2019), pp.55 - 6.

다 보면, 이 질문에 답하는 일은 생각보다 간단치 않으며, 정통적 견해는 그리 만족할 만한 답이 아님을 알 수 있다. 무엇보다, 법적 관점에서는 "사람"이라는 범주의 외연과 내포는 정밀하고도 복잡한 논의를 요한다. 역사적으로든 개념적으로든, "사람"이 그저 "사람"인 것이 아니기 때문이다. 역사를 돌이켜 보면, 사람의 지위는 단일하지 않았다. 오랜 신분 시대에 왕에서부터 귀족, 평민, 노비 등 사람에 여러 층위가 있었던 것처럼 말이다. 특히 고대사회에 "노예"는 인간임에도 법인격임을 인정받지 못했던 대표적 사례이다. 남성과 여성의 구분 또한 오래도록 규범적으로 중요한 구분이었고, 여성은 근래에 와서야 법인격을 인정받게 되었다. 그 외에도 우리는 역사에서 소외되거나 차별받았던 이런저런 소수자들을 떠올릴 수 있다. 게다가 "태아"는 고대로부터 지금까지 사람이나 법인격인지가 논란이 되어 온 대표적 사례이다. 요컨대, 일찍부터 노예나 여성, 혹은 태아의 법인격 여부는 중요한 법적 문제였으며, 그 답은 시대나 역사적 전통 혹은, 사회문화적 조건에 따라 달랐다. 이는 '법인격'이 적어도 불변적 개념은 아님을 시사한다.

다른 한편, 근대 이후 사람이 아님에도 법인격임을 인정받게 되었거나 혹은 인정받아야 한다고 주장되는 것들도 늘고 있다. 예를 들어, 회사 등 "법인"은 자연인이 아니라 (어떤 의미에서는) 인공물이지만, 그것은 오늘날 법률적 "자연인"이라는 전형 사례에 더해 법인격으로 간주되고 있다. 뿐만 아니라, 심지어 동물이나 기타 자연물까지도 법인격일 수 있다거나 법인격이어야 한다고 주장하는 이들이 늘어나고 있다. 또한 오늘날 첨단기술 시대에 "인공지능"이 법인격인가의 쟁점은 관련 기술의 발전과 더불어 더 크게 점화되고 있다.[4)]

이처럼 '법인격'에는 경계 사례나 예외 사례가 상존한다. 시대 변화와 함께 그런 사례가 사라지기는커녕 오히려 늘어나고 있으며, 이들의 법인격 여부는 여전히 분명히 판가름나지 않은 채 크고 작은 쟁론(爭論) 하에 있다. 이러한 현실은 법인격 개념을 일반적이고 선명한 방식으로 정의(定意)하는 일은 말할 것도 없고, 법인격론, 즉 법인격에 관한 하나의 정합적 이론을 정립하는 일 자체를 어렵게 만든다. 자연인을 넘어, 태아, 법인, 동물, 인체유래물, 인공지능 등에 이르기까지, 이 모든 존재 유형을 아울러 그것이 법인격인지의 여부를 일관되고 자족적인 방식으로 설명해 줄 이론이 있는가? 적어도 앞서 소개한 정통적 견해는 그럴 수 없어 보인다. 다른 대안적 견해도 언뜻 보이지 않는다. 그래서 한마디로, '법인격'으

4) 관련한 논쟁을 철학적으로 분석한 글로, 졸고(김건우), (2023)(주*), 205-46쪽 참조.

로 가는 길은 아직도 멀다. '법인격'은 마땅히 근대법이 정립한 최고의 발명품이라 하겠지만, 여전히 그 의미를 명쾌하게 밝히기 어려운, "문제적" 발명품이다.

2. 현대의 지배적 법인격론: 법률주의와 법인본주의의 기묘한 동거?

이제 이러한 난점을 좀 더 들여다 보자. 정통적 견해는 왜 위와 같은 개념적 난점에 봉착하는가? 그러한 난점의 원천은 무엇인가? 좀 전에 언급한 대로, 그러한 난점의 주된 이유는 정통적 견해에서는 소위 여러 경계 사례나 예외 사례를 가로질러 '법인격'을 구성한다고 할 만한 공통의 "내용", 즉 그것의 핵심 내포(개념 표지)가 무엇인지가 쉽사리 해명되지 않기 때문이다. 따라서 이 절에서는 '법인격'을 구성하는 주요 내용이 무엇인지를 밝히는 시도를 해 본다. 호주의 법철학자 나이리 너핀(Ngaire Naffine)이 그 유력한 후보로서 제시하고 검토한 몇몇 견해들이 있으니 이를 활용해 볼 것이다. 그러한 후보군(群)이 '법인격'을 둘러싼 난점을 이해하고 다루는 데에 유익한 자원을 제공해주는 것 같기 때문이다.

너핀은 저서 『법이 말하는 생명의 의미』[5]에서, "법은 누구를 위한 것인가?"(Who is law for?)를 묻는다. 그러면서 그는 이제까지 이 질문에 대해 법(학)에서 개진된 다양한 철학적 견해들을 "법률주의"(Legalism), "이성주의"(Rationalism), "종교주의"(Religionism), "자연주의"(Naturalism), 그리고 자신이 비판적으로 옹호하는 "관계주의"(Relationism) 등 다섯 가지로 대별한다. 이들을 법인격의 핵심 내용(개념 표지)의 유력한 후보라고 보는 것이다. 그에 따르면, 이들 견해가 법인격의 의의와 역할을 바라보는 시각은 서로 다르지만 제각기 법인격을 해명하는 데 일익을 담당하고 있음은 물론, 이들은 어떤 의미에서 법 속에 공존하고 있다. 달리 말해, 법의 각 영역에는 세속적, 이성주의적, 인본주의적 인간관과 종교적 인간관 등 제각기의 인간관이 자리하고 있다는 것이다.[6] 형법 영역에서는 이성주의적 인간관이 뿌리깊게 투영되어 있는 반면, 의료법 영역에서는 종교적·신학적 인간관이 중심적 역할을 하는 것처럼 말이다.

이 글의 목적이 너핀이 네 가지 유력한 후보군으로부터 관계주의로 나아간 논리나 그 타당성 등을 분석하거나 평가하는 것은 아니다. 대신 우리는 이러한 후

---

5) Naire Naffine, *Law's Meaning of Life: Philosophy, Religion, Darwin and the Legal Person* (Hart Publishing, Oxford, UK, 2009).

6) 이 네 가지 입장에 관한 너핀의 더 상세한 서술과 필자의 논평은, 졸고 "법인격론의 최근 연구 동향", 『법철학연구』 제24권 제3호(2021), 140 - 44쪽 참조.

보군을 토대로 하여 근대법에서 '법인격'의 중핵을 이루는 내용이 무엇이고, 그것에 결여되어 보충되어야 할 바가 무엇인지를 살펴볼 것이다.

먼저 **법률주의**란 무엇인가? 그것은 대체로 법을 기술(技術)적으로 다루는 법률가들이 취하는 견해다. 이에 따르면, 법인격은 권리와 의무를 담지할 수 있는 능력이며, 이 능력은 순전히 법률관계(legal relations) 내에서 행사된다.[7] 그래서 법인격은 "하나의 허구이자, 장치이자, 구성물이자, 발명품"일 뿐이며,[8] 거기에는 어떠한 경험적 내용이나 도덕적 내용도 들어있지 않다. 어떤 존재자가 법인격인가의 여부는 단지 법률이 정하기에 달려있을 뿐이다. 그래서 법에서는 일찍이 자연인만이 아니라 회사 법인(corporations)도 법인격을 "부여"받은 바 있으며, 경우에 따라 국가나 선박, 혹은 우상(idols)이 법인격을 부여받기도 했다. 특히 법인이 법인격이 된 데에는 법률주의가 중요한 이념으로 관철되었다.

논평하건대, 법률주의는 법인격의 내용에 관한 이론이 아니다. 그것은 법인격이 무엇인지, 거기에 어떤 존재 범주가 포함되는지는 법이 정하기 나름이라고 보는 견해일 뿐이다. 법인도, 동물도, 인체유래물도 법이 법인격이라고 정하면 법인격인 것이고, 법이 그렇지 않다고 하면 그렇지 않은 것이다. 이러한 법률주의는 법인격에 관한 정통적 견해의 주요한 토대이론이자, 오늘날 법인격론의 지배적 패러다임을 구성하는 주요한 축이다. 다만 법률주의가 그러한 패러다임의 토대의 전부는 아니다. 그러한 패러다임은 법인격의 형식과 관련하여 법률주의를 취하면서도, 거기에 더해 법인격의 내용과 관련하여 이성주의와 종교주의의 사유를 바탕에 깔고 있다. 이성주의와 종교주의의 의의를 잠깐 살펴보자.

너핀에 의하면, **이성주의**는 오늘날 법철학자들에게 가장 영향력이 있는 견해로서, 주로 자연법론 계열의 법철학자들에게서 많이 발견된다. 이성주의에 의하면, "법에서 인격을 가장 유력하게 정의하는 것은 바로 정교한 높은 수준의 이성적 능력"[9]이다. 이러한 믿음의 철학적 연원의 하나는 중세의 철학자 보에티우스(Boethius)가 인격에 대해 제시한 고전적 정의이다. 즉 "이성적 본성의 개별적 실체"(rationalibilis naturase individua substantia)라는 표현이 그것이다. 혹은 근대철학자 칸트의 철학도 이성주의 법인격론의 주요한 연원이다.[10] 보에티우스에서

7) Naffine, 앞의 책(주 5), 6쪽.
8) Naffine, 앞의 책(주 5), 36쪽.
9) Naffine, 앞의 책(주 5), 59쪽.
10) Naffine, 앞의 책(주 5), 64-5쪽.

칸트에 이르는, 이성주의의 이러한 생각은 현대의 법 및 법사상에 넓고도 깊게 퍼져 있다. 이러한 사정은 특히 헌법과 형법에서 발견되는 인간과 법인격에 대한 관점에서 확인된다. 이에 따르면, 인간은 자유의지와 의도를 가진 이성적 존재로서 자신의 행위를 선택할 자유가 있으며, 그러한 선택 및 그 결과에 대해 책임을 져야 한다.[11)]

종교주의도 자연법론자 등의 법철학자들에게 익숙한 견해다. 이에 따르면, 인간이나 생명에는 영혼이 깃들어 있어서 그 자체로 신성하기에, 인간은 마땅히 법인격이 된다. 이러한 신성함은 오직 인간만의 것이며, 인간 외 다른 존재에게로 결코 확대될 수 없다.[12)] 설령 인간 외 다른 존재가 일정한 법의 보호를 받아 마땅하거나 그럴 수 있다고 하더라도, 그러한 보호가 규범적으로 정당화되는 것은 그것이 인간을 위한 것이거나 인간에게 유의미한 중요성을 가지는 경우에 한한다. 이러한 취지에서, 드워킨이나 피니스(John Finnis)와 같은 자연법론 계열의 법철학자들은 법인격에 대한 이성주의와 종교주의 사이에서 자신의 입장을 취했다.

이성주의와 종교주의는 법인격의 핵심 내용(개념표지)을 각각 "이성"과 "신성성"으로 서로 다르게 본다. 하지만 두 견해는 인간의 특별히 존엄한 지위를 옹호한다는 점에서 공통적이다. 즉 두 견해는 일종의 "법인본주의"(Juridical Humanism)로 수렴한다. 법인본주의야말로 '법인격'을 포함한 근대법체계 전반의 내용상의 중핵을 이룬다는 것이다. 그렇다면 법인본주의란 무엇인가? 이하 폴란드의 법철학자 토마시 피에트르지코브스키(Tomasz Pietrzykowski)의 논의를 빌려, 그 배경과 주요 내용을 잠깐 설명해 본다.

오늘날 서구 법체계의 주요한 특징은 그것이 인간중심적이라는 데에 있다. 이는 소위 인권 담론이 가지는 웅대한 위상에서 잘 드러난다. 비극적인 제2차 세계대전 이후 인권 담론이 전면적으로 부각되었음을 상기해보라. 인권 담론은 인간의 존엄과 평등을 최고의 원칙으로 하였고, 새로운 인식적 · 실천적 도그마로 자리 잡았다. 그 과정에서 이러한 담론의 역사적 배후라 할 기독교적 · 계몽주의적 인간 예외주의(human exceptionalism)는 근대 이후 쇠퇴하기는커녕 오히려 유지되고 더욱 강화되어 왔으며, 이러한 흐름은 자연주의와 과학주의가 정점에 달한 오늘날 21세기에도 크게 달라지지 않았다. 그래서 우리는 여전히 인간을 동물이

11) Naffine, 앞의 책(주 5), 72쪽.
12) Naffine, 앞의 책(주 5), 100 - 1쪽.

나 사물로부터 날카롭게 구획하는 것이다.

이러한 인간 예외주의는 '법' 혹은 '법적 인간'으로 이어진다. "법은 신에 의해 계시되거나 과학에 의해 발견되는 것이 아니라 순전히 인간에 의해 이루어지는 일"이라는 법인간학적 견해가 그것이다.[13] 피에트르지코브스키는 이러한 견해를 '법인본주의'라는 용어로 집약하였다. 법인본주의란, "법인격 개념과 관련하여 서구 법질서의 철학을 형성하는 형이상학적, 경험적, 가치론적 믿음의 총체"[14]를 말하는 것으로, 그 핵심 내용은 법이 궁극적으로 인간의 선(good)과 이익을 위해 복무하도록 고안된 것이라는 믿음이다.[15] 이러한 믿음은 근대의 인격 개념을 자양분으로 삼은 것으로, 이후 근대 이후 서구의 법체계 전반을 지배하는 하나의 패러다임이 되었다. 유엔의 세계인권선언 제6조, "모든 사람은 그 어디에서건 법 앞에서 다른 사람과 똑같이 한 인간으로서 인정받을 권리가 있다"(everyone has the right to recognition as a person before the law)에서 그 정점의 표현을 볼 수 있다. 모든 인간의 인격성을, 그리고 인간만의 인격성을 인정하는 기초로서, 폭넓게 공유되는바 '본유적 인간존엄' 개념에 호소하는 것이다. 그리고 그러한 인간존엄 개념은 이성적, 도덕적 행위자로서 인간의 고유한 특성을 반영한다.[16]

다만 덧붙일 것은, 법인본주의가 인본주의적이라고 해서 "자연적" 법인격만을 옹호하고 '인공적' 법인격을 배제하는 것은 아니라는 점이다. 법인본주의에서도 법인, 교회, 지방자치단체, 국가 등과 같은 존재가 법인격임을 부인하지 않는다. 한 가지 유력한 법인론에 따르면, 법인본주의는 그런 존재를 자연인들이 자신들의 필요나 목적에 따라 협동하여 만든 집합적 조직체로 간주한다. 그러한 조직체에게 권리와 의무를 부과하는 것이 개별 자연인들에게 권리와 의무를 부과하는 것보다 더 효과적이고 효율적이라고 보아 — 즉 "인간"의 필요에 따라 — 그러한 존재들(조직체들)에게 하나의 법적 "도구"로서 법인격을 부여하는 것일 뿐이다. 이

---

13) 알랭 슈피오(박제성/배영란 역), 『법률적 인간의 출현: 법의 인류학적 기능에 관한 시론』(글항아리, 2015), 31 - 2쪽.

14) Tomasz Pietrzykowski, *Personhood Beyond Humanism: Animals, Chimeras, and Autonomous Agents and the Law* (Springer, 2018), 27쪽. 법인본주의에 관한 상세한 소개는 이 책 제3장을, 그것이 어떠한 이론적·실천적 문제로 인해 무너지는가에 관한 논의는 이 책 제4장 참조.

15) Tomasz Pietrzykowski, "Law, Pesonhood ad Discontents of Juridical Humanism", in Tomasz Pietrzykowski & Brunello Stancioli (eds.), *New Approaches to the Personhood in Law* (Peter Lang, 2016), p.14.

16) Pietrzykowski, "Towards Modest Naturalization of Personhood in Law", *Revus*, Vol. 32(2017b), 61쪽.

점에서, 법인본주의는 법인격에 관한 법률주의와도 잘 조응하며, 인간(인격)－사물이라고 하는 근대의 이원론적 세계관을 일정 부분 반영하고 있다는 점에서 "인본주의적 사유"에서 크게 벗어나지 않는다.[17)]

이 절의 논의를 결산해 보자. 근대법에서 '법인격'의 토대는 법인격의 내용에 관한 여러 견해 중 법률주의가 이성주의 및 종교주의와 결합한 데에 있다고 할 수 있다. 다만 이러한 결합은 "기묘하고 어색한 동거"라고 표현할 수 있다. 그 이유는, 법률주의와 이성주의 혹은 종교주의의 이론적 성격이 완전히 상이하기에 서로 수미일관하게 연결되기가 어렵기 때문이다. 엄밀히 말해, 법률주의는 법인격의 내용을 적극적으로 제시하지 않거나 법인격이 무엇인가에 대해 법인격의 내용이 중요하지 않다고 보는 "형식적" 이론인 반면, 종교주의나 이성주의는 법인격의 내용이 무엇인지를 적극적으로 제시하는 "실질적" 이론이다. 즉 양자는 법인격에 관한 견해로서 상이한 차원에 놓여 있다. 따라서 양자가 철학적으로는 좀처럼 양립할 수 없어 보이기 때문이다.[18)]

Ⅱ. 자연주의적 법인격론: 법과 과학의 만남

그렇다면 '법인격'은 위와 같은 주요 견해들의 결합으로 충분히 해명되었는가? 그런 것 같지 않다. 그 이유는 일면 그러한 결합 역시도, 사람과 사물을 포함한 모든 존재 유형(전형 사례 및 경계/예외 사례)을 아울러 그 유형이 법인격인지의 여부를 일관되고 자족적인 방식으로 설명해주지 못하는 것 같기 때문이다. 나아가, 그러한 존재 유형을 가로질러 오늘날 그것이 무엇인가에 대한 최선의 — 혹은 가장 유력한 — 이해는 더 이상 철학(이성)이나 종교(신성성)에 의해서가 아니라 "과학"(과학적 자연성)에 의해서 제공될 수 있다고 믿어지며, 법인격이란 무엇인가 하는 질문 또한 바로 이러한 믿음에 의거해야 한다고 생각되기 때문이다. 그래서

17) 일반적으로 법인이 법인격이 된 경위에 대해서는 이러한 설명이 전부는 아니다. 고대 로마에서 기독교인들의 초자연적 의식 하에서는, 마치 개인의 몸에 대해 그랬던 것처럼 사람들의 결사체에 대해서도 그것을 하나의 새로운 "집합적 몸"으로 신성화하고 추상화하여 법인격화한 것이라고 설명하기도 한다. 쟝 - 피에르 보(김현경 역), 『도둑맞은 손: 살아있지만 인격의 일부라고 말할 수 없는 인간적인 어떤 것에 관한 탐구』(이음, 2019), 111쪽.

18) 관련한 더 자세한 논의는, 졸고, 앞의 글(2023)(주 *), 특히 II절과 VII절 참조.

이제 우리의 초점은 법인격이 "과학"(혹은 자연주의)을 어떻게 만나는가에 있다. 미리 답하면, 그러한 만남의 결과물은 이른바 "자연주의적 법인격론"이다. 다만 자연주의적 법인격론은 '(철학적) 자연주의'라는 더 일반화된 이론적 지향의 일환이기에, 그것에 앞서 자연주의의 철학적, 역사적 배경을 먼저 살펴볼 필요가 있다.

1. 자연주의의 의의와 과학사(史)적 배경

자연주의는 이성주의나 종교주의가 그렇듯이 하나의 사상이자 사조이다.[19] 다만 자연주의를 어떤 단일한 특성을 들어 정의하기는 어렵다. 따라서 논자에 따라 다소간 넓거나 좁게 정식화하기도 하고, 혹은 다소간 강한 의미나 약한 의미로 정식화하기도 한다. 자연주의를 정식화하는 여러 방식 중에서 흔히 제시되는 것은, 미국의 분석철학자 콰인(W.V.O. Quine)을 따라 자연주의를 강하고 좁게 정식화하는 것이다. 이 경우 자연주의란, "모든 사실(facts)은 자연적(natural) 사실이며, 자연과학만이 그러한 사실을 발견하고 설명할 수 있다"라는 교의이다.[20]

콰인의 자연주의에 따르면, 인간이 지난 수천 년 철학의 역사 속에서 탐구해온 물음, 즉 존재, 진리, 의미, 마음(혹은 의식), 지식, 가치, 선(善), 미(美)란 무엇인가의 물음에 대한 최선의 답은 자연주의적 설명과 이해를 통한 것이다. 근대 이후 새로운 중심 화두가 되었던 "과학"이란 무엇인가의 물음에 대해서도 그렇고, 심지어 "철학"이란 무엇인가의 물음에 대해서조차 그렇다. 철학은 선험적 탐구이고 과학은 경험적 탐구라는 점에서 두 분야가 날카롭게 구분된다는 것이 전통적 견해라고 할 때, 자연주의는 이를 정면으로 부정하며, 철학과 과학은 단지 연속적일 뿐이라고 말한다. 따라서 철학적 문제까지도 포함하여 모든 탐구 주제에 대해 과학이 말해주는 바야말로 그 주제에 대한 답이 된다거나, 혹은 적어도 과학이야말로 그런 주제를 탐구할 때에 가장 중요한 지적 원천을 제공한다는 것이다.

마땅히, 자연주의의 이념은 다분히 서구사회가 지난 세기에 과학과 기술이 가져다준 가공할 성취를 바탕으로 한다. 인류는 과학기술의 발전에 힘입어 질병과 기아라고 하는 인류사의 오랜 질곡에서 벗어났으며, 시간과 공간의 제약을 뛰어

19) '자연주의'라는 용어는 법철학에서 때로 법실증주의의 반대논제라 할 "자연법론"(natural law theories)을 가리키는 말로도 쓰인다. 하지만 이 글에서 논하는 자연주의는 자연법론을 일컫는 것이 아니므로 혼동하지 않도록 주의해야 한다.

20) 졸고, "라이터의 자연화된 법리학의 의의와 사상적 원천", 『법과사회』 제44호(2013), 157쪽.

넘어 세상을 연결하고 세계를 지배하게(혹은 지배한다고 믿게) 되었다. 이처럼 과학기술을 등에 업고서 인류가 세계의 단독 지배자로서 등장하면서, 과학이 갖는 지적 권위와 신뢰, 즉 과학이야말로 인간과 세계에 대한 최선의 이해를 제공해준다는 믿음은 커질 수밖에 없었다.

그렇다면 이 글의 주제인 '법인격'에 대해서는 어떠한가? 법인격이 과학을 만난다면 어떻게 될까? 자연주의에 따르면, '법인격'과 같은 철학적·법적 개념과 관련해서도 우리는 과학이 말해주는 바를 신봉해야 할 것이다. 그렇다면 과학이 말해주는 바 그 내용은 무엇인가? 여기서 근대 이후 과학적 변화가 인간이 인간 자신과 세계를 바라보는 관점에 대해 끼친 심대한 함의를 스케치해 보자. 관련한 문헌은 넘쳐나지만, 이하 일반 교양으로서 널리 수용된 이해라 할 만한 사항만을 간략히 서술해 본다.

흔히 17, 18세기 뉴턴 과학은 중세의 유기체적 세계관을 기계론적 세계관으로 바꾸어 놓았다고 말한다. 우주는 질서정연한 것이기에, 신의 의지나 인간의 주관(정신/영혼)을 벗어난 물리법칙을 통해 설명하고 예측할 수 있다는 것이다. 이러한 뉴턴 과학적 세계관이 인간이 세계를 이해하는 방식과 내용에 급격한 변화를 가져왔다고 한다면, 인간이 인간 자신을 이해하는 데에 심대한 변화를 가져온 것은 대략 19세기 이후 발전된 생명과학의 여러 분야였다. 진화론(진화생물학), 유전학, 인지신경과학(뇌과학) 등이 그것이다. 그리고 여기에 첨단 인공지능기술 및 로봇기술을 덧붙일 수 있다.

그렇다면 이들 분야는 인간과 인격에 대한 이해에 어떠한 함의를 주었는가? 먼저 진화론의 경우, 찰스 다윈(Charles Darwin)을 거론하지 않을 수 없다. 그가 진화론을 제시한 19세기 중반까지 통용되던 세계관과 인간관은 기독교가 가르쳐주던 대로 이 세계와 인간이 신의 창조물이라는 것이었다. 그러나 다윈은 진화론을 통해 인간은 처음부터 인간이었던 것이 아니며 원시생명체로부터 진화해온 것임을 밝혀냈다. 인간 역시도 여타의 동물과 기원을 같이하는, 동물의 후손이자 그 자체로 동물이라는 것이다. 나아가 다윈은 『종의 기원』(The Origin of Species)에 이은 저서 『인간의 유래』(Descent of Man)에서 인간의 지적·도덕적 능력은 동물 조상들로부터 진화해 온 것이라고 주장했다. 이는 오늘날 많은 논란 속에서도 큰 관심을 모으고 있는 "진화심리학"(evolutionary psychology)의 등장을 예고한 것이었다. 또한 인간이 동물과 다를 바 없다는 말은, 역으로 동물이 인간과 다를 바 없다는 말이기도 했다. 동물 세상에도 협동과 이타성이 존재하며, 동물도 인간처럼 즐거움, 고통, 슬픔이라는 감정을 느낀다는 것이다. 한마디로, 인간과 동물은 공통의 진화를 겪어왔기에 둘을 연속적으로 바라볼 수 있다는 것이다.

다윈 이전 이 같은 시각의 사상적 연원은 로크(Locke)나 흄(Hume) 등 경험주의 철학자들과 벤담 등 공리주의 철학자들에서 찾을 수 있다. 일찍이 벤담은 동물을 도덕적으로 타당하게 고려하기 위해서는, "동물이 '추론할'(reason) 수 있는가, 혹은 동물이 '말할'(talk) 수 있는가를 물을 것이 아니라, 동물이 '고통을 겪을'(suffer) 수 있는가를 물어야 한다"라고 했다.[21] 이러한 진화론적 함의는 오늘날까지도 큰 영향력을 가지며, 현대의 진화주의자들이나 공리주의 윤리학자들의 견해로 이어지고 있다. 예를 들어, 미국의 윤리학자 피터 싱어(Peter Singer)는 종차별주의(speciesism)에 반대하고 동물해방을 주창한 것으로 유명하다. 싱어에 따르면, 종 구분은 도덕과 법에 있어 유관성(relevance)이 없고, 그것은 단지 임의적일 뿐이거나 규범적으로 정당화될 수 없는 것이다. 도덕적으로 중요한 것은 종 구분이 아니라 쾌고감수성(sentience)의 정도이다. 쾌고감수성은 인간과 동물이 공유하는 성질이기에 인간과 동물의 도덕적 지위는 이분법적으로 차별화되지 않으며 쾌고감수성의 정도에 따른 차이만이 존재한다. 한마디로, "[인간을 포함하여] 모든 동물은 동등하다."[22]

인간과 다른 동물 사이에 공통점이 크다는 사실이 부각된 데에는 진화론 외에 유전학의 발전도 한몫했다. 현대 유전학에 의하면, 인간은 다른 동물들과 대부분의 유전자 코드를 공유하고 있다. 잘 알려져 있듯, 제임스 왓슨(James Watson)과 프랜시스 크릭(Francis Crick)은 DNA 나선구조 발견으로 노벨상을 받았으며, 이를 통해 현대 분자생물학이 태동하였다. 그중에서 크릭은 "현대 분자생물학은 생명체와 비생명체 간의 구별을 무력화시켰다"라고 말한 바 있다.[23] 크릭이 보기에 인간이 다른 자연적, 물질적 존재와 다르다는 믿음은 단지 종교적 믿음일 뿐 과학적인 것은 아니었다. 한편 분자생물학의 탄생과 발전에 이어, 인간 유전체 계획(human genome project)으로 인간의 유전체 지도가 완성되었으며, 유전자재조합

---

21) Jeremy Bentham, [1789] *An Introduction to the Principles of Morals and Legislation*, J. H. Burns and H. L. A. Hart (eds.) (1970), 283n.

22) Peter Singer, *Animal Liberation: A New Ethics for Our Treatment of Animals* (Random House, 1975). pp.8 - 9.

23) Matt Ridley, *Francis Crick: Discoverer of the Genetic Code* (Harper Press, 2006), p.125.

및 조작 기술이 발전하였다. 『이기적 유전자』(The Selfish Gene)로 유명한 리처드 도킨스(Richard Dawkins)는 유전자를 통해 다윈의 진화론적 통찰을 다시 설명하였다. 그는 "우리 인간은 유전자라고 하는 이기적 분자들을 보존하기 위한 수단에 지나지 않는다!"라고 하여 충격을 던져주었다. 인간의 모든 행동은 자유의지나 주체적 의식에 의해서가 아니라 단지 자기 보존을 위한 유전자의 이기적 행동에 기인할 뿐이라는 것이다. 이러한 주장은 '유전자결정론'(genetic determinism), 즉 유기체의 행동은 유전자의 합(유전체)이 낳는 필연적 결과라고 하는 급진적 견해로까지 이어졌고, 관련하여 많은 논란을 낳기도 했다.

다음으로 거론할 과학은 인지신경과학 혹은 뇌과학이다. 현대 인지과학의 경우, 과거에는 내성주의(introspectionism), 정신분석학, 행동주의(behaviorism)가 그 분야를 이끄는 지배적 사조였다면, 현대에는 인지주의(cognitivism)가 지배적 사조라 하겠다. 과거의 다른 사조에 비해 인지주의는 인간의 인지 작용을 좀 더 직접적이고 구체적이고 과학적으로 기술하고 설명하려는 것으로, 인간의 정신(mind)은 일종의 컴퓨터(연산장치)이며 지능은 일종의 정보처리 과정이라고 본다. 자극과 반응 사이에는 심적 과정(mental process)이 있으며, 이는 일종의 블랙박스라는 것이다.

일부 인지신경과학자들은 이러한 함의를 더 급진적으로 해석하여 "뇌결정론(신경결정론)" 혹은 "뇌환원주의"로 나아간다. 이에 따르면, 인간의 동기, 믿음, 욕망, 감정, 지능, 목표지향적 행동 등은 뇌의 생리적 작용이자 피드백 시스템일 뿐이며, 물리적으로 설명가능하다. 뇌의 작동과 인간의 행위를 둘러싼 거대한 생물학적 네트워크야말로 우리가 누구인지를 결정해준다. 인간에게 인지 기능 자체를 넘어선 주체나 자아, 자유의지, 혹은 의식이라 할 만한 것은 없다. 예를 들어, 미국의 뇌과학자·철학자인 샘 해리스(Sam Harris)는 "[여러 과학적 결과가] 우리가 생화학적 꼭두각시임"을 말해준다고 했다.[24] 비록 그러한 일인칭 주관적 개념들은 근대적 인간을 특징짓는 대전제이자 인본주의의 토대이지만, 이제 그 신비를 걷어내야 하며, 이는 곧 데카르트적 '기계 속 유령' 신화의 몰락을 뜻한다.

이 모든 생명과학이 말해주는 바를 종합하면, 인간의 정신과 행동은 진화적/유전적 본성을 주요 변수로 하는 함수라는 것이다. 기타 변수로는 환경(성장환경 및

24) 샘 해리스(배현 역), 『자유의지는 없다: 인간의 사고와 행동을 지배하는 자유 의지의 허구성』(시공사, 2013), 59쪽.

생존 환경), 일생 동안의 경험, 교육과 대화, 섭취한 음식과 약물 등이 있겠으나, 이들 기타 변수의 영향력은 상대적으로 적다.

마지막으로 언급할 것은 인공지능로봇기술이다. 앞서 논의한 생명과학이 인간과 동물 간의 분할을 형해화한다면, 오늘날 인간과 사물 간의 분할을 형해화하는 것은 바로 첨단의 인공지능로봇기술이다. 최근 이 기술 분야가 획기적으로 발전하면서, 고도의 자율성을 가진 인공지능로봇이 하나의 인공적 행위자로서 인간과 공존해가는 세상을 상상할 수 있게 되었다. 인간외에 새로운 유형의 행위자가 등장한 것이다. 이 같은 변화에 따라, 관련한 새로운 철학적, 법이론적 문제도 대두되었다. 그러한 새로운 행위자에 대해서라면 마치 법인에 대해 그러하듯이 하나의 권리주체나 법인격으로 간주할 수 있다는 주장이 그것이다. 이러한 주장의 근거로는 크게 두 가지가 거론되어 왔다. 한편으로는, 그러한 새로운 세상에서 그러한 행위자에게 법인격을 인정하는 조치가 현실의 정책적 견지에서 불가피할 것이라는 점이다. (정책적 논거) 다른 한편으로는, 이 같은 조치가 그러한 행위자도 모종의 자율성을 가진다고 볼 수 있기에 그것에 대해서도 법인격을 인정함이 "개념적으로" 혹은 "규범적으로" 마땅하다는 것이다. (개념적, 규범적 논거) 어느 쪽 논거에 의하건 간에, 이러한 주장은 인간이란 무엇인가 혹은 인공지능이란 무엇인가를 넘어, 법적 주체 내지 법인격이란 무엇인가에 대한 근본적 물음을 제기하며, 관련하여 많은 논의를 불러오고 있다.

요약하면, 인간은 근대과학의 발전과 더불어 자신과 세계를 과학적으로 이해하게 되었으며, 그러한 이해에 따라 인간의 모든 지적, 실천적 영역에서 철학적 자연주의라는 사조가 득세하게 되었다. 그리고 이러한 변화는 거역할 수 없는 대세와도 같아 보인다.

2. 자연주의 법인격론의 대두: 급진 자연주의 vs. 온건 자연주의

위에서 법률주의에 더해 이성주의와 종교주의에 기초한 법인본주의야말로 법인격 개념을 포함한 서구 근대 법체계의 주요한 토대라고 강조한 바 있다. 하지만 좀 전에 본 것처럼, 오늘날 인류 지성사의 대세는 자연주의라는 새로운 흐름이다. 이러한 양면을 놓고 본다면, 적어도 "법"의 영역에서만큼은 자연주의가 통하지 않는다고 해야 할까? 일견 적어도 법인격 혹은 법적 주체란 무엇인가에 대한 "법" 내부의 전반적 시각과 태도는 아직까지 꿈쩍도 하지 않는 듯하다. 대부분의 법체계에서 여전히 인간은 (법)인격이고 동물은 재산으로 남아있으며, 인간의 이성 및 신성성과 그에 기반한 인간의 특별한 지위는 여전히 법의 이념으로서 확고한 영향력을 행사하고 있으니 말이다.

그렇지만 법이 근대 과학혁명의 산물이라 할 과학적 인간관과 세계관으로부터 완전히 무풍지대는 아니었음을 언급해 두자. 우선 그러한 새로운 인간관과 세계관이 법정에 영향을 미친 몇몇 사례들이 있다. 한 예로, 2005년 유명한 도버 재판이 있다. 이 재판은 펜실베이니아의 작은 도시 도버에서 벌어진 키츠밀러 대 도버(Kitzmiller v. Dover) 판결로, 창조론에 입각한 소위 지적 설계론(Intelligent Design)을 가르치려 한 도버 교육위원회와 이를 반대한 키츠밀러(Kitzmiller) 등 학부모들 간의 소송에 따른 것이었다. 이 재판에서 미국 법원은 과학 수업에서 성경에 기반한 창조론(지적설계론)을 가르쳐서는 안 된다고 판시하였다.[25] 당시 이 판결을 맡은 판사 존 존스 3세(John E. Johns III)는 판결문 결론에서 다음과 같이 썼다.

> 결론적으로, 지적설계론은 과학이 아니며 그 종교적 전신인 창조론과 한 몸이다. 피고 및 지적 설계론의 선도적 지지자들은 진화론이 신의 존재에 대한 믿음이나 종교 일반에 반대된다고 하는 완전히 잘못된 가정을 하고 있다. 이 재판에서 원고 측 과학전문가들은 진화론이 훌륭한 과학이며 과학계로부터 압도적 인정을 받고 있으며, 신성한 창조자의 존재와 상충하지도 그것을 부정하지도 않는다고 증언했다. 분명 다윈의 진화론은 완벽하지 않다. 하지만 한 과학이론이 모든 것을 설명할 수 없다는 것을 구실 삼아, 종교에 기반한 검증 불가능한 대안적 가설을 과학 수업에 억지로 밀어 넣으려 하거나 잘 입증된 과학적 명제들을 엉뚱하게 전달해서는 안 된다.[26]

이 기념비적 판결로 과학 교실에서 다윈을 내쫓으려던 시도는 좌절되었다. 이 판결에서 존스 판사는 미국 법원이 지적설계론으로 포장된 창조론의 실체를 제대로 이해하고 있음은 물론 진화론을 위시한 현대 과학의 위상을 존중함을 보여주었다.

근대의 과학적 인간관이 보통법계(Common Law System)나 그 법정에만 영향을 미친 것은 아니다. 비록 명시적으로 "과학적" 관점을 표방하지는 않을지라도, 그

25) *Tammy Kitzmiller v Dover Area School District*, 400F Supp 2d 707 (MD Pa 2005).

26) 리처드 도킨스 외(김영주 역), 『왜 종교는 과학이 되려 하는가』(바다출판사, 2012), 320 - 1쪽. 필자가 일부 수정.

러한 인간관은 대륙법계에서 통용되는 여러 제정법에도 광범위하게 스며들어 있다.[27] 이러한 침투가 비록 명시적이지는 않을지라도 말이다. 약간의 예를 언급하면, 헌법상 인간의 자유나 평등에 관한 조항들은 인간이 대체로 유사하다는 자연적 사실을 반영한 것이다. 또한 민법이나 형법상 권리능력이나, 행위능력, 그리고 책임능력 개념도 그러한 일반적 사실을 반영한 것이며, 그 능력에 자연적 제약이 있는 이들을 위해 책임 감면과 같은 별도의 예외적 개념이나 법리를 발전시키고 있다는 사실 역시도 소박하게나마 과학적 인간관을 내포하고 있다.

그럼에도, 근대법의 지배적 이념이라 할 법인본주의 전통 속에서 법적 인간관과 과학적 인간관 사이의 분할과 괴리는 오늘날 여전히 선명하게 남아 있으며, 이러한 괴리는 양자 간에 적지 않은 긴장을 일으켜 왔다. 즉 법에서도 자연주의나 과학주의는 피할 수 없는 "도전과제"가 아닐 수 없었다. '법인격'에 대해서도 그러했다. 무엇보다 '인간'과 '인격', 그리고 '법인격'에 관한 이해와 취급이 역사적으로 어떻게 변천해왔는가를 살펴 보면, 당대의 법인격론은 당대의 인간관이나 인격관과 어떤 식으로든 교감해왔음을 쉽게 확인할 수 있다. 따라서 자연주의적 인간관이 새로운 주류적 인간관이 된 현대 서구의 지적 풍경 속에서 법도 언제까지나 예외일 수는 없다. 법이론이 여전히 인간론 및 인격론과 교감해야 한다면, 그리고 오늘의 인간론과 인격론이 자연주의라고 하는 관점과 사유의 패러다임에 기반하고 있다면, 오늘의 법이론이나 법인격론은 자연주의를 진지하게 고려해야 할 합당한 이유가 있다. 그래서 비록 법학계에서는 여전히 소수의 견해일지라도, 자연주의는 이미 하나의 유의미한 법인격론 내지 법이론으로서 시도할 만하다.[28] 그래서 자연주의적 법인격론은 이 글에서 '법인격'에 관해 마지막으로 검토할 관점이자 접근법이다.

그렇다면 자연주의란 무엇인가? 한마디로, 자연주의는 법인격과 같은 주제를 탐구함에 있어, 다윈의 진화론 등 현대 과학이 말해주는바 인간과 기타 존재의 자연적 특성에 대한 이해를 최우선적인 참조점으로 삼아야 한다는 견해이다. 특히 법인격의 내용을 결정하는 것은 생물체(특히 동물)로서 인간의 본성이므로, 법인격론은 그러한 인간의 본성을 탐구하고 그것이 법에서 어떻게 투영되는지와 투

---

27) 관련하여 좀 더 상세한 논의로, 졸고, "법 본성의 미래: 포스트휴먼 관점", 『동북아법연구』 제12권 (2018.5), 43 - 5쪽.

28) '인격'과 '법인격' 각각의 의의, 그리고 이 두 개념 간의 관계에 대한 철학적 분석으로, 졸고, 앞의 글(2023)(주1), III, IV절 참조.

영되어야 하는지를 살펴야 한다. 너핀의 표현을 옮기면, "우리 인간은 육체적 존재로서 쾌락과 고통을 느낄 수 있고 자연적 수명을 살아가는 존재이며, 이것이야말로 인간에 대한 최선의 관점이다. 따라서 법도 인간을 그러한 방식으로 다루어야 한다."[29] 그래서 자연주의에서는 법인격에 관해서도 쾌고감수성(sentience)이나 신경계의 발달과 같은 자연적 특질을 그 여부를 결정짓는 유력한 기준으로 삼는다. 이 점에서, 자연주의적 법인격론은 법인격에 관한 일종의 "경험주의"이자 "과학주의"라고 할 수 있다. 단 이때 "과학주의"가 과학만능주의, 즉 교조적·이데올로기적으로 과학의 무소불위의 힘을 신봉함을 의미하지는 않는다. 단지 과학적 이해를 지적 정당화의 가장 우선적 원천으로 삼고자 함일 뿐이다.

너핀에 의하면, 이러한 자연주의는 "급진 자연주의"와 "온건 자연주의", 두 형태로 나눌 수 있다. 급진 자연주의란, "인간과 동물 사이의 형식적, 개념적 구분은 조정되거나, 축소되거나, 모두 제거되어야 한다"라는 입장이다.[30] 이는 다윈의 진화론 등 현대 과학이 인간에 대해 내포하는 함축을 최대한 있는 그대로 수용해야 한다는 입장이다. 이에 따르면, 인간은 더 이상 예외적 범주가 아니다: 생물학적으로 그런 것처럼, 도덕적, 법적으로도 그렇다. 곧 인간과 동물은 법적 범주로서도 서로 유사하게 취급해야 한다.

하지만 급진 자연주의의 함축은 급진적이고 비현실적이다. 급진 자연주의에 따르면, 몇몇 동물들은 권리 담지자로서 법인격의 범주에 넣어야 하는 반면, 몇몇 인간은 이와 반대로 법인격의 범주에서 제외해야 할 것이다. 하지만 피에트르지코브스키에 따르면, 모든 사람을 법 앞에 평등하게 취급하는 것은 근대 법문화의 도덕적 성취라 할 수 있다. 따라서 인간을 하나의 동일한 범주로서가 개체의 개별적·점진적(gradual) 특질에 따라 법적 지위를 달리한다는 것은 도덕적 퇴행이다. 그래서 그는 급진 자연주의와 같은 견해는 비현실적이며, 그것은 철학적으로 흥미로울 수 있으나 법적 목적에 적합하지 않아 실무적으로 작동할 수 없는 견해라고 평가한다.[31] 이같은 이유로 급진 자연주의는 실제 법학계에서도 많은 지지를 얻지 못하는 듯하다.

반면 온건 자연주의는, "인간이 가진 생물학적 본성을 진지하게 고려하되, 인간과 기타 창조물(생물) 간의 형식적·법적 구분을 포기해서는 안 된다"라는 견해

29) Naffine, 앞의 책(주 5), 24쪽.
30) Naffine, 앞의 책(주 5), 124쪽.
31) Pietrzykowski, 앞의 글(2017b)(주 16), pp.64 - 5.

이다.[32] 인간－동물의 법적 범주 구분은 여전히 타당하다; 따라서 인간은 여전히 인격 혹은 법이며, 동물은 여전히 재산이기는 하나 합당하게 보호되어야 하는 존재이다. 온건 자연주의는 인간을 자율적이고 이성적, 도덕적 존재로서 자신의 행위에 대해 온전한 책임을 질 수 있다고 보는 칸트적 인간관과는 거리가 있다. 또한 그러한 인간관에 입각한 법인격론이나 법이론과도 거리가 있다. 대신 온건 자연주의는 법이 인간을 신체화된 존재로서 사물 및 다른 인간과 맺는 관계 속에서 이해하고 규율할 것을 요청한다. 인간을 이해하는 방식은 그 생물학적 본성과 더 잘 부합하는 방식이어야 한다는 것이다.

온건 자연주의도 급진 자연주의와 마찬가지로 아직까지 비주류적 견해이다. 그렇지만 온건 자연주의는 급진 자연주의에 비해 상대적으로 논란의 여지가 적어, 법과 과학의 만남에 회의적인 이들을 설득하기에 더 유리해 보인다.

Ⅲ. 자연주의 법인격론의 사례: 토마시 피에트르지코브스키의 경우

이제 관심을 좀 더 구체화하여, 자연주의 법인격론의 예시를 보자. 근래 토마시 피에트르지코브스키(Tomasz Pietrzykowski)가 제안한 이론이 그것으로, 이는 온건 자연주의 법인격론의 흥미로운 한 변형이론에 해당한다. 이것이 적절한 자연주의 법인격론일 수 있는지가 관건이다. 이 점을 논해 본다.

1. 배경 및 주요 내용

피에트르지코브스키 이론의 주요 동기는 법인본주의에 대한 비판에서 비롯한다. 법인격에 대한 이해가 역사적으로 변화해왔다는 점에 비추어 볼 때, 인간중심주의와 법인본주의가 "영원하고 유일하게 가능한 법체계의 토대"라는 믿음은 몰역사적 착각(ahistorical illusion)이므로 이제 그러한 믿음을 걷어내야 한다는 것이다.[33] 기존 법인본주의 패러다임을 고수하는 것은 시대착오적이며, 이제는 이에

---

32) Naffine, 앞의 책(주 5), 125쪽.

33) Pietrzykowski, "The Idea of Non-personal Subjects of Law", in Visa A. J. Kurki & Tomasz Pietrzykowski (eds.), *Legal Personhood: Animals, Artificial Intelligence and the Unborn* (Springer, 2017a), 50쪽.

대한 대대적 "개혁"을 해야 할 시점이라는 것이다.

구체적으로, 피에트르지코브스키는 오랫동안 법인본주의에서 그랬던 것과 달리 이제 더 이상 법인격을 권리 담지자와 동일시하거나 그 전제 요건으로 보아서는 안 된다고 주장한다. 대신 어떤 것이 법인격임은 그것이 권리와 의무의 담지자임을 함축하지만, 그 역은 성립하지 않는다는 것이다. '법인격'과 '법적 권리'의 개념적 분리를 제안하는 셈이다. 그래서 그는 "사람－사물", 더 정확히는, "법인격(인(人))－사물"이라는 이분법을 비판하면서, 법인격과 사물 사이에 "비인격주체"(non-personal subject)라는 제3의 범주를 설정할 것을 제안한다. 이 제안에 따르면, 법적 주체이면서도 법인격이 아닌 존재(범주)가 있을 수 있다. 이 때 법적 주체란 단지 자신의 이익(이해관계)을 가지는 존재를 뜻하고, 그러한 이익은 법적 권리로 번역될 수 있으며, 그러한 법적 주체가 반드시 법인격일 필요는 없다.

다만 이때 비인격주체에 귀속될 수 있는 권리의 유형은 법인격에 귀속되는 다양한 권리와는 다르다. 피에트르지코브스키는 그러한 권리 유형을 단 한 가지 유형, 즉 "자신의 이익 실현에 영향을 줄 수 있는 모든 의사결정에서 자신의 이익이 유관하게 고려될 권리"의 유형으로 국한한다. 또한 그에 의하면, 그러한 주체의 권리도 다른 주체의 권리와 충돌할 수 있는데, 이때에는 그러한 존재(예: 동물)가 어떤 존재인지, 그리고 그것의 권리가 문제되는 구체적 상황이 어떠한지 등을 고려하여 비례의 원칙 등을 통해 이익형량을 하여 해결하면 된다.[34)]

법적 존재 범주에 관한 기존의 2분법과 피에트르지코브스키의 3분법은 다음과 같이 간단히 대비할 수 있다:

(2분법) 법인격(Legal Persons, 인(人)) — 사물/물건(Things)

(3분법) 인격주체(혹은 법인격) — 비인격주체 — 사물/물건

여기서 피에트르지코브스키는 3분법에 더해 특히 '법인격'과 '비인격주체'에 포함될 존재 범주를 다음과 같이 특성화하자고 제안한다.[35)]

(i) **[인간]** 모든 인간(human being)은 "인간종의 구성원이라는 사실" 자체만

34) Pietrzykowski, 앞의 글(주 33)(2017a), pp.13 - 23; Pietrzykowski, 앞의 글(주 14)(2018), pp.49 - 67; Pietrzykowski, 앞의 글(주 16)(2017b), pp.59 - 71.

35) 이하 이를 '특성화'라고 칭한다. 한편 이러한 특성화에서 (i), (ii), (iii) 각 항목의 제목은 필자가 편의상 부여한 것이며, 강조표시도 필자의 것이다.

으로 [법]인격체로 간주될 자격이 있다.

(ⅱ) **[고등동물]** 인간종에 (전적으로든 혹은 부분적으로든) 속하지 않는 생명체일지라도 충분히 발달된 "자기성찰적 의식"을 보유하고 있는지에 대한 과학적 근거가 있다면, 그것은 [법]인격체로서의 지위를 부여받을 수 있다.

(ⅲ) **[준(準)고등동물]** 어떤 비인간(non-human) 생명체가 만약 비록 이 [위 (ⅱ)의] 조건은 충족하지 못할지라도 자신의 개별적 복리와 연관된 내재적, 주관적 이해관계를 가진다고 그럴듯하게 귀속할 수 있을 만큼 충분히 발달된 "감정적 의식"을 가지고 있다면, 그러한 생명체는 비인격 법적 주체로 간주될 만한 도덕적 자격이 있을 법하다.

이러한 특성화에는 눈에 띄는 두 가지 특징이 있다. 첫째, 이러한 특성화 하에서는 소위 고등동물도 인간과 마찬가지로 법인격(인격주체)을 부여받을 수 있다. 다만 그 근거는 자기성찰적 의식을 보유하고 있는지에 관한 과학적 근거의 존재 여하에 있다. 그리하여 법인격의 범위가 기존 2분법에서보다 더 넓어진다. 둘째, 법인격과 사물이라는 기존 2분법상의 두 범주 외에 비인격주체라는 제3의 범주를 양자 사이에 상정할 수 있다. 그에 따르면, 이 새 범주에 속하는 존재 유형은 위에서 특징지은 바대로의 "준고등동물"이다. 준고등동물은 비록 사람도 법인격도 아닐 뿐 아니라, 고등동물처럼 발달된 자기성찰적 의식을 보유하고 있다고 할 만한 과학적 근거도 없지만, 법적 주체로서 지위를 인정받고 자신의 이익을 보호받을 수 있다.

위 특성화의 결과를 그림으로 정리하면 다음과 같다. ([그림 1])

<table>
<tr><td rowspan="2"></td><td rowspan="2">인간
(자연인)</td><td colspan="8">비인간</td></tr>
<tr><td>법인</td><td>고등
동물</td><td>준고등
동물</td><td>태아/
배아</td><td>인체/
인체
유래물</td><td>기타
생명</td><td>데이터/
AI</td><td>기타
자연물/
인공물</td></tr>
<tr><td>2분론
(~인본주의)</td><td colspan="2">인(人)
(법인격 O; 권리주체 O)</td><td colspan="7">사물/물건
(법인격 X; 권리주체 X)</td></tr>
<tr><td>3분론
(~자연주의)</td><td colspan="3">인격주체
(법인격 O; 권리주체 O)</td><td colspan="2">비인격주체
(법인격 X;
권리주체 O)</td><td colspan="4">사물/물건
(법인격 X; 권리주체 X)</td></tr>
</table>

[그림 1][36]

위 특성화에서 보듯, 피에트르지코브스키가 비인간 법인격(인격주체) 및 비인격 주체의 대표적 예로 드는 것은 "동물"이다. 주지하듯, 최근 동물의 지위에 관한 논의가 활발하다. 특히 동물의 지위를 더 이상 사물이 아닌 특별한 무엇으로 옹호하는 주장들이 많이 개진되었다. 어떤 이들은 동물의 법적 지위와 권리 보장에 초점을 두면서 법적으로도 동물을 인간처럼 대해야 한다고 주장한다. 동물에 대해서도 최소한의 법적 권리를 인정해야 한다는 것이다. 예를 들어, 미국의 대표적 동물권 연구자 개리 프랜시온(Gary L. Francione)은 인간이 동물을 다루는 방식을 개탄하면서, 인간이 동물을 다룸에 있어 도덕적 정신분열증(moral schizophrenia)에 처해있다고 진단한다. 한편으로 동물을 중요한 도덕적 이해관계를 가진 존재로 진지하게 취급하면서도 다른 한편으로는 일상적으로 사소한 이유를 들어 그러한 이해관계를 쉽게 무시하기 때문이다. 그리하여 그는 동물도 "고통받지 않음에 관한 이해관계"(interest in not suffering)라고 하는 "도덕적으로 유의미한 이해관계를 가진다"(having morally significant interests)라는 의미에서, (동물도) "동등한 고려의 원칙"(principle of equal consideration)이 적용되는 하나의 "인격"으로 간주되어야 한다고 역설한다.[37)]

이러한 전향적 흐름이 최근 몇몇 서구 국가들에 이어 한국에서도 관찰되고 있다. 최근 대한민국 법무부는 "동물은 물건이 아니다"라는 조문을 삽입한 민법개정안을 국회에 제출했다. 개정안에 의하면, 기존 조항 "제98조(물건의 정의) 본법에서 물건이라 함은 유체물 및 전기 기타 관리할 수 있는 자연력을 말한다"에 이어 다음 조문이 추가된다:

제98조의 2【동물의 법적 지위】 ① 동물은 물건이 아니다.
② 동물에 대해서는 법률에 특별한 규정이 있는 경우를 제외하고는 물건에 관한

---

36) 이 그림은 독자의 이해를 돕기 위해 필자가 만든 것이다. 그리고 이 그림에서 자연물이 아닌 인공물이라 할 데이터/AI의 법적 지위 문제는 이 글에서 다루지 않겠지만, 최근에 관련한 논란이 많기에 법적 범주의 한 항목으로 넣어 독자의 관심을 환기하고자 했다. (그림에서 "법인격 O"는 해당 범주가 법인격인 것으로 간주되고 "법인격 X"는 해당 범주가 법인격이 아닌 것으로 간주됨을 나타낸다.)

37) Gary L. Francione, "Animals: Property or Persons?", in Cass R. Sunstein & Martha C. Nussbaum (eds.), *Animal Rights: Current Debate and New Directions* (Oxford University Press, 2004), p.108. 동물권 철학자 톰 리건(Tom Regan)이나 동물권 운동가 스티븐 와이즈(Steven Wise) 등도 큰 틀에서 프랜시온과 견해를 같이한다. 다만 이러한 견해는 동물의 "비인간 인격"(non - human personhood)을 주장하는 것으로, 피에트르지코브스키가 비인격 주체성(non - personal subjectivity)을 제3의 범주로 제안한 것과는 다르다.

규정을 준용한다.

이 조문을 추가하는 목적은 동물 보호에 대한 변화된 사회적 인식을 반영하고 동물의 법적 지위를 개선하기 위한 것이라고 되어 있다.

다만 이러한 적극적 주장에 반해, 몇 해 전 미국에서는 동물권 옹호론자들을 실망케 하는 법적 결론도 나온 바 있다. 이는 2017년 미국 뉴욕주 항소법원의 판결로, 영장류 보호구역과 트레일러 주차장에 갇혀 사는 침팬지 두 마리의 경우, 사람에게 적용되는 법적 권리[인신보호 영장(writ of habeas corpus)을 발부받을 권리]가 없다는 것이다. 오직 인격(체)만이 법적 권리를 가질 수 있는데 침팬지는 인격이 아니므로 법적 권리를 가질 수 없다는 것이 그 이유였다.[38)]

피에트르지코브스키의 경우는 어떠한가? 그는 자신의 이론을 "온건 자연주의"로 특징지으면서 그 의의를 다음과 같이 밝히고 있다:

> [법]인격에 관한 급진 자연주의와는 달리, 온건 자연주의의 경우는 해당 생물학적 유기체의 고유한 자연적 특성만을 과학적으로 성찰함으로써 법에서의 인격(그리고 주체)이라는 아이디어를 완전히 "대체"할 것을 의미하지 않는다. 대신 [온건 자연주의]라면, 인간종에 속하지 않아 인간으로 간주될 자격이 없는 생명체에 대해서도 법인격이나 법적 주체성을 부여하기 위한 하나의 "대안적" 기준 집합으로서 그것의 자연적 특성을 도입하는 것을 의미할 것이다. 나아가 이는 현재의 자연인 개념을 생물학적 인간종에 속하는 생명체에게만 배타적으로 보존해두는 것이 아니라 비인간 존재(non-human beings)에게도 "개방"하게 만들 것이다.[39)]

그리하여 비인격주체라는 아이디어에 의거한 피에트르지코브스키의 제안은 위 적극적 주장에 비하면 다소 온건하면서도 자연주의로부터 이론적 논거를 갖추고자 한 것으로 볼 수 있다. 그가 보기에 동물은 사물의 범주에 속하지 않음은 물론, 인간의 범주에도, (인공적) 법인의 범주에도 속하지 않으며, 법인격과 사물 사이의 제3의 범주에 속하는 것으로 봄이 타당하다는 것이다. 이러한 논리를 바탕으로, 그는 적어도 일부 동물에 대해서는, 비록 그것이 법인격은 아닐지라도 물건과도 분명 다르기에, 그것을 법인격과 물건 사이의 어떤 법적 "주체"로서 인정해야 한다고 주장한다. 특히 쾌고감수성이 있는 동물은 자신의 생존과 관련한 주관

---

38) Nonhuman Rights Project, Inc. ex rel. Tommy v. Lavery, 54 N.Y.S.3d 392, 394 (N.Y. App. Div. 2017).

39) Pietrzykowski, 앞의 글(주 16)(2017b), 66쪽. 강조는 필자.

적 정신상태를 가질 수 있으며, 그러한 내적 상태에서 비롯하는 이익이 있다고 보는 것이다. 이에 따라 그러한 동물을 모종의 주관적 법적 권리의 담지자로서 취급해야 하며, (인간은) 동물과 관련된 모든 법적 결정에서 그러한 법익을 고려하거나 형량해야 한다는 것이다.[40)]

피에트르지코브스키가 비인격주체라는 새로운 범주의 적용하는 것이 동물에만 국한되지는 않는다. 그는 인간 유형 중에서 그동안 그 법인격성이 모호하게 다루어졌던 몇몇 유형에도 그것을 적용하고 있다. 태아(특히 발달 초기의 태아), 체외수정된 (착상 전의) 생식세포, 무뇌아, 지속적 식물인간 상태의 인간 등이 그 예이다. 나아가 그는 인간－동물 키메라(chimera)나 교잡배아(hybrid)도 비록 법인격은 아닐지라도 비인격주체의 범주에 넣을 수 있으리라고 본다. 주지하듯, 키메라란 동물(원숭이, 돼지 등)의 배아에 인간의 세포를 주입하여 배양한 것을 말한다. 물론 그런 존재는 현재로서는 잠재적일 뿐 실현되었다고 보기 어려우며, 그것을 둘러싸고 첨예한 윤리적 논란이 예견되기도 한다. 다만 이런 유형의 인간(?)에 대해서와는 달리, 그는 오늘날 많이 거론되는 인공지능과 같은 인공적 행위자를 비인격 주체로 간주하는 데에 대해서는 회의적이다. 현실적으로 그런 행위자는 지각이나 의식을 가질 수 없다고 보기 때문이다.[41)]

3. 의의와 한계

이제 피에트르지코브스키의 제안, 특히 그 의의와 한계를 비판적으로 검토해 보기로 한다. 이를 “실천적” 차원과 “이론적” 견지로 나누어 간략히 살펴보자. 우선 **실천적** 차원에서 위와 같은 제안의 잇점이나 의의는 무엇일까? 이에 대해, 그는 동물과 같은 존재를 법인격이라는 경직된 범주로 설정하는 것보다 비인격주체로 설정함으로써 그러한 존재가 가지는 권리의 범위나 권리 보호의 방법에 대해 더욱 탄력적이고 효과적으로 접근할 수 있다고 답한다. 즉 그것이야말로 가혹한 동물착취의 역사에 실질적 변화를 가져올 수 있는 방법이라는 것이다. 동물의 이익 보호를 실천적으로 강제할 수 있을 뿐 아니라, 비인격주체라는 범주의 법제화를 통해 사람들의 인식과 태도를 점진적으로라도 변화시켜 나갈 수 있다는 것이다.[42)]

---

40) Pietrzykowski, 앞의 글(주 33)(2017a), 65 - 6쪽.
41) Pietrzykowski, 앞의 글(주 33)(2017a), 49 - 67쪽.

물론 피에트르지코브스키도 인정하듯, 이러한 효과에는 제약사항도 있다. 무엇보다, 비인격주체의 권리나 이익을 보호한다는 것은 그 주체의 선택이나 선호에 따라 이루어지는 것이 아니라 다분히 "후견주의적으로"(paternalistically) 이루어진다. 현실적으로 그러한 이익의 내용과 크기 등은 제3자에 의해 판단되고 결정될 수밖에 없을 것이기 때문이다. 게다가 이러한 판단과 결정은 그러한 주체에 해당하는 각 개체별로 이루어지는 것이 아니라 "종－일반"에 대해서 이루어질 수밖에 없을 것이다.

이러한 제약사항을 전제하고 보면, 피에트르지코브스키의 제안은 동물 등 논란이 되어 온 몇몇 존재 범주를 온건한 법적 보호망 하에 두는 데에 도움이 될 것으로 보인다. 사실 그러한 존재들은 기존의 사람－사물의 2분법 하에서 일방적 보호 아니면 일방적 착취라는 양극단 사이에서 임의적으로 처우되기가 쉬웠다. 하지만 그의 제안을 따라 그러한 존재 범주의 지위를 규범력 있는 법제 내에 정립한다면, 그러한 범주에 대한 사람들의 인식을 계도하기에 유리함은 물론이고, 그러한 존재를 더욱 두텁게 보호하는 데에 실질적으로 도움이 될 법하다. 이러한 예측과 전망이 맞다면 그러한 변화는 인류 역사에서 분명한 진보일 것이다. 물론 그것은 시간 속에서 실천되는 등 엄정한 시험을 거쳐 평가되어야 할 테지만 말이다.

다음으로, 피에트르지코브스키의 제안을 **이론적** 차원에서 검토해 보자. 그의 제안은 어떠한 이론적 의의와 함축을 가지는가? 그가 스스로 표방하고 있듯이, 그의 제안은 "자연주의"의 기본적 동인과 정신에 정확히 맥이 닿아 있다. 앞서 논구한 대로, 그는 법이 지금까지 인간이 자연적·생물학적 존재라는 사실을 제대로 담아내지 못했다고 지적하면서, 법은 그러한 사실을 더욱 진지하게 고려해야 한다고 주장한다. 즉 그의 제안에는 "인간"이란 무엇인가를 기존과 달리 과학에 의거하여 고찰하고 이를 반영해야 한다는 주장이 포함되어 있다. 모든 인간은 법적으로 동등하면서도 특별한 대우를 받을 자격이 있지만, 그것은 인간이 (과학적 설명을 넘어선 의미에서) 이성적이고 영적인 존재이어서가 아니라 생명체로서의 필요(needs)와 이익(interests)을 가진 존재이기에 그러하며, 법도 이러한 관점을 다각도로 반영해야 한다는 것이다. 이 같은 주장은 오늘날 거세게 닥쳐온 자연주의로부터의 흔한 요구를 충실히 반영한 것이라 하겠다.

또한 앞 절에서 서술한 바와 같이, 우리는 급진 자연주의와 비교하여 볼 때 온

42) Pietrzykowski, 앞의 글(주 14)(2018), 58－62쪽.

건 자연주의로서 피에트르지코브스키의 제안이 가지는 상대적 이점에 대해서도 충분히 공감할 수 있다. 첫째, 그가 지적하듯이, 과학적 근거에 의해 일부 인간 유형을 법인격으로부터 제외할 수 있다는 급진적 견해의 경우, 비록 그러한 과학적 토대가 아무리 탄탄할지언정, 적어도 지난 세기 인류가 참혹한 시행착를 겪으면서 얻은 값진 교훈을 무위로 돌리고 인류 역사를 그 전으로 되돌리는 셈이 될 것이기 때문이다. 그래서 여하한 법인격론을 취하든 간에, 모든 사람을 인간 종의 구성원이라는 이유만으로 법인격을 인정해야 한다는 당위는 거역하기 어려운 시대사적 명령에 가깝다.

둘째, 종래 서로 동일시되어 온 "법인격"과 "권리주체"를 분리해내고 "비인격주체"라고 하는 제3의 존재 범주를 도입하려는 피에트르지코브스키의 시도는, 사람(혹은 법인격)과 사물 사이에서 경계 사례 혹은 예외 사례로서 혼란이 가중되어 온 존재 범주들의 법적 지위 문제를 이론적으로 비교적 깔끔하게 정돈해주는 면이 있다. 즉 그의 시도는 한편으로 고등동물을 법인격으로 포용하고, 다른 한편으로 준고등동물과 태아 등을 비록 법인격은 아니지만 여전히 권리주체일 수 있는 것으로 포용하는 것이며, 그럼으로써 사람-사물이라는 기존 2분법의 큰 틀을 존중하면서도 그러한 경계 및 예외 범주를 단순히 사물과 동일시하지 않는 사람들의 일반직관에도 적절히 부응하는 것이다. 사람들이 가진 흔한 직관에 부합하면서도 이론적 존재자를 필요 이상으로 상정하지 않는 것(오캄의 면도날!)이야말로 한 이론이 갖추어야 할 최우선적 덕목이 아니던가? 이렇게 보면, 그의 제안은 적지 않은 이론적 호소력을 가진다고 할 것이다.

그러나 이 같은 강점에도 불구하고, 피에트르지코브스키의 제안에는 몇 가지 자못 심각해 보이는 이론적 한계점도 엿보인다. 이를 "해명해야 할 이론적 과제"라 해도 좋을 것이다. 다음세 가지를 지적해 본다.

첫째, 피에트르지코브스키의 제안이 자연주의 이론으로서 가지는 "성격"이 무엇인가가 문제된다. 그의 제안은 분명 (온건한) 자연주의적 이론인가? 어떤 의미에서 그러한가? 필자가 보건대, 그러한 제안은 자연주의라는 슬로건을 내걸고 있지만 자연주의적 접근법으로서 성격이 다소 애매한 면이 있다. 위에서 본 것처럼, 그는 어떤 존재가 법인격이나 법적 주체로 간주될 만한 근거로서, 자신의 법적 문제상황을 자각할 수 있는 능력과, 예측가능한 결과와 관련하여 자신의 행동을 계획할 수 있는 능력이 있어야 함을 강조하고 있다. 즉 인간을 법인격으로 특성화하면서 그가 내세우는 내용과 근거는 “인간종의 구성원임”이며, 고등동물의 경우 그것이 “성찰적 의식을 가지는 것으로 인정됨”이며, 준고등동물의 경우 그것에게 “감정적 의식을 귀속할 수 있음”이다. 여기서 그가 요청하고 있는 “자신의 행위를 자각하고 계획할 수 있는 능력”이란, 이성주의 법인격론에서 칸트가 말한 선험적 이성에 따른 능력을 의미하는 것도 아니요, 급진 자연주의자들이 주장하듯이 자연적 특성으로 완전히 환원되고 제거될 수 있는 능력을 의미하는 것도 아니다. 그가 강조하듯, 그러한 능력은 모종의 과학적 근거(예: 진화적, 신경생리학적 기제)를 갖는 자연적 특성(예: 형질상 특질이나 행동상의 반응)에 기초한 능력일 것이다. 하지만 그러한 능력이 법인격이나 법적 주체 여부를 결정하는 데에 “왜” 중요한가를 묻는다면, 그는 그것이 그러한 주체를 주체이게끔 해주는 이성적 능력(예: 숙고 및 계획 능력)이기 때문이라고 답할 것이다. 인간이나 고등동물을 공히 법인격이라 해야 하는 궁극적 근거는, 그것들의 (과학을 통해 밝혀질) 자연적 특질(원인)로부터 비롯한 이성적·숙고적 특질(이유)에 있다고 말이다. 이렇게 보면, 그는 법인격의 토대로서 해당 존재자의 자연적 능력만이 아니라 이성적·숙고적 능력을 함께 고려하고 있다고 해야 할 것이다. 이러한 사정은, 그의 제안이 법인격의 내용을 자연적 특성을 통해 해명하려 한다는 점에서 겉으로 표방한 대로 “자연주의적”이기는 하지만, 내용상 이성주의와의 혼성이라는 점에서 일종의 “(변형된) 하이브리드(hybrid) 자연주의”라 할 수 있음을 시사한다. 더 정확히는, “비환원적 하이브리드 자연주의”라고 해야 할 것이다. 물론 이러한 지적은 그의 제안이 설득력이 없다거나 실무상 의도한 효과를 발휘할 수 없다는 뜻이 아니며, 그러한 하이브리드 견해를 구축하는 것 자체가 불가능하다거나 부당하다는 뜻도 아니다. 다만 그의 제안이 자연주의적이기는 하되, “온전한(본격적) 견지에서” 자연주의적인 입장은 아닐 수 있다는 것이다.

둘째는 이러한 지적 사항의 방법론적 귀결로서 도달하게 되는 문제다. 피에트르지코브스키의 제안이 가지는 “목표”는 무엇인가? 그러한 제안은 궁극적으로 무엇이고자 함인가? 구체적으로, 그것은 존재 일반의 법인격이나 법적 주체에 관한 하나의 “(일반)이론”을 구성하기 위한 것인가, 아니면 단지 다양한 존재 사례 각각의 법인격이나 법적 주체 여부에 관한 물음에 답할 수 있는, 법인격에 관한 하나의 “설명”(account)을 제공하기 위한 것인가? 만약 전자가 목표라면, 그의 제안은 존재 범주들을 가로지르는 일관된 기준을 제공해야 할 것이다. 하지만 조금전 필자는 그의 제안이 각 존재 범주의 법인격 여부에 대해 이성주의와 자연주의 사이에서 이중적 기준에 호소하는 면이 있음을 지적하였다. 이렇게 보면, "법인격(혹은 법적 주체)이란 무엇인가?", 혹은 "무엇이 법인격(혹은 법적 주체)인가?"라는 질문에 대해 그가 일반이론적 답을 내놓고 있는지가 분명치 않다. 한마디로, 그의 제안은 법인격이나 법적 주체에 관한 하나의 "잘 확립된 자연주의 이론"인지가 분명치 않다는 말이다. 설령 그것이 하나의 이론일지라도 (잘 확립되었다는 의미에서) 성공적인 이론이라고 하기는 어려우며, 그것은 단지 법인격과 법적 주체에 대해 자연주의 진영에서 유력하게 내놓을 수 있는 일종의 "설명"이라 해야 할지도 모른다.

셋째, 피에트르지코브스키의 제안이 "이론"을 목표로 하든 "설명"을 목표로 하든 간에, 그것이 법인격 및 권리주체성에 대해 일관된 기준을 취할 수 있는가가 문제된다. 이때 유력한 기준은 위 특성화 (ii)와 (iii)에서와 같이 모종의 이성적 능력(숙고·계획 능력), 즉 자신의 행위를 자각하고 계획할 수 있는 능력 및 그 자연적 토대를 법적 지위 판단의 기준으로 삼는 것일 터이다. 그렇다면, 이러한 기준 하에서 인간의 신체 일부나, 혹은 조직, 세포, 혈액, 체액과 같은 인체유래물은 어떻게 다룰 수 있는가? 이들은 잠재적으로조차 자기성찰적 의식이나 감정적 의식을 갖고 있다고 볼 수 없기에 고등동물이나 준고등동물 어디에도 해당하지 않지만, 그 법적 지위상 물건이면서도 (모종의 인격성을 체화하고 있다는 점에서) 여타의 물건과 동일한 방식으로 다룰 수는 없는(없다고 여겨지는) 특별한 것들이다. 따라서 그의 3분법 및 위와 같은 기준은 이러한 독특한 범주를 설명하지 못한다. 그렇다면 그는 새로운 제4의 범주를 도입할 것을 제안할 것인가? 행여 그렇다면, 이러한 새로운 문젯거리가 등장할 때마다 관련 대상을 제4, 제5의 범주로 새로이 범주화할 것인가? 이론적으로나 실무적으로나, 이것이 결코 좋은 전략은 아닐 것이다.

한마디로, 이 글에서 우리가 모색해 온 자연주의 법인격론은 피에트르지코브스키의 제안으로부터 유익한 시사점을 얻을 수 있기는 하지만, 그것으로 충분하지 않다는 점이다. 그것을 유의미하게 참조하되 더 크고 먼 길을 가야 할 형편에 놓여 있다고 하겠다.

Ⅳ. 맺음말

이제까지 '법인격'이 과학을 어떻게 만나는지를 "자연주의"라는 새로운 지적 흐름 속에서 모색해 보았다. 특히 그 과정에서, 토마시 피에트르지코브스키가 근래 제안한 자연주의적 법인격론의 한 유형을 소개하고 비판적으로 논의하였고, 이를 통해 자연주의 법인격론의 현주소를 대략적으로 가늠해 보았다. 이제 자연주의 법인격론 일반의 전망을 살펴볼 차례다. 자연주의 법인격론은 어디로 가야 하는가? 그것은 미완의 도전으로 끝나고 말 것인가? 여기서는 짧지만 다소 과감한 논평으로 이 물음에 답해보려 한다.

먼저 자연주의적 세계상 속에서 규범적 개념이나 존재가 차지할 자리가 어떠한가를 생각해 보자. 일반적으로, 현대 과학의 특별한 지적 권위를 인정한다고 해서, 그리고 그에 따라 자연주의 이념을 적극적으로 수용한다고 해서, 반드시 규범(학)적 존재로서 인간의 의의를 부정하거나 관련 개념(예: 도덕성, 자율성, 이성 등)을 소거해야 하는 것은 아니다. 자연과학이 인간과 기타 존재에 대해 말해주는 바 내용이 옳거나 혹은 그렇게 믿을 좋은 이유가 있다고 하더라도, 이 사실로부터 그러한 내용이 인간과 기타 존재에 대해 우리가 가져야 할 규범적 믿음이나 태도, 혹은 지식을 충분히 결정해준다는 주장이 따라 나오지는 않기 때문이다. 즉 인간이 동물과 기원을 같이 하며 유전정보와 뇌의 구조를 공유한다고 해서, 그래서 인간이 동물과 과학적으로 크게 비슷하다고 해서, 인간이 동물과 규범적으로 (마땅히) 비슷한 취급을 받아야 한다는 결론이 따라 나오지는 않기 때문이다. 만약 단순히 인간에 대한 자연적·과학적 사실로부터 인간에 대한 규범적·당위적 결론을 도출한다면, 이러한 추론은 소위 "자연주의적 오류"(naturalistic fallacy)를 범하는 일이다. 만약 이 같은 논변이 타당하다면, 적어도 급진 자연주의보다는 온건 자연주의를 선호할 합당한 이유가 생기는 셈이다.

그렇다면 자연주의의 의의와 한계에 관한 이러한 양면적 함축은 무엇을 의미하는가? 필자가 보기에 자연주의 법인격론을 포함하여 현재 제기되고 있는 형태의 자연주의 규범학(예: 법학, 법철학, 윤리학 등)은 대체로 "자연" 및 "자연주의"에 대한 완고하고 경직된 입장에 근거해 있다. 규범주의자들은 대체로 인간의 자연적 상태와 규범적 상태가 별개이기에 전자에 관한 지식이 후자에 관한 지식을 제공하지 못한다고 주장한다. 반면 자연주의자들은 대체로 인간의 규범적 상태조차도 자연적 상태를 통해 온전히 설명가능하고 이해가능하다고 여긴다. 따라서 그들은 인간의 자연적 상태에 관한 자연과학적 지식이야말로 인간의 규범적 상태에 관한 최선의 지식을 제공해준다고 주장한다. 하지만 양 진영 모두 자연을 인간 주체와 분리하여 그것을 이해와 설명, 지배의 대상으로서 인간 외부에 별개로 존재하는 무엇이라고 보는 전통적·근대적 자연관을 공유하고 있다.[43)]

또한 위에서 거론된 두 유형의 자연주의에 국한해서 보더라도 근본 문제가 남아 있다. 급진 자연주의는 인간중심주의를 벗어나 인간-동물-사물의 법인격성을 일관성있게 설명해준다고 하는 이론적 장점을 갖지만, 근대의 법인본주의에 기반한 법리 및 법도그마틱이라고 하는 기존의 완고한 개념틀(framework)에 대한 현실적 대안이 된다고 보기 어렵다. 반면 온건 자연주의는 기존의 틀에 대한 현실적 대안일 수 있지만, 대체로 인간-동물-사물이라는 일련의 존재 스펙트럼상에서 인간-동물의 간극은 좁히거나 무너뜨리면서도 동물-사물의 간극만은 날카롭게 고수하고 있다. 이 점에서, 피에트르지코브스키의 제안을 포함하여 우리가 그럴듯하게 상정해 볼 수 있는 온건 자연주의의 시도는 여전히 "실체중심적"이고 "생명중심적"이며, 그 이면을 들여다보면 사실상 여전히 "인간중심적"인 면이 크다. 게다가 급진 자연주의는 물론 온건 자연주의 역시도 인간-사물, 인간-자연, 주체-객체 등의 이분법적 구획에 기초한 전통적 과학관에 의거하고 있기도 하다. 온건 자연주의의 시도 역시 "자연주의"라는 새로운 간판을 내걸고 있기는 하지만 여전히 "근대적" 기획의 일환에 머물러 있다는 것이다.

하지만 그렇다고 해서 자연주의 자체를 포기해야만 하는 것은 아니다. 혹은 가능한 모든 자연주의가 전통적·근대적 휴먼법학을 위해 복무해야만 할 개념필연적 이유도 없다. 따라서 이러한 양면적 사정을 함께 고려하면—어쩌면 과감한 잠언(箴言)처럼 들리겠지만—"탈근대적·포스트휴먼적"(post-human) 관점과 잘 조응할 수 있는 자연주의적 법인격론이나 그런 식의 규범학을 새로이 모색해야 할 이유와 여지가 생겨난다. 그래서 이제 우리의 관심은 자연주의적 관점의 가닥을 놓지 않으면서도 자연주의를 새로운 시대적 지향에 맞도록 갱신하는 탐구이어야

43) 이러한 관점에서 자연주의 법리학(naturalized jurisprudence)을 개진한 대표적 예로, Brian Leiter, Naturalized Jurisprudence (Oxford University Press, 2007). 관련한 상세한 소개는, 졸고, 앞의 글(2013)(주 20) 참조.

할 것이다.

이러한 탐구가 어떻게 가능할까? 그러한 탐구에는 과감한 이론적 상상력과 도전이 요구된다. 인문학과 사회과학의 제 분야에서는 인간에 대한 이해에 있어서도, 세계에 대한 이해에 있어서도, 그리고 과학과 기술에 대한 이해에 있어서도, 법학을 멀찍이 앞서 나가고 있으며 이미 이론적 상상력의 나래를 한껏 펼치고 있다. 그렇다면 이제는 — 다소 늦은 감은 있지만 — 법학 혹은 적어도 법철학의 차례다.

evolution

02

도덕 본능을 넘어서는 법을 위하여

전중환

경희대학교 국제캠퍼스 후마니타스칼리지 교수. 성도덕, 가족내의 갈등과 협동, 혐오 정서 등을 진화심리학 관점에서 연구하고 있다. 『진화한 마음』, 『오래된 연장통』 등을 썼고 『욕망의 진화』, 『적응과 자연선택』을 옮겼다.

Ⅰ. 머리말

다음은 도덕심리학자 조나단 하이트(Jonathan Haidt)가 피험자에게 제시한 이야기다.1)

> 클레어는 가족도 친구도 없다. 삶에 지친 그녀는 돈도 벌 겸해서 자신이 죽으면 자기의 몸을 뜻대로 사용할 권리를 누군가에게 팔기로 결심했다. 제이크가 1만달러를 제시하면서 그녀가 죽으면 끔찍한 짓을 그녀의 시체에 행할 계획이라고 알렸다. 클레어는 죽고 난 다음에 자기 몸에 일어날 일 따위는 신경 쓰지 않았으므로, 즉시 계약에 동의했다. 그녀는 받은 돈으로 여생을 만족스럽게 보냈다. 클레어가 죽고 난 후, 제이크는 클레어의 시체를 절단하고, 그 위에 대변을 보고, 지하실에서 썩도록 방치했다. 결국에는 시체를 쓰레기 소각장에 버려서 불태웠다. 그 누구도 제이크가 한 짓을 알지 못했다. 제이크는 시체 훼손을 즐겼지만, 다시는 그런 짓을 하지 않기로 결심했다. 제이크가 클레어의 시체에 한 행동은 도덕적으로 정당한가?

여러분이 하이트의 연구에 참여한 대다수와 다르지 않다면, 이 이야기를 듣자마자 지독히 역겨워하며 잘못된 행동이라고 단언할 것이다. 문제는, 왜 잘못되었는지 이유를 대기 어렵다는 것이다. 시체를 훼손하면 고인의 가족이 괴로워하니까? 클레어는 가족도 친구도 없다. 돈으로 남의 몸을 산 행동을 후회할 테니까? 제이크는 시체 훼손을 즐겼다. 제이크가 앞으로 더 나쁜 짓을 저지를지 모르니까? 그는 이런 일을 다시는 하지 않기로 결심했다. 합당한 이유를 끝내 찾지 못한 대다수는 결국 두 손을 든다. "몰라. 설명할 순 없지만, 하여튼 잘못된 건 분명해."

타인의 행동을 도덕 판단할 때 사람들은 적어도 일부 사례에 대해서는 정당한 이유를 들지 못하면서 어쨌든 잘못되었다는 결론을 고수한다. 하이트는 이런 현상을 '도덕 말막힘(moral dumbfounding)'이라고 불렀다. 도덕 말막힘은 그저 흥미로운 예외가 아니다. 정반대로, 우리가 매일 내리는 도덕 판단은 각각의 개별 사례가 일반적인 도덕 원리(예컨대, "무고한 사람에게 피해를 주면 안 된다.")에 위배되

---

1) Haidt, Jonathan, Koller, Silvia Helena and Dias, Maria G., "Affect, culture, and morality, or is it wrong to eat your dog?," Journal of Personality and Social Psychology, 65, 1993, pp. 613 - 628; Haidt, Jonathan, The righteous mind: Why good people are divided by politics and religion, Vintage, 2012; Lieberman, Debra and Patrick, C., Objection: Disgust, morality, and the law, Oxford: Oxford University Press, 2018.

는지 꼼꼼히 살피는 이성적 추론에 기대지 않음을 입증하는 증거다. 정서적이고 무의식적인 직관이 어떤 행동의 옳고 그름을 순식간에 결정한다. 그다음에 냉철히 심사숙고하는 추론이 직관이 내린 결론을 정당화하고 피해자를 찾아낸다.

"음주 운전은 잘못인가?" 같은 대다수 사례에 대해서 추론은 자신이 맡은 임무인 사후 정당화를 잘 수행한다. 짓궂게도 하이트는 추론이 사후 정당화할 출구를 미리 다 막은 이야기를 피험자에게 제시했다. 피험자가 '도덕 말막힘'을 겪는 모습에서 도덕 판단의 주인공은 뜨거운 정서가 내리는 직관임을 알 수 있다. 만약 도덕 원리의 잣대를 개별 사례에 꼼꼼히 적용하는 추론이 주인공이라면, 피험자는 잠시 생각한 후에 이렇게 말했을 터이다. "남에게 피해를 주진 않았네요. 제이크의 행동은 정당해요!"

추론이 아니라 직관이 도덕 판단을 이끈다는 발견이 왜 법학에 중요한가? 많은 법학자가 이성적 추론에 기초하는 보편 도덕이 법의 토대를 이룬다고 가정하기 때문이다. 자연법 이론가들은 인간의 이성으로 접근할 수 있는 객관적인 도덕 원리의 집합이 실재한다고 본다. 또한 인간이 만드는 법은 이러한 '자연법' 혹은 '우주의 질서'에 마땅히 부합해야 한다고 주장한다.[2] 그런데 살인이나 도둑질을 처벌하는 실정법이 우주에 영구적으로 내재하는 객관적인 도덕 원리로부터 엄밀하게 추론되지 않았다면? 그러기는커녕, 수렵－채집 생활을 했던 우리의 먼 조상들이 성공적으로 번식하는 데 도움이 되었기에 자연 선택된 심리적 적응 중의 하나가 행위의 옳고 그름을 순식간에 무의식적으로 결정한다면? 요컨대, 오늘날의 법전은 수렵－채집 사회에서 행위의 잘잘못을 직관적으로 판단하도록 진화한 심리적 적응—'도덕 본능' 혹은 '도덕 모듈(module)'—이 구체적인 규칙으로 성문화한 것이다.[3] 이렇게 놓고 보면 최근 윤리학, 도덕 심리학, 생물 인류학, 뇌과학, 행동 경제학, 진화 생물학, 영장류학, 게임 이론 등 다방면에 걸쳐 진행되고 있는 도덕

2) 김영환, "법과 도덕의 관계－특히 한국형법을 중심으로", 법학논총 제25권, 2008, 55면 이하; Cosmides, Leda and Tooby, John, "Evolutionary psychology, moral heuristics, and the law", In Gigerenzer, Gerd and Engel, Christoph. eds., Heuristics and the Law(Cambridge, MA: MIT Press, 2006), pp.181－212; Patrick, Carlton, "Evolution is the source, and the undoing, of natural law", Evolution and Human Behavior, 2023(https://doi.org/10.1016/j.evolhumbehav.2023.01.002).

3) 법에 대한 진화적 접근이 모든 종류의 법에 대해 새로운 통찰을 빠짐없이 제공해 주지는 않을 것이다. 이를테면, 소송 또는 재판 절차를 규율하는 절차법을 진화적으로 분석해서 우리가 새로 얻을 성과는 많지 않다. 이 글에서는 주로 누군가의 일탈 행위를 처벌하는 법, 즉 형법을 필두로 재산권의 침해, 계약 불이행, 환경 파괴, 외교 분쟁, 경제 사범 등을 다루는 법에 대한 진화적 접근에 초점을 맞춘다.

심리의 진화적 연구가 법학자들에게도 중대한 함의를 던진다는 것을 알 수 있다.[4)]

법은 인간의 도덕 본능이 성문화된 것이라는 사실이 법학에 주는 의미는 크고 깊다. 도덕 직관을 만들어내는 우리의 심리적 적응은 수백만 명의 낯선 대중으로 이루어진 광대한 산업사회가 아니라, 백 명이 채 안 되는 가족, 이웃, 친구로 이루어진 협소한 수렵-채집 사회에 꼭 맞추어서 자연 선택에 의해 '설계'되었다.[5)] 무엇보다도, 자연 선택은 개체의 건강이나 행복을 증진하는 데는 '관심'이 없다. 사회 정의와 인권을 증진하는 데도 '관심'이 없다.[6)] 자연 선택의 유일한 '목표'는 우리 조상들이 진화한 먼 과거의 환경에서 번식을 돕는 유전자를 맹목적으로 골라내는 것이다. 옳고 그름을 판단하는 도덕 본능이 지금 현 사회에서 정의를 실현하는 데 결과적으로 도움이 될 수도 있다. 그러나 이는 자연 선택의 '관심사'가 아니다. 어떤 도덕 본능이 오늘날의 사회에서 정의를 해치고 억압을 부추기는 결과를 초래하더라도, 그 본능이 수백만 년 전 조상의 번식 성공도에 어쨌든 이바지했다면 자연 선택은 주저 없이 그것을 인간 본성의 일부로 만들었다.

예를 들어, 몇몇 근본적인 이슬람 국가에는 여성이 공공장소에서 머리카락을 히잡으로 가릴 것을 법으로 규정한다. 히잡법이 제정된 목적으로 이슬람 문화의 정체성 유지나 쿠란의 계율 준수가 흔히 제시된다. 그러나, 진화적인 관점에서 보

4) Cosmides, L. and Tooby, J., 2006(주 2); Hannikaine, Ivar R. *et al.*, "Are there cross-cultural legal principles? Modal reasoning uncovers procedural constraints on law", Cognitive Science, 45, 2021, e13024; Hinde, Robert, "Law and the source of morality", Philosophical Transactions of the Royal Society B: Biological Sciences 78, 2004, pp.1685-1695; Jones, Owen, "Evolutionary Psychology and the law", In David Buss, Ed., The Handbook of Evolutionary Psychology: Integrations(John Wiley & Sons, 2016), pp.1180-1203; Lieberman, D. and Patrick, C., 2018(주 2); Patrick, C., 2023(주 2); Robinson, P., Kurzban, R. and Jones, Owen, "The origins of shared intuitions of justice." Vanderbilt Law Review 60, 2007, pp.1633-1688; Sznycer, Daniel and Patrick, Carlton, "The origins of criminal law", Nature Human Behaviour 4, 2020, pp.506-516.

5) Barkow, Jerome H., Cosmides, L. and Tooby, J.(Eds.), The Adapted Mind: Evolutionary Psychology and the Generation of Culture, Oxford: Oxford University Press, 1992; Tooby, J. and Cosmides, L., "The theoretical foundations of evolutionary psychology", In David Buss. Ed., The Handbook of Evolutionary Psychology: Foundations, 2nd ed.(Wiely, Hobken, NJ, 2015), pp.3-87.

6) 자연 선택에 의한 진화는 특정한 환경에 처한 생물 개체군에서 다음 세대에 복제본을 많이 남기는 유전자가 그렇지 않은 유전자를 제치고 세대에 걸쳐 그 빈도가 높아지는 맹목적이고 기계적인 과정이다. 어떠한 의도도, 목적도, 계획도 없다. 설명의 편의를 위해 마치 자연 선택이 의도와 목적이 있는 것처럼 은유했음을 강조하고자 따옴표를 쳤다. Dawkins, Richard, The Selfish Gene, Oxford: Oxford University press, 1976; Wright, Robert, Why Buddhism Is True: The Science and Philosophy of Meditation and Enlightenment, New York: Simon and Schuster, 2017.

면 왜 히잡법이 존재하는지는 명백하다. 남성이 여성의 성적 자유를 통제하려는 심리적 적응에서 히잡법이 유래한다. 이는 그럴듯하게 들리는 사후 설명에 불과할까? 그렇지 않다. 다른 모든 과학과 마찬가지로, 진화심리학은 가설로부터 나온 예측을 실증적으로 검증하는 과정을 통해 미지의 사실에 대한 발견을 이끈다. 히잡에 대한 진화적 가설이 맞는다면, 히잡 착용에 대한 사람들의 찬반 입장은 그 사람이 남성 혹은 여성인지에 따라, 그리고 그 사람의 친자식 가운데 아들이 차지하는 비율이 어느 정도인지에 따라 달라질 것이다. 예측대로, 이슬람 국가인 튀니지인 600명을 상대로 히잡 착용에 대한 찬반을 조사한 연구는 아들을 많이 둔 여성은 딸을 더 많이 두었거나 아들과 딸을 동수로 둔 여성보다 히잡 착용을 더 찬성하는 경향이 있음을 발견하였다.[7] 즉, 도덕 본능이 성문화된 법이 반드시 오늘날 더 도덕적이고 더 정의로운 사회를 만들리라는 보장은 어디에도 없다. 도덕 본능에서 나오는 법은 종종 우리가 도덕과 정의를 무너뜨리게 만든다.

이 글은 오늘날의 법은 옳고 그름을 판단하도록 자연 선택에 의해 '설계'된 심리적 적응이 성문화된 것임을 논증한다. 바로 그 때문에 — '그런데도'가 아니라 — 법은 지금 여기에서 도덕과 정의를 실현하는 데 종종 걸림돌이 될 수 있음을 주장한다. 구성은 다음과 같다. 첫째, 인간의 심리에 대한 진화적 접근이 무엇인지 요약한다. 특히 법학자를 비롯해 인문학자와 사회과학자가 진화심리학에 대해 흔히 품는 오해를 바로잡고자 한다. 둘째, 행위의 잘잘못에 대해 직관적인 판단을 내리는 심리적 적응이 어떠한 진화적 기능을 수행하게끔 자연 선택에 의해 '설계'되었는지 살핀다. 거칠게 말하면, 도덕 본능은 수렵-채집을 했던 먼 조상이 사회생활에서 이해 관계의 충돌을 효과적으로 조정함으로써 번식 성공도를 높일 수 있게끔 진화하였다. 아울러 법은 도덕 본능이 성문화된 것임을 입증하는 실증적 증거를 검토한다. 셋째, 도덕 본능으로부터 기원하는 법이 어떻게 종종 우리가 공동체의 복지와 정의 실현으로부터 더 멀어지게 하는지 살펴본다.

7) Blake, K., Fourati, M. and Brooks, R., "Who suppresses female sexuality? An examination of support for Islamic veiling in a secular Muslim democracy as a function of sex and offspring sex," Evolution and Human Behavior 29, 2018, pp.632 - 638.

Ⅱ. 인간 마음에 대한 적응주의적 접근

1. 본능맹: 마음이 너무나 잘 작동하기에 우리는 그 진면목을 알지 못한다

스마트폰을 꺼낸다. 하단을 쓸어 올려 잠금을 푼다. 정보를 찾거나, 메일을 읽거나, 게임을 한다. 스마트폰이건 탁상용 컴퓨터건 차량 블랙박스건 간에, 우리는 인공적으로 만들어진 정보 처리 장치가 얼마나 복잡하게 설계되어 있는지 평소에는 실감하지 못한다. 그저 감사하게 쓸 따름이다. 어느 날, 스마트폰을 아무리 눌러도 전혀 반응이 없다면? 그제야 우리는 스마트폰이 기능적으로 전문화된 여러 부품이 복잡하게 회로 기판에 배선된 걸작품임을 깨닫는다.

자연 선택에 의해 진화한 정보 처리 장치, 즉 우리의 마음도 마찬가지다. 우리는 마음이 얼마나 복잡하게 '설계'되어 있는지 평소에는 실감하지 못한다. 눈을 뜨면 온 세상이 내 앞에 순식간에 펼쳐진다. 욕망이 생기면 이를 실현하기 위한 행동 계획이 머리 속에 순식간에 수립된다. 움직일 의도가 생기면 한 치의 오차 없이 팔다리가 순식간에 움직인다. 어느 날 갑자기 기억력이 무뎌지거나, 초록과 빨강을 구분하지 못하거나, 사소한 일에 극도의 공포와 발작을 경험한다면? 그제서야 우리는 우리의 마음이 기능적으로 전문화된 여러 심리적 적응이 복잡하게 두뇌에 배열된 걸작품임을 깨닫는다. 아주 어렴풋이 말이다.[8)]

얄궂게도, 우리의 마음은 외부에서 입력된 정보를 너무나 능숙하고 효율적으로 처리해서 적절한 반응을 척척 만들기 때문에 정작 우리는 마음의 위대한 '설계'를, 그 천문학적인 복잡성을 평소에는 실감하지 못한다. 입력된 정보를 마음 속에서 처리하는 복잡한 내부 알고리즘과 연산 규칙은 우리의 의식이 전혀 도달하지 못하는 층위에서 실행된다. 최종적으로 산출된 반응 — 감정, 판단, 동기, 추론, 행동 — 만 우리는 의식할 따름이다. 진화심리학자 리다 커스미디즈(Leda Cosmides)와 존 투비(John Tooby)는 이러한 경향을 '본능맹(instinct blindness)'이라고 불렀다.[9)] 달리 말하면, 오직 과학이라는 도구에 의지해서만 우리는 느끼고, 지각하고,

8) Lieberman, D. and Patrick, C., 2018(주 2).

9) Cosmides, L. and Tooby, J., "Beyond intuition and instinct blindness: Toward an evolutionarily rigorous cognitive science", Cognition, 50, 1994, pp.41 - 77.

판단하고, 추론하고, 운동하는 우리의 일상적인 활동이 얼마나 숭고하고 경탄스러운 심적 역량에 기반하고 있는지 이해할 수 있다. 설거지하기, 아이 돌보기, 청소하기처럼 우리가 매일 하는 잡일을 대신 수행해 줄 집사 로봇을 아직도 삼성이나 애플이 판매하지 않는 까닭은 제조사가 그런 로봇을 일부러 안 만들어서가 아니다. 21세기의 첨단 과학기술로도 그러한 역량을 지닌 로봇을 만들기란 불가능에 가까울 정도로 어렵기 때문이다.[10]

예를 들어, '상식'의 문제를 생각해 보자. 상식은 누구나 다 알고 있거나 알아야 하는 지식의 집합이다. 하지만, 실제로 우리가 어떻게 상식을 얻어서 일상에서 활용하는지는 참으로 답하기 어렵다. 진화심리학자 스티븐 핑커(Steven Pinker)가 고안한 다음 질문을 보자.[11]

- 어빙은 개를 차에 놔두었다. 그 개는 어빙의 집 안에 있는가?
- 실라는 교회에 갔다. 실라의 머리도 같이 갔는가?
- 브루스는 집 안에 있다. 브루스는 벽을 통과해서 집에 들어갔는가?
- 메이벌은 오전 9시에 살아 있고 오후 5시에도 살아 있다. 오후 1시에 살아 있었는가?

위의 질문에 정답을 내놓는 컴퓨터를 설계하려면 공학자가 어떻게 해야 할지 생각해보라. 우리가 다 알고 있는 수많은 '상식'을 컴퓨터에 일일이 다 집어넣거나, 다른 사실로부터 상식을 추론해내는 능력을 구현해야 한다. 위에서 나오는 상식은 이렇다. 사물은 한 번에 한 장소에만 있을 수 있다. 사물을 구성하는 부분은 사물 전체와 함께 움직인다. 고체는 벽을 통과할 수 없다. 사람은 한번 죽으면 계속 죽은 상태를 유지한다. 이외에도 컴퓨터가 알아야 할 상식은 무수히 많다. 누구나 어머니와 아버지가 있다거나, 눈썹의 양끝이 치켜 올라간 사람은 화가 났다거나, 물건을 놓으면 땅으로 떨어진다 등이다. 우리는 이 수많은 상식을 일일이 교육받으며 자라는가? 아니면 몇몇 중요한 사실로부터 새로운 사실을 이끌어내는 추론 법칙을 타고 나는가? 누구도 모른다. 한 가지는 확실하다. 위의 질문이 식은 죽 먹기보다 더 쉽다고 여기는 독자 여러분의 마음은 공학적인 관점에선 차라리

10) Pinker, Steven, How the mind works, New York: Norton, 1997.
11) Pinker, Steven, "The human mind", In Jennifer M. Shephard, Stephen M. Kosslyn, Stephen M. Kosslyn, Evelynn M. Hammonds(Eds.), "The Harvard Sampler: Liberal Education for the Twenty - First Century"(Cambridge, MA, Harvard University Press, 2011), pp.179 - 211.

불가사의로 보는게 타당할 만큼 극도로 복잡한 연산 장치다.[12)]

요컨대, 우리의 마음을 이루는 심리 기제는 너무나 기가 막히게 잘 작동하기 때문에 우리는 평소에는 마음의 진면목을 깨닫지 못한다. 마치 스마트폰이 매우 복잡한 연산장치임을 우리가 까맣게 잊고 사는 것처럼 말이다. 이러한 본능맹 때문에 마음의 정보 처리 과정 가운데 우리가 의식할 수 있는 부분은 거의 없다. 어떻게 마음의 복잡한 구조를 명료하게 이해할 수 있을까?

2. 복잡한 적응은 자연 선택이 '설계'했다

마음만 복잡한 것이 아니다. 자연계에 살아 숨 쉬는 생명은 저절로 탄성이 나올 만큼 복잡하다. '적응(adaptation)'이라고 불리는 이러한 형질은 어떤 기능을 잘 수행하게끔 너무나 정교하게 조직화해서 마치 지적인 생명체가 의도적으로 그것을 설계한 것 같다는 의심까지 들게 한다. 독침을 가지는 말벌을 똑 닮아서 포식자를 피하는 나방의 생김새, 물속에서 수영하기 쉽게끔 유선형으로 된 고래의 몸매, 눈밭에서 먹이를 몰래 습격하기 쉽도록 흰색인 북극곰의 색깔 등은 그 일례이다.

생명체의 이러한 '설계'는 어떻게 생긴 걸까? 1859년에 찰스 다윈은 자연 선택에 의한 진화가 복잡한 '설계'를 만들었음을 입증했다.[13)] 태초에 복제자(replicator), 즉 자신의 복제본을 만들 수 있는 실체가 있었다. 완벽한 복제는 없다. 세대가 이어지면서 복제자들은 서로 조금씩 달라진다. 각기 다른 복제자가 특정한 환경에서 한정된 자원을 두고 일종의 경쟁을 벌인다. 결국 다음 세대에 복제본을 많이 남기는 특성을 지닌 복제자는 그렇지 못한 복제자보다 세대를 거쳐 그 빈도가 높아지게 된다. 이게 다다. 자연 선택에 의한 진화는 각기 다른 복제자 사이의 차등적 번식이다. 어떠한 목표도, 의도도, 계획도 없다. 유전, 변이, 그리고 차등적 번식이라는 세 요건이 충족되면 그 귀결로서 무조건 자연 선택이 일어난다. 덕분에 개체군은 당장 처한 특정한 환경에 적응하게 된다. 지구 행성에서 번성한 복제자는 오늘날 유전자라는 이름으로 불린다.[14)]

진화를 일으키는 기제는 자연 선택 외에도 더 있지만, 자연 선택은 특별하다.

---

12) Pinker, S., 2011(주 11).
13) Darwin, Charles, R. On the Origin of Species, London: John Murray, 1859.
14) 물론 유전자 외에 비교적 최근에 출현한 또다른 복제자도 있다. 문화적 진화의 단위인 밈(meme)이다(Dawkins, 1976(주 6)).

오직 자연 선택만이 마치 누군가 의도적으로 설계한 듯한 복잡한 적응을 빚어낼 수 있기 때문이다. 돌연변이나 이주, 유전적 부동(genetic drift) 같은 다른 기제는 전적으로 우연에 기댄다. 반면에 자연 선택은 주어진 유전적 변이 가운데 무엇이 현재 처한 환경에서 복제본을 가장 잘 퍼뜨리냐는 일관된 기준에 따라 특정한 변이를 '고르는' 유일한 기제다. 자연 선택은 무작위적인 변이 사이의 무작위적이지 않은 선택이다.[15] 이러한 선택이 누적됨에 따라, 과거의 진화적 환경에서 조상의 번식 성공도에 영향을 끼쳤던 적응적 문제에 대해 자연 선택은 제각각 꼭 맞는 해결책을 만든다. 예를 들어 보자. 포유류지만 바다로 영구 이민을 결심한 고래의 먼 조상들은 물의 저항을 되도록 줄여야 한다는 문제에 직면했다. 고래 몸의 형태에 원래 존재했던 유전적 변이 가운데, 물의 저항을 조금이라도 더 줄이는 변이가 후대에 복제본을 더 많이 남긴다. 선택이 세대를 거쳐 누적된다. 결국 앞부분은 매끈하고 뒷부분은 날카로워서 물의 저항을 최소화하는 유선형 몸매가 고래에게 장착된다. 요컨대, 다음 세대에 복제본을 잘 남기는 — 진화생물학자 리처드 도킨스(Richard Dawkins)가 '이기적'이라고 은유하는 — 유전자를 줄기차게, 무덤덤하게 골라내는 맹목적인 자연 선택이 복잡한 적응을 만든다.[16]

자연 선택에 의한 진화 이론은 19세기 철학자 허버트 스펜서(Herbert Spencer)가 만든 문구인 '적자생존(適者生存, survival of the fittest)'으로 흔히 요약된다. 이 문구는 많은 사람에게 크고 강한 '적자'가 작고 약한 '부적자'를 마음껏 괴롭히는 장면을 연상시킨다. 드라마 「더 글로리」에서 고등학생 박연진 일당은 친구 문동은의 몸을 고데기로 지지며 낄낄댄다. 다윈의 진화 이론은 강자가 약자를 억압하는 약육강식이 자연의 섭리라고 주장하는 못된 과학일까? 쥐가 고양이의 먹이가 되고 정어리가 갈매기의 먹이가 되듯이, 빈민, 장애인, 여성 같은 사회적 약자는 부와 권력을 지닌 강자에게 수탈당하는 운명을 타고 났다는 말일까? 절대 그렇지 않다. '적자'가 반드시 크고 강한 개체를 뜻하는 것은 아니다. 반드시 작고 약한 개체를 뜻하는 것도 아니다. 어떤 개체군이 처한 특정한 생태적 환경에서, 다른 유전적 변이를 지닌 개체에 비해 복제본을 후대에 더 많이 남기는 유전적 변이를 지닌 개체가 적자(適者)이다. 문자 그대로, 당장 처한 환경에 꼭 들어맞는 형질을 지닌 개체가 적자이다. 어떤 형질을 지닌 개체가 적자인지는 특정한 환경에서 유

15) Dawkins, R., Climbing Mount Improbable, New York: W. W. Norton, 1996.

16) Williams, George C., Adaptation and Natural Selection, Princeton, NJ: Princeton University Press, 1966; 전중환, 『진화한 마음』, 휴머니스트, 2019.

기체가 직면한 적응적 문제에 대한 해결책이 무엇인가에 따라 달라진다.[17)]

예를 들어 보자. 포유류 포식자가 건너가지 못했던 아주 외딴섬에 정착한 새는 진화 과정에서 날개를 잃는 경우가 종종 있다. 하늘을 날던 비둘기의 한 후손인 모리셔스섬의 도도새가 이에 해당한다. 날개가 주는 번식상의 이점 중의 하나는 땅에 얽매인 포식자를 피해 일정 거리를 난 뒤 안전한 곳에 내려앉는 것이다. 그런데 비행에는 에너지가 많이 요구될 뿐만 아니라, 날개 자체를 돋아나게 하는 데도 비용이 많이 든다. 이제 포유류 포식자가 전혀 없는 모리셔스섬의 도도새 조상 개체군을 생각해 보자. 정상적인 날개를 만드는 유전자를 지닌 개체에 비하여, 우연히 평균보다 조금 더 작은 날개를 만드는 유전자를 지닌 돌연변이 개체가 번식에 더 유리했다. 아마 그러한 개체는 날개에 드는 경제적 비용을 아껴서 자식을 약간 더 많이 키워 냈을 것이고, 그 새끼들은 조금 더 작은 날개를 물려받았다. 그렇게 세대가 지날수록 날개는 점점 더 줄어들었다. 즉, 도도새의 조상 개체군에서는 효율적으로 비행할 수 있는 날개를 지닌 개체가 부적자였다. 흉하게 쪼그라든 날개를 지닌 개체가 적자였다.[18)] 적자는 개체군이 처한 특정한 환경에 잘 맞는 형질을 지닌 개체일 뿐 결코 무조건 크고 강하고 힘센 개체가 아님을 고려한다면, 다윈의 진화론은 약육강식을 정당화하는 위험한 사상이라서 결코 인간 사회를 이해하는 분석틀로 쓰여져서는 안 된다는 우려가 명백한 오해임을 알 수 있다.

3. 마음은 조상들이 수렵-채집 생활에서 겪은 적응적 문제를 해결해 준 심리적 적응의 묶음이다

느끼고, 지각하고, 판단하고, 분류하고, 운동을 통제하는 우리의 마음도 눈, 코, 귀, 심장, 간, 콩팥, 허파, 위장, 팔다리 같은 신체 기관 못지 않게 복잡하고 정교하다. 심리적 적응은 어떤 진화적 기능을 잘 수행하게끔 자연 선택이 빚어냈을까?

마음의 기능은 정보 처리다. 마음은 외부 환경으로부터 입력된 정보를 처리하여 먼 과거의 수렵-채집 환경에서 조상의 번식에 도움이 된 행동을 산출하는 역할을 한다. 숲길을 걷다가 내게 다가오는 뱀을 보았다고 하자. 두말할 필요 없이,

17) Nesse, Randolph and Williams, George, Why We Get Sick: The New Science of Darwinian Medicine, New York: Vintage, 1995.

18) Dawkins, R., Flights of Fancy: Defying Gravity by Design and Evolution, London: Apollo, 2021.

삼십육계 줄행랑이 이 상황에서는 번식 가능성을 높여주는 적응적 행동이었다. 뱀을 보고 인류의 조상이 할 수 있었던 행동의 가짓수는 무한 개였음에 유의하시라. 우리의 조상은 뱀과 애틋한 사랑에 빠질 수도, 가냘픈 뱀을 동정할 수도, 뱀을 보고 군침을 삼킬 수도, 뱀이 무서워서 도망칠 수도 있었다. 이 중 뱀을 보자마자 도망치는 편이 번식에 가장 유리했다. 그래서 뱀에 대한 공포는 인간의 보편적인 심리적 적응이 되었다.[19)]

적응적 문제는 과거의 진화적 환경에서 유기체의 조상이 반복적으로 마주친 문제 가운데 생존과 번식에 어떤 식으로든 영향을 끼쳤던 문제로 정의된다. 무엇을 먹을 것인가, 누구와 어울릴 것인가, 누구와 성관계할 것인가, 어떻게 포식자를 피할 것인가, 어떻게 소통할 것인가 등의 문제 말이다. 수렵-채집 생활을 했던 수백만 년 전의 우리 조상이 풀어야 했던 적응적 문제는 매우 많았다. 자식을 낳기, 식물성 음식의 위치를 기억하기, 동물을 사냥하기, 배우자와 원만한 관계 유지하기, 심장 박동 조절하기, 표정으로부터 감정을 읽기, 우정을 지키기, 언어를 습득하기, 자연재해를 피하기, 길을 잃지 않기, 체온 조절하기 등등 목록은 길게 이어진다. 이처럼 제각각 다른 적응적 문제에 맞추어 전문화된 다수의 심리적 적응이 자연 선택에 의해 진화했다. 즉, 우리의 머릿속에는 무엇이든 잘 해결해내는 요술 방망이 하나만 덜렁 담겨 있지 않다. 각기 다른 용도에 맞추어 특수하게 제작된 연장들이 수백, 수천 개 빼곡히 담겨 있다. 어느 한 문제에만 특화된 해결책은 다른 문제에는 젬병이기 때문이다.

신체 기관을 떠올려 보자. 우리 몸 안에는 소화, 순환, 내분비, 면역, 근육, 신경, 번식, 호흡, 배설, 골격 등을 한꺼번에 담당하는 기관 하나만 덜렁 있지 않다. 각 기능에 특화된 신체 기관이 수없이 들어 있다. 정신 기관도 마찬가지다. 예컨대, 음식 선호와 배우자 선호라는 두 적응적 문제를 생각해 보자. 영양가가 많고 독소와 병원체가 없는 음식을 고르는데 필요한 심리 기제(예: "역겨운 냄새가 나는가?")는 젊고 건강하고 매력적인 이성을 고르는데 필요한 심리 기제(예: "걸음걸이가 활기찬가?)와 매우 다를 수밖에 없다. 그러므로 진화심리학자는 인간의 마음은 각기 다른 입력 정보에 의해 활성화되는 다수의 특수화된 심리 기제의 집합이라고 주장한다.[20)]

---

19) Tooby, J. and Cosmides, L., "The evolutionary psychology of the emotions and their relationship to internal regulatory variables," In M. Lewis, J. M. Haviland-Jones & L. F. Barrett(Eds.), "Handbook of Emotions"(Guilford Press, 2008), pp.114-137.

주의할 점이 있다. 적응은 어디까지나 먼 과거의 문제에 대한 해결책이다. 현대의 새로운 환경에서도 신묘하게 번식에 도움이 되리라는 보장은 전혀 없다. 인류는 약 6백만 년 전에 침팬지와의 공통 조상으로부터 갈라져 나온 이래 대부분의 시간을 아프리카 초원에서 백 명도 채 안 되는 집단에서 수렵-채집을 하면서 보냈다. 인간의 몸과 마음은 이러한 소규모 수렵-채집 사회에 맞추어 설계되었다. 약 1만 년 전에 시작된 농경 사회나 수백 년 전에 시작된 현대 산업 사회에 요구되는 심리적 적응이 진화할 시간은 없었다. 한마디로, "현대인의 두개골 안에는 석기 시대의 마음이 들어 있다."[21]

농경이 시작된 메소포타미아나 인더스 문명은 듣기만 해도 정말 아득한 옛날이다. 이런 시대가 현대인의 마음에 거의 영향을 끼치지 않았다니! 납득하지 못하는 분을 위해서 이렇게 설명해 보자. 인류의 진화 기간을 5백만 년이라 하고, 이를 1년으로 압축한다고 하자. 농업은 언제 시작했을까? 12월 31일 오전 6시에 시작했다. 산업 혁명은 이날 밤 11시 40분이 되어서야 시작했다. 1년 중 364일 동안 인류는 수렵-채집 생활을 한 셈이다.[22]

과거의 적응과 새로운 환경 사이의 불일치가 심각한 문제를 일으키는 예를 들어 보자. 우리의 진화적 조상이 수렵과 채집으로 얻을 수 있었던 에너지의 양은 항상 빠듯했다. 아직 현존하는 수렵-채집민을 조사한 바에 따르면, 이들은 산업 사회를 사는 현대인보다 매일 두 배 더 돌아다니고 고작 2,200cal 정도만 얻는다. 인간이 진화해 온 거의 전 기간에 걸쳐서 되도록 신체 활동을 줄이고 게으름을 피워서 에너지를 비축하는 성향이 번식에 더 유리했다. 인류 역사상 처음으로 장기간 몸을 쓰지 않고도 소파에 파묻혀 편히 살 수 있게 된 오늘날, 게으름이라는 심리적 적응은 운동 부족을 유발한다. 암, 당뇨 등 갖가지 성인병을 일으킨다. 밖에 나가 직접 공을 차면 참으로 건강에 좋을 텐데 우리는 방 안에 틀어박혀 월드컵 축구 중계를 시청한다. 너무 달고 기름진 가공 음식, 쌩쌩 달리는 자동차, 알코올이나 마약 등의 향정신성 약물, 포르노그래피 동영상 등의 새로운 환경 요소

20) Barrett, H. Clark and Kurzban, R., "Modularity in cognition: Framing the debate", Psychological Review, 113, 2006, pp.628-647; Kurzban, R., Why Everyone(Else) Is a Hypocrite: Evolution and the Modular Mind, Princeton, NJ: Princeton University Press, 2012.

21) Cosmides, L. and Tooby, J., "Evolutionary Psychology: A Primer", Center for Evolutionary Psychology, UC Santa Barbara, 1997(https://www.cep.ucsb.edu/primer.html).

22) Gaulin, Steven J. C. and McBurney, Donald, Evolutionary Psychology(2nd ed.), Pearson/Prentice Hall, 2004.

도 수렵-채집 생활에 맞추어 진화된 우리의 마음과 충돌을 일으키는 또 다른 예이다.[23)]

요컨대, 진화심리학자는 마음의 적응적 설계를 밝히고자 한다. 마음은 인류가 진화해온 먼 과거의 환경에서 조상들이 직면했던 현실적인 문제를 잘 해결하게끔 자연 선택이 '설계'한 심리적 적응의 묶음이다. 진화심리학은 각각의 심리적 적응이 어떤 진화적 기능을 수행하게끔 자연 선택에 의해 조직화했는지 탐구함으로써 우리 자신에 대한 이해를 넓힌다. 법과 관련된 인간 행동을 파생시킨 심리적 적응이 무엇인지 아래에서 살펴보자.

Ⅲ. 법은 도덕 본능이 성문화된 것이다

1. 법은 인간 이성으로 파악되는 초월적인 도덕 원리의 집합에서 나오는가?

법은 어디에서 유래하는가? 앞에서 살폈듯이, 본능맹은 우리의 마음을 이루는 심리적 적응이 얼마나 복잡하게 설계되었는지 깨닫지 못하게 한다. 또한 본능맹은 심리적 적응이 만드는 여러 행동이 어떤 고차원적인 진리로부터 '당연히' 주어진다고 착각하게 만든다.[24)] 법의 영역이 대표적인 예다. 기원전 2100년경에 고대 메소포타미아에서 시행된 세계 최초의 성문법인 우르남무(Ur-Nammu) 법전은 달의 신 난나(Nanna)와 태양신 우투(Utu)로부터 그 법이 기원했다고 서문에서 명시했다. 1776년 토머스 제퍼슨은 미국 독립선언서에서 "자연법(Laws of Nature)과 자연의 신(Nature's God)의 법이 부여한 독립, 평등의 지위를 차지하는 것이 필요하게" 됨에 따라 미국이 독립을 선언한다고 서술하였다. 이처럼 법은 신, 고차원의 진리 혹은 객관적으로 실재하는 도덕 원리로부터 유래한다는 자연법 사상은 현대에 들어 법실증주의가 대두되기 전까지 인류 역사를 통해서 커다란 영향력을 끼쳤다.

23) Giphart, Ronald and van Vugt, Mark, Mismatch, London: Robinson, 2018; Lieberman, Daniel, The Story of the Human Body: Evolution, Health, and Disease, New York: Vintage, 2014.

24) Cosmides, L. and Tooby, J., 1994(주 9).

진화 법학자 칼튼 패트릭(Carlton Patrick)은 자연법에 관한 이론들이 매우 다양하긴 하지만, 다음의 두 명제에 공통으로 동의한다고 지적한다.[25)]

(1) 객관적이고 불변하고 참인 도덕 원리의 집합이 실재하며, 이는 인간의 이성으로 파악할 수 있다.
(2) 인간이 만드는 법은 이러한 객관적이고 초월적인 도덕 원리에 부합할 때만 유효하다.

보편적인 도덕 원리의 집합은 '자연법', '자연권', '우주의 질서', '자연적 권리(*ius naturale*)', '양도할 수 없는 권리' 등 여러 이름으로 불린다. 어쨌든 자연법 이론가들은 인간의 이성으로 인식할 수 있는 객관적이고 초월적인 도덕 원리의 집합이 존재하며, 실정법은 그러한 자연법과 어긋나서는 안 된다는 것에 의견이 일치한다. 즉, 기술적 주장(객관적인 도덕의 원천이 존재한다)과 규범적 논증(실정법은 객관적인 도덕의 원천에 부합해야 한다)에 모두 동의하는 셈이다.[26)]

객관적인 도덕 원리의 집합이 과연 실재하는지는 잠시 논외로 하자. 법과 도덕은 어쨌든 가깝게 연관된 것처럼 보인다. 법학자들은 공정, 공평, 정의 같은 가치를 치열하게 논쟁한다. 처벌이 응보적 차원에서 정당화되는지 혹은 억제적 차원에서 정당화되는지 고민한다. 그뿐만 아니라, 시험관 아기나 인간 복제를 둘러싼 논쟁처럼 시대의 변화에 따라 새로운 법을 만들 필요성이 불거지면 입법자들은 대중이 그 문제가 도덕적으로 잘못되었다고 생각하는지 여부를 중요하게 고려한다. 어떤 법학자가 법은 본질적으로 도덕과 무관하다고 아무리 주장한들, 현대 민주주의 사회에서 대중이 '부당하다고' 여기는 법은 실효성을 상실하리라고 쉽게 짐작할 수 있다.[27)]

그렇다면 법은 인간의 이성으로 접근할 수 있는 객관적인 도덕 원리의 집합에서 유래하는가? 이는 법학만의 문제가 아니라 윤리학과 도덕 심리학도 아우르는 문제다. 도덕을 오롯이 이성에 따라 이해하는 합리주의적 관점은 오랫동안 도덕 연구자를 지배했다. 우리는 어떤 행동이 올바른지 혹은 그릇되었는지에 대한 판단은 자유, 정의, 배려 같은 일반적인 도덕 원리로부터 논리적으로 도출된다고

---

25) Patrick, Carlton, "The long - term promise of evolutionary psychology for the law", Arizona State Law Journal, 48, 2016, pp.995 - 1012.
26) Patrick, C., 2016(주 25).
27) Hinde, R., 2004(주 4).

생각한다. 예컨대, 술에 취해 자동차를 운전하는 행동을 따져보자. 음주 운전을 하면 다른 운전자나 보행자에게 큰 피해를 줄 수 있다. "무고한 타인에게 이유 없이 손해를 끼치면 안 된다."는 배려의 원리에 어긋난다. 따라서 음주 운전이라는 특수한 사례는 일반적인 도덕 원리에 위배되므로 잘못되었음이 추론을 통해 확인된다. 도덕 판단을 내릴 때 인간의 합리적 추론이 가장 중요하다는 주장은 제러미 벤담(Jeremy Bentham), 존 스튜어트 밀(John Stuart Mill), 임마누엘 칸트(Immanuel Kant) 같은 윤리학자뿐만 아니라 장 피아제(Jean Piaget), 로렌스 콜버그(Lawrence Kohlberg) 같은 도덕 심리학자들에게도 폭넓게 받아들여졌다.[28] 심지어 칸트는 도덕이 수학과 같다고 했다. 수학자가 몇몇 자명한 공리로부터 피타고라스의 정리 같은 굵직한 수학적 진리를 도출하는 것처럼, '순수 실천 이성'의 원리로부터 거짓말이나 도둑질의 잘잘못 여부 같은 도덕적 진리를 도출할 수 있다는 것이다.[29]

서두에서 봤듯이 최근의 학제적 연구는 심사숙고하는 추론이 도덕 판단을 이끌지 않음을 입증했다. "도덕 심리학에서 이루어진 가장 흥미로운 발견 중의 하나"[30]로 간주되는 하이트의 사회적 직관주의자 모델(Social intuitionist model)은 이렇게 요약된다. "직관이 우선한다. 전략적 추론은 그다음이다."[31] 어떤 행동의 옳고 그름을 판단해야 하는 상황에 부닥쳤다고 하자. 뜨거운 정서가 만드는 직관이 순식간에 결론을 내린다. 그리고서 추론이 호출되어서 직관이 이미 내린 결론을 사후 합리화한다. 사전 동의 하에 시체를 훼손한 행위, 성인 간의 합의된 근친상간, 냉동 닭과의 성관계, 낡은 국기를 변기 닦는 데 쓴 행위 등등 누구도 피해를 입지 않았지만 일탈로 여겨지는 사례를 사람들에게 제시하면 '도덕 말막힘' 현상이 일어남을 보고한 실험은 하이트의 이론을 뒷받침하는 강력한 증거다. 신경과학자이자 윤리학자 조슈아 그린(Joshua Greene)은 대다수 사람에게 자연스럽게 여겨지는 — 그러나 꼭 합리적이지는 않은 — 도덕 판단을 내릴 때 실제로 두뇌에서는 강력한 정서적 반응을 담당하는 부위가 활성화되어 합리적인 손익 분석을 억누른다는 것을 발견했다.[32]

---

28) Haidt, J., 2012(주 1).

29) Kant, Immanuel, Grundlegung zur Metaphysik der Sitten, 1785(임마누엘 칸트, 『윤리형이상학 정초』, 백종현 역, 아카넷, 2005)

30) Kurzban, R., 2012, p.60(주 20).

31) Haidt, Jonathan, "The emotional dog and its rational tail: a social intuitionist approach to moral judgment," Psychological review, 108, 2001, pp.814 - 834; Haidt, J., 2012(주 1).

저술가이자 칼럼니스트인 데이비드 브룩스(David Brooks)는 직관이 도덕 판단을 주도한다는 최근의 연구 성과를 이렇게 정리했다.

> 새로운 음식을 입 안에 넣었을 때 무슨 일이 일어나는지 생각해 보시라. 그게 역겨운지 당신은 결정할 필요가 없다. 그냥 안다. 어떤 풍경이 아름다운지 당신은 결정할 필요가 없다. 그냥 안다. 도덕 판단도 마찬가지다. 도덕 판단은 재빠른 직관적인 결정이고 두뇌의 정서-처리 부위가 관여한다. 우리 대다수는 무엇이 공평하게 느껴지는지, 무엇이 좋게 느껴지는지 순식간에 도덕 판단을 내린다. 말을 배우기 전에 아기일 때부터 우린 이렇게 해 왔다. 어른이 되고서도. 우리는 종종 왜 어떤 것은 잘못되었다고 느껴지는지 스스로 설명하지 못한다.[33]

요컨대, 법은 도덕과 가깝게 연관된다. 그러나, 최근의 학제적 연구는 인간의 이성으로 객관적으로 확인되는 초월적인 도덕 원리의 집합은 없음을 입증했다. “빠르고 무의식적인 직관이 도덕 판단을 이끈다.”가 결국 정답인가? 맞는 말이지만, 조금 허전하다. 도덕 판단에 대한 온전한 인과적 설명이 되기에는 모자란다. 왜 이러한 직관이 일어나는지, 직관을 만드는 심리적 적응의 진화적 기능이 무엇인지 설명할 필요가 있다.[34]

2. 법은 자연 선택이 ‘설계’한 도덕 본능에서 나온다

인류의 조상은 약 6백만 년 기간의 대부분을 소규모 사회에서 수렵-채집을 했다. 문자로 기록된 성문법은 약 4천 년 전에 처음 나타났다. 1%도 안 되는 기간에 집중하느라 99%가 넘는 기간을 놓치지 않도록 하자.

수렵-채집 조상은 백 명 남짓한 구성원끼리 매일 친밀하게 대면 접촉을 했다. 이 끈끈한 공동체 내에서 우리의 조상은 종종 살인하거나, 겁탈하거나, 도둑질하거나, 강탈하거나 혹은 남이 쌓은 노력, 자원, 능력을 그 밖의 다른 방법으로 착취함으로써 번식 상의 이득을 얻을 수 있었다. 이러한 일탈 행위는 인류의 진화 역사에서 계속 불거진 적응적 문제였다. 따라서 자연 선택은 피해자와 그 가족, 친구, 그리고 피해자와 무관한 제삼자들이 누군가의 일탈 행위에 따르는 비용을

32) Greene, Joshua D., *et al.*, “An fMRI investigation of emotional engagement in moral judgment,” Science, 293, 2001, pp.2105 - 2108.

33) Brooks, David, “The end of philosophy,” The New York Times, April 06, 2009.

34) Kurzban, R., 2012, p.191(주 20).

되도록 줄이는 행동에 나서게끔 작용했을 것이다. 결과적으로, 인간의 마음은 집단 내에서 일어나는 이해관계의 충돌을 조정하기 위해서 일탈자를 피하거나, 억제하거나, 교화하거나, 무력화하거나, 제거하게 만드는 인지적, 정서적, 행동적 적응을 정교하게 진화시켰을 것이다.[35] 도덕을 담당하는 이러한 심리적 적응은 수렵-채집 사회에서는 말로 전달되는 도덕 규범으로 현실화하여 일탈자를 소문, 비난, 처벌 등의 수단으로 통제하였다. 문자를 쓰기 시작한 청동기 시대부터 도덕 본능은 성문법으로 현실화하여 일탈자를 사형, 징역, 벌금 등의 수단으로 통제하고 있다.[36]

요컨대, 법은 객관적이고 초월적인 도덕 원리의 집합이 아니라 사회생활에서 이해관계의 갈등을 조정하게끔 자연 선택된 도덕 본능으로부터 유래한다. 먼 과거의 수렵-채집 환경에서 사회적 갈등에 잘 대처하게 함으로써 결국 조상들의 번식에 도움이 되었던 심리적 적응이 오늘날에도 우리의 두뇌 안에서 정의, 배려, 자유 등에 대한 빠르고 무의식적인 직관을 만든다.

3. 법이 도덕 본능에서 나옴을 시사하는 실증적 증거들

어떤 행위의 잘잘못을 판단할 때 정서적인 직관을 순식간에 만드는 도덕 본능이 진화 역사를 통해서 그리고 개체의 생애 발달을 통해서 법을 파생시킨 필요조건임을 시사하는 증거들이 있다. 첫째, 발달심리학자들은 심사숙고하는 합리적 추론 능력이 아직 발달하지 못하는 시기인 영아와 유아도 응보, 처벌, 정의 등에 대한 도덕 직관은 분명히 지니고 있음을 발견했다.[37] 예를 들어, 한 연구에서는

35) 유감스럽게도, 도덕의 진화적 기능에 대해서는 연구자들 사이에 아직 합의가 이루어지지 않았다. 여기서는 '이해관계의 갈등을 조정'한다는 포괄적인 서술로 대신하고자 한다. Cosmides, L. and Tooby, J., 2006(주 2); Hinde, R., 2004(주 4); Jones, Owen, "Evolutionary analysis in law: An introduction and application to child abuse", North Carolina Law Review, 75, 1996, pp.1117-1242; Lieberman, D. and Patrick, C., 2018(주 2); Mikhail, John, "Universal moral grammar: Theory, evidence and the future", Trends in cognitive sciences, 11, 2007, pp.143-152; Patrick, C., 2016(주 25); Patrick, C., 2023(주 2); Sznycer, D. and Patrick, C., 2020(주 4); Tobia, Kevin, "Law and the cognitive science of ordinary concepts", In Bartosz Brożek, Jaap Hage Krakow, and Nicole Vincent(Eds.), Law and Mind: A Survey of Law and the Cognitive Sciences(Cambridge: Cambridge University Press, 2021), pp.86-96.

36) DeScioli, Peter. "On the origin of laws by natural selection", Evolution and Human Behavior, 2023(https://doi.org/10.1016/j.evolhumbehav.2023.01.004).

37) Hamlin, J. Kiley, Karen Wynn, Paul Bloom and Neha Mahajan, "How infants and toddlers react to antisocial others," Proceedings of the National Academy of Sciences, 108, 2011, pp.19931-19936; McAuliffe, Katherine, Jillian J. Jordan and Felix Warneken, "Costly third-

생후 6달된 영아들에게 주인공 인형이 언덕을 간신히 올라가는 인형극을 보여주었다. '도우미' 인형은 주인공을 뒤에서 밀어 올렸다. '방해꾼' 인형은 앞에서 주인공을 아래로 떨어뜨렸다. 둘 중 하나를 택하게 한 실험에서 영아들은 '도우미'를 '방해꾼'보다 더 선호했다. 즉, 6달된 영아도 잘못을 저지른 사람은 벌을 받아야 한다는 응보적 태도를 지님을 알 수 있다.[38] 영아보다 나이가 든 유아들은 한발 더 나아가 가해자에게 어디까지 도덕적 책임을 물을 수 있는가에 영향을 끼치는 여러 요인(가해자의 고의성 여부, 뇌 손상 여부, 피해자의 사전 도발 여부 등)을 정교하게 고려하는 태도를 보인다. 예컨대, 다른 연구에서 6살 아이들은 먼저 약을 올린 친구를 때리는 행동은 가만히 있던 친구를 때리는 행동보다 상대적으로 가벼운 처벌을 받아야 한다고 답했다.[39] 이러한 발달심리학 연구들은 합리적 추론 능력을 아직 갖추지 못한 영유아들이 빠르고 정서적인 직관을 통해서 성인들과 다름없는 도덕 판단을 내림을 시사한다.

둘째, 문화인류학자들은 성문법이 있는지와 무관하게 전 세계 어느 문화권에서나 행위의 옳고 그름, 그리고 행위자의 권리와 의무를 판단하는 도덕 규범이 보편적으로 존재함을 보고했다. 집단의 이익을 해치는 반사회적인 행동은 비난받거나, 추방, 사형, 몰수 등의 처벌을 받는다. 살인이나 폭력, 강간 등이 말이나 글로 된 법률로 제재받는다. 즉, 어떤 사회는 정의에 대한 직관도 있고 일탈을 처벌하는 성문 형법도 있다. 어떤 사회는 정의에 대한 직관은 있지만 문자로 된 형법이 없을 뿐이다. 정의에 대한 직관이 없는데도 성문 형법이 존재하는 사회는 아직껏 발견된 바 없다.[40]

셋째, 진화의 관점을 채택한 법학자들은 여러 나라의 법률이, 그리고 한 나라에 속하는 개개의 시민들이 응보, 처벌, 정의 등에 대한 도덕 직관을 정교하고 체계적으로 공유함을 발견하였다. 도덕을 담당하는 심리적 적응은 종-특이적이고 보편적인 형질이다. 시대와 장소를 막론하고 사람들의 두뇌에서 동일한 정보 처

---

party punishment in young children," Cognition, 134, 2015, pp.1 - 10; Rossano, Federico, Hannes Rakoczy and Michael Tomasello, "Young children's understanding of violations of property rights," Cognition, 121, 2011, pp.219 - 227.

38) Hamlin, J. Kiley, Karen Wynn and Paul Bloom, "Social evaluation by preverbal infants," Nature, 450, 2007, pp.557 - 559.

39) Smetana, Judith G., Nicole Campione - Barr and Nicole Yell, "Children's moral and affective judgments regarding provocation and retaliation," Merrill - Palmer Quarterly, 49, 2003, pp.209 - 236.

40) Brown, Donald, Human Universals, New York: McGraw - Hill, 1991.

리 구조를 지닌다.[41] 그러므로 어떤 일탈 행위를 처벌해야 하는지, 고의로 저지른 일탈을 의도치 않게 저지른 일탈보다 더 무겁게 처벌해야 하는지, 다양한 범죄 유형을 그 심각성의 정도에 따라 어떻게 등급순으로 배열해야 하는지 등의 핵심적 문제에 대해 여러 국가는, 그리고 여러 일반인은 매우 유사한 직관을 공유하리라고 진화적 시각은 예측한다. 이 예측이 뻔하게 느껴지는가? 다시 생각해 보라. 전통적인 법학자들은 여러 범죄의 상대적 경중이나 죄책성(culpability)의 구성요인 등에 대한 일반인의 인식은 사람마다 그리고 나라마다 크게 달라진다고 주장했다. 다음은 그 예이다.

> 범죄 행위의 심각성에 대해 과연 사람들끼리 의견의 일치가 이루어질지 … 의심할 만한 이유가 있다. 손해의 상대적 수준에 대해서는 그나마 합의가 있다 하더라도, 갖가지 범죄 행위가 끼친 손해의 절대적인 크기를 평가하거나, 서로 천차만별인 범죄자들에 대해 상대적 혹은 절대적 죄책성을 판단하는 데는 커다란 개인차가 있는 것처럼 보인다.[42]

이러한 상대주의적 견해와 달리, 각 국가 혹은 각 개인은 정의에 대한 직관을 폭넓게 공유함을 입증하는 증거가 다수 보고되었다. 법학자 폴 로빈슨(Paul Robinson)과 진화심리학자 로버트 커즈번(Robert Kurzban)은 일반인 참여자에게 “존”이라는 사람이 행한 가상의 일탈 행동 24가지를 검토하게 한 다음, 각각에 마땅히 내려져야 하는 처벌의 정도에 따라 24개 시나리오를 순서대로 배열하게 했다.[43] 각 시나리오에는 자신의 안전을 위해, 상대가 협박해서, 상대가 도발해서, 순전히 실수로 혹은 정신병 때문에 저지른 절도, 폭행, 강도, 강간, 유괴, 재산 파괴, 과실치사, 살해 등의 일탈 행동이 하나씩 담겨 있었다. 그 결과, 수백 명의 일반인 참여자가 24개의 일탈 행동을 범죄의 경중에 따라 등위를 매긴 답변은 ‘놀

---

41) 진화심리학은 보편적인 심리 기제를 주장할 뿐이다. 심리 기제가 만드는 행동적 반응이 어느 문화에서나 무조건 똑같으리라고 예측하지는 않는다. 어떤 문화적 차이는 인류 보편적인 심리 기제가 지역마다 각기 다른 환경적 입력(예: 병원체, 기후)에 반응해 각 지역에서 가장 적응적인 행동 반응을 만들기 때문에 생긴다. 예컨대, 고대 중국이나 그리스처럼 기근에 시달린 사회에서는 체지방이 많아서 기근에도 살아남기 쉬운 풍만한 여성 몸매를 현대의 선진국처럼 기근에서 해방된 사회보다 더 선호했다(전중환, 2019(주 16)).

42) Monahan, John, “The case for prediction in the modified desert model of criminal sentencing,” International Journal of Law and Psychiatry, 5, 1982, pp.103 - 113(Robinson, Kurzban and Jones, 2007에서 재인용(주 4)).

43) Robinson, Paul H. and Robert Kurzban, “Concordance and conflict in intuitions of justice,” Minnesota Law Review 91, 2006, pp.1829 - 1907.

라울 정도로' 의견의 일치를 이루었다. 대체 얼마나 의견이 많이 일치했다는 걸까? 행동 과학에서 평정자들이 일정한 수의 대상에 대해 매긴 등위의 일치도는 '켄달(Kendall)의 일치도 계수(coefficient of concordance)' W로 측정된다. W는 0(완벽히 불일치함)과 1(완벽히 일치함) 사이의 값을 지닌다. 로빈슨과 커즈번의 연구에서 일치도 계수 W는 무려 0.95였다. 이는 흰 점에서 검은 점까지 명도가 다른 점들의 등위를 매길 때나 나오는 수치다. 참고로 여행 잡지에서 8곳의 전 세계 유명 관광지에 대한 독자들의 선호를 물으면 W는 0.52 정도다.[44]

진화심리학자 다니엘 스니저(Daniel Sznycer)와 법학자 칼튼 패트릭은 법이 진화한 인간 본성의 일부에서 나온다는 가설을 면밀히 검증하였다. 이 가설을 따르면, 현대의 일반인은 그들에게 친숙한 미국 연방 형법뿐만 아니라, 시간상으로나 장소로 멀리 떨어진 중국 당나라의 법전(서기 653년)과 수메르의 에쉬눈나(Eshnunna) 법전(기원전 1770년)에 적힌 일탈 행위의 도덕적 잘못을 쉽게 파악하리라 예측된다. 또한, 참여자가 각각의 일탈 행위에 부과하는 처벌의 정도는 수천 년 전의 법전에 적힌 처벌의 정도와 상응하리라고 예측된다.[45]

각 300명의 미국인과 인도인 실험 참여자들이 하나의 현대 법전과 두 개의 고대 법전이 규제하는 일탈 행위들을 읽고 각각 얼마나 도덕적으로 잘못되었는지, 얼마나 무겁게 처벌되어야 하는지 답했다. 오늘날 형사상의 범죄에 해당하는 고대의 일탈 행위로는 손위 형제를 때리기, 잘못한 일이 없는 노예를 죽이기, 사람을 유괴하기, 다른 사람의 눈을 물어뜯기, 자기 소가 난동을 부리는 것을 방관하기 등이 있었다(당나라 법률은 동생을 때린 형을 처벌하지 않았다!). 민사상의 불법행위에 해당하는 고대의 일탈 행위로는 의사가 약을 지을 때 올바른 처방을 따르지 않아 환자가 죽게 하기 등이 있었다. 계약 위반에 해당하는 고대의 일탈 행위로는 곡물 수확을 돕겠다고 돈을 받고서 당일에 나타나지 않기 등이 있었다. 실험 결과, 한 나라에 속하는 개인들 사이에 혹은 미국과 인도에 걸쳐서 일반인이 각각의 일탈 행위에 대해 판단하는 도덕적 잘못과 처벌의 정도에는 양의 상관관계가 유의미하게 관찰되었다. 무엇보다도, 가설로부터 도출된 예측대로 21세기 일반인이 낯설고 생소한 고대의 일탈 행위에 대해 내리는 처벌의 정도는 수천 년 전의 법률이 규정한 처벌의 정도와 유의미한 양의 상관관계가 있었다.[46]

44) Robinson and Kurzban, 2006(주 42).
45) Sznycer, D. and Patrick, C., 2020(주 4).
46) Sznycer, D. and Patrick, C., 2020(주 4).

요컨대, 유아와 어린이의 도덕 심리를 조사한 발달심리학 연구, 전 세계 여러 문화에서 도덕 규범의 존재를 탐색한 비교인류학 연구, 그리고 현대 일반인의 법에 대한 직관적 이해를 조사한 진화 법학 연구에서 얻어진 증거는 법이 도덕 본능에서 유래했다는 진화적 가설과 부합한다.

Ⅳ. 도덕 본능에서 나오는 법이 종종 정의와 도덕을 무너뜨린다

1. 법관과 입법자는 원초적 정서에서 나오는 직관을 따라야 하는가?

도덕 판단을 수행하도록 진화한 심리적 적응이, 즉 분노, 혐오, 경멸 같은 원초적인 정서가 행위의 옳고 그름을 빠르게 직관적으로 판단한다. 추론은 직관이 내린 결론을 사후 합리화할 뿐이다. 오늘날의 법은 이러한 도덕 본능이 성문화된 결과다. 이상의 진화적 설명은 법학자에게 당혹감을 안길지 모른다. 어떤 행위를 처벌할지, 처벌하면 얼마나 처벌할지에 대한 '정답'은 오로지 긴 세월에 걸쳐 진화한 뜨겁고 원초적인 정서가 만드는 직관에서 찾을 수 있다고? 이성을 발휘하여 공동체의 복지 증진이나 정의 실현에 이바지할 가장 효과적인 방안이 무엇인지 심사숙고할 필요는 전혀 없다는 말일까? 이를테면, 분노에 휩싸여 '눈에는 눈, 이에는 이'를 외치는 사적 보복 심리는 인간 본성의 일부임이 알려져 있다.[47] 그렇다면, 살인자는 예외 없이 사형을 선고해야 한다고 장대한 진화 역사는 우리에게 명하고 있는 걸까?

뿌리 깊은 원초적 정서가 법의 제정과 집행에 어떤 역할을 해야 하는지에 대한 논쟁은 여러 차례 있었다. 어떤 이는 가슴을 울리는 뜨거운 정서는, 머리로 이해하기 어려울지라도, 마땅히 우리가 귀 기울여야 할 심오한 가르침이라고 주장한다. 예컨대, 인간 복제를 둘러싼 파문이 확산하던 1997년에 생명윤리학자 레온 카스(Leon Kass)는 인간 복제를 상상만 해도 느껴지는 혐오는 인간 복제를 금지하는 방향으로 우리를 이끄는 도덕 나침반이라고 주장했다. 나중에 조지 W. 부시

47) Axelrod, Robert and William D. Hamilton, "The evolution of cooperation," Science, 211 (4489), 1981, pp.1390 - 1396; 안성조, "고대사회 사적 보복관습에 대한 진화론적 조명", 한국법철학회 제17호, 2014, pp.159 - 200.

정부의 대통령 직속 생명윤리위원회 의장으로 활동한 카스는 혐오감이 "이성으로 명료하게 다 밝혀낼 수 없는, 심오한 지혜의 정서적 표현"이라고 역설했다.[48] 다음의 인용문을 보자.

> 우리는 우리가 응당 소중하게 여기는 것이 무너지고 있음을, 즉시 그리고 논증 없이, 직관하고 느낀다 … 혐오감은 인간의 지나친 방종에 반기를 든다. 지극히 심오한 가치를 함부로 위반하지 말라고 우리에게 경고한다 … 혐오감은 인간성의 핵심을 보호하고자 분연히 일어선, 우리에게 남은 유일한 목소리다.[49]

법에 대한 진화적 접근은 법적 논쟁이 불거질 때 원초적 정서에서 나오는 직관을 — 카스에 의하면 '심오한 지혜'를 — 재판관과 입법자가 따라야 한다고 주장하는가? 이를테면, 사전 동의를 얻고 클레어의 시체를 훼손한 제이크의 행동으로 인해 피해를 본 사람은 아무도 없었다. 어쨌든 제이크의 행동을 듣자마자 얼굴을 찡그리며 잘못되었다고 판정하는 우리의 직관을 좇아서, 우리는 제이크를 처벌해야 할까?

그렇지 않다. 먼 과거의 환경에서 진화한 도덕 본능이 현대의 대규모 산업 사회에서 정의를 실현하는 데 도움이 되는 선택을 언제나 내리게끔 우리를 마법처럼 인도해 주리라는 보장은 없다. 자연 선택의 유일한 '관심사'는 그저 다음 세대에 복제본을 잘 퍼뜨리는 유전자를 골라내는 것이다. 어떤 도덕 본능이 현대의 환경에서 정의를 세우는 데 도움이 될지 여부에 대해 자연 선택은 아무 '관심'이 없다. 도덕 본능이 어쩌다 지금 현 사회에서 정의를 실현하는 데 도움이 되는 경우도 있다. 하지만 이는 자연 선택의 '관심사'가 아니다.[50]

만약 입법자가 법을 제정할 때 원초적 정서가 복잡하게 '설계'된 심리적 적응이라는 이유로 정서에서 나오는 직관에 우선권을 부여한다면, 그녀는 "어떤 것이 자연적(natural)이라면 그것은 좋은(good) 것이다."라고 잘못 추론하는 자연주의적 오류를 범하는 것이다. 자연주의적 오류와 밀접하게 연관되는 원칙이 "존재(is)에서 당위(ought)를 이끌어낼 수 없다."는 '흄의 법칙(Hume's law)'이다. 몸으로 느끼는 근원적인 정서가 도덕의 기준이 된다고 우리가 무심코 가정할 때, 우리는

---

48) Kass, Leon R., "The wisdom of repugnance: Why we should ban the cloning of humans," Valparaiso University Law Review, 32, 1997, pp.679 - 705.

49) Kass, L. R., 1997(주 48).

50) Dawkins, Richard, River out of Eden: A Darwinian view of life, New York: Basic books, 2008.

이 두 가지 오류를 한꺼번에 저지른다. 즉, 우리가 어떤 특정한 대상이나 행동을 본능적으로 기피하거나(예: 수간, 동성애, 근친상간, 사기) 선호하게끔(예: 사적 보복, 성적으로 충실한 부부 관계, 친자식을 정성껏 돌보기) 진화했다면, 이렇게 자연스러운 기피 혹은 선호는 올바르고 정당하다고 믿는 잘못을 범하는 것이다. 주의할 점이 있다. 설혹 원초적 정서가 만드는 직관이 어쩌다 운 좋게 우리가 정의로운 도덕 판단을 내리게끔 하더라도, 두 오류는 변함없이 적용된다. "우리는 무엇을 기피하는가?"라는 기술적(記述的) 질문을 "우리는 무엇을 금지해야 하는가?"라는 규범적 질문과 혼동하는 것이다.[51)]

요컨대, 설사 뜨거운 정서에서 나오는 직관이 완전무결한 도덕 나침반이라 하더라도, 우리는 존재에서 당위를 도출하는 오류를 범해서는 안 된다. 무엇보다도 직관은 도덕 나침반이 아니다. 소규모 수렵-채집 사회에서 이해관계의 충돌을 조정함으로써 조상의 번식 성공도를 높이게끔 진화한 도덕 본능은 종종 현대 사회에서 질서 유지와 공익 증진에 해악을 끼치는 결과를 초래한다. 안락사, 낙태, 동성결혼, 마약, 포르노그래피, 성매매, 사형제 등 여러 첨예한 논쟁에서 법관과 입법자는 최선의 결과를 낳지만 도덕 직관에는 어긋나는 방안(예: 포르노그래피 허용)과 도덕 직관에는 부합하지만 최선의 결과를 낳지는 않는 방안(예: 포르노그래피 금지) 사이에서 종종 고민한다.[52)] 우리의 원초적인 도덕 직관이 왜 우리를 공익 증진과 정의 실현으로부터 멀어지게 하는지 아래에서 두 가지 이유를 들고자 한다.

2. 첫 번째 이유: 자연 선택은 개체의 건강이나 행복이 아니라 번식 성공도를 최대화한다

나나니벌 암컷은 나비나 나방의 애벌레를 사냥해서 땅에 파묻는다. 살아있는 애벌레의 몸속에 알을 낳는다. 이때 암컷은 애벌레의 신경절마다 조심스럽게 침을 놓는다. 마비는 시키되 죽지 않게 한다. 먹이의 신선도를 유지하는 것이다. 암컷은 임무를 마치고 가버린다. 나중에 알에서 나온 새끼들은 애벌레를 파먹으며

51) Patrick, C., 2016(주 25); Patrick, Carlton, "When souls shudder: A brief history of disgust and the law," In Bandes, Susan A., Madeira, Jody L., Temple, Kathryn D. and Emily K. White(Eds.), Research Handbook on Law and Emotion(Edward Elgar Publishing, 2021), pp. 80-93; Patrick, C., 2023(주 2); Lieberman, D. and Patrick, C., 2018(주 2)

52) Greene, Joshua, Moral tribes: Emotion, reason, and the gap between us and them, New York: Penguin, 2014.

자란다. 애벌레는 자신이 내부로부터 먹히는 것을 알면서도 아무 조치도 취할 수 없다. 성장한 나나니벌 자식들이 애벌레를 뚫고 나오면 비로소 애벌레는 생을 마친다. 참으로 끔찍하고 잔인한 일 아닐까? 사실, 자연은 잔인하기보다는 단지 무관심하고 냉담할 뿐이다. 도킨스는 이렇게 서술한다.

> 자연이 친절했다면 애벌레가 산 채로 몸속에서부터 파 먹히기 전에 최소한 의식을 잃게 만드는 작은 배려라도 했을 것이다. 하지만 자연은 친절하지도 불친절하지 않다. 개체가 고통받는 것을 기피하지도 않고 선호하지도 않는다. 자연은 고통이 DNA의 생존에 영향을 미치지 않는 한, 그것이 어떠하든 관심을 두지 않는다.[53)]

자연은 선하지도 악하지도 않다. 어떠한 정의도 찾을 수 없다. 단지 냉담한 무관심만 있을 뿐이다. 많은 일반인이 자연 선택에 의한 진화가 도덕적이지도 비도덕적이도 않고 그저 무도덕(無道德)적인 과정임을 이해하는 데 어려움을 겪는다. 진화의 역사를 통해서 개체의 번식 성공도를 높이는 데 도움이 된 유전자가 점차 흔해지는 과정이 자연 선택이라는 설명을 들으면, 일반 대중은 막연하게 결국 자연 선택은 개체의 생존, 건강 혹은 행복을 증대하는 방향으로 작용하리라 짐작한다. 틀렸다. 우선 생존은 그 자체로는 중요하지 않다. 자연 선택이 최대화하는 것은 적합도(fitness), 즉 한 개체가 평생 동안 낳는 자식의 수인 번식 성공도(reproductive success)이다.[54)] 생존율의 상승은 번식 성공도를 높일 가능성이 그만큼 높아진다는 전제가 성립할 때만 의미가 있다. 다른 조건이 같다면, 이를테면 30살에 죽은 사람보다 40살에 죽은 사람은 더 많은 자식을 남긴다. 그러나, 조건이 항상 같지는 않다. 어떤 형질이 개체의 생존을 감소시켜도 이를 상쇄할 만큼 번식 성공도를 증가시킨다면, 그 형질은 곧바로 선택된다. 예컨대, 남성의 테스토스테론 호르몬은 면역 반응을 억제해서 남성이 여성보다 감염병에 잘 걸리게 한다. 테스토스테론은 생존에 해가 되지만, 남성의 2차 성징을 자극하고, 정자를 생산하고, 근육을 키우는 등 번식 성공도를 더 높여주었기 때문에 선택되었다.[55)]

---

53) Dawkins, Richard., 2008, p.131(주 50).

54) 물론 자식을 무조건 많이 낳는 것이 능사는 아니다. 자식을 많이 낳았지만 모두 일찍 죽었다면 진화의 관점에서 그 개체는 실패한 개체다. 그러므로 적합도를 좀 더 정확히 정의하면 '평생 동안의 자식 가운데 어른으로 무사히 성장하는 자식의 수'가 된다. 적합도의 진정한 정의는 다음을 참조하라. Metz, Johan A. J., Nisbet, Roger M. and Stefan A. H. Geritz, "How should we define 'fitness' for general ecological scenarios?", Trends in ecology & evolution, 7, 1992, pp.198-202.

55) Kruger, Daniel J. and Randolph M. Nesse, "An evolutionary life-history framework for

행복도 자연 선택에게는 중요하지 않다. 여기서는 자연 선택이 마치 의도와 목표를 지닌 행위자인 양 잠시 비유하고자 한다. 인류의 진화 역사에서 자연 선택이 유전자를 후대에 잘 퍼뜨리는 개체를 만들려면 뇌를 어떻게 설계해야 했을까? 즉, 섭식, 성관계, 사회적 지위 상승, 자녀 양육, 동맹, 협력, 안전, 질병 회피 등등 번식과 직결된 목표들을 성실하게 추구하게끔 개체를 만들려면 어떻게 해야 했을까? 당연히, 먼 과거 환경에서 번식에 도움이 된 목표를 성취했다면 쾌락을 느끼게끔 뇌를 설계했을 것이다. 번식에 장애가 된 사건을 경험했다면 불쾌를 느끼게끔 뇌를 설계했을 것이다. 우리의 행복과 불행은 자연 선택에게 수단일 뿐이다. 목표가 아니다. 자연 선택은 개체의 적합도를 높이는 데 도움이 되는 심리 기제라면, 그것이 개체를 행복하게 하건 불행하게 하건, 묵묵히 그것을 택할 뿐이다.[56] 예를 들어, 성욕, 식욕, 재물욕, 명예욕처럼 채워지지 않는 욕망이나 질투, 시기심, 분노, 불안, 혐오, 비탄 같은 부정적 정서는 우리를 정말로 괴롭히고 쇠약하게 하지만 수렵-채집 환경에서 번식에 도움이 되었기 때문에 인간 본성의 일부가 되었다.[57]

도덕 판단을 담당하는 심리적 적응도 먼 과거에 번식 성공도를 높여주었기에 인간 본성의 일부가 되었다. 수렵-채집 사회에서 서로 이해관계가 충돌할 때 어디까지나 '자신의 진화적 이득을 높이는 방향으로' 갈등을 조정하게끔 도왔기 때문에 자연 선택된 것이다. 그러므로 도덕 본능이 반드시 사회 질서를 유지하거나, 공동체의 번영을 증진하거나, 정의를 실현하는 길로 우리를 안내하리라는 보장은 그 어디에도 없다. 달리 말하면, 먼 과거 환경에서 진화적 이득이 되었지만 정의롭지 않은 선택지와 진화적 이득에 반하지만 정의로운 선택지가 함께 주어질 때, 일반인이 실제 취하는 행동은 — 그가 어떻게 자신의 선택을 사후 합리화하든지 간에 — 주로 전자일 것이라고 진화적 시각은 예측한다.

예컨대, 한 연구에서는 가족 및 친구, 내집단 성원(예: 직장 동료), 외집단 성원(예: 외국인), 낙인 찍힌 소수자(예: 피난민, 동성애자), 식물, 반려동물, 야생동물,

---

understanding sex differences in human mortality rates," Human nature, 17, 2006, pp.74-97; Daly, Martin and Margo Wilson, Sex, evolution, and behavior, Boston: Willard Grant Press, 1983.

56) Nesse, Randolph M., "Natural selection and the elusiveness of happiness," Philosophical Transactions of the Royal Society of London, Series B: Biological Sciences, 359, 2004, pp.1333-1347.

57) Wright, Robert, Why Buddhism is true: The science and philosophy of meditation and enlightenment, New York: Simon and Schuster, 2017.

자연 환경 등 여러 대상의 복지와 안녕에 대해 얼마나 도덕적인 책임감을 느끼는지 일반인 참여자들에게 물었다. 참여자들은 사회적으로 낙인이 찍힌 소수자보다 자신의 가족과 친구에게 더 도덕적인 책임감을 낀다고 답했다.[58] 다른 연구에서 일반인 참여자들은 똑같이 공공장소에서 남의 돈을 훔친 범죄라도 가해자가 가족이나 친구라면 가해자가 외국인 관광객인 경우보다 더 적은 벌금이나 징역형을 선고하겠다고 답했다.[59]

진화심리학자 피터 드치올리(Peter DeScioli)와 그 동료는 도덕 판단이 당사자의 진화적 이득을 높이는 방향으로 작동함을 입증했다. 사람들은 자기 자신이 — 내로남불에 빠지는 남과 달리 — 개인적인 이해관계와 상관없이 객관적인 도덕 원칙에 따라 항상 일관되게 행동한다고 굳게 믿는 경향이 있다. 하지만 사람들이 하는 말이 아니라 실제 행동을 보면, 사람들은 자신의 진화적 이득에 도움이 되는 방향으로 전략적으로 행동함을 알 수 있다. 드치올리 연구팀은 참여자들에게 두 사람이 협력해서 하는 과제를 부여했다. 무작위적으로 선정된 한 사람이 다른 사람보다 일을 3배 더 많이 하는 과제였다. 이후 과제 수행에 따른 보수를 나눌 때, 더 많이 일한 이가 보수를 더 받는 공평(equity) 분배가 옳은지 아니면 둘이 보수를 똑같이 나누는 평등(equality) 분배가 옳은지 물었다. 놀랍지 않게, 더 많이 일한 사람은 공평 분배가 더 공정하다고 답했다. 더 적게 일한 사람은 평등 분배가 더 공정하다고 답했다. 이제 놀라운 대목이다. 공평 혹은 평등 분배 방식에 대한 도덕 판단은 자신이 '많이 일하는 역할'과 '적게 일하는 역할' 가운데 어떤 역할을 맡을지 알기 전과 후에 따라 달라졌다. 이를테면, 자신이 더 많이 일하는 역할을 맡았음을 알게 된 사람은 자기 역할을 알기 전에 비하여 평등 분배가 공정하다고 여기는 정도는 더 낮아졌고, 공평 분배가 공정하다고 여기는 정도는 더 높아졌다. 즉, 특정한 분배 방식에 대한 도덕 판단은 그 분배 방식을 통해 자신이 얻게 될 이득을 전략적으로 반영했다.[60]

---

58) Jaeger, Bastian and Matti Wilks, "The relative importance of target and judge characteristics in shaping our moral circle", (DOI: 10.31234/osf.io/46kws), 2021.

59) Lieberman, Debra and Lance Linke, "The effect of social category on third party punishment," Evolutionary Psychology, 5, 2007, pp.289 - 305.

60) DeScioli, Peter, Maxim Massenkoff, Alex Shaw, Michael Bang Petersen and Robert Kurzban, "Equity or equality? Moral judgments follow the money," Proceedings of the Royal Society B: Biological Sciences, 281(http://doi.org/10.1098/rspb.2014.2112), 2014.

3. 두 번째 이유: 도덕 논쟁이 벌어질 때, 각 진영은 자신에게 진화적으로 유리한 규범을 상대 편에게 강요한다

도덕의 진화적 기능은 먼 과거의 환경에서 이해관계가 충돌할 때 '각자 자신에게 진화적 이득이 되도록' 갈등을 조정하는 것이다.61) 어떤 사람이 상대방에게 피해를 주는 일탈 행위를 하고, 제삼자가 이를 접한 뒤 도덕 판단을 내리고 질책한다고 하자. 이 도덕적 상호작용에서 행위자와 상대방, 그리고 제삼자는 각자 역할이 다르다. 각각 자신의 번식에 가장 도움이 되게끔 벌어진 일탈 행위의 잘잘못을 판단하도록 진화할 것이다. 그러므로, 이를테면 '남을 이유 없이 때린 사람은 처벌받아야 한다."처럼 누구나 동일하게 받아들일 것 같은 도덕 원리조차 각자에게 유리한 방향으로 해석되고 적용될 것이다. 앞에서 똑같은 범죄에 대해서도 가해자의 가족과 친구는 다른 이들보다 더 가벼운 처벌을 내리겠다고 답하는 경향이 있음을 살펴본 바 있다.62)

이렇게 놓고 보면, 법적 혹은 도덕적 쟁점을 두고 찬반양론이 치열하게 전개될 때 제삼자들은 각자의 인구통계학적 요인 — 성별, 연령, 소득, 인종, 출신지, 번식 전략 등 — 에 따라 자신에게 가장 진화적으로 유리한 입장을 지지하리라 예측된다. 즉, 현대 산업 사회에서 어떤 도덕규범을 공동체의 표준 혹은 법률로 제정할지를 놓고 사람들 사이에 의견이 갈릴 때, 각 진영에 속하는 사람들은 먼 과거 환경에서 자신의 번식 성공도를 높이는 데 도움이 되었을 규범을 상대 진영에게 설득하고 강요할 것이다.63) 이러한 진화적 시각이 예측하는 대로, 서두에서 언급한 한 연구는 이슬람 국가인 튀니지에서 남성이 여성보다 히잡법을 더 찬성할 뿐만 아니라, 아들을 많이 둔 여성이 아들을 적게 둔 여성보다 히잡법을 더 찬성함을 발견했다.64)

또 다른 예로, 성매매, 낙태, 혼전 성관계, 포르노그래피, 간통, 동성애, 청소년의 피임약 구매 등등 성에 관련된 법적, 도덕적 논쟁을 생각해 보자. 성에 관한

---

61) DeScioli, Peter and Robert Kurzban, "A Solution to the mysteries of morality," Psychological Bulletin, 139, 2013, pp.477 - 496; DeScioli, Peter, "The side - taking hypothesis for moral judgment," Current Opinion in Psychology, 7, 2015, pp.23 - 27.

62) Lieberman, D. and L. Linker, 2007(주 59).

63) Weeden, Jason and Robert Kurzban, The hidden agenda of the political mind: How self - interest shapes our opinions and why we won't admit it, Princeton, NJ: Princeton University Press, 2014.

64) Blake, Fourati and Brooks, 2018(주 7).

법적 담론은 흔히 지나치게 자유분방한 성행동을 법으로 규제함으로써 "건전한 성 풍속 및 성도덕"을 보호할 수 있다고 주장한다.[65] 진화적 시각은 이러한 설명은 추론에 의한 사후 합리화일 뿐, 실제로 사람들이 성 문제에 대해 자유분방하거나 전통적인 태도를 취하게 하는 진짜 원인은 따로 있다고 제안한다. 우선 사람들이 구사하는 번식 전략에는 남녀 공히 한 가지가 아니라 두 가지가 있음을 유념할 필요가 있다. 일부일처제적 번식 전략과 문란한 번식 전략이다. 일부일처제적 번식 전략을 구사하는 사람은 오직 한 배우자에게 평생 헌신하고, 혼전 순결을 지키고, 일찍 결혼해서 자식을 많이 낳고, 이혼이나 외도를 잘 하지 않고, 이성애자고, 음주나 약물을 삼가고, (남성의 경우) 친자식을 잘 돌보는 경향이 있다. 반면에 문란한 번식 전략을 구사하는 사람은 여러 사람과 일시적 성관계를 하고, 처음 성관계 시점도 빠르고, 결혼을 늦게 하거나 아예 하지 않고, 이혼이나 외도도 잦고, 동성애자도 포함하고, 음주나 약물을 즐기고, (남성의 경우) 친자식을 잘 돌보지 않는 경향이 있다.[66]

일부일처제적 번식 전략과 문란한 번식 전략은 필연적으로 서로 갈등한다. 사회 안에서 성적 자유가 어느 정도까지 허용되는가에 따라 각 전략은 번식 상의 이득 혹은 손실을 본다. 일부일처제적 번식 전략을 구사하는 사람은 성적 자유를 폭넓게 허용하는 사회에서 큰 손해를 본다. 이를테면, 성적으로 충실한 남성의 경우, 자기 자식이 실은 외간 남성의 친자식일 수 있다. 성적으로 충실한 여성의 경우, 남편이 외도 끝에 이혼한다면 홀로 자식을 키워야 한다. 즉, 일부일처제적 번식 전략을 구사하는 사람은 성적 자유를 엄격히 규제하는 사회에서 사는 편이 유리하다. 마찬가지로, 문란한 번식 전략을 구사하는 사람은 성적 자유를 폭넓게 인정하는 사회에서 사는 편이 유리하다. 그러므로, 사람들은 자신과 무관한 제삼자의 성행동을 규제할 진화적 이유가 있다.[67]

이 가설은 성매매, 낙태, 간통, 동성애 등 성에 관련된 쟁점에 대해 일부일처제적 번식 전략을 구사하는 사람은 성적 자유를 제한하는 태도를 보이지만, 문란한 번식 전략을 쓰는 사람은 성적 자유를 허용하는 태도를 보이리라 예측한다. 진화

---

65) 안준홍, "건전한 성풍속 및 성도덕에 관한 일 고찰", 충남대학교 법학연구 제32권 제1호, 2021, pp.365 - 401.

66) Gangestad, Steven W. and Jeffry A. Simpson, "The evolution of human mating: Trade - offs and strategic pluralism," Behavioral and brain sciences, 23, 2000, pp.573 - 587.

67) Weeden, J. and R. Kurzban, 2018(주 63).

심리학자 제이슨 위든(Jason Weeden)과 로버트 커즈번은 매년 미국인들에게 다양한 사항을 묻는 미국 종합사회조사(GSS)의 자료를 활용하여 예측이 잘 들어맞음을 보였다. 예를 들어 보자. "혼전 성관계는 잘못된 점이 전혀 없다."라는 항목에 일부일처제적 사람들은 34%가 찬성했다. 문란한 사람들은 67%가 찬성했다. 포르노 합법화에 대해 일부일처제적 사람들은 49%가 찬성했다. 문란한 사람들은 80%가 찬성했다. 10대 청소년이 부모의 동의 없이도 피임약을 구매할 수 있게 하는 방안에 대해 일부일처제적 사람들은 45%가 찬성했다. 문란한 사람들은 68%가 찬성했다.[68]

요컨대, 어떤 쟁점에 대해서 사람은 자신의 성별, 연령, 소득, 번식전략 등에 따라 각자 자신에게 가장 진화적으로 유리한 입장을 지지한다. 이에 따라서 공동체의 표준 혹은 법률을 어떻게 제정할지를 놓고 양 진영은 각각 자신들의 도덕규범을 상대 진영에게 설득하고 강요하게 된다. 법적 혹은 도덕적 쟁점을 두고 사회 안에서 분파가 갈려 첨예하게 갈등이 벌어지는 양상은 이렇게 이해할 수 있다.

Ⅴ. 맺음말

'다윈의 불독'을 자처하며 다윈의 진화이론을 옹호했던 19세기 생물학자 토마스 헉슬리(Thomas Huxley)는 이렇게 말했다. "사회의 윤리적 발전은 우주적 과정으로부터 도망치거나 그것을 흉내 내기보다는, 그것과 맞서 싸우는 데 달려 있음을 확실히 이해하도록 하자."[69] 진화생물학자 리처드 도킨스도 여기에 동의한다. "과학자로서 나는 다윈주의를 지지하지만, 정치의 영역에서 우리가 인간사를 어떻게 꾸릴 것인가에 대해 나는 열렬한 반(反)다윈주의자이다 … 과학자로서 다윈주의를 옹호하면서 한 인간으로서 다윈주의에 반대하는 태도에는 어떠한 모순도 없다."[70]

법학은 그 어느 분야보다도 다윈주의적인 설명과 반다윈주의적인 응용의 절묘

68) Weeden, J. and R. Kurzban, 2018(주 63).

69) Huxley, Thomas H., "Evolution and Ethics," In Evolution and Ethics and Other Essays(New York: D. Appleton), 1893.

70) Dawkins, Richard, A devil's chaplain: Reflections on hope, lies, science, and love, Houghton Mifflin Harcourt, 2004, pp.10 - 11.

한 결합이 요청되는 분야다. 법은 신, 우주적 질서 혹은 초월적인 도덕 원리로부터 나오지 않았다. 법은 인류의 진화 역사를 통해서 행위의 옳고 그름을 판단하도록 진화한 심리적 적응이 만드는 직관으로부터 나온다. 달리 말하면, 오늘날의 법은 정의, 배려, 자유 등에 대한 빠르고 무의식적인 직관이 성문화된 것이다. 마음은 백 명이 채 안 되는 가족, 이웃, 친구들이 매일 친밀하게 상호작용했던 소규모 수렵-채집 사회에 맞추어서 자연 선택에 의해 '설계'되었다. 수백만 명이 넘는 익명의 무리로 이루어진 현대 산업사회에 맞추어 '설계'되지 않았다. 마음을 이런 식으로 '설계'한 주체인 자연 선택의 '목표'는 무엇이었을까? 개체의 건강, 행복 또는 생존을 최대화하기? 공동체 전체의 복지를 증진하기? 사회 정의를 실현하기? 모두 아니다. 자연 선택의 유일한 '목표'는 과거의 진화적 환경에서 조상의 번식 성공도를 높여주었던 유전자를 맹목적으로 택하는 것이다. 수백만 년 전의 수렵-채집 사회에서 이해관계의 갈등을 '당사자의 번식에 유리하게끔' 해결하도록 진화한 도덕 본능이 현대 산업 사회에서 공익을 해치고 정의를 무너뜨리는 결과를 자주 초래하는 것은 어찌 보면 지극히 당연하다.

상당수의 법학자와 일반인이 인간의 행복을 늘리는 최선의 결과를 택해야 한다는 공리주의에 공감한다. 그러나, 오직 결과만이 중요함을 인정하면서도 실제 법적, 윤리적 문제에 부딪히면 우리는 직관에 휘둘린다. 빠르고, 자동적이고, 무의식적으로 일어나는 정서가 내리꽂는 직관 말이다. 정서적인 '도덕 버튼'이 눌리지 않는 유형의 문제라면, 합리적 이성이 꼼꼼한 손익 분석을 통해 공리적인 결론을 매끄럽게 도출해낸다. 그러나, 정서적인 '도덕 버튼'이 눌려지는 유형의 문제라면, 손익 분석은 억제되고 직관이 제시하는 답이 우리가 (엄밀하게 설명하긴 어렵지만) 무조건 의무적으로 따라야 하는 정답으로 느껴진다.

유명한 '전차 딜레마'가 좋은 예다. 육교 버전의 경우, 당신은 선로 위에 놓인 육교에 서 있다. 브레이크가 고장난 전차가 멀리서 돌진하고 있다. 선로에는 인부 다섯 명이 있다. 당신 옆에 있는 뚱뚱한 남자를 밀어서 선로로 떨어뜨리면 다섯 명을 살릴 수 있다. 한 명을 희생하면서 다섯 명을 구하겠는가? 아니면 다섯 명이 죽게 내버려 두겠는가? 스위치 버전의 경우, 당신은 기찻길에 서 있다. 옆의 스위치를 올리면 전차가 측선으로 빠져서 다섯 명을 살리는 대신 측선에 있던 한 명의 인부를 죽이게 된다. 스위치를 올리겠는가?

전 세계 약 20만 명의 응답자 대다수가 스위치 버전에 대해서는 스위치를 올리겠다고 답했다. 한 명 대신 다섯 명을 구하는 공리적인 답을 택하는 것이다. 반면에 육교 버전에 대해서는 옆 사람을 떠밀지 않겠다고 답한다.[71] 왜 육교 버전에서만 5>1이라는 손익 분석 자체가 비도덕적으로 느껴질까? 신경과학자 그린은 인류의 진화 역사를 통해서 불필요한 폭력 행사를 억제하게 만드는 심리적 적응이, 즉 나의 개인적인 힘을 사용해 남을 신체적으로 해치려고 생각하면 정서적 경보를 울리는 심리적 적응이 자연 선택되었기 때문이라고 설명했다. 육교 버전에서는 정서적인 '도덕 버튼'이 눌러져서 이성에 의한 공리주의적 계산이 억제된다는 것이다. 이를 뒷받침하는 증거 중의 하나로, 문제에 대해 숙고할 시간이 충분히 주어져서 인지 통제 능력이 잠시 높아진 사람들은 옆 사람을 기꺼이 떠밀겠다는 공리적인 답을 할 가능성이 더 높았다. 반면에 문제를 숙고할 시간이 아주 짧게 주어진 사람들은 공리적인 답을 할 가능성이 더 낮았다.[72]

법에 대한 진화적 접근은 법학자와 재판관, 입법자에게 무엇을 이야기하는가? 법이 지향하는 목표인 정의, 자유, 인권 같은 가치는 우리에게 지극히 객관적이고 초월적이고 보편적인 가치로 여겨진다. 하지만 이러한 인식은 허상이다. 초콜릿은 본래 달콤하지 않지만, 우리 영장류는 먼 과거 환경에서 야생 과일처럼 높은 열량을 제공했던 먹거리를 달콤하다고 느끼게끔 두뇌가 배선되었다. 오늘날 당류만 잔뜩 있는 가공식품은 건강에 백해무익하다. 그런데도 우리는 초콜릿만 보면 긍정적인 감정이 자동으로 차오른다. 초콜릿에 대한 이러한 긍정적인 느낌은 외부의 실재를 정확히 반영하지 않는다는 의미에서 허상이다. 마찬가지로 정의, 자유, 인권 등에 대한 우리의 강렬한 직관은 허상이다. 이러한 직관은 먼 과거의 환경에서 그러한 직관을 만드는 유전적 토대가 후대에 잘 전파되는 데 도움을 주었기에 진화했을 따름이다. 만약 우리가 넓은 의미의 공리주의에 동의한다면, 즉 내세의 삶이나 신, 국가, 민족의 영광이 아니라 동시대인들의 세속적인 행복을 최대화하는 선택을 해야 한다는 것에 동의한다면, 정의에 대한 우리의 직관은 허상임을 유의해야 한다. 가슴을 뜨겁게 뒤덮는 정의감은 외부의 실재를 객관적으로 반영하지 않는다. 소설가 안톤 체호프(Anton Chekhov)는 이렇게 말했다. "인간에게 그의 참모습을 보여준다면, 인간은 더 나아질 것이다."

---

71) Hauser, Marc D., Liane Young and Fiery Cushman, "Reviving Rawls' linguistic analogy," Moral psychology, 2, 2008, pp.107 - 143.
72) Greene, J., 2015(주 52).

System

03

법적 인간과 생물학적 인간, 그리고 시스템

백도명

현재 녹색병원 직업병 환경성질환 센터장, 국립암센터 암예방사업부 초빙의, 콜레지움 라마찌니 펠로우이자, 아시아 산재환경병피해자 권리 네트워크 집행위원회 의장이다.
하바드 보건대학원 박사, 런던 위생 및 열대의학 대학 석사, 서울대학교 의과대학 학사이고, 서울대학교 보건대학원 원장, 한국보건환경학회 학회장, 민주화를 위한 교수협의회 상임의장을 역임하였다.
저술로서 『보건학개론』, 『직업환경병 생존자 문화의 개념과 가능성 모색』이 있고, 개발/발전과 직업병 환경병의 관리, 시스템과 보이지 않는 위험, 위험의 안전한 시스템으로부터 불안전한 시스템으로의 이동 등에 관심을 갖고 연구중이다.

Ⅰ. 주체의 변화와 시스템의 진화

법이 억압 → 실질 → 반성의 단계로 변화하였다는 것은 법의 판단이 좀 더 현실적 합리성에 근거하도록 변화한다는 것이다. 이러한 변화의 중심에는 법적 인간의 변화와 법적 인간이 처한 시스템의 변화가 있다.

법은 공동체 구성원들 간의 이견을 다룬다. 인류가 언제부터 소통을 시작했는지, 소통 중에 발생하는 이견은 어떻게 다루었는지 등에 대해서는 알려진 바 없다. 하지만 추측컨대, 법을 둘러싼 개념과 제도는 인류가 숭배했던 토템이나 피하고자 한 금기(터부) 대상을 지목하는 일로부터 형성되기 시작했을 것이다.

인류 공동체의 가장 오래된 성문법은 함무라비 법전으로 알려져있다. 이 법전은 기원전 1754년에 제정된 것으로, 지금까지도 회자되는 '눈에는 눈, 코에는 코'라는 동해보복의 원칙(Lex Talionis)이 당시 주요 원칙으로 적용되었음을 알 수 있다. 그러나 현재에 이르러 이러한 동해보복의 원칙이 그대로 적용되는 공동체는 거의 남아있지 않다. 그렇다면 초기 공동체의 갈등 해소 수단으로부터 시작하여 이후 국가의 형성과 함께 전개되는 사회적 변화의 한 단면으로서 법은 그동안 왜 변화해 왔으며, 앞으로 어떻게 변해야 할 것인가?

먼저, 법의 변화를 설명하는 데에는 인간에 대한 진화생물학의 관점이 주목할 만하다. 진화생물학적 관점은 법학이 상정하는 인간상의 빈 공간을 채워주기 때문이다. 법의 변화는 단순히 법의 내부 관점에서만이 아니라 외부 관점에서 바라보아야 하며, 나아가 변화의 기본적 메커니즘과 방향을 파악해야 한다. 또한 진화생물학적 관점은 행동심리학이나 인간공학 등을 통해 사회 구성 및 운영의 변화에 반영되고 있다. 이 점에서, 생물학적 변화의 메커니즘으로서 진화의 메커니즘을 들여다보고 그 과정을 참조하는 것이 유익할 것이다.

다윈이 제시한 생물학적 진화 이론의 진정한 가치는 생물학적 변화의 배경을 설명한 데 있다. 다윈의 이론은 생명체의 첫 발생으로부터 시작하여 지금에 이르는 과정에 기여한 메커니즘과 그 방향을 밝혔다. 다윈의 이론이 제시되었던 당시는 창조론이 사회적으로 널리 통용되고 있던 때다. 하지만 다윈의 이론은 창조론을 정면으로 거슬러 자연환경, 특히 생태계를 그 변화의 배경으로 지목했다.

다만 이러한 설명에서 놓치기 쉬운 점이 있다. 생태계는 그 자체로 변화의 배경인 동시에 생태계도 생물과 함께 변화한다는 점이다. 즉 진화란 바로 그러한 의미에서 '공동변화'다. 진화란 생물 하나의 변화가 아니라 생태계를 통해 맺어지는 관계의 변화이다. 단순히 일개 생물이 얻은 적응성의 변화가 아니라 생물들 간 연결성의 변화인 것이다. 생물학적 진화를 "변이－경쟁－자연선택"으로 설명하는 것이 일반적이지만, 그것이 아니라 "생태계변화－압력－변이"가 일어나는 것으로 설명할 수도 있다. 개체의 변화와 더불어 생태계의 변화가 동시에 일어난다는 점에서, 이러한 변화는 종의 변화인 동시에 종간의 관계를 포함한 시스템의 변화라고 할 수 있다.

이러한 논점은 법의 변화를 설명하거나 예측할 때에도 중요하다. 사회적 분쟁을 합리적으로 해소하기 위한 근거를 모색하는 과정에서, 사회의 변화와 함께 법도 변화한다는 것이다.

예로부터 동양에서는 나라를 다스리는 데 있어, 즉 나라님의 뜻에 맞도록 사람을 구속하는데 있어, 유교를 사회구성의 원칙으로 채택했다. 그래서 예(禮), 특히 악(樂)을 통해 사람을 구속하는 것을 강조하였다. 소리, 행동 그리고 그 속에 담긴 서로 간의 관계를 상징하는 내용을 예악(禮樂)을 통해 몸에 익히도록 함으로써, 사람이 상대방과 자발적으로 관계를 맺는 시스템을 구축하고자 한 것이다. 반면 법가는 예악이 아니라 법, 특히 엄격한 법집행을 명분으로 무력을 통해 사람을 구속함으로써 사회의 질서를 일구어내는 방식을 채택하였다. 정리하면:

예(禮)를 통해 구속하기 － 자발적 시스템을 내부적으로 익히도록 하는 것
법(法)을 통해 구속하기 － 타율적 시스템으로서 강제력으로 선택을 제약하는 것

한편 서양에서도 근대에 오면서 사회구성 시스템이 점차로 변화하였고, 이에 따라 법의 구속 방식과 근거도 변화하였다. 특히 신분, 지위, 권력 등에 따른 사회 질서가 와해되면서, 단순히 해야 할 바로서의 법이 아니라 당연히 해야 할 바로서의 법이 요청되었고, 단순히 해야 할 바가 정당하다면 그것이 당연히 해야 할 바로 바뀌기 위해 그 근거가 무엇이어야 하는지가 중요해졌다. 이러한 법의 변화의 중심에는 법적 인간의 변화와, 그를 둘러싼 환경, 즉 (사회)시스템의 변화가 있었다.

1. 법적 인간의 변화

근대 이후 사회의 운영 원리가 된 것은 자율성이었다. 이에 따르면, 올바르다는 것은 이성적이고 스스로 결정할 수 있는 자유의지를 가진 인간이 판단했을 때 올바른 것을 의미한다. 마찬가지로 법의 판결을 통한 비난은 단순히 법을 어겼다는 비난 주장을 넘어 그것을 받아들일 수 있는 근거를 가질 때에 비로소 정당한 것이 된다. 그리하여 법적 인간은 단순히 해야 할 바를 하는 인간이 아니라 이성적이고 스스로 결정할 수 있는 자유의지를 가진 인간으로 바뀌었으며, 법의 변화의 중심에는 이러한 법적 인간의 변화가 자리 잡고 있었다.

한편 자유의지 개념도 계속 변화해 왔다. 스스로 결정할 수 있는 자유의지를 가지고 선택했다는 것은 선택의 순간 다르게 결정할 수도 있었음을 전제한다. 만일 다르게 결정할 수 없이 내린 결정이라면 그것은 자유의지에 따라 선택한 결정이 아니며, 결국 그 선택에 대한 책임을 그렇게 될 수밖에 없는 처지와 여건에 뒤집어씌우는 것에 지나지 않을 것이다.

이때 자유의지를 가지고 다른 선택의 가능성을 검토했다는 말은 그 선택으로 비롯되는 인과관계를 검토했다는 뜻이다. 즉 사실과 반사실을 함께 상정함으로써 그들 간의 차이가 어떻게 발생하는지를 검토하여 선택했다는 것이다. 이것이 곧 인과적 판단이다. 제대로 된 인과적 판단이란, 발생한 결과를 설명함에 있어 결과에 선행한 원인들이 달랐을 경우, 즉 반사실의 상황이었을 경우, 그로 비롯되어 도달할 것으로 예상되는 반사실적 결과가 현실의 결과와 어떻게 다를지를 판단하고 이를 통해 그 원인을 추정하는 작업이다. 따라서 정당한 법적 비난이란, 자유의지에 따라 인과적 판단을 할 수 있음에도 불구하고 당시 주어진 조건과 시스템에서 선택해야 할 선택지가 아니라 선택하지 말았어야 할 선택지를 선택했다는 데 대해 책임비난을 가하는 것이다.

요컨대, 법적 정당성의 근거는 역사적으로 크게 변모하였다. 과거에는 법적 정당성이란 단순히 예악 사상에 따라 "되어야 할 바"로서의 사람들 간 (형식적/억압적) 관계로부터 비롯하였다. 하지만 근대 이후 적어도 서양에서 법적 정당성은 사람과 사물과 그 환경을 둘러싼 관계에 대한 과학적 인과관계, 그에 근거한 (실질적/자율적) 맥락, 그리고 그러한 맥락과 시스템이 만들어지는 (절차적/응답적) 과정과 근거에 의거하는 것으로 변화하였다.[1] 구체적으로 말해, 법을 둘러싼 형식과 내용이 예전에는 (해야 하는데도 불구하고) 행하지 않은 것을 무조건 처벌하고자 하는 형식적·억압적인 것이었다면, (할 수 있고, 해야 하는데도 불구하고) 행하지 않은 것을 세분하여 처벌하는 실질적·자율적 양상으로 점차로 변화한 것이다. 나아가 현대의 법은 (절차에 따른 방법이 마련되어, 그에 따라 할 수 있고, 해야 하는데도 불구하고) 행하지 않은 것을 반성적·절차적·응답적 과정을 거쳐 처벌하는 양상을 지향하고 있다. 물론 이러한 법체계의 변화 양상은 사회의 전문화 및 시스템화와 함께 이루어졌다. 종합하면, 법체계의 변화 방향은 아래 [그림 1]에서와 같이 표현할 수 있다.

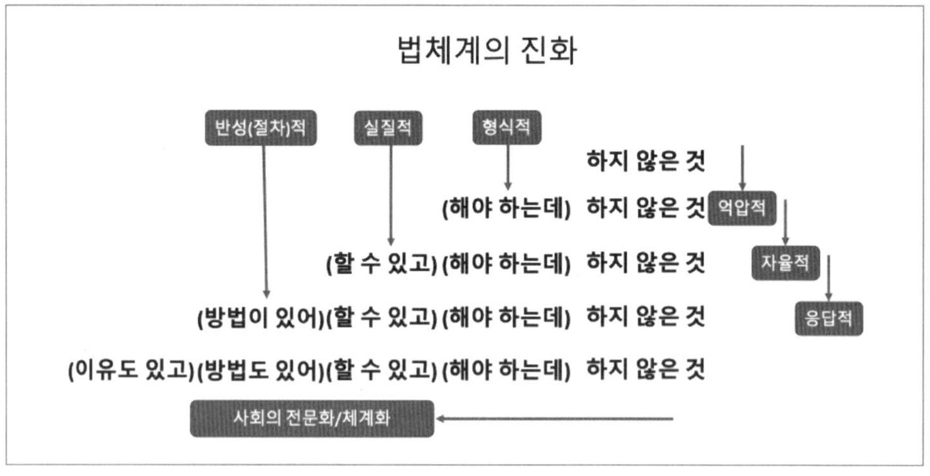

[그림 1] 사회의 전문화 / 체계화에 따른 법체계의 변화 방향

2. 법이 만들어지고 적용되는 과정으로서의 시스템 변화

자유의지는 인과관계와 책임에 대한 판단의 전제이다. 자유의지 없이 행해진 판단은 단지 전체 결정 과정의 일부분일 뿐이며, 그러한 판단에 대해서는 원인을 귀속할 수도 책임을 물을 수도 없기 때문이다. 결정론적 관점에서 본다면, 인간에게 자유의지가 없다는 주장은 단지 판단 주체의 선택 이전 전체 과정을 결정짓는 시초가 달라진다는 주장에 지나지 않는다.

자유의지와 인과관계에 관한 이러한 관점은 근대법의 대전제이다. 이에 따르면, 행위의 정당함이란 단순히 해야 할 바로서의 정당함이 아니라 자유의지를 가

1) 양천수. "새로운 법진화론의 가능성". 법과 진화론. 법문사. 2016. pp.277~332.

지고 선택한다고 할 때 해야 할 바로서의 정당함을 뜻한다. 특히 서로 간의 관계에 대한 분쟁에서 인과관계에 대한 분쟁, 즉 결과로서의 현상에 대한 원인이 무엇이고 그 원인 행위가 정당한 것인지 혹은 그 책임이 어디에 있는지에 대한 분쟁이 커지면서, 그 논리의 전개와 판단의 상당 부분을 자연현상에 대한 과학적 판단에 의존하게 되었다. 그리고 이러한 판단은 원인 행위가 단순히 정당하다는 주장이 아니라 인과적으로 수용할 수 있는 정당함에 근거해야 한다는 말이다. 즉 자유의지에 따라 선택된 행위가 초래할 결과에 대한 인과관계 판단이 가능한 상태 하에서 실제로 부당한 결과가 초래될 선택을 한 경우, 즉 선택하지 말아야 할 행동을 고의적으로 함으로써 부당한 결과를 초래한 경우, 그 때에야 비로소 그 행위 주체에 대한 비난이 정당하다는 뜻이다.

하지만 단순히 반사실을 상상함으로써 세상의 인과관계를 판단하고자 한다면 어떤 인과관계 주장이든 정당화될 것이다. 따라서 사실과 반사실에 대한 근거들을 끊임없이 지지해주는 시스템이 있어야만 한다. 그러한 시스템은 선택하였을 때의 사실과 선택하지 않았을 때의 반사실에 대한 정보를 생성하고 제공해 주는 역할을 한다.

예를 들어, 물질을 제조하는 사업주가 있고, 그의 제조 방식이 물질의 유해성 면에서 문제가 없는지 있는지를 판단해야 한다고 가정해 보자. 만약 물질의 유해성을 조사하는 시스템이 뒷받침되지 않는다면 사업주는 제조 방식을 독단적으로

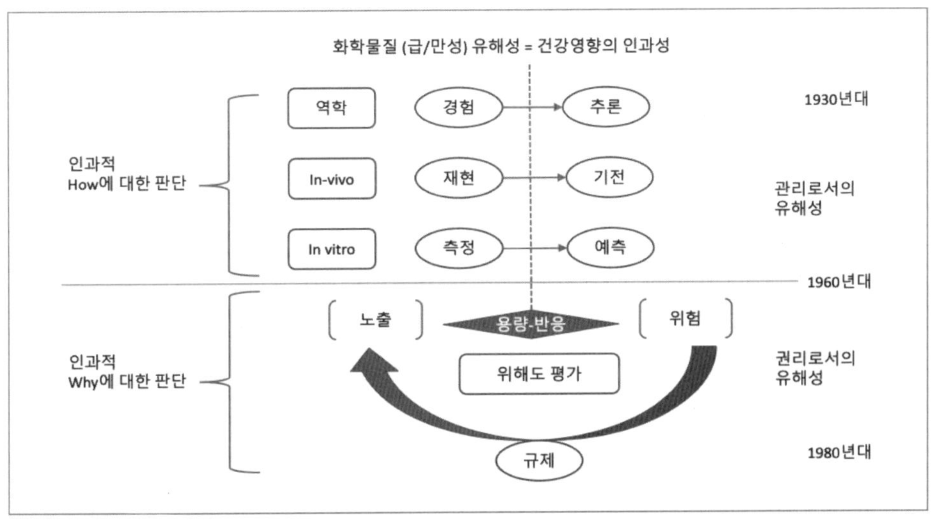

[그림 2] 1960년대 이전과 이후 화학물질 유해성에 대한 과학기술적 접근의 시스템화

선택할 수밖에 없다. 하지만 독단적 선택의 문제점들이 점차 드러나면서 그러한 선택을 위한 다른 근거가 요구되고, 그 결과 제조 방법과 위해성 평가에 대한 하나의 시스템이 만들어지며, 관련 제도가 정착되는 과정이 진행된다.

위 도표는 화학물질의 유해성에 대한 인과적 판단이 역학, 독성학, 메커니즘 연구 등을 거쳐 제도화된 위험성 평가의 수행 등을 거치면서, 약 반세기가 넘는 시대를 거치며 점차 변화하는 모습을 보여준다. 물질의 독성에 대한 경험, 재현, 측정 등이 모아져 그러한 변화의 모델이 만들어지며, 이러한 모델을 통해 추론, 메커니즘, 예측 등의 작업이 수행된다. 그리하여 이 모든 작업은 하나의 기반 시스템을 형성하며, 이러한 시스템을 바탕으로 노출과 위험 간 용량-반응을 중심으로 한 위해도 평가가 제도적으로 구축된다. 한마디로, 인과 판단을 위해서는 시스템이 뒷받침되어야 한다.

인과관계에 대한 판단이 정당한 것이기 위해서는 그러한 판단이 합의될 수 있는 근거가 있어야 한다. 이러한 근거는 한 개인이 만드는 것이 아니라 여러 주체들이 서로의 역할을 나누어 가지고 그러한 역할이 연결되는 하나의 시스템을 통해 만들어진다. 이러한 시스템은 반사실에 대한 가능성을 제시하여 사실과 가능한 반사실 간의 비교를 가능케 하며, 이를 통해 해당 사실을 해당 결과에 대한 원인으로서 나름의 근거를 바탕으로 선택하게 해준다. 이렇게 법이 변화했다는 것은 법을 포괄하는 시스템 또한 변화했음을 의미한다.

예를 들어, 지적 정보의 소유권이라는 개념이 있다. 이 개념은 특허 제도, 사독을 통한 학술지 게재 제도, 그리고 국제 협약 및 조약 제도 등의 형성과 발전을 통해 더 큰 사회시스템이 변화했기 때문에 법에서 다루어지고 실제 현장에 적용될 수 있는 개념이 되었다. 영국의 기업살인법이나 한국의 노동안전보건에 대한 중대재해기업처벌법에서도 마찬가지다. 형법이 있음에도 불구하고 전문적 영역을 따로 다루는 이들 특별법이 만들어지고 있는데, 이러한 변화는 노사관계, 안전보건, 조직관리 등에서의 시스템의 변화에 동반된 것이다.

이러한 법들은 특정 영역에서 발생한 결과의 정당한 원인이 무엇이었으며, 그 원인을 야기한 각 주체의 선택이 어떠하였는지를 파악하고자 하며, 그럼으로써 그에 따른 책임과 비난을 다룰 수 있도록 원인과 결과 간의 인과관계를 판단하는 데 필요한 기본 정보를 제공해준다. 이 같은 판단 및 운용 방식은 하나의 시스템으로서 만들어지고 운영된다. 예를 들어, 독성실험의 경우 만들어지는 정보의 질을 보장할 수 있도록 시설 및 절차 등을 포함하는 기준이 '우수실험실 운영기준'(Good Laboratory Practice, GLP)으로 제시되고 있다. 이러한 기준을 통해 행정적, 사법적 절차에 사용되는 정보가 제대로 확보될 수 있으며, 이 모든 절차는 하나의 시스템으로서 가동되고 있다.

요컨대, 화학물질의 유해성의 판단에 대한 정보는 하나의 시스템 속에서 만들어지고 점검되며, 이러한 시스템을 통해 화학물질의 산업적, 의료적, 사회적 문제들에 대한 규제가 만들어지고 이를 집행하는 법이 가동된다. 또한 시스템이 조직적이며 제대로 작동하도록 하기 위해서는, 법을 적용할 때에도 합리적인 법(학)적 인간의 모습과 함께 이들이 실제 활동할 수 있는 시스템의 수립, 운영, 적용 등을 고려해야 한다.

3. 사회의 전문화 및 시스템화와 함께 법도 공진화해야 한다

법이 사회의 규범을 제시하고 집행할 때에 '범의'(mens rea, 범죄의도, 범죄인의 마음)를 어떻게 규정하고 판단하는지에 따라 행위를 선택하고 평가하는 기준이 달라질 수 있다. 따라서 범의를 규정하고 판단하는 근거가 되는 시스템을 어떻게 갖출 것인가를 모색해야 한다.

이를 좀 더 상술해 보자. 적어도 근대 이후, 인간은 자유롭고 선한 의지를 바탕으로 스스로 윤리적 결정을 하고 책임을 질 수 있다고 믿어 왔다. 이에 따라 범의와 타행위가능성 여부를 판단해왔으며, 여기에는 다양한 기준이 제시되어 왔다. 적법할 수 있었음에도 불법을 선택하였는지의 여부, 공동체적 (최소) 의무나 요구를 객관적으로 위반했는지의 여부, 혹은 국가표준이나 평균인 표준 등의 비교 기준에 비추어 어떠한가 등이 그것이다. 또한 이러한 기준들을 검토할 때에는 행위자의 사물변별능력이나 행위통제능력 등을 참고하도록 되어 있다. 그러나 이 같은 고려사항들 외에, 행위자가 처한 시스템의 성격이나, 혹은 그 안에서 시스템에 종속적으로 묶이거나 좌우되지 않을 수 있는 위치 등은 아직까지 일반적으로 고려되지 않는다. 즉 근대법에서는 법적 인간으로서 행위 주체의 자유의지와 사물변별능력 등이 어떠한가를 고려한다고 말하지만, 아직까지 법적 인간이 실제 어떠한 시스템에 처해 있는지, 법적 인간의 범의를 판단하는 데 있어 그러한 시스템이 어떻게 작동하며 그 맥락이 성립하는지, 만약 그 맥락이 맞지 않는다면 시스템을 어떻게 구축 변모시켜 나가야 하는 것인지 등에 대한 논의가 없다. 특히 행위 주체가 처한 시스템이 만들어지고 바뀌고 또 다른 시스템의 구속으로 넘어가는 과정에 대한 이해가 결여되어 있다.

단적인 예로, 한국 법원에서는 흡연으로 인한 질병과 관련한 담배제조업체 소송에서 환자들이 흡연을 계속하는 것이 자유의지에 따른 선택의 문제라고 판시한 바 있다. 즉 문제된 법적 인간이 처한 시스템의 현황과 상관없이 반사실적 개념의 형성 여부에 따라 그에게 인과관계 판단능력이 있다고 보아 흡연이 그의 자유의지로 선택된 행동이라고 본 것이며, 이에 따라 그의 질병에 대한 담배제조회사의 책임을 부인하는 판결을 내린 것이다. 그러나 이러한 판결은 한 개인이 처한 시스템이라는 현실과는 동떨어진 것이다. 담배의 유해성에 대한 정확한 정보 없이 담배회사의 광고만이 제공되고 있는 현 시스템에 대한 일방적 판단인 것이다.

요컨대, 법적 인간이 합리성과 이성을 제대로 갖춘 존재이기 위해서는 그에 따른 시스템이 마련되어 있어야 한다. 역사적으로 보면 지금까지 법적 인간의 변화와 함께 시스템의 진화가 일어났다. 따라서 법 또한 그것이 만들어지고 적용되는 시스템과의 공진화를 도모해야 한다.

Ⅱ. 작위 및 부작위의 주체로서 법적 인간

일반적으로, 법적 인간은 법에서 마땅히 해야 한다는 당위로서 칸트의 실천이성을 갖춘 인간을 말한다. 이 때 법적 인간의 작위/부작위란, 하지 말아야 하는데 하거나, 혹은 해야 하는데 하지 않은 것을 기계적으로 지칭할 뿐이다. 정작 법적 인간이 처한 시스템은 고려하고 있지 않은 것이다.

근대의 법적 인간이란, 법에서 칸트적 실천이성에 따라 마땅히 해야 할 행위를 행하는 인간을 말한다. 달리 말해, 법적 인간은 (할 수 있기에) 해야 하는 것이 무엇인지가 주어져 있는 시스템이 있다고 할 때, 그 시스템 하에서 자유의지에 따라 합리적인 인과적 판단을 하는 주체이며, 그렇게 선택한 행동이 부당한 결과를 초래할 때 그 결과에 대한 책임을 지고 비난받아야 하는 주체인 것이다.

여기서 '작위'와 '부작위'라는 개념이 중요하게 등장한다. 이들 용어는 법에서 인간의 인식과 행동을 기술하는 데 사용하는 법률적 용어이다. 법에서의 작위와 부작위 간의 구분은 이렇게 설명할 수 있다. 인간의 행위는 그것이 시작되기 전에 전체 상황에 대한 생각을 먼저 정리하는 과정을 포함하며, 그러한 생각 이후에 자유의지를 바탕으로 다음 상황을 선택함으로써 실제 행위가 일어나거나 혹은 일어나지 않거나 한다. 작위와 부작위는 그러한 행위가 일어나느냐의 여부에 따라 나뉜다. 즉 법에서의 인간은 생각이 일단 정리된 다음, 자신의 의지 여하에 따라 해당 행동을 선택하거나 혹은 선택하지 않는데, 이 때 적극적으로 선택하는 것이 작위이고, 해당되는 행동을 일부러 선택하지 않는 것이 부작위라는 것이다.

이러한 구분은 작위 의무에 대한 자유의지로서의 부작위, 그리고 부작위 의무에 대한 자유의지로서의 작위를 상정하기 위한 구분이다. 또한 이는 인간이 자유의지를 바탕으로 한 도덕적·규범적 판단을 내리는 존재임을 강조하기 위한 모델이다. 즉 "자유의지－행동－결과－책임－처벌"의 연속성을 보장하기 위한 법적 인간 모델인 것이다([그림 3]). 즉 법에서 집행하는 정당한 처벌과 비난은 도덕책 죄책을 함축하고, 죄책은 도덕적 책임을 함축하며, 도덕적 책임은 자유를 함축한다는 규범의 믿음 체계가 전제하는 법적 인간 모델인 것이다. 이에 따르면, 인간은 작위와 부작위 사이에서 자유의지를 가지고 판단하고 선택할 수 있으며, 또 마땅히 그렇게 해야 한다.

법적으로 말해, 이성적 인간은 자신이 수행한 행위를 통해 발생한 사실(factual)과 그러한 행위를 하지 않았을 때 발생했을 반사실(counter-factual) 간의 차이를 통해 행위의 인과적 결과를 평가하고 그에 따라 행위를 선택하는 인간이다. 여기서 작위와 부작위 각각의 반사실이 성립한다는 가정 하에, 작위와 부작위가 저질러졌는지의 여부를 판정할 수 있다. 즉 어떤 행위를 실제로는 행하지 않았는데 만약 그것을 했다면 그 결과가 어떻게 되었을지를 알았을 경우에만 그러한 행위에 대한 '부작위'가 성립하며, 어떤 행위를 실제로 하였는데 만약 그것을 하지 않았다면 어떻게 되었을지를 알았을 경우에만 그러한 행위에 대한 '작위'가 성립한다는 것이다.

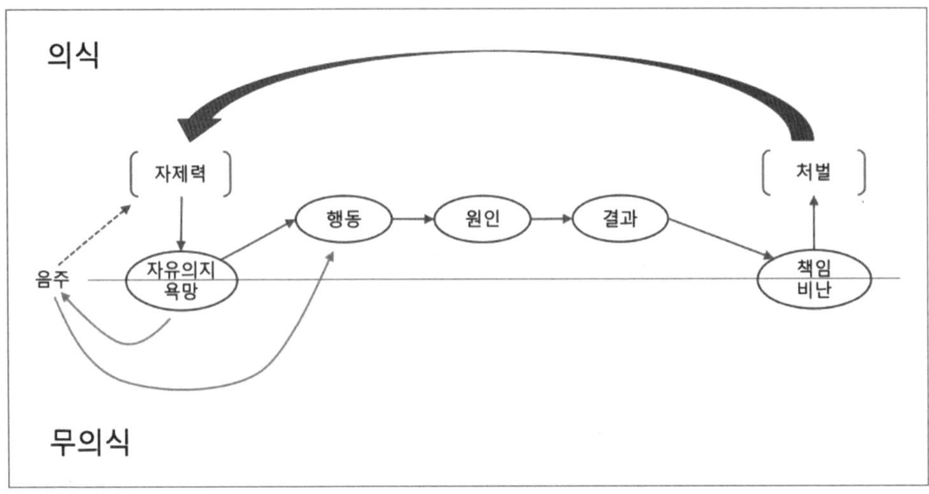

[그림 3] 의지 - 행동 - 결과 - 책임 - 처벌의 규범적 믿음 체계가 상정하는 법적 인간의 의식 모델

문제는 법의 관점에서 바라보는 이러한 인간의 모습은 실제 인간의 속성으로 알려진 바와 상당히 다르다는 점이다. 그러한 인간의 모습은 동식물 그리고 자연현상에 대한 과학적 지식이 축적될수록 실제와 동떨어진 비사실적 이해이다. 즉 법은 행위 주체를 충분한 이성적 사유를 토대로 자유의지에 따라 판단을 내릴 수 있는 주체라고 가정하지만, 이러한 가정은 비현실적이다.

작위와 부작위에 대한 도식적인 법률적 이해는 여러 지점에서 확인되고 있다. 단적인 예로서 공정거래, 심신미약, 그리고 촉법연령 등에 대한 법적 논의에서 자유의지를 바탕으로 한 실천이성을 가진 인간의 모습은 그저 도식적일 뿐이다. 이를 잠깐 살펴보자.

1. 공정거래의 작위와 부작위: 금지는 단순히 자유의지의 제한인가, 아니면 시스템의 구축인가?

공정거래법은 독점규제 및 공정거래를 위한 법이다. 시장지배적 지위에 의한 공동행위, 기업결합, 기업집단 등 경제적 집중, 내부거래, 독점규제, 지식재산권 등의 위반이나 남용 등에 대한 규제를 위한 법률이다. 이러한 법률을 위반하는 경우, 주식처분명령이나 계약조항의 삭제와 같이 지금까지의 위반행위를 시정하도록 적극적 행위를 요구하는 '작위적' 시정조치가 취해지거나, 혹은 앞으로 더 이상의 위반행위를 선택하지 않도록 하기 위해 법위반행위 중지명령이나 위반행위 금지명령과 같이 소극적 '부작위'를 요구하는 시정조치가 취해진다. 이처럼 공정거래법은 법률 위반을 시정함에 있어 작위적 조치와 부작위적 조치를 도식적으로 구별하고 있다. 이러한 구분은 법에 기반하여 사후적으로 이루어진다. 공정거래위원회에서는 작위와 부작위를 다음과 같이 해명하고 있다.

> 인간의 행위는 작위와 부작위가 있는데, 작위란 의식적이고 적극적인 신체활동을 말하고, 부작위란 작위를 하지 않는 경우 즉 마땅히 할 일을 의식적으로 하지 않는 행위를 말함. 이 가운데 범죄가 작위에 의해 이루어진 것이 작위범이고, 부작위에 의한 범죄가 부작위범임. 현대 형법은 개인의 자유를 존중하는 입장에서, 작위범의 처벌을 원칙으로 하고, 부작위범은 예외로 처벌될 뿐임. 왜냐하면 부작위범을 처벌하는 것은 개인에게 작위를 강요하고 행동의 자유를 제약하는 결과를 가져오기 때문임. 한편「공정거래법」등은 동 법을 위반한 사업자 또는 사업자단체에 대하여 그 위반행위의 내용에 따라 위반행위의 중지, 주식의 처분, 계약조항의 삭제, 시정명령을 받은 사실의 공표 등과 같은 동 법위반 상태를 동 법에 합치시키기 위한 시정조치가 행해짐. 이 시정조치는 그 양태와 주된 내용에 따라 작위명령과 부작위명령으로 구분됨. 작위명령이라 함은 주식처분명령, 임원의 사임명령, 채무보증 취소명령, 계약조항 수정, 삭제명령, 합의파기명령, 거래개시, 재개명령 등 피심인의 적극적인 행위를 요구하는 내용의 시정조치를 말하며, 부작위명령이라 함은 당해 법위반행위의 중지명령, 향후 위반행위 금지명령 등 피심인의 소극적인 부작위를 요구하는 내용의 시정조치를 말함.[2)]

여기서 공정거래법은 작위와 마찬가지로 부작위 또한 자유의지에 의한 선택이며, 이를 법률로 제한하거나 다른 방식의 작위를 강요하면 자유의지에 의한 거래상의 선택이 제한된다고 본다. 자유의지의 제한을 강요하는 부작위를 더 이상의 위반행위를 선택하지 않는 최소한의 것으로 제한함으로써, 자유의지에 따른 선택이나 강요되지 않은 작위적 선택의 폭을 최대한 확대시키고자 하는 것이다. 즉 공정거래법에서는 주식처분, 계약조항 삭제 등 하지 않을 수 있었으며 하지 않았어야 하는데도 불구하고 작위적으로 행한 것을 시정하는 경우나, 혹은 명백한 법위반행위 중지 등과 같이 할 수 있었고 했어야 하는데도 불구하고 행하지 않음으

---

2) 출처는 공정거래위원회 홈페이지의 전문용어사전이며, URL은 다음과 같다. https://www.ftc.go.kr/callPop.do?url=/jargonSearchView.do?key=451&dicseq=574&titl=%EC%9E%91%EC%9C%84%E2%80%A2;%EB%B6%80%EC%9E%91%EC%9C%84%EB%AA%85%EB%A0%B9 (최종검색일: 2025년 1월 17일; 밑줄은 필자의 것)

로써 지켜야 할 부작위를 부당하게 어긴 경우를 제외하고, 그 이외 본인이나 상대방이 하지 않을 수 있었고 하지 않아도 됐지만 작위적으로 행한 모든 행위를 공정거래법상의 행위로 간주한다.

그러나 이러한 해명은 다음 두 가지 측면에서 단순도식적이다. 첫째, 논리적으로 보면, 부작위범의 처벌이 개인에게 작위를 강요하고 행동의 자유를 제약하는 만큼, 작위범의 처벌도 개인에게 부작위를 강요하고 행동의 자유를 제약한다는 점에서는 마찬가지다. 그럼에도, 위의 해명은 이 두 가지 행위 및 처벌 유형을 서로 다르게 바라보고 있다. 부작위범은 예외적으로 처벌될 뿐 개인의 자유를 존중한다는 입장에서 작위범의 처벌을 원칙으로 한다는 것은, 아무것도 하지 않고 가만히 있는 부작위는 해당 개인이 처한, 시스템 하에서 대부분 공정하다는 부작위에 대한 편견일 뿐이다. 즉 주어진 시스템에서 기대되는 결과를 얻기 위해 해야 할 일과 하지 말아야 할 일이 제시되어 있음에도, 제시된 일들 이외 더 이상의 일을 하지 않고 가만히 있는 부작위가 더 공정하다고 보는 것이다. 이러한 판단은 '부작위 편향'(omission bias)이라는 인식 오류이다.

둘째, 위의 해명은 법이 작위와 부작위를 강요하는 것을 곧 행위의 자유를 제약하는 것으로 보고 있다. 즉 그 선택의 결과에 대한 판단과 상관없이 모든 강요는 자유의 제약에 해당한다고 도식적으로 판단하고 있다. 그러나 원칙적으로, 법이 궁극적으로 요구하는 것은 작위와 부작위에 따른 선택을 미리 판단함으로써 그 선택으로 인해 초래되는 부당함에 대한 책임을 지라는 것이다. 즉 선택의 결과에 대한 판단을 바탕으로 작위와 부작위를 자유의지에 근거하여 선택하고 그에 따라 책임을 지라는 것이다. 하지만 공정거래법에서는 이러한 원리가 단순히 부작위의 처벌은 작위의 강요이고, 강요는 자유의 제약이라고 도식화하고 있다.

이처럼 공정거래법이 작위와 부작위 개념을 비논리적이며 도식적이며 기계적인 방식으로 다루고 있는 이유는 무엇일까? 이는 공정거래법이 공정거래가 이루어지는 시스템에서 법적 인간이 어떠한 상황에 처해 있는지를 전체적으로 이해하고 있지 못하기 때문이다. 공정거래법은 공정한 시스템의 작동근거 및 과정과 그에 따른 법적 인간의 모습을 제대로 포착하지 못하다.

이를 부연하면 다음과 같다, 현재 소위 강요되는 부작위를 최소화한다는 법에 따라 수행된 거래 중 본인과 상대방의 자유의지에 따라 선택한 행위가 공정하다는 설득을 바탕으로 성립하여 진행된 거래라 할지라도, 그러한 거래가 실제 법에서는 공정하지 못하다고 판단될 수 있다. 만약 그렇다면 자유의지에 따라 법을 위반하기로 한 선택이 어떻게 자유의지를 확보한 상대방을 설득하여 거래를 성립시켰는지, 그 과정에서 어떠한 인식을 전제하고 있었는지, 즉 작위적 선택의 폭을 최대한 확대시킨 것이 어떠한 점에서 공정하지 않은지에 대해 다시 설명해야 한다. 이러한 양면은 일종의 모순을 드러내는 것이다. 분명 공정거래법의 취지는 본인과 상대방의 자유의지를 보장한 상태에서 공정한 거래가 이루어질 수 있도록 하기 위해 불공정한 거래를 처벌하고자 하는 것이다. 그럼에도 불구하고, 현재의 공정거래법은 단지 법률적으로 행하지 말아야 하는 거래 행위를 최소화하는 방식으로 규율한 법일 뿐이다.

요컨대, 법은 자유의지에 따라 선택한 거래라 할지라도 그것이 시스템상으로는 공정하지 않을 수 있다. 자유의지는 선택에 따른 차이를 충분히 알고 예견할 수 있을 때에야 비로소 발휘될 수 있다. 만약 어떤 선택이 초래할 결과를 알지 못하는 상태에서 그러한 선택을 했다면, 그러한 선택의 결과로 집행된 작위나 부작위에 대해 책임과 비난을 받아야 할 것이다. 하지만 충분한 자제력과 자유의지에 따라 공정거래를 이해한 상태에서 자의적 작위나 부작위를 행했음에도 그것이 공정하지 않다는 판단을 받는다면, 이에 대한 근거가 제시되어야만 한다. 하지만 현재의 공정거래법에서는 어떠한 맥락과 조건, 즉 어떠한 시스템 하에서 공정성이 침해되지 않는지, 그리고 그러한 시스템은 어떻게 가동되고 확인되어야 하는지 등에 대한 적절한 기술이 없다. 현재의 공정거래법은 매우 도식적인 방식으로 공정거래의 작위적 혹은 부작위적 시정조치를 구분하고 있는 것이다.

2. 심신미약의 작위와 부작위

형법 제10조 1항은 "심신장애로 인하여 사물을 변별할 능력이 없거나 의사를 결정할 능력이 없는 자의 행위는 벌하지 아니한다", 그리고 동조 2항은 "심신장애로 인하여 전항의 능력이 미약한 자의 행위는 형을 감경한다"라고 규정하여, 음주나 약물 복용에 따른 심신미약 감경을 할 수 있도록 하고 있다. 이 때 심신미약이란, 인간이 자신의 행위를 선택하는 데에 있어 자신의 자유의지에 의해 선택하는 것이 아니라, 술에 취한 상태나 지능이 떨어진 상태에서, 혹은 정리된 상황 판단이 제대로 현상을 반영하지 못한 상태에서 선택하는 것을 말한다. 즉 그러한 행위는 자유의지에 의한 선택적 판단을 할 수 있는 판단력이 흐려진 상태에서 일어난 행위로 보는 것이다. 여기서 지능이 떨어지거나 평상시의 상황판단에 이상을 보이는 경우와 함께, 술을 마시고 취한 상태 역시도 상황 판단과 인식에 따른 행위의 선택이라는 상황－인식－행위 틀에서 각각 최선을 다한 선택을 통해 행위가 도출된다는 일반적 인식에 바탕한다.

한편 동조 3항은 "(원인에 있어 자유로운 행위) 위험의 발생을 예견하고 자의로 심신장애를 야기한 자의 행위에는 전 2항의 규정을 적용하지 아니한다"라고 규정한다. 이에 따르면, 일부 음주자의 경우, 술을 마신 탓에 상황 잘못 판단하거나 그에 따른 행위를 잘못 선택했다기보다는 일부러 술을 마심으로써 자신이 선택한 행위의 효과를 상대방에게 일으키기 위해, 즉 술마신 상황이 가져올 결과를 예상하고서 일부러 취하고자 선택한 것일 수 있다. 이 경우, 심신미약은 자유의지를 바탕으로 일부러 선택한 상태이거나, 혹은 완벽한 자유의지에 의해서는 아닐지라도 우발적으로 선택된 상태인 것으로 판단될 수 있다.

그러나 이러한 형법 규정에는 중요한 결함이 있다. 평상시 심신장애로 사물을 변별할 능력이 없는 상태가 아니거나, 혹은 일부러 심신장애를 자의로 초래한 것도 아님에도 불구하고, 삶을 그대로 지속하기에는 다른 선택이 없는 상황에 몰려서, 즉 술을 마시지 않으면 안 되는 시스템에 놓인 결과 술을 마셔서 위법 행위를 한 경우가 있다. 소위 주폭이라는 사람들의 경우, 일부러 심신장애를 자의로 초래한 것은 아니지만 알코올중독이 되어 처한 시스템 속에 중독관리가 이루어지지 않아 다른 선택의 여지가 없는 상황으로 몰려, 환경과 스트레스에 대한 반사적 반응으로 음주로 인한 심신미약 상태 혹은 상황판단을 포기하는 상태가 되기도 한다. 이들의 상황은 행위자의 자유의지를 상정하고 책임을 지울 수 있는 상황이 아니라, 행위자가 자신의 자유의지를 넘어선 시스템 하에의 종속된 상황이다. 하지만 현행 형법은 이러한 상황을 고려하고 있지 않다는 점이 문제이다.

3. 촉법연령에 따른 작위와 부작위

다른 한편, 촉법소년 연령이라는 쟁점은 형사적 책임이 요구되는 행위가 자유의지에 의한 선택을 통해 일어날 수 있는 연령이 어느 때부터인지에 대한 것이다. 이러한 논의는 앞서 심신미약 논의에서와 비슷하게, 현실 상황을 제대로 판단하고 그러한 판단을 정리한 후 자유의지에 따라 자신의 행위를 선택할 수 있는 연령이 어느 때부터인지에 대한 것이다.

현행 형법에서는 현재 14세 되지 아니한 자의 경우 행위자 개인의 지적, 도덕적, 성격적 발육상태를 고려하지 않고 그를 절대적 책임무능력자로 보다가 그가 14세가 되면 절대적 책임무능력자를 벗어나는 것으로 본다. 그러나 근래 촉법소년 연령을 하향해야 한다는 주장이 두드러진다. 이러한 주장의 근거로서, 흉포화된 소년범죄로부터 국민을 보호할 필요성과 함께, 보호처분을 받은 촉법소년 중 13세가 차지하는 비중이 크며, 학제상 13세를 기준으로 초등학교와 중학교를 구분하고 있다는 사실 등이 제시되고 있다. 이러한 근거에는, 소년이 12세에서 13세로 성장하면서 그 행동이 흉포화되는 비율이 크게 증가하며, 이러한 흉포화된 행동에 대하여 자유의지에 근거한 선택의 책임을 물음으로써 형사적 처벌을 강화하는 한편 국민을 보호할 수 있게 된다는 인식이 감추어져 있다.

여기서 상황 인식에 근거한 행동 선택과 관련하여, 학제에 따라 상급학교로 진학하면서 선택되는 행동에 대한 책임이 그만큼 증가해야 한다는 논리에는 중요한 전제가 있다. 바로 인간이 주어진 상황에 대한 인식, 특히 반사실적 판단이 가져올 결과에 대한 인식을 바탕으로 행동을 선택한다는 혹은 선택할 수 있다는 전제가 그것이다. 그래서 촉법소년의 연령을 하향해야 한다는 주장은 단지 이러한 전제가 성립하는 연령을 몇 세로 볼 것인가의 문제로 논의를 환원시키고 있다. 즉 이러한 접근법은 13세든 혹은 14세든 행위자 소년을 처벌함으로써 행동선택에 대한 소년의 판단이 바뀔 수 있다는, 입증되지 않은 생각에 의거해 있다.

그러나 이러한 접근법에는 중요한 결함이 있다. 법적 인간으로 성숙하는 과정에서, 행위자로 하여금 자신의 행위가 초래할 결과에 대한 인과적 판단에 근거하여 성숙한 자유의지에 따라 행위를 선택할 수 있도록 하는 시스템이 어떻게 제공되고 있는지, 그리고 이러한 상황-인식-행위 시스템을 위한 교육, 양육, 사회화 등 전체 시스템이 어떻게 작동하여야 하는지에 대한 논의가 전혀 없다. 특정 연령 이전에는 자유의지와 반사실적 상황에 의거하여 자신의 행위를 선택하는 일이 가능하지 않지만 그 이후에는 어떻게 해서 가능해지는지, 그 변화의 메커니즘을 전혀 고려하지 않는 것이다.

4. 소결: 작위와 부작위 판단에서는 시스템을 고려해야 한다

공정거래법 사례에서 확인되듯, 작위와 부작위는 서로 독립적인 개념이 아니라 동전의 앞뒤와 같이 동일한 사안의 서로 다른 표현이다. 즉 해야 하는 것, 해도

되고 하지 않아도 되는 것, 그리고 하지 않아야 하는 것들이 있다고 할 때, 어떤 일을 의식적으로 행하는 것이 작위이고, 그것을 의식적으로 행하지 않는 것이 부작위이다. 여기서 해야 하는 것, 해도 되고 하지 않아도 되는 것, 그리고 하지 말아야 하는 것들은 서로 맞물려 있다. 따라서 규정을 준수하는 일에서 그렇듯이, 어느 하나의 행위가 해야 하는 행위가 되면, 그러한 행위 외의 것은 하지 말아야 하는 것이 된다. 이 양자는 두 표현, "거짓말을 하지 말라"와 "진실만을 이야기하라" 간의 차이가 그렇듯이, 해야 하는 것과 하지 말아야 하는 것 중 어느 쪽에 초점을 두고 규정하는지, 그리고 규정되는 방식이 얼마나 열려있는지에 대한 해석이 서로 다를 뿐이다.

그러나 작위와 부작위가 제시되고 작동하는 배경에는 일종의 시스템이 있다. 즉 한 개인의 작위와 부작위는 시스템 속 다른 개인의 역할과 새로이 연결되거나 끊어지면서 그 결과를 초래하게 된다. 이때 시스템의 작동 방식에 따라, 실제 작위를 수행하더라도 작동할 수 있는 작위가 따로 있으며, 다른 한편 부작위를 수행하더라도 책임 범위와 상관없이 시스템을 넘어서서 작동되는 부작위도 있을 수 있다. 이는 마치 사망에 따른 장기기증 서약에서, 명시적으로 서약을 해야 가입이 되는 시스템과 명시적으로 탈퇴를 하지 않으면 모두 가입되는 시스템이 서로 다른 것과 같다. 시스템이 기본(default) 상태를 어디에 두는지에 따라 그 작동 결과가 매우 다른 양상을 보이는 것이다. 결국 작위와 부작위의 의미는 배경 시스템이 어떠한 목적과 방식으로 움직이며 각 개인들이 서로 어떻게 연결되어 있는지에 따라 달라진다.

공정거래의 시스템, 주류 및 약품 등 중독물질이 지목되고 관리되는 시스템, 그리고 아동과 청소년의 양육 및 교육 시스템 등이 어떻게 구성되고 작동하는지에 따라, 공정거래법의 위반 여부, 심신미약의 여부, 그리고 촉법소년의 관리 방식 등이 달라진다. 더구나 이러한 시스템의 작동 방식은 사회가 어떻게 나아가는지에 따라 달라진다. 따라서 이러한 문제들에 대한 법적 판단은 반드시 합리적, 이성적, 인간의 모습과 함께 그러한 인간이 처한 시스템에 비추어 작동 가능한 방식과 맥락 하에서 이루어져야 한다.

그러나 촉법소년이나 심신미약이 논란이 된 중독관리에서 그렇듯이, 시스템이 구축되지 않은 상태에서는 해당 행위가 초래될 결과에 대한 인과관계를 자유의지를 갖고 추정할 수 있었는지를 제대로 판단할 수 없다. 촉법소년의 경우, 선택된

작위/부작위가 초래할 결과를 제대로 인식하지 못한 상태에서 행한 행위가 왜 비난을 받아야 하는지, 그리고 그에 따른 책임을 물어야 하는 근거가 무엇인지 의문이다. 시스템의 구축을 책임질 수 없는 위치의 주체에게 그 책임을 물을 수는 없을 것이다. 실제 촉법소년이나 심심미약자들이 처한 상황과 그 시스템을 상정하지 않은 채 단지 상황판단과 인식을 바탕으로 자유의지에 근거한 행동의 선택이라고만 간주하는 모델은 전혀 현실에 부합하지 않는다. 이는 논리만을 위한 모델이며, 현실에서 작동하는 시스템을 전혀 반영하지 않은 것이다.

Ⅲ. 위험의 인식 모델이 제시하는 뇌과학적 인간

위험은 인식하는 것이 아니라 예측하는 것이며, 예측은 시스템에서 주어진 틀에 따른다.

1. 대부분의 인식은 무의식적으로 이루어진다

인간이 행하는 선택의 대부분은, 그것이 비록 자유의지에 바탕을 둔 경우라 할지라도 그 결과가 초래하는 인과관계를 미리 알지 못한 상태에서 이루어진다. 즉 인간 선택의 대부분은 자유의지에 의한 의도적이며 계산된 선택이 아니라 무의식 속에서 이루어지는 기계적·직관적 선택이다. 인간은 단지 무의식적 어림짐작(heuristics)이 들어맞음에 따라 대부분의 문제가 해결되는 시스템 속에서 살고 있을 뿐이다. 많은 사람들은 익숙해진 출근길을 매일 운전하면서, 특별한 일이 없는 한 어림짐작에 기대어 그냥 무의식적 선택에 기대어 운전한다. 그래서 대부분의 출근길 운전에서는 길 위의 자동차나 길가의 사람들에 대한 기억이 하나도 남지 않는 것이다. 이것이 운전 시의 시스템이다.

이 점에서, 인간 선택의 대부분은 두 갈래 갈라진 길이 아니라 하나의 연속된 선택들이 연결된 하나의 길이다. 인간이 선택을 하는 사고방식에 대한 연구로 유명한 노벨상 수상자 카네만(Kahnneman)은 인간의 사고를 두 가지 유형, 즉 제1 시스템 사고와 제2 시스템 사고로 나누어 설명한 바 있다.[3] 이 중 제1 시스템 사고는 직관적이며 즉각적으로 빠르게 이루어지는 것으로, 무의식적 사고의 대부분을 차지한다. 반면 제2 시스템 사고는 의도적, 통제적 심리과정에 따른 것으로, 사람들은 이것이 인간 사고의 전형이라고 여기지만 사실 이러한 사고는 인간 사고의 특수한 경우에 불과하다.

〈표 1〉 제1 시스템 사고와 제2 시스템 사고 테이블

	시스템 1	시스템 2
속도	빠름	느림
특성	무의식적, 자동적, 별 노력 없이 이루어진 사고	의도적이며 의식적, 노력을 동원, 통제된 심리 과정, 이성적 사고
	자각 상태, 혹은 통제하지 않은 상태에서 그냥 보이는 것을 있는 존재하는 모든 것으로 간주하는 생각	자각 혹은 통제를 통해, 논리적이면서 의심해 보는 사고
역할	상황을 평가하고, 전후에 달라진 점들을 반영하여 상황을 다시 판단하는 사고	새로운 혹은 빠진 정보를 찾으며, 결단하기 위한 사고

2. 인식이란 실제 일어날 행위에 대한 예측이다

1980년대에 미국의 신경외과 의사 벤저민 리벳(Benjamin Libet)이 행한 실험을 보자. 이 실험에서 그는 뇌파를 측정하면서, 행동 의도가 인식된 시점, 실제 행동이 이루어진 시점, 그리고 해당 행동에 따른 뇌파가 변화하기 시작한 시점 등을 측정하였다.[4] 이후 많은 연구자들이 이와 비슷한 실험을 수행하였으며, 이 연구자들은 측정된 뇌파와 자각된 의도의 의미가 무엇인지에 대해 지속적으로 문제를 제기했다. 그 결과, 행동을 위한 뇌파의 변화가 행동하려는 의도의 자각보다 시간적으로 더 일찍 시작된다는 관찰이 반복적으로 보고되었다. 즉 인식된 의도가 행동의 시작을 야기하는 것이 아니라, 뇌신경을 통해 행동이 시작된 이후 그에 따른 의도의 인식이 뒤따른다는 것이다. 이러한 실험들에 따르면, 의도의 인식이란 단지 시작된 행동에 대한 사후설명에 지나지 않는다.

이 실험이 시사하듯, 인간의 사고를 설명하는데 있어 뇌과학은 실제 행동의 선택이 상황의 인식에 선행한다는 점을 보여준다. 이 때 행동의 선택이란 상황에

---

3) Daniel Kahneman. *Thinking, Fast and Slow*, Random House (2011).

4) Benjamin Libet, "Unconscious cerebral initiative and the role of conscious will in voluntary action", *The behavioral and Brain Sciences* 8(4), pp. 529－566 (1985).

대한 예측에 기반한 반응일 뿐인데도, 뇌에서 감지된 의식은 이렇게 수행된 예측을 마치 상황의 파악인 것으로, 그리고 예측에 따른 행동을 상황 파악에 따른 반응인 것으로 해석하여 인식하는 것이다.

음주에 따른 심신미약의 경우도 이와 마찬가지다. 술에 취하는 것 때문에 불완전한 행동을 선택하는 심신미약이 초래되는 것이 아니다. 심신미약을 예측하여 술 마시는 행동을 선택하고서는 사후에 그것을 심신미약에 따라 초래된 결과적 상황이라고 설명하는 것이다.

이렇듯 뇌가 수행하는 행동, 인식, 그리고 감정 등의 기능은 모두 뇌가 예측한 것에 대한 반응이다. 뇌가 외부 상황을 예측하는 방식은, 다양하게 입력되는 정보가 층을 이루어 다시 가공되고 상위 층으로 전달되면서 점차로 정리되는 식으로 하나의 다층적 모델을 이룬다.[5] 이러한 모델은 인간이 주어진 환경 상황을 예측하기 위해 사용하는 것으로서, 개인적 경험을 통한 사회화를 거치면서 구축된다. 이러한 과정은 아직까지 자세히 밝혀지지는 않았지만 어린아이의 성장, 교육, 그리고 사회화를 다루는 모델에서 유의미하게 다루어지고 있다.

3. 예측은 프레임에 따라 다르며, 이러한 프레임은 시스템 속에 체화되어 있다

아래 [그림 4]는 인간의 인식이 상황을 있는 그대로 파악하는 과정이 아니라, 실제로는 예측된 것을 다른 특별한 사정이 없는 한 인식된 것으로 해석하는 과정임을 잘 보여준다. 좌우 두 개의 사각형은 서로 동일한 그림으로서 단지 위아래가 바뀌도록 180도 회전을 했을 뿐이다. 그럼에도 불구하고 둘은 서로 다르게 보인다. 이는 하나는 볼록한 모습으로, 다른 하나는 오목한 모습으로, 서로 다르게 예측되기 때문이다. 즉 인간은 예측된 모습을 주어진 현상으로 인식하는 것이지 실제 현상을 있는 그대로 인식하는 것이 아니다.

5) Andy Clark. *Surfacing Uncertainty. Prediction, Action, and the Embodied Mind* (Oxford University Press, 2016).

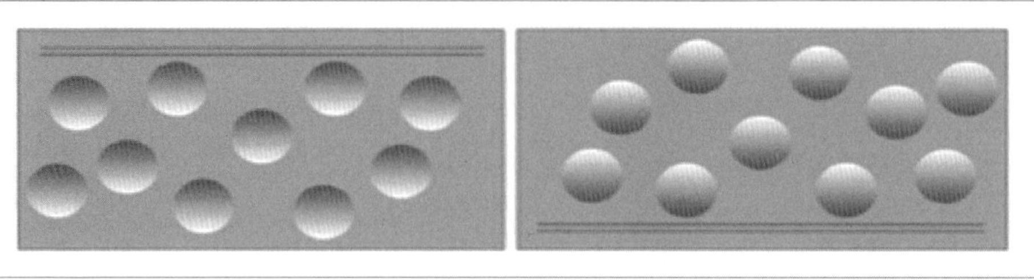

[그림 4] 예측 프레임 때문에 두 개의 서로 같은 사물이 다른 것처럼 보이는 착시현상

부연하면, 여기서 두 개의 사각형이 서로 다른 모습으로 예측되는 이유는 프레임에 있다. 인간은 밝고 어두운 부분을 빛과 그림자로 예측하면서, 각 사각형에서 빛이 물체를 위쪽으로부터 비춘다는 프레임을 전제하고서 그림을 해석하기 때문이다. 빛이 물체를 머리 위쪽으로부터 비춘다는 프레임은, 실제 우리가 자라오고 살아온 자연환경이라는 시스템에서 태양이 머리 위에서 비추는 것을 당연하게 여겨왔기 때문에 무의식적으로 채택하게 된 프레임이다.

법적 인간과 행위도 이러한 프레임과 시스템 속에서 봐야 한다. 예를 들어, 촉법소년들을 바라보는 프레임과 그 프레임이 형성되는 시스템을 고찰해 보자. 촉법소년으로 간주되는 소년들은 신체적으로는 다 자란 것처럼 보이는 소년들이다. 그래서 이들의 뇌 또한 다 성숙하였을 것이라 판단하기 쉽다. 그러나 촉법소년들이 처한 시스템은 매우 제한된 사회화를 거친 시스템이다. 이 시스템에서는 동료들 간 경쟁과 협력, 그리고 모방과 개선의 압력이 매우 강하며, 더 넓은 사회로 나가기 위하여 가족, 학교, 지역 등의 단위가 엮이고 조직화되는 과정을 겪는 시스템이다. 또한 이러한 시스템은 소년에게 역할과 책임이 재형성되는 사회화 과정을 포함하며, 이러한 과정은 그저 이루어지는 것이 아니라 일정한 시간이 소요된다. 따라서 우리는 소년들이 어떠한 역할을 맡고 어떠한 책임을 져야 하는지를 이러한 과정에 입각하여 검토해야 한다.

그러나 현재 촉법소년의 적용 연령에 관한 논의에서는 그러한 시스템이나 변화의 과정과 시간을 고려하지 않는다. 단지 시스템을 바꾸면 그에 따라 소년의 행동도 순간적으로 바뀔 수 있다는 프레임을 고수하고 있을 뿐이다. 촉법소년의 연령을 일순간에 입법적으로 바꾸려는 시도는 소년에게 그러한 다층구조의 행동 선택 모델이 채 완성되기도 전에 그 책임을 물으려는 것이다. 즉 그것은 '촉법소념'의 의미를 제대로 파악하지 않은 채 인간의 판단과 행동을 매우 도식적이며 단순화시켜 이해하려는 것이다.

다른 예로, 심신미약의 프레임과 그 프레임이 형성되는 시스템도 마찬가지다. 사람이 술에 취한다는 것은 억압되어 있는 다층구조의 행동선택 틀이나 모델을 단순화시키는 것이다. 그것은 단순히 사람의 판단력이 흐려진 것이 아니라 행동선택의 모델이 바뀌는 것임을 의미한다. 즉 사람이 술에 취한다는 것은 있는 그대로의 현실을 그대로 보고 그것을 따라가는 것이 아니라 자신의 예측 모델에 비추어 파악하는 것이며, 이는 그러한 예측모델을 자신이 편한 방식으로 적극적으로 바꾼 행동인 것이다. 요컨대, 인간의 행동은 보편적 자유의지의 즉각적 선택결과가 아니다. 그것은 다층적 행동선택 모델에 따라, 그 행위자의 경우 다른 일반인들이 파악하고 있는 현실 상황들을 제대로 반영하지 못한 탓에 보편적 자유의지가 작동하지 않는 상태인 것이다.

4. 인식으로서의 예측 모델의 사회적 형성

뇌과학적으로 인간의 자유의지에 대한 설명은 아직도 많은 논란을 빚고 있다. 우리는 실제 마시멜로우 먹는 것을 일정 시간 동안 참는 실험에 참여하는 주체로서 간단한 행동을 할지 말지 고민하거나, 혹은 입시, 취업, 결혼 등의 선택지에서 어느 것을 선택할지 고민하는 과정에서 주체로서의 의지를 느낄 수 있다. 하지만 그러한 경험은 매우 제한된 경우에 한정되며, 인간 행위에 대한 대부분의 결정은 의식적 인식 없이 결정이 이루어진다. 실제 인간의 행동에서 자유의지가 주어지는 지점은 그 선택의 대안이 분명하게 제시될 수 있는 지점들에 국한된다.

인간은 태어나서 주위 환경을 인식하고 반응하기까지, 자신의 사지(四肢)를 익숙하게 사용하여 몸을 움직이기까지, 그리고 언어를 배우고 의사소통을 하기까지 상당히 오랜 기간이 걸린다. 그동안 인간은 주어진 환경을 경험하고 이에 반응하며 다시 이들을 종합하는 과정을 거친다. 이러한 과정을 거치면서 인간에게는 그러한 환경을 설명하고 예측할 수 있는 인과틀이 형성된다. 이러한 인과틀에는 물리적, 화학적 성질, 살아있고 움직이는 생물학적 성질, 그리고 다른 개체와의 접촉과 소통을 통해 반기고 어울리거나 단절되고 좌절되는 관계 속의 사회문화적 성질을 포함하여, 세상을 이해하는 방식으로서의 각종 인과관계가 자리 잡는다. 그리고 인간은 이러한 인과틀이 일정하게 작동하는 시스템을 통해 그러한 성질들이 엮이고 제시되는 과정을 반복적으로 경험하면서, 그 시스템이 지향하는 바를 일정한 가치 체계로 내재화하게 된다.

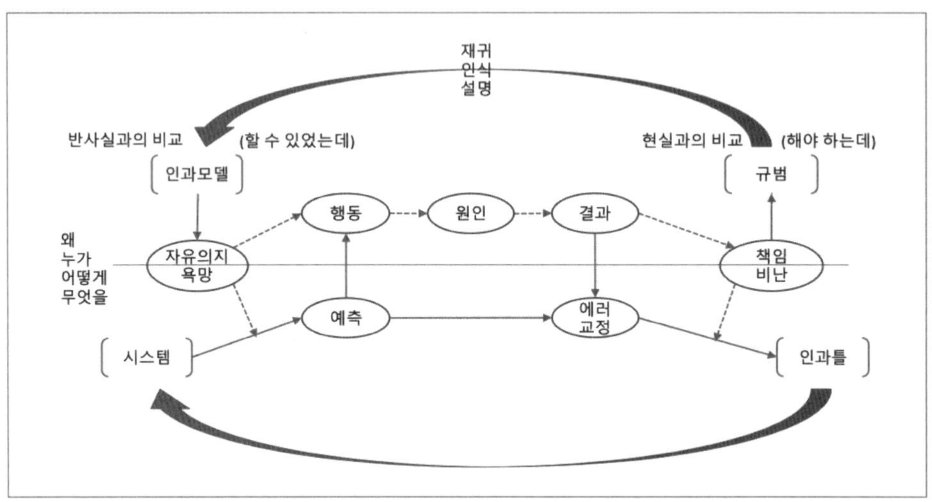

[그림 5] 뇌과학적 인간의 예측에 따른 행동을 보여주는 시스템 인식의 인과틀 모델

인간은 자신이 처한 시스템 속에서 습득한 인과틀을 바탕으로 일상의 변이 속에 제기되는 대부분의 상황에 적절한 반응을 하지만, 이러한 반응은 제한된 경험과 제한된 시스템에 근거한 판단에 따른 것이다. 한 개인의 인과틀은 모든 자연현상과 사회현상의 노출과 결과 간의, 혹은 투입과 산출 간의 인과관계를 담아내지 못한다. 결국 개별적 인과틀의 경험들이 모여 집단적으로 정리되는 한편, 판단의 근거가 되기 위해 서로 경합하거나 채택된다. 인과틀은 이런 식으로 학술적으로, 사회적으로, 혹은 정치적으로 정리되며, 그 결과 공식적 인과모델로서 시스템에 반영된다.

이러한 과정에서 인간은 공식적 인과모델의 구축에 참여하거나 의견을 제시하는 경험을 갖기도 한다. 하지만 이러한 경험은 사회경제적 연결을 포함한 생태계에서의 위치, 즉 그가 살아가는 니치(niche)가 어떠한 하부 시스템에 속하며, 자신이 시스템 속에서 어떠한 역할을 맡고 있는지 등에 따라 달라진다. 이러한 현실에서 인과관계가 정리되기 위해서는, 경험이 한 번에 그치거나 한 사람에 그치는 것이 아니라 여러 사람에게 여러 번에 걸쳐 일어나야 하며, 그러한 경험 중에는 사실도 있고 반사실도 있어야 한다. 그래야 인간은 자신의 경험과 판단에 대해 재귀(reflection)를 행할 수 있다. 재귀를 행할 수 있는 위치란, 법원과 같이 시스템의 상부에 위치하면서 그 구성원들의 다양한 경험을 서로 비교해 들여다볼 수 있는 위치일 것이다. 그러나 많은 사람들은 개인적 경험과 그에 영향을 미치는 니치를 둘러싼 제한된 시스템을 바탕으로 판단할 뿐이며, 풍부한 반사실들을 포함하여 사실과 반사실이 가져오는 차이를 둘러싼 인과관계에 대한 재귀를 할 수 있는 장을 갖고 있지 않다. 개인은 단지 개인적 경험과 제한된 니치를 둘러싼 시스템 속에 놓여 있을 뿐이다.

시스템 속에서 '할 수 있다'가 '해야 한다'로 변하는 것은 시스템에서의 경험이 반복되며 되먹임되었을 때이며, 이 때에 비로소 이에 대한 재귀가 가능해진다. 이러한 재귀를 통해 얻어지는 신뢰가 쌓여야만, 인간은 비로소 인식 공간에서 자신을 설명하는 기제로서 위험에 대한 다른 선택을 '할 수 있다'가 아니라 '해야 한다'로서 제시할 수 있다. 재귀, 특히 일인칭 관점을 벗어나 다른 사람들의 관점에서 문제를 바라보거나 다른 사람의 관점에까지 옮겨가는 것은 매우 어렵다. 특히 학습, 경험으로부터의 변화, 그리고 이에 의한 교육이 얼마나 어렵게 달성되는지를 보면 재귀의 실행이 얼마나 어려운지를 알 수 있다. 그렇지만 이러한 재귀는 문제에 대한 피드백을 통해서 이루어지며, 법원이야말로 이러한 재귀가 가능한 우리 사회의 장이다.

5. 위험 인식과 시스템: 위험에 대한 인식은 위험에 대한 예측이다

인간은 위험을 어떻게 인식하는가? 이에 대한 흔한 답은 이렇다. 인간은 먼저 상황 판단 통해 위험의 가능성을 인식한 후 자유의지를 바탕으로 하여 그러한 위험에 대한 조치로서 어떤 행위를 선택하거나 혹은 선택하지 않는다. 하지만 이것은 틀린 설명이다. 뇌과학에 따르면, 인간은 위험의 가능성에 대한 행위를 먼저 취하며, 이후 그러한 행위에 대한 설명이 위험의 인식으로서 간주된다. 한마디로, 뇌과학에 따르면 위험에 대한 인식은 위험에 대한 예측이다.

예측은 변화로부터 주어지며, 변화는 평상시와 다른 것으로부터 제시되고, 이렇게 다르다는 판단은 이후에 대한 대비를 근거로 하여 이루어진다. 마지막으로 사고 대비를 위한 준비 사항은 시스템으로부터 제공된다. 결국 위험 때문에 초래되는 사건/사고란, 변화와 그에 대한 대비가 미리 예측되지 않아서 발생하는 결과이다. 위험에 적응할 수 있는 시스템은 이러한 사고 경험을 통해 인과관계 모델이 변화하는 과정, 즉 되먹임이 일어나 위험에 적응하는 과정을 겪으면서 그 다음의 위험에 대비하게 된다. 이와 같은 되먹임과 적응이 반복되면서 시스템이 만들어지고 실제 문제를 해결하는 능력을 갖추게 된다. 지금까지 기술, 제도, 사회문화의 변화에 따라 시스템이 함께 변화해왔다. 안전보건을 다루는 시스템도 그런 식으로 특화되어 왔다.

안전보건 시스템은 위험인식에 있어 가장 중요한 역할을 한다. 시스템은 위험과 그로 인한 결과로서 사고 및 질병 간의 인과관계에 대한 모델을 제공한다. 또한 시스템은 이러한 인과모델을 통해 현상을 인식하는 데 있어, 사고 및 질병의 가능성, 즉 위험을 예측할 수 있게 한다. 이러한 시스템은 위험 인식에 있어 예측 및 그에 대한 대비를 위한 기본틀을 제공한다. 이 때 그러한 모델은 지역적, 사회적, 역사적 맥락 속에서 형성된 모델이 것이다. 이러한 모델은 각 개인이 처한 니치를 둘러싼 시스템의 도움으로 형성된다. 이러한 시스템은 신호등, 유해물질 표시, 안전교육 등을 통해 작동하기도 한다. 하지만 다른 한편으로 그러한 시스템은 동료들과 어울리면서 하나의 집단이 되기 위해 같이 피우는 담배나, 혹은 회사에서 만드는 유해물질의 내용에 대해 사적 소유를 이유로 하여 정보접근을 차단시키는 담장 등 물질적 객체를 통해 정보를 소통시키거나 차단시키는 역할을 하기도 한다. 따라서 실제 시스템의 작동이 어떻게 주체의 경험 속에서 체화되는지를 검토해야 한다.

1979년에 미국 쓰리마일 섬에서 발생한 핵발전소 사고를 떠올려 보라. 이 사고는 고도의 기술적 장비와 이를 지원하는 사회 환경 시스템 속에서 작동하는 안전관리시스템에도 불구하고, 예측할 수 없는 복잡한 시스템 때문에, 즉 복잡계의 특성 때문에 발생하였다. 이후 이와 관련하여 현대사회의 안전보건문제를 설명하는 이론들이 제시되어 왔다. 찰스 페로우(Charles Perrow)의 정상사고(Normal Accident, 1984)나 혹은 울리히 벡(Ulrich Beck)의 위험사회(Risikogesellschaft, 1986)[6] 등이 그 대표적 이론으로서, 이들 이론에서는 변수를 줄이기 위해 외부와 차단된 닫힌 시스템을 가정한다. 하지만 이와 달리, 실제 운용 과정에서는 기술, 사회, 환경의 예측하지 못한 변화로 인해 닫힌 시스템이 열리거나 변형되면서 생각하지 못한 지점에서 사고가 일어나는데, 이러한 사고를 정상사고라고 지칭한다.

기존 시스템을 통해 걸러냈음에도 정상사고와 같이 예측되지 않는 위험들은

6) 울리히 벡. 위험사회 새로운 근대(성)를 향하여. 1986. 홍성태 역. 새물결 1997.

왜 발생하는가? 이러한 위험은 그 배경 원인이 시스템의 여러 차원에 걸쳐 있으며 계층적 구조와 같이 매우 복잡하기 때문이다. 전체 시스템이 변화하지 않는 한 어느 한 가지 요인을 관리하는 것만으로는 사고가 예방되지 않는다. 이러한 사실은 저개발국에서 화재, 폭발, 추락 등의 문제가 지속되는 것을 통해 확인할 수 있다. 그렇지만 이러한 고전적 문제들도 소위 개발에 따른 시스템 변화와 함께 선진국에서는 훨씬 줄어들고 있다. 결국 안전보건 시스템은 생물이 생태계와 함께 진화해 가는 것과 마찬가지로, 매우 복잡하지만 점차적으로 적응하면서 변화해가는 시스템이다. 복잡하지만 적응하는 시스템, 즉 복잡 적응계(complex adaptive system)의 하나인 것이다.

여기서 시스템의 위험 유형을 구분해 보자. 지금까지 예측되지 않았거나 알려지지 않은 위험(Unknown Risk)은 흔히 다음 네 가지 유형으로 구분된다. 모른다는 것을 모르는 위험(unknown unknown risk), 모른다는 것을 아는 위험(unknown known risk), 안다는 것을 모르는 위험(known unknown risk), 그리고 안다는 것을 아는 위험(known known risk)이 그것이다. 여기서 안다거나 모른다고 말하는 것은 주체의 주관적 경험에 근거한다. 하지만 그러한 주관적 경험을 다시 들여다보면서 아는지 모르는지를 제3의 시각에서 확인하는 일은 아는지 모르는지에 대해 여타의 객관적 잣대를 갖고서 평가하는 것이다. 시스템의 관점에서 바라본 위험에 대한 인식이 바로 그 대표적 경우이다. 이러한 인식에서 예측되지 않는 위험으로서, 모른다는 것을 아는 위험과, 그리고 안다는 것을 모르는 위험이 왜 예측되지 못하는지를 파악하고 제대로 관리해야 하며, 이것이야말로 위험의 관리에서 매우 중요하다.

이러한 구분에서, '안다는 것을 모르는 위험', 예를 들어 개인은 경험하거나 알고 있지만 시스템은 알지 못하는 위험을 생각해 보라. 이러한 위험은 그 실체가 있음에도 시스템에서 다루지 못하는 위험으로서, 시스템에서의 인식과 관리가 없는 위험이다. 이러한 위험은 대개 이미 알려진 위험 요인들이 안전보건 시스템이 구축되기 이전부터 존재하던 것으로서 기존의 사회구조와 결합된 것이다. 그러한 위험 요인들에 대해 문제제기를 하지 못하기에, 그러한 위험은 구조적 위험으로 남아 있는 것이다(기존방식의 (전)시스템, [그림 6]).

예를 들어, 불가촉천민과 같은 신분에 근거한 직업적 위험을 보자. 우리는 상당히 위험한 일을 수행하면서 몸으로 그 결과를 경험하기도 한다. 하지만 신분에 근거한 사회적 차별 구조가 작동하는 경우도 있다. 그러한 구조는 신분과 결합해 있는 위험을 신분 자체의 성격으로만 파악할 뿐 그것을 따로 관리하고 다루어야 할 위험으로 파악하게 하지 않는다. 시스템의 구조적 위험은 신분만이 아니라 인종, 성별, 비정규직, 성소수자 등의 위험에서도 찾아볼 수 있다.

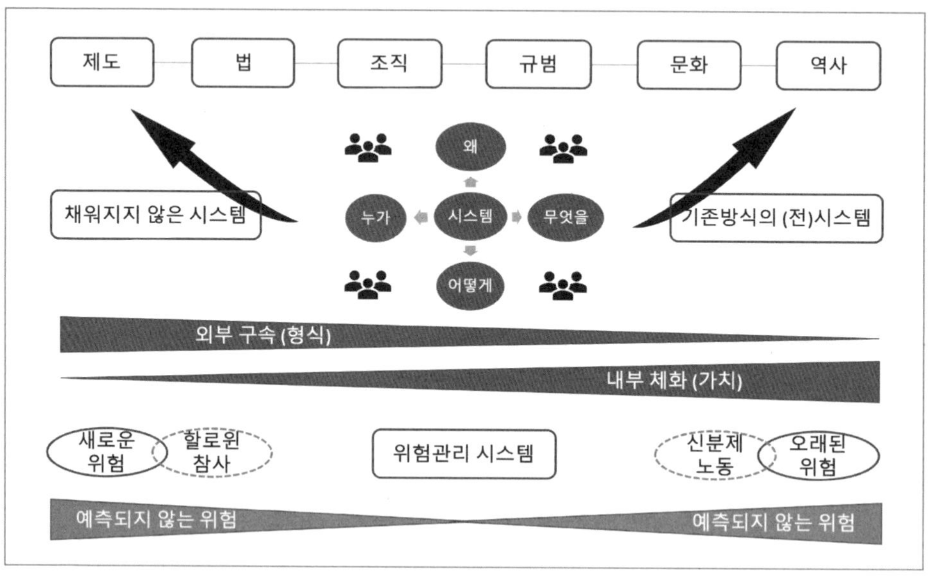

[그림 6] 작동되는 위험관리 시스템과 예측되지 않는 위험

다른 한편, 예측하지 못하는 시스템 위험으로서, '모른다는 것을 아는 위험', 즉 개인은 모를 수 있지만 시스템은 아는 위험도 있다. 이러한 위험은 법으로는 규정되어 있지만 그 실체를 직접 파악하여 체화(embodied)하는 경험이 없기에 시스템이 작동하지 않는 위험이다. 이러한 위험이 발생하는 원인은 다양할 수 있다. 위험이 사고를 초래하기까지 오랜 시간이 걸려서이거나, 그 인프라가 없으면서 사전예방원칙(The Precautionary Principle)과 같은 원칙을 준수하는 데에만 급급해서이거나, 혹은 이태원 참사에서와 같이 치안과 공안의 업무분장으로 인한 관리 공백으로 인한 것일 수 있다. 시스템의 서로 다른 위치에 걸쳐 있으면서 그 인식과 관리가 분리되어 있는 위험이 대체로 그러한 위험이다(채워지지 않은 시스템, [그림 6]).

주요한 예로, 한국에서 환경보건법이 제정되어 조사되기 이전에 환경오염으로 인해 암과 같은 질병이 발생한 것을 들 수 있다. 이러한 문제는 법적 개념으로 제시되어 있고, 법시스템에서 다루어진다. 하지만 실제 환경오염이나 질병 분포에 대한 조사, 그리고 특정 오염원 주변의 차이점 등이 밝혀져 있지 않다. 그러다 보니, 환경병은 그 실체가 있다고 추정됨에도 불구하고 전혀 관리되지 못한 위험으로 남아 있다.

이처럼 예측하지 못하는 시스템 위험은 다양하게 상존한다. 그럼에도 불구하고 지금까지 사회는 위험의 관리 측면에서 변해왔으며, 그러한 결과로 쌓인 정보와 환경이 시스템을 이루고 있다. 이러한 복잡계의 적응과정은 주체들의 연결이 변화하면서 이루어졌다. 특히 사고와 예기치 못한 변화로부터의 되먹임을 통해 기존 인과모델이 변화하고 적응해가면서 점차 사고와 질병의 발생이 줄게 되었다. 즉 시스템을 변화시킴에 따라 인과모델에서 바라보는 위험의 예측이 달라졌으며, 그 결과 각 주체들의 역할과 연결이 달라져온 것이다.

Ⅳ. 시스템 위험, 시스템적 부작위, 그리고 시스템의 재구축

위험에 대한 부작위의 판단은 시스템 위험에 대한 부작위에 근거해야 한다.

1. 부작위의 법률적 취급

부작위가 법률적으로 어떻게 취급되는가를 살펴보자. 이를 위해, "어떤 행위라도 죄의 요소되는 위험발생에 연결되지 아니한 대에는 그 결과로 인하여 벌하지 아니한다"라고 규정한 대한민국 형법 제17조(인과관계) 조문을 떠올려 보라. 이 조문에 따르면, 일반적으로 행위가 위험으로 연결되고 이러한 위험이 결과로 실현되는 경우, 이러한 행위는 작위로 해석되지만, 새로운 위험을 창출하지는 않지만 기존의 위험을 제거하지 않음으로 인해 위험이 발생하거나 진행되는 경우, 그처럼 위험을 제거하지 않는 소극적 행위는 부작위로 해석된다. 특히 후자의 경우 기존의 위험은 행위자와 무관한 타인으로부터 비롯할 수도 있다. 따라서 이 경우, 행위자에게 위험의 발생을 방지하거나 그 진행을 차단할 법률적 의무가 있을 때에 한해 그 행위자로 하여금 부작위범으로서 죄책을 지도록 하고 있다. 다만 이러한 법적 판단에서 부작위를 실행의 착수로 보기 위해서는, 그러한 부작위의 상황이 작위의무가 이행되지 않으면 그에 따른 결과가 객관적으로 예견되는 등 구성요건적 결과발생의 위험이 구체화한 상황이어야 하며, 또한 행위자는 부작위 당시 자신에게 주어진 임무를 위반한다는 점과 그 부작위로 인해 손해가 발생할 위험이 있다는 점을 인식한 상황이어야만 한다.

부작위에 대한 이러한 법적 판단에는 — 작위에 대한 법적 판단에서와 마찬가지로 — 앞서 검토한 바와 같은 법적 인간상이 논리적으로 요청된다. 또한 자유의지가 충분히 보장되어 있다는 전제 하에, 부작위의 행위 주체가 행위자의 선택으로 인한 결과와 선택하지 않고 작위를 수행한 결과의 차이를 알고 있을 뿐 아니라 그러한 차이를 확인할 의무가 있을 경우에만 행위자를 부작위범으로 판단하도록 하는 것이다.

따라서 시스템에 속해 있으면서 그에 따라 자동적으로 행동하는 주체의 선택을 의도적 부작위로 판단하기란 극히 어렵다. 특히 완벽하지 못한 시스템이 가동되면서 생기는 시스템 위험의 경우가 문제다. 일반적으로 인간은 제한된 합리성에 근거해서 즉각적으로 예측하며, 그러한 인간에게 주어진 시스템 자체가 초래하는 위험은 그냥 무시되기 십상이다. 이러한 맥락을 고려하지 않고서 단지 위험이 명백함에도 불구하고 의도적으로 행동하지 않았다는 데에 대해서만 부작위가 성립한다고 말하는 것은 비현실적 주장이다.

요컨대, 전통적 부작위 개념에서 시스템 위험에 대한 부작위는 성립할 수가 없다. 전통적으로는 법위반 금지명령이 소극적 부작위를 요구하는 시정조치로 받아들여지고 있을 뿐이다. 그러나 시스템에 속해 있으면서도 문제가 명백히 발생하기 전까지는 아무것도 하지 말라고 명령하거나 아무것도 하지 않아도 된다고 판단한다면, 이는 현재 시스템의 위험을 지속시키는 일에 지나지 않는다. 만약 시스템이 제대로 구축되어 있지 않다면, 시스템을 구축, 운영, 정비하는 역할을 맡은 주체들에게 지워진 의무는 단순히 뼈대만 구축된 시스템에서 지정된 기준에 따라 판단하는 것일 뿐이며, 이 경우 시스템의 문제를 제대로 해결할 수가 없다.

2. 사 례

(1) 가습기살균제 유해물질 심사에서 한국 행정부의 위험관리 부작위 책임

1991년 유해물질관리법이 제정됨에 따라 신규물질을 등록하기 전에 그 유해성을 검토하게 하는 시스템이 만들어졌다. 그러나 당시 이러한 시스템은 제대로 검토자료도 갖추지 못한 채 판단기준도 엉성했기에, 제대로 된 유해물질관리 시스템이라 할 수 없었다. 그 결과 가습기살균제로 사용된 물질들의 유해성에 대한 판단이 잘못 이루어졌으며, 이후 가습기살균제 사건이 표면화된 후 다시 심사를 하여 해당 물질의 유해성에 대한 과거의 판단을 뒤집게 되었다.[7]

과거의 유해성 판단이 잘못되었다는 점, 특히 제대로 판단하지 않고 물질을 등록시켰다는 점, 결과적으로 한국 행정부가 시스템을 운영하면서 나중에 시정하기 전까지 위험이 있었으나 이를 방치한 부작위가 있었다는 점 등이 객관적 사실로 확인되고 있다. 하지만 법적으로는 아직까지 이러한 시스템 위험의 부작위에 대한 적 책임 판단이 이루어지고 있지 않다.[8]

(2) 석면위험에 대한 일본 행정부의 부작위 책임

일본의 사업장 석면관리는 1972년 노동안전위생법과 그에 따른 사업장 환기설비에 대한 규칙이 만들어지면서 강화되었다. 사실 그 이전부터 일본 정부는 노동기준법으로 관리하면서 여러 가지 자료와 활동을 통해 석면이 발암물질인 것을 확인하고 있었지만, 환기시설 설치를 포함하여 지도감독을 제대로 행하지 않았던 것이다. 그래서 법원은 이에 대한 책임을 들어, 소규모사업장일지라도 1972년 이전 석면제품 제조사업장에서 석면을 다루고 나서 건강피해를 입은 사람들에 대해서는 일본 정부가 보상의 책임을 지도록 판시하였다. 이는 당시 일본 정부에게 사업장 석면위험관리 상의 부작위에 대한 책임을 물은 판결이었다.[9]

3. 반복되는 산업재해(이하 '산재')의 위험과 부작위에 대한 판단

반복되는 산재는 사업장 시스템 위험의 결과이다. 산재의 원인을 단지 기술적 요인에서만 찾으면 시스템에 대한 인과관계 판단을 할 수가 없다. 왜냐하면 그 경우, 시스템에 대한 조사 자체가 어려워지는 것은 물론이고, 안전보건에 대한 사업장 시스템의 역할에 대한 구체적 개념과 그 작동 기제에 대한 일반적 설명이 포함된 멘탈모델이 없기에, 시스템의 (무)변화와 산재발생 간의 그 구체적 연관

7) 가습기살균제 참사 진상규명 소위원회 보고서 부속서 제2장, "참사의 서막을 연 ㈜유공과 환경부", pp. 37~98.
8) 박태현. 가습기살균제 사건과 국가배상책임. 환경법과 정책 2016(16), pp. 35~56.
9) 고영아. 일본 건설 석면 소송의 최근 동향. 환경법과 정책 2013(11), pp. 167~194.

성, 개입성, 그리고 예측성에 대한 인과적 근거를 개별 조직 차원에서 얻기 어렵기 때문이다. 특히 이는 산재와 관련하여 시스템상의 대안 지점들이 제대로 적시되지 않으면, 시스템이 반사실적 상황에서 다른 결과를 초래하였을 것이라는 점을 제대로 짚지 못하고, 결과적으로 산재의 원인을 제대로 파악하지 못하기 때문이다. 이러한 점에서 중대재해처벌법에서 강조하는 위험작업과 유해성에 대한 평가, 관리, 예방 활동 그 자체에 대한 점검은, 시스템 상의 대안을 파악하는 것이 아니라 작업자의 행동과 시설을 점검하는 데에 그치기 쉽다. 이때 반복되는 산재에도 불구하고 그 원인을 찾고 바꾸고 다시 찾는 되먹임이 없다면, 시스템의 변화 없이 단지 경영체제와 상관없는 산재발생 대책이 계속하여 채택될 것이며, 그 결과 산재발생은 멈추지 않을 것이다.

인간이 행위를 한다는 것은 단순히 어떤 행위를 선택적으로 하는 것이 아니다. 그것은 특정한 행위를 하지 않는 것이 포함된 행위를 하는 것이다. 이러한 행위는 상황 판단에 따라 이루어진 행위이다. 즉 그러한 행위는 특정한 일이 아닌 다른 일을 하게 된 상황에 대한 인식을 통해 설명된다. 만약 특정 산재가 재발한다면, 그것이 재발하기까지 계속 있었던 위험에 대한 부작위에 대해 물어야 한다. 부작위는 작위 대신 다른 행위를 한 것이다. 그래서 부작위를 판단한다는 것은 실제로 수행된 다른 행위가 문제를 제대로 풀 수 있는 것이었는지, 그에 대한 질문을 왜 하지 않았는지, 그리고 만약 질문을 제대로 했다면, 특히 의심했다면 그 문제를 풀 수 있었는지 등을 검토하는 일이다. 이러한 질문들은 위험에 대처하는 시스템을 어떻게 다루었는지에 대한 것이며, 이를 통해 시스템을 구축, 운영, 보완할 수 있는 능력이 있는 주체에게 지우고자 함이다.

여기서 원인들을 평가 및 판단하고, 거기에 따른 처분을 내리는 결정은 항상 책임을 묻거나 면제하는 결정이다. 책임을 묻는다는 것은 문제의 원인을 규명하고, 그러한 원인이 작동된 상황에 대한 대안적 상황을 도모하거나 시도했어야 할 주체가 누구였는지를 판단하는 것이다. 즉 문제의 원인과 함께 그 대안이 될 수 있는 시스템의 가능성을 판단하는 것이야말로 곧 책임을 판단하는 것이다. 따라서 문제의 원인을 제대로 밝히고 그 책임을 다하기 위해서는 그러한 원인이 작동하는 시스템에 대한 대안적 시스템을 여러 지점에서 모색할 수 있어야 한다. 경영권 총수의 책임은 바로 시스템의 모든 수준과 지점에서의 대안을 모색하는 일이다. 만약 이 같은 대안을 모색하지 않는 시스템이 있다면, 그것은 안전보건의 측면에서 죽은 시스템이며 위험을 양산하는 시스템이다. 경영권 총수의 의지 여하에 따라 사업장에서의 위험요인 관리는 달라질 수밖에 없다. 그로 인한 차이는 경영자가 모색하는 대안적 시스템의 범위와 깊이를 통해 구축되는 시스템의 되먹임 수준의 차이이다.

4. 이태원 참사와 행정부의 위험관리 부작위

이태원 참사는 정부 책임자의 부작위로 발생한 참사이다. 즉 압사의 가능성을 미리 예측하지 못한데다 공권력에 근거한 관리 시스템이 작동하지 않았기 때문에 발생한 것이다. 이러한 견해와 달리, 일부 군중이 막힌 흐름을 뚫어 보고자 뒤에서 밀었기 때문에 사고가 발생했다거나, 모임 사람들이 마약에 취해 아무렇게나 행동하여 흐름이 막혔기 때문에 사고가 발생했다거나, 혹은 참사는 그저 우연에 의한 사고에 불과할 뿐이라는 주장이 제기되기도 했다. 그렇지만 이러한 대안적 설명이 설득력을 가지기 위해서는, 그렇지 않았다면 있었을 반사실적 가정에 따른 결과가 실제 현실과 과연 달랐을지를 검토해야 한다. 여기서 반사실이란 물리적 상황에 대한 반사실이 아니라 사회적, 환경적 조건에 대한 반사실이다. 즉 사회적 현상으로서 뒤에 있는 사람이 밀지 않았으면 물리적 현상으로서 압사사고가 없었을 것인가? 아니면 마약에 취한 사람이 가로막지 않았다면 그 흐름이 막히지 않았을 것인가? 그도 아니라 확률적으로 희귀한 단순 사고라면 앞으로는 그것이 다시 발생할 수 있는 물리적 조건이 실현될 가능성은 없는가? 이 같은 대안적 반사실이 성립할 경우 결과가 어떻게 달라질 것인지를 확인해야 한다. 즉 일부 사람이 미는 것, 누가 가로막는 것, 집단적 흥분상태가 조성되는 것, 그리고 우연이 작용하는 것 등과 상관없이, 주어진 공간을 통과하려는 사람들의 밀도가 일정 시간에 걸쳐 위험한 수준 이상 증가되면 서로 밀고 밀리는 현상이 증폭되면서 생기는 흐름의 흐트러짐만으로도 압사사고가 초래될 조건이 충족될 수 있다는 사실에 근거하여 판단해야 한다.[10]

더욱이 이러한 시스템 위험을 판단하고자 할 경우, 만약 시스템의 말단에 속한 일부 행위자가 뒤에서 밀었다면, 우리는 그가 자유의지를 갖고서 본인의 선택이 초래할 결과와 그렇지 않았을 때의 결과를 비교하면서 그러한 행위를 행한 것인

10) Dirk Helbing and Pratik Mukerji. Crowd disasters as systemic failures: analysis of the Love Parade disaster. EPJ Data Science 2012, 1:7.

지를 검토해야 한다. 이태원에 모인 집단에서 확인되는 자유의지란 무엇인가? 그것은 단순히 마음대로 하는 것, 좋은 것을 그냥 따르는 것, 혹은 생리적 충동을 따르는 것이 아니다. 원인으로서의 주체적 행위를 통해 그에 따르는 책임을 지는 것을 자유의지라 한다면, 이태원에 모인 집단은 축제 분위기에서 자신의 행위의 결과와 책임을 생각하며 미는 행위를 행한 행위 주체였다고 판단하기는 어렵다.

대부분의 위험은 예측되지 않음에도 그에 대한 대비를 아무것도 하지 않아서 발생한다. 특히 시스템이 잘못되어 있는 경우, 참여하는 주체들은 위험을 인식하거나 예측하지 못하는데다 그것에 대비하지 못하여 다른 행동이나 선택을 하게 된다. 따라서 이 경우 주체의 측면에서는 작위이지만 시스템의 측면에서는 부작위가 선택되어 위험이 발생하게 된다. 이러한 시스템을 만들고 가동시키는 입장에서 보면, 시스템을 선택하거나 전체적으로 조정할 수 있는 위치에 있는 주체들이 작위적 선택을 잘못 행하는 것이다. 제대로 작동하는 시스템이 선택되지 못하고 제대로 작동하지 못하는 시스템이 선택되는 것이며, 바로 이 때문에 위험이 발생한다. 결국 시스템의 어느 위치에 있는지, 어떠한 주체들과 연결되어 있는지, 서로의 역할이 무엇인지에 따라, 위험이 초래된 시스템에서의 각 주체의 역할은 달라진다.

여기서 영국에서 시스템적 부작위를 다루는 방식을 잠깐 언급해 두자. 영국에서는 부작위를 특정 작위를 하지 않음으로써 타인에게 이익을 제공하지 않는 행위로 간주하는 한편, 그러한 작위를 강제하기 위한 법리로서 다음과 같은 예외를 열어 놓고 있다. 피고가 원고를 보호해야 하는 관계에 있을 경우, 피고가 가해자와 특별한 관계가 있어서 가해자를 통제해야 할 의무가 있는 경우, 피고의 선행행위가 위험을 창출한 경우, 피고가 자신의 통제 하에 있는 물건의 위험성을 알고 있는 경우가 그렇다.[11] 이러한 예외법리는 영국에서 부작위를 판단하는 기준을 보여준다. 곧 피해자의 보호나 가해자에 대한 통제를 통해 서로 간에 관계가 맺어지고 그러한 관계에 바탕을 둔 시스템이 작동하고 있다고 할 때, 이러한 상황 하에서 피고가 아무 역할도 하지 않았다는 것을 시스템적 부작위로 간주한다는 것이다.

11) 진도왕. "영국법상 부작위에 의한 불법행위: 작위의무의 발생근거 및 판단기준을 중심으로". 홍익법학(2019) 20(4), pp. 329~355.

5. 시스템 위험과 부작위에 적응하는 시스템의 구축 및 가동

시스템 위험과 그에 대한 부작위 판단은 되먹임에 열려 있으며, 시스템은 이러한 되먹임에 대해 지속적으로 적응해 나가야 한다.

끝으로, 시스템 위험에 대한 부작위 판단과 관련한 우리의 과제를 살펴보자. 한 마디로, 그러한 판단을 위해서는 개인이 처한 시스템이 어떻게 변해 왔으며 이러한 시스템의 현황이 인과관계의 판단에서 어떠한 역할을 하는지를 검토해야 한다.

기존의 근대적 법리에서 볼 때, 법적 인간이 처한 현실로서의 시스템 속에서 그가 선택한 행위의 범의는 어떻게 파악되는가? 그것은 바로 시스템을 통해서다. 그 선택한 행위에 대한 반사실적 판단의 결과와 실제 결과 간의 차이가 어떠한가는 시스템을 통해 그 행위가 의도적 위반이었는지 아니면 과실에 따른 위반이었는지 등을 구분하는 것이다. 예를 들어, 이태원 참사의 경우 교육, 경고, 금지구역, 사전절차 등을 통해 제시된다. 그 결과 가동되고 있는 시스템 하에서 맡은 역할을 통해 시스템의 운영에 참여하고 있는 주체의 경우, 대부분의 잘못이 과실에 의한 잘못으로 판단될 것이다. 하지만 행위자가 모든 교육, 경고, 금지, 사전절차 등을 잘 이해하고 준수하기 위해서는, 그의 행동과 판단 속에 위험에 대한 인식과 대처가 완벽하게 녹아 들어가 체화되어(embodied) 있어야 한다.

이처럼 시스템의 하부에서 자신에게 주어진 역할을 통해 그 운영을 담당하는 위치가 아니라 시스템을 기획하거나 평가하는 위치에 있는 주체들의 경우, 그들이 선택한 행동은 시스템 전체의 맥락과 운영을 바꿀 수 있다. 따라서 그 반사실적 판단의 결과와 그 차이를 해당 시스템이 제공하기 위해서는 시스템에 대한 시스템이 있어야만 한다. 그래서 해당 시스템에서 발생한 해악과 관련하여 각 주체가 어떤 역할을 했으며 그들의 범의가 무엇인지에 대해서는 시스템 상의 위치에 따라 시스템 상의 위치에 따라 판단해야 한다.

하지만 이는 매우 어려운 일이기에, 현재 구축되어 있는 시스템은 이러한 난점을 제대로 다루지 못한다. 이러한 난점은 다음 두 가지 유형으로 나눌 수 있다. 첫째, 시간을 두고 이어지는 행위의 선택을 결정짓는 기계적 기준이 없어서, 어느 한 시점에 선택한 부작위 이후에 다음 시점에 그에 따르는 본격적 행동이 수행되기까지 시간이 걸리는 경우이다. 음모, 추동, 소요사태의 조장 등이 그 예이다. 이 경우, 명시적 시스템이 없는 상태에서 1차 시점에서의 행동이 2차 시점에서의 행동으로 이어지면서 그 결과가 발생하는 식으로 단계적으로 진행된다. 이 때, 1차 시점에서 자신의 선택이 부당한 결과를 초래할 것이라는 인식 하에 하에 자유의지에 따라 범의를 갖고서 조장, 추동, 음모라는 선택을 진행시킴으로써 2차 시점에서 다른 사람들이 함께 범죄를 저지르게 된 것이라고 주장할 법하다. 하지만 이 주장에서는 2차 시점의 행위에 대해서는 비교와 판단을 통해 범죄를 냉철히 선택했다고 하는 범의가 성립할 수 없다. 단지 2차 시점의 행동은 신념에 의한 범죄에 머물 뿐이다.[12)]

둘째, 앞서 언급한 바와 같이 해당 시스템을 운영하는 주체들의 부작위에 대해 판단하기란 어렵다. 즉 하부 시스템을 비롯한 시스템 간의 연결이 복잡한 경우, 시스템의 하부에 위치한 행동 주체가 시스템의 운영이 어떠한 결과를 가져올지와 관련하여 사실과 반사실의 인과성을 인식하고 있으면서도 그 하부시스템 운영의 문제점을 방치하는 부작위를 선택하는 일은 없다. 그러므로 이러한 선택이 범의에 따라, 즉 자유의지를 바탕으로 자신의 선택이 부당한 결과를 초래할 것이라는 인식 하에 이루어졌음을 제시할 근거를 확보하기란 매우 어렵다. 설령 그것이 확보된다 하더라도, 실제 시스템의 운영과 관련된 기준과 지침이 내려진 상태에서 시스템이 잘못 운영될 것이라는 인식 하에 결정했다고 주장하기란 매우 어렵다.

자기조절능력으로서의 자유의지는 일단 시스템이 주어지고 나면 해당 시스템이 제대로 운영되도록 하기 위한 선택에 머무를 수밖에 없다. 그러나 시스템에 속하기 전이나 여러 하부 시스템의 가동이 시작되기 전이라면, 어떠한 시스템에 속할 것인지를 선택하는 것이 가능할 것이다. 따라서 시스템 작동과 관련한 책임은 해당 시스템에 속해 역할을 하고 있는 구성원에게 물을 수 있는 것이 아니다. 그러한 책임은 어떠한 시스템이 작동하고 있었는지, 그리고 이러한 시스템의 작동을 책임지는 주체는 누구인지에 관한 것이다. 이것이 최종적인 법적 책임판단이 되어야 한다.

특히 자의적 결정이 직접 인과관계로 전달되는 것이 아니라 시스템을 통해 수

---

12) JJ Child and Adrian Hunt. Beyond the Present–Fault Paradigm: Expanding Mens rea Definitions in the General Part. *Oxford Journal of Legal Studies*, 2022:42(2), pp. 438–467.

행되는 경우, 시스템의 어떠한 위치와 단계에서 결정을 담당하는지에 따라 그 결정의 방법과 의미는 달리 판단되어야 한다. 앞서 정상사고에서 살펴본 것처럼, 시스템의 운영을 담당하는 입장에서는 시스템이 고도화될수록 시스템의 잠재적 문제를 직접적으로 파악하기가 매우 어렵다. 대신 시스템을 설계하고 분산된 것을 가동시키는 입장에서는 시스템의 고장이 어디에서 일어날 수 있는지를 훨씬 더 좁혀서 파악할 수 있다.

부작위에 대한 판단은 모든 반사실을 검토한 이후의 판단이 아니라 단지 즉각적 시스템, 혹은 더 잘 정리된 시스템에서 제시하는 판단이다. 즉 그러한 판단에는 우리가 어떻게 시스템을 만들고 정리하는지에 대한 고민이 반영되어야 한다. 예를 들어, 이태원 참사의 경우는 어떠한가? 일부 행위자들의 미는 행위, 마약, 그리고 우연 등의 결정 요인이 서로 주어진 역학과 관계에서 어떻게 다루어지는지를 결정하는 것은 시스템이다. 따라서 판단의 기준이 되어야 하는 것은, 바로 이 시스템이 그러한 결정요인에 대한 인과성을 판단하고 대처하는 시스템인지의 여부이다. 그 시스템이 결정요인에 대한 반사실적 가정과 비교에 근거해 있는지의 여부 말이다. 이 때 부작위를 선택한다 하더라도, 이미 작동되고 있는 시스템의 작위는 계속 진행되고 있어야 한다는 점을 고려해. 이미 작동되고 있는 시스템 하에서의 부작위에 대한 인과적 판단은 그러한 시스템의 작동과 선택가능한 여타 시스템 작동 간의 차이에 의거해야 한다.

요컨대, 위험의 인식과 예방에서 시스템이 차지하는 비중은 매우 크다. 단적인 예로 경제적 수준과 산업화가 비슷한 수준에 이른 한국과 일본은 산재 발생에서 아직도 차이가 크다. 이러한 차이는 최종적으로 양국 행위자들의 행위가 다르다는 데에서 비롯하지만, 양국은 그보다 예측과 집단조건 면에서 다르고, 일본의 석면 판결에서 보듯이 위계와 시스템 면에서 다르다.

V. 맺음말: 법적 인간을 위한 시스템의 합리성

전술한 대로, 지금까지 법적 인간은 자유의지를 바탕으로 인과적 판단을 하며 그러한 선택으로 산출되는 결과에 대해 책임을 지는 존재로 상정되었다. 그러나 이러한 인간은 생물학적으로든 뇌과학적으로든 존재하지 않는다. 인간은 인과적 판단을 하기 위한 반사실적 가정에 대한 근거를 시스템으로부터가 아닌 독립된 개인적 경험을 통해 확인할 수가 없기 때문이다. 자유의지의 존재와 그 행사 자체에 대해서도 그렇듯이 말이다.

혹자는 칸트의 실천이성에 근거한 선을 바탕으로 한 판단이 이러한 판단의 가능성을 제시하며, 법은 그러한 당위에 근거하여 인간이 판단을 내릴 수 있도록 도모해야 한다고 주장할지 모른다. 그렇지만 이러한 법적 인간의 모습을 바탕으로 실제 위험에 대한 문제를 해결하기에는 아직까지 시스템에서 제공할 수 있는 접근법이나 도구가 적절하지 않다.

과거 서양의 마녀재판을 떠올려 보라. 마녀재판에서 하나의 증거로 채택되었던 것은 마녀를 물에 빠뜨리는 것이었다. 마녀의 특성상 물에 빠지면 가라앉는다고 가정했기 때문이었다. 그래서 마녀로 지목된 여성을 물에 빠뜨린 후 그 결과를 재판에 반영하였다. 당시 작동하였던 시스템의 인과모델에 따라, 재판이 실제 고문의 현장이 되거나 죄를 임의로 만드는 장소가 되었다. 그렇지만 지금은 이러한 마녀재판이 없어졌다. 시스템이 변한 것이다.

시스템은 한 주체가 다른 주체와 서로 연결되어 있는 상태이다. 이 때 그 연결이 누가, 왜, 무엇을, 어떻게, 언제, 어디서의 모든 측면들을 고려하여 가장 잘 유지될 때에 합리적인 것이라고 말한다. 그러나 생존이나 복제가 무조건적으로 이루어진다면 결국 전체 환경이 지탱할 수 없게 되어, 생존과 복제의 기반 자체가 무너진다. 따라서 합목적적이라 하여 모두가 다 합리적일 수는 없다. 시스템의 목적지향은 주어진 환경과의 적합성 여부에 달려 있으며, 단순히 지향되는 목적으로 추측되는 것을 그대로 법으로 받아들이는 것은 적절하지 않을 수 있다.

인간의 본성에 대해 진화론과 인지과학이 가져다 준 교훈에 주목하자. 곧 인간은 제한된 합리성(bounded rationality)에 머무르는 존재라는 점과, 그리고 인간의 사고나 행위가 합목적적이라 하더라도 그것이 우생학이나 인종학과 같이 일부 시스템에 국한되면 그것은 매우 비합리적일 수 있다는 점이다. 따라서 시스템의 '어떻게'가 시스템의 '왜'를 단순하게 대치할 수 없다. 예를 들어, 그동안의 생물학적 진화를 단순히 환경 적응력의 차이로 설명한다고 해서 성정체성의 다양성이 부정될 수 없다.

위험은 해악을 일으킬 수 있는 일정한 사건이 일어날 가능성으로서, 그것이 발생하는 과정에서 파악하거나 예견할 수 있다. 즉 사람은 칼을 들고 일을 하거나,

뜨거운 물을 옮기거나, 혹은 높은 곳에 올라가면 즉각적으로 위험을 인식한다. 그러나 이러한 위험의 인식이 누적되어 일반화되면, 칼을 들고 있으면서 보호구를 착용하지 않는 경우이거나, 뜨거운 물을 옮기면서 엎어질 수 있는 환경이거나, 높은 곳에 있으면서 난간이 없는 곳이라면, 사람은 다시금 위험을 인식하게 된다. 즉 위험으로부터 대안이 예측되고, 대안의 예측으로부터 다른 대안을 만들 수 있는 시스템의 예측이 가능해진다.

일반적으로, 예측을 하고 그에 따라 선택을 하는 것이 아니라 선택을 하면서 그에 따른 예측을 하나의 인식으로서 해석하는 것이다. 결국 선택을 하지 않는다는 것, 소위 부작위라는 것은 다른 대안을 만들지 않고 현재의 시스템이 유지되는 상황에서 이를 인식하지 못했다는 것으로 이해해야 한다. 그러나 이러한 선택이 누적되는 경우, 반복되는 패턴 속에서 인간은 대안이 왜 만들어지지 않는지를 질문할 수 있으며, 그 패턴에 감추어진 다른 메커니즘을 볼 수 있게 된다.

자유의지에 의한 선택, 대안을 마련하는 시스템, 그리고 반복되는 문제에 있어 대안에 대한 대안을 마련하는 시스템은 서로 연결되어 작동하는 문제들이다. 부작위란 시스템이 서로의 의무와 권리로 연결된 관계를 바탕으로 하여 구축되고 가동되지 않는 경우를 말한다. 시스템이 제시하는 인식의 틀을 빌리고 이를 체화의 과정을 거쳐 구체화함으로써 실제 시스템이 작동하도록 해야 함에도 그렇지 못한 경우, 법은 시스템적 부작위로 인한 문제점을 지적할 수 있어야 한다.

법적 판단은 고의적 부작위를 가능케 하는 시스템을 만드는 작업에 대한 판단이어야 한다. 충분히 합리적이고 인과관계의 진실에 맞는 판단을 할 수 있는 시스템을 구축해야 하며, 이를 위해서는 현재에 매몰된 제한된 합리성에 근거한 판단에 따른 부작위가 아니라 미래를 아우르는 전체적 시각에서 합리적이지 못한 부작위가 시스템 구축과 운영에 문제를 야기하는 것에 대해 비난하거나 책임을 부과할 수 있어야 한다. 이를 통해 대부분의 부작위적 판단은 정상 시스템의 구축과 작동에 대한 판단이 되며, 그렇지 않은 부작위에 대해 법적으로 책임을 물어 사회 정의를 도모할 수 있게 된다. 반사실을 가정하고 자유의지로 작위나 부작위를 선택할 수 있을 때에 비로소 비난과 책임부과가 가능하다. 이를 위해서는 그러한 시스템을 만들고 선택하는 데에서부터 시작해야 한다.

반면 기존의 법적 인간관은 이 같은 정상사고에서의 위험을 인식하는 데에는 비현실적인 모델이다. 기술적, 사회적 시스템이 뒷받침하지 않는 상태에서 '할 수 있었는지'를 묻는 것, 그리고 '그에 따른 차이를 확인하는 것'은 인과관계 판단에서 실제 전제 조건을 확인하지 않은 채 단지 '할 수 있었는지', 그래서 '해야 한다고 판단하는지'로부터 단순화시킨 차이만을 확인하는 것일 뿐이다. 그 결과, 아직까지 대부분의 산재사고에서 작업자 과실이 그 원인으로 지목되고 있을 뿐 실제 시스템의 운영이나 시스템의 구축과 관련된 위험은 전혀 다루고 있지 않은 것이다.

위험의 인식이 예전 본능적 인식으로부터 새로운 기술과 사회의 대두와 함께 사회적 인식으로 바뀌어 나가고 있지만, 위험의 인식에 대한 법적 인간 모델은 여전히 기계적·원시적 인간상에 머물고 있다. '할 수 있었는지'에 대해 묻고도 '하지 않았다'고 말하는 것은 시스템이 자리 잡지 못해 그에 따른 진화적 적응도가 낮아 후성 규칙으로 자리 잡을 수 없는 것을 마치 시스템이 제대로 작동하는 것처럼 가정하고서 행위를 강요하는 꼴이다. 이는 규범의 준수가 일상의 자연스러운 일부분이면서 시스템의 역할이어야 한다는 점을 무시한 판단이다.

또한 이러한 사고방식은 사회 각 분야의 전문화나 시스템과도 맞지 않다. 왜 법이 변화하는지를 이해하기 위해서는 그것이 어떻게 변화하는지를 이해해야 한다. 이러한 취지에서, 전 세계가 기능적인 내적 분화를 겪으면서 다른 기능적 명령을 따른다는 것, 즉 자기규범생산 레짐(regime)의 성장에 따른 전문화와 시스템화가 그 메커니즘으로 제시되고 있다. 이러한 레짐의 하나로서, 위험의 인식과 관리 시스템에서 가장 기본적 문제는 '알 권리'의 문제이다. 위험이 예측이며 그 예측이 사회적으로 형성된 인과모델에 근거한다는 점에서, 알 권리는 인과모델을 구성하는 가장 기본적 자료를 우리 사회가 만들어내는 시스템을 작동시키는 권리이다. 다음 대법원 판결의 의미를 새겨 보자. 이 판결은 그러한 시스템이 제대로 구축되지 않아 그 인과관계를 판단하기가 어려울 때, 그 구축의 책임을 시스템을 만들어야 하는 주체에게 지움으로써 실제 시스템이 가동될 수 있게 하는 판결이다.

> 첨단산업분야에서 유해화학물질로 인한 질병에 대해 산업재해보상보험으로 근로자를 보호할 현실적·규범적 이유가 있는 점, 산업재해보상보험제도의 목적과 기능 등을 종합적으로 고려할 때, 근로자에게 발병한 질병이 이른바 '희귀질환' 또는 첨단산업현장에서 새롭게 발생하는 유형의 질환에 해당하고 그에 관한 연구결과가 충분하지 않아 발병원인으로 의심되는 요소들과 근로자의 질병 사이에 인과관계를 명확하게 규명하는 것이 현재의 의학과 자연과학 수준에서 곤란하더라도 그것만으로 인과관계를 쉽사리 부정할 수 없다. 특히, 희귀질환의 평균 유병률이나 연령별

> 평균 유병률에 비해 특정 산업 종사자 군(群)이나 특정 사업장에서 그 질환의 발병률 또는 일정 연령대의 발병률이 높거나, 사업주의 협조 거부 또는 관련 행정청의 조사 거부나 지연 등으로 그 질환에 영향을 미칠 수 있는 작업환경상 유해요소들의 종류와 노출 정도를 구체적으로 특정할 수 없었다는 등의 특별한 사정이 인정된다면, 이는 상당인과관계를 인정하는 단계에서 근로자에게 유리한 간접사실로 고려할 수 있다. 나아가 작업환경에 여러 유해물질이나 유해요소가 존재하는 경우 개별 유해요인들이 특정 질환의 발병이나 악화에 복합적·누적적으로 작용할 가능성을 간과해서는 안 된다.[13]

끝으로 강조할 논점은 '피드백'의 중요성이다. 피드백은 시스템을 조직화하는 과정에서 선택된 행동이 부당한 결과에 이를 때, 그러한 과정을 판단할 수 있는 거를 시스템 속에 만들어준다. 이러한 피드백을 반복하여 '어떻게'가 정립되면 적절한 '왜'가 자리 잡는다. 즉 시스템의 설계자가 없더라도 피드백이라는 과정이 있어야만 설계가 합리적이고 응답적으로 변해갈 수 있다. 피드백은 시스템이 법을 통해 함께 변화하기 위한 일차적 조건이다. 시스템은 문제를 외면하지 않고 해결하는 것이어야 한다. 특히 문제가 반복되는 경우, 피드백이야말로 법이 제대로 시스템을 구축하는 데에 기여하는 수단이자 조건이다.

부연하면, 피드백되지 않는 시스템은 단지 '하지 않은 것에 대한 책임과 비난'에 머무른다. 이에 반해, '어떻게'와 '왜'에 대해 피드백이 이루어지는 시스템에서는 그 이유가 주어지고 방법이 마련됨으로써 '할 수 있었는데 하지 않은 것에 대한 책임과 비난'으로 시스템이 조직화된다. 따라서 시스템에서 결정론적 인과관계(어떻게)를 갖고 구속되는 측면과 이러한 인과관계가 용납되고 받아들여지며 설명되는(왜) 측면이 어떻게 구축되는가에 따라 책임이 달라진다.

인과관계에 대한 판단이 연관성에서 개입성, 그리고 반사실에 기초한 예측으로까지 옮겨가는 동안 그에 따른 선택이 자유의지에 따른 선택이 되고, 이러한 선택이 반복되면서 시스템이 추구하는 '왜'가 정리되어 하나의 목적지향적 시스템이 만들어질 것이다. 즉 인과관계가 연속적으로 확장될 수 있고, 자유의지와 책임이 확장될 수 있으며, 그리고 복잡하지만 적응하는 시스템이 구축되고 선택될 수 있게 된다. 이러한 변화는 법률 시스템에서는 수직적, 전문적 법질서로부터 수평적, 통합적 법질서로 변화하는 시스템의 변화가 될 것이며, 안전보건시스템의 경우에

---

13) 대법원 2017. 8. 29. 선고 2015두3867 판결.

도 전문가를 중심으로 한 시스템으로부터 사업주와 노조를 중심으로 한 시스템으로의 변화가 될 것이다.

이러한 변화를 위해서는 창발성, 즉 다수 간의 상호작용이 필요하다. 우리 인식의 틀은, 자유의지에 따른 인과관계 판단을 근거짓기 위해 고안해낸 가설들, 이들 가설이 모여 이루어진 이론들, 그리고 이러한 이론들이 모인 학문 분야 등을 통해 다시 만들어진 시스템이 행동을 제어하는 과정이다. 이 때 행위란 시스템에 의해 결정된 이유로부터 비롯한다. 그러한 이유가 제시되고 소통되어 다시 반사실적 가정을 통해 검증될 때 비로소 시스템은 새롭게 만들어진다.

human material

04

인체유래물의 법적 지위에 관한 패러다임(paradigm) 전환의 필요성*

- DNA에 내재한 인격성의 본체로서의 속성을 중심으로 -

유지홍

경북대학교 법학연구원 연구초빙교수(NRF－학술연구교수). '배아와 인체유래물의 민법상 지위'를 주제로 박사학위를 받았으며, 현재도 관련 연구를 수행하고 있다. 대표논문으로는 『태아의 권리능력 재논의 필요성에 대한 제언』, 『인체유래물의 법적지위에 대한 인격적 측면에서의 고찰』, 『의학연구를 위한 인체유래물 기증계약의 법적성격』, 『미국연방대법원 돕스(Dobbs) 판결의 취지와 낙태죄 개정에서의 시사점』 등이 있다.

* 이 글은 저자의 다음 논문을 토대로 수정 · 보완한 내용임. "인체유래물의 법적지위에 대한 인격적 측면에서의 고찰", 서울대학교 법학, 제56권 제2호(2015).

I. 서 론

현대 생명과학은 질병의 치료를 통한 무병장수의 꿈을 현실화시킴과 동시에 생명을 구성하는 본질에 대해서도 밝혀가고 있다. 법적인 측면에서는 현대과학이 밝혀낸 생명의 본질에 부합하도록 생명과 인체구성부분 등에 대한 법이론과 제도를 체계화시켜가야 할 것이다. 이러한 배경을 전제로, 본 연구에서는 현대 생명과학적 상황에 부합하는 '인체유래물(人體由來物)에 관한 이론'과 '법률관계'를 소개하고 입법정책 방향을 고찰해 본다.

'인체유래물'에 관하여 종래의 분리이론에 따라 '단순한 물건'으로 취급하는 것이 현재의 과학현실에 맞지 않다는 점에 대해서는 대부분의 학설이 공감하고 있다. 하지만 후술하는 바와 같이 단편적인 측면의 검토에 그치고 있으며, 법체계를 구성하는 데 어려움을 겪고 있다. 본 연구에서는 종래 '분리이론'과는 상반되게 '인격적 관점'에서 DNA를 비롯한 관련 쟁점들을 검토한 후, '인격성(人格性)'을 중심으로 법체계를 구성해 보도록 한다. 이러한 구성의 목적은 이 자체를 법적 지위에 대한 확답으로 제시하려는 것이기보다는, 인격적 측면에서의 종합적인 논거를 제시함으로써 향후 인체유래물의 법적 지위에 대한 체계적이고 균형 있는 논의의 단초를 제공하기 위함이다.

종래 법학계의 통설은 인체의 세포・조직・기관 등 '인체유래물'에 대하여, 인체로부터 분리된 때에는 재산권의 객체인 '물건(物件)'이 된다는 '분리이론'을 적용하였다. 하지만 분리이론은 민법제정 당시의 상황을 전제로 한 법이론일 뿐이다. 세포(DNA) 하나가 분리되면 유도만능줄기세포(iPS cell) 등을 거쳐 인체의 '모든 세포・조직・기관'으로 분화될 수 있고, 심지어 '복제생명체'로 탄생하는 현대과학과는 전혀 맞지 않는 이론이다.

'빛'과 '에너지' 등 시공간의 '불확정성(不確定性)'을 전제한 물리적 현상에 시공간의 불변을 전제로 한 고전물리학 공식인 '$F=ma$'를 적용하여, 억지로 끼워 맞추려 한다면 모순과 오류만 커질 것이다. '불확정성'을 전제한 물리적 현상에는 상대성 이론과 양자역학을 적용해야 한다.

이하에서는 현대과학이 밝혀낸 생명의 본질과 생명공학적 상황을 바탕으로, '분리된 인체유래물'에 관한 이론과 법률관계를 차례로 고찰해보도록 한다. 먼저 최근까지 제시된 개념과 학설, 판례를 차례로 살펴보고, 이후 과학적 발전상황에 따른 민법적 쟁점을 검토해 보도록 한다. 이러한 검토들을 토대로 최종적으로 인체유래물의 입법정책 방향에 대하여 정리하도록 한다.

Ⅱ. 인체유래물의 개념

과거에는 인체에서 분리되어 활용되는 구성부분은 기껏해야 가발용 머리카락이나 혈액 또는 의학연구나 교육에 활용하기 위한 해부용 시체 등이 전부였다. 하지만 최근 생명공학기술과 의료기술이 발전하면서 인체의 장기, 조직, 세포 등에 관한 기술적 효용성이 증대되었고, 이식이나 치료에 쓰이는 인체구성부분들의 수요도 급증하였다.[1] 인체로부터 분리된 인체구성부분은 권리주체의 생명·유전정보 등을 내포하고 있기에 특별한 법적 보호를 필요로 한다. 이러한 법적 보호를 위해서는 먼저 인체유래물의 개념에 대한 검토를 통하여, 보호되어야 할 범위를 본질에 따라 확정할 필요가 있다.

1. 개념과 범위에 대한 학설

인체유래물의 개념과 범위에 대해서 다양한 견해가 제기되었으며, 이를 살펴보면 다음과 같다.

첫째로는 '인체를 구성하는 모든 물질'로 보는 입장이다. 이 견해에 따르면 생물학적으로 살아있는 인간뿐 아니라, 죽은 인간으로부터 유래하는 모든 물질도 포함하게 된다. 구체적으로는 사체, 배아 및 태아, 장기, 세포, 모발, 뼈대, DNA, 화학물질 등이 포함된다.[2]

둘째로는 인체구성물질 중에서 '생식세포'와 '배아'를 제외하는 입장이다. 이 견해에 따르면, 고형장기, 혈액, DNA 등 인체로부터 분리된 세포나 조직 등이 모두 포함되지만, 생식세포(정자와 난자)와 배아는 제외된다.[3]

1) 박은정, 생명공학시대의 법과 윤리(2000), 471면.
2) Philippe Ducor, "The Legal Status of Human Materials", 44 *Drake Law Review* 195(1996), p. 198.
3) Rohan J. Hardcastle, *Law and the Human Body: Property Rights, Ownership and Control*, 2007, p.1.

셋째로는 인체구성물질 중 '배출된 부산물'을 제외하는 입장이다. 이 견해는 인체로부터 적출한 장기, 조직, 세포 및 체내 또는 체외에서 화학적으로 분리한 유전적 물질 등을 모두 인체유래물에 포함시킨다. 다만, 배설물(소변 등)과 같은 배출된 부산물은 인체유래물에서 제외하는 입장이다.[4)]

넷째로는 현행 「생명윤리 및 안전에 관한 법률」(이하 '생명윤리법')이 취하는 태도로, 개념과 범위를 규정하지 않고 인체유래물에 포함되는 내용을 단순히 열거하는 입장이다. 즉, 생명윤리법은 '인체로부터 수집하거나 채취한 조직·세포·혈액·체액 등 인체구성물 또는 이들로부터 분리된 혈청, 혈장, 염색체, DNA, RNA, 단백질 등'을 인체유래물에 포함시키고 있다.[5)]

2. 사 견

현대 생명과학은 생명의 본질이 DNA에 있다는 것을 밝혀냈으며, 알츠하이머·파킨슨병 등 주요 난치병들이 DNA의 잘못된 발현에 의한 것임을 확인하였다. 이에 따라 'DNA의 모든 구조'를 완전히 해독하여 질병의 예방·치료에 활용하고자 '인간유전체 연구사업(Human Genome Project, HGP)'을 진행하였으며, 2006년 '생명의 지도'로 불리는 46개 염색체에 담긴 '30억 염기서열'을 모두 해독하였다. 또한 '체세포복제'에 의한 생명복제기술은 '세포핵(DNA)' 하나가 생명의 모든 것을 담고 있다는 것을 증명하였다.

생물체의 구조는 물질과 에너지를 흡수하여 활용하고, 다시 배출하기 위한 정교한 시스템이며 이 시스템은 미리 프로그램된 정보에 의해 만들어진다. 이러한 정보를 담고 있는 것이 바로 DNA이며, 결국 모든 생명현상은 DNA 유전정보의 발현이라고 할 수 있다.[6)7)] 생명윤리법의 목적이 인간과 인체유래물의 연구와 취

4) 강희원, "사람, 인간 그리고 재산으로서 인체? – 인체 상품화의 철학적·윤리학적 문제", 법철학연구 제3권 제1호(2000), 139면.

5) 「생명윤리 및 안전에 관한 법률」 제2조 제11호.

6) 김현철·고봉진·박준석·최경석, 생명윤리법론(2010), 12 - 13면.

7) 필자의 사견(私見)으로, 이러한 구조는 컴퓨터와 비교해보면 이해가 용이하다. 30억 염기는 '하드웨어(hardware)'이고 3만 개의 유전자는 '소프트웨어(software)'로 볼 수 있다. 컴퓨터는 실제 0과 1을 조합하는 '하드웨어'로 구성되어 있다. 이러한 하드웨어를 구성요소로 우리가 쓰는 '워드프로세서(word processor)'와 같은 '컴퓨터 프로그램(computer program)'이 만들어진다. 이처럼 인체도 '30억 염기'라는 '하드웨어'를 구성요소로 하여 키, 몸무게, 피부색 등의 형질을 나타내는 '프로그램'인 '유전자'가 형성된다. 결국 인체는 '30억의 염기'를 하드웨어로 '3만 개의 프로그램(유전자)'을 가지고 있다고 볼 수 있다. '암'이라는 형질을 발현시키는 '유전자(프로그램)'를 구성하는 '염기서열(하드웨어)'을 찾아서 이를 수정해주면, '암'이라는 유전형질의 발현을 막을 수 있고 결국 암을 치

급과정에서 발생하는 '생명에 대한 본질적 침해'를 방지하는 데 있다고 본다면, 생명윤리법이 보호해야 할 인체유래물은 'DNA를 내포하고 있는 인체구성물질'로 정의하는 것이 타당하다.[8)]

현재 생명윤리법 제2조 제11호에서 규정하고 있는 조직·세포·혈액·단백질 등 대부분은 DNA를 그 본질적인 요소로 내포하고 있다. 입법기술적 측면에서 검토해본다면, 법률의 핵심적인 개념인 '인체유래물'에 대해 개념정의나 범위확정 없이 '열거식'으로 규정하면서 '… 등'으로만 명시하면, 적용상 혼란을 야기할 뿐만 아니라 죄형법정주의에 반(反)할 위험이 있다. 따라서 인체유래물의 정의에서 'DNA를 내포하는 인체구성물질'로 명시하고, 그 외에 반드시 보호가 필요한 물질은 한정적으로 명시하여 '인체유래물'로 보호하는 것이 입법론으로 타당할 듯하다.[9)]

본 연구에서의 '인체유래물'은 'DNA를 내포하는 인체구성물질'로 정의하며, '인체유래물의 법적 지위'를 논할 때는 'DNA의 법적 지위'와 동일한 개념으로 사용할 것이다. 실제 DNA를 내포하지 않는 물질은 '존중과 주의'는 필요하지만, 본질적으로는 '민법상 물건성(物件性)'이 그대로 인정되고, 물건으로 다루어질 수 있기에 별도로 논할 필요성이 크지 않기 때문이다.

Ⅲ. 인체유래물(DNA)의 법적 지위에 대학 학설과 판례

1. 인체와 재산권

모든 권리에는 그 권리의 대상이 되는 객체가 있다. 인체의 경우에는 인격적 이익이 인정되며, 민법 제751조에서 명시하듯이 '인격권의 객체'가 된다. 하지만 이러한 인체의 구성부분이 분리된 경우에 'DNA를 내포한 인체유래물'이 '재산권

료할 수 있게 된다.

8) 다만, 배아(胚芽)의 경우에는 비록 체내에 존재하며 DNA를 그대로 가지고 있다고 하더라도, 그 자체가 완전한 개체이므로 인체유래물이 아닌 독립된 인간이자 권리주체로 보호되는 것이 타당하다.

9) 인체를 구성하는 물질과 인체에서 분비되는 물질 중에 'DNA를 내포하지 않는 물질'도 있으며, 심지어 세포질에 있는 리보솜, 라이소좀 등도 DNA를 내포하지는 않는다. 하지만 이러한 물질은 다른 '민법상 물건(物件)'에 비해 인체에서 분리되었다는 측면에서의 '존중(尊重)과 주의(注意)' 차원에서 다루어지면 충분하며 일반적인 '물건성(物件性)'도 그대로 가진다고 볼 수 있다. 하지만 DNA는 그 자체로 생명의 본질이며, 개체를 복제할 수 있는 완전한 유전정보를 가지고 있다. 생명윤리법은 단순히 '인체에 대한 존중과 주의' 정도가 아니라 '생명의 본질'을 보호하는 것이 목적이기에, 인체유래물의 정의 또한 'DNA'를 본체로 정의하는 것이 타당하다.

의 객체'가 될 수 있는지는 논란이 되고 있다. 현대에는 과학기술이 발전함에 따라 인체의 '조직 · 세포 · 혈액' 등에 대한 효용이 밝혀지게 되고, 인체로부터 이를 분리해서 연구와 산업적 용도로 활용하려는 수요가 증가해가면서 법적 지위가 더욱 문제시되었다.[10] 이러한 문제는 인체유래물을 기증하는 과정에서 소유권 또는 이로부터 파생된 권리를 어떻게 귀속시킬 것인지가 쟁점이 되었으며, 특히 생물학적 물질 그 자체에 대하여 특허를 인정하기 시작한 이후 논란은 더욱 증폭되었다.[11]

이하에서는 이러한 배경과 더불어 지금까지 제시된 기존의 학설과 국내 · 외 판례들을 살펴보도록 한다. 그리고 이를 바탕으로 현대 의료기술 및 생명공학 발전과 연계하여 인체유래물의 법적 지위를 다시 재검토해가도록 한다.

2. 인체유래물의 법적 지위에 대한 학설

종래에는 인체유래물질은 가발제작이나 의학교육 등에 간단히 활용되는 정도였기에, 분리된 인체구성부분에 대해서 대체로 소유권을 인정하는 입장이 통설적 견해였다. 즉, 분리된 인체유래물질은 물건으로 소유권의 대상이 되며, 다만 민법 제211조에 명시한 사용 · 수익 · 처분 등의 개별권능은 '다른 물건'에 비하여 제한된다는 입장이었다. 특히 유상양도에 대해서는 엄격히 제한하였는데, 이는 인체유래물질은 여타의 물건과는 달리 인간의 인격이 화체되어 있다는 사고에서 '존중'되어야 한다는 관념이었다. 하지만 인간의 모든 DNA가 해독되고, 하나의 세포에서 한 사람의 모든 유전정보가 완전히 분석되고, 개체까지 복제될 수 있는 현대 과학적 상황에서는 새로운 논의가 필요하게 되었다. 이하에서는 분리된 인체유래물질의 법적 지위에 관하여 제시된 다양한 학설들을 살펴보고, 현대의 과학적 상황과 연계하여 견해의 타당성을 검토해보도록 한다.[12]

참고로 기존의 통설과 이하에서 소개하는 학설 · 판례는 'DNA를 내포한 인체유래물'과 'DNA를 갖지 않는 인체구성물질'을 구별하지 않은 견해이다.[13] 하지만

---

10) Danielle M. Wagner, "Property Rights in the Human Body: The Commercialization of Organ Transplantation and Biotechnology", 33 *Duquesne Law Review* 931(1995), pp.957 ff.

11) Diamond v. Chakrabarty, 447 U.S. 303, 206 U.S.P.Q. 193(1980). 특히 유전자와 줄기세포를 이용한 재생의료는 21세기 꿈의 의료라고 불리며, 특허정책에서도 많은 논란을 불러 일으키고 있다 [小泉直樹, "治療方法發明保護の法政策", ジュリスト, 1227号(2002), 40 - 44頁].

12) 이러한 재논의의 필요성은 일본에서도 강하게 제기되었다(植木 哲, 医事法教科書, 2003, 132頁).

13) 앞서 본 바와 같이 필자의 사견으로는 'DNA를 갖지 않는 인체구성물질'은 물건성(物件性)이 인정

앞서 밝힌 바와 같이 '인체유래물'은 DNA를 내포하고 있을 때 본질적인 의미를 가지며, 법적 지위 논의의 실익도 있다는 것이 필자의 견해이다. 따라서 '인체유래물'이라는 용어도 'DNA를 내포하는 인체구성물질'을 지칭하는 것으로 사용한다. 그리고 눈물, 리보솜, 라이소좀 등 DNA를 내포하지 않는 것은 물건성이 인정되는 '기타의 구성물질'로 파악하도록 한다.

가. 분리 자체를 기준으로 판단하는 입장

인체로부터 분리된 모든 구성부분은 분리되는 때에 별개의 물건이 되고, 분리된 사람은 그 구성부분의 소유자가 되어 이를 사용・수익・처분할 수 있다. 다만, 인체구성부분에는 인격이 화체되어 있으므로, 인간(인격)존중의 관점에서 유상양도 등은 불허한다는 것이 국내의 통설적 견해이다.[14] 인체의 일부를 분리시키는 채권계약(환부를 절단하는 수술계약)과 분리된 인체일부를 처분하는 계약(절단된 환부를 병원에 양도하는 계약)도 사회질서에 반하지 않는 한 유효하다.[15] 한편, 이와 같이 환자가 소유권을 양도하는 경우에도 여전히 '인격권'은 보유한다고 볼 수 있다. 인체유래물질이 그 사람의 유전정보와 병력, 건강상태 심지어 혈연관계에 있는 사람들의 유전정보까지 가지고 있을 경우, 이러한 정보를 활용하거나 폭로하면 인격권의 심각한 침해가 될 수 있다. 이 경우 환자는 인격권 침해로 인한 손해배상 등의 구제수단을 강구할 수 있다.[16]

나. 생식세포와 기타의 구성물질을 구분하는 입장

정자・난자와 같은 생식세포는 생명 탄생을 본래의 기능으로 한다는 측면에서 다른 인체구성부분과는 구별된다는 주장이다. 이에 따르면 모든 인체구성부분은 분리된 경우 기본적으로 소유권의 객체가 되고 인격적 측면이 어느 정도 존중받는 정도이지만, 생식세포는 소유권의 내용이 완전히 제한되고 인격권으로 보호되는 영역이 절대적으로 확대된다. 생식세포는 발생초기부터 체세포 등과는 완전히 구별되고, 온전히 인간의 발생만을 목적으로 하기 때문이다.[17] 외국에서도 인체유

되며 '존중과 주의'를 기울이면 충분하다. '존중과 주의'의 정도는 지금까지의 통설이 제시한 내용 정도면 충분할 것이다.

14) 강태성, 민법총칙, 2013, 395면; 곽윤직・김재형, 민법총칙, 2012, 213면; 이은영, 민법총칙, 2009, 300면.

15) 이영준, 민법총칙, 2007, 987면.

16) 강남진, "인격권 보호에 대한 하나의 제안", 민사법학 제13・14호(1996), 116 - 134면.

17) 최수정, "인체세포에 대한 법적 권리", 재산법연구 제23권 제2호(2006), 107 - 109면.

래물의 물건성을 인정하면서도 생식세포를 다른 세포와는 다르게 엄격한 절차로 취급한 사례가 있다.[18)]

다. 장기와 기타의 구성물질을 구분하는 입장

장기는 생명과 직결된다는 특성상 물건성이 완전히 배제되고 소유권이 인정될 수 없다. 하지만 그 외의 인체조직이나 세포 등은 분리 후에는 물건이 되고 분리된 자의 소유로 된다는 입장이다.[19)] 이 견해에 따르면 분리 후 아직 이식되지 않은 '장기'의 경우는 인격권에 의한 지배와 전속성 때문에 기증자의 소유가 되지만, 그 외 '조직 · 세포 등'은 민법상 물건으로 취급되므로 보관중인 병원이나 연구기관의 소유로 된다.

라. 분리 '목적'을 기준으로 구분하는 입장

'냉동보관중인 정자의 소유권'에 대한 독일 판례에 근거한 주장이다.[20)] 이 주장에 따르면 분리된 인체구성부분의 법적 지위는 임상적 성격과 목적에 따라 달라진다. 만약 수술과정에서 치료목적으로 신체일부를 절개하여 완전히 폐기한 경우는 '동산물권의 포기'로 본다. 하지만 장래에 '신체에 재주입하여 치료할 목적'으로 채취 · 보관중인 경우라면 환자의 신체와 「기능적 일체」로 보아, 비록 공간적으로는 분리된 유래물이지만 여전히 '환자의 신체 일부'로 본다.

마. 인체에 관하여 완전한 '소유권'만을 인정하는 견해

'인간은 자신의 신체, 자유, 생명에 대한 권리를 가진다'는 '자기 소유권 사상'에 의하면, 넓은 의미의 '재산(property)'이라는 개념 속에는 본래 의미의 '재산' 이외에 '생명', '신체'까지도 포함된다고 볼 수 있다. 즉, 헤겔(Hegel)의 표현처럼 인간은 자신의 신체에 대한 소유이익을 가지게 된다.[21)]

인체를 영혼 · 의식 등과 분리하여 본질적으로 다르게 취급하는 이론은 철학적

18) Amy S. Pignatella Cain, "Property Rights in Human Biological Materials: Studies in Species Reproduction and Biomedical Technology", 17 *Arizona Journal of International & Comparative Law* 449(2000), pp.480 ff.

19) 이로문, "생명공학의 발전과 재산법상의 과제(재산권으로서의 신체를 중심으로)", 한양법학 제12권(2001), 202 - 203면.

20) BGHZ 124, 52; NJW 1994, 127.

21) 마치 다른 물건(物件)을 갖는 경우처럼, 사람은 자신의 생명과 육체를 자신의 의지에 따라 의욕하는 한도에서 소유하게 되는 셈이다. 따라서 동물은 스스로 자기를 불구(不具)로 만들거나 자살할 수 없지만, 인간에게는 이것이 가능하다(김남두 엮음, 재산권 사상의 흐름, 1993, 101면).

으로 '인격체 개념'에서도 나타난다. 소크라테스는 '영혼'과 '육체'를 '수공업자'와 '그의 도구'에 비유하였다. 도구가 수공업자의 본질이 아닌 것처럼, 육체는 본질적인 자아(自我)에 속하지 않으며, 오로지 영혼만이 자아라고 밝혔다. 데카르트는 자아는 그 본질이 의식에 있다고 보면서, 자아인 의식과 육체는 완전히 다른 것으로 파악했다.[22]

이러한 '인체의 자기 소유권'이란 개념 속에는 이미 인체에 재산적 가치가 내포되어 있다. 인체는 분리되지 않은 때에도 권리객체인 '물건일 뿐이고, 자기신체에 대해서는 누구나 사용·수익·처분에 관한 완전한 소유권을 가지게 된다. 결국 인체는 '분리 이전'에도 권리객체로서, 그 사람(자아에 해당하는 영혼 또는 의식)의 소유물이 되고, 따라서 '분리된' 인체유래물은 당연히 피분리자의 소유물이 된다.[23]

바. 분리된 인체유래물에 대해서도 '인격권'만을 인정하는 견해

이 견해는 인체로부터 분리된 유래물에 대하여 '물건성(物件性)' 자체를 부정하는 입장이다. 따라서 '소유권'을 전면 부인하고 '인격권'만을 인정한다. 소유권은 '물건'에 대한 법리이며, '사람의 인격적인 가치'를 보호하거나 규율하는 법리는 인격권이다. 인체유래물이 인체로부터 분리되면서 독립적인 재화로서 객관화되었지만, 그 인격적인 영역들은 '인격권'에 의하여 다양한 형태로 보호되기 때문에 분리되었다고 해서 반드시 물건이 되었다고 볼 필요는 없다. 또한 인체 및 그 일부는 인격의 연장이기 때문에 이에 대한 재산권을 인정하여 거래의 대상으로 한다는 것은 인간의 존엄성에 배치된다는 주장도 있다.[24]

이러한 입장이 입법화된 대표적인 예로 프랑스를 들 수 있다.[25] 프랑스 민법은 제1권 제1편 제2장 '인체에 대한 존중'에서 생명윤리 관련 내용을 명시하였으며,

---

22) 구인회, "배아보호에 관한 윤리적 검토", 한국의료윤리학회지 제12권 제3호(2009), 287 - 288면.

23) 국내의 다수설은, 권리능력자와 분리할 수 없고 그 인격에 전속하는 인체·자유·명예 등은 '일반적 인격권'으로 분류하고, 그 침해에 대하여 강하게 보호한다. 하지만 인체를 권리객체로 보고, 자기소유권을 인정하는 위 견해에서는 인체를 '일반적 인격권'에 근거하여 보호할 수는 없을 것이다.

24) 자세한 내용은 최수정, "인체에 대한 권리관계의 새로운 패러다임", 법학논총 제29권 제2호(2012), 105면.

25) 프랑스는 첨단의료 기술전반을 공통의 윤리원칙에 기하여 포괄적으로 규제하는 입법을 마련하고자 약 10년간의 논의와 준비를 거쳤다. 그리고 1994년 생명윤리에 관한 3개의 주요 법률을 제정하였다. '보건연구를 위한 기명데이터법'과 '인체존중법', '인체유래물의 이용 및 생식에 관한 법률'이 그것이다. 이 법률들의 주요내용은 민법, 형법, 지식재산권법 등 주요법률에 편입되었다(법무부, 외국의 유전공학 관련법제, 1998, 1면 이하).

특히 인체유래물에 대해 '물건성'을 전면 부인하고, '인격권'으로서의 보호를 명시하였다. 제16조의1 제3항은 "인체, 인체 구성부분 및 그 적출물은 재산권의 목적이 될 수 없다"고 하였고, 제16조의5는 "인체, 인체구성부분 및 그 적출물에 대하여 일정한 재산적 가치를 부여하는 내용의 약정은 무효이다"라고 명시하였다.[26] 이러한 프랑스 민법의 입장은 인체유래물의 법적 지위에 대한 논의를 입법적으로 정리한 대표적인 예이며, 특히 인체유래물의 물건성을 전면 부인하여, 소유권을 배제하고 '인격권'만을 인정한 대표적인 입법으로 볼 수 있다.

사. 사 견

앞서 살펴본 바와 같이 다수의 견해는 '분리된 인체유래물'에 대해서 '물건성'을 긍정하며, 피분리자에게 '소유권'을 인정한다. 하지만 생식세포나 배아 등과 같이 인격적인 요소가 부각될 경우에는 소유권의 법리를 제한하고, '인격권'에 의한 보호를 우선시한다. 특히 유상양도에 관한 한 대부분이 엄격히 제한되고 있다. 즉 다수의 견해는 '소유권 법리'를 바탕으로 '인격권 법리'도 인정하는 '이원적인 접근방식'을 취하고 있다. 그리고 이와는 별도로 '소유권'만을 인정하는 입장과 '인격권'만을 인정하는 입장도 있다.

하지만 각 견해들을 검토해보면, 대부분이 또 다른 모순을 야기하여 혼란에 빠지는 문제를 가지고 있다. 첫째로 '분리'를 기준으로 한 입장은 분리된 인체유래물이 피분리자의 유전정보(DNA)를 그대로 가지고 있으며 복제까지 가능하게 된다는 현대과학의 성과를 간과하였다. 또한 물건(物件)은 '비인격성(非人格性)'을 전제로 하는데, '물건성'과 '인격성'을 동시에 인정하는 것은 이론적으로도 모순이다. 둘째로 생식세포에 인격성을 확대하는 견해는, 인체의 모든 세포가 개체의 유전정보(DNA)를 그대로 가지고 있어서 그 중요성이 생식세포와 다르지 않고, 유전정보 유출과 개체복제 등으로부터 인격적 보호가 동일하게 이루어져야 한다는 점을 간과한 측면이 있다. 셋째로 장기와 다른 구성부분을 구분하는 견해에 대해서는, 인체조직과 장기의 구분 자체가 논란이 되고 있으며, 세포가 조직, 장기로 형성되어가는 과정을 고려할 때 법적으로 구분하여 취급할 근거가 희박하다는 문제가 있다. 넷째로, '분리목적'을 기준으로 구분하는 견해는 주관적 요소에 따라 법적 성격이 달라지는 점에서 법적 안정성이 위태롭게 된다.

---

26) 명순구 역, 프랑스민법전, 2000, 7 - 8면.

다섯째, 인체를 '자기 소유권(自己 所有權)'의 대상으로만 파악하는 입장과 관련해서는 현대 생명공학적 측면에서 인체와 인체구성부분에 대한 과학적 검토가 필요할 것으로 보인다. 이 견해는 '분리 전의 인체'도 권리객체인 '물건'으로 보고 소유권을 인정한다. 이 이론은 인체에서 분리된 유래물은 '물건인 인체' 중에서 '분리된 물건'이 되므로, 합체와 분리 모두에 있어 '물건성(物件性)'과 '소유권(所有權)'이 인정되어 논리적 정합성(整合性)이 있다는 장점이 있다. 또한 권리주체는 '의식 또는 영혼'이고 '인체'는 물건에 속하는 권리객체라는 개념이 전제가 된다. 하지만 현대과학적 측면에서 검토해보면, 의식과 인체는 분리된 것이 아니라 본질을 공유하고 있기에 양자를 '권리주체'와 '권리객체'로 구분하기는 힘들다는 결론에 이른다. 즉, '의식'은 '뇌 신경세포'가 '화학물질' 및 '전기에 의한 자극과 신호'를 받아 형성된다. 따라서 이러한 신경전달물질이 과다하거나 부족하면 각종 정신이상증세를 보이게 된다. 즉 '도파민'이 부족하면 주의력 결핍이 발생하고, '세로토닌'이 부족하면 우울증이 발생하게 된다. 인체와 분리된 의식의 영역이 있다면 그 부분은 관념론과 신학의 영역이 될 것이다. 그러한 영역이 없다는 견해는 유물론이 될 것이다. 하지만 분명한 것은 '의식'과 '인체'는 적어도 가장 본질적인 부분들이 교집합(交集合)을 이루고 있다는 점이다. 그 교집합의 영역에서는 '인체'가 곧 '의식'이 될 것이다. 세로토닌 양과 우울증의 함수관계가 그 예가 될 수 있다.[27)]

여섯째, 분리된 인체유래물에 대하여 여전히 '인격권'만 적용된다는 견해에 대해서는 현재의 과학적 상황과 관련규정들을 연계해서 살펴볼 필요가 있다. 이 견해는 '인체'는 본래 소유권이 적용되지 않는 '인격권'의 영역이므로, 분리되었다고 해서 소유권을 적용할 필요 없이 인격권에 의하여 다양하게 보호하면 된다는 견해이다. 현대과학은 '생명의 지도'라 불리는 DNA를 완전히 해독하였다. 유도만능줄기세포(iPS cell)의 개발로 '특정 세포'를 역분화시켜 그 사람의 다른 '모든 종류의 세포·조직'을 생성할 수 있게 되었으며, '세포핵(DNA)' 하나로 개체를 복제하는 것은 세계적으로 보편화된 기술이 되었다. '분리된 인체유래물(DNA)'이라고 하더라도, 유전정보, 활용범위, 보호필요성 등에서는 그 사람의 '신체'만큼의 중요성

---

27) 인체와 의식이 구분되지 않고, 인체로부터 분리된 인체유래물을 통해 유전정보 활용과 개체복제까지 행해지는 상황에서 주체와 객체의 자연적인(물리적인) 구분은 어려울 것이다. 이러한 점을 고려한다면, 이제 민법학의 과제는 과학적으로 밝혀진 본질과 예상되는 법률관계를 검토하여 권리주체와 권리객체를 확정하는 일이 될 것이다.

을 가지고 있다. 즉, 과학의 발전으로 인체유래물(DNA)의 분리와 미분리의 법적 차별이 무의미해져가고 있다. 따라서 인체유래물은 분리된 이후에도 인체에 합체된 때와 동일하게 '인격권'의 대상이 된다는 견해가 현대 과학적 상황에 가장 잘 부합하는 이론이라고 할 수 있다. 즉, '분리된 인체유래물'은 '합체된 인체'와 분명히 다르지만, 동일한 취지가 인정되는 범위에 한하여 '그에 준(準)하는 법적 지위'를 그대로 유지한다고 볼 수 있다.[28)]

앞서 살펴본 프랑스 민법과 세계의사협회의 '헬싱키 선언'은 이러한 입장을 규범화한 것으로 볼 수 있다. 즉, 프랑스 민법 제16조의1 제3항은 "인체유래물은 재산권의 목적이 될 수 없다"고 명시하고 있다. 헬싱키 선언은 제1항에서 "사람을 대상으로 하는 연구에는 식별 가능한 인체유래물(human material)을 포함한다"고 명시하였다. 헬싱키 선언의 취지로 본다면, 인체유래물을 임상실험에 제공한 경우, 인체유래물을 물건으로 양도한 것이 아니라, 채무의 이행으로서 임상실험에 대한 협력의무를 이행하고 있다고 볼 수 있다. 직접 가서 '본인'이 임상시험을 받는 것과, '본인의 인체유래물'을 분리해 주는 것이 본질에 있어서는 동일하게 '사람을 대상으로 하는 연구'에 해당되기 때문이다.[29)]

또한 생명윤리법이 인체유래물을 연구·실험을 위해 제공하는 경우 실비변상만 가능할 뿐 경제적 수익을 취할 수 없도록 한 점도 인체유래물을 '소유권'이 아니라 '인격권'으로 보호하고자 한 취지로 볼 수 있다.[30)] 마찬가지로 인체유래물 관련 특별법(장기, 인체조직, 제대혈 등에 관한 특별법)에서 '무상기증'의 경우라도 상대방·내용·방식 등에 민법상 증여와 다르게 계약자유를 인정하지 않은 것도 인체유래물을 '소유권'이 아닌 '인격권'으로 보호하는 취지라고 할 수 있다.

---

28) 본 연구에서 '준(準)한다'는 표현은 '동일하지 않다'는 것을 전제로 사용한다. 완전히 동일하지는 않지만, 성질상 유사한 부분이 상당히 많기에 법률관계에서 '준용(準用)'할 수 있다는 의미이다. 예를 들어 '사인증여'는 계약이고, '유증'은 단독행위라서 동일하지는 않지만, 민법 제562조는 '사인증여'에 '유증'의 규정이 준용되는 것으로 하고 있다. '분리된 인체유래물'이 '분리 전 인체'에 준(準)하는 법적 지위라는 표현은 '사인증여'와 '유증'의 관계처럼, 동일하지는 않지만 법률관계가 '준용'될 수 있을 만큼 성질상 유사하다는 의미이다.

29) 분리된 인체유래물(DNA)을 활용한 민사법상 법률관계에 있어서, 이해에 가장 도움이 되는 개념 중 하나가 '분신(分身)'이다. 하지만 'DNA' 그 자체가 생명체(개체)가 아니고, 권리주체(사람)도 아니기에, 동일하게 파악하는 오해는 없어야 한다. 오로지 본질에 대한 이해의 편의성을 높이기 위한 목적에서 잠시 언급한다.

30) 생명윤리법 제23조 제3항은 "재산상의 이익 또는 그 밖의 반대급부를 조건으로 배아나 난자 또는 정자를 제공할 수 없다"고 하고 있고, 동법 제38조 제3항은 "인체유래물을 제공할 경우 무상으로 하여야 한다"고 명시하고 있다.

3. 법적 지위에 대한 국내외 판례

최근 의료기술과 생명공학기술이 비약적으로 발전하면서, 인체의 조직・세포 등을 활용한 연구와 치료가 활발하게 진행되었다. 특히 개인이 가지고 있는 '특이한 신체조직' 등을 적출하여, 기술적 조작을 가하고 이를 활용하여 생명의료과학에서의 비약적인 성과를 가져오기도 했다. 이러한 기술적 성과와 더불어서 법적으로는 '전통적인 물건 개념'에 대한 재고의 필요성이 제기되고 있다. 논의의 주제는, 인체로부터 조직과 세포 등이 분리된 경우 이를 '인체의 연장'으로 파악할 것인지, 아니면 '독립된 물건'으로 취급하여 적출된 사람의 소유로 파악할 것인가 이다. 특히 DNA를 비롯한 생물학적 물질 그 자체에 특허가 부여되면서 논란은 더욱 증폭되었다. 1990년 미국 캘리포니아 대법원의 '무어사건'과 1993년 독일 연방대법원의 '생식세포 훼손사건'이 대표적인 사례이며, 이 사건들을 계기로 진지한 검토와 함께 다양한 의견이 제기되었다.

이하에서는 앞서 본 인체유래물의 법적 지위에 대한 학설과 대비(對比)하면서, 실제 판결에서는 어떻게 다루었는지 대표적인 사례를 통해 살펴보도록 한다.

가. Moore v. Regents of University of California[31)]

1976년 33살이던 Moore는 백혈병 진단을 받게 되었다. 또한 림프절 질환과는 상관없는 비장비대증도 앓고 있었다. 담당의사인 Golde는 Moore에게 비장절제를 제안하였고 결국 비장은 적출되었다. Golde는 Moore의 비장에 있는 특이세포가 학문적으로나 상업적으로 매우 가치가 크다는 것을 알았으나 적출 전에 Moore에게 연구나 상업적 이용에 대한 별도의 안내나 설명을 하지는 않았다. Golde를 비롯한 의사들은 Moore의 비장세포를 토대로 유용한 단백질을 다량 생산하는 세포주(celll line)를 만들어냈으며, 1984년 특허가 부여되었다. 이 연구로 Golde와 대학 등에 44만 달러의 연구비가 기부되었으며, 또한 이 특허의 경제적 가치는 30억 달러가 넘는 것으로 평가되었다. 이에 대해 Moore는 '주치의가 자신에게 이러한 계획을 설명하거나 동의를 구하지 않았다'고 주장하면서 '횡령'과 '신임의무 위반'을 이유로 손해배상을 청구하였다.

---

31) John Moore v. Regents of University of California *et al.*, 51 Cal. 3d 120; 793 P. 2d 479 (1990).

이에 대해 캘리포니아주 대법원은 '설명에 기초한 승낙의 결여'와 '신임의무위반'은 인정하였지만, '횡령'은 배척하였다. 즉 불법행위인 횡령이 인정되려면 소유권이나 점유권에 침해가 있어야 하는데, 인체조직·세포에 대해서는 '소유권'이 성립될 수 없기에 Moore는 자신의 비장세포에 대한 소유권을 갖지 않는다고 하였다. 특허 받은 세포주와 관련해서는 '환자는 분리된 신체조직에 대하여 소유권적 이익을 가질 수 없기에 세포주는 환자의 재산이 아니다'는 입장을 분명히 하였다. 특히 캘리포니아주 대법원은 "인체유래물의 '개인적 재산권으로서의 인식'은 중요한 의학연구의 진행에 경제적 동기를 위축시킬 수 있으며, 만약 세포가 연구에 이용되는 것이 횡령이라면 연구자가 가지는 모든 세포의 표본은 소송의 티켓을 구입하는 것이 된다"는 입장을 취하였다. 이런 점에서 볼 때 본 판결은 생명의료과학 산업의 발전을 촉진하려는 국가정책적 의도에서 나온 판결이라고도 볼 수 있다.[32)]

Moore 판결은 이후 여러 판결에 영향을 미치게 되는데, 대표적인 것이 Greenberg v. Miami Children's Hospital 판결이다.[33)] 이 사건에서 법원은 Moore사건을 언급하면서, '인체유래물에 대한 소유권'을 부정하고, 이를 근거로 '연구결과에 대한 특허와 경제적 이익'에 대한 조직기증자의 권리도 부정하였다.[34)]

나. 분리보관 중인 정자의 훼손에 대한 독일 판례[35)]

31세였던 원고는 1987년 방광암 진단을 받았고, 암수술시 생식능력을 상실하게 될 것을 예상하고, 수술 전에 피고인 대학병원에 '정자'를 냉동보관하였다. 그 후 대학병원은 1989년 1월 19일 자로 '계속보관을 원하는지 의견을 묻는 서신'을 보냈고, 원고는 1989년 1월 26일 자로 '계속보관을 원한다는 통보'를 하였다. 하지만 피고인 대학병원의 과실로 원고가 회신한 편지는 유실되었고 1989년 5월 29일자로 원고의 정자는 폐기되었다. 이후 결혼한 원고는 냉동보관 중인 정자를 이용하여 아이를 가지려 하였으나 이미 정자가 폐기된 사실을 알게 되었다. 이에 원고는 심리적 충격에 대한 위자료를 청구하였으며, 또한 냉동보관 중이던 자신의 정자가 훼손된 점에 대해 소유권이 아닌 '일반적 인격권 침해'를 이유로 위자

32) 이재목·이정현, "치료과정에서 적출한 인체 구성부분의 이차적 이용에 따른 법률문제", 법조 제55권 제4호(2006), 118 - 119면.

33) Greenberg v. Miami Chren's Hospital Research Institute, Inc., 264 F.Supp.2d 1064(2003).

34) 김장한, "인체유래물질과 관련된 계약", 의료법학 제8권 제1호(2007), 16 - 17면.

35) BGHZ 124, 52; NJW 1994, 127.

료를 청구하였다.

독일에서의 위자료는 '신체침해'의 경우는 독일민법 제253조에 명시되어 있으나, '물건훼손'에 대해서는 판례가 인정한 '일반적 인격권'에 의해서만 인정되며 이 경우는 '고의 또는 중과실'을 별도로 요구하고 있다. 원심은 피고(대학병원)의 '경과실'에 의한 사고로 판단하여 '일반적 인격권'에 의한 위자료 청구는 부정하였다. 하지만 독일연방대법원은 정자의 폐기를 '신체침해'로 인정하여, 경과실(輕過失)에 대한 위자료 청구를 받아들였다. 독일민법 제823조 제1항 및 제847조 제1항에서의 '신체' 개념을 넓게 해석하여 적용한 결과였다. 독일연방대법원은 '의학의 발전으로 자가이식을 위한 피부, 골수, 혈액 등의 신체조직을 분리하였다가 다시 통합하는 것이 가능해진 기술적 발전'을 전제로 하면서 "차후에 다시 통합하기 위해 조직을 신체로 분리하였다면, 신체로부터 분리되어 있을 때에도 신체와 기능적 일체(funktionale Einheit)를 형성하고 있다"라고 판단하였다. 따라서 "이러한 신체조직의 손상이나 폐기는 독일민법 제823조 제1항, 제847조 제1항의 '신체침해'이다"라고 판단하였다.[36)]

이 판결은 인체로부터 '분리'되어 별도로 보관중인 '인체유래물'에 대해서, 여전히 분리 전의 신체와 동일한 법적 지위를 인정하였다. 즉, '분리된 인체유래물'의 훼손을 '신체침해'로 인정하여, '분리된 인체유래물'에 대해 '완전한 신체'에 준(準)하는 법적 지위가 인정될 수 있음을 보여준 대표적인 사례이다. 독일의 판결은 '피부나 골수의 자가이식', '임신을 위한 난자의 분리' 등 의학적 기술발전을 충분히 숙고하여 '물건성'과 '인격성'을 재구성한 결과이다. 현대과학에 대한 충분한 이해를 바탕으로 법적인 접근을 했다는 점에서 진일보되고 모범이 되는 판결이라고 볼 수 있다.

하지만 이 판결은 이후 학설의 많은 비판도 받게 되었다. 우선 '재주입하여 치료할 목적'은 다분히 주관적인 징표이기에 확정이 곤란하다는 점이며, 또한 판결은 원고의 위자료 청구를 인정해주기 위한 것이었으나, 다른 법적 수단을 통해서도 충분히 위자료는 인정될 수 있었다는 점 때문이다.[37)]

36) 박동진, "냉동보관중인 정자의 훼손에 대한 민사법적 평가", 의료법학 제3권 제1호(2002), 172-174면.
37) 양창수, "분리된 인체부분의 법적 성격", 민법연구 제9권(2009), 91-96면.

다. 대법원 2010. 10. 14 선고 2007다3162 판결

병원장이던 피고 1은 피고 2가 대표이사로 있던 피고회사로부터 '제대혈 줄기세포'를 공급받아 '중간엽 줄기세포'를 추출한 후 간경화 환자 2명에게 주입하는 이식수술을 2003년 9월과 10월에 각각 시행하였다. 2003년 11월에 피고 1은 피고 2와 공동기자회견을 열고 '2명의 간경화 환자에게 제대혈에서 추출한 줄기세포를 이식한 결과 간 기능이 현저하게 호전되는 결과를 얻었다'는 취지의 발표를 하였다. 또한 피고 1은 '병원 홈페이지'에, 피고 2는 '서울탯줄은행 홈페이지'에 이러한 내용을 게재하였다. 이러한 기자회견 및 홈페이지 내용은 신문・방송 등 여러 매체를 통하여 널리 보도되었다.

그런데 임상치료에 성공한 것으로 알려진 2명의 환자의 경우, 일부 검사 수치에서 약간의 변화가 나타나기는 했지만 실제 치료효과가 있다고 보기는 어려운 상태였음이 밝혀졌고, 결국 그중 1명은 이식 받은 지 9개월 후 사망하게 되었다. 한편 이러한 사실을 전혀 모르는 원고들은 신문・방송・홈페이지 등의 내용을 병원 측에 문의하였고, 병원 측의 권유로 피고회사로부터 줄기세포를 구입하여 2003년 12월경부터 2004년 3월경에 걸쳐 피고 1이 병원장으로 있던 병원에 입원하여 줄기세포 이식술을 받았다. 줄기세포 구입비로는 1인당 2,000~3,000만원이 지출되었고, 치료비로는 1인당 200~300만원이 지출되었다. 이후 이식받은 원고들은 기존의 병세가 악화되거나 부작용이 발생하지는 않았지만, 기존의 질병이 호전되지도 질병의 진행속도가 완화되지도 않았다. 이에 원고들은 피고들에 대해 불법행위에 기한 재산상 손해와 위자료 배상을 청구하였다.

대법원은 '중간엽 줄기세포'에 대해 약사법상 '의약품'으로 보고, '줄기세포 이식술'을 '임상시험'으로 판단하였다. 따라서 약사법 제26조의4 제1항에 위반한 것으로 판단하였다. 또한 피고들의 설명의무 위반으로 인한 불법행위성립과 손해배상책임을 인정하였다. 다만 미승인 임상시험의 의료행위에 의한 약사법위반은 행정법상 위반이며 그 자체로 민법상 불법행위가 성립하지는 않는다고 판시하였다.

이 판결에서 주목할 만한 쟁점은 "인체에서 분리한 '세포'가 '의약품'인가?" 하는 점이다. '분리된 세포(인체유래물)'가 의약품이 되기 위해서는 '세포(인체유래물)'가 소유권 등이 인정되는 '물건'으로서의 법적 지위를 가져야 한다. 만약 '분리된 세포'가 '물건성'을 가질 수 없다면 세포는 의약품(물건)으로는 보호되지 못한다.

다만, 제대혈에서 중간엽줄기세포를 추출하여 환자에게 주입하여, 간경화에 대한 효용성을 확인한 '의료기술(의료방법)'로만 보호될 수 있을 것이다. 대법원은 이 판결에서 '분리된 세포'도 약사법 제2조 제4항 제2호의 '의약품'에 해당한다고 판시하여, '분리된 세포(인체유래물)'에 대한 '물건성'을 인정하였다. 「약사법」과 「생물학적 제제 등의 제조·판매관리 규칙」에도 의약품으로 분류하고 있다.[38)]

만약 약사법과 관리규칙의 입장과는 달리 '세포(인체유래물)'의 '물건성'이 부정된다면, '의료기술(의료방법)'로 보호될 수 있으며, 특허에 있어서도 '방법발명(의료방법발명)'으로 보호될 수 있을 것이다. 또한 '신의료기술'로 인정되려면, 의료법 제53조에 의거하여 '필요성이 인정될 때'에는 '신의료기술 평가위원회'에 의해 안전성·유효성 등의 평가를 받아야 한다.

라. 사 견

분리된 인체유래물에 대한 미국, 독일의 대표적인 판례를 살펴보고, 우리나라의 최근 판례를 검토해보았다. 세 가지 사례 모두 세포 등에 포함된 DNA를 의료·생명공학적으로 활용하고 있다는 측면이 유사하다.

먼저 우리나라 판례는 종래 이어오던 통설인 '분리이론'에 충실한 판결로 볼 수 있다. 즉, 공급받은 제대혈에서 추출한 '중간엽 줄기세포'를 기존의 물질에서 '가공한 물건'으로 보고, 약사법이 적용되는 '의약품'으로 보았다. 결국 '중간엽 줄기세포' 자체가 '물건'이고 '의약품'인 것이다. 하지만, 이러한 대법원의 입장은 현대 과학적 성과나 인체유래물에 관련된 미국·독일 등의 판결, 그리고 이 판결 이후에 시행된 「제대혈 관리 및 연구에 관한 법률」의 취지 등을 고려해볼 때, 향후 재검토가 필요할 것으로 보인다. 현행 「제대혈 관리 및 연구에 관한 법률」은 '제

---

38) 관련조문을 살펴보면 다음과 같다.
「약사법」 제2조(정의) 제4호 나목은 의약품을 '사람이나 동물의 질병을 진단·치료·경감·처치 또는 예방할 목적으로 사용하는 물품 중 기구·기계 또는 장치가 아닌 것'이라고 정의하였다.
「생물학적 제제 등의 제조·판매관리 규칙」 제2조(정의) 제1호는 "생물학적 제제란 생물체에서 유래된 물질이나 생물체를 이용하여 생성시킨 물질을 함유한 의약품으로서 … 백신, 혈장분획제제 및 항독소 등을 말한다"고 명시하며, 제2조 제2호에서는 "'생물학적 제제등'이란 생물학적 제제, 유전자재조합의약품, 세포배양의약품, 세포치료제, 유전자 치료제 및 이와 유사한 제제를 말한다"고 밝히고 있다.
이러한 규정으로 볼 때, 약사법과 관리규칙에서는 '세포치료제'를 '의약품'으로 명시하고 있으며, 약사법의 적용대상으로 보고 있다. 의약품으로 인정되면, 특허를 받을 때도 '물건의 발명'으로 보호된다. 또한 임상시험을 하고자 할 때 약사법 제26조의4 제1항에 따라 식품의약품안전처장의 승인을 얻어야 한다.

대혈'의 '물건성'을 인정하기보다 '인격성'을 강조하고 있으며, 공익적 입장에서 규정하고 있다. 즉, '제대혈의 유상양도' 등을 엄격히 금지하고 있으며, 기증된 제대혈이라도 '제대혈은행'에서 채취하여 '제대혈정보센터'의 통보에 의해 '이식의료기관'에 공급하도록 규정하여, 상대방 선정을 엄격히 제한하고 있다. 또한 제대혈기증자의 '희생정신'을 강조하여, '인격성'에 근거한 '공익적 입장'에서 제대혈을 취급하고 있다.

미국의 Moore 판결은 '분리된 인체세포・조직 등에 대한 소유권'을 원칙적으로 부인한 것이다. 이러한 Moore 판결의 취지는 앞서 본 Greenberg 판결에서도 그대로 이어지고 있다. 또한 Cornelio v. Stamford Hospital 판결도 이러한 취지가 이어진 대표적 사례이다.[39] 이러한 미국 법원의 입장은 1644년 Edward Coke가 '시체의 매장은 누구에게도 속하지 않으며 오직 교회의 관할일 뿐'이라고 한 이래 '인체는 재산이 될 수 없다'는 영미법 원칙을 확인한 것으로 볼 수도 있다.[40] 하지만 현재 미국에서는 과학기술의 발달과 사회적 인식의 변화 등으로 '인체구성부분'도 재산권으로 인정해야 한다는 주장이 확대되고 있으며, 재산권으로 인정한 것과 유사한 판결도 나오고 있는 실정이다.[41] 특히 Moore 사례에서 캘리포니아주 대법원은 '인체유래물의 재산권 인정이 의학연구를 위축시킬 수 있으며, 연구자가 소송에 휘말릴 수 있다'는 우려를 표명하여, 본 판결에 의료・생명공학산업의 발전을 촉진하려는 국가정책적 의도가 있음을 보여주었다. 결국 미국 법원의 입장은 과학기술의 발달과 사회인식의 변화, 정책적 필요성 등에 의해서, 인체유래물의 법적 성격은 언제든 변화될 여지가 있다는 취지로도 볼 수 있다.

독일 판례는 '분리보관중인 정자'의 법적 지위를 '분리되기 이전의 신체'와 동일하게 보는 입장이다. 즉, 정자(인체유래물)의 분리와 미분리를 구별하지 않고 동일하게 '신체'로 파악할 수 있는 기준을 제시한 것이다. 그 기준은 '재주입하여 치료할 목적'이다. 앞서 본 바와 같이 '재주입 목적'은 다분히 주관적인 징표라서 법적 지위를 확정하는 기준이 될 수 없다는 비판이 다양하게 제기되었다. 하지만 독일 판결은 피부・골수・생식세포의 자가이식 등 현대 의료・생명과학에 대한 충분

39) Angela Cornelio v. Stamford Hospital, 246 Conn. 45; 717 A.2d 140(1998).

40) Roy Hardiman, "Toward the Right of Commerciality: Recognizing Property Rights in the Commercial Value of Human Tissue", 34 *UCLA Law Review* 207(1986), pp.226 ff.

41) William Boulier, "Sperm, Spleens, and Other Valuables: The Need To Recognize Propery", 23 *Hofstra Law Review* 693(1995), pp.704 ff.

한 이해와 고려를 바탕으로 내려진 판단으로, 현대과학적 상황을 전제로 한 모범적이고 진일보한 판결로 볼 수 있다. 특히 '분리된 인체유래물'에 대하여 '완전한 신체'에 준(準)하는 법적 지위가 인정될 수 있음을 보여주고, '인격적 보호'를 강조한 점에서 법적 지위에 대한 논의에 꼭 필요한 논거를 제시하였다. 무엇보다 '현대과학의 발전과 성과'를 바탕으로 인체유래물의 법적 지위에 대해 '근본적인 재검토'를 했다는 점에서, 향후 진행될 법적인 논의의 방향에도 시사하는 점이 크다고 할 것이다. 다만, 판결에서 제시한 '재주입할 의사(목적)'는 지나치게 주관적인 기준임에는 분명하다. 인체유래물의 본질 그 자체로부터 '신체'에 준하는 법적 지위를 부여하는 논거와 체계를 제시하는 것이 타당할 것이다.

Ⅳ. 인체유래물의 인격성과 관련한 민법상 주요 쟁점

'신체에 내재한 인격성의 본질' 혹은 '인격적 존재의 신체적 요소'는 바로 DNA라고 파악하는 것이 필자의 견해이다. 현대의 첨단과학적 성과는 DNA의 속성과 인격적 측면에서의 중요성을 지속적으로 증명해가고 있다. 이러한 결과들은 법적인 측면에서도 재논의하고 해결해야 할 수많은 난제들을 또한 부각시키고 있다고 생각된다.

이하에서는 특히 민법 분야에서, 향후 첨단과학적 성과에 근거해서 깊이 고찰하고 이를 통해 종래의 이론과 법체계를 재정립해야 할 법적 쟁점들을 검토하도록 한다.

1. 시체(屍體)의 법적 지위

'DNA를 내포하는 인체구성부분'을 '인체유래물'로 정의했을 때, 시체는 망인의 DNA를 100% 보존한 '가장 완전한 인체유래물'이다. 살아있는 사람의 '인체유래물'이 '그 사람의 인격권의 객체'로서 '그 사람의 인체'에 준하는 법적 지위에 있다면, 시체는 '사자(死者)의 인격권의 객체'로서 '사자의 생전 인체'에 준(準)하는 법적 지위로 파악하는 것이 타당하다.[42)]

42) 자세한 내용은 유지홍, "첨단 생명의료과학에 근거한, 시체(屍體)의 민법상 지위 고찰", 생명윤리정책연구 제8권 제2호(2014), 133-176면.

시체에 관하여 종래의 다수설은 매장·제사·공양 등에 권능이 한정된 특수한 소유권으로 파악하고 있다. '관습법상 관리권설', '이원설' 등도 이론구성에 차이는 있으나 한정된 권능에서 물건성을 인정한다는 점에서 결과는 유사하다. 이와는 달리 '물건성 부인설'은 물건성을 부인하고 인격성만을 인정한다. 특히, 독일의 경우 '시체에는 망자의 인격권이 계속 존속한다'는 입장이 다수설이다.

우리나라에서는 2008년에 있었던 '제사주재자의 유체인도청구 허용판결'을 통해 시체의 법적 지위가 크게 쟁점화되었다[43] 당시 다수견해는 유체·유골을 매장·제사 등의 대상이 될 수 있는 유체물로서 제사용 재산에 준하여 제사주재자에게 승계된다고 판시하였다. 하지만, 유체에 관한 민법 제1008조의 적용여부, 망인의 종국적인 의사보호, 유체에 관한 사후적 인격보호 등과 관련한 다양한 이견(異見)이 제시되었다. 특히, 안대희 대법관과 양창수 대법관은 '유체는 분묘의 귀속과 분리하여 검토해야 한다', '유체는 망인의 종국적인 의사가 1차적 기준이 된다'는 의견을 제시하며 판례와 상이한 입장을 취하였다. 안대희 대법관은 보충의견에서 "실정법에 명문의 규정이 있는지 여부를 불문하고 일반적 인격권은 사후에도 보장되고 이러한 범위 내에서는 사자도 인격권의 주체가 된다"고 밝혔다.

사자의 인격권은 독일 메피스토 사건 판결[44]을 통해 인정된 이래 독일 다수설의 입장이 되었다. 우리나라에서도 소설 '무궁화 꽃이 피었습니다' 사건을 통해 인정된 적이 있다.[45] 현행법도 '사자의 명예를 보호하는 형법 제308조', '저작자 사망 후 저작인격권을 보호한 저작권법 제14조 제2항', '언론중재 및 피해구제 등에 관한 법률 제5조' 등에서 사자의 인격권을 보호한 입장을 확인할 수 있다. 또한 '장기 등 이식에 관한 법률 제22조', '인체조직안전 및 관리 등에 관한 법률 제8조', '시체 해부 및 보존 등에 관한 법률 제4조' 등도 사자의 의사를 1차적 기준으로 밝히며, 사자의 인격권을 보호하고 있다.

사견(私見)으로, 법리구성에 있어 유골(遺骨)과 유체(遺體)를 분리하여 현대과학의 입장에서 재검토할 필요가 있다고 판단된다. 화장 후 유골함에 보관된 유골은 망인의 '인격의 잔재'이기에 물건으로 볼 수는 없다. 따라서 망인의 인격권에 따른 보호대상으로 파악하는 것이 타당하다. 생전에 유골의 안장 장소 등 처분방식을 망자가 이미 확정한 경우에는 그 법적 효력을 인정해야 한다. 이와 별도로 화

43) 대법원 2008. 11. 20. 선고 2007다27670 판결.
44) BGHZ 50, 133; NJW 1968, 1773.
45) 서울지방법원 1995. 6. 23. 선고 94카합9230 판결.

장되지 않은 유체는 망인의 DNA를 100% 보존한 가장 완전한 인체유래물이기에 첨단과학적 상황이 더욱 고려되어야 한다. 즉, '인격적 잔재'일 뿐만 아니라 과학적 측면에서는 '실체적 잔재'이기도 하다. 'DNA를 보존한 세포 한 개'면 망자라도 '복제생명체'로 재탄생할 수 있기 때문이다. 비록 망자가 사망하였다고 할지라도 유체와 유골은 모두 '사자의 생전의 인체'에 준하는 법적 지위로 파악하는 것이 타당하며, 특히 유체의 경우는 '사자의 인격권'에 근거하여 모든 법률관계에서 더욱 강하게 보호해야 한다.

2. 의학연구를 위한 인체유래물 기증계약

인체에서 분리된 인체유래물의 지위가 여전히 인체에 준(準)하는 지위에 있다면, 의학연구 목적의 인체유래물 기증계약은 '위임 유사의 비전형 계약'이 된다. 다만, '위임'은 '위임인의 이익'이 목적이지만 '인체유래물 기증계약'은 '공공의 이익'을 목적으로 한다는 점에 차이가 있다. '본인의 치료'를 위해 본인의 인체유래물을 분리해서 조직검사를 한다면 당연히 '의료계약'이 된다. 이와 달리 '일반대중을 위한 보건상 연구'를 위해 인체유래물을 기증한다면 그것은 의료계약이 아닌 것이 분명하지만, 법적 성격만큼은 의료계약과 유사하게 된다. 결국, 의료계약이 위임에 유사한 계약인 만큼, 인체유래물 기증계약은 이와 유사한 '준(準)위임계약'이라는 결론에 이르게 된다.[46]

과거와는 달리 질병치료나 의약품 개발, 의료산업 발전을 목적으로 한 인체유래물의 활용과 그에 따른 효용이 비약적으로 증가했다.[47] 따라서 과학적 연구를 위한 '인체유래물 기증계약'에 관한 법적 성격도 체계적으로 정립되어야 하는 상황이다. 과거와 달리 수요와 효용이 급증했지만, 이와 함께 불법적 거래와 활용, 개인정보 유출 등의 위험도 증가했기 때문이다.

철학적 논의에서 '인격주의(人格主義)'는 인체와 정신(영혼)을 실체적 결합으로 보고, 인체를 소유관계가 아니라 '나의 육체는 곧 나이다'라는 명제로 이해한다.[48] 앞서 '의식'과 '인체'는 본질적인 부분에서 교집합을 이루고 있으며, 세로토닌의 양과 우울증의 함수관계가 그 예가 될 수 있다고 언급한 바 있다. 이러한 논의를

46) 자세한 내용은 유지홍, "의학연구를 위한 인체유래물 기증계약의 법적성격", 과학기술과 법 제10권 제1호(2019), 165 - 211면.

47) Ray V. Herren(김희발 · 이무하 외 역), 생명공학으로의 초대 – 삶의 혁명, 2006, 99 - 100면.

48) 홍석영, "인간 배아의 인격 지위에 관한 고찰", 생명윤리 제3권 제2호(2002), 16 - 30면.

종합해보면 분리된 인체유래물이 '인체에 준(準)하는 법적 지위'를 가진다는 본 연구의 입장은 철학적으로는 '인격주의'와 결합하여 정합성 있고 자연스러운 이론체계를 구성할 수 있다. 의학연구를 위한 인체유래물 기증계약도 이러한 논의의 연장선에서 검토한다면 보다 체계적인 이론으로 정립해 갈 수 있을 것이다.

많은 학설들이 '민법', '인체유래물 관련 특별법' 등의 규정을 근거로, 인체유래물 기증을 '증여(贈與)'로 해석하고 있다. 하지만 이러한 논리는 '분리이론'의 체계에서나 가능한 주장일 뿐이며, 앞서 살펴본 바와 같은 현대 첨단과학과는 전혀 부합하지 않는다.

'의학연구를 목적으로 한 인체유래물 기증 계약'의 법적 성격을 검토하기 위해서는 관련 법률들의 분석이 선행되어야 한다. 국제법적 고찰로는 '헬싱키선언', '프랑스 민법', '미국 커먼룰' 등이 밀접한 관련성이 있다. 국내법으로는 '생명윤리법'을 비롯하여 인체조직, 제대혈, 혈액, 시체 등과 관련한 특별법을 검토해야 한다. 민법에서는 '증여'와 '위임'에 관한 규정이 검토되어야 한다.

헬싱키 선언과 프랑스 민법은 '인체유래물의 물건성'을 부정하고 있다. 특히, 헬싱키 선언 제25조는 인체유래물 활용과 관련하여 동의를 얻은 범위 내에서만 연구를 수행할 수 있음을 구체적으로 명시하고 있다.[49] 미국의 커먼룰(45 C.F.R. §45)에서 명시한 '권리포기 금지원칙'은 인체유래물의 소유권 이전을 원칙적으로 부정한 것으로 볼 수 있다.[50]

인체조직, 제대혈, 혈액, 시체 등과 관련한 특별법에서는 '인도적 정신과 희생정신'을 강조하고, '상대방 선택'을 관련기관에 일임하는 등 공익적 목적에 따라 의료행위가 진행될 수 있도록 행정절차를 규정하고 있다. 따라서 민법상 증여와는 법적 성격이 완전히 다르다.

민법 제554조 내지 제562조에서 규정한 증여는 법적 성격이 무상(無償), 낙성(諾成), 편무(片務), 불요식(不要式) 계약이다. 하지만, 인체유래물의 경우는 연구를 위해서 기관위원회(IRB)의 심의를 받도록 하고 있다는 점에서 낙성(諾成)계약인 증여와는 완전히 다르다(생명윤리법 제36조). 또한 목적・보관・폐기 등과 관련하여 상호간 합의된 범위와 방법으로만 활용할 수 있도록 하면서 연구자에게도 책

49) 임상시험 수행에서 가장 중요한 역할을 하는 것이 피험자의 동의라고 할 수 있다(樋口範雄・岩田太, 生命倫理と法 II, 2007, 111-112頁).

50) 박수헌, "커먼룰과 보관된 인체유래물에 관한 제공자의 권리", 생명윤리정책연구 제6권 제1호(2012), 10면.

임을 지우므로, 편무(片務)계약인 증여와 성격이 상이하다(생명윤리법 제37조). 생명윤리법 제36조(동의철회권)·제39조(변경·폐기 요구권)는 주체성과 자기결정권이 여전히 기증자에게 잔존하도록 하고 있다. 생명윤리법 제17조(연구대상자에 대한 안전대책)는 민법 제681조에 명시한 선관주의의무의 취지와 오히려 유사하다.

의료행위를 위해서 의사는 환자에게 충분한 설명을 하고 '진료에 관하여 동의'를 받아야 한다. 인체유래물 연구에 있어서도 연구자는 기증자에게 충분한 설명을 하고 '활용에 관한 동의'를 받아야 한다. 이러한 점에서 '의료계약'과 '인체유래물 기증계약'은 법적 성격이 매우 유사하다. 민법상 위임에 관한 규정 중 제680조(사무의 처리), 제682조(복임권 제한), 제689조(상호해지) 등과 관련해서는, '의료계약'보다 '인체유래물 기증계약'이 오히려 잘 부합한다.[51)]

이러한 검토를 종합해보면, '인체유래물 기증계약'의 법적 성격은 의료계약처럼 위임에 가까운 비전형계약으로서 '준(準)위임계약'으로 볼 수 있다. 다만 위임계약은 '위임인의 이익'을 추구하지만 인체유래물 기증계약은 대부분 '공공의 이익'을 추구한다는 점이 상이하다. 향후, 빅데이터(Big Data)나 정밀의료(Precision Medision) 등 첨단과학에 활용된다는 점을 고려한다면 위임계약을 준용하는 단계를 넘어 '인체유래물 기증'의 특성을 감안한 독자적인 형태의 계약으로 정립해갈 필요가 있을 것이다.

3. 첨단의료보조생식과 민법 제844조 친생자 추정

첨단생명의료과학의 발전은 난치병·난임의 치료, 초미숙아의 생존 등 현실적 효용을 제공하였지만, 다른 한편으로는 인간의 자기이해(自己理解)와 성찰(省察)의 계기를 마련해주었다. '친생자 추정'이나 '사람의 시기(始期)' 등 법적인 쟁점들도 이러한 자기이해의 토대 위에서 논의되어야 할 것이다.[52)]

체외수정(IVF), 초미숙아 출산, 배아복제, 유도만능줄기세포(iPS cell) 등의 첨단기술들은 성교, 포태, 착상, 출산 등으로 이어지는 생식의 전 과정을 기술적으로 대체하였으며, 인간의 직접적 개입을 생략(省略)할 수 있도록 만들었다.[53)] 특히,

---

51) 유지홍, *supra* note 46, 191 - 197면.

52) 자세한 내용은 유지홍, "첨단의료보조생식에 근거한 민법 제844조 친생자 추정에 관한 고찰", 법학연구 제26권 제2호(2015), 151 - 216면.

53) 물론, 생식세포의 거래는 인격권 보호 차원에서 엄격히 금지되어야 한다(권복규·박은정, 줄기세포 연구자를 위한 생명윤리, 2007, 140면).

인공자궁과 초미숙아의 생존은 '미출생자'와 '출생자', '체내'와 '체외'의 구별을 무의미하게 만들었다. 결국, '수정(受精)된 때'부터 독립된 인간 개체로서의 모든 요건을 충족한다고 볼 수 있다.

이러한 과학적 상황을 고려한다면 '첨단의료보조생식에서의 부모확정(父母確定)'은 그 수정란의 생성을 기준으로 해야 하며, 결국 정자·난자의 제공자가 원칙적으로 부모가 된다. 한편 'iPS cell'의 개발은 머리카락이나 피부의 '체세포'를 '정자·난자'로 분화시키는 것을 가능하게 했다. 이러한 과학적 성과를 종합해본다면, 의료보조생식에서의 부모확정은 DNA를 기준으로 해야 한다. 즉, 출생자의 본질은 DNA이며, 그 출생자가 생성되도록 'DNA를 제공한 사람'이 원칙적으로 부모가 되어야 한다.

현행민법은 '혈연에 기초한 실친자관계'와 '입양에 기초한 양친자관계'로 양분해서 규정하고 있다. 하지만, 체외수정, AID[54], 대리모, iPS cell, 인공자궁 등은 완전히 별개의 형태이므로 '의료보조생식에 의한 친자관계'를 새로운 유형으로 입법하는 것이 타당하다. 이 경우 부모(父母)와 출생자(出生子)를 연관시키는 매개(媒介)는 DNA만 남게 된다. 따라서 의료보조생식에서의 부모는 원칙적으로 'DNA 제공자'가 되어야 한다. 이와 별개로 'AID 등 비배우자간 생식세포 기증'에 있어서는 '친양자(親養子)'제도에 준(準)하여 출생자의 복리를 공고히 할 수 있도록 규정해야 할 것이다.

생명윤리법이 전부개정된 2012년 당시의 통계를 보면, 연간 약 100,000건의 의료보조생식시술이 시행되었고, 이러한 시술을 통해 연간 10,000명 이상의 신생아가 출생했다. 그중 비배우자간 인공수정도 약 1,000건 이상 시술되었다.[55] 법적인 측면에서는 이렇게 체외수정 등으로 출생한 자(子)에 대한 부모확정기준이 별도로 마련되어있지 않아서, 출생자의 신분이 불안해지는 문제가 발생하였다.

종래 친생자추정은 민법 제844조를 적용했으며, 의료보조생식에 의한 경우도 별도의 규정이 없는 한 민법 제844조를 적용의 출발점으로 삼을 수밖에 없다. 하지만, 민법 제844조는 1958년 민법 제정당시에 '부부의 자연스러운 동거와 포태'를 전제로 규정된 내용이었다.[56] 특히 제844조 제2항은 헌법재판소에서 헌법불합

54) 정자 기증에 의한 비배우자간 인공수정(Artificial Insemination by Donor, AID).

55) 배아를 기준으로 보면, 연간 약 250,000이 체외수정으로 생성된다. 그중 100,000은 체내이식되고, 50,000은 냉동보관, 100,000은 폐기된다.

56) 민법 제844조는 제정 당시에는 제838조에 규정되어 있었으며, 일본 민법 제772조와 동일한 내용이

치결정되었으며, 이로 인해 친생추정의 효력을 배제하는 '친생부인의 허가청구' 규정이 신설되었다.[57] 하지만, 이러한 개정에도 불구하고 의료보조생식에 관한 내용은 여전히 포함되지 않고 있는 실정이다.

난임부부가 생식세포를 기증받아, 체외수정을 하고 대리모에게 착상시킬 경우 이해관계인은 최대 9명도 될 수 있다.[58] 생명윤리법은 제24조이하에서 '배우자 동의 등'을 전제로 생식세포 기증을 허용하고 있다. 이러한 비배우자간 시술은 더욱 확대될 것으로 예상되며, 당면하게 될 법적·윤리적 문제들도 더욱 증가할 것이다.

법적으로 가장 중요한 쟁점이자 출발점은 '타인으로부터 생식세포를 기증받아' 의료보조생식을 할 경우, 그 출생자의 부모(父母)는 누가 되는가를 확정하는 일이다. 생명윤리법 제25조는 배아의 보존기간을 최장 5년으로 규정하고 있다. 따라서 부부의 합의 사항에 따라 '혼인관계 종료 후 300일 이후'에도 얼마든지 임신과 출산이 가능하다. 특히 'AID 등 생식세포 기증'의 경우에는 까다로운 검사와 절차, 준비기간 등으로 '동서의 결여가 명백한 경우'가 상당히 많다. 따라서 민법 제844조를 단순히 적용할 수 없는 것이 현실이며 하급심에서는 이를 확인한 판례도 있었다.[59] 일본의 최고재판소는 '현행법이 상정하지 않은 상황에 대하여 현행법을 적용할 수 없다'는 취지로 판시하기도 했다.[60]

이러한 상황들을 종합적으로 고려하여, 신설이 필요한 '의료보조생식에서의 친생자 추정 규정'을 정리해보면 다음과 같다.

> 민법 제844조의2 [의료보조생식에서의 친생자 추정] ① 의료보조생식을 통하여 출생한 자는, 그 유전적 부모(遺傳的 父母)의 친생자로 추정한다.
> ② 생식세포나 체세포의 기증을 통한 의료보조생식으로 출생한 자는, 의료보조생식을 의뢰한 부부(夫婦)의 친생자로 본다.
> ③ 제2항의 생식세포나 체세포의 기증을 통하여 의료보조생식을 행하려는 사람은 다음 각호의 요건을 갖추어 가정법원에 청구하여야 한다.
> 1. 3년 이상 혼인 중인 법률상 부부일 것

었다.

57) 헌법재판소 2015. 4. 30. 선고 2013헌마623 결정. 헌법재판소는 이혼숙려기간 및 조정전치주의가 도입됨에 따라 혼인파탄에서 법률상 이혼까지의 간격이 늘어난 점, 유전자검사 기술의 발달로 부자관계의 의학적 확인이 용이해진 점 등 사회적·법률적·의학적 사정변경을 그 이유로 제시하였다.

58) 이해관계자를 분류해보면 다음과 같다. 첫째 정자 기증자(夫)와 정자기증자의 아내(妻), 둘째 난자기증자(妻)와 난자기증자의 남편(夫), 셋째 대리모(妻)와 대리모의 남편(夫), 넷째 의뢰인 부부(夫婦), 다섯째 출생자(子).

59) 서울가정법원 2002. 11. 19. 선고 2002드단53028 판결.

60) 最高裁 2006. 9. 4. 宣告 平城16 第1748号.

2. 의료보조생식 시술에 대하여 부부가 공동으로 동의할 것
3. 활용하려는 의료보조생식 기술이 생명윤리 및 안전에 관한 법률에 반하지 않을 것. 다만, 사후생식과 대리모계약은 전면 금지한다.

④ 가정법원은 출생자의 복리를 위하여, 세포기증에 의한 의료보조생식을 행하려는 부부의 동기, 양육능력, 그 밖의 사정을 고려하여 적당하지 아니하다고 인정하는 경우에는 제3항의 청구를 기각할 수 있다.

4. 인체유래물을 활용한 불법행위와 법적 구제

인체유래물의 법적 성격에 관한 논의는, 민사법적으로는 특히 '침해에 대한 구제방법'과 '배상범위'에서 큰 실익이 있다. 앞서 본 'Moore 사건'과 독일의 '분리보관중인 생식세포 훼손 사건'은 이와 관련된 대표적인 사례였다.

이하에서는 우선 인체유래물의 법적 성격에 따라 '손해배상을 비롯한 법적 구제'에 어떤 차이가 있는지 현행 불법행위규정을 토대로 고찰해보고, 이어서 향후 발생이 예상되는 인체유래물 관련 불법행위들을 정리해보도록 한다. 이러한 검토들을 토대로 인체유래물의 본질적 속성에 합당한 법체계와 보호방안을 모색해 보도록 한다.

가. 불법행위 성립과 위자료 청구 요건

독일민법 제253조 제2항은 '신체, 건강, 자유, 성적 자기결정권'을 침해한 경우 비재산적 손해(정신적 손해)에 대해서도 배상(위자료)을 청구할 수 있도록 하고 있다.[61] 따라서 제253조 제2항에 속하지 않는 '물건에 대한 침해(훼손)'의 경우, 일반적인 불법행위요건(고의 또는 경과실)으로는 '위자료'를 청구할 수는 없게 된다. 한편 독일 판례는 '일반적 인격권'에 대한 침해시 위자료 청구를 인정하였다. 하지만 일반적 인격권 침해의 성립요건으로 '고의나 중과실(重過失)'을 추가적으로 요구하였다. 정리해 보면 독일민법의 태도로는 '인체유래물 훼손'에 대해, 첫째 '단순한 물건훼손'으로 보면 위자료를 청구할 수 없게 된다. 둘째 '일반적 인격권

61) 독일민법의 관련 규정은 다음과 같다(이하 내용은 양창수 역, 독일민법전－총칙·채권·물권, 2015, 110 - 113·608 - 611면).
제253조[비재산손해] ① 재산손해가 아닌 손해는 법률로 정하여진 경우에만 금전에 의한 배상을 청구할 수 있다.
② 신체, 건강, 자유 또는 성적 자기결정의 침해를 이유로 손해배상이 행하여지는 경우에는 재산손해가 아닌 손해에 대하여도 상당한 금전배상을 청구할 수 있다.
제823조[손해배상] ① 고의 또는 과실로 타인의 생명, 신체, 건강, 자유, 소유권 또는 기타의 권리를 위법하게 침해한 사람은, 그 타인에 대하여 이로 인하여 발생하는 손해를 배상할 의무를 진다.

침해'로 보면 판례에 의해 중과실(重過失)에 의한 훼손이 인정되어야 위자료 청구가 가능하다. 앞서 본 '정자훼손사건'에서는 병원 측에 경과실(輕過失)만 인정되므로 위자료는 청구할 수 없다. 셋째 '신체침해'로 보게 되면 독일민법 제823조의 규정에 의해 위자료를 청구할 수 있다. 독일 판례가 분리보관중인 인체유래물 훼손을 '신체침해'로 인정한 이유이기도 하다.[62]

우리나라 민법의 해석에 있어서, 다수설과 판례는 '물건의 침해'에 대해서도 '재산적 손해'와 '비재산적 손해(위자료)'에 대한 배상청구가 가능하다고 본다. 즉, 민법 제750조의 일반불법행위에 의해서도 '비재산적 손해에 대한 배상금(위자료)'을 청구할 수 있다고 본다. 다만 민법 제751조 제1항에서 '신체, 자유, 명예 기타 정신적 고통'을 별도로 명시한 것에 대해서는 몇 가지 견해가 나뉜다. 이에 대해 다수설과 판례는 제751조에 직접 언급된 법익에 대한 침해에는 '정신적 고통'에 대한 입증책임을 면제하며, 그 외의 법익침해에 대해서는 제750조의 요건에 따라 피해자가 '정신적 고통'의 발생을 입증해야 한다고 한다. 또한 제752조의 '피해자의 직계비속 기타 가까운 친족'도 통상적으로 정신적 고통을 입게 된다는 점에서 입증책임 없이 '위자료 청구'가 인정되도록 한 취지라고 해석한다.[63]

독일 민법의 입장에서는 '물건의 훼손(침해)'에 대해서는 '위자료'가 인정되지 않는 것이 원칙이고, '물건의 훼손에 의한 일반적 인격권 침해'로 '위자료'를 청구하려면 중과실이 필요하다. 따라서 '분리보관중인 생식세포 훼손사건'에 있어서 신체침해를 인정하면, 피해자의 핵심법익인 정신적 고통에 의한 위자료 청구가 가능해지기에 큰 의미를 가지게 된다. 우리나라 민법의 입장에서는 다수설·판례가 민법 제750조의 일반불법행위에 물건 훼손(비재산적 손해)에 의한 위자료 청구가 포함된다고 보고 있기에, 인체유래물을 '물건'으로 보건 '신체'로 보건 구별의 실익이 없다고 생각될 수도 있다. 하지만 사견(私見)으로는 입증책임에서 본질적인 차이와 실익을 가질 것으로 판단된다. 인체유래물을 '인체'로 보게 되면, 제751조에 '신체'가 명시되어 있기에, 정신적 고통은 별도의 입증 없이 인정되고, '위자료'도 제393조 제1항의 통상손해가 되어 입증할 필요 없이 인정된다. 하지만 '물

62) 김상용, 채권각론, 2009, 843면 이하.

63) 일본 민법에서도 제711조에 의해, 신체·자유·명예는 제710조에 의해 인격권에 의해 보호받는다고 보고 있다[川井 健, 民法概論 4(債權各論), 2007, 412頁]. 또한 가까운 친족에 대해서도 불법행위가 성립하고 정신적 손해에 대한 배상책임이 인정된다. 일본판례도 자녀의 사망 등에 대해 부모의 정신적 고통을 이와 유사한 정도로 보고, 위자료 청구를 인정하는 판단을 계속했다(水辺芳郎, 債權各論, 2006, 343頁).

건'으로 보게 되면, 제750조의 일반불법행위가 성립하기 위해 '정신적 고통'이 발생했음을 입증해야만 한다. 또한 '물건훼손'의 경우, 위자료에 대해서도 민법 제393조 제2항의 특별손해가 되어 '손해의 발생'과 '가해자가 알았거나 알 수 있었음'을 입증해야 한다.[64)]

인체유래물을 활용한 불법행위에 있어서 '물건으로서의 재산적 가치'는 실제 미미하다. 인체에는 100조 개의 세포가 있으며, 하루에도 수억 개의 세포가 사멸하고 재생되기 때문이다. 따라서 세포를 단순한 재산적 가치로 본다면 큰 의미가 없다. 다만 그 100조 개 중, 단 1개의 세포라도 인체를 구성하는 DNA를 완전히 포함하고 있다. 본인뿐만 아니라 '친족(親族)의 유전정보'를 모두 포함함은 물론이고, 새로운 세포・조직으로의 분화와 복제생명체 탄생을 위한 '모든 요소(DNA)'를 '세포 1개'가 가지고 있다. 따라서 '인체유래물을 활용한 불법행위'는 '재산권 침해'가 아니라 '인격권 침해'가 본질이 된다. 또한 법적 침해에 대해서도 '재산적 손해에 대한 배상'이 아니라 '정신적 고통에 대한 위자료 배상'에 의해 구제되어야 한다.[65)]

나. 향후의 인격권 침해 전망과 보호방안

'복제양 돌리'의 탄생 이후에 체세포 핵치환에 의한 복제배아 생성기술은 이제 전 세계적으로 보편화되었다. 현재도 이종복제, 멸종동물 복제 등에 활용되고 있으며, 인간도 인체의 세포 하나만 있으면 세계 어디서건 충분히 복제할 수 있는 상황이다. 또한 DNA에 포함된 유전정보는 세포 제공자 본인뿐만 아니라 그 유전형질을 공유하고 있는 친족들과도 본질적으로 연관되어 있기에, 유전정보의 공개에 따라 그 '친족들의 인격권'까지도 충분히 침해될 수 있는 상황이다. 또한 인체유래물을 통한 불법행위의 형태도 보관중인 생식세포 분실과 같은 '과실(過失)에 의한 훼손'뿐만 아리라, '고의(故意)의 의한 인체유래물의 침탈'과 '유전정보의 유출과 남용', '유전정보의 불법적 거래', 심지어 '생명복제'에 이르기까지 인간존엄의 가장 본질적인 부분에 대한 직접적 침해가 예상된다. 보호법익의 차원에서 본다면 재산권 침해와는 전혀 다른 '생명을 포함한 인격권'에 대한 본질적인 침해가

64) 대법원 1995. 5. 12. 선고 94다25551 판결.
65) '불법행위시의 법적 구제' 측면의 검토를 통해서도, '분리된 인체유래물'의 법적 지위는 인체와 동일한 의미로 인정되는 범위에서는 '인체 일부'로 파악해야 하며, 법률관계도 준용(準用)하는 것이 타당하다는 결론에 이르게 된다.

예상된다.66)

이러한 위험을 감안한다면 인체유래물의 법적 성격에 있어서도 '인격성(人格性)'의 범위는 확대되어야 하고, '물건성(物件性)'의 범위는 축소되는 것이 타당하다. 즉 인체유래물(DNA)은 비록 분리되었다고 하더라도 '인체일부'와 유사하게 취급되는 범위에서는 구체적인 법률관계도 인체에 준(準)하여 보호해야 할 것이다.

Ⅵ. 인체유래물 관련 향후 논의에 대한 제언 - 결론에 갈음하여

인체유래물(DNA)은 인체의 모든 유전정보와 유전물질을 포함하고 있기에, 분리 후에도 유도만능줄기세포(iPS cell) 상태로 신체에 재주입될 수 있고, 복제생명체로 재탄생할 수도 있다. 본 연구에서는 종래의 통설과 달리, 이러한 과학적 상황을 고려하여 인체유래물(DNA)의 인격성에 대한 종합적인 논거를 제공함으로써, 비록 확답은 아닐지라도, 향후 인체유래물의 법적 지위에 대한 체계적이고 균형있는 논의의 단초를 제공하고자 하였다.

앞서 살펴본 다양한 쟁점들을 종합하면, 인체유래물(DNA)의 법적 지위에 대해 다음과 같이 정리할 수 있다. 과학적 본질에 따라 '분리된 인체유래물'과 '미분리의 인체'가 동일한 법적 의미를 가지는 범위를 확인하고, 그 범위에서는 '분리된 인체유래물'의 법적 지위를 '인체'에 준(準)하여 파악하여야 한다. 구체적인 법률관계에서는 사인증여(死因贈與)에 유증(遺贈)의 규정이 준용되듯이, '분리된 인체유래물'에도 '분리 전 인체'에 관한 규정이 준용(準用)될 수 있으며, 특히 침해에 대해서는 인체와 동일하게 인격권으로 보호된다. 하지만 '분리된 인체유래물'이 '인체'와 완전히 동일한 실체는 아니기에, 분리로 인한 차이는 인정해야 한다. 예를 들어 '분리된 인체유래물'에 대해서, '폭행 · 감금 등의 불법행위'는 성립할 수 없고, 인체와 다르게 인체유래물은 '폐기물관리법에 따른 합법적 폐기'가 인정된다.

66) 이렇듯이 현대의 생명의료과학은 '괄목할 만한 효용'과 함께 '치명적인 위험'을 동시에 가진 '양날의 검'으로 발전해왔다. 하지만 인간에게 이러한 기술을 직접 적용하는 데 있어서는 개발일변도의 입장을 지양하고, 위에서 살펴본 위험성에 주목해야 할 것이다.
특히 유전자 및 유전정보의 관리는 인류전체의 문제이며, 국제적 수준에서 전개되어야 한다는 주장이 제기되고 있다. 이 견해는 공공의 이익을 위하여 유전정보를 활용할 경우에도 개인의 프라이버시만큼은 최후의 보루로서 보호되어야 한다고 주장한다[石塚伸一, "生命倫理とプライバシー遺伝子情報と『未來の日記』", 法律時報, 78卷4号(2006), 75 - 76頁].

또한 살아있는 사람의 '인체 기증'은 불가하지만 '인체유래물 기증'은 본인의 의사에 따라 가능하다. 치료목적 없이 '폐기(廢棄)'를 전제로 한 '생체실험'은 불법이지만 '인체유래물 실험'은 관련 법률에 따라 가능하다. 인체유래물에 인체에 관한 규정이 준용되는 구체적인 내용에 대하여는, 향후 '동일한 법적 의미를 가지는 영역'과 '구별되는 영역'에서의 구체적인 법률관계와 연계하여, 지속적으로 연구되어야 할 것이다.

종래 통설은 분리이론에 따라 '분리된 인체유래물'을 완전한 '물건'으로 인정하는 입장에서 인체에 대한 존중 차원에서 통상의 물건보다 조금 더 주의를 기울이고 보호하는 정도였다. 하지만 현대 생명의료과학을 통해 나타난 본질을 고려한다면, 오히려 '인체'와 유사한(準하는) 법적 지위를 인정하는 것이 타당하다. 인체유래물에 관하여 검토한 이러한 내용들을 토대로, 향후 논의에서 특히 주시할 만한 사항들에 관하여 제언하면 다음과 같다.

1. 인체유래물에 관한 독립 규정 신설

사견(私見)으로는 인체(권리주체), 물건(권리객체)과 구별되는 '시체를 포함한 인체유래물'이라는 독립된 법적 지위를 입법적으로 창설하는 것을 검토할 필요가 있을 것으로 보인다.[67] 인체유래물의 물건성을 입법적으로 부인한 예는, 앞서 언급한 바와 같이 프랑스 민법 제16조의1 제3항에서 찾아볼 수 있다. 본 조항은 "인체, 인체구성부분 및 그 적출물은 재산권의 목적이 될 수 없다"고 명시하고 있다.[68] 독립된 법적 지위를 창설한 예는 '독일 민법 제90조a'에서 그 예를 찾아볼 수 있다. 본 조항은 "동물은 물건이 아니다. 동물은 별도의 법률에 의해 보호된다. 그에 대하여 다른 정함이 없는 한 물건에 관한 규정이 준용된다"고 명시하였다.[69][70]

인체유래물의 활용이나 침해 등과 관련하여 인격권으로서의 보호가 본질이 되

---

67) 앞서 언급한 바와 같이 시체는 망인의 DNA와 함께 '세포·조직·장기 등'을 내재한 가장 완전한 '인체유래물'이므로, '시체의 법적 지위'와 '인체유래물의 법적 지위'는 동일한 관점에서 검토할 필요가 있다(유지홍, *supra* note 42, 171면).

68) 명순구, *supra* note 26, 7-8면.

69) 양창수, *supra* note 61, 36-37면.

70) 독일의 「동물보호법(Tiersschutzgesetz)」은 1986년 개정에서 동물은 인간과 '함께 살아가는 동료'이므로, 생명과 복지를 보호할 책임이 있음을 명시하였다. 동물보호에 관한 이러한 내용은 1990년 '독일 민법 제90조a'에 편입되었다[김수진, "동물보호법개정논의에 즈음한 비교법적 고찰", 행정법연구 제15호(2006), 303-304면].

는 점은 '인체'와 동일하다. 생명윤리법에 근거한 '연구목적 실험'이나 '합법적 폐기' 등은 분리라는 본질적 차이에 의해 가능하게 된 것이다. 인체유래물 관련 특별법들에도 활용이 가능한 사항들은 자세하게 규정되어 있다. 외국의 입법례를 참조하여, 인체유래물의 법적 지위를 입법론으로 정리해보면 다음과 같다.[71)]

> 민법 제99조의2 [시체를 포함한 인체유래물] 시체를 포함한 인체유래물은 물건이 아니다. 이에 대하여는 특별법에 의하여 보호되며, 특별법에 다른 정함이 없는 한 인체에 관한 규정이 준용된다.

2. 생명윤리법의 핵심조항에 위반한 연구성과에 대한 특허불허 명시

생명윤리법의 제정을 위하여 법률안이 논의되던 시기에, 당시 과학기술부는 생명윤리자문회의를 구성하였다. 자문회의는 2000년 11월부터 총 18회의 전체회의를 거쳐 2001년 5월「생명윤리법안」의 기본골격을 확정하였다. 이 법률안에는 특허와 관련하여 매우 의미있는 조항이 포함되었다. 바로 "생명특허와 관련하여 '생명윤리기본법에 의해 금지되는 연구'로부터 나오는 기술과 생산물에 대해서는 특허를 받을 수 없다"는 규정이다. 당시 특허청은 특허대상 및 특허허여 여부는 특허법에서 결정해야 할 사항이라는 이유로 반대하였다.[72)]

하지만, 이 규정은 '공사법(公私法) 이분론'을 취하는 현행 법체계에서는 중요한 의미를 가지고 있다. 구체적으로 살펴보면 다음과 같다.

첫째, 연구윤리와 행정절차, 벌칙 등을 명시한 생명윤리법은 국가가 생명의 본질을 보호하려는 취지에서 제정한 공법(公法)적 규정이다. 하지만 무체재산인 '기

---

71) 인체유래물이 '물건'으로서의 지위를 가질 때와, '인체'에 준하는 지위를 가졌을 때의 차이를 사례로 살펴보면 다음과 같다[필자의 사견(私見)임]. 생명이 위태로운 환자 A에게 꼭 필요한 제대혈이 있다. 마침 병원에 보관중인 甲의 제대혈이 이식에 적합했고, 병원의 권유로 甲은 무상기증의 의사를 표시했다. 그 후 집으로 가는 길에 甲은 교통사고로 사망했다. 甲에게는 상속인 자녀 乙이 있다. (i) 제대혈을 물건으로 파악한다면, 원칙적으로 상속인 乙에게 처분권이 있다. 따라서 계약이 없었다면 단순한 호의관계만 있을 뿐, 乙은 아무런 의무를 지지 않는다. 무상기증 계약까지 마쳤다면, 乙은 계약이행의무를 승계한다. 하지만, 채권적 효력이 있을 뿐이므로, 乙이 다른 제3자에게 기증하거나 임상시험에 제공하게 되면 A는 손해배상을 청구할 수 있을 뿐 찾아올 방법은 없어진다. (ii) 만약 제대혈이 인체에 준하는 지위라면 제대혈은 재산이 아니기에 상속인의 처분에 속하지 않고, 여전히 사망한 甲의 '인격권'의 객체가 될 수 있다(死者의 인격권을 인정하는 견해임을 전제한다). 乙이 제3자에게 기증하거나, 임상시험에 제공했다고 해도, 乙의 처분은 무권리자의 처분이며 법적 효력이 없다. 따라서 甲에게서 기증받기로 했던 A는 제대혈을 甲의 의사에 따라 찾아올 수 있다. 결국 '사망한 甲'의 의사에 따라 '환자 A'에게 제대혈은 이식되게 된다.

72) 김훈기, 생명공학과 정치(2005), 132 - 151면.

술(발명)'에 대하여 '재산상 독점'을 인정한 '특허'는 본질적으로 사법질서(私法秩序)에 속한다. 따라서 원칙적으로 '공법'에 위반하였다고 하여도, 그것이 사법상 효력규정에 속하지 않는 한 '사법(私法)상 재산관계'에는 영향을 미치지는 않는다. 결국 '공사법이분론' 체계에서는 '공법인 생명윤리법'에 위반하여도 '사법'관계에서는 '특허'로 효력을 가질 수 있다는 것이다. 생명윤리법에 위반하여 개발된 기술이 '특허등록'되어 효력이 인정되면, 비록 벌칙이 적용된다고 하더라도, 생명윤리법의 취지가 몰각될 것이다.

둘째, 특허법 제32조에는 '공서양속'에 관한 규정을 두고 있다. 하지만 생명윤리법에 위반한 발명이라도, '특허법상 공서양속'에는 위반하지 않는 경우가 대부분이다. 생명윤리법은 '연구과정(研究課程)'에서의 연구윤리와 공서양속 등을 중점적으로 검토한다. 즉 연구목적, 연구동기, 연구방법, 연구내용 등이며 이러한 내용은 사전에 기관생명윤리심의위원회(IRB)에서 심의한다. 하지만 특허는 '연구결과물(研究結果物)'을 대상으로 결과물 자체의 공서양속을 평가한다. 따라서 연구동기와 과정 등에서 생명윤리법위반사항이 있더라도, 결과물 자체의 '본질적 용도'가 법적으로 허용범위 내에 있다면 그 연구성과는 특허될 수 있다. 결국 연구과정에서의 연구윤리에 대한 실효성을 확보하려면, 특허를 불허하는 명시적 규정이 필요하게 된다.[73)]

셋째, 경제적인 측면에서, 생명윤리법의 실효성을 검토할 필요가 있다. 생명공학의 주요기술은 경제적 가치가 '수 억'에서 '수백 억'에 달하는 경우가 많다. 하지만 처벌을 살펴보면 '이종간 착상(제21조)', '불법적 난자제공(제23조 제3항)', '불법적 체세포핵이식(제31조 제1항)' 등도 '3년 이하의 징역(제66조)'에 불과하다. 또한 최근 판례들에서 보듯이 '집행유예'가 되는 경우가 많다. 결국 '수백 억'의 경제적 가치를 위하여, '집행유예' 정도의 처벌을 감수하면서 생명윤리법에 위반하는 연구를 진행할 가능성도 상당히 크다고 볼 수 있다.

---

73) '연구과정에서의 불법과 이에 대한 처벌' 등과는 무관하게 특허가 허여될 수 있음을 보여준 사례가 황우석 박사 관련 사건이었다. 황우석 박사는 대법원 판결에서 '징역 1년 6월에 집행유예 2년'이 확정되었다(대법원 2014. 2. 27. 선고 2011도48 판결). '재산상 이익 등의 반대급부 제공'에 따른 불법적 난자채취에 대하여 유죄를 인정한 것이다(현행 생명윤리법 제23조 제3항, 동법 제66조는 그러한 경우 3년 이하의 징역에 처한다고 명시하고 있다). 하지만 황우석 박사는 2004년의 연구성과에 대하여 캐나다 특허(등록번호 2551266)와 미국 특허(등록번호 8647872), 한국 특허(등록번호 101680269000)를 차례로 취득하였다. 생명윤리법이 시행된 2005년 이전의 발명이라고 하더라도, '특허법 제32조(공서양속 규정)'에 의해서조차 거절되지 않았다는 점은 입법적 측면에서의 재검토가 필요함을 보여준다.

이러한 측면들을 종합해보면, 과거 과학기술부의 생명윤리자문회의가 법률안에서 제시한 "'생명윤리기본법에 의해 금지되는 연구'로부터 나오는 기술과 생산물에 대해서는 특허를 받을 수 없다"는 규정을 진지하게 다시 검토할 필요가 있다. 생명윤리법에 명시한 생명·연구윤리 보호의 실효성을 확보하기 위해서는, 벌칙을 감수하고 특허를 받는 일은 사전에 차단해야 한다. 생명윤리법에 명시한 내용들 중 '관련서류 등의 이관(제22조 제6항)', '보건복지부의 질문·검사·명령에 대한 답변(제54조 제3항)' 등의 세세한 절차적 내용에까지 '특허불허'를 명시해서는 안 된다. 하지만 적어도 생명윤리법의 가장 본질적 취지가 되는 내용 즉, '인간복제금지(제20조)', '배아생성의 준수사항(제23조)', '유전정보에 의한 차별(제46조)' 등과 관련해서는 처벌과 함께 '특허불허'를 명시해서 생명윤리에 대한 본질적 침해를 방지할 필요가 있다.

born criminal

05

인간 분류의 과학과 법

유 진

한국형사・법무정책연구원 연구위원. 국가폭력과 이행기 정의, 형사정책과 사회정의에 대한 연구를 수행하고 있다.

Ⅰ. 들어가며

사회의 안전을 위협하는 '위험'으로 규정되는 개인 또는 집단은 역사적으로 변화해왔으며, '위험'을 지시하는 언어와 내용 역시 변화해왔다. 최근 우리사회에서 시민의 안전을 해치는 위험으로 부각된 대표적인 존재는 성폭력범죄자일 것이다. 징역형을 마친 성폭력범죄자의 출소를 앞두고 그가 거주하게 될 지역 주민들의 불안과 반발이 거세지고 정부기관이 재범예방을 위한 특별 관리를 약속했다는 언론 보도를 어렵지 않게 접할 수 있다. 이와 함께 '위험한 범죄자'를 통제하기 위한 예방적 제재는 2000년대 이후 급속히 확대되어 현재 형사정책의 주요 부분을 차지하고 있다.

성범죄자로 대표되는 '위험한 범죄자'에 대한 각종 보안처분제도는 흔히 아동성범죄 사건이 유발한 대중적 공분이 추동한 형벌포퓰리즘과 중형주의 정책기조의 산물로 이해되곤 한다. 나아가 새롭게 등장한 보안처분제도 등 재범위험관리정책을 형벌포퓰리즘으로 규정하는 시각은 이를 전문가가 주도하는 증거기반정책과 배치되는 것으로 상정하기도 한다. 즉, 형벌포퓰리즘은 범죄행동의 원인과 형사정책의 효과성에 대한 과학적 연구결과를 고려하지 않은 채, 위험한 범죄자를 엄벌에 처하고 무력화시킴으로써 무고한 시민들을 보호해야 한다는 대중의 요구에 영합하는 정책에 불과하다고 보는 것이다. 실제로 2000년대 이후 보안처분제도가 도입되는 과정을 살펴보면 정책효과에 대한 엄밀한 검토가 생략되고 비등한 여론에 힘입어 제도 도입이 추진되었음을 부인하기 어렵다.

그러나 보안처분제도의 성격을 논의할 때 포퓰리즘과 증거기반정책의 대립구도를 상정하는 것은 다소 단순하고 피상적인 접근에 그칠 수 있다. 무엇보다 이러한 제도운영의 핵심은 재범의 위험성을 파악하고 특별한 규제가 필요한 위험한 대상자를 선별해내는 것이다. 보안처분과 같은 예방적 제재는 미래에 발생할 수 있는 범죄를 억제하여 사회를 보호한다는 목적에 의해 정당화되는데, 이러한 목적의 달성은 대상자의 위험성이 존재한다는 점을 전제로 한다. 위험성이 확인되지 않은 자에게 예방적 제재를 부과하는 것은 사회방위의 목적과 무관한 기본권 침해로 귀결되기 때문이다. 이러한 점에서 보안처분 제도의 정당성은 위험예측과 위험군 분류의 정확성에 대한 질문과 연동된다. 이 지점에서 위험집단을 규정하고 분류하는 작업을 뒷받침하는 것은 정신의학, 심리학, 범죄학 등의 전문적 지식이다. 특히 집합적 법칙성을 토대로 한 개인 간 비교를 특징으로 하는 통계적 접근은 문제집단을 위험수준에 따라 분류·관리하려는 정책적 요구의 등장과 맞물려 급속히 발전해왔다.

한편, 재범위험을 평가하고 개인을 위험성 수준에 따라 분류하는 통계적 방법은 범죄행동에 관한 과학적 연구의 궤적이 최근에 도달한 지점을 보여준다. 이보다 과거로 거슬러가면 인간의 행동과 정신을 탐구하는 인간과학(human sciences)이 '범죄자'를 일반인과 구별되는 특별한 관리와 통제의 대상으로 구획해내는 보다 근본적인 전환의 장면과 마주치게 된다. 19세기 이래 서구의 정신의학, 심리학, 범죄학, 사회학의 발전은 정상적인 것과 병리적인 것을 대립시키는 의학적 모델을 통해 범죄를 비롯한 사회문제를 조망하는 관점을 확산시켰다. 특히, 범죄의 원인을 비정상적인 정신에서 찾고자 하는 정신의학의 등장은 '범죄자'라는 범주를 범죄성이 깃든 내면을 지닌 존재로 재탄생시켰다. 과학적 지식생산을 통해 범죄자는 단순히 불법행위를 저지른 범법자가 아닌, 범죄를 저지를 만한 정신적 '성향'을 지닌 특별한 '종류'의 인간으로 재탄생한 것이다.

이 글에서는 인구집단을 분류하는 과학적 지식생산과 법제도적 실천이 어떻게 상호작용하면서 사회적 위험집단이 규정되고 이들을 관리·통제하는 기법이 발전되어왔는가에 주목한다. 아래에서는 19세기 실증주의 범죄학에서 '범죄자'라는 특수한 범주가 과학적 지식의 대상으로 창출되는 과정을 살펴보고, 20세기 형사정책의 변화와 맞물려 범죄현상과 범죄자에 대한 정신의학과 심리학의 접근방식이 어떻게 변화하는지 짚어본다. 그리고 반사회적 성격장애와 사이코패스의 개념을 중심으로 특별한 규제가 필요한 위험한 범죄자를 선별해내기 위한 범죄적 성격의 진단 방식을 검토한다. 특히 심리학 분야에서 위험한 성격을 계량적으로 측정하는 기법이 개발된 학문적·정책적 맥락을 들여다봄으로써 위험한 범죄자라는 특정 유형의 범주를 분류하는 과학적 실천의 의미를 살펴보고자 한다.

Ⅱ. 범죄자라는 범주의 창출

1. 실증주의 범죄학과 범죄자의 등장

범죄를 저지를 위험에 따라 개인을 분류하는 관점은 근대 유럽에서 사회문제로 여겨지는 인구집단에 대한 새로운 규제의 방식과 함께 등장했다. 이른바 특별예방주의에서 말하는 범죄자는 선천적으로 또는 환경의 영향으로 범죄적 소질을 지닌 자로서 개별화된 예방적 제재와 개선의 대상이 된다. 이러한 개인과 집단의 속성으로부터 범죄행동의 경향성과 원인을 읽어내는 과학적 탐구는 19세기 유럽에서 시작되었다. 범죄현상과 관련하여 인간을 과학적 앎의 대상으로 삼는 지식체계의 출발점은 범죄자를 일반인과 구별되는 특수한 범주로서 인식하는 것이었는데, 이는 18세기에 성립된 고전주의 범죄학과 19세기에 발전한 실증주의 범죄학을 가르는 중요한 차이점이었다.

18세기 중엽 이후 등장한 고전주의 범죄학은 이탈리아의 체사레 베카리아(Cesare Beccaria)와 영국의 제레미 벤담(Jeremy Bentham)의 작업을 주축으로 하였다. 고전주의 범죄학은 사회질서를 유지하고 보호하기 위한 규칙인 법, 이 규칙을 어긴 행위로 규정되는 범죄, 이러한 범죄행위에 대한 법적 제재인 처벌이라는 세 가지 요소를 축으로 구성된다. 베카리아와 벤담은 형벌이 범죄에 의해 침해된 이익에 비례해야 한다는 등가성의 원칙, 관대하지만 확실하고 예외없는 법집행을 주장하면서 공리주의에 기반하여 법위반 행위와 형벌의 관계를 합리화하고자 하였다. 고전주의 범죄학은 범죄를 공통의 규범을 위반한 행위로 규정하고 형벌을 부과하는 권력을 재편성하는 원칙을 제시하는 데 중점을 두었으며, 여기에서 범죄자는 아직 독자적인 앎의 대상으로 등장하지 않았다. 고전주의 범죄학에서 범죄자는 '자유의지'를 가진 보편적 인간으로 간주되었다. 즉, 모든 인간은 자신의 의사로 행동을 선택하고 실행할 능력이 있는 존재이며, 범죄자 역시 모든 법적 주체가 공통적으로 가지고 있는 자유의지로 법을 위반한 행위자로서 형벌이라는 법적 책임을 지게 된다. 고전주의 범죄학에서 범죄자는 일반인과 구별되는 실체적 존재가 아니라 법과 처벌을 매개하는 범죄행위의 담지자로서만 등장한다.

범죄자가 자유의지를 지닌 보편적 주체의 개념에서 분리되어 종별적 특징을 지닌 범주로 구성되기 시작한 것은 19세기 실증주의 범죄학에서 찾아볼 수 있다. 1870년대와 1880년대에 이루어진 엔리코 페리(Enrico Ferri)와 라파엘 가로팔로(Raffaele Garofalo)의 작업으로 대표되는 실증주의 범죄학은 고전주의 범죄학에서 주장한 위하효과에 의한 일반예방이론 대신 특별예방주의를 내세웠다. 그리고 특별예방주의의 기초가 되는 인간관으로 일반인과 구별되는 존재로서의 '범죄자'가 등장한다. 특히 이탈리아 범죄학의 흐름이 베카리아에서 페리로 이동하면서 개인에게 내재된 범죄의 원인론이 중요하게 다뤄지게 된다. 즉, 법, 범죄, 처벌이라는 세 항으로 구성되는 베카리아의 고전주의 이론에서 법을 위반한 자는 범죄의 책임이 있는 법적 주체로서, 오직 법 위반 행위와 관련해서만 논의되었다. 반면에, 실증주의 범죄학은 처벌의 원인인 위법행위로 환원될 수 없는 범죄적 소질을 가진 자로서 범죄자의 형상을 등장시켰다.[1)]

특별예방주의는 19세기 후반 유럽과 미국에서 일어난 행형 개혁의 주된 이념이 되었다. 형벌이 단지 위법행위에 대한 법적 책임을 묻기 위한 응보의 기능에 그치지 않고 범죄적 소질을 가진 범죄자의 교정과 개선이라는 목표를 지니게 되고, 이를 위해서 형벌의 무게는 범죄의 중대성에 정확히 비례해야 한다는 등가성 원칙 대신 수형자 개인의 특성과 개선 정도에 따라 유동적으로 운용되는 행형 제도가 도입된 것이다. 이러한 특별예방주의는 고전주의 범죄학이 정식화한 행위에 대한 처벌 원칙을 행위자, 즉 범죄자라는 존재에 대한 처벌로 전환시켰다.

2. 범죄사회학 – 범죄현상의 법칙성

특별예방주의를 태동시킨 19세기의 실증주의 범죄학은 범죄현상과 범죄자를 독자적인 앎의 대상으로 삼는 몇 가지 학문적 흐름으로 이루어졌다. 이러한 흐름은 범죄통계를 토대로 범죄행위를 일정한 법칙성을 갖는 사회현상으로 인식하고, 범죄자를 정상인과 구별되는 비정상적 소질을 가진 범주로 가정하여 범죄의 원인을 개인의 타고난 소질이나 병리적 정신에서 찾고자 하였다.

우선 19세기 프랑스와 벨기에의 사회학자들은 국가의 관료행정이 발달하면서 축적된 범죄통계에서 '사회적 사실'로서의 범죄현상이 지닌 경험적 법칙성을 찾고자 하였다. 대표적으로 벨기에의 천문학자이자 수학자인 아돌프 케틀레(Adolphe

---

1) 파스콸레 파스퀴노, "범죄학: 특수한 지식의 탄생", 콜린 고든 · 그래엄 버첼 · 피터 밀러 공편, 『푸코 효과: 통치성에 관한 연구』, 심성보 외 역, 난장, 2014.

Quetelet)와 프랑스 사회학자인 에밀 뒤르켐(Émile Durkheim)은 자살, 결혼, 범죄와 같은 인간사회의 현상에도 자연세계에 존재하는 것과 같은 규칙성이 있다고 보았다. 특히 케틀레는 인구집단의 통계를 통해 범죄현상이 자연현상과 같이 일정한 패턴을 따르며 교육정도가 낮고 빈곤한 집단의 젊은 남성이 가장 큰 범죄율을 보인다는 점을 발견했다.[2]

케틀레와 뒤르켐은 범죄현상의 원인을 범죄자 개인에게 내재된 특성에서 찾는 시도에 대해서는 부정적인 입장을 보였다. 이들에게 범죄현상은 개인의 특성으로 환원될 수 없는 '사회적 사실'로서, 집합으로서의 인구집단의 항상적 특성을 보여주는 것이며 범죄율을 결정하는 원인은 사회에 있는 것이다. 또한 케틀레와 뒤르켐은 정상적 상태와 병리적 상태라는 의학적 개념을 사회영역에 적용하여 범죄현상을 사회의 정상 상태에서 이탈한 것으로 개념화하였는데, 여기에서 범죄는 정상상태와 질적으로 구별되는 것이 아니라 정상성과 연속선상에 있는 변이의 정도로 파악되었다. 이러한 관점에서 범죄현상은 정상상태에서 이탈한 변이의 정도를 나타내는 지표로서 사회의 건강 또는 병적 상태를 나타내는 것이 된다.[3]

사회영역에 정상성의 개념을 적용한 19세기 사회학 연구는 통계라는 도구를 활용하여 자살, 범죄, 질병과 같이 정상상태에서 이탈한 집단을 개선하고 통제할 수 있다는 관료행정의 관념에 뿌리를 두고 있었다. 특히 케틀레와 뒤르켐은 범죄를 개인의 특성이 아닌 집단적 법칙성의 차원에서 파악하고 그 사회적 원인을 발견하여 개선함으로써 범죄율을 감소시킬 수 있다는 믿음을 공유하고 있었다.[4] 나아가 뒤르켐은 범죄가 건강한 사회의 정상적 현상이라고 주장하기도 하였다. 이때 뒤르켐이 언급한 '정상성'은 사회에서 발견되는 일반성을 의미한다. 즉, 어떤 현상이 해당 사회와 동일한 발달 단계에 있는 사회 유형에서 일반적으로 발견되는 것이라면 그 현상은 해당 사회에서 정상적인 것으로 간주할 수 있다는 것이다.[5]

이처럼 프랑스어권 국가의 학자들은 범죄를 정상상태로부터의 이탈로 보면서도 범죄자를 정상인과 완전히 단절된 이질적 존재로 보는 관점은 거부하였다. 이들에게 범죄와 범죄자는 정상상태로부터의 양적인 변이를 나타낼 뿐 정상과 본질

---

2) Beirne, Piers, *Inventing Criminology: Essays on the Rise of 'Homo Criminalis'*, Albany: State University of New York Press, 1993.
3) 위의 책.
4) 위의 책.
5) 에밀 뒤르켐, 『사회학적 방법의 규칙들』, 민혜숙 역, 이른비, 2021.

적으로 다른 범주를 구성하는 것은 아니었다.

3. 범죄인류학 – 생래적 범죄인

범죄를 사회적 요인에 기인한 현상으로서 정상적 상태와 연속선상에 놓인 양적인 변이로 파악한 프랑스어권 저술가들과 달리 이탈리아 범죄학을 주도한 인류학적 접근은 범죄자를 일반인과는 근본적 성질이 다른 범주로 규정하였다. 이탈리아의 의사이자 범죄학자인 체사레 롬브로조(Casare Lombroso)는 범죄자의 선천적인 신체적·정신적 특성에서 범죄의 원인을 찾는 '생래적 범죄인'(born criminal)의 개념을 내세웠다. 이는 베카리아의 고전주의 범죄학이 가정하는 자유의지를 지닌 보편적 법적 주체의 개념을 부정하는 것이었다. 모든 인간이 공통적으로 지니는 자유의지에 따라 위법행위를 선택한 자로서의 '범법자'(*homo penalis*)가 아닌 생물학적으로 타고난 특질에 의하여 범죄적 성향을 지니는 '범죄인'(*homo criminalis*)이 범죄학의 대상으로 등장한 것이다.

롬브로조가 확립한 범죄인류학은 당대의 학문적 흐름인 진화론과 골상학을 범죄자 연구의 주요 자원으로 삼았다. 우선 롬브로조는 찰스 다윈(Charles Darwin)의 진화론과 이를 사회영역으로 확장시킨 허버트 스펜서(Herbert Spencer)의 사회진화론을 범죄현상에 적용하여 범죄인은 진화의 단계에서 퇴보한 존재라고 주장하였다. 그는 범죄자의 다수가 정상인과 신체적으로 다른 특징을 지니며, 이러한 범죄자의 특징은 격세유전을 통해 타고난 퇴화의 징표라고 보았다. 그리고 이는 범죄자들이 사회진화의 낮은 단계에 있는 사회의 "야만인" 또는 유색인종과 유사한 특징을 지닌다는 점에서 확인할 수 있다는 것이다. 롬브로조는 범죄자들이 진화적으로 퇴화된 인종과 유사한 특징을 지닌다는 점을 '입증'하기 위해 골상학의 전통에 기대어 두개골을 비롯한 인체측정법을 사용하여 범죄자의 신체적 비정상성을 측정하였다.[6)]

롬브로조의 범죄인류학은 당대에도 큰 논란을 불러일으키며 이후 인종주의를 머금은 조야한 생물학적 결정론이라고 비판받았다. 그러나 범죄인을 정상인과 구별할 수 있는 특징으로 두개골의 크기 등 신체적 차이를 고려하는 것이 적합한가의 문제는 차치하고, 범죄자가 일반인과는 다른 범주라는 기본 개념은 범죄학과 형사정책의 흐름에 큰 반향을 불러왔다. 롬브로조의 제자였던 페리는 생래적 범

---

6) 체자레 롬브로조, 『범죄인의 탄생』, 이경재 역, 법문사, 2010.

죄인의 개념을 부각시키면서 보편적 법적 주체의 자유의지를 전제로 한 형벌체계가 범죄예방에 있어 무용하다고 주장하였다. 범죄가 합리적 개인의 자유로운 선택에 의한 법위반 행위가 아니라 타고난 기질이 발현된 결과라면 범죄예방정책은 위법행위가 아닌 위험한 범죄적 소질을 가진 자들을 대상으로 해야 한다는 것이다. 형법과 행형제도가 행위가 아닌 행위자를 대상으로 해야 한다는 관점은 특별예방주의의 주요 전제로서 이후 형사정책에서 다양하게 변용되며 이어졌다.

또한 범죄자와 일반인의 신체적 특징에 차이가 있다는 롬브로조의 주장은 보다 엄밀한 신체측정과 통계연구에 의해 일찍이 반박되었다. 그럼에도 불구하고 범죄적 성향이 생물학적 원인을 갖는다는 롬브로조의 기본 관점은 이후에도 오랜 영향을 미쳤다. 20세기 전반기에 각종 사회정책의 주요 이론적 근거였던 우생학은 정신박약, 광기, 알코올중독, 성매매 등 열등한 유전적 소질의 발현으로 간주된 다양한 사회적 일탈과 범죄를 유사한 범주로 연결시켰다. 그리고 이는 국가와 인구의 유전적 퇴화를 방지한다는 명목으로 취해진 시설격리와 단종 정책을 뒷받침하였다. 20세기 중반 이후 범죄에 대한 우생학적 접근은 과학의 탈을 쓴 인종주의로 여겨져 범죄학 분야에서 배척당하였다. 그러나 범죄를 생물학적 원인으로 설명하는 관점은 면면히 이어져 20세기 후반 범죄생물학으로 재부상한다. 현대과학의 지식과 기술의 옷을 입은 범죄생물학은 유사과학으로 비판받았던 우생학과 달리 집단이 아닌 개인을 앎을 대상으로 삼고 있다. 즉, 범죄적 성향에 대한 과학적 연구와 정책적 개입 대상은 더이상 진화적으로 퇴화된 인종 혹은 유전적 결함이 있는 집단이 아니라 유전자 혹은 뇌기능의 이상을 지닌 개인이 되는 것이다.

4. 법정신의학 – 비정상인으로서의 범죄자

19세기에 범죄자를 독자적인 앎의 대상으로 확립하는 데에는 사회학과 인류학 외에도 정신의학이 기여한 바 컸다. 이 당시 인간의 정신에서 나타나는 병리현상을 대상으로 하는 전문분야로 성립된 정신의학은 동기를 파악할 수 없는 범죄를 설명하기 위해 동원되기 시작했다. 일반적인 인간의 이성과 감정으로 설명되지 않는 이른바 '괴물'과 같은 살인범죄가 19세기 초 프랑스에서 세간의 이목을 끌면서 정신의학이 법의 영역에 발을 들여놓게 되는 계기를 제공하였다. 이 당시 범죄자에 대한 정신감정은 범죄행위를 넘어서 범죄자의 삶 전체를 아우르는 전기적 서술을 통해 범죄 행위 이전에 존재하는 '범죄자'의 모습을 부각시켰다. 범죄행위는 행위자의 생애사에서 밝혀지는 위험성으로 설명되며 그 위험성은 정신병리의 측면에서 탐구되기 시작한 것이다.[7]

일단 동기를 알 수 없는 극단적인 범죄 사건을 통해 범죄에 대한 정신의학적 탐구가 시작된 이후 19세기를 거치면서 정신의학은 보다 경미한 범죄와 일탈행동으로 지식의 영역을 확장해갔다. 동성애나 성매매를 비롯한 성적 일탈, 규범에 순응하지 않는 미성년자의 비행, 빈민층의 부도덕한 생활양식 등 사회의 지배적 규범에서 이탈한 자들은 범죄학과 정신의학이 교차하는 비정상성에 대한 지식 영역으로 포섭되었다.[8]

정신의학은 범죄와 비행이라는 사회적 일탈을 병리적 현상으로 진단할 수 있는 지식체계를 발전시킴으로써 범죄자 혹은 잠재적 범죄자들의 유형학을 확립할 수 있는 지적 공간을 마련하였다. 그리고 전문적 지식의 지원을 받는 행형제도는 범법자의 법률 위반 행위에 대한 처벌을 넘어 비정상적인 생활태도나 습관을 지닌 행위자를 교정하는 장치로 기능하게 된다. 범죄자와 그 유형에 관한 정신의학적 명명은 형벌권의 행사가 법적 주체의 책임을 묻는 것에서 개인을 변형 · 개선시키는 기능으로 확장되는 흐름과 맞물려 범죄자를 자유의지를 가진 주체에서 교정기술의 대상으로 전환시켰다. 범죄자는 범죄로 발현되는 비정상성의 원인을 탐구하는 지식과 이를 교정하고 재활시키는 기술의 대상으로 자리매김하게 된 것이다.

18세기에 베카리아와 벤담의 이론을 주축으로 형성된 고전주의 범죄학에는 자유주의 사회계약론과 공리주의의 두 흐름이 결합되어 있었다. 그러나 이 두 흐름은 인간에 대한 상이한 관점을 전제하고 있었던 만큼 모순없이 병치되기 어려웠다. 사회계약론은 자유의지를 지닌 추상적인 법적 주체의 개념을 토대로 하는 반면 공리주의적 접근은 사회공학적으로 계산된 도덕개혁의 대상으로 개인을 바라보았다.[9] 이러한 균열은 뒤이어 등장한 실증주의 범죄학이 추상적 법적 주체를 대체하는 실증적 지식으로 규정된 범죄자의 존재를 범죄와 형벌 사이에 추가함으로써 새로운 국면에 접어들었다. 19세기 중후반 유럽에서 발전한 범죄인류학과 정신의학은 범죄성을 나타내는 신체적 · 정신적 표지를 지닌 특수한 유형으로서 범죄자라는 범주를 창출해냈다. 이 시기 행형제도의 개혁가들이 주창한 교정 이

---

7) 미셸 푸코, 『감시와 처벌: 감옥의 탄생』, 오생근 역, 나남출판, 1994; 미셸 푸코, 『비정상인들』, 박정자 역, 동문선, 2001.
8) 미셸 푸코, 2001, 위의 책.
9) Beirne, 앞의 책.

념, 즉 형벌은 범죄행위가 아닌 범죄적 성향에 작용해야 하며 범죄자의 성향과 개선 정도에 따라 형벌의 강도가 정해져야 한다는 정책 이념은 범죄행위와 형벌의 등가성 원칙을 제시한 고전주의 범죄학과 배치되는 것이었다. 반면 특수한 범주로서의 범죄자에게서 범죄의 원인을 찾는 실증주의 범죄학에서는 개별화된 교정으로서의 형벌이 당연한 귀결이 된다. 이로써 근대 법정이 보편적 법적 주체의 이상으로 대변되는 법치주의를 표상한다면, 법정을 통과해 행형체계로 들어온 범죄자들은 범죄적 성향을 지닌 특수한 범주로서 새로운 앎의 대상으로 전환되게 된다.[10)]

Ⅲ. 형사정책 - 재활에서 위험관리로

19세기 실증주의 범죄학과 정신의학의 발전이 범죄자를 특별한 정책적 개입과 지식의 대상으로 구성해낸 이후 범죄자에 대한 개념화와 분류의 방식은 형사정책의 큰 흐름과 함께 변동해왔다. 여기에서는 20세기 서구의 형사정책의 변화에 따라 범죄자에게서 범죄의 원인을 파악하는 관점이 다양하게 변주되는 양상을 짚어본다.

1. 재활의 대상으로서의 범죄자

위에서 살펴본 특수한 범주로서의 범죄자가 지식과 권력의 대상으로 창출되는 역사적 과정에 대한 서술은 미셸 푸코의 작업에 잘 나타나있다. 푸코는 『감시와 처벌』에서 베카리아와 벤담으로부터 19세기 초에 이르는 감옥과 범죄학의 형성과정을 다루면서 이를 “현재에 대한 역사서술”, 즉 현재와 같이 감옥을 중심으로 한 행형체계가 어떻게 형성되게 되었는가를 탐구하는 작업이라고 쓰고 있다.[11)] 여기에서 푸코가 다루는 “현재”는 프랑스를 비롯한 서구 각국에서 감옥폭동이 일어났던 1960년대와 1970년대 초를 말한다. 푸코의 저작이 발표된 1975년은 특별예방주의의 흐름 아래 재활의 이념을 중심으로 운용되던 행형체계의 문제점이 드러나면서 여러 방향에서 비판이 고조되던 시기였다. 이러한 맥락에서 발표된 푸

10) 미셸 푸코, 1994, 앞의 책.
11) 위의 책.

코의 작업은 1970년대 초반까지 프랑스 그리고 미국의 행형제도와 정책을 주도했던 교정(correction) 혹은 재활(rehabilitation)을 주요 이념으로 하는 감옥이라는 행형기관에 대한 비판적 탐구라고 볼 수 있다.

19세기에 형성된 범죄학과 정신의학은 20세기에 들어서면서 범죄자의 생애 전반에 걸쳐 형성되고 작동하는 성격 특질(trait)과 태도에서 범죄의 원인을 찾으려는 연구를 거듭하였다. 범죄학자들의 일차적 관심사는 범죄적 성향과 성격을 특징짓는 개인적 특성을 식별하고 그 원인을 병리적 차원에서 규명하여 개선방법을 개발하는 것이었다. 이와 함께 범죄학자들은 범죄자들을 개선시키기 위한 다양한 정책의 효과를 비교하고 평가하였다. 그 결과 제출된 20세기 초중반의 범죄학 연구들은 사회적 박탈 이론, 상대적 박탈 이론, 아노미 이론 등을 제시하였다. 이에 따르면 범죄는 사회적 박탈과 빈곤의 결과이며 이에 대해 제시된 근본적인 해결책은 사회복지의 강화였다.

즉, 범죄를 비롯한 사회문제는 사회적 원인에서 기인하며, 따라서 사회정책적 대응이 이루어져야 한다는 관념이 20세기 중반의 재활 이념에 반영되어 있었다. 여기에는 범죄가 아동양육, 정신보건, 교육 등 사회적 규범을 강화하는 전문가들의 개입을 통해 완화될 수 있다는 믿음이 전제되어 있다. 이 시기의 형사정책을 특징짓는 재활의 이념에서 범죄행위는 빈곤과 사회적 박탈로 인해 야기된 개인의 심리적 부적응 문제로 간주되었다. 그리고 범죄자에 대한 형벌은 범죄자 개인의 특성에 적합한 노동, 교육, 치료 등 개별화된 처우를 통해 사회적 박탈로 말미암은 범죄적 성향을 제거하는 것을 목표로 해야 한다는 관점이 우세하였다. 이처럼 범죄자에 대한 부정기형과 개별화된 처우를 통해 구현된 재활의 이념은 정신의학, 심리학, 사회복지학 등 다양한 분야에서 활동하는 전문가의 지식과 재량권을 폭넓게 인정하는 경향이 있었다.[12)]

이처럼 전문적 지식의 보조에 힘입어 범죄자를 재활의 대상으로 규율하던 행형체계는 1960년대와 1970년대에 여러 정치적·학문적 비판에 직면하면서 흔들리게 된다. 이 시기 서구사회에서 활발하게 일어났던 민권운동은 교도소에 수감된 수형자의 권리 운동으로 확대되었다. 범죄자의 위험성과 개선 정도에 따라 형

---

12) David Garland, *The Culture of Control: Crime and Social Order in Contemporary Society*, Chicago: University of Chicago Press, 2001; Jonathan Simon, *Governing through Crime: How the War on Crime Transformed American Democracy and Created a Culture of Fear*, Oxford: Oxford University Press, 2007.

기 종료 시기가 결정되는 부정기형 제도는 수형자의 권리를 침해하는 행형제도의 자의적인 법집행으로 공격받았다. 특히 다양한 재활 프로그램의 효과성에 대한 실증 연구에서 재범률이 높게 나타나는 등 범죄자의 개인적 특성에 맞는 개별적 처우를 비롯한 재활 정책의 효과가 크지 않은 것으로 보고되면서 재활 이념에 기반한 형사정책은 큰 타격을 받게 된다. 대표적으로 1974년에 발표된 로버트 마틴슨(Robert Martinson)의 연구는 교도소에서 시행되는 재활 프로그램 중 효과가 입증된 것이 없다는 결론을 내렸다.[13] "아무것도 효과가 없다"(Nothing Works)라는 선언적 표현으로 유명한 마틴슨의 연구는 이후 재활 패러다임의 실패를 상징하는 것이 되었다.

2. 위험관리 대상으로서의 범죄자

1970년대에 재활의 이념에 기반한 행형체계의 정당성을 뒤흔든 것은 1960년대 후반 서구사회에서 형성된 급진적 사회운동의 세례를 받은 진보적 세력이었다. 그런데 1980년대로 진입하면서 정치적 보수주의가 득세하게 되고 이는 실패한 재활의 기획에서 놓여난 범죄자를 위험관리의 대상으로 재포획하는 형사정책으로 이어졌다.

이 시기에 범죄학자들이 제시한 이론들은 범죄의 원인을 사회적 박탈에 기인한 심리적 부적응에서 찾던 기존 흐름과 차이를 보였다. 우선 합리적 선택이론, 일상활동이론, 기회이론 등 1980년대 이후 범죄학의 주류를 이룬 이론들은 범죄를 특정한 개인적 원인에 의한 것으로 보지 않는다. 20세기 중반의 범죄학이 범죄를 사회의 기능부전에 의해 정상으로부터 일탈한 부적응적 개인이 저지르는 것으로 보았던 반면, 20세기 후반의 주류 범죄학은 범죄자를 비범죄자와 구별되지 않는 정상적이고 합리적인 개인으로 전제한다.

그러나 1980년대 이후의 범죄학에서 정상인과 구별되는 존재로서의 범죄자의 형상이 완전히 사라진 것은 아니었다. 다른 한편으로 범죄의 원인을 개인의 특성에서 찾고자 하는 시도는 지속되었고 재활 이념이 약화된 이후에 관심의 대상이 되는 범죄의 원인이란 사회적 박탈과 같은 요인으로 설명할 수 없는, 개인에게 내재된 고유한 특성이 된다. 이러한 경향을 보여주는 대표적인 흐름이 앞서 언급

---

13) Robert Martinson, "What Works? - Questions and Answers about Prison Reform," *Public Interest* 35, 1974, pp.22 - 54.

하였던 범죄생물학의 성장과 뒤에서 살펴볼 사이코패스 개념의 부상이다.

이처럼 범죄자의 범죄적 성향을 개선시킬 수 있다는 믿음을 토대로 한 재활의 이념이 쇠퇴하고 사회의 정치적 보수화가 진행되면서 개인이 체현한 범죄성에 대한 인식틀과 이를 다루는 전략의 변화가 나타나게 된다. 사회복지 정책과 결합된 재활의 대상이었던 범죄자가 사회적 박탈을 겪은 불우한 부적응자였다면, 이제 그 자리를 차지하는 것은 범죄의 이익과 비용을 계산하고 범죄를 저지를 수 있는 기회를 포착하여 이용하는 합리적 존재이거나 또는 사이코패스와 같이 정상인과 본질적으로 다른 반사회적 성향을 가진 자가 되는 것이다.

범죄자와 범죄의 원인에 대한 인식의 변화는 행형체계를 비롯한 형사정책의 변화와 맞물려 있었다. 푸코가 『감시와 처벌』에서 역사적 형성 과정을 추적했던 범죄자에 대한 지식 축적의 방식, 그리고 감옥과 같은 교정장치들은 푸코가 비판의 대상으로 삼았던 재활의 이념이 쇠퇴한 이후에도 유지되었다. 다만 이전과는 다른 목적과 개입전략을 위한 장치로 변용된다.

우선 교정정책의 목적이 재정의되었다. 과거 재활 프로그램이 범죄자 개인의 성격이나 사회관계를 교정의 대상으로 삼았다면 이제 개입의 대상은 범죄행위 자체가 된다. 범죄자의 개선을 통한 사회복귀가 아닌 범죄예방 자체가 일차적이고 직접적인 목표가 되는 것이다. 이러한 상황에서 교도소는 범죄자를 재활시켜 사회로 재통합하는 기관이라기보다 공동체로부터 위험을 제거하는 무력화의 기능을 우선적으로 부여받게 된다. 1970년대에 재활 기관인 교도소의 실패를 상징적으로 보여주었던 높은 재범률은 더이상 교도소의 한계를 드러내는 것이 아니라 오히려 교도소의 필요성을 보여주는 지표가 된다. 즉, 재활되지 않는 뿌리깊은 범죄성향을 가진 자들을 사회로부터 분리시키는 기관으로서 교도소가 요구되는 것이다. 이제 재범이 행형체계의 실패를 보여주는 지점은 범죄자를 재활하는 데 실패했다는 것이 아니라 범죄자의 위험성을 파악하지 못하여 무방비한 사회로 출소시키는 것이 된다.

마찬가지로 사회내 처우의 성격과 기능 역시 변화하였다. 20세기 중반을 지배했던 재활의 이념에서 궁극적 목표는 범죄자를 재사회화하는 것이며 가석방이나 보호관찰과 같은 제도는 이러한 재통합 과정을 촉진하는 것으로 여겨졌다. 반면 1980년대 이후 범죄의 원인으로서의 개인의 부적응에 대한 치료적 관심은 약화되고 범죄를 예방하는 것을 목표로 하여 범죄행위 자체를 표적으로 삼는다. 이에 따라 보호관찰의 목적과 기능은 범죄자에 대한 감시를 통해 범죄위험을 관리하는 것으로 재정의되며 사회내 처벌로 자리매김하게 된다. 즉, 보호관찰은 사회복지의 영역에서 위험관리의 영역으로 변모하게 되는 것이다.[14)]

19세기를 거치면서 범죄자를 정상인과 구별되는 특별한 지식과 개입의 대상으로 창출해낸 범죄학과 정신의학은 20세기 중반에 이르러 서구 사회의 복지국가 패러다임과 결합하여 범죄를 사회적 박탈로 인한 개인의 심리적 부적응에 기인한 것으로 파악하고 다양한 재활 프로그램으로 이루어진 행형체계를 구축하였다. 그러나 1970년대에 진보적 사회운동의 흐름에서 제기된 비판과 복지국가 패러다임의 해체는 재활의 이념을 약화시켰고, 뒤이어 1980년대에 정치적 보수주의가 확장되면서 중형주의와 위험관리를 중심으로 하는 형사정책으로 전환되었다. 이러한 변화 가운데 범죄자에 대한 지식을 축적하고 범죄적 성향을 평가·분류하는 과학적 연구는 계속 이어졌다. 단, 범죄의 원인을 규명하는 지점과 개입방식은 크게 변화하였다. 이제 범죄자의 범죄적 성향에 대한 과학적·정책적 개입은 사회규범에 순응하지 못하는 부적응자를 개선시켜 정상인의 범주로 복귀시키는 재활이 아니라 범죄자를 위험수준에 따라 분류하여 특정 수준의 위험을 관리하는 데 적합한 방식으로 배치하는 위험관리가 주축을 이루게 된다.

Ⅳ. 인간과학 - 사회갈등의 병리학에서 위험평가로

1. 사회공학으로서의 정신의학·심리학

이번에는 개인의 정신적 성향과 특성을 평가하고 분류하는 지식체계를 구축한 인간과학의 분야인 정신의학과 심리학의 발전과 변화과정을 통해 인간을 분류하는 과학과 법의 상호접촉면을 살펴본다. 인간의 내면적인 정신과 심리를 앎의 대상으로 삼는 정신의학과 심리학은 각각 의학과 행동과학의 한 분야로서 발전해왔다. 그러나 이와 동시에 정신의학은 신체를 대상으로 하는 일반 의학과는 다소 분리된 발전양상을 보였으며 앞에서 살펴본 바와 같이 범죄학과 대단히 밀접하게 공동의 영역을 탐색해왔다. 마찬가지로 인간 본성에 대한 철학에 뿌리를 두고 있

14) Garland, 앞의 책.

는 심리학은 독자적인 학문 영역으로 분리되어 나오면서 측정과 통계적 수량화를 통해 인간의 행동을 연구하는 실증과학의 영역에 안착하였다. 이렇게 발전한 정신의학과 심리학은 인간의 행동과 정신의 병리학이라는 광범위한 영역을 앎의 대상으로 삼게 되는데, 여기에서는 범죄와 범죄자에 대한 영역에 국한하여 살펴본다.

20세기에 나타난 서구 형사정책의 변화는 대공황 이후 성립된 뉴딜체제로 대표되는 복지국가 패러다임이 서서히 해체되면서 1980년대 신자유주의로 전환되는 흐름 안에 위치하고 있다. 이러한 형사정책의 전반적인 변화는 정신의학과 심리학의 지향점에도 반영되어 나타났다. 우선, 행형제도를 사회적 박탈 집단의 부적응 문제를 교정하는 사회복지의 관점에서 접근하는 재활 이념이 주축을 이루었던 20세기 중반에 미국의 정신의학과 심리학은 병리적 개인의 치유 활동에 머무르지 않고 사회정책 영역에 폭넓게 개입하기 시작했다.

20세기 초엽까지 정신의학자들의 활동은 대체로 정신질환자를 수용하는 대규모 정신병원에 머물러 있었다. 지역사회로부터 분리된 격리시설에서 환자를 치료하고 관리하는 분야로 확립된 정신의학은 1950년대에 시설 외부로 활동 영역을 확장하기 시작했다. 특히 미국의 경우 2차 세계대전 직후 시설이 아닌 지역사회 내에서 정신건강을 증진시키는 것을 목표로 하는 '지역사회 정신보건'(community psychiatry)을 정부의 주요 정책으로 수립하였다. 지역사회 정신보건 정책은 일차적으로 당시 대규모로 운영되던 공공정신병원이 과밀해지면서 병원의 환경이 열악해지고 치료가 제대로 이루어지지 않는 상황을 개선하기 위한 것이었다. 즉, 외부와 격리된 공공정신병원에 장기간 갇혀 제대로 치료받지 못하는 환자들을 퇴원시켜 지역사회에서 치료받도록 하고, 정신질환을 치료하는 것에서 나아가 지역사회의 환경을 개선하여 정신질환을 예방하는 것을 목표로 삼았다.[15)]

지역사회 정신보건 정책은 정신병원의 비참한 상황에 대한 해결책에서 더 나아가 정신건강 문제를 민주주의와 사회적 정의의 실현에 통합시키고자 하는 정치적 프로그램의 성격을 지니고 있었다. 지역사회 정신보건 정책을 주도한 정신의학자들은 정신질환의 원인을 사회적 요인, 특히 특정 집단의 박탈을 야기하는 사회적 부정의에서 찾는 관점을 지니고 있었다. 이는 인구집단의 정신건강을 강화

15) Ian Robert Dowbiggin, *Keeping America Sane: Psychiatry and Eugenics in the United States and Canada, 1880–1940*, Ithaca: Cornell University Press, 1997; Gerald N. Grob and Howard H. Goldman, *The Dilemma of Federal Mental Health Policy: Radical Reform or Incremental Change?*, New Brunswick: Rutgers University Press, 2006.

하기 위해서 정신질환을 야기하는 사회적 요인이 되는 빈곤, 차별과 같은 문제를 해소하는 정책적 개입이 이루어져야 한다는 입장과 연결되었다. 이러한 접근방식은 정신의학과 심리학이 새로운 사회적 의제를 통해 더 넓은 개입영역을 개척할 수 있도록 하는 것이었다.[16)]

지역사회 정신보건의 이념이 범죄학과 교차하는 지점은 폭력의 문제였다. 1960년대는 지역사회 정신보건 이념이 정책적으로 실행된 시기이며 동시에 도시폭동이 빈발하면서 범죄와 폭력에 대한 두려움이 가중된 시기였다. 지역사회 정신보건 이념을 지닌 정신보건 전문가들은 정치적・사회적 문제를 심리학적 용어로 재해석하였고 인종갈등과 도시폭동의 근본적 원인으로 정신건강과 성격구조의 문제를 지목하였다. 예를 들어 미국 국립정신건강연구소(National Institute of Mental Health)는 1960년대 후반에 집단 폭력에 대한 일련의 연구들을 산출했는데 여기에서 사회갈등의 문제는 치료가 필요한 병리적 현상으로 규정되었다.[17)] 이처럼 정치적 이슈는 인구집단의 정신건강을 어떻게 달성할 것인가의 문제로 번역되었고 심리적 내면이 공공정책의 대상으로 떠올랐다. 특히 정신건강 문제로 규정된 폭력행동은 범죄학과 정신보건이 교차하는 지점으로서 정신의학과 심리학이 형사정책과 사회정책에 폭넓게 개입할 수 있는 터전이 되었다.

2. 정신의학의 역할 축소와 위험관리 정책의 등장

1970년대로 접어들면서 복지국가 패러다임이 흔들리고 형사정책을 떠받치던 재활의 이념이 정당성을 상실해가는 가운데 폭력과 범죄 문제를 정신병리의 관점에서 접근하는 정신의학의 권위도 함께 무너지기 시작했다. 이러한 변화는 반정신의학 운동(anti-psychiatry movement)과 정신장애인의 인권을 옹호하는 사회운동의 등장으로 가속화되었다. 반정신의학 운동은 정신의학이 사회적 일탈을 통제하는 억압적 권력으로 기능하고 있음을 비판하였다. 사회문화적 일탈을 정신질환으로 병리화하는 것이 정신질환자로 규정된 이들의 권리를 침해하고 타자화하고 있다는 비판은 토마스 사즈(Thomas Szasz)로 대표되는 자유주의적 시민권 옹호론과 사회학 분야의 낙인이론으로 정식화되었다. 특히 정신장애와 범죄성이 혼재된

16) Gerald N. Grob, *From Asylum to Community: Mental Health Policy in Modern America*, Princeton: Princeton University Press, 1991.

17) Ellen Herman, *The Romance of American Psychology: Politcal Culture in the Age of Experts*, Berkeley: University of California Press, 1995.

위험성의 개념을 통해 이루어지는 예방적 구금 제도에 대한 비판은 법조계와 학계에서 다방면으로 이루어졌다.

형사정책에서 재활의 이념을 구현하던 부정기형이 폐지되는 등의 변화가 나타나던 시기와 맞물려 1981년 레이건 정부는 지역사회 정신보건 정책을 폐지하였다. 이 시기를 통과하면서 사회공학적 기획을 펼쳐온 정신의학과 심리학의 정책적 지향성은 크게 약화되고 사회갈등이나 불평등과 같은 사회적 의제에 대한 학문적 관심이 줄어들게 된다.[18] 마찬가지로 형사사법과 행형체계에서도 재활의 이념이 쇠퇴하고 응보와 처벌의 기능이 강조되면서 정신보건 전문가들의 역할은 축소되었다.[19]

이처럼 1980년대에 형사사법체계에서 정신의학의 역할과 영향력이 축소되었으나, 형사정책에서 정신보건 이슈가 완전히 소멸된 것은 아니었다. 오히려 범죄통제와 관련하여 정신의학과 심리학의 역할이 재활과 치료의 기능을 담당하는 것에서 위험관리의 기능으로 대체되었다. 재활의 이념이 강조되던 시기에 정신보건 전문가들은 증상으로서의 범죄의 원인을 교정하는, 즉 범죄자를 치료하여 정상화시키는 역할로서 형사사법체계에 개입하였다. 그러나 형사정책의 주요 목표가 범죄자의 위험관리로 변화하면서 특정 범죄자의 위험을 평가하고 위험수준에 따라 분류하는 지식으로서 심리학이 활용되게 된다.

1980년대로 접어들면서 심리학자들은 위험평가방법을 개발하기 시작했는데, 여기에서 위험평가는 특정 개인이 범죄를 저지를 위험, 특히 범죄자가 재범을 저지를 위험의 정도를 계량적으로 평가하는 방식을 취하였다. 위험평가방법을 개발한 심리학자들은 통계적 방법을 사용하여 대상자의 위험 요인을 평가함으로써 범죄행동을 확률적으로 예측할 수 있고, 개인의 위험수준에 따라 관리 프로그램의 강도를 조절함으로써 재범을 감소시킬 수 있다고 주장하였다. 즉 범죄자들을 위험평가 결과에 따라 고위험군과 저위험군으로 분류하고 위험수준이 높은 집단에 속하는 범죄자들을 강도높은 위험관리 프로그램에 배치함으로써 효과적으로 통제할 수 있다는 것이다.[20]

18) Grob, 앞의 책.
19) Simon, 앞의 책.
20) Don A. Andrews, "Recidivism Is Predictable and Can Be Influenced: Using Risk Assessments to Reduce Recidivism," *Forum on Corrections Research* 1(2), 1989, pp.11 - 17.

V. 범죄적 성격의 진단

1. DSM과 반사회적 성격장애

1980년대 초 재범위험평가 연구가 시작되면서 범죄행동을 예측하는 위험 요인을 확정하고자 하는 시도가 이루어졌다. 초기 연구들은 정신증(psychosis)과 범죄 및 폭력행동 간에 연관성이 없음을 밝혀냈다. 이 연구들은 망상, 환각과 같은 정신증 증상을 보이는 환자, 특히 조현병 환자들이 일반인에 비해 특별히 범죄율이 높지 않음을 밝혀냈다.[21] 그렇다면 범죄행동의 위험요인으로 고려될 수 있는 또 다른 후보는 성격장애였다.

위험평가 연구가 시작되던 때는 미국정신의학회의 공식 진단체계인 『정신질환 진단 및 통계 편람』(Diagnostic and Statistical Manual of Mental Disorders, 이하 DSM) 3판이 정신의학계에서 영향력을 확립해가던 시기와 겹친다. 미국정신의학회는 1974년 태스크포스(the Task Force on Nomenclature and Statistics for the revision of DSM-II)를 구성하여 DSM 2판의 개정 작업을 개시하였다. 정신질환의 진단체계를 개정하는 명시적 목적은 DSM을 세계보건기구의 질병분류체계인 국제질병분류(International Statistical Classification of Diseases and Related Health Problems, 이하 ICD)와 일치시키고 정신의학자들 간에 진단의 신뢰성을 높이는 것이었다.[22]

이러한 개정 작업은 1970년대에 미국 정신의학이 정당성 위기에 직면하여 전문적 권위를 재확립하고자 하는 목적을 지니고 있었다. 앞에서 살펴본 바와 같이 1960년대 중반부터 반정신의학 운동은 정신의학이 사회통제의 작인으로 기능한다고 비판하면서 정신의학의 권위를 해체하고자 했다. 이와 함께 정신장애인 권리에 대한 관심이 법조계를 포함하여 사회적 의제로 부상하였다.[23] 또 다른 한편으로 정신의학의 연구와 임상에 관한 정책적 규제 방식은 진단체계의 재편을 추동하는 요인이 되기도 하였다. 우선, 진료비를 보조하는 보험업계에서 정신의학적

---

21) John Monahan, *et al.*, *Rethinking Risk Assessment: The MacArthur Study of Mental Disorder and Violence*, New York: Oxford University Press, 2001.

22) American Psychiatric Association, *Diagnostic and Statistical Manual of Mental Disorders*, 3rd edition, Washington, D.C.: American Psychiatric Association, 1980.

23) Grob, 앞의 책.

치료의 비용효과성을 문제삼았고 보다 명확한 진단체계를 요구하였다. 나아가 1962년 미국 연방의회는 FDA법을 개정하여 모든 신약과 치료법의 안전성과 효능에 대한 임상시험에서 무작위 이중맹검 시험을 시행하도록 하였다. 이러한 기준에 부합하기 위해서는 임상시험을 위한 동질적인 환자 집단과 표준화된 진단기준이 필요하게 되는데, 1970년대까지 DSM은 명시적인 진단기준을 제공하지 못하였고 정신의학자들은 각기 자신이 훈련받은 학풍과 경험에 따라 진단을 내리는 경향이 있었다.[24)]

이러한 요소들이 합쳐져 1970년대 말 정신의학의 정당성이 흔들리는 상황에서 이루어진 DSM 개정작업은 진단의 불일치를 낳았던 전문가의 판단재량을 명확한 진단기준으로 대체함으로써 진단기준의 표준화를 꾀하였고 이는 외부의 불신으로부터 전문가 공동체를 방어하려는 시도였다. 1970년대 정신의학에 대한 공격이 정신의학의 영향력이 사회영역으로 팽창한 것에 대한 반작용이었다면, DSM 3판으로 이어지는 개정작업은 정신의학계가 사회적 의제에 대한 개입을 지향하는 흐름에서 물러나 의과학의 객관성이라는 이름 아래로 후퇴하는 정치적 결정이었다.[25)]

DSM의 개정 작업은 진단체계를 ICD와 일치시킨다는 당초의 목표를 넘어서 정신의학의 진단·분류 체계를 정신역동적 접근에서 행동적 증상 기반으로 변화시키는 방향으로 진행되었다. 당시 미국 정신의학계의 주류 관점인 정신역동적 접근은 증상보다 그 기저에 있는 정신사회적(psychosocial) 원인을 중시했다. 프로이트의 이론에 기반을 둔 정신역동적 정신의학자들은 환자의 증상으로 드러나는 부적응의 기저에 내면의 정신적 갈등이 있다고 믿었다. 이에 따라 치료는 갈등의 근원을 명확히 함으로써 개인의 통찰력을 증진시키고 행동 변화를 이끌어내는 것에 주안점을 두었다. 그러나 위에서 언급한 것과 같은 여러 요인들에 의해 1960년대를 거치면서 정신역동적 정신의학은 지배적인 지위를 잃기 시작했고 1970년대에 이러한 경향은 가속화되었다.

DSM의 개정은 정신역동적 이론을 토대로 한 진단체계를 행동적 증상에 기반한 새로운 분류체계로 대체하면서 미국 정신의학의 변화에 쐐기를 박았다. 1952년에 출판된 DSM 초판과 1968년에 개정 출판된 2판은 정신역동적 이론에 기반

---

24) Rick Mayes and Allan v. Horwitz, "DSM-III and the Revolution in the Classification of Mental Illness," *Journal of the History of the Behavioral Sciences* 41(3), 2005, pp.249-267.

25) Grob, 앞의 책.

하고 있었다. 그러나 1974년에 시작된 새로운 개정 작업을 주도한 태스크포스는 프로이트의 정신역동적 접근법 대신 19세기 말 독일 정신의학자인 에밀 크레펠린(Emil Kraepelin)의 작업을 이론적 토대로 삼았다. 크레펠린은 정신의학을 객관적 관찰을 중심으로 하는 일반의학의 일원으로 자리매김하고자 하였고, 이를 위해서 환자의 내면에 잠재된 정신구조가 아닌 외적으로 관찰할 수 있는 것, 즉 환자의 증상과 행동, 그리고 환자가 드러내는 감정 · 인식 · 의지의 장애에 초점을 맞추었다. 크레펠린의 이론을 받아들인 DSM 개정 태스크포스는 명시적이고 구체적으로 정의된 진단기준에 따라 정신장애를 분류하고 진단하는 기준을 확립하고자 하였다.[26] 그 결과 마련된 새로운 진단체계는 다양한 양상으로 나타나는 정신장애를 공통된 분류체계 안으로 배치하여 장애의 진단기준을 표준화하는 것이었다. DSM 초판과 2판이 발현되는 증상보다 기저의 정신구조에 있는 심리적 병인론에 따라 장애를 분류한 것과 달리, 3판은 병리적 현상이 기능상의 장애로 정의되어야 한다는 크레펠린의 관점에 따라 구체적으로 정의된 증상을 기준으로 정신장애를 분류하였다.

행동적 증상에 기반한 진단 · 분류체계로의 이동은 반사회적 성격장애의 진단기준에도 반영되었다. DSM 초판과 2판은 반사회적 행동과 관련된 진단명으로 각각 "sociopathic personality disturbance, antisocial reaction"과 "personality disorder, the antisocial type"을 포함하고 있었다. 초판의 진단명에 사용된 "반응"(reaction)이라는 용어는 DSM 초판 전반에 걸쳐 사용되었는데, 이는 아돌프 마이어(Adolf Meyer)의 심리생물학적 관점, 즉 정신장애가 심리적, 사회적, 생물학적 요인에 대한 성격의 반응을 반영한다는 이론에서 나온 것이었다. 2판은 "반응"이라는 용어는 삭제하였지만 기본적으로 초판과 유사한 진단 정의를 유지하였으며, 냉혹함, 이기적 성격, 정서적 미성숙성과 같은 성격 특질을 진단의 중요한 요소로 포함하였다.

개정 3판을 위한 태스크포스는 기존의 DSM에 실린 진단 정의를 대폭 수정하였다. 이때 태스크포스가 반사회적 성격장애의 정의와 진단 기준의 토대로 선택한 것은 리 로빈스(Lee N. Robins)가 1966년에 발표한 연구였다. 이 연구는 성인기 반사회적 행동의 전조를 나타내는 청소년기 특징을 파악하고자 세인트루이스의 아동상담소(child guidance clinic)에서 수행한 종단 연구였다.[27] 태스크포스는

26) Mayes & Horwitz, 앞의 글.

이 연구에서 발견된 행동특성들을 거의 그대로 DSM 3판의 반사회적 성격장애 진단기준으로 도입하였다.[28] 그 결과 DSM 3판에서 이루어진 가장 중요한 변화는 반사회적 성격장애의 성격 특질과 관련된 내용이 대폭 삭제된 것이다. 그 대신 구체적으로 정의된 행동 특성, 예를 들어 "15세 이전에 가정이나 위탁가정에서 두 번 이상 가출한 적이 있음"과 같은 내용이 진단기준으로 삽입되었다.[29]

최종적으로 마련된 DSM 3판의 진단·분류체계는 임상현장보다 연구에 주력하는 정신의학자들의 이해관계에 부합하였다. DSM 3판은 대규모 환자군을 대상으로 정신장애와 치료에 대한 계량적 연구를 수행할 수 있도록 보다 체계적인 정신장애 분류가 필요하다는 정신의학 연구자들의 요구를 받아들인 것이었다. 이는 정신의학 연구를 둘러싼 제도적 환경을 반영한 것이기도 하였다. 앞서 언급한 바와 같이 FDA법은 신약 승인과 연구비 지원을 위해서 무작위 이중맹검 임상시험을 요구하였다. 이는 프로젝트에 참여하는 정신의학자들 간에 일관된 진단을 가능하게 하는 표준화된 진단·분류체계를 필요로 하였다. 또한 이러한 연구 프로토콜에서 치료의 효과를 평가하는 기준으로 삼은 것은 정신적 구조가 아닌 외부적으로 관찰가능한 증상과 징후였다. 이런 점에서 DSM 3판은 정신장애에 대한 약학 연구를 촉진하기 위해 FDA 임상시험에 적합한 정신장애와 환자집단의 분류·진단체계를 마련한 것이다.[30]

DSM 3판은 정신의학계 일각에서 반발과 이견을 불러왔다. 태스크포스가 성격특질을 배제하고 행동적 특성을 진단기준으로 확립한 것은 성격특질이 객관적으로 관찰하기 어렵고 따라서 임상가에 따라 진단이 불일치하는 비율이 높다는 점을 고려한 것이었다. 이처럼 성격적 특질을 제외하고 구체적인 행동적 증상에 기반한 진단기준은 정신의학자들이 임상적 해석을 할 수 있는 여지를 거의 허용하지 않는다는 점에서 비판과 불만이 제기되었다.

이는 반사회적 성격장애 진단기준과 관련해서도 마찬가지였다. 특히 로버트 헤어(Robert D. Hare)와 같은 사이코패시 연구자들은 DSM 3판에서 제시된 진단기

27) Lee N. Robins, *Deviant Children Grown Up: A Sociological and Psychiatric Study of Sociopathic Personality*, Blatimore, MD: Williams & Kilkins, 1966.

28) Theodore Millon, Erik Simonsen and Morten Birket-Smith, "Historical Conceptions of Psychopathy in the United States and Europe," in Theodore Millon, *et al.*, eds., *Psychopathy: Antisocial, Criminal, and Violent Behavior*, New York: Guilford Press, 1998, pp.20-21.

29) APA, 앞의 책, p.320.

30) Mayes & Horwitz, 앞의 글.

준이 반사회적 성격장애의 핵심적인 요소들을 배제하였다고 비판하였다.[31] 나아가 새로운 진단기준이 반사회적 개인을 진단할 때 성격 특질을 중요하게 고려하는 임상전통에 배치된다는 비판이 제기되었는데, 특히 사이코패시 개념을 옹호한 전문가들 사이에서 이러한 비판적 의견이 공유되었다.[32]

또한 형사정책 현장에서 활동하는 정신보건 전문가들은 반사회적 성격장애 진단기준이 범죄자들을 분류하는 데 적합하지 않다는 점을 지적하기도 하였다. 이 문제는 특히 위험평가목적의 진단을 할 때 두드러졌다. 그 이유는 반사회적 성격장애 진단기준이 진단과 범죄성의 동어반복성을 지니고 있었기 때문이다.[33] 비판가들은 DSM 3판에 제시된 반사회적 성격장애 진단기준이 범죄나 비행과 관련된 행동을 과도하게 강조함으로써 진단을 범죄행동과 동의어로 만들었다고 주장했다. 이 때문에 형사 및 행형체계에서 평가 대상자 중 반사회적 성격장애 진단 기준에 부합하는 사례가 50%에서 80%에 다다른다고 보고되기도 하였다.[34] 즉, 대상자의 대다수가 반복적인 범죄 및 비행 행동을 보이는 집단에서는 위험군을 분류해내는 변별력이 떨어진다는 것이다. 이와 동시에 구체적인 행동을 기준으로 제시하는 진단 항목들이 지나치게 협소하고 경직되어 있어 반사회적 행동을 하기 쉬운 성격구조를 가지고 있으나 반사회적 행동장애 진단기준에 기재된 특정 행동들을 하지 않은 자들을 탐지해내기 어렵다는 점이 비판의 대상이 되었다.[35]

2. 사이코패스의 재부상

1980년에 DSM 3판이 출판되고 반사회적 성격장애의 진단기준이 확립되기 이전에 반사회적 행동과 성격은 사이코패시(psychopathy), 소시오패시(sociopathy), 비사회적 성격장애(dissocial personality disorder) 등의 명칭으로 연구되어 왔다. DSM 3판이 출판되면서 사이코패시 등의 범주는 정신의학 진단에서 공식적으로 사용되지 않게 되었으나, 새로운 진단기준에 만족하지 못하는 일부 연구자들과

31) Stephen Hart and Robert Hare, "Psychopathy and Antisocial Personality Disorder," *Current Opinion in Psychiatry* 9, 1996, pp.129 - 132.
32) Robert D. Hare, Stephen D. Hart and Timothy J. Harpur, "Psychopathy and the DSM - IV Criteria for Antisocial Personality Disorder," *Journal of Abnormal Psychology* 100, 1991, pp.391 - 398.
33) Robert D. Hare, *The Hare Psychopathy Checklist - Revised*, Toronto, Ontario, Canada: Multi - Health Systems, 1991, p.47.
34) Hart & Hare, 위의 글.
35) Hare, Hart & Harpur, 위의 글, p.393.

임상가들은 여전히 사이코패시 개념을 사용하였다.

사이코패시에 대한 정신의학적 탐구는 19세기 프랑스 정신의학자인 필립 피넬(Phillippe Pinel)의 '망상이 없는 광증'(manie sans délire)에 대한 연구로 거슬러가는 긴 역사를 지닌다. 이후 1835년 영국의 정신의학자인 제임스 프리차드(James C. Prichard)는 '도덕적 광기'(moral insanity)라는 용어를 만들어냈고, 독일의 정신의학자 코흐(Julius L. Koch)는 1891년 이를 대체할 용어로 '사이코패스적 열등성'(psychopathic inferiorities)을 제안하였다.[36] 이러한 계열의 범주들은 앞에서 살펴본 범죄적 성향을 정신적 '비정상'으로 규정하는 법정신의학의 흐름에서 나온 것이다. 망상이 없는 광증과 도덕적 광기라는 용어에서 볼 수 있듯이 정신의학의 전통적인 대상이었던 세계에 대한 지각과 인식의 혼란, 즉 환각과 망상이라는 이성으로부터의 일탈이 아닌 사회규범으로부터 일탈한 충동과 욕망을 과학적 앎의 대상으로 포섭한 것이다.

정신병리적 범주로서 사이코패시는 20세기 초부터 본격적으로 사용되기 시작했는데, 독일 정신의학에서 사이코패시는 특정 유형의 성격장애가 아닌 비정상적인 성격 일반을 지칭하였다. 이는 20세기 전반기 미국에서도 마찬가지였으나 다만 영미권의 정신의학은 도덕적 광기의 개념에서 볼 수 있듯이 규범적 일탈을 보다 강조하였다.[37] 나아가 정신의학자들은 일반인들이 사회적 이슈로 인식하던 것을 정신의학적 문제로 재정의하면서 사이코패시를 사회적 의제로 위치시켰다. 사회적 일탈로 나타나는 부적응 문제가 정신적 문제로서 사이코패시, 즉 성격 변형의 결과라고 보았던 것이다.

특히 미국에서 사이코패시 개념은 흔히 성적 일탈과 연결되었다. 예를 들어 20세기 초엽에 과잉성욕을 지닌 여성 사이코패스(hypersexual female psychopath)의 범주는 가족의 의무를 저버리고 남성을 타락시키며 사회의 도덕성을 해치는 존재로서 사회정책 영역에서 정신의학자들이 활동할 공간을 제공하였다. 이 당시 성적으로 일탈한 여성 사이코패스의 개념은 젊은 여성들이 가족질서에서 독립하여 도시 노동력으로 빠르게 진입하던 사회적 상황에서 등장하였으며, 노동계급 여성과 성매매 여성을 동일시하는 도덕주의적 시각이 반영된 것이었다. 이후 1920년

36) Millon, Simonsen & Birket-Smith, 위의 글.

37) Ronald Blackburn, "Psychopathy and the Contribution of Personality to Violence," in Theodore Millon, *et al.*, eds., *Psychopathy: Antisocial, Criminal, and Violent Behavior*, New York: Guilford Press, 1998, p.51.

대에 성적 일탈에 대한 정신의학적 관심이 과잉성욕의 문제에서 비규범적 성으로 옮겨가면서 남성 동성애자, 아동성학대범, 강간범 등이 성적 사이코패스로 규정되어 노동계급 여성을 대신하는 정신의학적 관심 대상이 되었다.[38] 이와 함께 성적 일탈을 사이코패시와 연결시키는 관점은 법률로도 구현되어 1935년 미시건주를 시작으로 미국 각 주에서 제정된 성적 사이코패스 법(sexual psychopath law)은 성범죄자 중 사이코패스로 진단된 자들을 구금시설에서 치료하도록 하였다.[39]

20세기 전반기에 이루어진 사이코패시에 대한 연구와 의료적·정책적 개입은 지금의 사이코패스 담론과 차이가 있지만 현재까지 영향을 미치는 몇 가지 유산을 남겼다. 우선 사이코패시 개념은 환각, 망상 등 확연히 왜곡된 현실인지와 같은 정신적 증상을 보이지 않는 사회규범의 일탈자들을 정신의학적 대상으로 확실히 포섭하였다. 특히 '성격'을 문제의 영역으로 지목함으로써 성격장애를 정신장애의 하위범주로 포섭할 수 있는 기틀을 마련하였다. 다만 20세기 초까지 사이코패시는 특정한 성격장애가 아닌 성격적 이상을 포괄하는 일반적 범주로 사용되었는데, 사이코패시가 특정 유형의 성격 장애로 정의된 것은 1941년 미국 정신의학자인 허비 클레클리(Hervey Cleckley)가 『온전한 정신의 가면』(The Mask of Sanity)을 출판하면서이다. 이 책에서 클레클리는 사이코패스로 진단받은 사람들의 성격특질과 행동특성을 제시하였는데,[40] 클레클리의 작업은 이질적인 비정상적 성격들을 모두 포괄함으로써 모호해졌던 사이코패시 개념을 비교적 명확한 경계를 가진 범주로 탈바꿈시켰고 이는 현대에 사용되는 사이코패시 개념과 진단기준의 토대가 되었다.

20세기 전반기의 사이코패시 개념이 현대까지 영향을 미친 또 다른 요소는 정상과 비정상의 범주를 연속적인 정도의 문제로 보는 관점이다. 20세기 초의 정신

38) Elizabeth Lunbeck, *The Psychiatric Persuasion: Knowledge, Gender, and Power in Modern America*, Princeton: Princeton University Press, 1994.

39) Tamara Rice Lave, "Only Yesterday: The Rise and Fall of Twentieth Century Sexual Psychopath Laws," *Louisiana Law Review* 69, 2009, pp.549 - 591.

40) 클레클리는 사이코패스의 16가지 특질을 다음과 같이 정의했다. 표면적 매력과 높은 지능; 망상과 다른 비합리적 사고의 징후의 부재; 신경성(nervousness)이나 정신신경증적 징후의 부재; 신뢰할 수 없음; 진실하지 않고 불성실함(insincerity); 후회와 수치심의 결여; 부적절한 동기를 가진 반사회적 행동; 약한 판단력과 경험으로부터의 학습 실패; 병적인 자기중심성과 사랑의 능력 결여; 주요 감정적 반응의 전반적인 빈곤; 특정한 통찰력의 상실; 일반적인 대인관계에서의 무반응; 음주상황 또는 그 밖의 상황에서 환상적이고(fantastic) 불쾌한(uninviting) 행동; 자살은 거의 행하지 않음; 비인격적이고 하찮고 불완전하게 통합된 성생활; 인생계획을 따르지 못함. Cleckley, Hervey M., *The Mask of Sanity: An Attempt to Reinterpret the So - Called Psychopathic Personality*, St. Louis: The C. V. Mosby company, 1941, pp.204 - 225.

의학자들은 사이코패시가 건강한 정신과 정신질환이라는 두 극단 사이에 존재하는 것으로서, 정상과 질적으로 다른 범주가 아닌 양적인 변이의 문제로 보았다. 오늘날 성격장애라 불리는 다양한 양상을 포괄하던 사이코패시는 조현병과 같은 전통적인 정신의학의 대상과 달리 정상과 질적으로 다르지 않고 사이코패스는 외면상 정상인과 매우 유사하다고 간주되었다. 나아가 이렇게 정상성과 연속적인 변이 정도의 관점에서 규정된 사이코패시는 정상에 가까울수록 더 위험하다고 인식되었다. 정상적인 외면 안에 감춰진 위험성을 발견하기가 더 어렵기 때문이다.[41] 따라서 더 미세한, 즉 위험한 차이를 발견할 수 있는 전문성과 정교한 도구가 요구되는 것이다.

1980년 DSM 3판의 출판과 함께 반사회적 행동과 관련된 공식적인 정신의학적 진단명은 반사회적 성격장애로 확립되었다. DSM 초판과 2판이 미국 정신의학계에서 보편적으로 사용되지 않았던 것과 달리 DSM 3판은 미국뿐 아니라 국제적으로도 통용되는 표준적인 정신장애 분류 및 진단 기준으로 영향력이 확대되었다. 이에 따라 사이코패시 개념은 주류 정신의학 분야에서는 더이상 진단명으로 사용되지 않는다. 여기에는 정신의학계의 학문적 경향과 임상 관행뿐 아니라 정부의 임상시험 기준과 보험회사의 표준적 진단체계에 대한 요구의 영향도 있었다.

그러나 앞에서 살펴본 바와 같이 형사제도에서 반사회적 성격장애는 위험평가 및 진단기준으로서 유용성이 떨어졌고 이는 사이코패시를 보다 매력적인 대안으로 만들었다. 사이코패시 연구자들은 이 개념이 일탈 행동뿐 아니라 성격 특질을 함께 고려함으로써 반사회적 성격장애 진단기준이 지닌 동어반복의 함정에서 빠져나갈 길을 보여준다고 주장했다.[42] 나아가 행동 특성과 함께 성격 특질을 고려함으로써 보다 정교하게 범죄자들을 구별해낼 수 있다는 점 역시 사이코패시 개념의 장점으로 부각되었다. 교정시설 수용자들을 위험도에 따라 변별해내는 기능이 떨어지는 반사회적 성격장애 진단기준과 달리, 반사회적 행동을 하는 사람들을 두 개의 집단, 즉 사이코패스 범죄자와 비사이코패스 범죄자로 구별하여 위험의 정도에 따라 분류해낼 수 있다는 것이다.[43]

이렇게 해서 형사제도와 행형체계의 현장과 밀접한 정신의학·심리학 전문가들은 계속해서 사이코패시 개념을 사용하고 발전시켰다. 이에 따라 범죄자를 대

41) Lunbeck, 앞의 책, p.70.
42) Hare, 1991, 앞의 책, p.47.
43) Hart & Hare, 앞의 글.

상으로 하는 위험평가에 있어서 분류와 진단 기준으로 활용되는 것은 반사회적 성격장애가 아닌 사이코패시가 되었다. 사이코패시 개념이 범죄자의 분류, 특히 위험평가 영역에서 발전하게 된 또 다른 요인은 진단도구의 개발이다. 아래에서는 범죄적 성격을 진단하고 평가하는 측정도구에 대해 살펴보도록 하겠다.

Ⅵ. 위험한 성격의 측정과 수량화

1. 심리측정의 전통과 성격검사

미국정신의학회가 DSM 개정작업에서 가장 주안점을 두었던 문제는 정신의학자들 간에 진단의 일관성, 즉 신뢰성을 제고하는 것이었다. 정신의학자들 간의 진단이 불일치하는 문제를 해결하기 위해 DSM 3판에서 택한 방법은 진단가의 주관적 해석이 개입할 여지가 큰 성격 특질을 진단기준에서 가능한 제외시키는 것이었다. 이와 달리 사이코패시의 개념을 고수한 전문가들은 성격적 특질을 진단의 중요한 요소로 보았다. 그런데 행동으로 나타나는 증상과 달리 성격특질의 평가는 필연적으로 임상가의 추론을 어느 정도 포함하기 마련이며, 이는 사이코패시 진단이 임상가의 자의적 판단에 불과하다는 비판에 노출될 수 있음을 뜻했다.

나아가 사이코패시 검사를 받는 대상자들 대부분이 범죄자이며 특히 교정시설에서 지시에 순응하지 않는 통제가 어려운 자들이었다. 이러한 상황에서 임상가의 선입견과 편향성이 '객관적' 진단을 가로막는 장애물이 될 수 있다는 우려가 제기되었다. 예를 들어 일각에서는 사이코패시 진단이 '역전이'(countertransference), 즉 대상자에 대해 임상가가 느끼는 불쾌한 느낌이나 싫어하는 감정이 대상자에게 투사된 결과일 수 있다고 지적하였다.[44] 사이코패시 연구자들 역시 성격특질을 관찰하고 진단하는 것이 쉽지 않음을 알고 있었다. 이들이 성격특질을 진단기준으로 유지하는 대신 진단의 신뢰성이라는 문제를 해결하기 위해 택한 방법은 지능검사에서 성격검사로 이어지는 심리검사의 전통에 의존하는 것이었다.

심리검사는 20세기 초 심리학에서 계량화를 이끌었던 주된 영역이었다. 심리검

---

44) Hans Toch, "Psychopathy or Antisocial Personality in Forensic Settings," in Theodore Millon, *et al.*, eds., *Psychopathy: Antisocial, Criminal, and Violent Behavior*, New York: Guilford Press, 1998, pp.151 - 153.

사는 심리학의 사회적 유용성을 증명할 수 있다는 점에서 심리학자들의 관심을 끌었는데, 초기에 이러한 역할을 했던 것은 지능검사였다.[45] 지능검사는 영국과 프랑스에서 대중교육이 확대되던 시기에 대두된 문제를 해결할 수 있는 유용한 수단으로 여겨졌다. 특히 지적 능력이 떨어지는 '정신박약아'(feeble-minded)는 범죄, 빈곤, 비도덕성 등 다양한 문제를 일으켜 사회의 건전성을 위협할 수 있는 존재로 여겨졌고 이들을 격리하고 단종시키는 등의 정책이 취해졌다. 여기에서 정신박약아를 선별하는 것이 정책적으로 요구되었는데, 정신박약아를 정상아와 구별시키는 지적능력의 차이는 외면적으로 명확히 드러나는 것이 아니라 신체의 내면에 담겨져 있는 것이었다. 따라서 이러한 내면에 존재하는 차이를 가시적으로 드러내기 위한 시도로서 지능검사가 개발되었다.

정상분포라는 통계적 개념을 통해 집단 내의 개인차를 측정하는 지능검사는 대중의 의무교육이라는 정책적 맥락에서 활용되었다. 알프레드 비네(Alfred Binet)가 고안한 지능검사는 원래 프랑스에서 정신박약아를 위한 특수학교 입학 대상자를 선별하기 위한 행정적 도구로 고안된 것이었다. 여기에서 비네가 개발한 지능검사는 병적인 징후를 진단하기 위한 테크닉을 넘어서 정상적인 것을 중심으로 한 인구집단의 위계를 구성하기 위한 기법으로 기능하게 된다.[46]

그러나 지능검사는 사회적 기능에 부합하지 않는 개인을 선별해내는 목적을 충분히 달성하지 못했는데, 지능검사가 이러한 행정적 목적을 충족시키는 데 실패한 지점에서 '성격'(personality)의 개념이 등장했다. 20세기 초에 시작된 성격검사 연구는 정신적으로 결함이 있는 자를 분류하여 격리시설에 구금시키거나 병역과 같은 특정 과업에 부적합한 자를 변별해내기 위한 목적을 지녔다.[47] 특히, 미국에서 1920년대와 1930년대에 등장한 초기 성격 연구는 당대의 정신위생 운동(mental hygiene movement)과 밀접하게 연결되면서, 인간의 정신과 심리에 대한 연구를 정신병리에 대한 관심사에서 아동양육과 교육영역 등으로 확장시켰다.[48]

---

45) Tim B. Rogers, "Operationism in Psychology: A Discussion of Contextual Antecedents and an Historical Interpretation of Its Longevity," *Journal of the History of the Behavioral Sciences* 25, 1989, pp.139-153.

46) Nikolas Rose, *Governing the Soul: The Shaping of the Private Self*, 2nd ed., London: Free Association Books, 1999.

47) Kurt Danziger, *Constructing the Subject: Historical Origins of Psychological Research*, Cambridge: Cambridge University Press, 1990; David McCallum, *Personality and Dangerousness: Genealogies of Antisocial Personality Disorder*, Cambridge: Cambridge University Press, 2001.

이처럼 인구집단 내에서 특별한 관리가 필요한 개인을 분류하는 행정적 목적과 통계적으로 구축된 집단 내에서 개인간 차이를 평가하는 심리학적 실천은 밀접한 관계를 지니고 있었다.

1920년대에 이르면 성격검사 도구와 성격 개념이 개인성(personhood)을 규정하는 용어로 사회 전반에 유포되기 시작한다.[49] 이 당시 심리학은 철학으로부터 분리되어 독자적인 분과로 발돋움하고 있었고 심리학자들은 과학의 분과로 심리학을 확립하기 위해 노력하고 있었다. 이 과정에서 심리학자들은 심리적 현상이 본질적으로 개인에게 고유한 개별적인 것이며 과학적으로 관찰하거나 일반화할 수 있는 성질이 아니라는 오래된 회의론에 직면할 수밖에 없었다. 이 맥락에서 심리검사 개발에 활용된 조작화 기법은 심리적 현상을 수량화하고 측정할 수 있는 방법으로 제시되었다.[50] 조작화 기법은 지능이나 성격특질과 같은 추상적 개념을 일련의 측정 가능한 항목들로 정의함으로써 인간 정신의 내면을 관찰가능한 것으로 전환시켰다. 이러한 조작화 기법을 사용한 심리검사는 각 항목에 대한 검사 대상자의 반응이나 관찰결과를 표준화된 척도(scale)를 통해 기입하여 검사대상인 개인이 지닌 해당 특질의 정도를 나타내는 점수로 합산하는 방식으로 구성되었다.[51]

심리학적 개념인 성격을 계량화하는 심리검사 기법은 관찰불가능한 정신적 영역을 가시적으로 읽어낼 수 있는 측정의 대상으로 전환시켰다. 그리고 통계적 표준(norm)을 중심으로 개인이 얻은 점수를 위계적으로 배열함으로써, 규범과 위반이 아닌 표준과 변이의 정도를 통해 개인을 평가하게 된다. 즉, 개인의 속성은 표준(정상)으로 간주되는 값과의 일치와 차이라는 측면에서 기입되고 인식된다. 여기에서 성격은 질적으로 구별되는 개인 고유의 특성이 아닌, 동일한 척도 위에 펼쳐진 특질을 소유하는 정도의 차원에서 측정되게 된다. 그리고 인간의 행동과 성격을 판단하는 데 있어 고려되는 기준점은 법과 규범이 아니라 집단 내 개인간의 차이가 되는 것이다.[52]

48) Roderick D. Buchanan, "The Development of the Minnesota Multiphasic Personality Inventory," *Journal of the History of the Behavioral Sciences* 30, 1994, pp.148 - 161.

49) 위의 글.

50) Gail A. Hornstein, "Quantifying Psychological Phenomena: Debates, Dilemmas, and Implications," in Jill G. Morawski, ed., *The Rise of Experimentation in American Psychology*, New Haven: Yale University Press, 1988, pp.1 - 34.

51) Buchanan, 앞의 글.

52) Rose, 앞의 책; 미셸 푸코, 1994, 앞의 책.

2. 사이코패스 진단도구의 개발

앞서 언급하였듯이 1941년에 발표된 클레클리의 책은 사이코패시를 다양한 성격장애와 구별되는 유형으로 확립하였다. 그러나 여기에서 제시된 것은 임상 현장에 바로 적용할 수 있는 진단 기준이 아니었다. 클레클리의 작업은 일종의 원형(prototype)으로서의 사이코패스가 보이는 특징을 제시한 것이며, 임상가들은 이를 참조하되 본인의 해석과 판단에 의존하여 진단을 내리곤 하였다. 이처럼 명확한 진단 기준이 마련되지 않고 각기 다른 진단 방법이 사용되는 상황은 사이코패시에 대한 체계적 지식을 축적하는 데 장애물로 여겨졌다.[53]

심리학자인 로버트 헤어가 사이코패시 진단도구를 개발한 일차적 목적은 위와 같은 상황을 타개할 수 있는 일관된 진단 절차를 마련하는 것이었다.[54] 헤어는 클레클리의 작업에서 사이코패스의 성격과 행동 특질 22가지를 추출하여 심리학적 성격검사의 전통에 따라 사이코패시의 진단 항목을 구성한 '사이코패시 체크리스트'(Psychopathy Checklist)를 1980년에 발표하였다. 이후 헤어는 2개 항목을 삭제한 개정판(Psychopathy Checklist-Revised, 이하 PCL-R)을 1990년에 발표하였다.

PCL-R의 20개 항목은 성격적 특질과 행동적 특성을 모두 포함하고 있다. 먼저, 대인관계와 정서적 측면에서 나타나는 사이코패스의 성격적 특질로는 남을 속이고 조종하려 하며, 후회나 죄책감을 느끼지 못하고, 냉담하며 공감능력이 결여되어 있다는 등의 항목이 해당된다. 행동적 특성과 관련되는 항목들은 쉽게 지루해하고 자극을 추구하며, 충동적이고, 무책임한 생활양식, 그리고 반사회적 행동에 해당하는 아동기 문제 행동과 청소년기의 비행경력, 다양한 범죄를 저지르는 것 등이다.[55] 이렇게 구성된 PCL-R은 20개 항목에 대해서 각각 0점에서 2점의 점수를 부여하도록 되어 있다. 검사 대상자가 해당 항목에 부합하지 않을 때는 0점을, 부합할 때는 2점을 부여한다. 1점이 주어지는 경우는 대상자가 해당 항목에 해당하는 특성을 보이지만 그 정도가 약할 때 혹은 대상자가 해당 항목에 부합하는지 여부를 판단하기에 정보가 불충분할 때이다. 각 항목의 점수를 합한

53) Robert Hare, "Forty Years Aren't Enough: Recollections, Prognostications, and Random Musings," in Hugues Hervé and John C. Yuille, eds., *The Psychopath: Theory, Research, and Practice*, Mahwah, NJ: Lawrence Erlbaum Associates, 2007, pp.3-28.

54) Hare, 1991, 앞의 책, 1면.

55) Robert D. Hare, *The Hare Psychopathy Checklist-Revised*, 2nd ed., Toronto, Ontario, Canada: Multi-Health Systems, 2003.

총점은 0점에서 40점 사이에 분포하며 이 점수는 "해당 개인이 사이코패스의 원형에 부합하는 정도"를 가리키는 것으로 해석된다.[56)]

이처럼 PCL-R을 사용한 검사 절차는 연속적인 점수를 산출해내도록 설계되었다. 이러한 특성은 사이코패시와 반사회적 성격장애의 진단방식을 가르는 또 다른 쟁점과 관련된다. 즉, 진단기준이 장애의 범주를 지시하는가(categorical diagnosis) 혹은 장애의 정도를 지시하는 것인가(dimensional diagnosis)의 문제이다.[57)] DSM 3판은 반사회적 성격장애의 진단기준으로 제시된 9가지 항목 중 4개 이상에 부합하면 반사회적 성격장애로 진단하도록 하고 있었다. 이때 반사회적 성격장애의 정도를 평가하는 절차는 없으며 검사를 받은 대상자가 장애를 가지고 있는지 여부만을 진단하게 되고 여기에서 반사회적 성격장애와 그렇지 않은 자를 구분하는 기준은 특정 증상의 존재 유무이다. 반면, 연속적 척도를 사용하는 PCL-R 검사결과 도출된 점수는 해당 개인이 원형적 사이코패스와 유사한 정도를 지시한다.

그런데 이러한 PCL-R의 구성은 사이코패시 개념에 대한 특정한 이론적 입장을 함축하는 것은 아니었다. 사이코패시 개념은 20세기 초부터 다양하게 변주되어온 역사를 지니는 만큼 이 개념이 정확하게 지칭하는 바가 무엇인지에 대한 이견이 존재했다. 예를 들어, 사이코패스는 정상인과 본질적으로 다른 존재인가, 아니면 인구집단을 구성하는 다양한 성격 특질 중 일부를 인위적으로 묶어낸 인공적 구성물인가?[58)] PCL-R 검사결과는 정상상태와 구별되는 별도의 범주로서의 사이코패시를 판별해내는 것인가, 아니면 단지 정상상태와 정도의 차이를 보여주는 변이의 폭을 측정하는 것인가?[59)]

전문가들은 이러한 근본적인 질문에 대한 합의가 이루어지지 않은 상태에서 PCL-R을 사용하였다. PCL-R을 개발한 헤어 역시 본인은 이론가가 아니라고 말하면서 사이코패시 개념에 대한 이론적 질문을 피해갔다.[60)] 헤어는 PCL-R의 점수가 검사 대상자가 사이코패스의 원형에 가까운 "정도"를 나타내는 것이라고 설명하는 동시에 특정 기준점수를 설정하여 그 이상의 점수를 받은 대상자를 사이

---

56) Hare, 1991, 앞의 책.

57) Thomas Widiger and Timothy Trull, "Personality Disorders and Violence," in John Monahan and Henry Steadman, eds., *Violence and Mental Disorder: Developments in Risk Assessment*, Chicago: University of Chicago Press, 1994, pp.203 - 226.

58) Jennifer L. Skeem, *et al.*, "Psychopathic Personality: Bridging the Gap Between Scientific Evidence and Public Policy," *Psychological Science in the Public Interest* 12(3), 2011.

59) Widiger & Trull, 앞의 글.

60) Hare, 2007, 앞의 글.

코패스로 분류하는 것이 가능하다고 보았다.[61] 즉, 헤어는 사이코패시 개념을 정상상태와 연속적인 변이상태인지 또는 정상과 구별되는 분리된 범주인지에 대한 결론을 내리지 않은 채 PCL-R을 진단도구로 사용하도록 한 것이다.

결국 PCL-R은 사이코패시 개념 및 진단과 관련된 근본적 질문을 괄호친 채 법정과 행형제도에서 대상자들을 분류해내는 실용적 기능에 중점을 둔 도구로 사용되었다. 그렇다면 연속적 점수로 산출되는 PCL-R 검사결과를 통해 특정 개인을 사이코패스로 판단하는 것은 어떻게 가능한가? 다시 말해서 0점부터 40점 사이에 분포하는 척도상의 어느 지점을 사이코패스를 구별해내는 기준점으로 정할 것인가?

헤어는 애초에 30점을 변별 기준점으로 제안하였다. 그런데 이 기준점은 그보다 높은 점수를 받은 대상자들이 향후 범죄를 저지를 위험이 더 높기 때문에 제안된 것은 아니었다. 헤어가 변별 기준점을 설정할 때 준거로 삼은 것은 대상자들에게서 이후에 관찰되는 범죄행동의 경향성이 아니라 임상적 관행이었다. 즉, PCL-R과 같은 별도의 진단도구를 사용하지 않고 임상가가 기존의 경험과 해석에 따라 사이코패스로 진단한 자들이 PCL-R 검사 결과 30점 이상을 받는 경우가 많았던 것이다.[62] 변별 기준점을 이런 식으로 설정하는 방식은 헤어가 PCL-R을 위험평가도구가 아닌 임상적 진단을 보조하는 도구로 의도했음을 보여준다. 헤어 자신이 언급했듯이 PCL을 만든 최초의 목적은 이전에 사용되던 사이코패시 진단 절차를 체계화하는 것이었다.[63] 여기에서 중요한 것은 PCL이라는 새로운 도구가 기존의 임상관행을 교란시키지 않으면서 진단 절차를 보다 명확하고 일관되게 만드는 것이었다. 이를 위해서 헤어는 폭력과 범죄행동을 가장 잘 예측하는 점수가 아닌 기존의 임상적 관행에 부합되는 점수인 30점을 변별 기준점으로 선택했던 것이다.

이처럼 PCL-R은 당초 임상현장에서 사이코패시의 진단을 보조하는 도구였으며 범죄를 비롯한 위험을 예측하기 위해 개발된 도구가 아니었다. 그러나 PCL-R은 점차 위험평가연구에서 도입되기 시작하여 현재에는 가장 영향력 있는 위험평가

61) Stephen Hart and Robert Hare, "Psychopathy and Association with Criminal Conduct," in David M. Stoff, James Breiling and Jack D. Maser, eds., *Handbook of Antisocial Behavior*, New York: John Wiley & Sons, Inc., 1997, p.26.
62) Hare, 1991, 앞의 책, p.17.
63) Hare, 1991, 앞의 책, p.1.

도구로 사용되고 있다. PCL-R이 사이코패시라는 특정한 성격장애 진단도구에서 위험평가도구로 탈바꿈한 것은 여러 가지로 설명할 수 있을 것이다.

우선, PCL-R이 개발된 시기가 형사정책의 지향점과 주된 범죄예방 전략이 변화하는 시기와 맞물려 있었다. 앞에서 살펴본 바와 같이 1980년대 이후 형사정책의 흐름이 범죄자의 재활을 통한 재사회화에서 위험한 범죄자의 무력화를 통한 위험관리로 변화하였다. 특히 미국에서는 1990년을 기점으로 성폭력 범죄자에 대한 신상등록 및 공개제도, 형기종료 후 구금치료 제도 등 강도높은 위험관리 정책이 도입되고 있었다. 이는 범죄자들 가운데 특별한 위험관리가 필요한 자들을 분류해낼 수 있는 위험평가방법을 요구했다. 바로 그 시점에 개발된 PCL- R은 통계적 방법을 사용하여 다양한 위험평가도구를 개발하고 테스트하는 범죄심리학 영역에 진입할 수 있었다.

헤어와 동료들은 교정시설이나 법정신의학 시설과 같은 특정한 제도적 환경에서 PCL을 개발하였는데, 이러한 제도적 맥락에서 이루어지는 다양한 결정들은 재범위험의 판단과 관련되어 있었다. 이는 PCL-R이 위험평가 목적으로 사용되는 데 유리한 환경을 제공하였다. 연구대상이 되는 범죄자가 밀집되어 있는 제도적 환경, 그리고 범죄자를 위험한 정도에 따라 분류하고자 하는 정책적 요구는 PCL-R의 재범예측력 연구의 비옥한 토양이 되었다. PCL-R을 사용한 사이코패시와 범죄행동 사이의 관계에 대한 경험적 연구가 축적되면서 PCL-R은 특정 개인이 범죄행동을 저지를 확률, 즉 위험의 정도를 말해줄 수 있는 가장 영향력 있는 도구로 자리매김하게 된다.

또한 PCL-R이 성격측정 척도로서 지니는 특성, 즉 검사 결과를 연속적 점수로 산출해내는 방식으로 설계되어 있다는 점이 위험평가도구로 변모하는 데 유리하게 작용할 수 있었다. 헤어는 사이코패스를 구별해내는 변별 기준점으로 30점을 제안했지만 이는 고정된 것이 아니라 사용되는 목적에 따라 변경될 수 있는 것이었다. 이처럼 사이코패스를 정상인과 구별짓는 기준이 유동적이라는 점은 사이코패시 개념이 이론적으로 명확하지 않고 진단 기준 역시 확정적이지 않음을 뜻한다. 그러나 이론적 개념으로서 가지는 이러한 약점은 형사정책적으로 유연하게 적응할 수 있는 강점이 되기도 한다.

통계적 방법을 사용하여 이루어지는 위험평가의 핵심은 특정 개인의 행동에 대한 구체적인 예측이 아니라 집단을 준거점으로 한 확률 계산이다. 즉, 고위험군과 저위험군으로 분류된 대상자들이 미래에 위험한 행동을 저지를 확률을 보여주는 것이다. 통계적 분석의 특성상, 이러한 확률은 100%의 가능성을 예측하는 것이 아니며, 여기에서 예측오류는 필연적으로 발생하게 된다. 이때 두 종류의 예측오류가 발생하는데, 거짓양성(false positive) 오류는 위험하지 않은 자를 위험하다고 잘못 판단하는 것이고 거짓음성(false negative) 오류는 위험한 자를 위험하지 않다고 잘못 판단하는 경우이다. 두 유형의 오류는 형사정책에 있어서 각각 부당한 기본권 침해와 사회방위의 실패라는 문제를 낳는다. 즉, 거짓양성 오류는 실제로 재범의 가능성이 낮은 자에게 위험관리를 위한 각종 제재를 가함으로써 기본권 침해를 야기하게 된다. 반면 거짓음성 오류는 재범을 저지를 수 있는 자를 제대로 관리하지 않음으로써 범죄를 낳게 된다. 재범위험평가가 미래 행동에 대한 확률의 문제인 이상 두 가지 유형의 예측오류가 필연적으로 발생하게 된다. 이 가운데 어떤 예측오류를 방지하는 데 주력할 것인가, 다시 말해서 기본권 보호와 사회방위 양자 가운데 어떠한 가치에 더 무게를 실을 것인가는 정책의 방향에 따라 변화할 수 있다.

PCL-R이 가진 사이코패스 판별 기준의 유동성은 이러한 정책변화에 유연하게 적응할 수 있는 장점이 된다. 예를 들어, PCL-R을 한국어로 번안한 한국판 PCL-R이 국내 형사사법체계에서 사용될 때 고위험군을 판별하는 기준점수는 당초 헤어가 제안한 30점보다 낮은 25점으로 설정되어 있다.[64] 즉, 형사정책이 일부의 기본권 침해를 감수하고 사회방위를 위한 범죄예방을 강화하는 방향으로 나아갈 때 PCL-R의 고위험군 판별 기준점을 낮게 설정함으로써 보다 많은 대상자들을 고위험군으로 분류하여 위험관리의 망에 포획할 수 있는 것이다.

64) 이수정 · 고려진 · 김재경, "한국판 Psychopathy Checklist - Revised(PCL - R)의 구성타당도 연구", 한국심리학회지: 사회 및 성격 제23권 제3호, 2009.

Ⅶ. 나가며

인간을 분류한다는 것은 유사한 속성을 지닌 것으로 간주되는 사람들을 하나의 범주로 묶고 다른 범주에 속한 사람들과 구별하는 것이다. 인구집단을 각기 다른 범주로 묶어내는 분류는 유사성과 차이를 구획하는 원칙을 전제한다. 이러한 분류의 원칙은 객관적 실제에 의해 자동적으로 부여되는 것도, 논리적 필연성을 지닌 것도 아니다. 분류의 원칙과 그에 따라 생성된 범주들은 그것을 배태한 정치적 맥락이 기입되어 있는 사회관계의 침전물이다.[65] 마찬가지로 지금까지 살펴본 범죄자라는 범주와 분류는 19세기에 등장하여 당대의 시대적 맥락에 따라 변화하는 사회적 조건을 체현한 구성물이라고 할 수 있다.

범죄자를 특수한 앎의 대상으로 창출한 범죄학과 정신의학은 19세기에 함께 형성된 학문분야로서 사회의 보호라는 공통의 목적을 지녔다. 부랑인과 빈민, 광인이 혼재되어 있던 수용소에서 광인을 독자적인 수용대상으로 분류해내면서 정신의학이 발전하였고, 범죄학은 수용소에서 분리되어 나온 빈민계층으로부터 공급된 범죄자를 지식의 대상으로 삼으면서 등장하였다.[66] 범죄자를 지식의 대상으로 삼는 과학은 형사정책이 추구하는 사회의 보호라는 목표를 공유하지만, 이 목표가 설정되는 방식에 따라 그 관계는 달라질 수 있다. 사회의 보호는 사회연대와 복지를 강화함으로써 사회갈등과 빈곤으로부터 야기되는 문제를 해소하는 방향을 취할 수도 있고, 형사제재를 강화하여 위험한 개인을 통제하는 방향을 취할 수도 있다. 각각의 경우 과학과 법의 관계는 달라지고 인간을 분류하는 방식도 달라진다.

이는 범죄자에 대한 과학적 탐구에서 점차 영향력을 확대해간 통계의 역할에서도 나타난다. 처음 범죄현상에 통계를 본격적으로 적용했던 케틀레와 뒤르켐은 인구집단의 경향성을 파악하여 사회조건의 변화를 추구하고자 하였다. 케틀레는 범죄를 예비하는 것은 사회이며, 범죄자는 그것을 실행에 옮기는 도구일 뿐이라고 보았다. 뒤르켐 역시 인구통계에 나타나는 것은 개인이 아닌 사회의 속성이며 그 원인은 개인에게 내재되어 있는 것이 아니라 개인 외부의 힘에서 나온다는 점

65) 제프리 C. 보커 · 수전 리 스타, 『사물의 분류』, 주은우 역, 현실문화연구, 2005.
66) 미셸 푸코, 1994, 앞의 책; 미셸 푸코, 『광기의 역사』, 이규현 역, 나남출판, 2003.

을 명확히 하였다. 케틀러와 뒤르켐은 범죄통계가 사회질서의 집합적인 법칙을 드러내며 그러한 법칙들이 놓인 사회적 조건을 개선시킬 수 있는 방법을 정책적으로 찾아내야 한다는 입장이었다.[67] 이와 달리 지능검사를 비롯한 성격검사의 발전에 중요한 토대를 놓은 프랜시스 골튼(Francis Galton)은 인구집단 내 개인차를 평가하기 위한 방법으로 통계학을 사용하였다. 집단의 경향성이 아닌 개인이 집단 내에서 점하는 위치, 특히 통계적 분포에서 정상으로부터 떨어진 정도를 평가하는 데 목표를 둔 과학적 기획은 이후 사회적 기능에 부적합한 개인을 분류해내는 다양한 검사도구의 개발에 사용된다.

이러한 두 가지 방식은 20세기의 재범률 연구에서도 나타난다. 범죄통계는 통계를 작성하고 활용하는 맥락에 따라 범죄통제 전략에서 시사하는 바가 다르다. 1974년에 발표된 마틴슨의 연구에서 종합한 것과 같이 1960년대와 1970년대에 주로 이루어졌던 재범에 대한 통계적 연구는 재활 정책의 효과를 확인하는 것을 목표로 하였다. 범죄자에 대한 직업훈련, 치료 등 범죄예방 정책이 재범을 감소시키는 데 효과적인지 통계적으로 분석하여 정책적 시사점을 얻고자 하는 것이 재범통계 연구의 주된 활용방식이었다. 그러나 1980년대 이후 급속히 발전한 재범위험평가 연구는 위험한 범죄자를 분류해내려는 목적에서 재범을 예측할 수 있는 개인적 요인을 도출하기 위해 재범통계연구를 활용하였다. 즉, 통계적 접근을 사용한 연구의 대상이 재범률을 감소시키기 위한 정책의 효과에서 재범을 저지를 수 있는 개인의 위험으로 이동한 것이다.

이러한 차이는 인간행동을 탐구하고 분류하는 과학적 실천이 20세기 형사정책의 변화와 맞물려 성격을 달리하게 되는 양상을 보여준다. 복지국가 패러다임 안에서 확립된 재활의 이념은 1980년대 이후 재범위험관리를 중심으로 하는 형사정책으로 재편되었다. 이와 함께 형사정책적 개입의 주된 대상은 사회적 박탈 집단에서 위험한 타자로서의 개인으로 이동했다. 이런 점에서 사이코패시에 대한 범죄심리학 연구가 1980년대 이후 급속히 성장한 것은 시사하는 바가 크다. 사이코패시 개념은 20세기 초 정신의학과 범죄학의 경계 지점에서 등장한 것으로, 1980년대 이후 법심리학(forenic psychology), 특히 재범위험연구 영역에 뿌리내리게 된다. 재활의 이념 아래에서 범죄자가 사회적 박탈로 고통받는 부적응자로 개념

67) Beirne, 앞의 책; 이언 해킹, 『우연을 길들이다: 통계는 어떻게 우연을 과학으로 만들었는가?』, 정혜경 역, 바다, 2012.

화되었던 반면, 사이코패스는 계산적이고 치료에 반응하지 않는 존재로 여겨진다. 사이코패스는 오직 무력화(incapacitation)와 감시를 통해서만 관리될 수 있을 뿐이다. 이런 점에서 범죄자를 분류하는 가장 영향력 있는 개념으로 부상한 사이코패스는 범죄자를 우리와는 근본적으로 다른 위협적 타자로 악마화하는 흐름, 즉 "타자의 범죄학"(a criminology of the other)을 표상한다.[68]

68) Garland, 앞의 책.

Law and Science

Law Meets Science

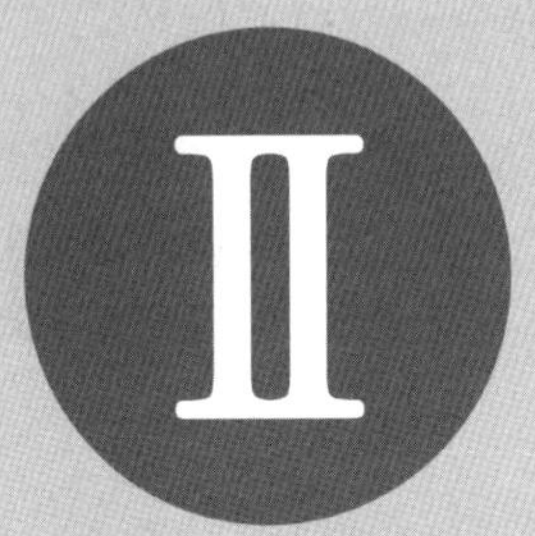

법적 판단과 과학

06

법적 추론과 심리학*

강태경

서울대학교 심리학과와 법과대학에서 학사, 같은 대학원에서 심리학석사와 법학석사, 법학박사(법철학)와 심리학박사(사회심리학) 학위를 받았다. 현재 한국형사·법무정책연구원 연구위원과 이화여자대학교 뇌·인지과학부 겸임교수로 재직 중이다. 인권 및 법무정책을 연구해 왔고, 법학과 경험과학의 통합 시도인 실험법학의 가능성을 탐색하고 있다. 주요 저서로 『긴장과 공존의 법(2023, 공저)』, 『몸과 인지(2015, 공저)』, 『체화된 마음과 몸(2022, 공저)』, 『체화된 마음과 뇌(2023, 공저)』, 『체화된 마음과 세계(2024, 공저)』가 있다.

* 이 글의 'I. 법적 추론에 관한 두 관점'과 'II. 범주화 과정으로서의 법적 추론', 그리고 'III.1. 이상적 인지모형'에 관한 상세한 설명은 졸고, "인지적 범주화 과정으로서의 법적 추론", 『법학논집』 19(2)(2014), 316 - 338면을 참고하라.

이 글에서는 법규범을 사건에 적용하여 그 사건으로 야기된 분쟁을 해소하는 사고과정인 법적 추론의 본질을 이해하는 데 경험과학이 어떤 기여를 할 수 있는지 살펴보고자 한다. 이를 위해서 우선 법적 추론에 관해서 제안된 여러 모형을 살펴보고, 범주화 과정이라는 관점에 각 모형을 새롭게 이해한다. 그리고 판례에서 사실 인정의 근거로 언급하는 경험칙을 이상적 인지모형으로 재해석하고, 증거평가에 대한 심리학적 모델인 이야기 모형이 무엇인지 살펴본다. 마지막으로 경험칙, 이상적 인지모형, 이야기 모형을 성폭력 형사사건에 적용해 봄으로써 '성인지 감수성'의 의미를 파악한다.

Ⅰ. 법적 추론에 관한 두 관점

1. 법학적 관점에서 본 법적 추론

법적 추론이란 법규범을 사건에 적용하여 그 사건으로 야기된 분쟁을 해소하는 '법인식' 또는 '법발견'이라는 사고과정을 의미한다.[1] 넓은 의미의 법적 추론이란, 법조인뿐만 아니라 입법자, 행정공무원, 경찰 등이 법과 관련하여 하는 추론을 의미한다. 그런데 건축 허가 여부에 관한 행정공무원의 판단과 같은 유형의 법적 추론을 사법적 추론과 같은 법조인의 추론과 구별하여 '법체계 안에서의 추론'이라고도 불린다.[2] 법학자는 주로 판사의 법적 판단 및 의사결정과정에 관심을 가지고, 법적 추론을 연구하는 사회과학자도 주로 법조인의 추론에 집중한다.

법조인이 법적 추론을 하는 목적은 법적 사건의 사실관계를 확정하고 그 사실관계에 적절한 법규범을 해석・적용하여 정당한 결론을 도출하는 것이다. 이러한 사법적 판단 과정을 해명하는 것은 법철학의 주요한 문제영역 중 하나인 법학방법론의 과제이다. 법학방법론에서는 법규범을 해석하는 정당한 규칙과 해석의 목표가 무엇인지 그리고 흠이 있거나 불분명한 법규범을 토대로 법적 판단이 어떻게 이루어지며 정당화되는지 등이 다루어진다.[3]

---

1) 김정오 외 4인, 『법철학: 이론과 쟁점』(박영사, 2012), 109면.
2) B.A. Spellman and F.F. Schauer, "Legal Reasoning," in *The Oxford Handbook of Thinking and Reasoning*, ed. K.J. Holyoak and R.G. Morrison(Oxford Univ. Press, 2012), p.720.
3) 박은정, 『법철학의 문제들』(박영사, 2007), 43면.

추상적인 법규범을 우리의 삶과 연결시키는 과정인 법적 추론은 '법이념 - 법률 - 판결'을 한 데 엮는 지적인 작업이며,[4] 동시에 이러한 지적 작업의 산물이 우리의 삶에 직접적인 영향을 미친다는 점에서 실천적 측면을 매우 강하다.[5] 실험실을 통해 잠정적 결론을 도출하는 과학자와 비교해 소송 과정에서 판사는 종국적인 판단을 내려야 한다는 점에서 실천적 결단의 순간과 대면하게 된다. 다시 말해, 법적 추론은 현실과 이념을 연결해야 할 뿐만 아니라 실존의 차원에서 돌이킬 수 없는 심판을 내려야 하는 '트릴레마'를 품고 있다.[6]

법규범과 사실관계를 토대로 이루어지는 법적 추론에는 정답이 있을까? 지난 한 세기 동안 이에 관한 논쟁이 거듭되어 왔다.[7] 영미 법학계를 살펴보면, 20세기 초 법형식주의(legal formalism)에 대한 법현실주의자들(legal realists)의 공격으로 첫 번째 논쟁이 시작되었다. 1870년대부터 1920년대까지 성행했던 법형식주의는, 법규범 체계가 자율적·포괄적·논리적·확정적이기 때문에 판사들이 법규범들로부터 유일하고 올바른 결론을 연역적으로 도출할 수 있다고 보았다.[8] 반면에 1920·30년대부터 홈즈(O. W. Holmes), 파운드(R. Pound), 카르도조(B. Cardozo)의 통찰에 영향을 받은 법현실주의자들은 법규범 체계에 흠과 충돌이 많기 때문에 판사들은 불확정적인 법규범으로부터 결론을 연역적으로 도출한다기보다는 개인적인 선호에 따라 판결을 내리고 그 판결을 사후적으로 정당화한다고 비판하였다.[9] 법현실주의자들의 이와 같은 주장은 규칙회의주의(rule scepticism)라고도 불린다.

두 번째 논쟁은 법실증주의에 대한 공격으로 심화되었다. 대표적인 법실증주의자인 하트(H. L. A. Hart)는 *The Concept of Law*에서 법형식주의와 법현실주의가 모두 법적 추론의 실재를 제대로 포착하지 못한다고 비판했고, 개방적 구조를 가지는 법규범은 핵심적 사안에서는 확정적이지만 주변적 사안에서는 불확정적일

4) A. 카우프만, 『법철학』(나남, 2007), 201 - 202면.

5) R.A. Posner, *The Problems of Jurisprudence*(Harvard Univ. Press, 1990), pp.101 - 23.

6) 박은정, 『왜 법의 지배인가』(파주: 돌베개, 2010), 15면.

7) G.J. Postema, *Legal Philosophy in the Twentieth Century: The Common Law World*. Vol. 11, A Treatise of Legal Philosophy and General Jurisprudence(Springer, 2011), pp.49 - 51, 73 - 76, 110 - 38, 224 - 40, 321 - 25, 377 - 99, 421 - 38, 571 - 75.

8) B. Leiter, "Legal Formalism and Legal Realism: What Is the Issue?," *Legal Theory* 16 (2010), 111, 114; B.Z. Tamanaha, *Beyond the Formalist - Realist Divide: the Role of Politics in Judging*(Princeton Univ. Press, 2010), p.1.

9) Leiter, 위의 글, p.112; Tamanaha, 위의 책, p.1.

수 있다고 주장했다.[10] 법실증주의자들은 이러한 부분적 불확정성을 근거로 사법재량을 인정하였다. 그러나 드워킨(R. Dworkin)은 *Law's Empire*에서 법실증주의자들이 법을 단순히 규칙의 체계로 본 것은 잘못이라고 비판했고, 법은 해석적 활동이며 모든 법적 사안에는 정답이 존재한다고 주장했다.[11]

세 번째 논쟁은 주류 법학에 대한 비판법학(critical legal studies)의 공격으로 시작되었다. 비판법학은 자유주의적이고 진보적이며 급진적이었던 1960·70년대의 정치적 분위기와 함께 태동하였다. 비판법학자들은 법해석이란 주관적이고 정치적인 작업이며, 권력과 지배를 제외한 모든 법적 개념들은 사회적으로 구성된 것이라고 주장했다. 따라서 정치적·사회적 맥락은 법적 추론에 결정적인 영향을 주기 때문에 법은 불확정적일 수밖에 없다는 것이 비판법학의 핵심 주장이다(불확정성 논제). 비판법학자들은 ① 법에 관한 사고와 법적 추론에 깊숙이 감춰진 배제와 억압을 고발하고자 한다거나, ② 중립적으로 보이는 법에 내재하는 암묵적인 계급적·성적·인종적 편향을 밝혀내고자 한다거나, ③ 법적 개념과 추론의 방식을 구조화하는 법 자체의 일반적 특징에서 억압의 원천을 찾아내고자 하는 등 다양한 입장을 취했다.[12] 급진적인 비판자들은 주류적인 법적 분석 및 추론의 방식이 합당성과 객관성을 추구한다는 주류적인 주장을 공격할 뿐만 아니라 법적 합리성이라는 관념 자체를 공격했다.[13] 비판법학자들은 대안의 제안자보다는 비판자로서의 역할을 수행하였다.

1980년대 후반부터 비판법학의 불확정성 논제에 관한 분석과 비판이 본격적으로 시작되었고, 1990년대에는 불확정성 논제에 대한 정교하고 치밀한 비판적 연구들이 활발하게 이루어졌다.[14] 이러한 연구들에 따르면, 비판법학자들이 법적 영역과 비법적 영역 간 구분에 관한 매우 소박한 실증주의적 이해를 전제하고, 언어와 규칙 그리고 추론방식에 대해서도 다소 소박한 관점을 취한 것으로 보인다.[15] 비판법학에 대한 비판을 통해 주류 법학자들은 법이 가지고 있는 부분적인 불확정성을 인정하면서도 그 불확정성이 법의 정당성을 위협할 만큼 심각한 정도

10) H.L.A. Hart, *The Concept of Law*, 2nd ed., ed., P. Bulloch and J. Raz(Clarendon Press, 1994, first edition 1961).
11) R.M. Dworkin, *Law's Empire*(Harvard Univ. Press, 1986).
12) Postema, 앞의 책, p.214.
13) Postema, 위의 책, p.214.
14) 김혁기, "법의 불확정성 연구"(박사학위논문, 서울대학교, 2009), 6면.
15) Postema, 앞의 책, pp.266–71.

는 아니라는 절충적인 입장을 취했다.[16)]

2. 심리학적 관점에서 본 법적 추론

법적 추론에 대한 연구는 개념적 측면만으로는 완전할 수 없다. 법적 '추론'은 인지적 과정이기 때문에 법적 추론을 온전히 이해하려면 경험적 연구도 필요하다. 법적 추론에 대한 경험적 연구들은 주로 법적 추론 과정에서 판사의 성격, 정치적 이데올로기, 해당 사안의 사실들에 대한 정서적 반응 등이 어떤 영향을 미치는지를 중심으로 이루어져 왔다.

판결에 영향을 미치는 요인들을 찾으려는 경험과학적 연구는 1990년대부터 본격적으로 시작되었다. 미국연방대법원 판사들의 정책 선호와 판결 간의 상관관계를 연구하였던 시걸(J. A. Segal)과 스페스(H. J. Spaeth)의 '태도 모형(attitudinal model)'이 그 대표적인 예이다.[17)] 이 연구자들은 대법원 판사들이 작성한 신문사설을 바탕으로 분석한 정치적 성향과 그 판사들이 일정 기간 동안 내린 판결들 간에는 약 71%의 상관관계를 있다는 사실을 밝혀냈다. 다시 말해, 대법원 판사들의 이념적 태도가 그들의 판결을 약 1/2의 확률로 설명해준다는 것이다. 그러나 태도 모형은 판사들의 법적 추론 과정을 일종의 블랙박스로 처리하였다는 점에서 법적 추론 '과정'에 관한 경험적 연구라고 평가하기는 어려울 것 같다.

2000년대에 접어들면서 법학적 훈련과 심리학적 훈련을 두루 받은 일군의 학자들이 사회·인지심리학적 방법론과 가정들을 법적 추론 연구에 접목하기 시작하면서, 법적 추론에 관한 경험적 연구는 새로운 활력을 얻고 있다. 예를 들어, 거스리(C. Guthrie) 등은 가상의 재판상황을 담은 시나리오를 이용하여 현역 판사들도 의사결정 과정에서 보통 사람들과 유사하게 인지적 방략인 정박 휴리스틱(anchoring heuristic), 대표성 휴리스틱(representativeness heuristic), 그리고 사고 틀 효과(framing effect) 등을 보인다는 사실을 밝혔다.[18)] 또한 브레이먼(E. Braman)은 일반 대학원생들과 로스쿨생들 간의 비교연구를 통해서 법학 교육 여부가 특정한

---

16) T.A.O. Endicott, "The Impossibility of the Rule of Law," *Oxford Journal of Legal Studies* 19(1999), pp.1 - 18.

17) J.A. Segal & H.J. Spaeth, *The Supreme Court and the Attitudinal Model*(Cambridge Univ. Press, 1993).

18) C. Guthrie, J.J. Rachlinski, & A.J. Wistrich, "Inside the Judicial Mind," *Cornell Law Review* 86 (2001), p.777; C. Guthrie, J.J. Rachlinski, & A.J. Wistrich, "Does Unconscious Racial Bias Affect Trial Judges," *Notre Dame Law Review*. 84(2008), p.1195.

사건과 선례들 간의 유사성 판단에 영향을 미친다는 사실을 발견하였다. 이 연구에서는 법학 교육을 더 오래 받은 실험참가자일수록 개인의 정치적 태도를 유사성 판단에 덜 개입시켰다.[19]

국내 학계에서도 2008년 '국민의 형사재판 참여에 관한 법률'의 시행을 전후하여 법과 법적 추론에 관한 경험과학적 연구에 대한 관심이 커졌다. 국내 연구자들은 거스리 등의 연구방법을 응용하여 국내 현직 판사들과 모의 배심원들의 인지적 편향을 조사하기도 하였다.[20] 또한 모의형사배심재판 연구에서는, 평의 초기에 배심원들이 가졌던 판단이 평의 과정을 거치면서 다수의견으로 수렴되는 현상은 다수의 의견에 대한 동조 때문이 아니라 평의 과정에서 판단의 내용적 변화가 있었기 때문임이 밝혀지기도 하였다.[21]

1930년 프랭크(J. Frank)가 Law and the Modern Mind[22]에서 심층심리학을 바탕으로 판결 과정을 설명하려고 한 이후 90여 년이 더 흘렀지만, 판결 과정에 관한 심리학적 연구들은 이론으로 정립되기에는 아직 부족한 것으로 평가된다.[23] 하지만 법심리학자 스펠먼(B. A. Spellman)과 법철학자 샤우어(F. F. Shauer)는 앞으로 법현실주의적 통찰이 심리학적 발견 및 이론과 통합될 수 있으리라고 전망한다.[24]

---

19) E. Braman, *Law, Politics, & Perception: How Policy Preferences Influence Legal Reasoning* (Univ. of Virginia Press, 2009).

20) 박광배 · 김상준 · 한미영, "가상적인 재판 쟁점에서의 현역판사의 판단과 모의배심의 집단판단에 대한 인지적 방략의 효과,"『한국심리학회지: 사회문제』 11(1)(2005), 59면 이하; 김청택 · 최인철, "법정의사결정에서의 판사들의 인지편향,"『서울대학교 법학』 51(4)(2010), 317면 이하.

21) 박광배 · 김상준 · 이은로 · 서혜선, "형사배심 평의에서의 사회적 동조와 인지적 전향: 한국 최초의 시민배심 모의재판의 평의에 대한 내용분석,"『한국심리학회지: 사회 및 성격』 19(3)(2005), 1면 이하.

22) J. Frank, *Law and the Modern Mind*, with a new introduction by B.H. Bix(Transaction Publishers, 2009; Originally published: Brentano's, 1930).

23) D.E. Klein & G. Mitchell, eds., *The Psychology of Judicial Decision Making*(Oxford Univ. Press., 2010), p.xi.

24) B.A. Spellman & F.F. Shauer, "Legal Reasoning," in *The Oxford Handbook of Thinking and Reasoning*, edited by K.J. Holyoak and R.G. Morrison(Oxford Univ. Press, 2012), pp.720-21.

Ⅱ. 범주화 과정으로서의 법적 추론

1. 법적 추론 모델들

법적 추론에 관한 대표적인 모형으로는 연역적 모형과 이에 대한 비판으로 제시된 해석학적 모형을 들 수 있다. 또한 법적 규칙의 적용 여부의 확정성·불확정성에 따라 사례의 종류를 핵심과 주변의 영역으로 나누는 영역 모형도 법적 추론과 사법 재량에 관한 논의에 있어서 중요한 틀이 되어 왔다.

우선 법적 추론에 관한 가장 전통적인 모형인 **연역적 모형**을 살펴보자. 연역적 모형은 통상적으로 법적 결정이 따를 것으로 가정되는 논리적 도식인 법적 삼단논법을 지칭한다.[25] 법적 추론 과정에 삼단논법을 적용시켜 보면 이렇다. 첫째, '대전제인 법조문'을 해석하여 법조문에 담긴 표지를 정의한다. 둘째, 대전제인 법조문에 대한 해석 결과와 '소전제인 구체적인 사건'을 비교한다. 셋째, 사건이 법조문에 담긴 표지의 정의와 일치되면 사건은 그 법조문 적용 대상 범위에 포섭된다.[26] 예를 들어, A가 친구 B를 골탕 먹이기 위해서 B의 자동차 앞바퀴의 공기를 뺐다고 생각해 보자. 이 사건에는 재물손괴죄 등을 규정한 「형법」 제366조가 적용될 수 있다. 이 조문은 타인의 재물 등을 손괴하여 효용을 해한 자는 3년 이하의 징역 또는 700만 원 이하의 벌금에 처하도록 규정하고 있다. B의 자동차가 '타인의 재물'에 해당하고, A가 앞바퀴의 공기를 뺀 행위가 '손괴'에 해당한다면 이 사건은 재물손괴죄 조문에 포섭될 수 있다. 이러한 포섭절차는 얼핏 단순한 과정 같지만, 손괴죄의 표지인 '타인', '재물', '손괴'에 대한 해석이 필요하다. 해석이란 추상적인 개념의 의미를 다른 개념들을 통해서 쉽게 설명하고 그 의미를 좀 더 구체적으로 확정하는 것이다.[27] 연역적 모형에서는 법적 추론이 단순한 논리적 포섭의 문제로 단순화되기 때문에 법문의 의미 확정, 법규범의 목적 및 체계에 대한 고려, 정책적 고려 등과 같은 요소들이 간과되기 쉽다는 비판이 제기된다.[28]

---

25) T. Mazzarese, "Judicial Syllogism," in *The Philosophy of Law: An Encyclopedia*, ed. C.B. Gray(Garland Publishing, Inc., 1999), p.454.

26) 김영환, 『법철학의 근본문제』(홍문사, 2006), 236면.

27) 김영환, 위의 책, 233면.

28) 법적 삼단논법에 대한 비판으로는 이상돈, 『새로 쓴 법이론』(세창출판사, 2005), 40면 이하; 양천

법적 추론의 두 번째 모형인 **해석학적 모형**은 위 예에서 실제 법의 해석과 적용에서 핵심적 문제인 법적 삼단논법의 소전제, 즉 사건의 사실관계 확정의 순환적 구조를 포착한다. 해석학적 모형에 따르면, 법적 추론은 사례의 사실관계를 확정한 후 적용 가능한 법규범을 찾는 과정이 아니라, 법규범과 사건을 상호 수렴시키는 동일화 과정이라고 할 수 있다.[29] 카우프만(A. Kaufmann)은 이러한 인식활동을 해석학적인 순환으로 보았고, 엥기쉬(K. Engisch)는 '대전제와 생활사태 간의 지속적인 상호작용이자 시선의 왕복'이라고도 불렀다.[30]

실제 법적 추론 과정은 연역적 모형으로 묘사되는 것처럼 단순하지 않다. 실제 법적 판단의 과정을 따라가다 보면 매우 복잡하고 난해한 문제들을 마주하게 된다. 다음과 같은 구체적인 사건(2008도3)을 통해서 그 어려움이 무엇인지 살펴보자. 이 사건에서 피고인은 경찰관의 하차 요구에 응하지 않고 계속 도주하려다가 자동차 앞 범퍼로 경찰관을 들이받았고, 차 보닛 위에 경찰관을 매달은 채로 차를 몰고 가다 인도에 있던 가로수를 들이받았다. 경찰관은 결국 사망하였다. 이에 대법원은 "자동차는 원래 살상용이나 파괴용으로 만들어진 것이 아니지만 그것이 사람의 생명 또는 신체에 위해를 가하거나 다른 사람의 재물을 손괴하는 데 사용되었다면 폭력행위등처벌에관한법률 제3조 제1항의 '위험한 물건'에 해당한다고 할 것이며, 한편 이러한 물건을 '휴대하여'라는 말은 소지뿐만 아니라 널리 이용한다는 뜻도 포함하고 있다."라고 하면서 피고인의 행위가 특수공무방해치사죄에 해당한다고 판단하였다.[31]

그런데 자동차는 본래의 용도대로라면 위험한 물건이 아니고, 일상적인 언어적 직관에 따르면 자동차 운전을 물건의 휴대로 보기는 어렵다. 그럼에도 불구하고 이 사건이 특수공무집행방해로 판단된 것은 다음과 같은 인식과정을 거친 것으로 이해된다.[32] 이 사건에서 자동차 운전이 위험한 물건의 휴대인지가 쟁점이 된 것은 검사가 이 사건이 특수공무집행방해에 해당될 수 있는 사례로 '선이해(先理解)' 되었기 때문이다. 만약 검사가 이 사건을 상해치사로 선이해하였다면, 자동차 운전이 위험한 물건의 휴대인지는 쟁점이 되지 않았을 것이다. 이처럼 법규범에 토

수, "삼단논법적 법률해석론 비판 - 대법원 판례를 예로 하여," 『영남법학』(영남대학교 법학연구소, 2009), 제28권, 1 - 27면; 울프리드 노이만, 『법과 논증이론』, 윤재왕 역(세창출판사, 2009) 등 참조.

29) 카우프만, 앞의 책, 209면.

30) 카우프만, 위의 책, 198면.

31) 대법원 2008. 2. 28. 선고 2008도3 판결.

32) 법인식 과정에 관한 이하 설명은 카우프만, 앞의 책, 208 - 209면을 따름.

대로 사건을 선이해 하는 것은 법적 추론에서 매우 중요하다. 이때 특수공무집행방해죄가 무엇인지 알고 있어야만 특정한 사상(事象)들의 경과를 특수공무집행방해라는 사태로 이해할 수 있기 때문에 법적 추론에는 '순환적인' 이해 절차가 개입된다. 요컨대 법규범의 구성요건을 해석하는 것은 사례를 기초로 하고, 사례를 구성요건으로 구성하는 것은 법규범을 기초로 이루어지는 과정이다.

해석학적 모형은 연역적 모형이 안고 있는 다음과 같은 두 가지 문제점을 극복할 수 있다. 첫째, 해석학적 모형은 법규범의 여러 적용가능성을 열어준다. 우리의 생활세계에는 쉽게 떠올릴 수 있는 표준적 사례만 있는 것이 아니라 전혀 예상하지 못한 사실들의 조합으로 나타나는 새로운 사례가 발생할 가능성은 무한하다. 예를 들어, 검사가 사건 조사 과정에서 피의자와 성관계를 맺은 사건을 생각해 보자.[33] 이 사건에서 대법원은 금전과 같은 이익과 성적 욕구의 충족을 서로 비교함으로써 인간의 수요·욕망의 충족이라는 유사성에 근거하여 성관계를 뇌물로 보았다. 둘째, 해석학적 모형은 법적 사태와 법규범의 결합과정에 대한 설명을 제공한다. 법적 사태의 확정은 존재의 영역에 속하는 과정이고, 법규범의 해석은 당위의 영역에 속하는 과정이다. 연역적 모형은 이처럼 서로 다른 영역에 속하는 두 과정이 어떻게 통합되는지를 설명하지 않는다. 이에 반해, 해석학적 모형은 최종적인 작업단계인 포섭 전에 거칠 수밖에 없는 법인식 과정을 법적 사태와 법규범 간의 동일화 과정으로 설명한다.

법적 추론의 세 번째 모형인 영역 모형은 법규범과 사건 간 관계 설정의 난이도에 초점을 맞춘다. 연역적 모형은 법적 사태와 법규범 사이의 논리적 포섭관계에, 해석학적 모형은 양자의 동일화 과정에 초점을 맞췄다. 그런데 알려지지 않았던 새로운 사례가 존재하기 때문에 법규범과 법적 사태의 관계를 설정하는 데 있어서 그 난이도가 동일할 수 없다. 영역 모형에 대해서는 하트(H.L.A. Hart)의 설명이 대표적이다. 하트는 '공원 내 탈것 금지(No Vehicles in the Park)'라는 가상적인 규칙을 소재로 법규칙의 핵심부와 주변부를 다음과 같이 설명하였다.[34] 법규칙이 제대로 작동하기 위해서는 법규칙에 명백하게 해당하는 표준적인 사례가 반드시 있어야 하고, '공원 내 탈것 금지' 규칙에 따르면 자동차가 금지된다는 것은 명백하게 알 수 있다. 하지만 롤러스케이트나 스케이트보드가 규칙의 목적에

33) 대법원 2014. 1. 29. 선고 2013도13937 판결.

34) H.L.A. Hart, "Positivism and the Separation of Law and Morals," *Harvard Law Review* 17(1958), 607-608.

비추어 금지되는 것인지 명백하지 않다. 여기에서 자동차는 탈것에 해당하는 표준적인 사례로서 '핵심부'를 이루지만, 탈것에 명백히 해당되지도 않고 명백히 배제되지도 않는 논쟁적인 사례로 이루어진 '주변부'도 존재한다.

하트는 주변부에 속하는 사안에 대한 법적 판단은 논리연역적인 과정이 아니라고 본다. 주변부 문제들은 '공원 내 탈것 금지'와 같은 사소한 법규칙뿐만 아니라 헌법적 일반원칙과도 관련된다. 불확실성(uncertainty)을 띠는 주변부에 속하는 구체적 사안에 법규칙을 적용하는 것은 논리적 연역의 문제가 아니다. 주변부 사안에서 연역적으로 도출된 것처럼 보이는 결론이 합리적이려면 그 결론은 논리적 구조 밖에 있는 근거를 필요로 한다. 다시 말해, 주변부 사안에서의 법적 판단은 논리적인 확증이라기보다는 건전한 논증이어야 한다. 이때 이런 판단을 옳은 판단으로 만들어 주거나 다른 대안들보다 더 좋은 판단으로 만들어 주는 기준은 법이 무엇이어야 하는지에 관한 관념이라고 할 수 있다.

영역 모형과 관련된 논의에서 자주 언급되는 것이 판결하기 **쉬운 사안**(easy case)과 **어려운 사안**(hard case)의 차이이다. 쉬운 사안이란, 단일하고 평이하게 적용 가능한 법규범을 법적 사태에 적용하여 쉽게 올바른 결과를 얻을 수 있는 경우를 의미한다. 반면에 어려운 사안이란, 법규범을 법적 사태에 적용하여 법적 결론을 이끌어 내는 것이 어려운 경우를 의미한다. 어려운 사안에는 의미론적 사례, 규정적 사례, 평가적 사례가 있다.[35] '의미론적으로 어려운 사안'은 규칙의 문언이 불명료하여 해석이 필요한 경우이고, '규정적으로 어려운 사안'은 법규범에 틈이 있는 경우로 법규범의 적용자가 재량을 발휘해야 하는 경우이고,[36] '평가적으로 어려운 사안'은 적용 가능한 규칙이 있더라도 그 규칙을 적용한 결과가 지나치게 부정의하거나 터무니없는 경우이다.

2. 법적 추론의 모형과 범주화

지금까지 우리는 법규범을 근거로 법적 사태의 해결에 이르는 과정인 법적 추론에 관한 대표적인 모형들을 살펴보았다. 이제 우리의 초점을 법적 추론의 단계 중 법적 결론으로 옮겨보자. 법적 추론은 소송절차에서 종국적 결론으로 연결되

35) F Atria, *On Law and Legal Reasoning*(Oxford : Hart Pub., 2002), 75.

36) J. Raz, *The Authority of Law: Essays on Law and Morality*(Oxford : Oxford Univ. Press, 2009), 181.

기 때문에 일상적 추론이나 도덕적 추론 혹은 과학적 추론과는 구별된다. 그 종국적 결론은 확률적 형태나 가언적 형태가 아니라 범주적 형태로 주문(注文)에 표현된다. 어떤 판사도 “피고인은 80%의 확률로 살인죄의 기수에도 해당할 수 있다.”라거나 “피고는 65%의 확률로 원고에 대한 채무불이행책임을 부담할 수 있다.”라고 판단하지 않는다. 법적 추론에 따른 결정은 범주적 판단으로 이루어진다.

예를 들어, A가 B로부터 현금 100만원을 빌리면서 한 달 후에 갚기로 약속하였는데(「민법」 제598조) A가 돈을 갚기로 한 날짜에 돈을 갚지 않았다고 하자. 채무자 A는 변제기에 채권자 B에게 변제를 하지 못하였으므로 채무불이행의 책임을 지게 되어(동법 제390조) 채무불이행으로 인한 손해배상을 하게 된다(동법 제393조, 제394조). 그런데 채권자 B가 채무자 A가 애초에 자신에게 돈을 갚을 마음이 없었다고 생각하여 채무자 A를 사기죄(「형법」 제347조)로 고소하였을 경우에는 이 법적 사태의 성격과 그에 따른 법적 절차도 상당히 달라진다. 대법원은 채무자 A가 금전소비대차계약을 체결할 당시 변제의 의사와 능력이 없었거나[37] 또는 변제기에 이르러 무자력이 되었음에도 채권자 B로부터 채무이행을 연기 받은 경우[38] 사기죄가 성립한다고 보았다. 이러한 대법원의 법리는 어떤 행위가 사기죄에 해당하는지에 관한 범주화 기준을 제시하고 있다.

이와 같이 법적 추론이란, 성문규정으로 코드화된 범주(구성요건)에 법적 사태가 포함될 것인가를 판단하는 범주화 과정이다. 앞서 살펴본 법적 추론에 관한 전통적인 도식인 연역적 모형과 이에 대한 대안인 해석학적 모형은 법적 추론의 본성에 관해 상당히 다른 묘사를 한다. 그러나 이 두 모형 모두 어떤 구체적인 법적 사태가 법규범의 적용 범위에 포함되는지 여부에 관한 판단을 법적 추론의 목표로 삼고 있다는 공통점을 가지고 있다. 다시 말해, 법적 추론은 법적 분쟁을 해소하기 위해 구체적인 법적 사태를 추상적인 법규범이 상정하고 있는 사태의 유형으로 범주화시킬 것인지를 판단하는 과정이다. 그렇다면 법적 추론에 관한 연역적 모형과 해석학적 모형은 법적 범주화의 과정에 관한 서로 다른 접근이다.

법적 사태와 법규범으로부터 법적 판단에 이르는 과정에서 포섭과 해석은 범주화와 관련되어 있다. 우선 연역적 모형 자체를 범주화의 맥락에 재기술하면 다음과 같다. “모든 M은 P이다. 모든 S는 M이다. 모든 S는 P이다.”는 “M이라는 범

37) 대법원 1993. 1. 15. 선고 92도2588 판결; 대법원 1997. 2. 14. 선고 96도2904 판결.
38) 대법원 1997. 7. 25. 선고 97도1095 판결.

주에 속하는 모든 구성원들은 P라는 속성을 가진다. S라는 범주는 M이라는 범주에 포함된다. S라는 범주에 속하는 모든 구성원들은 P라는 속성을 가진다."라고 표현될 수 있다. 연역적 모형은 범주화가 이처럼 완전하게 이루질 수 있다는 전제로 명제들 간의 포함관계를 구조화한 것이다. 이에 비해, 해석학적 모형은 포함관계를 논하기 이전에 필요한 쌍방향적 동일화 과정에 초점을 돌린다. 이 동일화 과정은 범주화의 다른 표현이라고 봐도 무방할 것이다. 결국 해석학적 모형은 법적 추론의 본성이 논리적 연역이 아니라 규범과 사실 사이에서 이루어지는 범주화라는 점을 부각시킨다.

법적 추론을 범주화 과제로 본다면 쉬운 사안과 어려운 사안의 구분도 범주화의 난이도에 따른 분류가 된다. 우리는 스케이트보드를 탈 것으로 범주화하는가? 우리는 유산을 노리고 할아버지를 살해한 손주를 살인자로 범주화할 것인가, 상속자로 범주화할 것인가, 아니면 양자 모두로 범주화할 것인가? 숫자나 날짜와 같은 단순한 사실들을 제외하면 범주의 외연이 분명한 구성요건들로만 이루어진 법규범은 매우 드물다. '휴대', '뇌물'과 같이 법적 구성요건은 언뜻 그 의미가 분명해 보이지만 앞서 살펴본 예들에서처럼 해석을 통해 확장되기도 한다.

Ⅲ. 이상적 인지모형과 법적 추론

1. 이상적 인지모형

앞서 살펴본 것처럼 법적 추론은 일종의 범주화 과정이라고 할 수 있다. 법적 추론을 범주화로 상정한다면, 범주화에 대한 이해가 법적 추론에 대한 이해에 기여할 수 있다. 그러나 이때 범주화에 대한 이해란, 범주를 필요충분조건적 속성을 가진 구성원들의 집합으로 정의하는 고전적 범주론을 의미하는 것은 아니다. 왜냐하면 범주에 관한 고전적 이론은 확장성과 역동성을 가지는 범주화를 설명하는데 한계가 있기 때문이다. 범주에 관한 고전적 이론에 따르면, 고전적 범주의 경계는 홀수와 짝수가 구분되듯 명확하다. 그러나 이러한 고전적 범주론은 다음과 같은 세 가지 문제점을 안고 있다.[39] 우선 고전적 범주론은 가족유사성을 기반으

39) A. 크루즈, W. 크로프트, 『인지언어학』, 김두식 · 나익주 역(박이정, 2005), 139면.

로 한 범주에 적합하지 않다. 많은 경우 일상적인 개념 범주들은 서로 조금씩 유사성이나 연관성을 공유하는, 즉 가족유사성이 있는 구성원들로 구성되기 때문에 고전적 범주론에 따른 필요충분조건의 집합을 찾아내기 어렵다. 다음으로 고전적 범주론은 수많은 범주들의 경계가 실제로 왜 불분명하고 가변적으로 보이는지에 대해서 설명하지 못한다. 마지막으로 고전적 범주론은 동일한 범주에 속하는 구성원들이 보이는 전형성의 차이를 설명하지 못한다. 예를 들어, 배추는 '채소' 범주의 전형적인 예이지만 토마토는 그렇지 않다.

레이코프(G. Lakoff)의 인지의미론(cognitive semantics)은 고전적 범주론의 한계를 극복하고 범주화라는 프리즘을 통해 법적 추론을 새롭게 이해하기 할 수 있게 한다. 레이코프는 1980년대까지 축적되었던 범주화에 관한 심리학적 연구들과 의미에 관한 언어학적 연구들을 통합하여 인지의미론이라는 새로운 형태의 의미론을 구축하였다. 인지의미론에 따르면, 의미는 객관적으로 존재하는 것이 아니라 의미부여에 의해 생기고, 의미부여 과정에서 광범위한 백과사전적 배경지식이 중요한 역할을 하고, 의미의 토대가 되는 개념은 범주화를 통해서 이루어진다.[40] 다시 말해, 인지의미론은 의미가 인간의 감각·지각·인지 작용 등의 경험을 통해서 만들어진다고 보는 언어관이다. 따라서 이는 의미가 인간의 경험과는 별개로 존재한다고 보는 객관적 진리관을 배척한다.

레이코프는 범주화에 있어서 원형(prototype)의 역할에 주의를 기울였다. 원형이란 어느 한 범주를 대표할 수 있는 구성원이다. 예를 들어, '탈것'이라는 범주를 생각할 때 우리는 자전거, 자동차, 기차 등과 같은 대표적인 예들을 떠올린다. 그러한 예들이 탈것이라는 범주의 원형에 해당한다. 이러한 원형은 다음과 같은 특징들을 드러낸다. 원형은 떠올리기 쉽고, 오래 기억되고, 범주의 좋은 본보기로 여겨지고, 일상에서 빈번하게 접하게 된다.[41]

위와 같은 특징을 가지는 원형은 우리의 인지과정에 영향을 미침으로써 이른바 '원형효과(prototype effects)'를 만들어낸다. '새' 범주의 구성원을 판정하는 실험에서 원형적 사례일수록 범주 판단에 걸리는 반응시간이 짧아진다.[42] 필요충분조건을 전제로 하는 고전적 범주론은 이러한 원형효과를 설명하지 못한다.[43] 범

---

40) 츠지 유키오 편, 『인지언어학 키워드 사전』, 임지룡 역(서울: 한국문화사, 2004), 184면.
41) 츠지, 위의 책, 146면.
42) 츠지, 위의 책, 149면.
43) E.H. Rosch and Carolyn B. Mervis, "Family resemblances: Studies in the internal structure of categories," *Cognitive Psychology* 7(4)(1975), pp.573 - 574.

주 구성원은 모두 동등한 자격으로 해당 범주에 귀속되는 것이 아니라, 원형과 비원형은 범주에 관한 대표성에 있어서 차이가 난다. 원형은 비원형에 비해 범주에 관한 대표성이 크기 때문에 다양한 인지적 기능에 체계적인 영향을 미친다. 원형은 비원형에 비해 범주 판단, 일반화, 추론 등이 쉽다. 원형에 대한 지각과 인지에서 발생하는 이러한 차이를 원형효과라고 한다. 우리가 흔히 특정한 범주의 원형적인 사례를 바탕으로 그 범주에 관한 일반화를 하는 것도 원형효과라고 할 수 있다.[44] 원형은 인지적 참조점으로 작용함으로써 인지적 경제성을 높인다.[45] 예를 들어, 사람들은 새로운 대상이나 현상을 원형으로 대표되는 기존 범주의 관점에서 해석하는 경향이 있는데, 이때 원형은 기본층위 범주에 속하기 때문에 원형과의 비교는 그 새로운 대상이나 현상이 해당 범주에 속하는지 여부를 잘 예측하게 해 준다.[46]

이러한 원형효과가 왜 발생하는지에 관해 탐구하였던 레이코프는 원형효과를 타당하게 설명할 수 있는 범주 구조에 관한 모형, 즉 이상적 인지모형을 제시한다. 이상적 인지모형은 우리가 우리를 둘러싼 세계를 이해하는 데 사용되는 비교적 안정적인 정신 표상이다.[47] 이 모형은 단순히 사변적으로 구축된 것이 아니라 범주화와 원형효과에 관한 다양한 경험적 연구 결과들을 토대로 만들어진 것이다.[48] 그리고 이상적 인지모형은 완전히 새로운 것이라기보다는 개념의 이해에 관해 제시되었던 다양한 모형들을 통합한 결과이다.

레이코프는 특정 개념을 이해하는 데 배경이 되는 이상적 인지모형들 사이의 불일치로 인해서도 원형효과가 발생할 수 있다고 설명한다.[49] "교황은 총각(bachelor)인가?"라는 질문을 생각해 보자.[50] 총각은 결혼하지 않은 성년 남자라는 사전적 정의에 따르면 교황은 총각이다. 그러나 우리가 실제로 이와 같은 질문을

44) 츠지, 앞의 책, 149면.

45) B. Lewandowska - Tomaszczyk, "Polysemy, Prototypes, and Radial Categories," in *The Oxford Handbook of Cognitive Linguistics*, ed. D. Geeraerts & H. Cuyckens(Oxford Univ. Press, 2007), p.149.

46) Lewandowska - Tomaszczyk, 위의 논문, p.150.

47) G. 레이코프, 『인지의미론: 언어에서 본 인간의 마음』, 이기우 역(한국문화사, 1994), 163면; V. 에반스, M. 그린, 『인지언어학 기초』, 임지룡 · 김동환 역(한국문화사, 2008), 286면.

48) A. Cienki, "Frames, Idealized Cognitive Models, and Domains," in *The Oxford Handbook of Cognitive Linguistics*, ed. D. Geeraerts & H. Cuyckens(Oxford Univ. Press, 2007), p.170.

49) 레이코프, 앞의 책, 81 - 83면.

50) C. Fillmore, "Frame Semantics," in *Linguistics in the Morning Calm: selected papers from SICOL - 1981*, ed. Linguistic Society of Korea(Hanshin Pub. 1982), pp.111 - 137.

받는다면 쉽게 "그렇다."라고 대답하지는 못할 것이다. 총각이라는 개념 또는 범주를 이해하기 위해서는 전형적으로 일부일처제의 결혼 제도, 결혼 적령기를 암묵적으로 전제해야 한다.[51] 결국 결혼과 관련된 요소들이 총각에 관한 이상적 인지모형을 구성한다. 반면에 교황에 관한 관념은 성직자의 결혼을 금지하는 가톨릭교회의 이상적 인지모형을 배경으로 삼기 때문에 교황은 총각의 좋은 본보기가 아니다. 다시 말해, 교황은 총각이라는 범주의 비원형적인 예로 인식된다.

한편 레이코프가 이상적 인지모형이라는 개념이 제안하기 전에도 이미 언어와 세계에 대한 이해과정 모형으로서 프레임(frame), 스크립트(script) 등과 같은 개념들이 제시되었다. '프레임'은 어떤 개념을 이해하기 위해 전제되는 지식구조로서 언어에 의해 환기된다. 예를 들어, '사다'와 '팔다'라는 동사의 의미는 '판매자', '구매자', '상품', '돈' 등의 요소로 구성된 상거래 맥락에서 잘 이해된다. '스크립트'는 경험으로부터 추출되는 집약적인 지식으로서 특정한 상황을 해석하고 그로부터 인과관계 등을 추론하는 데 토대가 된다.[52] 예를 들어, 레스토랑과 관련된 스크립트는 식당 방문, 주문, 식사, 계산 등의 장면으로 구성된다. 레스토랑에서 손님과 직원의 통상적 대화는 이러한 레스토랑 스크립트를 환기시킴으로써 쉽게 이해될 수 있다. 이처럼 스크립트는 상황 이해에 있어서 정보를 보충하는 데 도움이 된다.

프레임과 스크립트는 이상적 인지모형의 한 유형이다. 이상적 인지모형은 프레임이나 스크립트보다 더 다양한 범주적·개념적 구조들을 포괄한다. 이상적 인지모형은 정보처리 수단으로 인간의 신체적 경험, 인간의 행동과 목표, 인간의 사회적 상호작용에서 두루 작동한다.[53] 이상적 인지모형은 추상화된 맥락들로 이루어져 있기 때문에 이상적 인지모형이 실제 사태와 일 대 일로 대응되는 것이 아니라 이상적 인지모형 안에서 사태가 조직화된다.[54]

2. 증거재판주의와 자유심증주의

앞서 살펴본 범주 구조로서의 이상적 인지모형은 포섭의 문제와 관련이 깊다. 그런데 이상적 인지모형은 단순히 구성요건 요소와 같은 개념의 범위를 확정하는

51) 레이코프, 앞의 책, 81면.
52) R.C. Schank & R. Abelson, *Scripts, Plans, Goals, and Understanding: An Inquiry Into Human Knowledge Structures*(Wiley, 1977).
53) Cienki, 앞의 책, pp.176 - 177.
54) Cienki, 앞의 책, p.177.

데에만 관련되는 것이 아니다. 언어와 상황에 대한 이해와 정보의 보충에 기여하는 이상적 인지모형은 사실 인정 과정에서 증거의 증명력 판단의 기준이 되는 경험칙의 중요한 부분이 된다고 볼 수 있다. 다시 말해, 이상적 인지모형은 법적 분쟁에서 사실 확정에도 작동하는 인지 기제라고 할 수 있다. 사실 확정과 이상적 인지모형의 관계를 살펴보기 위해 우선 증거재판주의와 자유심증주의에 관해 간략하게 살펴보자.

형사소송법 제307조 제1항은 "사실의 인정은 증거에 의하여야 한다."고 함으로써 공소된 범죄사실에 대한 인정을 증거에 기초해야 한다는 증거재판주의를, 동조 제2항은 "범죄사실의 인정은 합리적인 의심이 없는 정도의 증명에 이르러야 한다."로 함으로써 엄격한 증명의 법리를 규정하고 있다. 우리 법원도 유죄 인정을 위한 증거의 증명력에 관해서 공소된 범죄사실에 대한 입증책임을 지는 검사는 "법관으로 하여금 합리적인 의심을 할 여지가 없을 정도로 공소사실이 진실한 것이라는 확신을 가지게" 할 정도의 증명력을 가진 증거를 제시해야 하고, 만약이 정도의 증명력을 가진 증거가 없다면 "설령 피고인에게 유죄의 의심이 간다 하더라도 피고인의 이익으로 판단할 수밖에 없다"고 본다.[55] 다시 말해, 형사재판에서 공소사실을 "유죄로 인정하기 위한 증거의 증명력은 논리와 경험칙에 따른 객관적이고 합리적인 증거평가의 결과 합리적인 의심을 배제할 정도의 확신을 가져 올 수 있는 것이어야" 한다.[56] 여기에서 유죄 증거의 증명력을 배척하는 사유인 '합리적인 의심'이란, "모든 의문, 불신을 포함하는 것이 아니라 논리와 경험칙에 기하여 요증 사실과 양립할 수 없는 사실의 개연성에 대한 합리성 있는 의문"을 의미한다.[57]

형사소송법 제307조 제1항이 선언하고 있는 증거재판주의란, "공소사실 중 주요사실을 인정할 때에는 반드시 증거능력이 있는 증거에 의하여 법률이 정한 증거조사절차를 거쳐야 한다는 원칙"을 의미한다.[58] 이 조항은 자명한 원칙을 밝힐

---

55) 대법원 1982. 12. 28. 선고 82도263 판결, 대법원 1994. 9. 9. 선고 94도998 판결, 대법원 1994. 11. 25. 선고 93도2404 판결, 대법원 1996. 3. 8. 선고 95도3081 판결, 대법원 1994. 11. 25. 선고 93도2404 판결, 대법원 2000. 7. 28. 선고 2000도1568 판결, 대법원 2001. 2. 9. 선고 2000도4946 판결, 대법원 2001. 8. 21. 선고 2001도2823 판결, 대법원 2006. 3. 9. 선고 2005도8675 판결 등 참조.

56) 대법원 1997. 7. 25. 선고 97도974 판결.

57) 대법원 1997. 7. 25. 선고 97도974 판결.

58) 노태환 집필 부분, 『(주석)형사소송법』, 백형구 · 박일환 · 김희옥 편(한국사법행정학회, 2009), 278면.

뿐만 아니라 증거재판주의의 적용 범위를 '공소사실 중 주요사실'로 제한하고 있다. 그리고 동조 제2항은 증거재판주의가 적용되는 공소사실 중 주요사실에 대하여 엄격한 증명을 요구함으로써 증거재판주의의 의미를 구체화하고 있다. 따라서 형사소송법 제307조와 관련해서는, 엄격한 증명의 대상이 되는 '사실의 범위'에는 공소사실 중 어떤 사실들이 포함되는지와 엄격한 증명의 인정 기준이 될 수 있는 '증거의 종류와 조사의 방식'이 해석 과제이다.

한편 형사소송법 제308조는 자유심증주의라는 표제 하에 "증거의 증명력은 법관의 자유판단에 의한다."라고 함으로써 증거능력이 있는 증거를 어떻게 평가하는가의 문제를 전적으로 법관, 즉 사실판단자에게 맡기고 있다. 이와 같은 자유심증주의는 사실 판단을 증거능력을 갖춘 객관적 증거에 의해서만 판단해야 한다는 증거재판주의와 대립되는 것처럼 보인다. 그러나 자유심증주의는 증거능력 있는 객관적 증거를 전제로 그 증거의 증명력이 합리적인 의심을 넘어서 유죄의 심증을 형성할 수 있는지는 법관 스스로 판단하라는 요청이라는 점에서 법관이 당사자의 주장에 의하여 사실을 판단하지 말고 증거능력을 갖춘 객관적 증거에 의하여 사실을 인정하라는 증거재판주의와는 다른 원칙이다.

공소범죄사실, 즉 범죄의 특별구성요건을 충족하는 구체적 사실은 주요 사실로서 엄격한 증명의 대상이 된다. 행위의 주체, 객체, 일시, 장소, 방법, 결과발생, 인과관계 등 객관적 구성요건요소를 이루는 객관적 사실뿐만 아니라 고의, 과실, 목적, 불법영득의사 등 주관적 구성요건요소를 충족하는 사실도 모두 엄격한 증명의 대상이 된다. 형사재판에 있어 심증형성은 반드시 피고인의 자백이나 범행현장에 대한 목격자의 증언과 같은 직접증거에 의하여 형성되어야만 하는 것은 아니고 요증사실을 간접적으로 추인하게 하는 사실을 뒷받침하는 간접증거에 의할 수도 있다. 대개의 경우 범죄사실을 이루는 고의처럼 주관적 요소뿐만 아니라 행위나 인과관계와 같은 객관적 요소 중 상당 부분이 간접사실을 증명하는 방법으로 입증할 수밖에 없다. 간접사실을 증명하는 데 있어서는 다음과 같이 경험칙이 판단의 주요한 근거가 된다.

> "무엇이 상당한 관련성이 있는 간접사실에 해당할 것인가는 정상적인 경험법칙에 바탕을 두고 치밀한 관찰력이나 분석력에 의하여 사실의 연결 상태를 합리적으로 판단하는 방법에 의하여야 한다. 야간주거침입절도죄 등과 같이 범행이 야간에 이루어질 것이 요구되는 범죄에 있어서의 일출, 일몰시각 등도 엄격한 증명의 대상이

된다. 구성요건사실의 존부를 알아내기 위해 과학공식 등의 경험칙을 이용하는 경우 그 법칙 적용의 전제가 되는 개별적이고 구체적인 사실에 대하여도 엄격한 증명이 필요하다.[59)]

일반적으로 범죄의 구성요건 요소 해당성이 간접사실을 통해서 판단된다는 점에서 범죄 사실 인정 과정은 프레임이나 스크립트와 같은 이상적 인지모형을 토대로 사태의 전개를 추론하는 인지적 과정과 일맥상통한다. 이상적 인지모형이라는 측면에서 사실 인정 과정은 이유 찾기, 의도 추론 등과 같은 일상적 추론 과정도 본질적으로 다르지 않다. 과학적 추론과 같은 전문적 추론은 일상적 추론을 정교화한 것이라는 아인슈타인(Einstein)의 통찰이[60)] 법적 추론에도 적용될 수 있을 것이다. 다만, 법적 추론은 그 결과 즉 범주적 판단을 관련된 법규를 토대로 정당화해야 한다는 점에서 일상적 추론이나 다른 분야의 전문적 추론과는 다르다.[61)]

3. 경험칙, 이상적 인지모형, 그리고 이야기 모형

재판에 제출된 증거에 관한 정보를 처리하는 인지적 전략을 설명하는 대표적인 심리학적 모형인 이야기 모형(story model)에 따르면, 재판 중 제시된 증거, 비슷한 상황에 대한 경험, 그리고 이야기의 구성요소에 대한 광범위한 지식이 법적 사건에 관한 이야기를 구성하는 세 가지 정보원이다.[62)] 여기에서 이야기 구성요소에 대한 광범위한 지식은 해당 사건과 관련된 이상적 인지모형으로 이해될 수 있다. 이야기 모형과 이상적 인지모형이 법적 판단에 작동하는 방식은 증거의 증명력에 대한 종합적 평가주의 맥락에서 잘 설명된다.

법적 판단은 직·간접적 증거에 대한 종합적 고려에 기초한다. 그런데 각 증거들을 어떻게 평가할 것인지가 문제이다. 이에 대해서 개별적 평가주의와 종합적 평가주의가 대립된다.[63)] 개별적 평가주의에 따르면, 각 증거의 증명력은 서로 독

59) 노태환, 위의 책, 283면.

60) A. Einstein (1936), "Physics and reality," in *Ideas and Opinions of Albert Einstein*, trans. by S. Bargmann(Crown Publishers, 1954), p.290.

61) P.C. Ellsworth, "Legal Reasoning," in *The Cambridge Handbook of Thinking and Reasoning*, edited by K.J. Holyoak and R.G. Morrison Jr.(Cambridge Univ. Press, 2005), p.700.

62) N. Pennington & R. Hastie, "The story model for juror decision making," in *Inside the juror: The psychology of juror decision making* ed. R. Hastie(Cambridge Univ. Press, 1993), pp.192 - 221.

63) D. Simon, "A Third View of the Black Box: Cognitive Coherence in Legal Decision Making",

립적으로 평가되어 최종적으로 합산된다. 개별적 평가주의는 선형적 모델이라고 할 수 있다. 반면에 종합적 평가주의에 의하면, 각 증거의 증명력은 독립적으로 평가되기보다 사건에 관한 내러티브 같은 포괄적인 인지 구조 안에서 각 증거들의 관계를 바탕으로 종합적으로 평가된다. 다시 말해, 종합적 평가 과정에서는 "증거 가치가 개별적으로 평가되지 않고, 증거 간에 상호 영향을 미치며, 판단과정 자체와도 영향을 주고받는 쌍방향성을 갖는다."[64)]

증거의 증명력 평가 방식에 관해서 우리 대법원은 "직접증거와 간접증거를 종합적으로 고찰"하여야[65)] 하고, 특히 "간접증거는 이를 개별적ㆍ고립적으로 평가하여서는 아니 되고 모든 관점에서 빠짐없이 상호 관련지어 종합적으로 평가"하여야[66)] 한다고 하여 종합적 평가주의를 채택하고 있다. 이와 유사하게 미국 연방대법원도 Old Chief v. United States (1997)에서 각 증거는 각각의 증명력을 단순히 합한 것보다 더 강한 서사(narrative), 즉 이야기를 만든다고 설명함으로써 종합적 평가주의를 지지하였다.

증거평가에 관한 경험적 연구들도 실제 증거평가가 종합적 관점에서 이루진다는 점을 보여준다. 그런데 실제 종합적 증거평가에서는 상호 관련성이 없는 증거들까지도 한꺼번에 고려되어 증거평가에 영향을 미친다는 점도 발견되었다.[67)] 다시 말해, "증거는 독립적으로 평가되는 것이 아니라 일응 관련성 없는 증거라도 '전체적으로' 서로 영향을 미치게 되는 것이다."[68)] 예를 들어, 피고인이 제출한 알리바이 증거가 약한 경우 배심원들은 검사가 제출한 증거 중에서 그 알리바이와 관계없는 증거의 신빙성도 높게 인식한다든지,[69)] 사건 현장의 끔찍한 사진과 같이 정서적 반응을 유발하는 증거는 그 증명력이 낮더라도 판단자가 피고인을 유죄로 판단할 가능성을 증가시킨다.[70)] 이처럼 어느 정도의 증명력 있는 증거는 재판에서 그 증거와 직접적인 관계가 없는 요소들에 대한 판단에 영향을 미친다.[71)]

종합적 증거평가 방법을 잘 포착한 이론인 이야기 모형은 배심원의 증거평가

---

71 *The University of Chicago Law Review*(2004), p.559.

64) 이종엽, "법적판단에 있어 인지적 오류와 극복방안"(사법정책연구원, 2020), 52면.

65) 대법원 2017. 1. 25. 선고 2016도15526 판결.

66) 대법원 2004. 6. 25. 선고 2004도2221 판결.

67) Simon, 앞의 논문, p.567.

68) 이종엽, 앞의 글, 53면.

69) Simon, 앞의 논문, p.563.

70) Simon, 앞의 논문, p.569.

71) Simon, 앞의 논문, p.567.

방법에 관한 이론으로 가장 광범위하게 받아들여지고 있다.[72] 헤이스티(R, Hastie)와 페닝턴(N. Pennington)이 제안한 이 이론은 배심원뿐만 아니라 법조인의 법적 판단 구조를 이해하는 데도 유용하다.[73] 이야기 모형 이론에 따르면, 첫째, 배심원은 사건에 대한 이야기를 만들고 이를 통해 증거를 평가한다. 둘째, 가능한 다른 이야기들을 고려하면서 가장 설득력 있는 이야기를 선정한다. 셋째, 선택된 이야기에 맞는 법규와 판례를 적용하여 최종적인 법적 판단을 내린다. 이 과정에서 배심원은 재판에서 제시된 증거, 자신의 사전 지식, 사건의 쟁점과 관련한 자신의 일반적 기대와 경험을 토대로 이야기를 구성한다.

이야기 모형은 개인의 경험과 기대에 따라 서로 다른 법적 판단이 이루어질 수 있음을 보여준다.[74] 예를 들어, O.J. 심슨의 살인사건 평결에 대한 백인과 흑인의 반응을 비교한 연구에 따르면, 흑인들은 백인들에 비해 경찰의 부당행위에 대한 이야기를 더 잘 구성했고, 인종주의자 형사가 피고인 집에 범죄 증거를 심었을 것이라는 '피고인 측 이야기'를 더 잘 수용했다.[75] 이처럼 동일한 사건에 대한 백인과 흑인의 다른 반응은 각 인종 그룹이 경찰에 대해 가진 경험과 기대가 다르기 때문에 발생한 것으로 분석된다.

이야기 모형은 사람들이 증거를 단순히 하나씩 분석하는 대신, 전체적인 맥락 속에서 종합적으로 평가한다는 관점을 바탕으로 한다. 이 모형에 따르면 배심원들은 증거를 통합적으로 설명할 수 있는 여러 이야기를 구성하고, 그중에서도 가장 많은 증거를 포괄하고, 응집력이 높은 이야기를 선택해 증거를 평가하고 법적 판단을 내리게 된다.[76] 배심원은 이야기를 선택할 때 적용 범위(coverage)와 응집력(coherence), 유일무이성(uniqueness) 그리고 적합성(goodness-of-fit)을 기준으로 삼는다. 적용 범위는 이야기가 얼마나 많은 증거를 설명하는지를 나타내며, 응집력은 이야기의 일관성과 모순 없음을 의미한다. 그리고 유일무이성은 다른 이

---

72) D. Simon, "A Psychological Model of Judicial Decision Making", *Rutgers Law Journal* 30(1998), p.29; 이종엽, 앞의 글, 169면, 주 505는 이야기 모형이 2015년까지 628회 인용되었다고 밝히고 있다.

73) 김상준, "사실인정과 의사결정 모델에 관한 법심리학적 연구동향", 『법학평론』 5(2015), 41면.

74) H. Greene & K. Heilbrun, 『법심리학』, 최이문・손지영・한상훈 옮김(피앤씨미디어, 2020), 257-258면은 이야기 모형의 예시로 O.J. 심슨 사건에 대한 해석에 있어 인종적 차이를 밝힌 연구를 제시하였다.

75) R. Hastie & N. Pennington, "The O.J. Simpson Stories: Behavioral Scientists' Reflections on the People of the State of California V. Orenthal James Simpson," *University of Colorado Law Review* 67(4)(1996), pp.957-976.

76) 안서원, 『의사결정의 심리학』(시그마프레스, 2000), 42면.

야기들과의 차별성을, 적합성은 이야기가 사건의 상황에 얼마나 잘 부합하는지를 평가하는 기준이다.[77)]

이야기 모형은 법적 추론이 단순히 증거를 평가하고 결론을 내리는 일방향 과정이 아니라, 증거와 이야기가 상호 영향을 주고받는 복잡한 쌍방향 과정임을 잘 보여준다.[78)] 이 이론에 따르면, 법적 판단 과정에서 증거는 이야기를 구성하는 데 중요한 역할을 하며, 한편으로 구성된 이야기는 새로운 증거의 해석과 평가에 영향을 미친다. 이 쌍방향 상호작용은 정보의 처리와 기억에도 중대한 영향을 주어,[79)] 판단을 내리기 전에 증거가 어떻게 인식되고 왜곡될 수 있는지에 대한 이해를 제공한다.

법적 판단자는 종종 새로운 증거를 접할 때 이미 형성된 이야기와 조화롭게 해석하려는 경향이 있다.[80)] 이 과정에서 증거에 대한 해석이 왜곡될 수 있으며, 이는 사전 결정 왜곡현상(predecisional distortion)으로 알려져 있다.[81)] 이 현상은 판단자가 새로운 정보를 받아들일 때 이미 내린 결정을 정당화하거나 강화하는 방향으로 정보를 해석하게 만든다. 또한 새로운 증거는 기존의 이야기에 통합되거나 때로는 이야기를 변화시킬 수도 있다.

홀리오크(K. J. Holyoak)와 사이먼(D. Simon)의 실험은 증거와 법적 판단의 쌍방향적 관계를 잘 보여주는 고전적인 연구이다.[82)] 이들은 실험 참가자들에게 회사 A의 발언이 경쟁 회사 B의 주가 하락과 파산에 어떤 영향을 미쳤는지 평가하도록 하고, 그 회사 B에 대한 회사 A의 명예훼손죄 책임 여부를 판단하도록 설계한 실험을 진행했다. 참가자들은 먼저 각 쟁점에 대한 찬반 근거의 타당성을 평가했으며, 이어서 전체 근거를 바탕으로 한 재평가 과정을 통해 최종적인 법적 판단을 내렸다. 연구자들이 참가자들에게 ① 회사 A 발언의 진실성, ② 회사 A 발언과 회사 B의 주가 하락 및 파산의 인과관계, ③ 회사 A 발언의 동기(회사 B를 해하려는 것인지 아니면 투자자를 보호하기 위한 것인지) 등의 각 쟁점에 관한 찬

---

77) 김상준, 앞의 논문, 47면.

78) P. Brest & L.H. Krieger, *Problem Solving, Decision Making, and Professional Judgment* (Oxford University Press, 2010), p.289.

79) 안서원, 앞의 책, 42면.

80) K.A. Carlson & J.E. Russo, "Biased Interpretation of Evidence by Mock Jurors", *Journal of Experimental Psychology* 7(2)(2001), p.100.

81) Carlson & Russo, 위의 논문, p.99.

82) K.J. Holyoak & D. Simon, "Bidirectional Reasoning in Decision Making by Constraint Satisfaction", *Journal of Experimental Psychology–General* 128(1999), pp.3 - 31.

반 근거를 제시하였다. 1차 평가 단계에서 참가자들은 각 쟁점에 대하여 찬반 근거를 보고 그 타당도를 평가하였다. 2차 평가 단계에서는 참가자들이 각 쟁점에 대한 근거들로 재구성된 기록을 보고 각 근거의 타당도를 평가하고 회사 A의 책임 여부를 판단하였다.

홀리오크와 사이먼의 실험 결과, 참가자들이 처음에 평가한 근거는 후에 내린 최종 판단을 지지하는 방향으로 체계적으로 변화했다. 예를 들어, 참가자가 회사 A에 법적 책임이 없다고 결정한 경우, 그들은 회사 A의 발언이 진실이라고 평가하고, 해당 발언과 회사 B의 파산 사이의 인과 관계를 부정하며, 발언의 동기가 투자자 보호에 있었다고 해석하였다. 다시 말해, 참가자들이 결정을 내린 후에 그 결정을 뒷받침하기 위해 증거의 해석이 변화했다. 이 실험은 법적 판단이 단순한 정보의 평가가 아니라, 판단자의 초기 판단과 새로운 정보가 서로 영향을 주고받으며 이루어지는 쌍방향 과정임을 잘 보여준다.[83] 이를 통해 법적 추론의 복잡성을 더욱 깊이 이해할 수 있으며, 판단 과정에서의 인지적 편향을 인식하는 데에도 도움이 된다.

Ⅳ. 성폭력 사건과 이상적 인지모형

지금까지 살펴본 이상적 인지모형은 개념의 범주화와 이해의 인지 기제로 작동하고, 법적 맥락에서는 구성요건 요소의 이해와 경험칙 그리고 증거 판단의 배경이 되는 이야기 구성에서 중요한 역할을 수행한다. 그런데 법적 판단에 있어 중요한 인지 기제로 작동하는 이상적 인지모형이 항상 올바른 판단을 보장하는 것은 아니다. 예를 들어, 이상적 인지모형은 편견이나 고정관념으로도 작동하여 판단을 그르치게 만들 수도 있다. 이 절에서는 성폭력 형사사건에서 작동하기 쉬운 이상적 인지모형인 '강간 통념(rape myth)'를 살펴보고, '성인지 감수성'의 의미를 인지적 관점에서 이해해보자.

83) Holyoak & Simon, 위의 논문, p.3.

1. 강간 통념

성폭력 사건은 주로 은밀한 환경에서 발생하므로, 종종 피해자의 진술이 유일하거나 가장 중요한 증거가 된다. 피해자들은 대부분 예기치 않은 상황에서 폭력을 경험하기 때문에, 그 당시의 사건을 명료하고 조리 있게 서술하는 것이 어려울 수 있다. 또한, 심각한 스트레스로 인해 사건의 세부 사항을 정확히 기억하는 데 어려움을 겪는 경우가 많다.[84] 이로 인해 성폭력 사건에서 피해자와 가해자의 진술이 서로 모순되는 경우가 많으며, 재판에서는 한쪽의 진술을 수용하면서 동시에 다른 한쪽의 진술을 배제해야 하는 상황이 발생한다. 이러한 이유로 성폭력 사건의 증거 평가 과정에서는 피해자와 피고인의 진술을 바탕으로 한 경쟁하는 서술을 구성하는 것이 매우 중요하다. 특히, 추가적인 직접적이거나 간접적 증거가 부족한 경우, 판단자의 사전 지식, 경험, 기대가 증거 평가와 이야기 구성에 크게 영향을 미칠 수 있다.

성폭력 사건을 처리하는 과정에서 일부 판단자들이 피해자가 자발적이지 않은 상황에서 강간을 당하기 어렵다는 잘못된 선입견을 가질 경우, 이는 종종 피해자에 대한 비난으로 이어질 수 있다. 버트(M. Burt)는 이러한 오해와 편견을 '강간 통념(rape myth)'이라고 지칭하였다.[85] 강간 통념은 "일반적으로는 거짓임에도 불구하고 널리 퍼져 있는, 여성에 대한 성적 공격을 정당화하는 데 사용되는 태도와 신념"으로 정의된다.[86] 예를 들어, '여성이 진정 강간당하지 않으려고 한다면 강간을 막을 수 있다'거나 '강간당한 여성은 즉각 경찰에 신고할 것이다' 등이 강간 통념의 대표적인 내용이다.[87] 버트는 ① 성관계를 근본적으로 착취적 관계로 보는 대립적 성적 믿음(adversarial sexual beliefs), ② 성관계에서 힘과 강제가 정당하다고 믿는 대인 폭력의 수용(acceptance of interpersonal violence), ③ 전통적인 성 역할 고정관념(sex－role stereotyping)이 강간 통념에 대한 신념을 형성하

84) 이선미 · 박용철, "성폭력 형사사건에서 피해자 진술의 신빙성과 경험칙에 관한 연구"(사법정책연구원, 2020), 76면.

85) M.R. Burt, "Cultural myths and supports for rape," *Journal of Personality and Social Psychology* 38(2)(1980), pp.217－230.

86) K.A. Lonsway & L.F. Fitzgerald, "Rape myths. In review," *Psychology of Women Quarterly* 18(2)(1994), pp.133－164.

87) B.J. Ross, "Does diversity in legal scholarship make a difference? A look at the law of rape," *Dickson Law Review* 100(4)(1996), pp.808－810.

는 데 영향을 미친다는 점을 밝혔다. 이 중에서도 대인적 폭력 수용 정도가 강간 통념에 대한 신념 정도를 가장 강력하게 예측하였다.

부지불식간에 강간 통념을 수용하는 정도를 측정할 수 있는 척도의 문항은 강간 통념의 구체적인 내용을 잘 보여준다. 다음은 맥마혼(S. McMahon)과 파머(G. Farmer)가 제안한 강간 통념 측정 척도이다.[88] 이 척도는 '피해자가 자초했다', '가해자는 의도하지 않았다', '실제로 강간이 아니다', '피해자가 거짓말했다'라는 네 가지 하위 척도로 구성되어 있다.

1. 만약 여성이 술에 취해 강간을 당했다면, 상황을 통제하지 못한 책임이 어느 정도는 그녀에게 있다.
2. 여성들이 파티에 야한 옷을 입고 가는 경우 문제를 자초하는 것이다.
3. 파티에서 여성이 남성과 단둘이 방에 들어간 경우, 그녀가 강간을 당했다면 그것은 그녀가 자초한 일이다.
4. 여성이 창녀처럼 행동하면 결국 문제에 휘말리게 된다.
5. 여성들이 성폭행을 당하는 경우, 종종 그 여성들이 불분명하게 "아니오."라고 말했기 때문이다.
6. 여성이 키스나 스킨십을 시작했다면, 남성이 그녀가 섹스를 원한다고 생각하는 것에 놀라면 안 된다.
7. 남성들이 강간을 저지르는 것은 대부분 강한 성욕 때문이다.
8. 남성들은 보통 섹스를 강요할 의도는 없지만, 가끔 너무 성적으로 휩쓸리곤 한다.
9. 강간은 남성의 성욕이 통제 불능 상태가 되었을 때 발생한다.
10. 남성이 술에 취했다면, 의도치 않게 누군가를 강간할 수도 있다.
11. 남성이 술에 취해 자신이 무엇을 하는지 몰랐다면, 그것을 강간이라고 할 수 없다.
12. 두 사람 모두 술에 취했다면, 그것은 강간일 수 없다.
13. 여성이 신체적으로 저항하지 않고 성관계를 가졌다면, 그녀가 언어적으로 저항했을지라도 그것은 강간이라고 할 수 없다.
14. 여성이 신체적으로 반항하지 않았다면, 정말로 성폭행이라고 말할 수 없다.
15. 여성에게 멍이나 상처가 없다면, 아마도 성폭행이 발생하지 않았을 것이다.
16. 성폭행범으로 기소된 사람이 무기를 소지하지 않았었다면, 그것을 성폭행이

88) S, McMahon & G.L. Farmer, "An updated measure for assessing subtle rape myths," *Social Work Research* 35(2)(2011), p.77.

라고 할 수 없다.

17. 여성이 "아니오."라고 말하지 않았다면, 그녀는 성폭행을 주장할 수 없다.
18. 많은 경우 성폭행을 당했다고 말하는 여성들은 섹스에 동의했다가 나중에 후회하는 것이다.
19. 성폭행 고소는 종종 남성에게 복수하기 위한 수단으로 사용된다.
20. 많은 경우 성폭행을 당했다고 주장하는 여성들은 남성을 유혹했다가 나중에 후회하는 것이다.
21. 성폭행을 주장하는 많은 여성들은 정서적 문제를 가지고 있다.
22. 남자친구에게 외도를 들킨 여성들이 종종 성폭행을 당했다고 주장한다.

성폭력 사건을 심리하는 판단자가 강간에 대한 이와 같은 통념에 영향을 받을 경우, 이는 사건의 실체를 왜곡하고 피해자의 진술을 오해하는 결과를 초래할 수 있다. 이러한 오해는 성폭력 사건의 공정한 처리를 방해하며, 결과적으로 피해자에게 추가적인 피해를 야기할 수 있다. 강간에 대한 통념을 조사한 70개 이상의 연구 결과들은 이러한 통념이 여전히 많은 사람들에게 영향을 미치고 있음을 보여준다.[89] 특히 남성들이 여성들보다 강간 통념을 더 많이 수용하며, 이러한 통념에 동의하는 배심원들은 강간범에게 상대적으로 더 짧은 형을 선고하는 경향이 있다.[90] 그러나 강간 통념의 정확성, 사회적 수용 정도, 그리고 이론적 기반이 얼마나 견고한지에 대해서는 여전히 논란이 존재한다.

강간 통념과 현실은 큰 차이가 있다. 관련된 미국 조사 결과를 살펴보자.[91] 흔히 강간은 낯선 사람에 의해 발생한다고 생각하지만, 대다수의 강간 사건은 실제로 피해자가 알고 있는 사람에 의해 일어난다. 2000년 미국의 전국 조사에 따르면, 강간 사건의 14.6%만이 낯선 사람에 의해 일어났으며, 16.4%는 비친족 면식범, 6.4%는 친족, 그리고 64%는 친밀한 관계의 사람에 의해 발생했다. 2008년의 조사에서도 약 70%의 성폭행이 알고 있는 사람에 의한 것으로 나타났다. 또한, 강간 통념은 피해자가 즉각적으로 신고하는 것을 자연스러운 반응으로 보지만, 현실은 많은 강간 사건이 신고되지 않는다는 점에서 다르다. 특히 피해자와 가해자가 가까운 관계일 경우, 신고하지 않을 가능성이 더욱 높아진다. 친구나 지인이

89) K.B. Anderson, H. Cooper, & L. Okamura, "Individual differences and attitudes toward rape: A meta-analytic review," *Personality and Social Psychology Bulletin* 23(3)(1997), pp.295-315.
90) Lonsway & Fitzgerald, 앞의 논문, p.142.
91) Greene & Heilbrun, 앞의 책, 257-258면.

가해자일 경우 강간 기수의 61%, 강간 미수의 71%, 그리고 폭넓은 의미의 성폭행의 82%가 신고되지 않았다고 한다. 반면, 가해자가 낯선 사람일 경우 강간 기수의 54%, 강간 미수의 44%, 광의의 성폭행의 34%만이 경찰에 신고되었다. 이러한 통계는 강간 통념과 현실 사이에 큰 간극이 있음을 드러낸다.

2. 성폭력 사건에서의 경험칙과 성인지 감수성

강간 통념은 강간 실태에 대한 정확한 인식을 방해하는 역기능적인 이상적 인지모형이라고 할 수 있다. 이러한 역기능적 인지모형이 사회적으로 널리 퍼지고 정상적인 것으로 이해될 때, 숙고를 거치지 않고 구성된 강간 사건에 관해 이야기는 강간범에게 유리한 내러티브이기 십상이다. 따라서 이러한 통념이 어떻게 사법 절차에 영향을 미치고 피해자의 공정한 대우를 저해할 수 있는지 이해하는 것은 성폭력 사건을 더 정의롭게 다루는 데 필수적이다.

이와 같은 최근의 시도로는 이선미와 박용철(2020)의 연구를 들 수 있다.[92] 연구자들은 강간 사건에서 법원이 동원하는 경험칙이 무엇인지 알아보기 위해 죄명에 '강간'이 포함되어 있고 '신빙성'과 '경험칙'이 언급된 판결문 중에서 경험칙을 구체적으로 언급한 187건을 면밀하게 분석하였다. 그 결과 강간 통념의 주요 내용인 '낯선 이에 의한 강간'과 '즉각적 신고'와 같은 고정관념이 실제 법원의 경험칙으로 작용하지 않음을 밝혔다.

첫 번째 발견은, 강간이 낯선 사람에 의해 발생한다는 고정관념이 유무죄 판단에 중대한 영향을 미치는 경험칙으로 인정되지 않는다는 것이다.[93] 연구 결과, 피고인과 피해자가 서로 알고 있는 관계일 때 유죄 비율이 낯선 사람에 의한 경우보다 상대적으로 낮았음을 보여준다. 친족 관계와 같이 피해자가 피고인과 성관계에 동의하기 어려운 상황을 제외하고 보면, 이러한 경향은 더욱 뚜렷하다. 그러나 유무죄 판단에서 나타나는 근소한 차이가 경험칙을 형성하기에 충분한 개연성을 가진다고 보기는 어렵다.

두 번째 중요한 발견은, 피해자가 진술을 빨리 할수록 그 진술이 신뢰할 수 있다는 경험칙이 타당하지 않다는 점이다.[94] 피해자가 빠르게 진술할 경우 유죄 판

92) 이선미 · 박용철, 앞의 책.
93) 이하 내용은 이선미 · 박용철, 위의 책, 163 - 166면.
94) 이하 내용은 이선미 · 박용철, 위의 책, 178 - 172면.

결을 받는 비율이 높은 경향은 있으나, 진술 시점의 빠르기가 유무죄 판단에 영향을 미치는 뚜렷한 경향성을 보이지 않는다. 특히, 피해자와 피고인이 서로 알고 있는 경우, 진술이 늦게 이루어지는 경우가 많으며, 그러한 경우에도 유죄 판결 비율이 높다. 이러한 상반된 결과는 피해자의 진술이 빠를수록 더 신뢰할 수 있다는 경험칙의 타당성에 의문을 제기한다.

이러한 분석 결과를 살펴보면, 우리 법원이 성폭력 사건을 심리할 때 '경험칙'이라는 용어를 사용하긴 하지만, 실제로는 성폭력 피해자의 진술에 대한 신빙성을 평가하는 과정에서 일반적인 경향성이나 고정된 관념에 규범적 가치를 부여하는 것은 드문 것으로 보인다. 법원이 경험칙, 즉 특정한 이상적 인지모형을 적용했다면, 사건의 피해자가 일반적으로 생각하는 '전형적인 피해자상'에 얼마나 부합하는지가 그들의 진술 신빙성 평가에 중요한 요소가 될 수 있었을 것이다. 그러나 실제로는 법원이 이러한 전형적인 피해자상에서 벗어나, 각 사건의 특수성과 그에 따른 피해자 및 가해자의 개별적 경험을 바탕으로 사건을 평가하고 있다. 이는 법원이 각각의 성폭력 사건에 대해 개별적인 사실과 상황을 고려하여 공정하게 접근하려는 노력의 일환으로 볼 수 있다. 이와 같은 접근 방식은 대법원이 강조하는 '성인지적 감수성'을 반영하는 것으로 해석할 수 있다.

> 법원이 성폭행이나 성희롱 사건의 심리를 할 때에는 그 사건이 발생한 맥락에서 성차별 문제를 이해하고 양성평등을 실현할 수 있도록 '성인지 감수성'을 잃지 않도록 유의하여야 한다(양성평등기본법 제5조 제1항 참조). 우리 사회의 가해자 중심의 문화와 인식, 구조 등으로 인하여 성폭행이나 성희롱 피해자가 피해사실을 알리고 문제를 삼는 과정에서 오히려 피해자가 부정적인 여론이나 불이익한 처우 및 신분노출의 피해 등을 입기도 하여 온 점 등에 비추어 보면, 성폭행 피해자의 대처 양상은 피해자의 성정이나 가해자와의 관계 및 구체적인 상황에 따라 다르게 나타날 수밖에 없다. 따라서 개별적, 구체적인 사건에서 성폭행 등의 피해자가 처하여 있는 특별한 사정을 충분히 고려하지 않은 채 피해자 진술의 증명력을 가볍게 배척하는 것은 정의와 형평의 이념에 입각하여 논리와 경험의 법칙에 따른 증거판단이라고 볼 수 없다.[95]

위 판결에서 말하는 '성인지 감수성'은 2018년 이래 성폭력 형사사건에 있어 가장 중요한 법리로 기능한다고 평가할 수 있다.[96] 성인지 감수성이란, 성별에 기

95) 대법원 2018. 10. 25. 선고 2018도7709 판결.

반한 편견과 고정관념을 배제하고, 각 개인의 경험과 상황을 이해하려는 법원의 태도를 의미한다. 물론 피해자의 진술 신빙성 판단에 대한 확립된 기준이 없는 상황에서 성인지 감수성이 구체적으로 어떤 요소로 이루어졌다고 말하기 어렵다. 그러나 성인지 감수성의 요구는 성폭력 사건의 사실관계를 확정하고 진술의 신빙성을 판단하는 데 있어서 성폭력에 대한 고정관념, 즉 원형효과를 벗어나 성폭력 실태와 실제 피해자의 반응 양식 등을 염두에 두고 피해자 중심적 판단을 하라는 요청으로 새길 수 있다.

한편 이른바 '오아시스 판결'이라 불리는 아래 사건은 '성인지 감수성'이 반드시 피고인에게 불리한 것만은 아니라는 점을 잘 보여준다.[97)]

> 2004년 9월 어느 날 밤 M(50 · 남)은 7, 8년 전에 알던 F(35 · 여)를 거리에서 우연히 만났다. F는 1급 정신장애인이었다. 두 사람은 함께 저녁을 먹고 인근 여관으로 갔다. M은 F를 목욕을 시켰고, 두 차례 성행위를 했다. 다음 날 아침 F는 가족들의 추궁에 못 이겨 어젯밤 M과의 사이에서 있었던 일을 모두 털어놓았다. F의 가족은 M이 F를 성폭행하였다고 경찰에 신고하였고, M은 체포되었다. 조사 과정에서 F가 지능이 낮고 판단력이 떨어져 도움이 필요하다는 이유로 언제나 F의 보호자들이 동석하였다. F는 "무서워서 M이 시키는 대로 가만히 있었다."라고 진술하였다. F의 진술 외에 다음과 같은 사실도 밝혀졌다. F는 M을 따라 순순히 여관으로 갔다. 오전 1시 1차 성행위가 끝난 뒤 M이 잠깐 여관을 비웠는데도 F는 그대로 여관에 남아 있었다. 그리고 M이 여관으로 돌아와 오전 2시에 다시 성행위를 하였다. F는 지능이 낮았지만 기본적인 판단능력은 있었다.

이 사건은 발생 당시 사회적인 이슈가 되었고, '성폭력 피해자' 관련 단체들은 성폭력에 대한 정신장애인의 취약성을 알리면서 법원이 성범죄자에 대해 솜방망이 처벌을 해서는 안 된다고 주장했다. 검찰은 '심신미약자 간음' 혐의로 M을 구속 기소했다. 재판 과정에서 M은 F와의 합의에 의한 성관계를 가졌다고 주장하면서 혐의를 완강히 부인하였다. 재판부는 검찰의 공소 사실을 모두 인정하여 M에 대하여 징역 1년 6개월의 실형을 선고하였다. 이에 M은 항소하였다.

항소심 재판장은 조사된 정황과 F의 진술이 어딘지 모르게 불일치한다고 생각하여 F와의 대화를 시도하였다.[98)] 재판장은 F를 판사실로 F가 자신의 생각을 온

96) 이선미 · 박용철, 앞의 책, 55면.
97) 사건의 사실관계는 박은정 · 강태경 · 김현섭, "바람직한 법관상의 정립과 실천방안에 대한 연구"(법원행정처 연구용역보고서, 2015), 220면.

전히 이야기할 수 있도록 보호자 없이 편안한 분위기에서 F와 오랜 시간 이야기를 나누었다. 대화 도중 F는 "M은 좀 착한 사람 같았어요."라고 말했고, "그것 할 때 … 스트레스가 풀렸어요 …. 상쾌하고 기분도 좋았고요…."라고도 말하였다. 그러면서도 F는 "그런데……엄마한테 혼날까 봐 걱정됐어요. … 다시 정신병원에 넣을까 무서웠어요…."라고 말하였다. 이에 재판장은 M과 F가 합의에 의한 성관계를 가진 것으로 판단하여 M의 무죄를 선고하였다.

항소심 재판장은 성인지 감수성을 잃지 않기 위해서 지적 장애를 안고 있는 성인 피해자 F가 부모의 눈치를 보지 않고 자기 생각을 자유롭게 말할 수 있는 상황을 만들고 피고인 M의 성적 교섭 과정에서 느꼈던 감정 등을 알아보려고 노력했다. 이와 같은 노력은 인지적 관점에서 강간에 관한 역기능적 인지모형뿐만 아니라 지적 장애인에 대한 역기능적 인지모형을 극복하려는 시도로 이해될 수 있다. 또한 이야기 모형의 관점에서 본다면, 재판장은 피해자 F의 진술 즉 증거가 강간에 관한 이상적 인지모형보다는 합의에 의한 성관계에 관한 이상적 인지모형에 더 잘 부합한다고 판단하였다고 해석될 수 있다. 이와 같이 법관이 역기능적 인지모형의 영향력을 경계해야 한다는 점은 한 판사의 다음과 같은 발언으로 잘 표현된다.

> 사실인정에 대해 자신 없어 하는 법관이 사실 좀 안전한 법관입니다. 자신이 사실인정의 전문가라고 하는 판사는 사실 좀 불안합니다.[99]

Ⅴ. 나가며

이 글의 초반에 살펴본 법적 추론에 관한 이론적 논의들은 법적 자료들로부터 법적 결론에 이르는 과정에 대한 객관주의적 관점과 회의주의적 관점의 대립으로 특징지을 수 있다. 객관주의적 관점은 논증적 측면에 관한 규범적인 기준을 제시하는 것으로 이해될 수 있다. 반면에 회의주의적 관점은 심리적 측면에 집중함으

98) 이하 대화 내용은 박은정 · 강태경 · 김현섭, 위의 보고서, 221면.
99) 한기택을 기억하는 사람들, 『판사 한기택』(궁리, 2006), 62면(서울고등법원 소속 부장판사가 2005년 6월 사실인정 문제에 관한 한 세미나에서 한 발언).

로써 법적 추론이 객관주의적 관점이 제시하는 방식으로 작동하지 않는다고 보는 입장으로 이해될 수 있다.

그런데 법적 추론에 대한 이론적 논의에 비해 법적 추론에 관한 경험적 논의는 다소 빈약하다. 법적 추론은 우리의 삶과 직결되는 실천적 성격을 가지기 때문에 법적 추론에 관한 연구는 단순히 이론적 영역에만 머물러서는 안 된다. 법적 추론에 관한 연구는 삶을 규범에 귀속시키고 규범을 삶 속에서 실현하는 실천적 과정에 관한 적절한 기술적(記述的) 설명이 전제되어야 법적 추론을 위한 정당한 규칙을 구축할 수 있을 것이다. 이 실천적 과정에는 논증적 측면뿐만 아니라 심리적 측면도 존재한다.

이에 지금까지 법적 추론의 본질을 이해하는 데 심리학이 어떤 기여를 할 수 있는지를 제한적으로나마 살펴보았다. 우선 범주화라는 관점에서 법적 추론에 관한 여러 모형을 새롭게 이해할 수 있었다. 그리고 판례에서 사실 인정의 근거로 언급하는 경험칙을 이상적 인지모형으로 재해석할 수 있었고, 증거평가에 대한 심리학적 모델인 이야기 모형도 이상적 인지모형의 관점에서 이해할 수 있었다. 마지막으로 이상적 인지모형의 관점에서 성폭력 형사사건의 주요 법리인 '성인지 감수성'의 의미를 살펴보았다.

물론 법적 추론의 실제적인 심리적 과정에 대한 이해가 곧바로 법적 추론의 규범을 제시할 수는 없을 것이다. 그러나 그 이해는 법적 추론에 관한 이론적 논의의 공통된 출발점이 될 수 있을 것이다. 논의의 대상에 대한 기술적 이해 없이 규범적 논의가 가능한가? 만약 논의의 대상이 형식논리처럼 순수하게 규범적인 것이라면 이에 대한 논의에서 기술적인 이해는 개입될 필요가 없을 수도 있다. 그러나 이미 살펴본 것처럼 법적 추론은 논리학과 같이 그 자체로 폐쇄적인 체계성과 고도의 추상성을 가진 것이 아니라 사회적으로 형성된 법규범을 바탕으로 실제의 삶의 문제를 해결하는 활동이다. 따라서 법적 추론에 대한 기술적 이해가 전제되지 않고서는 이에 대한 규범적 논의가 건전해지기 어려울 것이다.

"법은 우리 인간이 따라야 하는 규칙이기도 하지만 우리가 살아가는 삶의 일부이기"에 규칙에 대한 합리적·객관적 접근이 과도해지면 "법에 있어서 인간적인 것"을 배제하게 될 것이다.[100] 이러한 관점에서 법적 추론에 관한 연구는 규범적 측면과 경험적 측면에 관한 통합적인 연구를 통해서 건전해질 수 있을 것이다.

---

100) 박은정 집필 부분, 『한국의 법철학자』, 한국법철학회 편(서울: 세창출판사, 2013), 40면.

07

법적 제재와 인지신경과학*

박은정

이화여자대학교 법학전문대학원 명예교수, 전 서울대학교 법학전문대학원 교수. 법철학, 정의론, 과학기술이 규범적 사고에 미치는 영향 등에 관한 연구를 수행하고 있다. 『자연법사상』, 『생명공학시대의 법과 윤리』, 『왜 법의 지배인가』, "자유의지와 뇌과학: 상호 인정 투쟁" 등을 썼다.

* 이 글은 서울대학교 ≪法學≫, 제54권 제3호(2013)에 실린 논문 "법적 제재와 과학의 새로운 연합? – 인지신경과학으로부터의 도전"을 수정 · 보완하여 작성한 것이다.

1. 문제 상황

이 글은 과학기술적 성과, 그중에서도 특히 인간의 인지과정에 관심을 가지는 과학적 발견과 그 기술적 적용들이 법적 제재를 정당화하는 논의구조에 미치는 영향을 검토하는 데 목적을 두고 있다. 과학기술 중에서도 특히 인간의 몸 그리고 마음을 연구하고 또 이에 개입을 시도하는 과학기술이 늘어나고 있다. 세포조직이나 장기, 유전자, 복제배아, 줄기세포 등 인체에서 유래하는 생명물질에 대한 관심을 넘어, 인간의 사고, 의식, 기억, 정서, 지향, 판단과 의사결정 등 인지과정에 대한 신경과학적 연구와 그 응용에 대한 관심이 부쩍 커지고 있다. 인간의 뇌에 대한 생물학적·의학적 지식이 빠르게 축적되고, 특히 기능성자기공명영상(fMRI)술이 개발되면서 '뇌 속의 마음'을 보여준다는 이 기술에 힘입어 인간의 정신상태에 대한 신경과학적 연구가 붐을 이루고 있다. 1980, 90년대 생명공학의 위력이 DNA라는 과학용어를 대중화시켰다면, 오늘날 뇌과학은 fMRI라는 기술을 대중들에게 각인시키고 있다.

전통적으로는 인간상을 파악하는 일을 철학적이고 이론적인 영역이 주도해 왔다면 이제는 경험과학이 큰 몫을 하고 있는 셈이다. 인지신경과학은 제반 학문과 문화 영역에도 상당한 영향을 미치고 있다. 경제학, 경영학, 정치학, 심리학, 인류학, 문학과 예술 등의 분야에서 기왕의 학술적·문화적 관심사나 현안들을 인지신경과학의 프리즘에 비춰 보려는 시도들이 일종의 유행처럼 퍼지고 있다.

법학도 예외가 아니다. 인지신경과학적 연구 성과에 대한 법학의 관심은 미국과 서유럽 법학계에서 시작하여 확산되고 있다. 일찍이 법학계에 자리 잡은 법과 경제, 법과 행태연구 등의 연계학문적 관심이 최근에 법과 인지신경과학을 융합시키는 쪽으로 옮겨가는 추세로 보인다. 이러한 발전 흐름은 인지신경과학과 법영역이 만나는 신경법(neurolaw)이라는 응용분야를 탄생시켰다. 최근 영미, 독일 등을 중심으로 논의 중인 신경법 분야의 주제들을 열거해보면 다음과 같이 광범위하다. 법관의 법추론 과정에서의 인지적 편향 연구, 행위자의 자유의사를 전제한 행위론 및 책임론에 대한 재검토, 미필적 고의와 과실에 대한 인지신경과학적 구분 시도, 기억 연구에 기초한 법정진술의 신빙성 판단 및 증거법상 증언 획득 기법 개발, 인종이나 성 혹은 고용상의 차별에 반영된 인지적 편향 연구, fMRI를 이용한 거짓말탐지의 증거능력, 사이코패스의 형사책임, 사형의 복잡한 차원에 대한 신경 이미지 구성, 뇌구조의 미성숙을 이유로 한 청소년에 대한 사형 비판, 상습성에 대한 신경학적 재해석, 범죄프로파일링에 존재하는 인지적 편향 연구, 인지신경과학에 입각한 범죄예방 프로그램, 청소년 범죄자가 성년범죄자보다 갱생제도에 더 잘 적응함을 보여주는 뇌영상 연구, 계약에 적용가능한 모듈(modularity) 개념 구성, 착각테스트와 상표권침해 가능성에 대한 분석, 신경적 기반의 메타포를 이용한 선거 결과 분석, 법에 대한 경제적 분석에 나타난 인지적 문제, 거래상 비밀의 행태적 기반, 가족법의 생물학적 · 인류학적 토대, 법철학에 대한 인지과학적 비판 시도, 인지과학을 반영하는 법교육, 인지적 편향을 줄이는 입법 모델 시도 등등.

우리 학계에서는 특히 형법학계를 중심으로 행위자의 자유의지를 부인하는 '리벳실험'에 착안하여 행위론과 책임론을 재검토하는 논의가 시작되고 있다. 그런가 하면 실무에서는 판사들을 중심으로, 법적 결정의 정당성을 제고한다는 차원에서 법적 논증 과정에서의 인지적 편향 극복문제에 관심이 늘면서, 이에 대한 연구모임이 생기기도 했다.

법이 올바른 판단과 결정의 영역이라면, 인간의 판단과 의사결정이라는 인지과정에 관심을 가지는 과학은 어떤 식으로든 법과 의미있게 만나는 접점이 있을 것이다. 그리고 이 접점의 의미는 법과 법적 제재의 정당화 요구에 비추어 탐색되어야 할 것이다. 법적 제재의 정당화 문제는 법철학적 규범이론의 핵심에 놓인다. 사람들에 대해 '…해야 한다'고 권위적으로 선언하는 법제도가 가능하기 위해서는 효율적이고 잘 정비된 법제도라는 것만으로는 부족하며, 무엇보다도 그 정당성을 확보할 수 있어야 한다. 그렇다면 판단과 의사결정이라는 인간의 인지과정에 대해 나름대로 설명해주는 인지신경과학은 법적 판단과 의사결정의 정당성 확보 요청에 어떤 의미를 던지는가? 누군가가 합리적으로 행위했는지를 법의 이름으로 따지어 사회적 비난을 가하고, 행위에 대한 책임을 묻고, 자유에 제약을 가하는 공권력을 발동하고, 사회성원들이 법적 제재를 받아들이는 등등, 이 모든 일들의 의미에 어떤 영향을 미치는가? 더 나아가 인지신경과학 연구 성과들은 법제도를 더 낫게 만드는 데 어떻게 기여하는가? 달리 표현하여, 이러한 연구들은 법이라는 제재시스템을 인간본성과 조건에 더 알맞게 만드는 데 어떻게 보탬이 되는가?

2. 흔들리는 규범낙관주의

인간의 내면세계를 향한 과학의 관심과 그 기술적 적용가능성이 커질수록, 다시 말해서 사람들의 판단이나 의사결정 영역에 대한 경험과학적 설명이 늘어날수록 **규범지향적 태도**는 약화될 수 있다. 국가를 지금처럼 최대의 힘을 가진 국가로 만든 정치이념인 '법의 지배'는 규범적 낙관주의의 산물이다. 법적 제재를 행사하는 권한을 국가가 가짐으로써, 즉 일체를 국가의 법률로 정함으로써 자의를 배제하고 개인의 자유와 권리를 보호한다는 이 법의 지배이념에는 권력의 전횡이 초래한 정치적 허무주의에 대응하는 규범적 낙관주의가 깔려 있는 것이다. 규범적 낙관주의는 자유로운 사람들, 즉 스스로 자유롭게 결정하고 그에 대해 책임을 질 줄 아는 사람들이 이성적으로 기획하고 합의하여 규율을 정하면, 인간의 활동 영역이 좀 더 합리적이 된다는 믿음이다.

규범지향적 태도는 인간은 자유로울 수 있고 스스로 책임지는 존재라는 전제로부터 나온다. 그런데 인간의 몸과 마음에 대한 경험적/기계론적/기능적/결정론적/모듈적 설명방식을 확장시키는 과학은, 직접적으로든 간접적으로든, 이 규범낙관주의를 약화시키는 힘으로 작용한다. 인간의 성향이나 인지능력 내지 무능력에 대한 과학적 데이터가 늘면서, 사회적 갈등 해결을 위한 처방에서 행위자의 자유와 책임능력에 기초한 규범적 모델 이외에 결과지향적 모델이나 의료 모델이 제시되는 추세나, 사회적 접근방식보다는 개별화된 접근방식이 주목되는 추세도 이와 무관하지 않을 것이다. 요컨대 과학기술집약적인 사회환경은 근대법 이래 오늘날의 법에까지 이르는 계몽적이고 해방적인 믿음인 규범낙관주의를 흔들고 있는 것이다.

필자가 금세기 법과 과학의 새로운 상호작용 속에서 법적 제재의 전통적인 토대가 흔들리는 조짐을 본다고 하여, 과학의 발전과 함께 지금의 법과 제재시스템이 전면적으로 붕괴되거나 혁명적인 변화를 겪을 것이라고 주장하려는 것은 아니다. 사실 역사적으로 법은 사회의 다른 제도들과 비교해 볼 때도 — 재판제도, 성문법전, 법률전문직, 수형시설, 법학교육 방법 등 — 본질적인 변화 없이 지속되어 오고 있으며, 앞으로도 그럴 것이다. 미리 말해 두지만, 필자는 인지신경과학의 연구성과로, 일부 과학자들이 주장하는 것처럼, 새로운 인간상이 대두하거나 새로운 법적 제재방식이 대두하리라고 생각하지는 않는다. 그럼에도 불구하고 필자는 인간의 내면을 파고드는 과학이 우리의 규범 지향적 태도에 의미심장한 영향을 미치고 있다고 본다. 그리고 이 주제에 대한 깊이 있는 법철학적 논의가 필요하다고 본다.

필자는 이 글에서 인지신경과학의 일부 성과를 염두에 두고 전통적인 규범적 제재의 특징들을 간단히 정리해 보고, 이런 특징들이 인지신경과학적 연구성과에 노출되면서 어떤 영향을 받게 되는지, 그리고 이에 따라 형사제재를 포함한 법적 제재시스템이 의미있는 방향수정을 하게 되는지 혹은 해야 하는지 살펴보고자 한다. 새로운 과학적 연구로부터 제재시스템에 대한 기여 가능성을 찾을 수 있다면 그것은 효용성을 정당성과 연결시키는 방향이 될 것이다. 이런 방향을 염두에 두고, 법과 과학의 상호작용을 학계 일각에서 논의하는 것처럼 '법의 자연화'라는 관점에서 파악하기보다는 '법의 인간화'의 관점에서 이해하고자 하는 필자의 입장에서 남는 과제를 정리해 보고자 한다.

3. 법적 제재의 전통적 토대

법적 제재의 전통적인 토대는 방법상으로는 '**존재유추**(analogia entis)'였다. 법의 본질과 의미에 대한 지적 탐구, 즉 법이란 무엇이며 왜 법에 따라야 하는가의 물음은 인간존재의 본성, 성향, 조건 혹은 능력을 규명하려는 노력을 통해 추구되어 왔다. 모든 법사고의 밑바탕에는 인간존재의 본성을 규명하고 이로부터 법의 본성을 정초 짓고자 하는 존재유추의 사고가 깔려 있다. 인간에게 일정한 성향이나 본성이 존재한다는 것을 받아들이고 이것을 더 잘 이해할 수 있도록 이론적·정책적 관심을 기울이면서 모든 법이론과 법제도는 탄생했다. 그러고 보면 법철학의 역사도 법이란 무엇인가의 물음을 인간이란 무엇인가의 물음으로 환원시켜, 법적 제재의 의미와 그 정당성을 확보하고자 노력해온 역사였다고 말할 수 있을 것이다.

존재유추가 법적 제재의 방법론상의 토대라면 **책임주의**는 실질적인 토대를 이룬다. 법이라는 제재시스템이 상정해온 인간은 자유롭고 스스로 책임지는 인격으로서의 인간이다. 책임주의는 법적 제재의 인간학적 기초를 이룬다. 막상 형사처벌을 받고 수감된 처지가 된 누군가는 '법 뒤'에서는 스스로의 뜻대로 무엇인가를 선택해본 적도 없고 무책임하게 살아온 사람이었는지 모르지만, 그러나 '법 앞'에 선 그는 외부의 힘에 의해 타율적으로 결정되거나 대상화되는 존재가 아닌, 생활

영역 전반에 걸쳐서 자신의 신념에 따라 판단하여 결정하고 그에 따른 책임을 져야만 하는 주체적 존재로 간주되어야 했다. 이렇듯 법 앞의 인간은 그 능력과 성향에 대한 규범적 가정 하에 놓인 인간인 것이다: 인간은 자유롭다, 인간은 자기결정에 대해 스스로 책임져야 한다, 인간은 존엄하다 등등…

누가 누구에게 무엇에 대해서 책임진다는 것은 행위자에게 일정한 행위를 요구하는 규범체계에 근거한 도덕 판단이다. 이 판단 내지 평가 구조 속에서 책임있는 행위와 책임이 줄어드는 행위의 구분도 가능해진다. 예컨대 의식적/의도적 행위와 수동적/반사적 행위, 또는 질병으로 인한 행위를 구분하는 이유는, 평가체계상 전자가 후자보다 더 무겁기 때문이다. 이처럼 책임은 규범지향적 평가 구조로부터 나온다.

인간이 자유롭고 책임지는 존재라는 인식은 관찰을 통해 입증되거나 반박될 수 있는 성격의 지식으로 간주되지는 않았다. 다시 말해 인간이 책임지는 존재이기 위해 자유의지를 가진다 함은 다른 것들과 인과연쇄로 연결되어 **일어나는** 경험적·현상적 지식 영역에 속하는 게 아니라, **일어나야 하는** 것과 관계된, 칸트(Kant)식으로 표현하면, 실천이성에 기초한 선험적·본체적 지식 영역에 속하는 사항으로 여겨져 왔던 것이다.

4. 인지신경과학으로부터의 도전

앞서 법적 제재의 전통적 토대로 언급한 존재유추의 사고에는 예나 지금이나 **환원주의**의 위험이 도사리고 있다. 전통적인 자연법론에 제기되는 비판도 대체로 이 환원주의와 관련되어 있다. 즉 인간존재란 무엇인가에 대해 저마다 자기가 이해하는 인간본성을 먼저 상정해 놓고서, 이것을 이 인간존재의 본성으로부터 이끌어낸 것이라고 주장하는 식이라는 것이다.

그러나 인간을 인간답게 하고 그래서 법을 법답게 만드는 요소는 다양하기 마련이다. 이를테면 생물학적/심리적/사회적/정치적/이성적/철학적/종교적 등등의 다양한 요소들이 법형성에 작용한다. 이들 요소 중에서 어느 하나에 우월적 지위를 부여하려는 순간, 법이론은 환원주의의 위험에 빠진다. 이렇게 존재유추의 사고에 기반하여 단순화되고 모형화된 지식상이 만들어질 때, 그래서 그것을 유일한 법다움(인간다움)으로 내세울 때, 역설적으로 법다움(인간다움)은 상실된다. 예컨대 존재유추의 방식으로 유독 생물학적 유추에 우월한 지위를 부여하여 이를 사회관계에도 적용할 때('사회적 다원주의'), 이를 바탕으로 단종법과 같은 주장을 들고 나오게 되는 것이다. 최근 과학지식과 기술의 권위에 실려 회자되는 '뇌가 말한다'는 인간경험을 생물학화하는 환원주의의 부활로 해석해도 무방할 것이다.

다른 한편으로, 앞서 지적한 대로 책임주의는 자유로운 개인의 인격을 전제로 한 법원리이다. 고래로부터 지금까지 역사에서 유책자와 그렇지 않은 자를 구분하지 않은 사회는 없었다. 그러면서도 막상 유책자와 그렇지 않은 자를 구분하는 일은 쉽지만은 않으며, 그래서 그 구분을 위한 기준을 둘러싼 논란은 지금까지 지속되고 있다.

오늘날 개인의 책임에 기초한 규범적 책임관은 다양한 도전에 직면해 있다. '위험사회'의 경고는 진작부터 '위험책임' '예방적 책임' 같은 개념들을 들고 나오면서 개인적 책임성을 상대화시키고 있는가 하면, 다른 한편 과학기술이 생태 및 미래 환경에 미치는 영향을 논의하면서 '인류의 책임' '미래세대에 대한 책임' '자연물에 대한 책임' 등등의 개념들도 대두하고 있다. 이렇게 책임의 영역, 주체, 대상이 확대되면서, 유책자와 그렇지 않은 자를 구분하는 일은 점점 더 모호하게 되고, 그만큼 책임논의는 규범지향적 사고와 거리를 더 벌이게 된 것이다.

책임개념이 규범지향성과의 연관을 잃게 된다면, 그래서 기능적이거나 결과지향적인 모델로 유도된다면, 개인의 책임능력을 따진다는 고유한 책임개념은 그 본래의 의미를 상실하게 될 것이다. 인지신경과학자들이 자유의지와 책임개념을 실험실로 끌어들이기 시작하면서, 책임개념을 상대화하는 이런 시대정신적 분위기는 알게 모르게 퍼져나가고 있다는 생각이 든다.

법철학에서 존재유추와 책임주의는 전통적으로 법이 상정하는 인간상을 설명해주는 동시에 제재를 정당화해주는 논거의 핵심을 이루어 왔다. 이제 일군의 인지신경과학자들이 뇌스캔으로 '마음 읽기'를 시도하고, 행위자가 자유로운 의사결정을 한다는 사실을 반박하는 '증명'을 해 보이면서, 이를 바탕으로 개인적 책임에 근거한 제재 모델을 수정할 필요가 있다는 주장이 고개를 들고 있다. 이들의 '과학적' 주장의 최종적인 관심사는 어디로 향해 있는가? 그리고 법철학은 이에 대해 어떻게 대응해야 하는가?

5. '마음 읽기'와 환원적 인식관심

인간 인지의 신경학적 기반을 찾는 연구는 특정 행동과 뇌질환의 관계를 밝히는 연구에서 시작하여 예컨대 공격성과 같은 반사회적 행위 징표의 뇌상관자를 추적하는 연구 등으로 다양하게 확대되고 있다. 최근에는 fMRI를 통한 '마음 읽기'로 기억의 의도적 왜곡을 감지하거나, 피해자의 기억력을 복구할 수 있다는 연구결과도 나왔다. 그런가 하면 뇌스캔을 통해 거짓말을 할 때 뇌에서 일어나는 변화를 측정하여 '거짓말하는 뇌' 영상자료를 법정에 증거로 제출하기도 한다.[1)]

뇌영상술은 오늘날 대중들에게는 실제 이 기술이 가지는 것보다 더 높은 신뢰도를 가진 것으로 비치게 만든다. 예컨대 신문기사에서 뇌영상을 넣은 기사에 대한 신뢰도가 그렇지 않은 기사보다 더 높게 나왔다는 실험 결과도 있다. 또 가상 배심원집단을 상대로 한 실험에서 fMRI 영상을 본 배심원집단의 경우가 이를 보지 않은 실험 집단보다 유죄결정이 더 높게 나왔다는 연구결과도 있다.[2)]

fMRI의 원리는 뇌의 특정부분이 특정 인지기능을 주도적으로 발생시킨다는 것으로 요약될 수 있다. 예컨대 공포를 느낄 때 뇌가 특히 활성화되는 부분이 있으며, 다른 부분보다 더 활성화된 이 뇌 부위에 몰린 피에 함유된 산소량을 측정하여 혈류와 상관있는 물리적 크기로 표현하여, 혈류와 신경활동의 상호 관련성을 추정하고, 이를 바탕으로 신경활동과 정신활동의 연관을 추정한다는 것이다. 이때 각 개인들의 뇌스캔에서 얻은 데이터들을 기준이 되는 뇌상태에 맞추는 표준화, '노이즈' 최소화 등의 작업과정이 따르고, 이를 위해 여러 프로그램과 통계 기법

---

1) 피고인이나 증인이 거짓말 혹은 참말을 하는 것을 입증하는 증거로 fMRI 뇌영상이 법원에 처음 제출된 것은 2009년 미국에서였다. 그러나 신뢰성이 없다는 이유로 법정에서 받아들여지지는 않았다. 뇌영상은 주로 뇌의 질병이나 정신이상을 강조하기 위해서 법정에 증거로 제출되었다. 연쇄강간살인범 같은 사이코패스의 비인간적인 범죄가 그의 비정상적인 뇌 때문에 어쩔 수 없이 일어난 것이라는 입증하기 위한 목적으로 제출되기도 한다. 우리나라에서 김길태 사건에서 fMRI 검사를 했는지 여부는 확인되지 않았지만 측두엽뇌전증 진단에는 뇌영상기법이 활용되고 있다. 김길태는 수사과정에서 처음에는 범죄를 부인하다가 EEG를 이용한 거짓말탐지기가 동원되자 범행일부를 자백하기 시작한 것으로 알려져 있다. 김길태에 대한 1차 정신 감정에서는 반사회적 인격장애로, 2차 감정에서는 측두엽뇌전증과 망상장애로 나왔다(김길태 자신이 범죄행위의 상당부분을 기억하지 못한다고 주장하기도 했다). 1차 결과와 2차 결과가 다르게 나오자, 검찰의 재감정 요청으로 실시된 3차에서는 반사회적 인격장애로만 진단되었다. 서울대 의대 신경과 이상건 교수는 김길태 사건과 관련하여 측두엽뇌전증을 앓는 환자를 잠재적 범죄자로 취급한 듯한 언론 보도 태도에 항의하는 글을 쓰기도 했다. 뇌전증은 간질의 새 이름으로서 뇌의 전기흐름의 일시 오류로 수 초 혹은 수 분간 의식손상, 단순 동작 반복, 순간적 난폭 행동 등이 가능하나, 김길태처럼 복합적인 행동을 동반한 범죄를 저지르는 것은 — 물론 측두엽뇌전증 환자들도 일반인들과 마찬가지로 범죄를 저지를 수는 있겠지만 — 절대 불가능하다는 것이다(서울신문 2011. 1. 24. "열린세상").

2) MaCabe/Castel, "Seeing is believing: The effect of brain images on judgments of scientific reasoning", *Cognition* 107, 2008, pp.343 - 352와, MaCabe/Castel, "The influence of fMRI lie detection evidence on juror decision - making", *Behav Sci Law* 29, 2011, pp.566 - 577. 여기서는 홍성욱, 앞의 글, 531면에서 재인용.

들이 동원된다.

이런 뇌영상술은 기본적으로 실험을 위해 고안된 것이다. 즉 이것을 의사결정이라는 실재의 인지과정으로, 즉 의사에 대한 직접적인 정보 전달로 볼 수는 없다. 그 점에서 생각 혹은 마음을 읽는다는 말은 사실 틀린 것이며, 마음 읽기라기보다는 정확하게는 '뇌신호 읽기' 혹은 '뇌신호 계산'이라고 표현해야 맞을 것이다. 심리실험 과정에서 뇌의 시그널이 변화하는 것을 측정하는 것이며, 이 시그널도 간접적으로 신경활동과 연관되기 때문에 물론 해석이 요청된다. 그리고 모든 해석은 주지하다시피 문화적 차원을 포괄한다. 결국 상관성은 '개연성'을 말해줄 수 있을 뿐인 것이다. 의료 영역에서는 모르겠으나 제재 영역에서 fMRI의 성과를 과장해서는 안 되는 이유는 여기에 있다.

메타리뷰 결과들에 따르면, 예컨대 공격성을 발휘하거나 거짓말을 할 때 특별히 활성화되는 뇌 영역이 존재함을 보여주기는 하지만, 연구 결과들은 저마다 조금씩 다른 뇌 영역을 지적하는 것으로 보고되고 있다. 뿐만 아니라 동일한 연구자가 같은 실험방법에 의존했을 때도 선행연구와 다른 결과를 낸 경우도 없지 않다고 한다. 무엇보다도 특정 환자의 관찰을 통한 행동분석이라는 점에서 사례분석 방법은 개별성 내지 일회성이라는 한계를 안고 있다. 근본적으로는 폭력성에 있어서 어디까지가 정상을 넘는 비정상에 해당하는 폭력인지를 구분하는 기준 설정의 문제는 여전히 임의적일 수밖에 없다는 지적에도 유의해야 한다. 뢴트겐이나 CT가 질병에서 비교적 큰 변화를 찾아낸다면, fMRI로는 여러 구조들이 드러나고 여기에 기능성까지 더해지면서 작은 변화도 감지되는 셈이다. 우연히 발견되는 것들을 포함하여 이 변화들이 질병 내지 비정상에 해당하는지 아닌지는 해석상 논란거리가 될 수밖에 없다. 우리 내면의 세계에 대해 언어적 이론주도적 서술을 해왔던 때에 비하면, fMRI로 앞으로 더 많은 심리적·정신적 이상상태가 회자될 가능성도 무시할 수 없다. 뇌영상자료를 법정에서 증거로 활용하기 어려운 이유에 대해서는 이미 여러 학자들이 지적한 바 있다.[3] 설사 법정에서 다루어진다 하더라도, fMRI 자료는 다른 증거와 연계 혹은 비교하거나 참조하는 식이어야 할 것이다.

인간의 정신작용을 독립된 기능상의 모듈로 나누어 분석할 수 있다고 보고 인

---

3) 거짓말과 잘못된 기억을 구분하기 어렵다는 점, 실제 현실과 통제된 실험의 차이에서 오는 한계, fMRI 방법이 방해 동작의 영향을 쉽게 받는다는 점 등등, fMRI가 건강에 어떤 영향을 미치는지에 대해서는 의사들 사이에서 신중하게 논의되어야 하리라 본다.

지과정을 뇌의 특정 부위에 대한 설명으로 환원시키는 과학적 주장은, 사고체계를 일종의 정보처리체계로 이해했던 이른바 1세대 인지과학자들이 들고 나온 것이다. 뇌를 정보저장 컴퓨터로 이해한 이런 입장은 인간의 인지과정을 환경과 상호작용한 적응적 활동 결과로 파악하는 2세대 인지과학자들의 출현으로 어느 정도 수그러들었다. 그러나 신경심리학의 기본가정은 여전히 지속되고 있고, 그 특징은 바로 환원주의로 요약된다. 요컨대 시스템의 구성요소를 파악하면 기능도 파악할 수 있고, 또 구성요소에 대한 지식은 동시에 시스템의 속성을 설명하기도 한다고 보는 식이다.

신경학적 상관자 내지 뇌국소화 주장은 18세기 이래로 오늘날까지 논쟁대상이 되고 있다. 즉 해부학적으로 구분되는 뇌영역들이 어떻게 기능적으로 특화되는지에 대해서 설명해주는 바는 아직 빈약하다는 것이다. 마음을 읽는 사람 혹은 읽으려는 사람이 무수한 정보들 중에서 어떤 정보를 읽으려는(선택하려는)지는 또 다른 중요한 문제거리가 된다. 이때 정보들을 더 많이 다룰 수 있게 될수록, 그래서 다양한 실험 상황들을 구분할 수 있게 될수록, 결과가 의미하는 바는 더 불분명해진다. 여기서의 상관성은 더 높은 질서의 상관성이라는 의미를 지닐 뿐이다. 요컨대 저층에서 일어나는 일을 바르게 이해할 수 있기 전에 우리는 필경 **인식이론**을 필요로 하게 되는 것이다.

6. 환원적 인식관심의 한계

정신활동의 주관적 부분은 이질적인 것들의 혼합을 이루고 있다. 추상적인 것과 구체적인 것, 개인적 측면과 사회적 측면, 내적 느낌과 외적 지각 등등. 이들 이질적인 범주들로부터 나온 현상들을 정합적으로 연결시켜주는 과학용어는 아직 없는 셈이다.[4] 신경과학자들은 뇌 안의 작동과 정신활동의 주관적 부분이, 달리 표현하여, 자아의 물리적 차원과 심리적 차원 및 사회적 차원이 어떻게 통합되는지 설명하지는 않는다. 그것은 과학적 개념이 아닐뿐더러 여전히 과학이 설명해주지 못하는 영역이다. 신체(뇌)와 정신 혹은 육체와 영혼의 상호작용 관계는 예나 지금이나 철학자들에게나 과학자들에게 풀리지 않은 채 남아있는 영역이다.

---

4) 예컨대 '자아'는 지각과 경험 사이에 다리를 놓는 개념으로 이해되고 있는데, 이 자아를 신경화학반응에서 비롯된 것으로 개념화하는 것은 신경과학언어로는 적절히 서술될 수 없는 것에 대한 대용 역할을 할 뿐인 셈이다.

여하한 형이상학적 진술 없이 자연과학적 정신연구가 가능하려면, '정신적 경과에 대한 자연 법칙성'을 찾으면 될 것이다. 사실 뇌과학자들이 수십 년 전부터 매달려 연구한 것도 이것이다. 그래서 발견한 바는, 예컨대 뇌 손상이나 마약 등 향정신성약물 흡입이 의식 상태에 변화를 가져온다는 사실이다. 그 이상의 새로운 어떤 것은 없는 것으로 보인다. 결국 물리적·기술적 언어로 인지과정을 설명하는 단계로는 아직도 데카르트식 정신철학에 대한 완벽한 반박은 불가능하다. 그리고 신경과학자들이 기술적 혹은 물리적 언어 범주를 넘어서는 개념들을 그들의 실험실에 끌어 들여 사용하려는 순간, 그 연구 결과는 무의미하지는 않겠지만, 어쨌든 그들이 '발견' 혹은 '증명'했다는 내용에 대해서는 여전히 많은 의문이 제기될 것이다.

인간경험을 생물학화하는 환원주의는 인간에 대한 과학이론에 두려움을 불러일으킬 수 있다. 예컨대 다윈주의 논쟁도 생물학적 요소를 사회적 관계에 끌어들이는 것에 대한 두려움에서 시작되었다. 모든 것이 유전적·진화적으로 결정되었다고 말할 수도 없고, 그렇다고 모든 것이 사회문화적으로 구성되었다고도 말할 수 없다면, 결국 인간의 진화적 성향 내지 능력과 사회적 효과의 상호작용을 분석하여 통합적 이론을 구축하는 방향으로 갈 수밖에 없다. 사실 인간의 사고와 행위에 대한 설명은 뇌의 상태를 조사하지 않고 다른 방법으로도 이루어진다. 뇌과학 연구는 체계적·경험적 방법으로 새로운 설명방식을 다른 분야 학자들에게 제시할 수 있음으로써 인간행위의 내면적 경과를 더 잘 이해하는 데 다른 분야와 함께 기여할 수 있을 것이다.

결론적으로 인간본성의 생물학적 진화적 속성에 대한 지식 때문에 결정론적·환원주의적 사고를 받아들여야 할 필요는 없다. 다만 이 지식들을 수용하여 사회적·문화적 현상인 법적 현상 및 변화에 대해 좀 더 풍부하게 설명할 수 있음으로써 법이론에 대한 비판적 성찰 내지 확장을 꾀하는 데 도움을 줄 수 있을 것이다. 결국 **환원적인 인식관심**보다는 **통합적 인식관심** 속에서 인지과학적 성과를 주목해야 할 것이다. 이런 방향에서 우리는 행위를 더 잘 예측할 수 있는 과학이론을 법사고에 접목할 수 있을 것이다.

7. 자유의지를 둘러싼 문제: 리벳 실험의 경우

자유의지의 물음은 철학적 물음의 핵심 중의 하나이다. 우리 인간이 생각하고,

느끼고, 행동하고, 믿고, 판단하고, 의사결정을 할 때 과연 자유로이 그렇게 해 나가는가? 그렇다면 이때 우리는 어느 정도로 자유로운가? 아니면 우리가 자유로이 사고하고, 느끼고, 행동할 수 있는 능력을 가진다는 것은 그저 우리의 직관 혹은 피상적인 느낌일 뿐이고, 실은 우리의 사고, 느낌, 행동은 우리의 통제 밖에 있는 어떤 알려지지 않은 요소에 의해 미리 정해져 있는 것은 아닌가? 이런 의문들을 품은 사람들은 물론 철학자들만은 아니었을 것이다. 정신세계를 다루는 사상가, 물리 현상을 다루는 과학자, 종교적 물음과 씨름하는 신학자, 인간 이해와 체험의 바탕에 관심을 가진 근원적인 탐구심의 소유자들이라면 이런 질문들을 품었을 것이다.

지금까지 주로 철학적 사변적으로 논해온 자유의지 문제는 과학이 가세하면서 새로운 관심을 끌고 있다. 최근 뇌과학을 포함하여 인지신경과학은 지금까지는 과학이 다가갈 수 없는 영역으로서 여겨진 사람들의 판단과 의사 결정, 선택 등의 사고영역을 기계적 혹은 물리적으로 접근할 수 있는 영역으로 끌어 들이면서, 이 분야 연구자들 가운데는 자유의지는 과학적으로 불가능하며 일상생활에서 자유의지에 대한 사람들의 체험은 일종의 착각이라고 설명한다.

뇌연구의 역사는 인간의 의식, 자아, 마음을 포함하여 정신적인 것이라고 불리는 것을 점차 유물화시켜온 역사라고 보는 시각이 맞을 것이다. 데카르트는 당대 자연과학 지식에 비추어 정신과 몸(뇌)의 관계를 이원적으로 설명하면서, 이 둘이 모두 기계적 물리적 법칙 하에 놓인다고 보았다. 최근의 자유의지 논의에서 빠짐없이 등장하는 리벳 실험도 이런 선상에 놓인다고 볼 수 있다.

이천 년대 초 벤자민 리벳(Benjamin Libet)이 행한 실험에서 실험대상자들은 자신들이 원하는 순간에 손가락 혹은 손목을 움직여달라는 지시와 함께, 그 임의의 순간이 언제였는지를 특수하게 장치된 시계의 초점위치를 확인해주는 식으로 실험자에게 알려줄 것을 요구받았다. 이 실험을 통해 리벳은 뇌에서 일어나는 일련의 신경생리적 경과와 사람들의 의식적인 결정 사이에 존재하는 시간적 간격을 측정해 냈다고 보고했다. 그리고 자발적 의사결정(volitional decision: D)보다 소위 준비전위(readiness potential: RP)가 선행하므로, 행위는 의식적 결정이 아니라 뇌파의 물리적 사건에 의해 정해진다는 결론을 내린다.[5] 인간의 복잡한 정신현상

5) Benjamin Libet, “Haben wir einen freien Willen?” in: Christian Geyer(Hg.), *Hirnforschung und Willensfreiheit. Zur Deutung der neuesten Experimente*, Suhrkamp, 2004, S.268 이하.

을 손가락을 까닥하는 반응행동에 비추어 측정하고 설명할 수 있다는 실험적 발상 자체에 대해 의문을 던지는 사람들도 있지만, 어쨌든 이 실험 결과는 연구자들 사이에 상당한 파장을 불러 일으켰다. 관련 학계를 넘어 리벳의 실험 결과를 법이나 경제 등 사회제도에 대입시키고자 시도한 글들도 나왔다.

인간의 의사결정이 과연 자발적인 행위인지 여부를 실험을 통해 과학적으로 밝히겠다는 리벳의 생각은, 의사결정과 같은 정신활동을 외부에서 관찰할 수 있는 신경생리적 조건으로 설명하고자 하는 것이다. 그와 함께 우리가 통상 정신적인 활동으로 여겨온 작용들을 뇌의 신경생리적 작용에 '부수하는' 현상 혹은 뇌의 작용으로 '환원하는' 현상으로 보는 것이다.

리벳의 실험은 실험 방법과 해석을 둘러싸고 많은 논쟁을 불러 일으켰다.[6] 우선 시간적 간격에 대한 해석을 둘러싸고 대립적 견해가 크다. 현 단계에서는 신경과정이 과연 의사과정에 선행 혹은 후행하는지 아니면 병행하는지 여부가 분명히 판정된 것도 아니라고 봐야 한다는 견해도 유력하다. 뇌의 신경과정과 의사과정 사이의 초 이하의 단위에서의 시간적 간격을 측정한다는 것의 의미는 무엇인가. 때로는 수 초 동안 걸리기도 하지만, 수 시간, 수 년에 걸쳐 일어나기도 하는 우리 삶에서의 의사결정 과정을 떠올릴 때, 이 과학적 측정치에 대한 과도한 관심에는 '범주상의 오류' 문제를 넘는 이상의 문제 차원이 있지 않은가 한다.

리벳 실험과 그와 유사한 실험들이 밝혀낸 것은 의식적인 의사결정이 무의식적 뇌 과정의 도움에 의해 준비되고 영향을 받는다는 것이었다. 이 실험결과는 인간행동의 물리적·인과적 결정성을 주장하는 목소리에 다시 힘을 실어주는 촉진제가 되었다.

독일의 행동생물학자 로트(Gerhard Roth)는 물리주의의 방향에서 자유의지 논의에 가담하는 대표적인 학자 가운데 한 명이다. 그는 의식있는 자아에 의해 조종된 자의가 의사를 행동으로 변화시킨다는 생각을 거부하고, 인간의 행동이나 느낌, 의사결정과 같은 사고 과정은 신경생리적 인과연쇄에 따르는 네트워크로 엮여 있다고 설명한다. 즉 시상하부와 뇌줄기를 따라 순차적으로 연쇄작용하면서

---

6) 이에 대해서는 박주용/고민조, "자유의지에 대한 Libet의 연구와 후속 연구들 - 신경과학적 발견이 형법에 주는 시사점을 중심으로", 서울대학교 法學, 제52권 제3호(2011. 9), 477면 이하; Stephen J. Morse, "New Neuroscience, Old Problems", in: B. Garland(ed.), *Neuroscience and the Law. Brain, Mind, and the Scales of Justice*, New York, 2004, p.169 이하; 이기홍, "리벳실험의 대안적 해석 - 리벳 이후의 뇌 과학적 발견들과 자유의지", 大同哲學, 제49집(2009. 12), 347면 이하 등.

우리가 의식 속에서 소망하거나 의도, 계획할 때 이것들과 결합된 감정 작용을 일으키고, 이 과정에서 도파민이라는 신경전달물질이 분비되도록 하면서 이것이 대뇌피질의 활성화로 이어지고, 이것이 운동성 피질의 활성화로 이어지면 척수를 거쳐 자유로운 동작이 개시된다는 것이다. 즉, 우리가 무언가를 소망하거나 의도할 때 무의식적으로 일어나는 감정적인 경험기억이 결정을 하게 만들며, 이때 우리가 받은 모든 영향과 경험을 저장하는 영역으로 변연계를 지목한다. 변연계가 인간이 태생적 유전적으로 영향받은 상태와 행동양식의 중심을 형성하며, "유전적으로 조건지어진 소질의 범위 안에서 우리가 하는 모든 것을 좋은/성공적인/즐거운/나쁜/실패한/고통스러운 등의 기준에 따라 평가하고 그 평가결과까지 저장"한다. 로트에 따르면 변연계에서 이루어지는 최종적 의사결정은 우리가 이를 의식적으로 감지하고 행위수행 의사를 가지기 1~2초 동안에 이루어진다. 이에 따르자면 자유의식은 신경에 의해 조정된 현실일 뿐이게 된다. 이런 생각에서 그는 자유의지를 전제로 한 개인의 책임 개념도 거부하며, 이런 책임 개념을 토대로 한 법체계의 재조정이 요구된다고까지 말한다.[7)]

로트와 같은 입장은 뇌과학자 볼프 징어(Wolf Singer)에 의해서도 공유되고 있다.[8)] 독일 프랑크푸르트 막스프랑크 뇌연구소 소장이기도 한 그는, 우리가 일상에서 스스로를 자유로운 존재로 느끼는 체험은 신경생물학적 관점에서 보면 허구라고 결론짓는다. 인간행동은 신경네트워크에 묶여 있기 때문에, 우리는 이렇게 행위한 이외에 달리 행위할 수 없는 존재이며, 따라서 우리가 행한 결과에 대해 책임을 진다는 가정도 유지될 수 없다고 본다. 심리학자 프린츠(Wolfgang Prinz)도 리벳 실험 결과를 수용하면서, 행위나 의사결정은 무의식적인 조립과정을 거치며 이 과정이 나타난 후에 개인적 결정과정의 결론으로 해석될 뿐이라고 본다.[9)] 이를테면 우리는 우리가 원하는 것을 하는 게 아니라 우리가 하는 것을 원하는 것일 뿐이라는 것이다.

최근 뇌과학은 결정이나 선택, 행동의 바탕이 되는 뇌메커니즘에 대한 이해를

---

7) 그러면서도 로트는 책임개념을 포기하지는 않는데, 그 이유는 개인적 책임을 추궁하지는 않더라도 사회규범 위반에 대한 처벌과, 범죄자가 개선가능할 경우 개선을 위한 처벌을 포기할 수 없기 때문이다. Roth, *Fühlen, Denken, Handeln*, 2003, Frankfurt/M., S.536 이하.

8) 그는 뇌과학적 연구 영역을 넘어 자유에 대해 논하면서 자유를 '문화적 구성물'에 해당하는 것으로 규정한다. Wolf Singer, *Ein neues Menschenbild? Gesprach über Hirnforschung*, Suhrkamp, 2006, S.13.

9) Prinz, "Freiheit oder Wissenschaft?", in: M. v. Cranach/C. Foppa(Hrg.), *Freiheit des Entscheidens und Handelns*, 1996, S.86 이하.

넓혀주는 다양한 연구성과를 내놓고 있다. 신경시스템이 어떻게 환경을 인지하는지, 뇌형성에서 태생적·유전적 요인이 얼마나 중요한 역할을 하는지 속속 밝혀주고 있다. 무엇보다도 마음의 변화가 뇌의 변화와 깊은 상관관계에 놓인다는 점, 그리고 우리의 체험이 미래의 행위를 이끌어가는 역할을 한다는 점도 뇌연구의 중요한 성과에 속한다. 로트나 징어, 프린츠 등이 뇌에 대한 메커니즘적 이해를 그대로 자유의지 논의에 적용시켜 자유의지의 과학적 근거를 부인한다면, 이런 물리주의의 입장을 벗어나 뇌과학적 발견 성과와 자유의지의 관계를 이해하는 학자들도 있다.

뇌메커니즘에 대한 이해가 넓어지면 인간의 사고나 행동에 대한 이해도 증진될 것이다. 결정이나 선택, 행위의 바탕이 되는 뇌메커니즘에 대한 이해는 단지 선행하는 문제들에 대한 우리의 인식범위를 넓혀줄 뿐이다. 리벳 등의 실험 결과를 인정한다 하더라도 이것이 곧장 자유의지를 부정 혹은 긍정하는 결과로 이어진다고 보는 데는 무리가 따른다. 아무리 중요한 인체부위라 할지라도 뇌라는 국부 영역에 초점을 맞춘 과학실험 결과를 곧장 철학적·제도적 이슈에 대입시켜 변화를 주도하는 지식으로 여기는 것은 나이브한 발상인 것이다. 물론 뇌과학을 포함하여 과학의 발전도 다른 발전과 함께 우리 인간의 인식과 사회 변화에 영향을 미치고 그에 따라 자유와 도덕적 책임 판단에도 당연히 영향을 미칠 수 있을 것이다.

이 점에서 뇌과학의 진보와 자유의지 및 도덕적 책임 판단 문제를 현명하게 분리시키는 뇌과학자들도 없지 않다. 예컨대 가자니가(M. S. Gazzaniga)는 일찍이 자신이 행한 실험이나[10], 동료들의 원숭이 실험 등을 통해 리벳과 비슷한 결과를 확인한다. 그는 뇌의 우측 하두정소엽에서의 뉴런 활동 관찰을 통해, 행위수행 여부를 결정함에 있어서 우리가 의식하기 이전에 이미 무의식적인 뇌과정에서 진화적으로 영향 받고 축적된 정보의 도움을 받는다는 사실을 알아냈다. 의식적인 의사결정은 무의식적인 뇌과정에 의해 준비되고 또 그로부터 영향을 받는다는 것이다. 이러한 실험결과들은 일정한 자극이 있을 경우 그 뇌영역과 행동의 상관성을 밝히는 데이터를 보여준 것이다. 그러나 이렇게 행위의 원인을 뇌기능적 용어로 설명할 수 있다고 해서 이를 통해 행위수행자의 의지의 자유나 책임 차원의 문제

10) M. S. Gazzaniga/J. E. LeDoux, *The Integrated Mind*, New York, 1978. 이 실험들은 다음 번역서에도 나온다. 마이클 S. 가자니가, 윤리적 뇌, 김효은 옮김, 바다출판사, 2005, 131면 이하.

를 설명할 수 있는 것은 아니다. 왜냐하면 한마디로 뇌는 '**자동적으로**' 작동하지만 정신은 '**해석적**'**인** 대상이기 때문이다. 가자니가는 이 점에서 뇌과학적 접근이 자유의지 문제에 **직접적으로** 어떤 기여를 할 수 있는 길은 없다고 말한다. 그러면서 자유의지나 도덕적 책임의 문제는 과학의 문제가 아니라 사회의 문제라고 선을 긋는다.

우리 인간이 일련의 법칙에 따르는 방식으로 행위를 한다는 증거가 있다고 하여 이것이 우리가 가진 자유 관념을 훼손하는 것은 아닐 것이다. 더 나아가 뇌메커니즘의 이해는 일종의 기계론에 해당하며, 기계론은 결정론과는 다른 것이다.

8. 자유의지와 결정론을 둘러싼 논쟁

철학사에서 자유의지 논의는 인간이 자신의 행위가 자신의 통제 밖에 놓인 어떤 알려지지 않은 요인에 의해 미리 정해진 것은 아닌지에 대한 의문과 함께 등장했다. 그러므로 자유의지 논의는 자연스럽게 다음 두 물음으로 시작한다. 첫째 물음은 결정론이 참인가 하는 것이고, 둘째는 결정론은 자유의지와 충돌하는가 아니면 양립가능한가라는 물음이다. 19세기 말까지만 해도 우주론적·물리적 결정론이 대세를 이루었다. 그러나 오늘날 물리학의 세계에서는 양자물리학의 등장과 함께 결정적 법칙성보다는 개연적 법칙성 내지 통계적 법칙성이 주장되면서 도그마로서의 결정론의 대세는 수그러들었다. 그런 한편, 결정론이 자유의지와 충돌하는가 아니면 양립가능한가라는 문제는, 전자가 양립불가능주의, 후자가 양립가능주의로 불리면서 결정론에 대한 과학적 진실 규명 문제와 별도로 철학적 논쟁의 한 핵심을 이루고 있다.[11)]

전통적인 자유의지 논의에서 양립불가능주의가 대세를 이루었다면, 오늘날 강세를 보이는 쪽은 양립가능주의이다. 뇌과학에 대한 새로운 주목과 함께 철학자들이나 과학자들 사이에 양립가능주의가 대체로 무난하게 수용되는 이유는, 우선 이 입장이 자유의지 문제 해결에 용이하고, 미래의 과학 발전에 대해서도 염려할 필요가 덜하기 때문이기도 할 것이다. 또 이 입장은 일상에서의 자유에 대한 사

11) 이에 대해 자세히는 탁희성·정재성·박은정·Thomas Hillenkamp, 뇌과학의 발전과 형법적 패러다임 전환에 관한 연구(1) - 뇌과학과 형법의 접점에 관한 예비적 고찰, 형사정책연구원, 2012, 411면 이하(제4부 제1장 "뇌과학과 자유의지에 관한 법철학적 쟁점") 참조. 이 글에서 자유의지와 결정론의 문제 및 책임 문제에 대한 일부 서술 내용은 필자가 집필한 위의 형사정책연구원 연구보고서 내용과 일부 중복됨을 밝힌다.

람들의 체험과 과학적 우주관을 결합시킬 수 있는 입장으로 여겨지기도 한다. 철학사에서 근대 이래 홉스(Hobbes), 로크(Locke), 흄(Hume) 등도 대체로 자유의지와 결정론의 양립가능성을 받아들였다.

오늘날 뇌과학이 사회에 미치는 영향에 대해 관심을 가지는 과학자들이나 철학자들이 양립가능론에 호감을 보이는 반면, 일반사람들은 양립불가능주의를 더 선호하는 것 같다. 법제도도 공식적으로는 이쪽에 서 있다. 즉 결정론을 거부하고 자유와 이에 따른 책임을 옹호하는 쪽이다. 우리 헌법은 제10조에서 국민 누구나 인간으로서의 존엄과 가치를 가지고 스스로의 책임에 따라 자유로운 결정을 할 수 있는 능력을 가진 존재임을 인정하고 이를 보장하는 취지를 담고 있다. 헌법재판소도 행위자가 불법을 거부하고 법에 따라 행위할 수 있는 책임능력을 논하면서 다음과 같이 판시한다. "… 책임은 행위자가 법에 따라 행위할 수 있었음에도 불구하고 범죄충동을 억제하지 않고 위법하게 행위하였다는 규범적인 평가, 다시 말하면 구성요건에 해당하는 불법의 비난가능성에 책임의 본질이 있다."[12]

그런가 하면, 여기서 자세히 다룰 수는 없지만, 자유의지와 결정론의 양립가능성을 부인하면서 엄격한 결정론을 지지하는 입장도 완전히 사라진 것은 아니며, 이런 저런 이유에서 여전히 잠재력을 지니고 있다. 그러고 보면 자유의지 물음을 둘러싼 이론적 대립 상황은 사실 예나 지금이나 크게 다를 바가 없는 셈이다.

자유의지에 대한 철학자들의 관심과 과학자의 관심이 같을 수는 없을 것이다. 이들의 개념적 자원이나 설명 수단도 당연히 다를 것이다. 그러므로 이것들이 뒤섞이게 되면 혼란이 오고, 불필요한 문제들이 생김과 동시에 불필요한 오해도 생기기 마련이다. 필자는 작금의 자유의지를 둘러싼 논의에는 이런 혼란과 오해들이 얼마간 쌓여 있다고 생각한다. 사회변화의 동력이 첨단 과학기술에서 나오는 이 시대분위기에서 다소 위축된 철학자들은, 인간의 자유로운 행동과 의사결정의 영역에까지 과학이 밀고 들어오는 데에 당황하여 성급한 방어벽을 치려고 했을 수 있다. 반면 과학자들은 실험실의 성과를 사회에 내놓는 방식에서 다소의 과장과 함께 용어 구사에서 다소 서툰 면이 없지 않았을 것이다.

인간성의 결정자로서 뇌라는 국부적인 영역을 주목해온 짧지 않은 뇌과학 연구 역사를 돌이켜 볼 때, 인간의 정신과 자유의 '국부화 논쟁'은 나름대로 파장은

12) 헌법재판소 2007. 11. 29. 선고 2005헌가10 결정. 이런 입장은 오늘날 대부분의 민주국가 법체계가 표방하는 입장이다.

일으켰으나 당대의 지식이나 실천에서 결정적인 변화를 주도하지는 못했다. 우리는 우리의 사고나 느낌, 행위가 우리 의지와 전혀 상관없는 어떤 요소에 의해 이미 결정되어 기계적으로 이루어진다는 견해에 대해서는 두려움을 가지고 있다. 다른 한편, 우리는 또 우리가 전적으로 자유로운 최종결정자로서 자신의 결정과 행위에 대해 전적으로 책임지는 존재라는 생각에 대해서도 일말의 두려움을 가진다. 어쩌면 우리 인간은 개별자로서 운명적으로 옥죄어 오는 결정적 힘도 피하고 싶고, 그렇다고 자유의 이름으로 모든 것이 허용되고 책임을 떠맡는 길도 피하고 싶은 존재인지도 모른다. 새로운 뇌과학에 대한 관심과 함께 다시 부상하는 자유의지 논의는 이런 복잡한 인간의 자기성찰에 대한 이 시대적 알리바이인지도 모르겠다.

결정론이 참인지 아닌지는 과학적으로도 증명되기 어렵다. 일어난 사건의 결과는 선행하는 원인을 가진다는 의미에서의 '방법상의 결정론'은 몰라도, 강한 도그마로서의 결정론은 우리 직관에도 부합하지 않는 면이 있다. 우리 경험 세계를 벗어난 영역에서는 모든 경과는 선행하는 원인을 가진다는 견해는 이론적 기초가 약한 추정에 불과하다. 뇌과학도 뇌메커니즘에 대한 이해를 증진시키는 것일 뿐, 결정론이 참이라는 것을 증명하는 것과는 관련이 없는 것이다. 그러고 보면 사람들은 결정론에 대해 피상적으로 이해하는 나머지, 이 강력한 도그마에 사로잡혀 결정론과 자유의지의 충돌을 염려하거나 자유의지를 부인한다고도 볼 수 있다. 특히 양립가능주의의 입장에서 보면, 결정론을 왕왕 다른 개념들과 혼동하여 주장하는 측면도 있다. 즉 결정론을 제약, 강제, 강박 등과 혼동하고, 인과성을 제약 개념과 혼동하고, 결정론을 '다른 행위자에 의한 통제'와 혼동하고, 운명론 그리고 기계론과 혼동하는 것 등이다. 결국 이런 혼동을 피하면, 결정론은 생각하고, 느끼고, 이런 저런 의도를 가지고 계획을 세우고, 성격을 고쳐가면서 살아가는…… 우리 인간 행위의 이 모든 복잡성과 유연성의 스펙트럼과 화합할 수 있다는 것이다.

자연과학의 관점에서 보면 결정론이 참이 아닐 때만 자유의지가 구제될 수 있다는 결론이 나올 수 있지만, 자유의지에 회의적인 사람 중에는 결정론이 참이든 아니든 자유의지는 불가능하다고 말하는 사람도 있다.[13] 이런 결론에 따르면 자

13) Galen Strawson, *Freedom and Belief*, Oxford University Press, 1986; Peter van Inwagen, *An Essay on Free Will*, Oxford University Press, 1983, S.16. 이들에 따르면 우주가 결정적인 세계가 아니라면 이에 대한 과학적 대안설명은 미결정의 세계 즉 우연과 개연성의 세계가 된다. 이 미

유의지의 문제는 결정론과는 무관한 문제가 된다. 아이러니컬하게도 자유의지가 망상이라고 선언하는 사람들 가운데는, 자유의지가 포기된 인간의 삶은 결국 사회를 지탱해나갈 수 없게 만들기 때문에, 사회유지를 위해서는 자유의지와 도덕적 책임이라는 망상을 불러일으키고 지속시킬 필요가 있다고 말하는 사람도 더러 있다.[14] 그러나 자유의지가 사회유지를 위해서 필요한 망상이라는 이런 주장을 이론적으로나 실천적으로 수긍할 수 있겠는가.

9. 논쟁의 성과: 정신과학과 자연과학의 '상호 인정 투쟁'

결론적으로 우리 인간의 행위와 의사결정에 대해 **지성적 직관**을 거스르지 않고 또 **인과적 설명도 허용**하는 방식으로 자유의지와 책임에 대해 논하는 길은 가능하다고 본다. 그러기 위해서는 결정론을 기계론 내지 환원주의와 구분하고, 자유 개념을 '논리적 미결정성'이나 '복잡계의 창발성' 같은 개념 수준으로까지 끌고 가지 않아야 한다.

자유와 자유의지에 대한 우리 경험의 핵심적인 부분을 — 우리 인간이 의지와 행위의 장본인이라는 점, 미래가 정해지지 않았다는 점, 행위 결정에 우리가 책임을 진다는 점 — 망상이라고 말하는 과학은 망상이다. 자유에 대한 우리 경험의 핵심적인 부분은 과학적 세계상과 결합할 수 있다. 다만 자유의지를 무조건적 절대의지로 상정하지 않는다면, 그리고 의지도 물리적 조건에 매이며, 의지에 대해서 그 물리적 · 신경적 과정을 설명할 수 있다는 자연스러운 사실을 받아들인다면 말이다. 또 하나 덧붙이자면, 자유의지는 어느 순간 저절로 불쑥 나타나는 사건이 아니라, 모든 우리 경험이 그러하듯이, 자유의지 또한 시간적인 경과의 산물이며, 배후에 놓인 그 무엇들의 결과라는 사실을 받아들여야 한다.

인간의 행위와 의사결정 문제도 인간행위의 물리적 관점에 비추어 다룰 수 있는 여지가 있다. 따라서 도덕의 문제에서도 경험과학의 뒷받침이 필요하다. 행동과 의사결정, 선택, 통제 등등의 개념을 신경기반에서 재개념화해보는 기회를 통해 자유의지에 대한 지금까지의 관념적 논의방식에 탈출구를 기대해 볼 수도 있

결정의 세계에서 우리가 이렇게 혹은 저렇게 행위한다는 것은 목적 없는 우연, 기회의 게임일 뿐이지 자유의지에 따른 것이 아니게 된다. 자유의지는 '변덕스러운 미결정'과 같게 된다는 것이다. 그러므로 우주가 결정적이라고 해서 자유의지가 부인되는 것도 아니고, 우주가 비결정적이어야 자유의지가 구제되는 것도 아니라는 것이다.

14) Daniel M. Wegner, *The Illusion of Conscious Will*, Cambridge: MIT Press, 2002.

을 것이다. 자기통제 문제에 대해서도 개념적 · 의미적 정합성 충족만으로는 아무래도 불충분하며, 경험과학적 데이터의 도움으로 인간행동규범에 연관된 과정에 대해 더 많은 통찰을 얻는다면 새로운 이론 구성을 기대해 볼 수 있다.

리벳 실험을 둘러싼 공방은 자유의지 논의가 과학과 철학 혹은 자연과학과 정신과학의 통합 선상에서만 의미있게 전개될 수 있음을 알려 준다. 인간의 주관성과 묶여 있는 실험 데이터들은 올바른 해석을 위해 철학의 힘을 필요로 한다. 사실 인간의 정신 현상에 관심을 가진 대가들은 진작부터 이런 통합적 관점에 서 있었다. 인간의 자유의지를 문제삼은 이들은 철학자든 자연과학자든, 자기 학문영역에서도 실은 그 기초를 파고들어간 사람들이었다. 과학 혹은 철학의 기초에 관심을 가지면서 피상적으로는 대척관계에 놓인 것으로 여긴 타 영역의 — 즉 자연과학은 정신과학 혹은 철학을, 또 정신과학은 자연과학의 — 심층으로 들어간 것이다. 데카르트만 해도 당대의 자연과학에 비추어 인간 영혼의 문제를 설명하고자 하지 않았던가. 칸트 또한 자연현상과 정신현상의 기초에 관심을 가지면서 '선험적 자유'의 하부구조를 해명하고자 한 것이다.[15] 오늘날 신경과학자들도 우리 시대의 인간상에 비추어 뇌가 어떻게 정신작용을 일으키는지 묻고 있는 것이다.

인간의 행위에 대한 설명에는 수행된 행위로서의 **물리적 · 인과적 측면**과 함께 왜 그렇게 행했는지에 대해 **'이유를 제시하는' 측면**이 포함된다. 즉 그렇게 행위가 수행되게 하는 데 역할을 한 그 무엇에 관한 물음이 남는 것이다. 인간의 행위는 우주적 · 자연적 경과의 일부로서의 행위이지만, 동시에 행위자의 기대나 믿음에서 나오는 의도의 산물이기도 하다. 이 점은 인간이 최소한의 의미에서라도 합리적인 존재라는 가장 기본적인 입장으로부터 나오는 것으로서 피할 수 없는 경험적 · 이성적 사실에 속한다. 뇌과학자들도 인간성에 대한 이 기본적인 입장에 반기를 들고자 하는 것은 아닐 것이다. '제한된 합리성' 주장이라면 몰라도, 인간성에서 합리성 일체를 부인하는 태도는 과학적 설명의 설자리도 앗아갈 것이다.

뇌과학이 자유의지에 접근하는 방식을 둘러싼 최근의 논쟁에서 성과가 있었다면 그것은 자연과학자들과 정신과학자들에게 **'상호 인정 투쟁'**을 통해 돌파구를 찾을 것을 요구하는 것이다. '결정론이냐 자유의지냐' 혹은 '양립가능주의냐 양립불가능주의냐' 식의 고립화 전략 대신에, 자연과학과 정신과학이 분리가 아닌 종

---

15) Otfried Höffe, "Der entlarvte Ruck. Was sagt Kant den Gehirnforschern?", in: Christian Geyer(Hg.), *Hirnforschung und Willensfreiheit. Zur Deutung der neuesten Experimente*, Suhrkamp, 2004, S.178 이하.

합으로 가면서 인간성과 사회발전에 기여하는 길을 가라는 것이라고 생각한다.

뇌과학의 도전은 인간의 자기이해에 관한 철학이 비철학자의 입장에서 보기에는 불충분하다는 점을 분명히 해준다고 생각한다. 반면 자연과학의 입장에서의 인과관계에 대한 해명이나 자유의지에 대한 반박은, 철학의 진영에서 보기에는 개념적으로 불명확하고 무엇보다도 복잡한 도덕적 제도적 개념차원을 지나치게 단순화시킨 것으로 여겨지지 않겠는가.

10. 자유의지 논의와 행위자의 책임

철학적으로 자유의지 문제가 중요한 이유는 개념적 수준에서의 의미적 정합성이나 사고의 명료성을 추구하는 것이 중요하기 때문이 아니다. 자유의지 논의의 귀결이 책임, 범죄의 처벌과 그 정당성, 강제 혹은 통제의 근거, 몸과 정신의 관계, 필연과 우연의 문제 등등의 거대한 주제들과 연결되어 있기 때문이다. 자유로이 행위할 수 있는 능력은 인격을 가진 주체의 기본 속성으로서 책임을 물을 수 있는 전제이기도 하기 때문에 실천적으로도 지대한 의미를 지닌다. 그렇기 때문에 자유의지 논의는 도덕철학의 핵심을 이루어 온 것이다. 법철학에서 자유의지 논의가 중요하게 다루어진 것도 자유의지가 책임과 연관되어 있다는 데서 비롯된다. 민주국가의 법체계는 인간의 자유와 존엄가치를 바탕으로 하며 행위 주체의 책임을 전제한다. 법체계는 자의에 의한 행위와 그렇지 않은 행위를 엄격하게 구분한다. 그러므로 자유의지에 대한 **법철학적 관심**은 궁극적으로는 **책임에 대한 관심**에서 비롯된 것이다. 이런 책임과의 연관성으로 인해 통상의 '자유'와 구별하여 특별히 '자유의지'에 대해 논하기도 하는 것이다.

자유의지에 대한 리벳류의 실험을 둘러싼 논쟁은 법영역에서는 특히 형법학계를 중심으로 논의되고 있다. 그리고 대개의 논의는 행위론과 책임론을 이 연구성과에 비추어 재조명하면서, 사회적 유용성을 고려하는 기능적 결과지향적 제재모델이나 의료적 모델의 도입여부를 둘러싸고 진행되고 있다. 인지적 행위론을 소개하면서 인과적 행위론, 목적적 행위론, 사회적 행위론의 극복을 시도하는 논의도 있다.

롬브로조나 페리 등을 떠올리지 않더라도 뇌와 형법의 관계는 오랜 역사를 지닌다. 인간의 인지적 특성에 대한 생물학적·신경학적 기반의 탐구에 대한 형법학계의 민감성은 이해할 만하다. 형법학은 인간의 행위와 의사의 내용 그리고 행위자의 책임에 주목하는 만큼, 인간의 행위와 그 행위의 내면적 경과로서의 마음을 다루는 과학에 민감할 수밖에 없다. 그리고 형법학은 기본적으로 몸과 정신의 이원론에 바탕을 두고 있다. 즉 행위의 결과로서의 신체적 움직임과 정신 상태를 표현하는 마음을 구분하는 이원론을 토대로, 금지된 결과를 초래한 행위와 정신 상태들을 구분한다.

그러나 자유의지의 문제는 단순히 형법적 차원에서 반박 혹은 수긍될 성격의 문제 차원을 넘어선다. 인간은 스스로 고유한 결정에 따라 법을 준수하고 혹은 불복종하기도 하는 존재이다. 이 자유의 측면이 부인된다면 법제도 자체의 기반이 무너지는 것이다. 그러므로 이는 법치민주주의의 기본 질서를 건드리는 문제이며, 따라서 형법적 차원만의 문제인 양 논의되는 작금의 분위기가 오히려 이상할 정도이다.

앞에서도 언급했듯이, 신경학적 지식 자체가 자유의지나 책임에 대한 위협으로 받아들여질 필요는 없다. 사실 그동안 이론적이고 개념적이기만 했던 책임 영역은 과학자들에 의해 좀 더 경험적/맥락적/상황적/구체적으로 접근할 수 있게 됨으로써 얻게 되는 긍정적인 측면도 많다.

결정론을 둘러싼 문제와 자유의 문제 그리고 책임의 문제는 왕왕 과학적 물음, 철학적 물음, 형이상학적 물음들이 뒤엉킨 채 논의되곤 하여 더욱 혼란을 준다. 이런 혼란을 피하기 위해서는 우리는 이 문제들에 대한 학문적 논의 차원을 일단 구분할 필요가 있다. 예컨대 1) 인간의 모든 행위는 인간 자신이 통제할 수 없는 이전의 원인에 의해 결정되는가 아니면 '원인 없는 원인자'로서의 의지가 가능한가의 물음은 결정론을 둘러싼 문제로서, 이는 과학적 물음이기도 하다. 그리고 이 물음은 2) 인간은 언제 자신의 행위나 남의 행위에 대한 판단을 통해 책임을 지는 존재가 되는가라는 윤리적·법적 차원의 물음과 별개로 제시될 수 있다. 또 3) 인간은 어떤 상황에서 자신이 원하는 바에 따라 자유롭게 행위할 수 있는가라는 자유의 물음은 형이상학적 차원을 지니며, 그러면서 동시에 과학적 물음이나 윤리적·법적 차원의 물음에 연관되어 추구될 수 있다.

뇌과학이 특정한 행동의 원인에 대한 정보를 주는 것과, 이것이 곧 법적으로 정당화되는가 여부는 각기 다른 차원의 고려에 속한다. 철학에서는 책임문제를 곧장 인간이 자유의지를 가지는가의 문제로 다루지만, 법은 이를 **합리성**의 문제로 다룬다. 합리적으로 행동할 수 있는 일반적인 능력을 기대할 수 있는가의 여부가 문제되는 것이다. 이 합리성 기대에 부응하면 그는 자유의지를 가진 사람으로 여겨지며, 이에 따라 그의 잘못된 행위에 대해 책임을 져야 하는 존재가 된다. 따라서 어떤 원인 내지 증상이 어떤 정황에서 **법이 요구하는 합리성**을 감소시켰음을 밝혀야 한다. 그러므로 결정론을 그대로 법적 책임이론으로 끌어들일 수 없는 것은 분명하다. 모든 행위는 미리 결정되었기 때문에 당신은 당신의 행위에 대해 책임이 없다는 주장은 실제적으로나 지적으로나 받아들이기 어렵다.

누군가의 말대로 과학은 너와 나를 모두 지워버리는 '관찰의 언어'이다. 객관적 관찰을 위해 마주하고 있는 문제를 이론적인 것으로 대상화하는 것이다. 그러나 우리에게 '타인의 마음에 대한 토대'는 '실제적'인 것이다.[16] 타인의 의식에 대한 우리의 믿음은 우리가 함께 영위하는 삶에 깔리는 전제에 해당한다.

우리는 통상 자유의지나 책임에 대해 논할 때 관찰자의 초연함을 가지고 논하는 경향이 없지 않다. "정신이상 혹은 강박의 상황에 있는 누군가를 비난하는 것이 옳으냐 아니면 그르냐"식의 관심을 가지고 논하는 것이다. 미국의 법철학자 로널드 드워킨(Ronald Dworkin)은, 결정 상황에 처한다는 것이 어떤 것인지에 대해 더 주의를 기울일 수 있기 위해서는, 우리는 제3자가 아닌 스스로로부터 출발하는 인식관심을 지녀야 한다고 지적한 바 있다.[17] 즉 앞의 질문방식이 아니라 "어째서 우리들은 특정 상황에서 자신의 행위에 대해 스스로 책임이 있다고 여기는가"라고 물을 때, 책임의 정황은 비로소 제 모습을 드러낸다는 것이다. 제3자가 아닌 스스로로부터 출발할 때, 결정 상황에 처한다는 것이 어떤지에 대해 우리는 더 잘 통찰할 수 있다는 것이다. 그러고 보면 신경과학은 "삼인칭 주체(뇌)가 일인칭 주체(나)를 대체"하는 식이다.[18] 이 조건 하에서는 예컨대 정신이상자나 저능아는 나와 다른 인과연쇄 하에 놓이는 존재로 대상화된다.

제3자가 아닌 나 또는 우리로부터 출발해서 문제를 보면, 즉 일인칭 관점에서는 결정 혹은 선택한다는 것은 책임을 진다는 것을 포함한다. 그리고 이것은 결정의 원인에 대한 전제와 독립된 내적 연관을 의미한다. 우리는 선택 혹은 결정을 할 때 어느 쪽이 더 나은 선택인지 생각하고 결정한다. 그리고 그에 따른 책

---

16) 알바 노에, 뇌 과학의 함정, 김미선 역, 갤리온, 2009, 59면 이하 참조.

17) Ronald Dworkin, *Justice for Hedgehogs*, Belknap Press, 2011, p.222. 이하 책임과 일인칭 화법, 능력 통제에 대한 설명 내용은 드워킨의 서술에 따랐음을 밝힌다.

18) 데이 리스/스티븐 로즈 엮음, 새로운 뇌과학. 위험성과 전망, 김재영/박재홍 옮김, 한울 아카데미, 2010, 36면.

임을 받아들이는 것이다. 드워킨이 지적했듯이 내게 판단에 따른 책임이 없다고 믿을 수 없는 한, 우리는 누군가의 행위가 결정되었다는 것을 이유로 그에게는 이런 책임이 없다고 가정할 이유는 없다.

11. 책임의 기초는 인과적 원리가 아닌 능력 원리

책임은 스스로의 행위에 대한 통제가능성을 전제한다. 이때 책임의 윤리적 기초를 이루는 통제 관념은 '인과적 통제(causal control)'가 아닌 '능력의 통제(capacity control)'로 파악해야 한다. 그렇지 않다면, 드워킨이 옳게 지적한 대로, 윤리적 판단은 과학에 종속되고 만다.[19] 인과적 통제원리는 우리 마음 상태를 자연세계의 관점에서 바라보는 것이다. 즉 책임을 행위자가 처한 맥락 밖에서 보는 인과적 통제원리는 과학적 관념이다. 이때 우리는 우리가 행위의 제1원인이 아닌 한 우리는 그 행위에 대해 책임이 없다고 주장할 수 있게 된다. 그러나 누군가가 그를 위해 혹은 그를 통해 대신한 게 아니라, 스스로 인식 내지 의욕하여 확신을 형성할 수 있는 능력을 발휘할 때 통제가 가능하다고 파악하게 되면, 이 통제 원리는 **인격적** 관점을 띠게 된다. 그리고 이때 먼 인과적 설명보다는 '생활에서의 상호관계' 속에서 결정이 중요하게 되는 맥락이 드러난다. 이와 함께 윤리적 판단의 독립성도 인정되는 것이다.

어린아이나, 정신장애인, 사이코패스, 마약중독자 등에 대한 책임을 따지는 문제는 과학의 패러다임인 인과적 통제 개념을 취하는가, 아니면 과학 패러다임으로부터 독립적인 능력적 통제 개념을 취하는가에 따라 각각 다르게 설명될 것이다. 통상 사람들은 자기가 한 행위에 대해서는 도덕적 책임을 진다고 생각하고, 어린아이나 정신장애인의 경우는 그렇지 않다고 생각한다. 인과적 통제 개념에 따르면 이때 이렇게 생각하는 사람들은 이미 인과적 통제원리를 받아들인 것이 된다. 그러면서 인과적 통제원리는 이들에게 "당신의 정상적인 상태와 어린아이나 정신병자의 상태 사이에는 중대한 차이가 있다"는 것을 보여주고자 한다는 것이다. 다시 말하면, 비정상적인 상황에 놓인 사람들의 결정은 그들이 통제할 수 없는 인과고리에 따른 것인 반면, 정상적인 경우는 의지의 행위가 인과고리를 주도한다는 것이다. 이런 인과적 통제 개념이 보여주고자 하는 것은, 정상의 경우와 비정상의 경우에 대한 일반인들의 구분이 바로 '인과적 경로에서의 차이'로 설명

19) Dworkin, 앞의 책, p.227 이하.

된다는 점이다.

그러나 보통 사람들이 정상과 비정상을 구분할 때 이를 인과적 경과에 있어서의 차이로 받아들이는 것은 아니다. 드워킨도 바로 이 점에 주목한다. 보통 사람들이 자기가 한 행위에 대해서는 도덕적 책임을 진다고 생각하고 어린아이나 정신장애인 등은 그렇지 않다고 생각하는 것은 맞지만, 이때 어린아이나 정신병자에게 책임을 물을 수 없는 이유는 그들의 결정의 인과고리가 독특하기 때문이 아니라, 그들의 능력이 부족하기 때문이라고 생각한다. 어린아이의 경우는 이를테면 사려가 부족하여, 원하는 바에 따라 결정하고 욕구를 억제하는 능력이 모자라기 때문이라는 것이다. 정신장애인의 경우에도 질병이 그의 판단을 방해한 것으로 봐야 한다는 것이다. 말하자면 그의 예외적 상태를 정당화하는 것은 **인과적 원리**가 아니라 **능력 원리**가 된다. 인과적 통제 모델, 즉 다름 아닌 뇌환원주의는 도덕적으로 일탈된 행위를 하는 극히 병리적 유형의 경우 유의미할지는 모르겠지만, 사회적 행위를 이해하는 데는 부적절하다.

책임을 능력통제와 연관지우는 입장은 기본적으로 남에 대한 책임 추궁이나 판단의 기준은 나에게 적용되는 그것과 다르지 않아야 한다는 성찰에서 출발한다. 우리는 잘못된 행위를 판단할 능력이 있고 다른 사람들은 위험한 행동을 할 수 있다는 식의 비성찰적 태도로는 책임문제를 다룰 수 없다. 그러고 보면 책임은 바로 '다른 사람의 정신상태에 대한 믿음'을 형성하는 능력이기도 하다. 보통 사람들이 범죄행위자가 그의 범죄행위에 대해 책임을 지는 대신 예컨대 치료 대상으로 취급되는데 대해 거부감을 가지는 이유도 이와 관련되어 있다.

신경학적으로 범죄행위 내지 그 예후를 인지할 수 있다는 믿음이 커지면, 범죄의 고의성과 그에 따른 응징에 기초한 형사정의 관념은 쉽게 예방, 안전, 진단, 치료 등의 요소와 손잡을 수 있게 된다. 소위 범죄화와 의료화의 절충 주장에 무게가 실리게 되는 것이다. 최근 우리사회에도 흉악범죄자(특히 성범죄자 등)에 대한 처벌 강화 요청, 피해자에 대한 공감 정서, 위험 회피 목적의 혹은 방어진료 차원의 각종 검사와 스크리닝 일반화, 사이코패스 등의 흉악범죄행위의 유전적 신경학적 영향을 받아들이는 태도, 화학적 거세 허용, 과학적 증거 제시가 법정에서 불리하게 작용하지 않는 경향, 공중보건 영역에서의 이른바 '생물권력' 확장 등등의 흐름 속에서 신경학적 기반의 데이터를 형사정의에 연결시키려는 논의가 일고 있다.

신경과학적 증거(존재)가 법적 판단(당위)을 대체할 수는 없겠지만, 이러한 자료들은 법이 바탕으로 삼고 있는 도덕적 직관 내지 정의감에 영향을 미치는 방식으로 간접적으로 영향을 미칠 수 있다. 예컨대 뇌스캔이 일상화되어 언제, 어디서, 어떻게 행위에 영향을 미치는지 계속 설명해주고, 그래서 자유의지보다는 의사나 행위 결정의 메커니즘적 특성이, 예컨대 통제하지 못하는 분노 자체가 더 주목받게 된다면, 이런 분위기에서는 우리가 달리 행동할 수 있었는지 또는 사회적으로 비난받을 만한지 등에 대한 관심은 줄어들 수 있다. 그러면서 개인들은 알게 모르게 '신경학적 정황의 희생자'로 여겨지게 되고, 이와 함께 '진정한 유책자'와 '신경학적 정황의 희생자'를 구분한다는 생각은 그 초점이 흐려지게 될 수 있는 것이다.

앞에서도 잠시 언급했지만, 오늘날 위험사회, 과학기술집약사회 흐름 속에서 위험책임, 예방적 책임, 집단적 책임, 인류의 책임, 자연물에 대한 책임 등 책임의 영역과 주체 및 대상을 확대시키는 담론이 우세해지면서, 개인의 책임성 요소는 그만큼 상대화되고 있다. 책임요소가 이렇게 확대되면[20] 책임의 도덕적 설득력이 떨어지고 실천적 기능에 있어서도 어려움이 야기될 것이다. 이 모든 정황은 규범지향적 책임구조를 흔드는 요인으로 작용하는 것이다.[21]

우리가 '위험사회'에 산다는 생각을 자주 할수록 우리는 결국 우리 인간을 잠재적인 위험 원천으로 보게 되는 게 아닐까. 그리고 어느 학자의 지적대로, '위험한 개인'은 '위험을 담지한 인과고리의 관계'로서만 비춰지는 게 아닐까.[22] 그리고 이러한 위험에 미리 대처하기 위해서는 침해개연성이 발생할 메커니즘에 가능한 한 초기에 개입해야 할 필요를 느끼게 될 것이다. 이런 개입에 활용될 수 있는 대안

---

20) 이와 같이 주체와 대상의 확대에 따르는 이론적 난관을 피하기 위해 책임을 대상과의 관계에서 보는 대신에 대상에 내재하는 고유가치로 상정하게 되면, 개인들 간의 관계 혹은 동물 등 자연물과 인간의 관계로부터 나오는 책임을 넘어 자연물 자체의 고유한 존재가치에서 나오는 책임 개념이 가능하게 된다. 그럼으로써 개인들의 직접적 연관성을 벗어나 공공 자원이나 법익을 보호하기 위한 책임도 논할 수 있게 된다. 위험사회의 책임구조와 함께 이 점을 지적한 글로는 Windfried Hassemer의 기념논문집에도 실린 바 있는 김영환 교수의 "Über die Verantwortungsstruktur in der Risikogesellschaft", 법철학연구 제14권 제3호, 한국법철학회, 2011 참조.

21) '규범지향적' 책임구조가 일정한 행위를 요구한 규범을 넘어 행위의 결과에 초점을 맞추는 '결과지향적' 책임구조로 전환하고 있다는 지적과 관련해서는 U. Neumann, "Zur Veränderung von Verantwortungsstrukturen unter den Bedingungen des wissenschaftlich - technischen Fort-schritts", in: *Rechtstheorie*, 2005, S.437 이하. 또한 김영환, 앞의 글 175면 이하 참조.

22) Klaus Günther, "Die Naturalistische Herausforderung des Schuldstrafrecht", in: Stephan Schleim/Tade Matthias Spranger/Henrik Walter(Hg.), *Von der Neuroethik zum Neurorecht?*, Vandenhoeck & Ruprecht, 2009, S.238 이하.

은 단연 과학주의이다. 즉 개인의 통찰가능성이나 책임능력 따위의 논의는 뒷전으로 밀리고, 위험한 행위가능성을 인식케 해주는 '시그널 읽기'가 관건으로 부상하는 것이다. 각종 위험들에 대한 사회의 공포가 커지고 그에 따라 자연히 자유보다 안전이 강조되는 분위기에서는, 위험요인에 대한 강경 투쟁 흐름 속에서 수범자들의 책임이니 변별력이니 하는 것들은 안전과 예방이라는 요청에 자리를 내주게 된다. 오늘날 개인적 책임성의 정도를 완화하는 인간과학의 흐름은 조직범죄, '테러와의 전쟁', 외국인 혐오, 지구적 재난 등의 여파로 여러모로 안전이 강조되는 이 시대의 분위기와 묘하게도 맞물리고 있다는 생각이 든다.

12. 과학의 연속으로서의 규범이론?

경험과학은 판단을 위해 인식적 비중이 놓이는 기준에 대한 윤곽을 그려준다. 그러므로 철학적 문제도 자연주의적 경험적 탐구 결과의 도움을 필요로 한다. 그렇더라도 철학을 실험과학으로 대체할 수는 없을 것이다. '자연주의 법학'의 도래나 법철학에서의 '자연주의적 선회'에 대해서 논하는 사람들도 있지만, 법판단의 심리화 내지 자연화라든가 '과학의 연속으로서의 규범이론'의 차원까지 법철학 논의를 끌고 갈 수는 없다고 생각한다.

법철학에서의 자연주의적 선회란 개념분석이나 정당화 같은 법철학적 이론 구성을 과학에서의 경험적 연구의 연장으로 다루는 태도를 일컫는다. 이런 입장에 서면, 철학은 경험과학 중에서 좀 더 추상적이고 성찰적인 부분에 해당하는 것이 된다. 이런 경향에 따르면 이론화의 목적은 설명과 해명에 놓인다. 또한 개념분석이론이나 정당화이론은 법현상에 대한 사회과학적 서술이론이나 경험이론으로 대체된다('방법론적 자연주의'). 그리고 과학연구에서와 같은 실험적·설명적 방식이 아닌 것은 연구방법으로서 거부된다. 이들 진영은 인간은 어떻게 행위해야 하는가라는 물음에서 진화생물학이나 인지신경과학과 같은 과학적 연구결과와 배치되는 규범이론을 철학이론으로 받아들이기를 거부한다. 결국 이런 류의 급진적 자연주의 버전은 규범적·규정적 인식태도나 규범이론의 역할을 일체 부정한다. 인식론을 심리학, 자연과학, 자연현상 탐구의 한 장으로 넘기는 이런 자연주의는 법철학이 함께할 수 없는 접근법이다.

그렇다면 이론과 사실의 관계에서 규범적 인식태도를 수긍하면서도 자연주의 노선을 취하는 것은 가능한가? '규범적 자연주의' 혹은 '자연주의적 규범성(naturalistic normativity)'이 가능하다면, 이는 이론화의 목표를 **유용한 목적달성**을 위한 도구를 얻는 데 둘 때일 것이다. 즉 규범적 인식관심을 유용한 목적달성에 적절한 도구를 얻는데 두고, 이때 어떤 규범적 처방이 유용한가의 문제를 경험적인 결과를 얻는 문제로 보는 입장이다.

자연주의적 규범성은 사실과 추론의 어떤 결합이 어떤 결정을 이끌어 내는가에 대한 설명을 해주고, 그 점에서 판단을 위해 **인식적 비중**이 놓이는 기준에 대한 윤곽을 그려줄 수 있다. 즉 제재에 대한 어느 정도의 예측 보장이론이 아주 불확실한 규범이론보다는 낫다는 정도의 관점이 가능하게 되는 것이다. 이때 규범의 이론적 관심사는 "수행가능하며 목적달성에 적절한 수단이어야 한다는 제약"에 관한 사항과, 인간의 "인지적 능력의 가능한 범위 내에 있어야 한다는 제약"에 관한 사항에 놓이게 된다.[23] 이 제약 하에서 실제 우리의 확신을 형성하는데 유용한 처방을 얻는 것이다. 증거에 대한 확신이나, 다투는 사실에 대해 믿음을 가지게 되는 인식과정을 뒷받침하는 규범성 등등.

결론적으로 자연주의적 규범성을 획득한다는 의미는 법판단자에게 '목적을 향한 열망'이 아니라 '효과적인 수단'을 제공한다는 수준에 머무는 것이다. 이는 물론 특정 결정을 정당화해주는 인식관심과는 – 연관이 아주 없지는 않지만 – 다른 것이다.

13. 포기할 수 없는 인식관심: 목적을 향한 열망

필자는 옳고 그름에 대한 평가가 인지적 목표달성에서의 효용성에 대한 평가로 대체될 수는 없다고 본다. 법적 제재는 정당화되어야 한다. 누군가를 비난하고 책임을 물을 수 있기 위한 정당성 테스트를 위해서는 역시 **목적을 향한 열망**이 전제되어야 한다. 그러므로 누군가에게 책임을 지우기 위해서는 그의 의사결정의 내면을 들여다보거나 뇌를 스캔하는 것에 의존하는 것으로는 부족하며, 사회를 협력시스템으로 보는 다른 인식관심이 필요한 것이다. 물론 그런 가운데도 효용성으로부터 정당성이 도출되는 측면을 간과해서는 안 되는데, 규범적 자연주의는 바로 이 측면에서는 나름대로 강점을 지닌다 할 것이다.

사회적 기원을 뇌에서도 찾는다 함은 마음/정신/의식/자유를 뇌의 부수현상으

23) Brian Leiter, "Naturalizing Jurisprudence; Three Approaches", in: J. Shook & Kurtz(eds.), *The Future of Naturalism*, Prometheus Books, 2009.

로 본다는 의미는 아닐 것이다. 사회이론의 입장에서 볼 때, 사회적 맥락 없이 개인의식의 발로는 없다. 상이한 배경 속에서 생기는 문제들을 해결하는 데는 여러 종류의 질문과 사고방식이 필요하다. 생물학적 관찰이나 뇌신경과학 연구는 예컨대 형사상의 책임 구성을 위해 확정적인 답을 주지는 못할 것이다. 그러나 이런 연구 성과들은 우리에게 질문을 새롭게 던지고 재구성하게 하는 잠재력을 가질 수 있다는 점에서 중요한 역할을 한다.

물리학/신경과학/윤리학/인류학/경제학/철학/법학 등의 전문분야들을 단일한 근본과학으로 환원시킬 수는 없다. 다양한 질문들을 공평하게 다루고 수렴하는 방식을 논해야 한다. 행위나 의사결정에 관한 신경학적 기반의 지식도 다른 설명들보다 우선 순위에 놓인다고 말할 수는 없다. 윤리적 문제들은 과학에 흡수되는 게 아니라 **과학적 문제를 동반**한다고 말해야 할 것이다.

인간의 행위나 의사결정과 관련하여 심리학이나 신경생물학 그리고 뇌과학을 포함한 경험과학은 경험적으로 확정할 수 있는 사실 문제에 관심을 가진다. 즉 인간이 특정 능력을 가지는지, 어떤 조건에서 이 능력을 발휘할 수 있는지에 관심을 가진다. 이에 비해 철학적 물음으로서의 자유의지 문제는 어떤 행위가 자유롭다고 말하기 위해서는 어떤 기준을 충족시켜야 하는지, 개인이 자유롭게 의사결정을 하기 위해서는 어떤 능력을 가져야 하는지 등의 문제에 관심을 가진다. 그리고 이러한 문제들은 바로 규범의 문제인 것이다. 이 물음에 대해서 경험과학은 이차적 역할을 한다고 볼 수 있다.

결국 자유의 물음에서 어떤 능력이 중요한지 알아야만, 우리는 어떤 경험상의 발견이 인간이 자유로이 행위할 수 있다는 것에 반하는지 혹은 그렇지 않은지도 판단할 수 있는 것이다. 요컨대 경험적 연구의 기준도 규범적 개념으로부터 제시될 수 있는 것이다. 이렇게 이해될 때, 뇌과학은 인간성에 대한 철학적 담론에 위협이 되는 게 아니라 오히려 이론 확장과 발전에 기여하리라 생각한다. 이런 학문통합의 방향에 서면, 누군가가 표현한 대로 '**뇌과학의 패러다임 전환적 의미**'[24] 에 대해서 말할 수도 있을 것이다.

24) 이 표현은 Yvonne Thorhauer, "Ethische Implikationen der Hirnforschung", in: G. Roth/K. J. Grün(Hg.), *Das Gehirn und seine Freiheit*, Göttingen, 2009, S.80. 그는 뇌과학이 발전할수록 형이상학을 포함하여 철학에의 요구도 더 강하게 다가올 것이라고 예견한다. 철학자들 글 중에는 철학적 의미 분석과 경험적 발견의 관계에 대해 서술하면서 철학과 뇌과학의 역할 분담을 제안하는 글들이 많이 발견된다.

뇌스캔이 일상화된다 하더라도, 그래서 만약 우리의 모든 행위가 – 저 고대 그리스의 비극적 영웅의 운명처럼! – 미리 결정되었다는 것을 우리가 알았다고 하여 우리가 사는 방식이 크게 바뀌지는 않을 것이다. 우리는 여전히 매순간 선택하며 살아갈 것이며, 선택하기 위해 판단하고 결정하고, 그 결정에 대해 책임을 질 것이며 또 져야 할 것이다. 드워킨이 지적한 대로, 우리 인간은 이렇게 한 편으로는 '**옳고 그름의 기준**'에 매어 있고, 다른 한편으로는 '**인과의 사슬**'에 매어 있는 것이다. 인간에 의해 발명되고 다듬어진 도구인 법에 대해서도 이 말은 타당할 것이다. 그러니 세간에서 벌이듯이, 철학과 과학 중에서 어느 쪽이 우리 인생의 굵직한 문제에 대해 정답을 줄 것인지를 두고 다툴 필요는 없다고 본다.

08

베이지안 망을 이용한 법적 논증 분석*

고민조 · 박주용

고효림(고민조) 안양대학교 일반대학원 교육학과 조교수. 판단과 의사결정, 인지발달, 메타인지 그리고 창의성 등 인간의 인지과정에 대한 연구와 교육을 수행하고 있다.
박주용 서울대학교 심리학과 교수. 문제해결, 동료평가, 컴퓨터를 이용한 수업과 평가 시스템 개발, 읽기 토론, 글쓰기가 학습에 미치는 영향에 대한 연구와 교육을 수행하고 있다.

* 이하의 글은 고민조 · 박주용, "베이지안 망을 이용한 법적 논증 분석", 서울대학교 법학 55권 1호, 2014를 수정 · 보완한 것이다. 발표 이후 공저자의 개명이 있었으나 문헌의 이력을 위해 여기서는 기존 논문대로 저자명을 인용한다.

Ⅰ. 들어가는 말

다른 동물들과는 달리 인간은 스스로 만들어 낸 물건으로 자신을 보호하고 장식할 뿐만 아니라 종교, 교육, 정치 등 다양한 제도와 문화 속에서 다른 사람과 더불어 살아가도록 진화해 왔다. 이런 제도 중 하나인 법 제도는 갈등과 분쟁을 조정하기도 하지만, 위법한 행동을 한 사람을 강제적으로 처벌함으로써 정의를 실현하는 동시에 위법한 행동의 재발 가능성을 낮추고자 한다.

처벌과 관련된 법 제도인 형사사법절차에서는 사건에 대한 실체적 진실 규명을 중시한다. 그런데 예나 지금이나 실체적 진실을 밝히기란 쉽지 않을 뿐만 아니라, 종종 그 과정에서 오류를 일으키기도 하고, 결과적으로 잘못된 판단에 이르기도 한다. 오판의 원인을 밝혀내고, 이를 방지하기 위한 시도는 19세기부터 각국에서 진행되고 있다. 최근에는 그 어느 때보다도 활발하게 국내외에서 오판의 실태를 확인하고 유형을 나누는 연구가 이루어지고 있으며, 이를 바탕으로 오판을 줄이기 위한 실질적 방안이 모색되고 있다. 국내외 형사사건 중 오판이 이루어진 판결들의 원인을 연구한 최근 연구들은 현행 수사절차 및 형사재판 제도의 문제점을 실증적으로 보여주고 있다는 점에서 눈여겨 볼 만하다. 외국에서 진행된 연구의 한 예로, Gross와 Shaffer는 과거 중범죄로 유죄판결을 받았다가 1989년 1월부터 2012년 2월 사이에 무고함이 증명된 873건의 사건들을 중심으로 왜 이러한 오류가 발생하였는지에 대해 실증적인 연구를 수행하였다. 이 연구결과에서 오판의 원인은 범죄의 종류에 따라 차이가 있지만, '위증과 무고'(51%)가 가장 큰 원인을 차지하였고, 그 다음은 '목격자의 오인지목'(43%), '수사기관의 권한남용'(42%) 그리고 '잘못된 과학적 증거'(24%) 등의 순으로 나타났다.

오판이 발생하는 원인은 다양하지만, 가장 큰 이유 중의 하나는 실체적 사실을 규명하는 과정이 누구나 알고 있고, 동의하는 객관적 사실에 대한 인지과정에 근거하고 있지 않기 때문이다. 즉, 불확실한 상황에서 정형화된 절차를 통하여 가용한 증거와 정보들을 근거로 이미 발생한 과거의 사건을 재구성하는 '사후적인 절차'이기 때문에 발생한다. 또한 증거의 실질적 가치인 증명력은 법관의 자유판단에 전적으로 좌우될 수 있다는 점(형사송소법 제308조 참조)도 오판의 원인이 될 수 있다. 공판과정에서 제시된 증거들은 법관의 사고과정을 통해 해석되는데, 이 과정에서 '터널비전'(tunnel vision)현상[1]이 발생할 수 있다. '증거의 우월'로서 판단이 가능한 민사재판과 달리 형사재판에서는 법관의 심증형성이 '합리적 의심의 여지가 없는 증명(proof beyond a reasonable doubt)의 정도에 이르러야 하는데, 증명과정에서는 터널비전에 더 쉽게 빠질 수 있다.

이러한 오판을 방지하기 위한 방안 중 하나로, 국내외 여러 학자 및 실무자들은 '논증'의 중요성을 강조하고 있다. 법적 추론모델로서의 '법적 삼단논법'[2]은 오늘날에도 법학교육 및 실무영역에서 그 의미를 지니고 있지만,[3] 이 방법의 문제점은 국내외의 학자들에 의해 비판되어 왔다. 그중 하나는 법적 삼단논법이 법실무에서 발생하는 다양한 현상들을 설명하지 못한다는 것이다.[4] 이를 해결하기 위해 실제 사건에 적용할 수 있는 '복잡한 법적 삼단논법'의 모델이 독일에서 개발된 바 있으며,[5] 최근 우리나라에서도 법적 삼단논법의 대안모델 또는 보완방안에 대한 연구가 진행되고 있다.[6]

이러한 맥락에서 본 연구는, 영미 학계에서는 비교적 오래전부터 탐색되어 왔음에도 불구하고 국내에서는 상대적으로 생소한 베이지안 법적 논증 방식을 간단히 소개하고 국내외의 실제 사건들을 대상으로 그 적용가능성을 탐색하고자 한다. 이런 소개와 탐색의 목적은 베이지안 분석법이 판결과 관련된 논증을 투명하게 하는 도구로서 사용될 가능성을 알아보기 위해서이다. 베이지안 분석법의 이론적 유용성은 도처에서 인정되어 왔지만, 이 방법에서 요구하는 계산이 복잡하여 전문가들조차도 그 적용이 쉽지 않았고, 전문가들이 발견한 내용을 다른 사람들에게 설명하는 것조차 쉽지 않았다. 다행히도 베이지안 분석법에서 요구되는 계산을 쉽게 해줄 수 있는 소프트웨어인 AgenaRisk가 최근 개발되어, 일부 기능을 사용하는 데 제한이 있지만, 일반인에게 공개되었다. 게다가 법적 논증에서 반복적으로 확인되는 패턴, 예를 들면, 증언의 신빙성, 신원확인의 문제 혹은 알리

1) 김상준(2013)은 심리학에서 발견된 다양한 인지적 편향의 산물인 동시에 수사 단계에서 재판을 통한 판결에 이르는 일련의 절차에 관여하는 주체들의 이해관계 충돌의 산물이라 지적하였다. 무죄판결과 법관의 사실인정에 관한 연구: 항소심의 파기자판 사례들을 중심으로, 박사학위논문, 서울대학교 법학전문대학원, 2013.

2) 삼단논법이란, "대전제"를 기반으로 하여, 이 대전제에 "소전제"를 포섭시켜 일정한 결론을 도출하는 논리적 형식을 뜻한다. 김정오 외, 법철학: 이론과 쟁점, 박영사, 2012, 111면.

3) 김정오 외, 법철학: 이론과 쟁점, 박영사, 2012, 110면.

4) 이상돈, 새로 쓴 법이론, 세창출판사, 2005, 40면; 양천수, "삼단논법적 법률해석론 비판: 대법원 판례를 예로 하여", 영남법학 제28권, 2009, 1 - 27면.

5) 이상돈, 전게서(주 4), 46면.

6) 법적 삼단논법에 대한 비판은 이상돈, 전게서(주 4), 40면; 양천수, 전게논문(주 4), 1 - 27면.

바이 등에 대한 베이지안 망이 모듈 혹은 법적 관용구 등의 이름으로 축적되었다. 이런 패턴을 활용하면 사건마다 일일이 별도의 베이지안 망을 구성하는 대신 추상적인 구조에 근거하여 사건을 분석할 수 있다. 본 연구는 이런 패턴을 활용하는 동시에 처리 과정을 시각화하는 기능이 뛰어난 AgenaRisk 프로그램을 이용하여 국내외의 재판사례를 분석하고, 궁극적으로 법적 논증에서 베이지안 분석법의 사용 가능성을 높이고자 한다.[7]

Ⅱ. 베이즈 정리를 통한 법적 논증의 필요성

1. 기존의 법적 논증에 따른 사실인정의 한계

가. 증거재판주의와 자유심증주의

형사소송법은 "사실의 인정은 증거에 의하여야 한다"고 규정하여 증거재판주의를 선언하고 있다(형사소송법 제307조). 따라서 실체진실의 발견을 이념으로 하는 형사소송에서 법관의 자의에 의한 사실인정은 허용될 수 없고 반드시 증거에 의하여 재판이 이루어져야 한다.[8] 그러나 증거의 판단과정에서 오류가 발생할 경우 사실인정이 달라지고 경우에 따라 실체적 진실에 반하는 오판이 발생할 위험이 있다. 동일한 사안이더라도 일관된 판결이 도출되지 않는 경우도 있는데, 이는 증거판단과 사실인정에서의 차이로 인한 것으로 볼 수 있다. 이렇듯 사실인정의 근거가 되는 증거의 판단은 유・무죄 결정에 큰 영향을 미치므로 법관의 심증형성 과정에서 주요사실에 대하여 개별 증거가 가지는 개연성, 증거들 간의 관련성 등이 종합적으로 고려되어야 한다.

형사소송법은 또한 형식적 법률의 구속을 받지 않고 논리법칙과 경험법칙에 따라 합리적인 사실인정이 이루어지도록 "증거의 증명력은 법관의 자유판단에 의한다"고 규정하고 있다(형사소송법 제308조). 자유심증주의는 과거 법정증거주의의 획일성을 극복하고 사실인정의 구체적 타당성을 도모할 수 있는 반면, 증거 판단

7) 본 연구에서는 베이지안 분석법의 사용 가능성을 '사실인정'에 관한 판례 분석을 통하여 알아보고자 하였으며, 분석의 편의를 위해 '법률의 해석과 적용'에 관한 부분은 연구 범위에서 제외하였다.
8) 이재상, 신형사소송법, 제2판, 박영사, 2010, 500면.

에서 법관의 자의가 개입될 여지를 두고 있다.

따라서 증거재판주의와 자유심증주의를 채택하고 있는 현행 형사소송법의 구조에서 오판을 방지하기 위해서는 논리와 경험법칙에 부합하는 법관의 증거판단이 필요하다.[9)]

나. 증거판단에서의 법적 논증방법의 문제점

법관의 자의에 의하지 않고 구체적 타당성을 추구하기 위해서는 자유심증을 객관화시킬 수 있는 도구가 필요한데, 이를 위해 널리 활용되고 있는 것이 법적 삼단논법이다. 구체적 사실을 소전제로 하고 법규를 대전제로 하는 특성을 고려하면, 법적 삼단논법은 재판에서 사용되는 가장 기본적인 논증방법이라 할 수 있다. 법적 삼단논법은 대전제가 소전제를 포섭하는지 여부로 판단하므로 간접증거 내지 간접사실로부터 주요사실의 존재 또는 주요사실의 부존재를 추론할 수 있는지를 판단하는 데 도움이 될 수 있다.[10)]

그러나 법적 삼단논법은 다양한 현실 상황을 반영하여 증거를 판단하는 데 한계가 있어 이를 보완할 수 있는 다른 논증법들이 개발되고 있다. 그들 중 몇 가지만 간략히 살펴보면 다음과 같다. 엥기쉬(Engisch)의 귀납법적 논증[11)]은 간접사실로부터 요증사실을 추론하기 위해서는 특별한 사정이 존재하여야 하고, 이는 불가능한 다른 원인이나 비개연적인 요소를 소거하는 방법으로 이루어진다고 한다. 프로이트(Freud)의 경합가설소거 모델[12)]은 복수의 간접증거나 정황이 존재할 경우에 대한 논증방법으로서 주요사실과의 연관성에 따라 '증거의 링'과 '증거의 사슬'로 구분하여 증명력의 총합을 판단한다. 퀼(J. Kühl)의 실천적 삼단논법도식[13)]은 논거, 결론, 논거로부터의 결론으로의 이행과정을 3개의 논증 요소로 보고 이를 도식화하는 논증방법이다.

그러나 법적 삼단논법을 비롯한 기존의 법적 논증방법들은 확률이 적용된 증거들을 판단하는 과정에서 발생할 수 있는 오류들을 찾아내지 못한다는 문제가

---

9) 대법원 2010. 3. 11. 선고 2009도5858 판결 참조.

10) 사법연수원, 재판이론과 실무 - 법적 판단, 사법연수원 교육발전연구센터, 2011, 149면.

11) K. Engisch, *Logische Studien zur Gesetzesanwendung*, 3. Aufl., 1963, S.37 ff. 조원철, 간접증거에 의한 사실의 인정, 재판자료 제110집, 법원도서관, 2006, 40면에서 재인용.

12) G. Freud, *Normative Probleme der Tatsachenfeststellung*, 1987. 조원철, 간접증거에 의한 사실의 인정, 재판자료 제110집, 법원도서관, 2006, 42면에서 재인용.

13) J. Kühl, *Prozessgegenstand und Beweisthema im Strafverfahren*, 1987. 조원철, 간접증거에 의한 사실의 인정, 재판자료 제110집, 법원도서관, 2006, 48면에서 재인용.

있다. 즉, 일련의 발생사실 또는 각각의 증거들의 증명력 혹은 증거에 대한 확률적 타당성, 나아가 이러한 증거들을 종합적으로 판단하여 결론에 이를 수 있는 개연성 등을 종합적으로 고려하기 어렵다.

실제로 '과학적 증거에 대한 확률적 판단오류'로 인해 무고한 여성이 자신의 두 자녀를 살해한 혐의로 3년간 억울한 수감생활을 하고, 결국 이에 대한 충격으로 죽음에 이른 영국의 R. v Clark 사건이 있다.[14)][15)] 이 사건의 재판에서 피고인 Sally의 두 자녀의 죽음에 대해 분석한 Meadow 교수(검찰 측 증인)는 영아급사증후군(Sudden Infant Death Syndrome, SIDS)으로 사망할 가능성이 1/73,000,000라고 증언하였다. 즉, 그는 아이가 SIDS로 사망할 확률은 1/8,543이고, 한 가정에서 두 아이가 SIDS로 사망할 확률은 1/8,543×1/8,543=1/73,000,000이라고 함으로써 두 자녀가 영아급사증후군으로 사망할 가능성을 낮추었다. 그러나 이 계산방식에는 두 가지 문제가 제기될 수 있는데, 하나는 두 아이의 죽음이 서로 독립적으로 나타났다는 가정에 기반하고 있다는 것이다. 유전적 혹은 환경적 요인으로 인해 SIDS가 발생했던 가정이 SIDS가 발생하지 않았던 가정보다는 SIDS를 다시 경험할 확률이 높기 때문이다.[16)] 다른 하나는, Sally가 무죄일 확률을 계산하려면 두 아이가 SIDS로 사망할 가능성과 두 아이가 살해될 가능성에 대한 가능성비[17)]를 계산(약 4.5:1~9:1 사이로 추정)했어야 하지만, 위와 같이 1/73,000,000로 계산하여 영아급사증후군으로 인한 사망 가능성을 현저히 낮아지게 한 점이다. 중요한 점은 이 결과가 Sally가 유죄 판결을 받는 데 적지 않은 영향을 주었다는 것이다.[18)]

결론적으로 이 사안에서 오판을 방지하기 위해서는 과학적 증거에 대한 확률값을 추론할 수 있는 논증방법이 사용되어야 했다. 기존의 법적 논증방법들로는 확률적 판단에 관한 요소를 고려할 수 없기 때문이다. 법적 논증과정에서 확률적 판단이 필요한 경우 기존 법적 논증방법들을 보완하기 위해 유용하게 사용될 수

---

14) 이 사건은 샐리 클락(Sally Clark)이라는 35세 전문직 여성이 자신의 두 아이를 살해한 혐의로 무기징역을 선고 받은 사건으로, 샐리 클락은 감옥 생활을 한 지 3년 정도 지난 시점인 2003년에 샐리의 남편이 그녀가 무죄임을 입증하는 증거를 발견하여 석방되었다.

15) R. v. Clark, [2000] EWCA Crim 54, 2 October 2000; R. v. Clark, [2003] EWCA Crim 1020, 11 April 2003.

16) R. Hill, "Multiple sudden infant deaths - coincidence or beyond coincidence?", *Pediatric and Perinatal Epidemiology*, Vol. 18, 2004, pp.320 - 326.

17) 가능성비는 우도비라고도 불리는데 이에 대한 설명은 아래의 설명을 참조.

18) 이러한 오류를 '검사의 오류(prosecution fallacy)라고 하며 다음 절에서 자세히 기술하도록 하겠다.

있는 것이 바로 베이즈 정리이다.

2. 베이즈 정리를 통한 법적 논증 분석

베이즈 정리는 가설과 증거의 관계를 확률적으로 나타내는 방법론으로서 가설에 대한 주관적 확률이 증거가 적용되기 전과 후에 어떻게 변화하는지 추적함으로써 추론 양식을 규범적으로 설명하는 방식이다. 이 이론은 사전확률의 주관성 문제, 비현실적 가정에 대한 우려 등 그 인기만큼이나 많은 비판을 받아왔다. 그럼에도 불구하고 베이지안적 접근은 불확실성하에서 증거들의 상호의존적 관계를 잘 나타내고 비교적 정확하게 예측할 수 있는 도구로 알려져 있다.[19] 베이즈 정리는 어떤 사건이 일어날 사전 확률과 사후 확률이 어떤 관계를 가지는지를 나타내는 정리로, 아래와 같이 표현된다.

$$P(A|B) = \frac{P(B|A)P(A)}{P(B)}$$

여기서 $P(A)$는 어떤 확률 사건 A가 일어날 확률로, 다른 어떠한 정보나 사건도 개입되지 않은 상태에서 A라는 사건이 일어날 확률을 일컬으며, 때문에 사건 A에 대한 '사전 확률'이라 칭해진다. 법적 판단 상황에서는, 어떤 사건에 대한 유・무죄 판단을 내리기 위한 가설이 맞을 확률이 될 것이다. $P(B)$는 사건 B에 대한 사전 확률로, 어떤 사건에 대해서 이러이러한 증거가 발견될 확률을 아무런 사전 정보 없이 판단한 것이라고 이해할 수 있다. 한편, $P(A|B)$는 A와는 다른 확률 사건 B가 발생했음을 전제로 할 때 A가 일어났을 조건부 확률로, B가 발생했을 때 A가 발생할 '사후 확률'에 해당한다. 법적 판단 상황에서는 어떤 사건의 증거가 발견되었을 때(사건 B) A라는 가설이 맞을 확률을 의미한다고 볼 수 있으며, 최종적으로 우리가 알고자 하는 대상이 된다. $P(B|A)$는 사건 A가 발생했을 때 사건 B가 일어날 조건부 확률로, 어떤 사건의 유・무죄 판단에 대한 자신의 가설이 맞음을 전제로 할 때 증거가 발견될 확률을 가리킨다고 볼 수 있다. 이 항은 '가능도' 또는 '우도(likelihood)'라고 불리는데, 이 가능도가 중요한 이유는 많은 법적 판단 상황에서 얻을 수 있는 정보가 가능도 수준에서 그치는 것이 많

19) M. Oaksford & N. Chater, *Bayesian Rationality: The Probabilistic Approach to Human Reasoning*, Oxford University Press, 2007, pp.10 - 11.

기 때문이다. 요약하면, 베이즈 정리를 통해서 어떤 사건에 대한 확률(예: 피고인이 범인일 확률)에 새로이 관측된 사건(예: 발견된 증거)을 반영하여, 기존에 가지고 있던 상대적으로 불확실한 확률 정보를 갱신할 수 있다는 것이다.

불확실성에 대한 체계적인 접근을 위해 연구된 확률은, 개별 사건은 0보다 크거나 같고 1보다 작으며, 모든 개별 사건의 합은 1로 정의하는 데서 시작된다. 이들에 뒤따르는 세 번째 정의는 두 사건 간의 조건부확률로, 하나의 사건이 일어났다는 조건 하에서 다른 사건이 일어날 확률을 나타낸다. 예를 들어, 조건부확률 $P(A|B)$는 두 사건 A, B에 대해, B가 일어났을 때 A가 일어날 확률을 나타낸다. 수학적으로는 '사건 B가 일어날 확률 $P(B)$'에 대한 '사건 A와 B가 함께 일어날 확률 $P(A\&B)$'의 비율로 정의되며, 아래의 식 (1)과 같이 표현된다. 그리고 여기서 A와 B를 바꾸어, A가 일어났을 때 B가 일어날 조건부확률을 나타내면 식 (2)와 같이 표현할 수 있다. (여기서 $P(A\&B)$는 사건 A와 B가 함께 일어날 확률을 말한다.) 그리고 식 (1)과 (2)를 정리하면 식 (3)을 얻을 수 있다.

(1) $P(A|B) = P(A\&B)/P(B)$

(2) $P(B|A) = P(A\&B)/P(A)$

(3) $P(A|B) = \dfrac{P(B|A) \times P(A)}{P(B)}$

어떤 사건 B가 일어날 확률은, B와 함께 다른 사건 A가 일어날 확률 $P(A\&B)$와, B와 함께 다른 사건 A가 일어나지 않을 확률 $P(\sim A\&B)$의 합으로 볼 수 있으며, 식 (4)와 같이 표현된다. (여기서 $\sim A$는 'A가 일어나지 않음'을 의미한다.) 그리고 식 (2)와 (4)를 이용하면 식 (5), (6), (7)이 성립함을 보일 수 있다.

(4) $P(B) = P(B\&A) + P(B\& \sim A)$

(5) $P(B\&A) = P(B|A) \times P(A)$

(6) $P(B\& \sim A) = P(B| \sim A) \times P(\sim A)$

(7) $P(B) = P(B|A) \times P(A) + P(B| \sim A) \times P(\sim A)$

사건 B가 일어날 확률을 조건부확률의 형태로 나타내는 식 (7)과, 사건 A와 B

가 함께 일어날 확률 조건부 확률의 형태로 나타내는 식 (5)를 식 (1)에 대입하면 아래의 식을 얻을 수 있는데, 이것이 유명한 베이즈 정리이다.

$$(8)\quad P(A|B)=\frac{P(B|A)\times P(A)}{P(B)}=\frac{P(B|A)\times P(A)}{P(B|A)\times P(A)+P(B|\sim A)\times P(\sim A)}$$

이 베이즈 정리를 법적 판단 상황으로 연결시켜보면, 사건 A와 B를 각각 법적 판단에 관련된 가설(H)과 새로이 발견된 증거(E)로 바꾸면 아래와 같이 표현된다. 즉, 법관 자신이 가지고 있는 기존의 가설이 참일 확률 $P(H)$는 그 가설이 맞을 때 새로이 발견된 증거가 존재할 확률인 가능도 $P(E|H)$와 새로이 어떤 증거가 발견될 확률 $P(E)$에 의해 갱신되어, 새로이 발견된 증거를 반영했을 때 법관 자신이 세운 가설이 참일 확률 $P(H|E)$로 변환된다.

$$(9)\quad P(H|E)=\frac{P(E|H)\times P(H)}{P(E)}=\frac{P(E|H)\times P(H)}{P(E|H)\times P(H)+P(E|\sim H)\times P(\sim H)}$$

조건부확률의 정의로 시작하여 복잡한 과정을 통해 도출된 베이즈의 정리가 각광을 받는 가장 큰 이유는, 어떤 증거 E가 있을 때 자신이 생각하는 가설 H가 옳을 조건부확률 $P(H|E)$를 이 정리를 이용해야 계산해낼 수 있는 경우가 많기 때문이다. 즉, $P(H|E)$를 계산할 때, 가설이 참인 동시에 증거가 존재할 확률인 $P(H\&E)$는 알 수 없는 경우가 많은 대신, 자신이 생각하는 가설 H가 옳을 때 증거 E가 있을 조건부확률인 $P(E|H)$를 알아낼 수는 있기 때문이다.

한 예로 갑이라는 사람이 무죄(H)일 때, 범죄 현장에서 발견된 혈액형과 같은 혈액을 가진(E) 경우를 생각해보자. 조건부확률의 정의에 따르면 $P(H|E)=P(H\&E)/P(E)$인데, $P(H\&E)$는 무죄인 갑의 혈액형과 같은 혈액이 범죄 현장에서 발견될 확률로, 누군가가 이것을 이전에 조사하지 않았다면 알기 어렵다. 그 대신 베이즈 정리에 나오는 가능성(likelihood), 즉 갑이 무죄라고 할 때 범죄 현장에서 갑과 동일한 혈액형의 혈흔이 발견될 법한 확률인 $P(E|H)$와 다른 항들을 이용하면 계산이 가능하다.

먼저 사건 현장에서 발견된 혈액형은 1,000명 중 한 명꼴로 가지고 있고, 사건이 일어난 도시에 10,000명의 성인이 살고 있다고 하자. 그렇다면, 범행을 저지를 수 있는 10,000명의 성인 중 '갑'이라는 1명이 아닌 다른 9,999명 중의 누군가가 범죄를 저질렀을 것이라는, 즉 갑이 무죄라는 가설이 참일 사전 확률은 $P(H)=\frac{9999}{10000}$이고, 갑이 유죄라는 판단에 대한 사전 확률은 $P(\sim H)=\frac{1}{10000}$이다. 즉, 증거를 반영하기 전에 법관은 갑이 무죄일 것이라는 것을 99.99%의 확률로 판단하고 있다.

여기서, 갑이 무죄라 한다면 현장에서 발견된 혈액형이 갑의 혈액형과 같다는 것은 갑이 1,000명 중 한 명 꼴로 나타나는 해당 혈액형을 우연히 가지고 있었다는 것이므로, 갑이 무죄일 때 해당 증거가 나타날 수 있는 확률은 $P(E|H)=\frac{1}{1000}$이다. 한편, 갑이 유죄라면 당연히 현장에서 발견된 혈액형은 갑의 혈액형과 일치해야 하므로, 갑이 유죄일 때 해당 증거가 나타날 수 있는 확률은 $P(E|\sim H)=1$이다. 이상의 확률을 베이즈 정리의 각 항에 넣어 계산해 보자.

$$P(H|E)=\frac{P(E|H)\times P(H)}{P(E)}=\frac{P(E|H)\times P(H)}{P(E|H)\times P(H)+P(E|\sim H)\times P(\sim H)}$$

$$=\frac{\frac{1}{1000}\times\frac{9999}{10000}}{(\frac{1}{1000}\times\frac{9999}{10000})+(1\times\frac{1}{10000})}=\frac{0.0009999}{0.0009999+0.0001}\approx 0.91$$

이 결과를 보면, 증거를 반영하지 않았을 때는 갑이 무죄일 것임을 99.99%의 확률로 평가하고 있었으나, 새로이 발견된 증거와 관련된 가능도 정보를 반영함으로써 갑이 무죄일 확률이 91% 가량으로 감소했음을 알 수 있다. 베이즈 정리를 이용하면 이와 같은 방식으로 법관이 가지고 있던 판단을 갱신하는 것이 가능하다.

베이즈 정리는 위에 소개된 형식 외에, 가능성 비(likelihood ratio)와 승산 형식(odds form)으로도 표현되기도 한다. 승산은 경마도박을 하는 사람들이 불확실성을 양적으로 표현하기 위해 사용하는 방법인데, 아래와 같은 형태로 정의된다.

$$\text{승산(odds)}=\frac{\text{어떤 사건 A가 일어나지 않을 가능성}}{\text{어떤 사건 A가 일어날 가능성}}$$

승산 형식으로 사건 발생 가능성을 표현하는 예를 들면, 1/1, 4/1, 1/4, 7/2은 각각 사건 발생 가능성이 50%, 80%, 20%, 그리고 22.22%에 해당하고, 승산 비율로 나타내면 각각 1, 4, 0.25, 3.5가 된다.

이제 이 승산 형식을 이용하여, 증거 E가 주어진 상황에서 가설 H가 맞을 확률과 틀릴 확률의 비를 다음과 같이 구할 수 있다:

(10) $P(H|E) = P(E|H) \times P(H)/P(E)$

(11) $P(\sim H|E) = P(E|\sim H) \times P(\sim H)/P(E)$

식 (10)을 식 (11)로 나누면 아래와 같이 정리된다.

(12) $$\frac{P(H|E)}{P(\sim H|E)} = \frac{P(E|H) \times P(H)}{P(E|\sim H) \times P(\sim H)} = \frac{P(E|H)}{P(E|\sim H)} \times \frac{P(H)}{P(\sim H)}$$

위에서 살펴본 갑의 혈액형과 같은 혈액형이 범죄현장에서 발견된 예를 승산 형식으로 나타내면 아래와 같이 표현할 수 있다.

(13) $$\frac{P(H|E)}{P(\sim H|E)} = \frac{0.001 \times 0.9999}{1 \times 0.0001} = \frac{0.001}{1} \times \frac{0.9999}{0.0001}$$

이 식을 다시 서술하면, (증거 E가 주어졌을 때 H의 승산) = (가능성 비) × (H의 승산)이 된다. 가설 H의 승산은 해당 가설과 관련하여 우리가 이전에 알고 있던 사전 지식인데 반해, 가능성비는 새로운 증거가 얻어짐으로써 두 가설 중 어느 쪽에 얼마만큼 비중을 주어야 하는지를 알려준다. 위에 언급된 예로 설명하면, 증거 E는 무죄일 때보다 유죄일 때 나타날 확률이 1,000배 높다는 것을 알 수 있다. 승산에 대한 고려 없이 가능성비만으로 증거의 강도를 평가할 수 있는 것은 법적 논증에서 특히 중요하다. 위 경우처럼, 가능성비가 1보다 작을 경우의 판단은 가설이 틀렸다는(~H) 쪽에 더 큰 비중을 두게 변경되어야 하지만, 1보다 더 커질 경우에는 가설이 옳았다는(H) 쪽에 더 큰 비중을 두어 변경하도록 한다. 이 두 경우는 새로운 증거가 가설 변경에 영향을 주므로 그 증거가 진단적 혹은 정보적 증거로 볼 수 있다. 하지만 만일 가능성비가 1일 경우 그 증거는 기존 가설을 어느 쪽으로도 변경시키지 않으므로 실질적인 증거로서 가치가 없다고 볼 수 있다. 승산비는 새로운 증거로 인해 새로운 믿음을 형성할 때에는, 선행 지식과 함께 가능성비를 고려하게 한다는 점에서 사전 지식과 새로운 증거를 통합할 수

있게 한다. 이후의 논의에서 더 분명해지겠지만, 법적 논증 상황에서는 앞에서 살펴본 $P(H|E)$와 함께 가능성비가 중요시된다.

이 정리는 합리적 믿음은 확률법칙에 따라야 한다고 주장하는 주관주의자들의 인식론의 기반이 될 뿐만 아니라, 실용적 장면에 적용되어 많은 난제들을 해결하고 있다. 안타깝게도 대부분의 일반인은 다른 많은 확률적 오류와 더불어 베이즈 정리를 이해하는 데 어려움을 느끼며, 이러한 현상은 일반인에게만 해당되는 것은 아니다. 대표적인 법적 논증과정에서 조건부 확률의 차이를 혼동하여 발생하는 오류는 검사의 오류(prosecutor fallacy), 변호인의 오류(defendant fallacy), 배심원의 오류(jury observation fallacy)가 있다. 검사의 오류는 위에서 본 베이즈 정리에서 확연히 나타나듯, P(E|H)와 $P(H|E)$는 다름에도 불구하고 이 둘을 혼동하는 오류이다. 예를 들어 피고인 갑과 같은 혈액형의 혈흔이 범행 현장에서 발견되었고, 그 혈액형은 1,000명 중에 1명꼴로 드물게 일어나는 일이 일어났기 때문에, 검사는 갑이 범인이라고 주장하는 오류이다. 이 주장은 틀렸을 가능성이 높은데, 그 이유는 검사가 $P(E|H)$와 $P(H|E)$가 동일한 개념으로 혼동하여 펼친 주장이기 때문이다. H를 '피고인 갑은 무죄이다.'라고 한다면, 우리가 알고 있는 것은 '피고인이 무죄일 때, 피고인과 같은 혈액형의 혈흔이 발견되었을 확률' $P(E|H)$이고, 우리가 알고 싶은 사항은 '사건 현장에서 피고인과 같은 혈액형의 혈흔이 발견되었을 때, 피고인이 무죄일 확률'인 $P(H|E)$이다. 위에서 이미 설명된 베이즈 정리에 따르면 $P(H|E)=0.91$이며 $P(E|H)=0.001$이므로 조건적 확률에 대한 개념적 혼돈이 피고인의 무죄 확률에 대해 큰 차이를 초래할 수 있음을 보여준다. 그렇다면 검사가 제시한 증거 E가 피고인의 유죄를 입증하지 못하므로 그 증거 E는 증명력이 없으며, 검사가 제시한 증거에 따라 무죄일 확률이 0.91이나 되므로 무죄일까? 이러한 주장을 '변호인의 오류'라고 하며, 이 오류는 사전확률을 고려하지 않았기 때문에 발생한다.

우선, 현장에서 발견된 혈흔의 혈액형이 갑의 혈액형과 일치하지 않을 경우 갑이 범인일 확률은 1/10,000이에서 혈액형이 일치한다는 증거가 발견된 이후, 피고인이 유죄일 확률은 9/100가 된다. 또한 피고인이 무죄일 가능성에 대한 판단을 비교해 보면, 사전확률은 9999/10000에서 증거 E가 추가된 후에 오히려 91/100로 감소했다. 위에서 변동된 두 가지 사항을 종합해보면 증거 E는 여전히 증명력이 있으며 피고인에 대한 유죄확률이 감소했음과 동시에 무죄확률 또한 증가됐음을 알 수 있다. 낮은 확률이기는 하지만 무시하기 어렵고 다른 추가 증거가 있을 경우는 더욱 그렇다. 예를 들면, 배심원들이 피고인을 무죄라고 판단한 후에 피고인이 범죄경력이 있는 사실을 알았을 경우, 제3자들은 피고인이 무죄일 확률에 대한 자신감이 줄어든 것으로 나타났다.[20] 이러한 판단은 베이즈 정리에 비추어 볼 때 확률적 오류라고 볼 수 있다. 베이즈 정리는 여러 유형의 복잡한 증거들을 통합하는 도구로 확장될 수 있는데, 이 경우 그래프를 통해 이를 시각화한 베이지안 망이 특히 유용하다.

Ⅲ. 베이지안 망(Bayesian Network)을 통한 법적 논증 분석

1. 의 의

실제 재판에서 제시되는 증거와 증언들을 바탕으로 판결을 내리는 일은 쉽지 않다. 서로 갈등적인 내용이 많을 뿐만 아니라 증거나 증언으로써의 가치가 조금씩 다르기 때문이다. 그럼에도 불구하고 판사나 배심원들은 법정에서 제시되는 수많은 증언과 증거와 이들의 관계를 고려하여 모종의 결론을 내려야 한다. 그러나 결론이 도출되기까지의 과정은 결코 쉬운 여정이 아니다. 판단의 대상은 증거의 증명력이며, 증명력이란 사실인정을 위한 증거의 실질적 가치, 즉 증거가치를 의미한다. 이는 일정한 증거의 법률적, 형식적 자격을 의미하는 증거능력의 문제와 구별된다.[21]

특히 증거들의 관계가 모순적이거나 너무 많아 복잡할 경우 실체적 진실을 밝혀내기란 더욱 쉽지 않다. 이에 대해, 대법원은 "증거의 종합판단의 경우에는 그 각 증거 중 피차간 모순된 부분과 불필요한 부분은 제거하고, 그중 필요하며 공통된 부분만을 모아서 이를 판단자료에 공용하는 것"으로[22] 또는 "원래 증거의

20) N. Fenton & M. Neil, "Avoiding Probabilistic Reasoning Fallacies in Legal Practice using Bayesian Networks", *Australian Journal of Legal Philosophy*, Vol. 36, 2011, pp.114 - 150.

21) 증명력과 증거능력의 구분에 대해 이재상, 전게서(주 8), 516면은 "증거능력은 형식적으로 법정되어 있어 법관의 자유판단이 허용되지 않는다. 증거의 증명력에 관한 한 그 증거가 엄격한 증명인가 자유로운 증명인가를 불문하고 자유심증주의가 적용된다"라고 하였다.

22) 대법원 1983. 3. 8. 선고 80다3198 판결(공1983, 464), 대법원 1989. 3. 14. 선고 86다카2731 판결(공1989, 588).

종합판단의 경우에는 수다의 증거가 각각 독립적으로서는 구체적 사실을 인증키에 그 증거력이 부족하거나 또는 각 증거 간에 모순된 부분이 있다고 하더라도 법관은 자유심증에 비추어 그 각개의 증거 중에서 불필요 또는 모순성 있는 부분을 제거하고 필요적절한 부분만을 색출 취집하여 이로써 그 구체적 사실의 인정자료에 공용할 수 있는 것"이라고 판시[23]하였다. 그 취지는 서로 모순되는 증거가 있는 경우에 어떤 증거를 사실인정의 자료로 삼을 것인가에 대한 판단뿐만 아니라, 증거의 취사선택이 전적으로 법관에게 일임되어 있고, 증거능력이 있는 증거라도 증명력이 없다고 판단하면 이를 사실인정의 자료로 채택하지 않을 수 있고, 여러 개의 증거를 합하여 심증을 형성하던 증거들 가운데 일부에 대해 그 증명력을 인정하는 것도 법관의 판단에 맡긴다는 것이다.[24]

모순적 관계에 있는 증거들의 증명력 판단보다 더 어려운 경우는 사건과 관련된 직접증거가 없는 상황에서 판단을 내릴 때이다. 이에 대한 판례를 보면 "형사재판에 있어 심증형성은 반드시 직접증거에 의하여 형성돼야만 하는 것은 아니고 간접증거에 의할 수도 있는 것이며, 간접증거는 이를 개별적 · 고립적으로 평가하여서는 아니 되고 모든 관점에서 빠짐없이 상호 관련시켜 종합적으로 평가하고, 치밀하고 모순 없는 논증을 거쳐야 한다"라고 명시한 이래 간접증거에 의한 증명력의 판단과정 및 심증형성 과정 등에 있어서 논리적인 논증의무를 강조하고 있다.[25] 직접증거가 없고, 간접증거에 의해 판단을 내려야 하는 경우, 각각의 간접증거가 단독적으로 의미를 갖는 경우는 거의 없고, 각각의 개별적인 간접증거들을 종합적으로 판단[26]해야 한다. 이러한 판단과정에는 논리적인 논증과정이 필수적이다. 또한, 간접증거로부터 공소사실의 존재를 추론할 수 있는지 아니면 부존재를 추론할 수 있는지를 판단함에 있어서도 논리적 사고과정이 필요하다.[27]

간접증거의 종합적 증명력의 문제는 연쇄형태를 취하고 있는 간접증거의 구조에서 비롯되는 결과라고 할 수 있다.[28] 증거들 간의 관계성을 파악하는 것이 중

23) 대법원 1953. 4. 30. 선고 4286민상14 판결(미간행), 대법원 1959. 2. 19. 4290민상847 판결(집7민, 48).
24) 신양균, "자유심증주의를 논함", 사법행정 제32권 제4호(1991. 4), 22면.
25) 대법원 2004. 6. 25. 선고 2004도2221 판결; 2006. 5. 25. 선고 2003도3945 판결; 2009. 3. 12. 선고 2008도8486 판결 등
26) 빈프리트 하쎄머, 형법정책, 배종대 · 이상돈 역, 세창출판사, 1998, 641면; 이재상, 전게서(주 8), 468면에서는 이를 '종합증거'라고 한다.
27) R. Bender/A. Nack, "Tatsachenfeststellung vor Gericht", 3. Aufl., 2005, pp.145 - 184 참조. 재판이론과 실무 법적판단, 사법연수원, 2011, 149면 재인용.

요시되고 있음에도, 간접증거에 의한 범죄사실을 증명해야 하는 경우 개별적인 간접증거들 간의 관계에 대한 논리적인 논증이 이루어져야 한다.[29)]

이 과정을 좀 더 잘 분석하고 이해하기 위한 방법 중 가장 널리 쓰이는 것은 그래프나 기호로 증거와 증언을 정리하는 것이다. 실제로 법정에서의 논증을 이론적으로 분석하는 연구자들이 제안한 대표적인 두 방법은 Wigmore 그래프와 베이지안 망(Bayesian Network)이다. Wigmore의 그래프는 다양한 도형(symbol)과 화살표(arrow)로 구성되어 있다([그림 1] 참조). 각각의 도형은 다른 종류의 전제들을 나타내며, 추론의 정도와 흐름을 가르치는 화살표들과 연결되어 있다. 이 그래프를 사용하는 궁극적인 목적은 재판과정에서 다양하고 많은 종류의 증거들을 일관성 있게 나타내기 위해서이다.[30)] 그러나 Wigmore 그래프는 분석이 오래 걸리고 복잡할 뿐만 아니라 분석된 내용을 이해하는 일조차 쉽지 않다. 세부 내용은 생략하고 대략적인 증거와 증언에 초점을 맞추어 볼 수 있지만, 이렇게 하더라도 어떤 결론을 내려야 할지를 양적으로 표현하려면 별도의 분석이 필요하다는 문제가 있다.

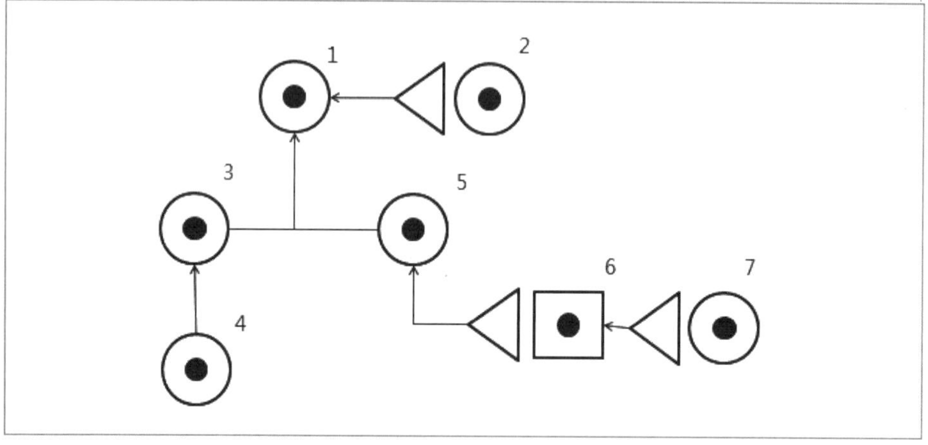

[그림 1] Wigmore 그래프 예

---

28) 변종필, "간접증거에 의한 유죄인정", 비교형사법연구 제5권 제2호, 2004, 385면.

29) 간접증거는 이를 개별적, 고립적으로 평가하여서는 아니되고, 모든 관점에서 빠짐없이 상호 관련시켜 종합적으로 평가하고, 치밀하게 모순 없는 논증을 거쳐야 한다(대법원 2004. 6. 25. 선고 2004도2221 판결).

30) Wigmore 그래프와 베이지안 망의 구체적인 비교는 F. Bex, H. Prakken, C. Reed & D. Walton, "Towards a formal account of reasoning about evidence: Argumentation schemes and generalisations", *Artificial Intelligence and Law*, Vol. 11, 2003, pp.125 - 165 참고.

2. 베이지안 망을 통한 분석 과정

베이지안 망은 변인들 간의 확률적 의존 관계를 그래프로 나타내는 형식언어의 하나이다. 그래프로 표현하면 수식으로 표현할 때보다 직관적이고 지식 표상과 추론이 쉬워진다. 베이지안 망에서는 조건부 의존성이 없는 변인들 간의 연결은 생략하고, 관련된 변인들은 그 내용을 표현하는 마디(node)와, 마디와 마디를 연결하는 화살표 선분을 이용하여 그래프의 형태로 나타낸다. 여기서 화살표가 뻗어나가는 마디를 '부모 마디(parent node)'라고 하며, 화살표가 향하는 마디를 '자식 마디(child node)'라고 부른다.

이 그래프에서는 화살표로 연결된 마디들이 순환하는 고리를 이루어서는 안 되고(acyclic graph), 부모 마디의 상태에 따라 자식 마디의 상태가 어떻게 영향을 받는지를 규정하는 마디확률표(node probability table)가 명세되어야 한다. 이런 조건을 충족시키는 망이 만들어지면, 망 내의 각 마디들의 상태에 따라 다른 마디들의 확률이 어떻게 갱신되어야 하는지를 확률법칙에 따라 계산해낼 수 있다.

구체적인 한 예로 Taroni와 그의 동료들[31]의 분석 사례를 AgenaRisk를 통해 소개하면 다음과 같다. 이들이 다룬 사건은 Lulu라는 여인이 자신의 집에서 살해당한 사건으로, 그가 사귀던 Jack이라는 사람이 용의자로 지목되었고, 실제로 Lulu를 좋아하던 또 다른 남자인 John은 사건이 일어난 직후에 Lulu의 집근처에서 Jack을 보았다고 증언하였다. 현장에서 피해자의 것이 아닌 혈흔이 발견되었고 이에 대한 DNA 감식이 이루어졌다. Taroni 등이 설정한 각 마디에서의 확률 분포는 〈표 1〉[32][33]에 제시되었다.

---

31) F. Taroni, C. Aitken, P. Garbolino & A. Biedermann, *Bayesian Networks and Probabilistic Inference in Forensic Science*, John Wiley, 2006, pp.50 - 66.

32) F. Taroni, C. Aitken, P. Garbolino & A. Biedermann, 전게서(주 31), p.60, table 2.12를 번역하였다.

33) 〈표 1〉에서 알파벳은 각각 다음을 의미한다: A는 '범죄현장에서 발견한 핏자국은 범인의 것이다'. B는 'Jack이 Lulu를 살해했을 것이다', C는 '범죄현장에서 발견된 핏자국은 Jack의 것이다', D는 'John은 Jack을 질투했다', E는 'Jack의 혈액샘플은 범죄현장에서 발견된 혈흔과 일치한다'. F는 'Jack은 사건이 발생한 직후의 시각에 Lulu의 집근처에 있었다', J는 'Jack은 Lulu를 사랑한다', W는 'John은 Jack이 사건이 발생한 바로 직후 Jack이 Lulu의 집근처에 있었다고 증언하였다'.

〈표 1〉 Lulu 사건의 각 마디에서의 확률분포

A	P(A)=.01	J	P(J)=0.9
B	P(B)=.95	F	P(F|A,J)= 1 P(F|A,~J)=1 P(F|~A,J)=0.1 P(F|~A,~J)=0.01
C	P(C|A,B,F)=1 P(C|A,B,~F)=1 P(C|A,~B,F)=0 P(C|A,~B,~F)=0 P(C|~A,B,~F)=0 P(C|~A,~B,F)=0 P(C|~A,~B,F)=0.1 P(C|~A,~B,~F)=0.01	D	P(D|J)=1 P(D|~J) =0.6
E	P(E|C)=1 P(E|~C)=0.001	W	P(W|F,D)=0.99 P(W|F,~D)=0.99 P(W|~F,D)=0.8 P(W|~F,~D)=0.01

이 표를 바탕으로 AgenaRisk로 나타낸 베이지안 망은 [그림 2]와 같다. AgenaRisk는 결과를 다양한 방식으로 시각화할 수 있는데, 각 마디에서의 확률은 [그림 3][34]에 나타냈다. 일단 이런 망이 완성되면 특정 마디 혹은 마디들의 상태에 따라 다른 마디의 상태를 확률로 나타내기 쉽다. 예를 들어 애당초의 망에서는 Jack이 범행을 저지를 가능성은 1%로 매우 낮았다. 하지만 만일 Jack이 사건 발생 직후에 Lulu의 집 근처에 있었다고 John이 증언(W)을 했다면, 즉 W가 참이면, 그 마디가 참일 값을 1로 세팅하고 계산해야 하는데, [그림 4]에서 A마디(Jack이 Lulu를 살해했을 가능성)가 참일 확률은 1.26%로 처음보다는 약간 높아진다. 그런데 만일 DNA 검사 결과, 용의자와 Jack의 것이 일치하여 DNA 증거(E)를 1로 세팅한다면 A마디가 참이 될 확률은 [그림 5]에서 제시된 바와 같이 85.7%로 높아진다. 이러한 분석 과정은 새로운 증거가 추가되거나 혹은 고려해야 할 증거가 많고 그 증거들 간의 관계가 복잡할 경우, 사건에 대한 분석을 용이하게 해준다.

일단 구성된 베이지안 망의 타당성을 확인하는 방법 중의 하나는 민감성 분석(sensitivity analysis)이다. 이 분석은 베이지안 망이 구성되는 과정에서 사용된 각각의 증거들이 가설의 어느 정도의 영향을 미치는지를 알려준다. 예를 들어 Lulu

34) F. Taroni, C. Aitken, P. Garbolino & A. Biedermann, 전게서(주 31), p.64의 도식을 토대로 작성되었음.

사건의 경우 민감도를 토네이도 그래프로 나타낸 [그림 6]에서 세로선은 Jack이 유죄일 가능성을 나타낸 것(85.7%)을 보여주며, 'Jack은 사건이 발생한 직후의 시각에 Lulu의 집근처에 있었다'라는 증거가 제시되었을 때, Jack이 유죄일 확률은 0%~95%를 나타낸다. 즉, 'Jack이 Lulu를 살해했다'라는 가설에 대해, 조금씩은 차이가 있지만, 'Jack은 사건이 발생한 직후의 시각에 Lulu의 집근처에 있었다', '범죄현장에서 발견한 핏자국은 범인의 것이다', '범죄현장에서 발견된 핏자국은 Jack의 것이다'라는 증거들이 중요한 것임을 보여준다. AgenaRisk 프로그램에서는 표적 마디만 선택하면 나머지 마디들에 대한 이 민감도 분석을 자동적으로 계산할 수 있을 뿐만 아니라 이를 시각적으로 제시해준다. 따라서 분석하는 과정에서 혹은 분석이 끝난 이후, 설계된 망이 얼마나 타당한지를 민감도 분석을 통해 검토할 수 있다.

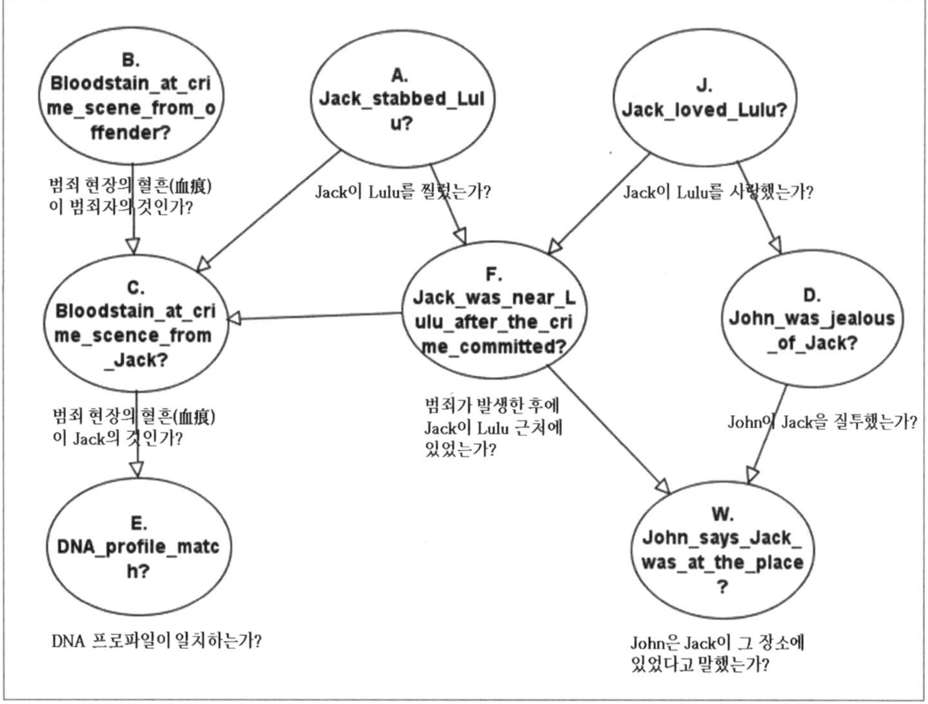

[그림 2] AgenaRisk를 이용한 Lulu 사건 분석

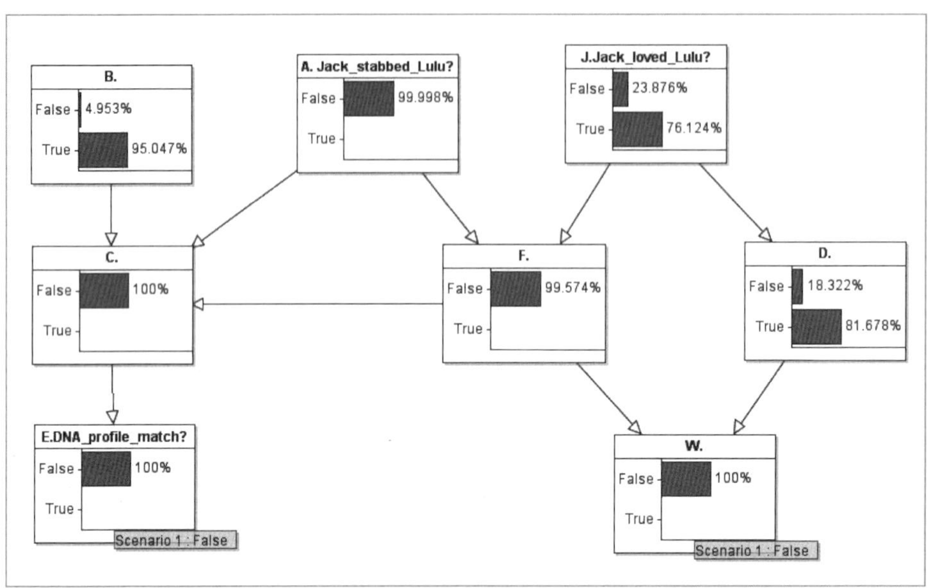

[그림 3] AgenaRisk를 이용한 Lulu 사건 분석에서 'DNA 검사 결과'와 'Jack이 범죄 현장에 있었는지에 대한 증거'가 반영되지 않은 베이지안 망 분석결과

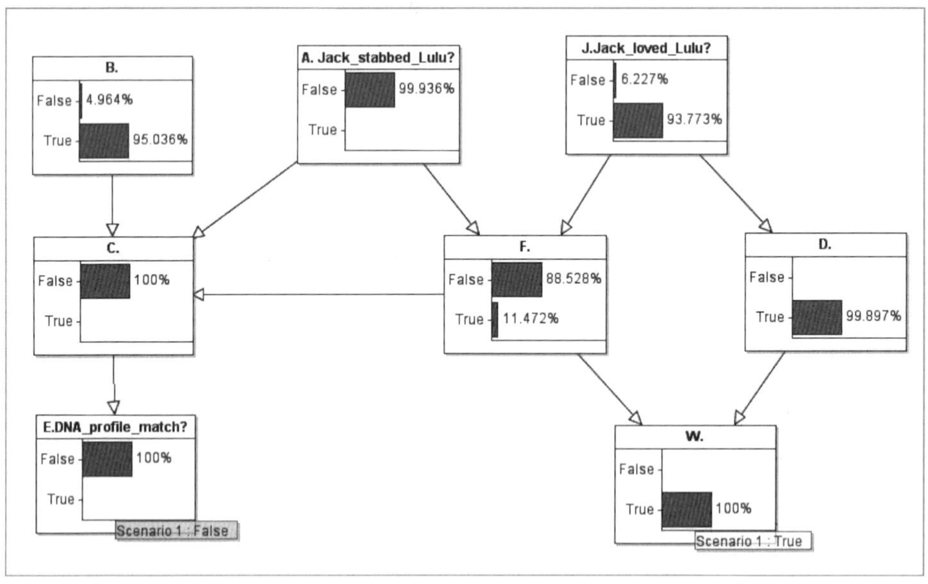

[그림 4] AgenaRisk를 이용한 Lulu 사건 분석에서 'Jack이 범죄현장에 있었다는 John증언'이 반영된 베이지안 망 결과

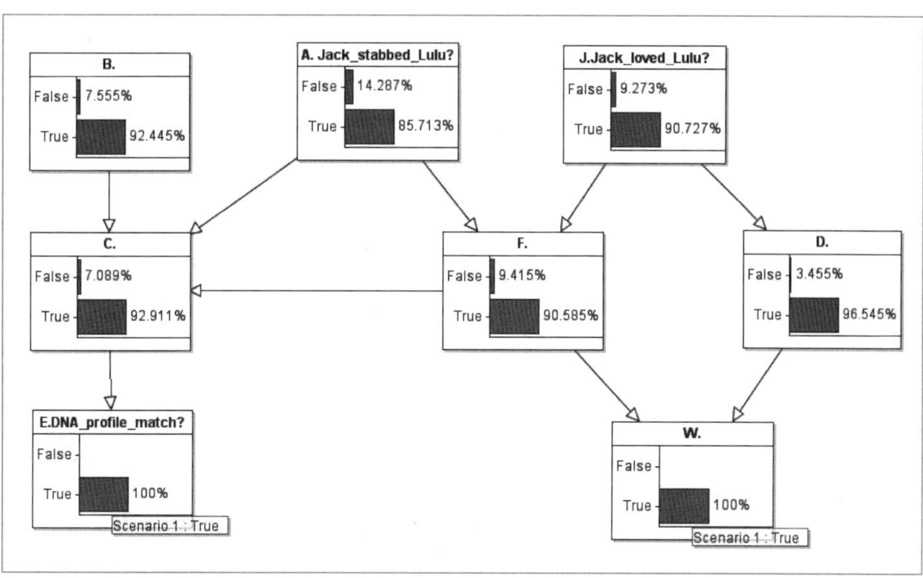

[그림 5] AgenaRisk를 이용한 Lulu 사건 분석에서 'DNA 검사 결과'와 'Jack이 범죄현장에 있었다는 John증언'이 반영된 베이지안 망 결과

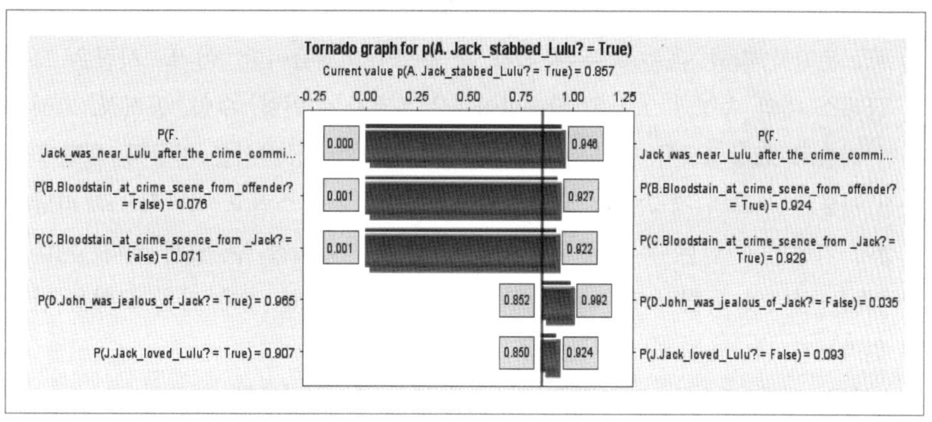

[그림 6] AgenaRisk를 이용한 Lulu 사건 분석에서 'DNA 검사 결과'와 'Jack이 범죄현장에 있었다는 John증언'이 반영된 민감도 분석 결과

3. 객체 지향 베이지안 망(Object-Oriented Bayesian Network, OOBN)

베이지안 망을 이용한 법적 증거와 증언의 분석은, 확률 분포는 물론 때로는 변인들 간의 관계를 명세하기 어렵지만, 일단 망이 구성되면 그 관계를 명료히 알 수 있을 뿐만 아니라 이들을 종합한 판단을 내릴 수 있게 해준다. 그런데 전

술한 것처럼 법정에서의 증거와 증언들은 아주 복잡해질 수 있고 따라서 고려해야 할 변인의 수가 많아진다. 문제는 변인의 수가 증가함에 따라 명세해야 할 확률표의 수가 급속하게 늘어난다는 것이다. N개의 변수가 모두 참/거짓 중의 하나를 취할 경우 2N개가 되며, 3개의 상태일 경우 3N개로 늘어난다. 물론 위에서 본 것처럼, 그래프를 이용하여, 서로 확률적 의존성이 없는 변수들을 배제하고 나면, 실제로 명세해야 할 확률표의 수는 훨씬 줄어든다. 그렇지만 그래프를 이용하더라도 마디의 수가 30개 이상으로 커지면 전체 망을 시각적으로 파악하는 것이 어렵게 된다.[35] 마디의 수가 많아지는 경우와 비슷한 부분이 반복되는 경우를 포함되는 모델을 만드는 경우를 해결하기 위한 방법은, 객체 지향 베이지안 망(Object-Oriented Bayesian Network, OOBN)을 활용하는 것이다.[36] 이 방법은 프로그래밍이나 모델링에서 사용되는 객체 지향적 접근법(object-oriented approach)을 베이지안 망에 도입한 것이다. 객체 지향적 프로그래밍의 핵심은 프로그램의 기본단위를 속성(attribute)이 아닌 객체로 본다. 객체는 자신만의 입력 속성과 출력 속성을 갖는 무선 변인(random variables)인 동시에, 객체들이 추상화된 클래스의 사례이다. 예를 들어 자동차 사고에 대한 모형을 객체 지향적으로 만든다고 할 때, 운전자 갑과 을은 모두 운전자 클래스의 객체들이다. 이 두 사람은 모두 그 클래스 내의 속성과 조작을 상속받아, 각 운전자는 연령, 수입, 공격성, 그리고 운전 기술로 표상되도록 한다. 이와 더불어 운전자의 공격성은 자동차 속도에만, 운전 기술은 사고의 경중에만 영향을 주도록 하여 자연스럽고 직관적으로 타당한 표상이 가능하게 되는 동시에, 추론이 효율적으로 이뤄질 수 있게 된다. 게다가 객체들은 하나의 독립적 단위로 작동하기 때문에, 필요할 경우 다른 모형을 만들 때 얼마든지 재사용될 수 있다는 장점도 있다.

실제로 객체 지향적 베이지안 망을 법적 논증에 적용한 연구는 Hepler 등(2007)에서 볼 수 있다. 이들은 Koller와 Pfeffer(1997)의 OOBN 언어를 법적 증거 분석에 적용하는 구체적인 방식을 제안하였다.[37] 이들의 방식은 하향처리

35) N. Fenton & M. Neil, *Risk Assessment and Decision Analysis with Bayesian Networks*, CRC Press, 2012, p.202.

36) A. B. Hepler, A. P. Dawid & V. Leucari, "Object-Oriented Graphical Representations of Complex Patterns of Evidence", *Law, Probability & Risk*, Vol. 6, 2007, pp.275-293.

37) D. Koller & A. Pfeffer, "Object-oriented Bayesian networks", In *Proceedings of the Thirteenth conference on Uncertainty in artificial intelligence*, San Francisco: Morgan Kaufmann Publishers, 1997, pp.302-313.

(top-down)로 이루어지는데, 최상위 수준에서의 질문에서 시작하여 단계적으로 필요한 변인들과 그들 간의 확률 분포를 명세하게 한다. 이들은 Sacco와 Vengetti의 사건을 분석하며 논의를 전개하였다. 우선 '살인사건이 발생했는가?'라는 물음과 관련된 변인으로 '피해자가 죽었는가?', '돈은 강탈당했는가?', '용의자는 Sacco인가?'가 고려된다. 이들 각각은 다시 세부적으로 분석될 수 있는데, '용의자는 Sacco인가?'와 관련해서는, 'Sacco가 현장에 있었는가?', 'Sacco가 총을 쏘았는가?', '동기가 충분한가?', '죄의식이 있는가?'를, 이들 중 다시 'Sacco가 현장에 있었는가?'는 '증인이 있는가?', '알리바이는 있는가?', '어떤 차를 탔는가?', 'Sacco의 모자가 현장에 있었는가?'를, 이들 중 다시 '증인이 있는가?'는 'B의 증언인가?', 'C의 증언인가?', 그리고 'D의 증언인가?'로 이 가운데 만일 D만이 A를 보았다고 하였을 경우는 다시 D의 증언의 신빙성(credibility)에 대한 확률을 명세해나간다. 이런 과정을 통해 특정 사건에 대한 베이지안 망이 완성되면 일부 변인에 대한 확률을 알지 못하더라도 질적인 판단을 내릴 수 있으며 증거가 충분한 경우에는 양적인 예측도 가능할 수 있다는 것이다.

4. 법적 관용구(Legal Idiom)

OOBN을 이용한 법적 논증 분석은 Fenton과 그의 동료들[38]에 의해 제안된 법적 관용구를 통해 더욱 구체화되었다. 이들은 또한 상대적으로 사용이 용이할 뿐만 아니라 결과를 시각적으로 제시하는 프로그램을 개발하여 실제 분석 과정과 결과를 보여주었다.

'법적 관용구'란 Hepler와 그의 동료들이[39] 모듈(module)로 표현한 것으로 법적 논증 분석에서 반복적으로 관찰되는 상대적으로 독립적인 패턴들을 가리킨다. 이들은 Helper 등의 연구를 발전 확장시키면서 범죄사건을 OOBN으로 분석할 수 있는 일반성이 있는(generic) 관용구를 제안하였다. '알리바이 증거 관용구(alibi evidence idiom)', '다른 식으로 설명하는 관용구(explaining-away idiom)'

38) N. Fenton & M. Neil, "Avoiding Legal Fallacies in Practice Using Bayesian Networks", *Australian Journal of Legal Philosophy*, Vol. 36, 2011, pp.114 - 150; N. Fenton, M. Neil & D. A. Lagnado, "A General Structure for Legal Arguments about Evidence using Bayesian Networks", *Cognitive Science*, Vol. 37, 2013, pp.61 - 102; D. A. Lagnado, N. Fenton & M. Neil, "Legal idioms: a framework for evidential reasoning", *Argument and Computation*, Vol. 4, 2013, pp.46 - 63.

39) A. B. Hepler, A. P. Dawid & V. Leucari, 전게서(주 36) p.289; N. Fenton & M. Neil, 전게서(주 35) p.417.

등과 같은 관용구와 함께, 이들은 실제 사건을 베이지안 망으로 분석하는 과정을 다음과 같은 세 단계로 나누었다. 첫 번째 단계는 고소인의 핵심 가설을 명확히 하는 단계로, 이 때 범행 동기(motive)와 범행 기회(opportunity)를 함께 명세한다. 두 번째 단계에서는 위의 주장을 뒷받침할 수 있는 증거들이 무엇인지를 고려한다. 세 번째 단계는 피고소인이 고소인의 가설과 증거에 대해 반박하는 증거를 생각해보는 단계이다. Lagnado 등은 이 세 단계를 따르면서, 앞서 소개한 법적 관용구를 이용하여 영국의 추리 소설가 A. Christie의 사건들 중 하나를 분석하여 발표하였다.[40] 다음 절에서는 이들이 사용한 방법의 적용가능성을 탐색하기 위해 국내외의 실제 재판사례를 분석하였다.

5. 실제 사례 분석

이 절에서는 지금까지의 논의를 바탕으로 외국 사례 및 국내 사례를 베이지안 망 프로그램인 AgenaRisk를 이용하여 분석해보고자 한다. 베이지안 망을 이용한 종래의 분석 사례는 위의 예에서처럼 너무 단순하거나, 아니면 Helpler와 그의 동료들이 분석했던 Sacco와 Vengetti의 사례처럼 너무 복잡하여 전체 분석이 쉽지 않은 예들이었다. 본 연구에서는 이런 극단적인 사례 대신, 동일한 사건에 대해 서로 다른 판결이 내려진 사건에 초점을 두었다. 모두 3개의 사건이 분석되었는데, 하나는 외국 판례이고 다른 두 개는 국내 판례이다. 외국 사례로는 Claus von Bülow case를 채택하였다. 이 사건은 인지과학자인 Thagard에 의해 분석된 사례[41]인데, 그는 이 사건은 베이지안 망으로 분석이 될 수 있지만 상당히 복잡하다고 평가하였다. 다른 두 국내 사건은 심급별로 판결이 달라진 사건들 중 연구자들이 보다 세부적인 자료를 얻을 수 있었던 두 사건이다. 이 세 사건을 선정한 데는 특별한 의도가 없었고, 단지 충분히 복잡하며 판결문 이외의 세부 자료를 얻을 수 있었기 때문이었다.

가. Claus von Bülow case

□ 사건의 개요

– Claus von Bülow(이하 Claus)는 자신의 아내 Sunny에 대한 살인미수 혐의

40) N. Fenton, M. Neil & D. A. Lagnado, 전게서(주 38).

41) P. Thagard, "Causal inference in Legal decision making: Explanatory Coherence vs. Bayesian Networks", *Applied Artificial Intelligence*, Vol. 18, 2004, pp.231–249.

로 피소되었음.

- 검사 측은 Sunny가 인슐린으로 인해 혼수상태에 빠진 것은 Claus가 Sunny에게 인슐린을 투약했기 때문이라고 주장.
- 가장 중요한 증인은 Sunny의 가정부 Maria와, 이전 결혼으로 출생한 자녀 Alex임.
- Maria는 Sunny가 혼수상태에 빠지기 한 달 전에 인슐린이 들어있는 Claus의 가방을 발견했다고 증언.
- Alex는 Sunny의 혼수상태에 빠진 후에 Claus의 옷장에서 그 가방을 발견했고, 그 때 당시 사용된 주사바늘도 같이 있었다고 증언.
- Sunny가 병원에 후송된 직후, Sunny의 혈액에서 높은 인슐린 수치가 발견되었음.
- Sunny의 트레이너 Joy는 Sunny에게 주기적으로 운동을 지도했고, Sunny에게 인슐린 주사는 살이 찌는 것을 막는 좋은 방법이라고 말한 적이 있다고 증언.
- 운동기록에 따르면 Joy가 말했던 기간보다 훨씬 더 짧은 기간 동안 Sunny가 Joy로부터 운동 지도를 받았음.
- Joy가 Sunny에게 인슐린에 대해서 말한 기간 동안 Sunny는 Joy에게 지도를 받은 적이 없음.
- Sunny의 은행원은 만약 Sunny가 죽을 경우 Sunny의 많은 유산이 Claus에게 남겨지지만, 이혼할 경우는 적은 유산을 받을 것이라고 증언.
- Claus의 정부 Alexandra는 Claus에게 Sunny와 이혼하라고 종용.

□ 사건의 쟁점과 판결 결과

- 부인을 살해한 혐의로 기소된 피고인은 범행을 부인하고 있는데, 가정부와 의붓아들의 증언을 사건의 쟁점으로 볼 수 있음.
- 검사 측 증인의 진술과 변호인 측 증인의 진술 및 다른 간접증거들이 과연 합리적 의심을 배제시킬 정도의 증명력을 가지고 있는지에 대해 1심과 2심의 배심원 견해가 나누어진 사건임.

  ※ 1심 : 유죄

  ※ 2심 : 무죄

□ AgenaRisk에 사건적용

부인을 살해한 혐의로 기소된 Claus는 범행을 부인하고 있는데, 가정부와 의붓아들의 증언을 사건의 쟁점으로 볼 수 있다. 이를 AgenaRisk를 이용하여 사건의 증언들과 증거들을 토대로 Claus의 유죄확률을 시각화하면 [그림 7]과 같이 나타낼 수 있다.

1심 재판에서는 검사 측은 Claus가 Sunny를 살해할 충분한 동기를 가지고 있는 증거(Claus의 정부 Alexandra의 이혼종용, Sunny의 담당 은행원의 증언, 가정부와 의붓아들의 증언)를 제시하였다. 반면에, 변호인 측은 검사 측의 증거들에 대한 이의를 제기하지 못했다. 이것을 AgenaRisk로 나타내면 Claus가 Sunny를 살해했을 가능성은 90.7%로 높았다([그림 8]). 그러나 2심판결에서 변호인 측은 전문가증언을 통해 Sunny의 죽음이 인슐린에 의한 것이 아닌 평소 그녀의 생활습관상의 문제(가령 다량의 아스피린 투약, 아이스크림을 먹는 것 등)가 Sunny가 혼수상태에 이르게 된 원인이라고 주장하였다. 더불어 가정부 Maria와 의붓아들 Alex의 증언의 신빙성에 문제를 제기하였는데, 이를 반영하면 Claus가 유죄일 가능성이 46.3%로 나타난다([그림 9]).

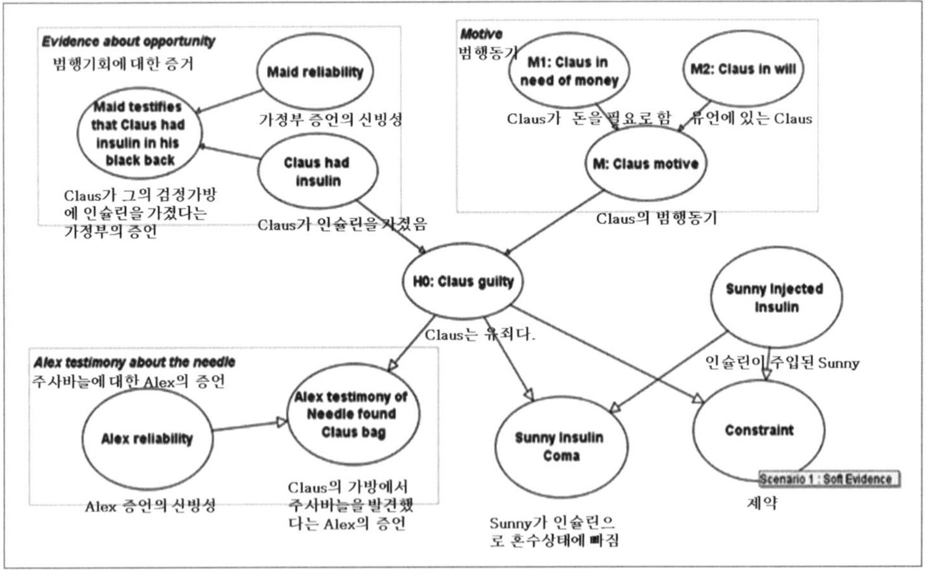

[그림 7] AgenaRisk를 이용한 외국사례 Claus von Bülow case 분석: Claus가 '유죄'일 것이라는 가설에 대해 법적 관용구('범행기회', '범행동기', '주사바늘에 대한 Alex의 증언')로 구분하여 분석

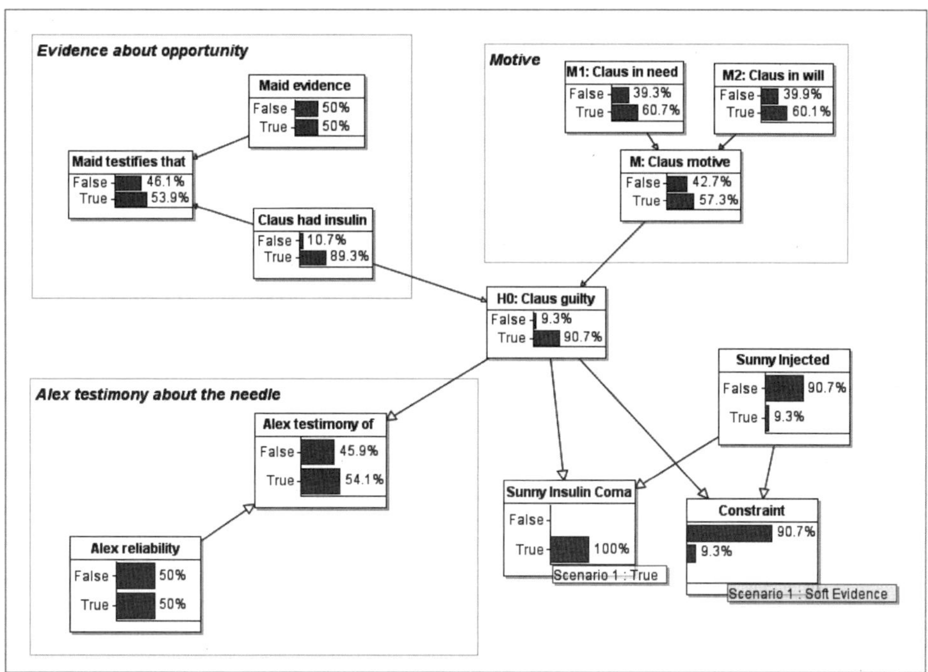

[그림 8] AgenaRisk를 이용한 외국사례 Claus von Bülow case 분석_유죄가능성 90.7%

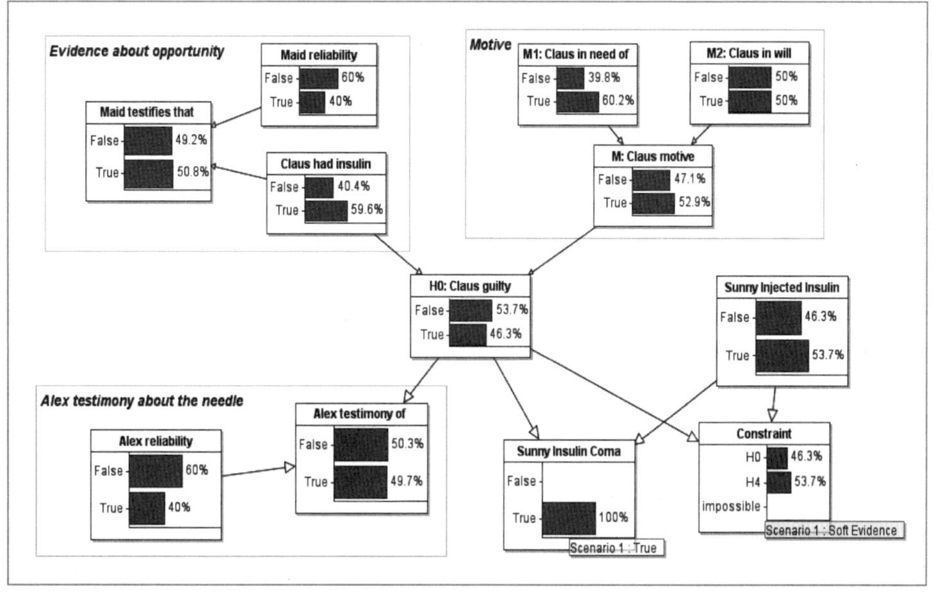

[그림 9] AgenaRisk를 이용한 외국사례 Claus von Bülow case 분석_유죄가능성 46.3%

나. 국내사례 - 청산염 사건[42)43)]

□ 사건의 개요

- 피고인(50대 여인)은 범행이 이루어진 날 낮에 피해자 김순덕이 금 4,000,000원을 저녁에 변제하겠으니 빌려달라고 하여 빌려주고, 같은 날 20:00경부터 24:00경까지 이현숙의 집에서 이현숙과 술을 마시며 피해자의 전화를 기다렸으나 연락이 되지 아니하여 그 후 집에 들어가 잠을 잠.
- 다음 날 11:20경 피고인은 강희숙, 김정순과 함께 피해자의 집에 찾아감. 두 사람과 함께 찾아간 것은 피고인이 평소 피해자의 집을 잘 알지 못하고, 또 피고인이 전날 피해자에게 현금 4,000,000원을 빌려주고 받지 못한 상황에서 피해자의 집에 찾아가면 피해자가 문을 열어 주지 않을 것이라고 생각했기 때문이라고 주장. 여기서 피고인은 이미 살해당한 피해자를 발견하고 경찰에 신고.
- 피해자는 자신의 집 거실에서 나체 상태인 주검으로 발견되었고, 피해자는 청산염에 의해 살해되었음이 밝혀짐. 발견 당시 턱 아래와 목주위에 칼로 찔린 자국이 26군데나 있었으나, 그 상처들은 피해자를 사망에 이르게 할 치명적인 것은 아니었음. 피해자가 반항한 흔적은 발견되지 않았고, 옷에도 혈흔이 묻어 있지 않았음.
- 피고인은 그 날 밤 이현숙의 집에 가서 자정이 넘는 시각까지 자리를 뜨지 않고 소주 4병을 나누어 마셨는데, 그들이 술안주로 하기 위해 인근 중국음식점에 전화로 음식을 주문한 시각이 20:40으로 밝혀졌음. 이현숙의 집 바로 옆에 소재한 신발가게 주인 박철진의 진술에 의하면 피고인은 이현숙의 집에 가기 직전에 위 신발가게에서 10분 내지 20분간 박철진의 외손자를 업어주며 놀다가 갔다고 증언. 피해자의 집에서 위 신발가게까지는 약 265m 떨어져 있어 남자의 걸음걸이로 약 3분 소요.
- 피고인은 제3자가 피해자를 살해한 후 피고인을 범인으로 지목되게 하기 위하여 피고인의 타액이 묻은 75ml 컨디션 병을 청산염이 든 100ml 컨디

42) 울산지방법원 2004. 5. 21. 선고 2004고합6 판결, 부산고등법원 2005. 11. 3. 선고 2004노403 판결, 대법원 2006. 3. 9. 선고 2005도8675 판결, 부산고등법원 2007. 2. 7. 선고 2006노164 판결, 대법원 2007. 4. 27. 선고 2007도1948 판결 참고.

43) 사건에 등장하는 이름은 실명이 아닌 가명이다.

셔 병과 함께 비닐봉지에 담아 버리고 피해자의 신용카드 등을 피고인의 집 옆 담 사이에 버리는 등, 피고인이 피해자를 살해한 것처럼 보이도록 조작한 것이라고 주장.

- 피해자가 청산염중독으로 인하여 사망한 사실과 피해자의 집 근처 하수구에서 피해자를 살해하는 데 사용된 청산염이 들어있는 100ml 컨디셔 병이 발견된 사실과 위 100ml 컨디셔 병은 75ml 컨디셔 병과 함께 한 파란색 비닐봉지에 담겨 있었는데 위 75ml 컨디셔 병에 묻어 있던 타액에서 검출된 DNA가 피고인의 DNA와 일치하는 것으로 밝혀짐.
- 피해자의 사체 옆에서 발견된 담배에 묻어 있는 타액에서 검출된 DNA와 피고인의 DNA가 일치.

□ 사건의 쟁점과 판결 결과

- 청산염에 의한 피해자 사망
- 피해자 옆 사체에서 피고인의 DNA가 검출된 담배발견
- 컨디셔 병과 칼이 피해자 집 근처 하수구에서 발견되고 수첩과 신용카드 등이 피고인 집과 외벽 사이 작은 공간에서 발견된 점
- 귀금속이 피해자의 집에 남아있는 점
- 피해자를 발견한 날 피해자의 집을 타인과 동행한 이유
- 피해자 살해 시각 당시 피고인의 알리바이 및 범죄의 치밀성
- 완전 나체인 상태로 그 주검이 발견된 점과 관련하여 피해자가 동성애자일 가능성
- 피해자 휴대폰의 행방
- 사건관련 피고인과 피해자의 금전관계
- 살인동기

※ 지방법원 : 유죄

※ 고등법원 : 유죄

※ 대법원 : 파기환송

※ 고등법원 : 무죄

※ 대법원 : 상고기각

□ AgenaRisk에 사건적용

살해 혐의로 기소된 피고인은 범행을 부인하고 있는데, 피고인의 '범행기회'가 피고인의 유·무죄 판단에 가장 중요한 쟁점이 된다. AgenaRisk를 이용하여 사건의 증언들과 증거들을 토대로 피고인의 유죄확률을 시각화하면 [그림 10]과 같이 나타낼 수 있다.

1심과 2심 재판에서는 '피해자 옆 사체에서 피고인의 DNA가 검출된 담배발견', '컨디션 병과 칼이 피해자 집 근처 하수구에서 발견되고 수첩과 신용카드 등이 피고인 집과 외벽 사이 작은 공간에서 발견된 점', '피해자 살해 시각 당시 피고인의 알리바이 및 범죄의 치밀성'의 증거 및 증언은 토대로 AgenaRisk로 나타내면 유죄확률은 82%이다([그림 11]). 하지만 대법원은 피해자가 살해당했을 시각 피고인의 '알리바이'가 확인된 사실과 범행동기가 없는 것으로 판단한 점을 AgenaRisk에 적용해 보면 피고인이 유죄일 가능성은 32.7%가 된다([그림 12]).

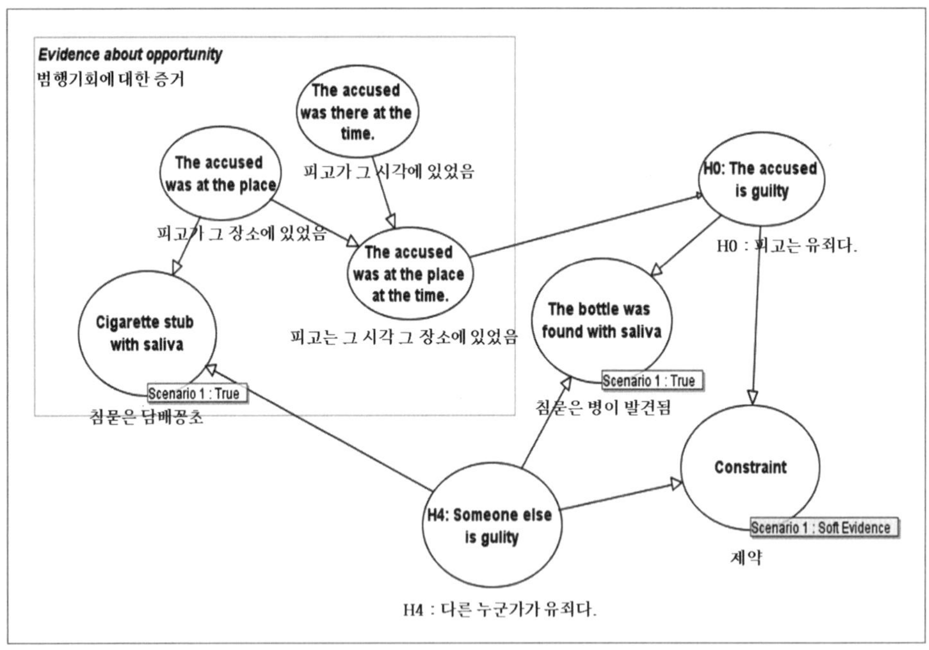

[그림 10] AgenaRisk를 이용한 국내사례 청산염 살인사건 분석

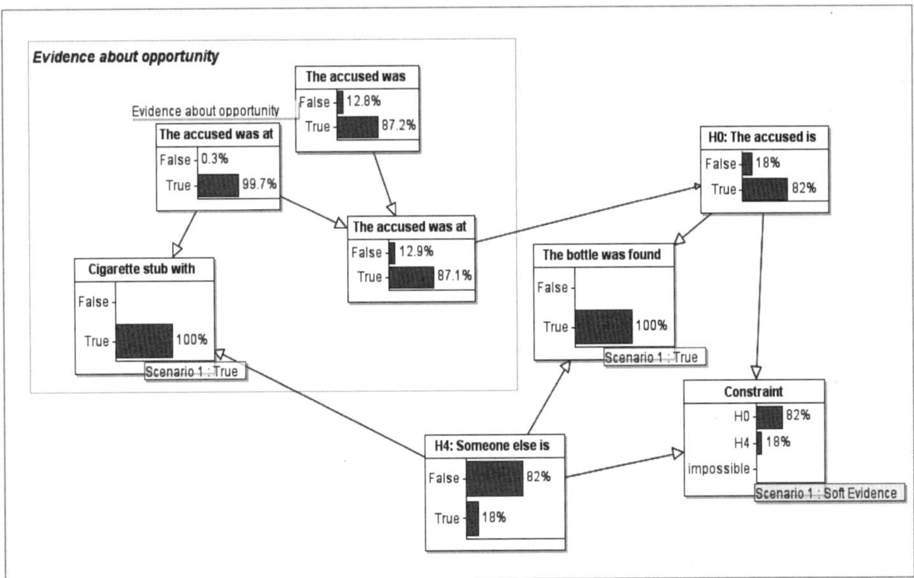

[그림 11] AgenaRisk를 이용한 국내사례 청산염 살인사건 1심 판결 분석_유죄가능성 82%

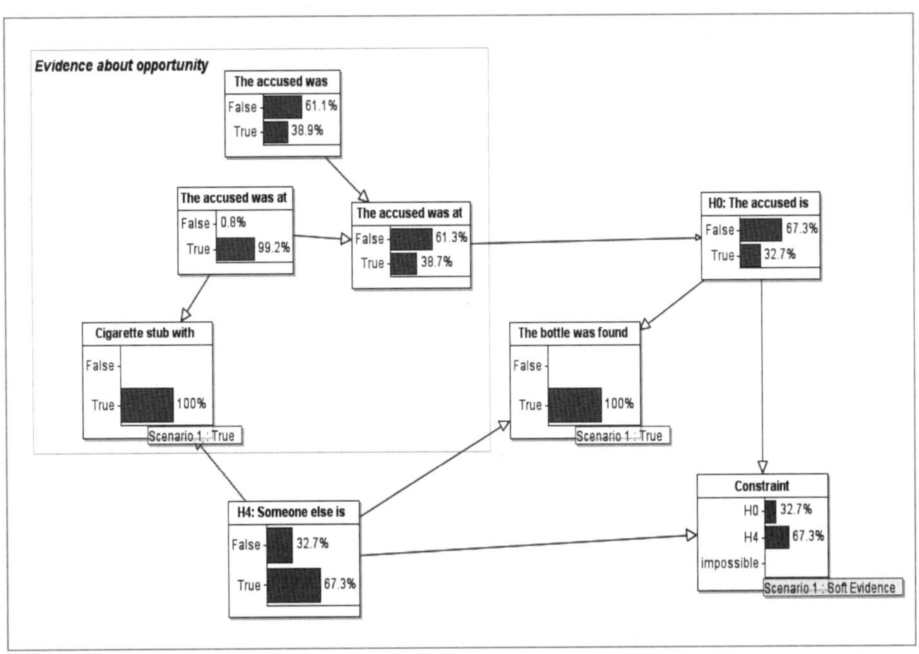

[그림 12] AgenaRisk를 이용한 국내사례 청산염 살인사건 대법원 판결 분석_유죄가능성 32.7%

다. 국내사건 - 모자살인사건[44)]

□ 사건의 개요

- 피고인은 1993. 1. 26. 18:00경 대구 ○구 ○○동 ○○○○건물 4층에 거주하고 있는 피해자 최진이(여, 55세)가 귀가하는 것을 보고 최진이를 뒤따라 올라가 대화를 시도함.
- 최진이는 방을 임차하기 위하여 찾아온 사람으로 착각하였고, 피고인은 임차인을 가장하여 방안으로 들어가 강도 범행을 하고자 함.
- 최진이의 딸인 공소외 조윤희(여, 19세)가 밖으로 나가는 것을 보고 실행을 미루었고 최진이에게 노란색 메모지에 '956-0000 이 ○○'이라고 기재하여 주면서 다시 연락하겠다고 말한 뒤 위 건물 계단을 내려오다가 돌아오던 조윤희와 마주침.
- 피고인은 집 안에 최진이와 조윤희만이 있어 범행이 용이할 것으로 판단하고 다시 범행을 결의함.
- 임차 문제로 다시 이야기할 것이 있는 양 행세하며 집으로 들어간 뒤 최진이와 조윤희를 칼로 위협하며 큰방 안으로 몰고 들어가 방문을 닫고 강취할 물건을 물색함.
- 최진이가 큰방에는 돈이 없다고 하자 조윤희로 하여금 무릎을 꿇은 상태로 이불을 꺼내어 덮어쓰게 하고, 최진이에게 돈을 요구하여 최진이가 조윤희에게 작은방 장판 밑에 돈 12만원이 있으니 가지고 오라고 하여 조윤희가 이불을 걷고 작은방으로 가려고 하자 칼로 조윤희를 위협하면서 움직이지 못하게 함.
- 피고인은 피해자들을 칼로 위협하며 이동하였는데, 작은방에는 최진이의 아들 조윤재(21세)가 있었음.
- 피고인은 조윤재로 하여금 장판 밑에 있던 12만원이 들어있는 돈봉투를 꺼내게 하여 이를 건네받고 조윤재와 조윤희를 방안에 있는 침대 위로 올라가 이불을 덮어쓰게 함.
- 피해자들이 신고하여 검거될 것을 우려한 나머지 체포를 면탈할 목적으로

---

44) 이 사건은 사건의 내용에 비추어 '모자살인사건'이라고 명칭하였고, 사건에 등장하는 이름은 실명이 아닌 가명이다.

44) 대구지방법원 1993. 11. 23. 선고 93고합578 판결, 대구고등법원 1994. 4. 20. 선고 93노977 판결, 대법원 1994. 9. 13. 선고 94도1335 판결 참고.

칼로 최진이의 우측 흉부, 좌측 등, 우측 옆구리, 복부 등을 5회에 걸쳐 힘껏 찌르고, 조윤재가 이를 제지하려 하자 칼로 복부와 좌측 옆구리 등을 각 1회 힘껏 찌름.

- 최진이는 간의 자창에 의한 실혈, 조윤재는 신장 및 비장의 자창에 의한 실혈로 인하여 사망함.
- 경찰관 김○○는 원심 법정에서 원심판시 제1 범행 직후 신고를 받고 범행현장에 출동하여 큰방 바닥에서 "956-2031 이○○"라고 기재되어 있는 노란색 메모지 1장(증 제14호)을 발견하고 이를 압수하였다. 첫 번째 사건 현장에서 메모지를 압수함.
- 1993.4.22. 피고인을 사건의 용의자로 검거하고 다음 날 조윤희와 대면하도록 하여 피고인이 범인이라는 증언을 확보함.

□ 사건의 쟁점과 판결 결과

- 2명을 살해한 강도 살인의 혐의로 기소된 피고인은 범행을 부인하고 있는데, 범행 당시 현장에 있었던 피해자 최진이의 딸 조윤희의 진술이 신빙성이 있는 것으로서 증명력이 있는 것인지, 신빙성 있는 증언을 합리성 없는 의심으로 배척하고 고도의 개연성을 담보하고 있는 필적감정결과를 배척하여 무죄를 선고할 수 있는 것인지가 사건의 쟁점으로 볼 수 있음.
- CCTV의 영상에서 용의자가 오른손으로 지퍼를 올렸다는 것과 피고인이 왼손잡이라는 것이 무죄의 간접사실로 인정될 수 있는지 및 조윤희의 진술과 다른 간접증거들이 합리적 의심을 배제시킬 정도의 증명력을 가지고 있는지에 대하여 1심과 2심·대법원의 판결이 나누어진 사건임.

※ 지방법원 : 유죄
※ 고등법원 : 무죄
※ 대법원 : 유죄

□ AgenaRisk에 사건적용

피해자의 딸 조윤희의 진술과 필점감정결과 그리고 간접증거들을 AgenaRisk를 이용하여 사건의 증언들과 증거들을 토대로 피고인의 유죄확률을 시각화하면 [그림 13]과 같이 나타낼 수 있다. 조윤희의 진술과 필적감정의 증명력을 배척할 경우, 피고인이 유죄일 확률은 51.2%이지만([그림 14]), 필적감정의 참일 값을 1로 세팅할 경우 피고인이 유죄일 확률은 56.3%으로 증가한다([그림 15]).

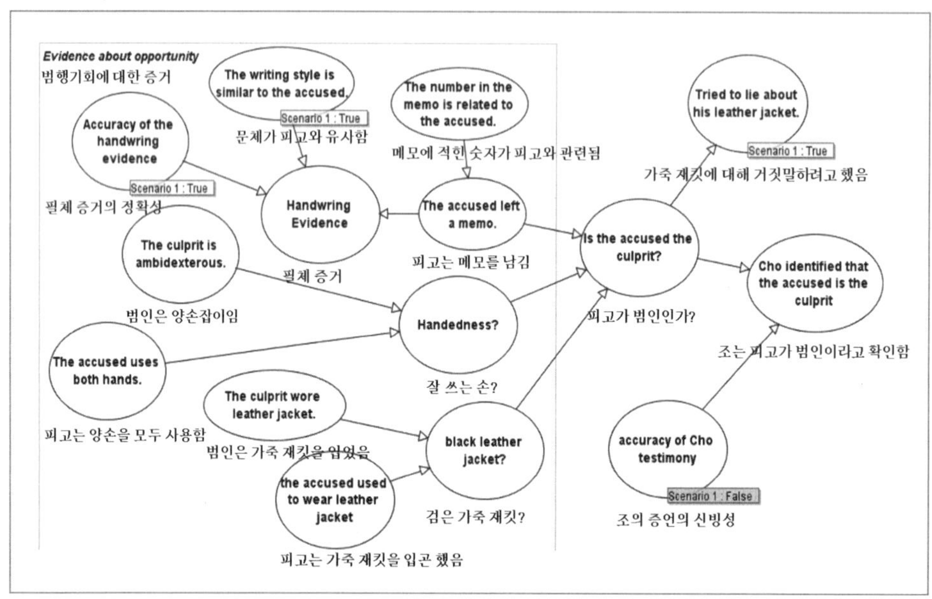

[그림 13] AgenaRisk를 이용한 국내사례 모자살인사건 분석

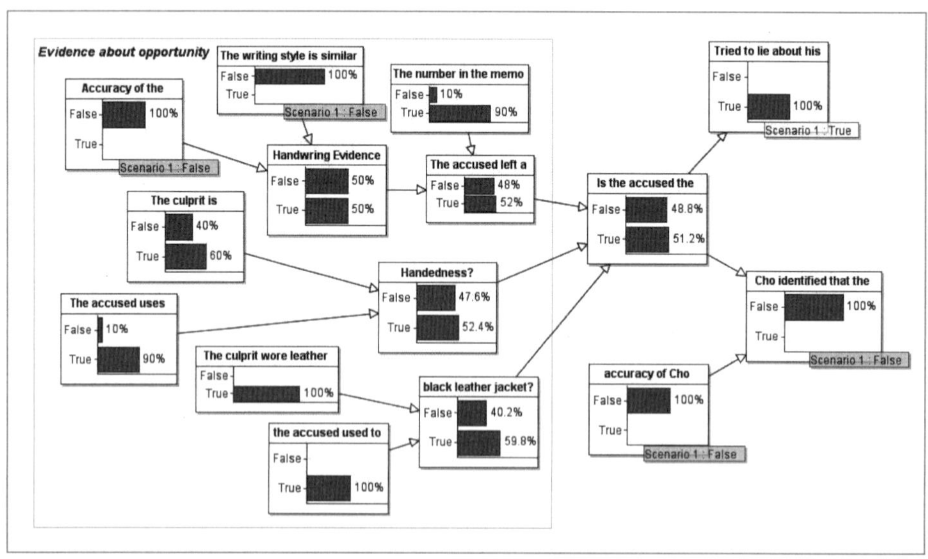

[그림 14] AgenaRisk를 이용한 국내사례 모자살인사건 분석_조윤희의 진술과 필적감정의 증명력을 배척할 경우: 유죄가능성 51.2%

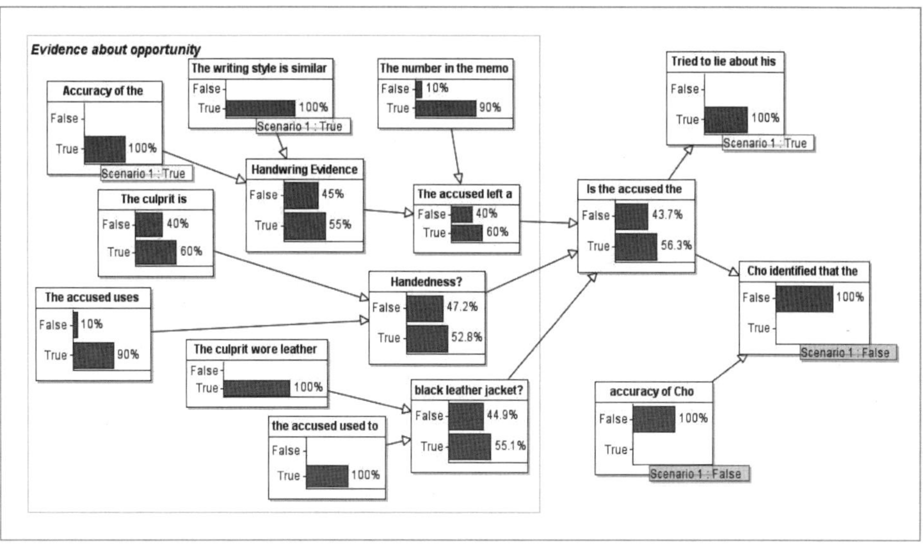

[그림 15] AgenaRisk를 이용한 국내사례 모자살인사건 분석_필적감정의 참일 값을 1로 세팅할 경우: 유죄가능성 56.3%

Ⅲ. 요약과 전망

본 연구는 판단의 정확성을 높이기 위한 보완방법으로 베이지안 망을 이용하는 방안을 소개하기 위해 이루어졌다. 베이지안 망을 법적 판단에 적용하려는 시도는 국내외에서 이미 이루어진 만큼, 본 연구는 단순한 소개에서 벗어나 몇몇 실제 사례에 베이지안 망을 적용하여 국내 법 실무가들의 관심과 후속 논의를 촉발시키고자 하였다.

우리의 법 제도에서는, 물론 고도의 훈련과 실무 경험을 바탕으로 하지만, 판사들의 개인적 판단이 판결에 큰 영향을 미친다. 그렇지만 그동안 인지심리학의 연구를 통해, 인간의 판단 능력은 규범적인 잣대로 볼 때 부족한 점이 많다는 것이 밝혀졌다. 판사들도 일반적인 인지 능력에 있어 예외가 아니라는 실증적 연구도 이미 축적되어 있다. 따라서 교육과 판사들의 개인적인 성찰을 통해 판단 능력을 향상시키는 것도 필요하지만, 판단과 관련된 인접 분야의 지식을 활용할 필요가 있다. 이러한 지식 중 하나가 베이지안 통계를 활용하는 기법이다. 실제로 베이지안 망을 법적 판단에 적용하려는 시도는 오래전부터 이루어졌는데, 최근 통계학적 기법과 이를 처리하는 소프트웨어의 발전으로 그 사용가능성이 그 어느 때보다도 유망하다.

판결의 정확성을 높이기 위해 베이지안 망을 고려해야 하는 또 다른 이유는 법적 삼단논법을 비롯한 전통적인 법적 논증방법을 보완할 필요성이 있기 때문이다. 전통적 논증에서는 일련의 발생사실 또는 증거들 간의 개연성을 법관의 자유심증에 의해 의존할 뿐, 증거의 증명력 및 개개의 증거가 지니고 있는 확률적 가능성을 고려하지 못하고, 이러한 증거들을 종합적으로 고려하도록 하는 기제가 없다. 이 문제점을 보완하기 위해 베이지안 망을 활용할 수 있다. 물론 모든 사건에 적용될 수는 없겠지만, 후속 연구들을 통해 그 적용 범위와 한계를 구체화시킬 수 있을 것이다.

본 연구에서 소개된 베이지안 망을 이용한 법적논증 분석은 이미 판결이 난 사건에 대한 사후 분석에 국한된다는 점에서 한계가 있다. 그럼에도 불구하고 복잡한 형사사건들에서의 여러 증거와 증언을 서로 독립적인 몇 개의 영역으로 구분하여 분석하는 데 도움을 줄 뿐만이 아니라, 증거나 증언의 관련성을 더 쉽게 논리적, 인과적으로 파악할 수 있다는 장점을 지니고 있다. 이는 애당초 Wigmore가 그래프를 이용하여 하나의 사건에 대해 파악하려 했던 사건 전체의 개요를 어느 정도 추상화한 수준에서 표상한 것으로 볼 수 있다. 그렇지만 베이지안 망은 Wigmore의 그래프보다 사건에서의 쟁점을 시각적으로 그리고 양적으로 확인하기 쉽게 해준다. 이 특징들, 즉 개별 증거나 증언을 확률적으로 표상하고, 수많은 증거와 증언의 관련성을 논리적·인과적으로 파악하게 해 준다는 점에서, 법적 추론의 투명성을 제고하는 데 기여할 수 있다.

베이지안 분석망과 같은 도구가 없이도 지금까지 판사들은 직관과 경험을 바탕으로 최선의 판단을 내리기 위해 애써 왔다. 그럼에도 이런 분석 방법을 판결의 보조도구로 사용하면, 판사들이 판결하는 사건을 어떻게 이해하고 있고, 무엇을 판결의 핵심으로 간주하고 있는지를 객관화할 수 있다. 이를 통해 결과적으로, 판결과정은 물론 판결문의 투명성을 높일 수 있음을 기대할 수 있다.

물론 이상의 바람은 다음과 같은 몇 가지 후속 연구가 선행될 때 실현 가능하다. 무엇보다 먼저, 베이지안 망에 대한 기본적인 이해를 전제로 베이지안 망을 사용한 집단과 망을 사용하지 않고 판결을 내린 집단 간의 판결의 질을 비교하는 연구가 수행될 필요가 있다. 두 집단 간에 차이가 없다면 굳이 번거로운 베이지안 분석을 수행할 필요가 없을 것이다. 그렇지만 증언과 증거의 관련성이 복잡한 사건의 경우 베이지안 망을 사용하는 집단의 판결에 대한 정확성은 물론 판결문의 투명성 또한 높을 것을 예상해볼 수 있다.

베이지안 망이 얼마만큼 일관적으로 구성될 수 있는지에 대한 연구 역시 필요하다. 즉 동일 사건을 서로 다른 사람들이 분석했을 때, 구성된 베이지안 망들이 얼마만큼 일치하는지를 알아보아야 한다. 일치도가 높으면 이 분석이 더 널리 사용될 가능성을 높여주지만 그렇지 않다면 일치도를 높일 수 있는 방안에 대한 연구가 이루어져야 할 것이다.

한 사건에 대한 베이지안 망이 안정적으로 구성된다 하더라도 또 다시 탐색되어야 하는 문제는 각 마디에 대한 확률표를 만드는 데 있어서의 일치도이다. 하나의 베이지안 망을 법 실무가들에게 제시하였을 때 각 마디에서의 조건부 확률에 대한 추정치가 높으면 높을수록 판결의 일치도도 높아질 것으로 예상된다. 이런 예상은 물론 사람마다 다른 확률을 할당할 때, 이들을 조정할 수 있는 방안을 찾는 방법에 대한 연구도 이루어져야겠다.

더불어 AgenaRisk가 제시하는 가설에 대한 최종값이 정해진 후 그 확률값에 대해 어떻게 평가할 것인지가 또 다른 연구 영역이다. 가령 증거가 제시된 후 피고인이 유죄일 확률이 85%로 도출되었을 때, 이 결과를 토대로 피고인을 '유죄에 가깝게 볼 것인가?' 아니면 '무죄에 가깝게 볼 것인가?'에 대해서 심각하게 생각할 필요가 있다. 대륙법계의 영향을 받은 우리나라에서는 종래 유죄판결을 위한 법관의 심증형성의 정도로서 '확신'의 단계에 도달할 것을 요구하면서, 확신단계의 증명을 진실에 대한 '고도의 개연성'이라고 설명하고 있다.[45] 최근에는 이러한 확신이라는 개념과 함께, 영미법의 영향을 받아 '합리적 의심이 해소될 수 있을 정도의 증명'을 요구하고 있다.[46] 그러나 영미법에서는 증명력의 정도를 계량화할

45) 형사재판에서 범죄사실의 증명은 법관으로 하여금 합리적인 의심을 할 수 없을 정도로 고도의 개연성에 대한 확신을 가지게 하여야 하고, 피고인에 대하여 유죄의 의심이 간다는 사정만으로 유죄로 인정할 수는 없다(대법원 2001. 2. 23. 선고 2000도5395 판결).

46) '개연성'과 관련한 일반적 설명에 대하여는 대법원 2004. 6. 25. 선고 2004도2221 판결은 "증거의 증명력은 법관의 자유판단에 맡겨져 있으나 그 판단은 논리와 경험칙에 합치하여야 하고, 형사재판에 있어서 유죄로 인정하기 위한 심증형성의 정도는 합리적인 의심을 할 여지가 없을 정도여야 하나, 이는 모든 가능한 의심을 배제할 정도에 이를 것까지 요구하는 것은 아니며, 증명력이 있는 것으로 인정되는 증거를 합리적인 근거가 없는 의심을 일으켜 이를 배척하는 것은 자유심증주의의 한계를 벗어나는 것으로 허용될 수 없다 할 것인바, 여기에서 말하는 합리적 의심이라 함은 모든 의문, 불신을 포함하는 것이 아니라 논리와 경험칙에 기하여 요증사실과 양립할 수 없는 사실의 개연성에 대한 합리성 있는 의문을 의미하는 것으로서, 피고인에게 유리한 정황을 사실인정과 관

수 있음을 전제로 심증형성의 정도를 4단계로 더욱 세분화하고 있다. 즉, 심증의 형성을 ① 절대적 확실성(100% 확실), ② 합리적으로 의심할 수 없을 정도의 확실성(95% 확실), ③ 상당한 이유 또는 증거의 우월(50% 초과 확실), ④ 합리적 의심의 여지가 있음(5~20%)으로 나눔으로써 AgenaRisk가 제시하는 가설에 대한 최종값에 대한 평가를 적용시키기 용이한 측면이 있다. 따라서 향후 심증형성의 정도를 계량적으로 구분할 수 있는 가이드라인 등이 제시될 수는 있는지를 논의해 볼 필요가 있다.

본 연구는 실제 진행 중인 재판의 자료에 접근할 수 없다는 제약으로 인해 부득이하게 이미 판결이 난 사건을 증거들과 쟁점들을 중심으로 사후적 분석이 이루어지다 보니, 실제 진행 중인 사건의 분석과는 차이가 있을 수 있다. 그러므로 실제 진행 중인 사건에 대해 분석을 해보고 그 결과를 실제 판결과 비교하는 연구도 진행될 수 있겠다.

마지막으로 재판과정에서뿐만 아니라, 수사과정에서의 베이지안 접근법의 활용 가능성을 탐색해 볼 필요가 있다. 앞서 소개된 오판 분석 연구에 따르면 수사단계에서 터널비전에 빠져 중요한 증거들이 간과된 경우가 적지 않았다. 수사관의 직관이나 심증이 때로 어려운 사건을 해결하는 실마리가 되기도 하지만 반대로 엉뚱한 사람을 범인으로 몰고 가는 원인이 되기도 한다. 수사단계에서도 때로는 서로 갈등적인 증거와 증거들이 혼재하는 만큼 이들을 넓은 조망에서 바라볼 수 있게 하는 베이지안 분석틀을 개발할 수 있겠다.

위에 언급된 몇 가지 후속 연구들이 이루어지면, 베이지안 망을 판사들의 판결 정확도를 높이는 보조 도구로써 활용할 가능성이 높아질 것으로 예상된다. 그 단계에 이르기 전에라도 이 방법은 법관 양성 교육에 활용될 수도 있겠다. 실제로 이 분야에서 큰 기여를 한 George Mason 대학의 설계공학과 교수인 David Schum은 법학전문대학원생을 대상으로 증거에 대한 베이지안 분석법을 오랫동안 가르쳐 왔다. 국내에서도 이런 일이 가능해지기 위해서는 다양한 사례들의 축적과 이에 대한 분석, 그리고 판사와 심리학자 및 통계학자들의 협력이 필요하다는 것은 너무도 당연해 보인다. 그런 협력의 장이 속히 열릴 뿐만 아니라, 궁극적으로 판결 배후의 추론 과정을 명료히 하는 데 실질적인 진전이 있기를 기대해본다.

련하여 파악한 이성적 추론에 그 근거를 두어야 하는 것이므로 단순히 관념적인 의심이나 추상적인 가능성에 기초한 의심은 합리적 의심에 포함된다고 할 수 없다"고 명시하고 있다.

후 기

고효림 · 박주용

위 논문이 발표된 지 벌써 10년이 지났다. 논문 발표 후 후속 연구 진행을 위해, 사건에 대한 법원의 판결문 외에 추가로 관련 기록을 얻으려고 여러 기관을 찾아다녔지만, 성공하지 못했다. 그 때의 아쉬움을 뒤로 하고, 이 논문이 재수록되는 것을 계기로 그간 어떤 진전이 이루어졌는지를 살펴보았다.

이와 관련된 연구는 논의의 편의상 크게 두 갈래로 나눌 수 있다. 하나는 인지에 대한 베이즈적 접근이 대두되면서(*e.g.*, Chater & Oakford, 2008), 이를 인과 추리 과정에 적용하고 나아가 법적 논증 상황으로 확장하는 연구이다. 다른 하나는 베이즈망을 실제 판례에 적용하는 연구이다. 각각에 대해 간략히 정리해보면 다음과 같다.

먼저 1980년대 말부터 시작된 인지에 대한 베이즈적 접근은 컴퓨터 비유 이래 가장 광범위하게 지각, 언어, 그리고 추리에 대한 정교한 설명 모형을 제시하고 있다. 예를 들면 두 사건이 인과적으로 연결되어 있는지의 여부를 판단하는 구조 문제와 두 사건 간의 인지적 강도 추정을 분리할 수 있는 모형이 제시되었고 그 타당성이 검증되었다(Griffiths & Tanenbaum, 2005). 이후 수많은 연구자들에 의해 사람의 인과 추리가 베이즈 망을 통해 평가될 수 있다는 주장과 증거가 제기되었다(*e.g.*, 박주용, 2016; Rottman, 2017; Sloman, 2005). 연구자들은 이전과 달리 베이즈 모형의 양적 결과 즉, 새로운 증거가 제시됨에 따라 이전 믿음의 강도가 어떻게 변하는지에 대한 수치적 정확성보다는, 질적 결과, 즉 새로운 증거가 제시됨에 따라 이전 믿음의 강도가 변하는 방향에 주목하고 있다. 이들은 질적 결과의 경우 사람들의 판단이 베이즈 모형과 어느 정도 일치함을 보여주었다(Shengelia & Lagnado, 2021). 요컨대 베이즈 모형은 일상적인 인과 추리에서는 물론 복잡한 법적 판단 상황에서의 추리과정을 어느 정도 서술한다는 것이다.

또 다른 접근은 베이즈 망을 이용하여 실제 판결 과정에 대한 모형을 구축하는 연구이다. 이 접근은 법조계의 실무자들이 협력하는 가운데 이루어진 연구는 찾아보기 어려운 대신, Fenton과 그의 동료들이 법학 교수와 협력하는 가운데 사용가능성에 대한 탐색 연구가 이루어지고 있다(Fenton & Neil, 2011; 2012; Fenton, Lagnado *et al.*, 2013; Fenton, Berger, *et al.*, 2013; Fenton *et al.*, 2016; 2017; 2020). Fenton 등(2016)은 법조계 실무자들이 베이즈 망을 사용하지 않는 이유로, 확률적 접근에 대한 법조계의 저항, 과도하게 단순화된 승산 모형의 사용, 승산 모형 사용 시 가설의 배타성과 분할에 대한 고려 부족, 사전확률에 대한 오해, 승산을 언어적으로 표현하는데서 오는 혼동, 그리고 베이즈 망을 이용한 확률을 손으로 계산하는 데 있다고 본다. 그는 이런 문제점은 Agnenrisk와 같이 정교한 프로그램을 사용하면 상당부분 해소할 수 있다고 주장한다. 실제로 이들은 법적 관용구를 이용하여, 복잡한 형사 사건을 비교적 짧은 시간 동안 분석할 수 있다고 주장한다(Fenton, *et al.*, 2020).

베이즈 망을 이용한 또 다른 연구는, 법적 논증을 체계적이고 명시적으로 분석하기 위한 새로운 시도에서도 볼 수 있다. 그 시도는 지난 2020년 10월에 출판된 *Topics in Cognitive Science*에서 다루어진 "Models of Rational Proof in Criminal Law"이다. Henry Prakken, Floris Bex, 그리고 Anne Ruth Mackor(2020)에 의해 편집된 이 특집호의 목적은 법적 추론 과정을 명료하게 하기 위해 기존의 방법들이 어떻게 활용될 수 있는지를 탐색하였다. 이들은 네덜란드에서 발생한 살인 사건인 Simonshaven case를 제시하고, 확률, 논증, 그리고 시나리오 접근법이 각각 어떻게 분석하는지를 비교하였다. 논증에서는 증거로부터 결론에 이르는 논증에 포함된 여러 추리 과정을 명료하게 함으로써 의심의 근원을 확인하고자 한다. 논증 과정에 대해 철학자는 물론 AI 학자들이 참여하여, 그 과정을 형식화하는 데 상당한 진전을 이루었다. 예를 들어 전문가에 의한 논증, 즉 한 전문가가 A가 참이라고 주장할 때, 다음과 같은 질문을 통해 그 타당성을 확인할 수 있다(기타 다른 논증 유형에 대해서는 Walton *et al.*, 2008을 참조하시오):

CQ1 : 그 전문가는 그 분야에서 진짜 전문가인가?
CQ2 : 그 전문가가 정말로 A라고 주장했나?
CQ3 : A는 그 영역과 관련이 있나?

CQ4 : A에 대해 다른 전문가들도 동의하나?
CQ5 : A는 그 영역의 다른 지식과 상충되지 않나?

이런 논증 분석은 변호사나 판사들이 가장 친숙한 접근법이다. 그렇지만 대안적 논증을 명료하게 하는 데는 한계가 있다는 약점이 있다.

시나리오 접근법은 여러 증거에 기반하여 가능한 여러 개의 시나리오를 만들고 그 가운데 가장 잘 설명하는 시나리오를 찾아내고자 한다. 문제는 사실이 아님에도 그럴듯하거나 설득력이 있는 시나리오가 채택될 수 있다는 문제점과 시나리오 구성에서 논증 분석에서처럼 규범적이고 형식적인 제약이 없다는 한계가 있다. 그리고 어느 시나리오가 더 나은지를 구별하는 데 있어 양적 비교가 어렵다는 점도 지적될 수 있겠다.

베이지안 망을 이용한 접근은 고민조・박주용(2013) 논문에서처럼, 논증과 시나리오 접근의 내용을 포함시킬 수 있을 뿐만, 아니라 비록 주관적이기는 하지만 사건 발생에 대한 추정치를 이용하여 둘 혹은 그 이상의 가능한 시나리오 중 어느 쪽이 더 가능성이 높은지를 수치로 제공할 수 있다는 장점이 있다.

그렇지만, 이 접근이 해결해야 할 몇 가지 문제에 대해서는 여러 영역의 학자들에 의해 지적되고 있다. Meester(2020)가 지적하는 문제점은 주목할 만하다. 그는 특정 사건의 발생 가능성에 대한 주관적 확률이 근거가 없음을 지적한다. 예를 들어 어떤 사건이 일어날 가능성을 0.65라고 했을 때 왜 0.7 혹은 0.75 대신 0.65여야 하는지에 대한 만족스러운 설명이 없다는 것이 문제라고 지적한다. 더욱 문제가 되는 것은 이런 식으로 설정되면 여러 사건들이 연결되면서 그 효과가 증폭 혹은 감소된다는 점을 지적한다. 이와 관련된 또 다른 문제는 여러 사건들에 대한 확률설정이 일관적이지 않을 수 있다는 점이다. 예를 들어 $P(A)=0.2$ $P(A|B)=0.8$, 그리고 $P(A|BC)=0.5$는 $P(A)=P(A|B)+P(A|BC)$임을 고려하면 모두 참이 될 수 없다. 이 사례의 요점은 임의적인 확률 설정에서 오류가 발생할 여지가 많다는 것이다. 이런 문제점과 별도로, 법적 상황에서 부딪치게 되는 수많은 불확실성을 확률로 다루기 어려운데, 사람들은 어떤 주장에 대해 믿지 않지만 그렇다고 그 주장을 부정하는 것도 믿지 않을 수 있기 때문이다. 이 밖에 한 사건에 대해 여러 명이 각각 구축한 베이즈망이 서로 다른데 이를 조정할 방법이 없다는 한계점도 추가될 수 있겠다. 이런 비판을 바탕으로 Meester(2020)는 법적

추론의 전 과정을 베이즈망으로 포착하려는 시도는 위험하기 때문에 지양해야 하고, 확률적 접근이 확실히 도움이 되는 특정 추리 과정에 적용하는 전략이 유망하다고 주장한다. 흥미로운 점은 네덜란드 법정에서 지난 수년 동안 최소 5건의 베이즈망에 의한 분석이 증거로 제시되었지만 위에서 언급된 문제점을 근거로 모두 기각되었다는 점이다.

세 모델 각각의 한계에도 불구하고 법적 추론의 명확성을 위한 노력은 계속되어야 한다. 재판에서의 오판이 너무 많이 일어나기 때문이다. 판결이 배심원이나 판사의 정서나 감정 상태 그리고 판결이 이루어지는 여러 상황 등에 영향을 받는다면 공정한 판결이 내려지기 어렵다. 여러 방법과 수단을 통해 추리 과정을 명시화하는 것은 잘못된 판결을 조금이라도 줄이기 위한 노력의 하나이다. 현 상황에서 가능한 시도 중 하나는 지적된 여러 문제점을 보완하면서, 수사는 물론 판결에서의 사용가능성을 높이는 것이다. 베이즈망을 이용한 판결을 보완하는 방안으로는, 법적 관용구보다 더 포괄적이면서도 정형화된 틀을 만들기 위한 시도를 해볼 수 있겠다. 이렇게 하면 베이즈망이 만드는 사람마다 달라질 가능성을 낮출 수 있다. 그 틀 안에서 지금보다 일관적인 확률을 할당하기 위해, 관련 확률들끼리 묶어 일괄적으로 검토하는 도구를 만들어 규칙에 어긋나는 확률 할당을 방지하도록 하자는 것이다. 확률 할당 시, 관련된 정보가 있을 경우 그 정보를 사용하고, 그렇지 않은 경우에는 가능하면 한 명이 아니라 여러 명으로 하여금 추정하도록 하고 추정결과에 차이가 있다면 차이의 원인에 대해 토론하여 의견을 수렴하거나 수치의 평균을 이용하는 방안도 고려해볼 수 있다. 그 밖에 고민조와 박주용(2013)에서 언급된 후속연구도 진행될 필요가 있다.

베이즈망을 포함하여, 논증이나 시나리오 접근법은 수사나 재판 상황에서 객관적인 판단을 돕는 보조 도구로서의 사용가치가 충분하다. 그렇지만 그 사용가치를 높이기 위해서는 해결해야 할 부분이 여전히 많이 남아있다. 따라서 법과 과학 분야를 비롯한 다양한 영역의 연구자들이 협업하여 실제 재판과정에서 과학적이고 실증적인 판단도구를 도출해낼 수 있기를 기대해본다.

09

수문장의 딜레마: 다우버트 기준 도입 이후 과학과 법의 관계 변화

김성은 · 박범순

김성은 고려대학교 국제학부 조교수이다. 카이스트 과학기술정책대학원에서 박사학위를 취득하고 막스플랑크과학사연구소에서 방문학자를 지냈다. 환경문제에서 발생하는 지식정치, 지구과학의 역사와 문화, 과학기술과 법의 상호작용 등의 주제에 관심이 있다. 『호흡공동체(창비, 2021)』를 공저했다.
박범순 카이스트 과학기술정책대학원 교수. 인류세연구센터 센터장. 과학기술의 제도와 규제 및 거버넌스를 연구하고 있다. 『사회 속의 기초과학: 기초과학연구원과 새로운 지식생태계(공저)』 책을 썼고, 다수의 편저와 번역 책이 있다.

Ⅰ. 서 론

1993년 미국 연방 대법원은 임신 중 구토 방지제를 개발하여 시판한 제약회사를 상대로 선천적 기형을 앓아온 다우버트(Jason Daubert) 등이 제소한 사건을 판결하면서 과학적 증거의 수용성에 관한 기준을 새롭게 제시했다(Daubert v. Merrel Dow Chemical, Inc.). 과학적 증거가 해당 분야의 학계에서 일반적으로 받아들여진 사실인가만을 묻던 이전의 관행을 바꾸어, 판사가 몇 가지 가이드라인에 따라 증거의 수용성 여부를 직접 심의하도록 했던 것이다. 이로써 판사는 과학이 법정에 들어가는 길의 수문장이 되어 과학과 법의 관계 형성에 지대한 영향을 줄 수 있게 되었다.

판사의 권한 확대로 그 전에는 채택되지 못했던 종류의 과학적 증거들도 쉽사리 법정에 들어올 수 있을 것이라는 기대와는 달리, 다우버트 기준은 과학적 증거가 넘어야 할 문턱을 높이는 효과를 가져와 피해자들에게 입증부담을 전가하는 것으로 밝혀졌다. 또한 이 기준은 법정의 판결뿐만 아니라 행정기관의 규제 심의에도 광범위하게 쓰이게 되었고, 국경을 넘어 다른 나라의 법정에도 영향을 주기 시작했다. 이 논문은 다우버트 기준(Daubert Standard)의 도입 이후 20여 년 동안 과학과 법의 관계 사이에 일어난 변화를 알아보고, 이 기준에 대한 옹호론자와 비판론자 사이 관점의 차이를 분석한 후, 과학기술학에서 법과 과학의 관계에 대해 더 깊게 다룰 수 있는 연구영역을 탐색하는 것을 목적으로 하고 있다.

여기에서 문제의 핵심은 사회적 정의를 추구하는 법의 정신과 불변의 진리를 찾아가는 과학의 속성 사이에서 합리적 판단을 해야 하는 판사의 고충, 즉 '수문장의 딜레마'로 요약될 수 있다. 본 논문은 수문장이 '아마추어 과학자'로 전락하는 것을 경계하는 과학기술학의 구성주의 관점을 받아들여, 판사가 다우버트 기준의 실용성과 형식적인 공정성에 매몰되지 않고 사회적 정의 실현을 위해 더 노력하고 고민하는 '전문 법조인'으로서 수문장이 되어야 한다고 주장한다. 수문장의 딜레마는 과학적 증거, 과학의 전문성, 사전주의 원칙, 규제과학 등에 관심 있는 과학기술학자들에게 중요한 연구 주제가 될 것이다. 앞으로 더 많은 과학기술학 연구자들이 주어진 과학 지식과 시간 프레임 속에서 가장 논리적이고 성찰적인 모습을 보인 판례를 발굴하고 분석한다면 한국에서 입법과정과 공공정책 개발과정에서 과학과 법의 관계를 재설정하는 데에 중요한 기여를 할 수 있을 것이다.

Ⅱ. 다우버트 기준의 등장

미연방 법원의 과학적 증거의 허용성에 관한 최초의 논의는 1923년 프라이 소송(Frye vs. United States)까지 거슬러 올라간다. 살인죄로 기소된 이 사건의 피고인은 본인의 무고를 증명하기 위해 거짓말 탐지기를 사용한 전문가 증언을 제시했다. 사건을 맡은 연방항소법원은 피고인이 제출한 거짓말 탐지 결과와 그 전문가 증언을 과학적인 것으로 인정할 것인지 판단하게 되었다.[1] 판결문에서 법원은 과학적 증거를 받아들이는 기준이 이 증거가 속하는 전문 분야에서 '일반적으로 수용된 이론'(generally accepted theory)에 부합하는 것인지의 여부에 따라 결정되어야 한다고 명시했다.

> 과학적 원칙이나 발견이 실험적인 수준에서 입증 가능한(demonstrable) 수준으로 넘어가는 시점을 정의하는 것은 어렵다. 법정은 이 애매한 지점 어딘가에 있는 원칙들의 증명력을 알아내야 하며, 잘 알려진 원칙과 발견에서 추론된, 즉 그 증거가 속하는 특정한 분야에서 충분한 일반적 승인을 얻은 전문가 증언을 허용하여야 한다.[2]

이에 따라 법원은 해당 거짓말 탐지기가 과학계 내에서 충분히 일반적 인정을 받지 못했다는 근거를 들어 피고인이 요청한 전문가 증언을 허용하지 않았다. 이 판례 이후, 관련 학계의 일반적 승인을 기준으로 과학적 증거의 수용성을 판단하는 방식은 프라이 기준(Frye Standard)으로 불리게 되었다.

법조계의 전문가들에게 프라이 기준은 합리적이면서도 상대적으로 간편한 도구였다. 프라이 기준은 판사가 아닌 해당 증거를 다루는 전문가 집단이 그 지식을 일반적으로 승인하는지 여부만을 확인하기에, 판사가 해야 할 일은 과학자들에게 "그 지식이 일반적으로 통용되는 것입니까?"라고 묻는 것뿐이었다(김희균, 2012). 이 기준은 과학적 지식을 판단하는 일에 부담을 가지고 있었던 법조인들 사이에서 환영받았고, 연방 법원이 과학적 증거를 판단하는 주요한 방식으로 자

1) 과학적 증거의 수용성에 관한 논의의 오래된 역사에 관해서는 Saks and Faigman(2005) 참고.
2) *Frye v. United States*, 293 F. 1013(D.C. Cir. 1923).

리 잡게 되었다.

이후 수십 년간 널리 활용되던 프라이 기준은 20세기 후반에 들어서며 여러 도전을 받게 되었다. 먼저, 프라이 기준이 기반을 두는 '일반적 수용성'이라는 개념의 모호함이 지적되었다. '일반적으로 수용된 이론'이란 과연 얼마나 많은 과학자들이 동의하는 이론이어야 하는가? 이러한 의문은 단순히 과학자 사회의 의견을 묻는 것만으로는 해결될 수 없고 근본적으로 판사들의 지적 판단이 필요한 질문들이었다(Faigman, 2013). 개념 정의의 문제뿐만 아니라, 과학기술 지식의 증가와 세분화로 인해 일반적인 학계의 의견을 찾기 어려운 사례들이 늘어 프라이 기준의 한계가 드러나기도 했다(Saks and Faigman, 2005). 같은 현상을 다른 관점과 방법론으로 접근하는 학문들이 늘어나 전문 분야 사이에 의견이 서로 충돌하는 경우가 많아졌고, 사건 당시에는 과학계의 동의를 얻지 못한 지식들도 이후 유용하다고 밝혀지는 사례도 빈번히 발생했다.

이처럼 상대적으로 유연한 기준의 필요성이 제기되는 맥락에서 판사의 역할을 재정의한 다우버트 판결이 등장하게 되었다(Mueller, 2002).[3] 다우버트를 비롯한 이 사건의 원고들은 선천적인 수족 변형 기형아로 태어났는데, 이들은 이 장애가 어머니가 임신 중에 복용한 벤딕틴(Bendectin)이라는 구토 방지제 때문이라고 주장하며 이 약의 제조사인 다우 케미칼을 고소했다. 원고는 그 근거로 벤딕틴의 화학 구조식 분석 자료, 동물 실험 자료, 역학 조사 결과의 재분석 자료 등을 제출했는데 이들은 모두 학계에서 흔히 인정되는 사실은 아니었다. 따라서 다우버트 사건의 제1심과 항소심은 이러한 과학적 증언을 프라이 기준을 적용해 배제하였다. 이에 원고는 과학적 증거의 수용성을 성문화한 연방증거규칙(Federal Rules of Evidence)을 근거로 법정이 그들의 증거를 받아들일 것을 상고했다. 연방증거규칙에 따르면 증거의 수용성을 판단하는 데에 있어서 학계의 일반적 승인은 결정적 판단 기준으로 명시되어 있지 않았다. 오히려 이 규칙은 사건과 관련이 있는 과학적인 증거라면 충분히 법정에 들어설 자격이 있다고 규정하고 있기 때문에 프라이 기준에 의한 증거의 배제는 이 법에 어긋난다는 주장이었다. 법원의 입장에서는 지난 70년간 지켜온 프라이 기준과 성문화된 연방증거규칙 사이의 우선순위를 명시해야 할 상황에 놓였다(Foster and Huber, 1999).

3) 다우버트 기준이 프라이 기준보다 더 유연한 것을 의도했는지에 관해서는 논란의 여지가 있지만 법조계는 대체로 그렇게 보고 있다. 이에 대해서는 Berman(2012)을 참조.

이에 대법원은 연방증거규칙이 프라이 기준을 대체한다고 명시하며 원고의 증거를 재평가할 것을 원심에 요구했다.[4] 다수 의견을 대표하여 블랙먼(Harry Blackmun) 판사는 판결문에서 과학적 증거의 수용성은 프라이 기준이 아닌 연방증거규칙에 의거해야 하며 이가 요구하는 관련성(relevance)과 신뢰성(reliability) 이 그 새로운 기준이 되어야 한다고 썼다. 관련성과 신뢰성을 보장할 수 있는 방법은 특정 과학적 증거가 과학적 방법을 따랐는지를 따지는 것인데, 판결문은 이를 판단하기 위해 다음과 같은 가이드라인을 제공했다.

① 특정 과학 지식이 반증 가능한지를 따진다.
② 동료 평가와 출판을 거쳤는지를 확인한다.
③ 측정 기법의 알려진 오류율을 감안한다.
④ 전문가 집단 내에서 일반적인 인정을 받았는지를 확인한다.

판결문은 이 4가지 요소가 그 어느 것도 결정적인 것이거나 필수적인 것이 아님을 명확히 했다. 즉, 과학적 증거의 허용성은 연방증거규칙이 언급하듯 판사가 '관련성'과 '신뢰성'의 요소를 두루 고려하여 각 증거가 '과학적 방법론'을 따랐는지에 따라 종합적으로 내려야 하는 판단이지 가이드라인을 일률적으로 적용해 내리는 기계적인 판단이 아니라는 것이었다.

다우버트 판결은 판사들이 과학적 증거를 대하는 방식에 변화를 불러왔다. 프라이 기준 하에서는 전문가 집단의 수렴된 의견에만 의존하던 허용성 문제가 다우버트 기준에서는 판사의 적극적인 지적 판단을 필요로 하는 문제로 바뀌게 된 것이다(Saks and Faigman, 2005). 이에 따라 다우버트 기준을 적용하는 판사는 더 이상 과학적 증거의 허용성에 대한 판단을 손쉽게 과학계로 위임할 수 없게 되었다. 오히려 판사들은 과학적 지식을 직접 이해하고 이들의 신뢰성과 관련성을 가이드라인에 따라 상세히 검토하여 그 수용성을 결정하는 "수문장"(gatekeeper)의 역할을 맡게 되었다.[5]

다우버트 판결 이후 이어진 두 건의 유사한 대법원 판결은 수문장으로서 판사의 권한과 책임을 대폭 확장하는 결과를 가져왔다(Berger, 2001).[6] 1997년 조이너

4) *Daubert v. Merrell Dow Pharmaceuticals, Inc.*, 509 U.S. 579(1993).
5) "수문장"이란 표현은 다우버트 판결문에 나와 있음.
6) *General Electric v. Joiner*, 522 U.S. 136(1997); *Kumho Tire Ltd. v. Carmichael*, 526 U.S. 137 (1999).

판결(General Electric v. Joiner)은 사실심이 판단한 특정 과학적 증거의 수용성을 항소 법원이 특정한 경우를 제외하고는 뒤집을 수 없음을 명시하여 다우버트 기준의 효력을 강화하는 결과를 불러일으켰고, 1999년 금호타이어 판결(Kumho Tire Ltd. v. Carmichael)은 한 발 더 나아가 과학적 증거는 물론 기술적 증거에까지 다우버트 기준을 적용할 수 있다고 판시하여 다우버트 기준의 적용 범위를 전문가 증언 전반으로 확장하는 데 기여했다. 소위 다우버트 삼부작(Daubert Trilogy)으로 알려지게 된 다우버트 판결, 조이너 판결, 금호타이어 판결을 통해 다우버트 기준의 영향력은 더욱 넓어졌고 이는 프라이 기준을 대체하는 새로운 기준으로 확고히 자리매김하게 되었다(Faigman, 2013). 1990년대 말 이루어진 세 건의 대법원 판결을 통해 과학적 증거의 수용성을 판단하는 방식이 새로운 것으로 바뀌게 된 것이다.

Ⅲ. 다우버트 기준 도입 이후

과학적 증거 심리에 대해 새로운 방식을 정립한 다우버트 기준은 법과 과학의 관계를 근본적으로 바꾸어 놓았다. 이 기준은 법정에서 판사의 권한 확대를 가져왔을 뿐만 아니라 행정규제 영역에도 영향을 주었고 국경을 넘어 영향력을 확대했다. 이 절에서는 다우버트 기준 도입 이후 20년 동안 일어난 주요 변화를 분석한다.

1. 미국 법정에서의 변화

다우버트 판결 이후 법정에서 과학적 증거의 수용성을 평가하는 기준이 급속히 바뀌었다는 점은 여러 사례 연구들을 통해 드러난다. 가토스키(Sophia I. Gatowski) 등은 2001년 논문에서 연방 법원 판사들을 대상으로 한 설문 조사를 바탕으로 이들 중 절반가량이 과학적 증거를 판단할 때 다우버트 기준을 사용하고 있음을 보였다. 프라이 기준을 여전히 활용하고 있는 판사들 중 상당수 역시 다우버트 기준의 요소인 '관련성'이나 '신뢰성' 기준을 부분적으로 활용하고 있는 것으로 드러나 그 논리가 미 재판부 전역에 실질적으로 확산되었음을 알 수 있었다(Gatowski *et al.*, 2001).

법정에 과학이 들어오는 방식과 여부를 판결하는 수문장으로서 판사의 부담도 동시에 증가한 것으로 드러났다. 랜드 시민정의 연구소(RAND Institute for civil justice)의 연구진은 다우버트 판결이 판사들에게 미친 영향을 알아보기 위해 이 사건 전후 20년간의 판례를 분석하였는데, 그 결과에 의하면 다우버트 판례 이후 판사들이 과학적 증거를 조사하는 수준이 전반적으로 상승한 것으로 나타났다(Dixon and Gill, 2001). 가토스키 등이 판사 개개인을 대상으로 한 인터뷰에서도 대다수 판사들은 다우버트 기준이 과학적 증거를 판별하는 본인들의 책임을 증가시켰다고 느끼고 있었다(Gatowski *et al.*, 2001). 즉, 다우버트 사건 이후 판사들은 이전과 비교해 과학적 증거를 더 세심하고 책임감 있게 판단하게 된 것이다(Krafka *et al.*, 2002).

판사의 권한 확대에 대해 우려와 비판의 목소리도 나왔다. 과연 판사가 특정 과학 지식이 필요한 영역에서 수문장의 역할을 충분히 해낼 수 있을까? 실제로 판사들을 대상으로 한 설문조사에 의하면 대다수 판사들은 다우버트 기준이 가이드라인으로 제시하는 4가지 기준이 무엇을 의미하는지 정확히 알지 못하는 것으로 나타났다. 특히 개별 판사를 상대로 한 인터뷰에서 '반증 가능성', '오류율'과 같이 다우버트 기준이 중요하게 사용하는 개념을 정확히 설명할 수 있는 판사는 소수에 불과했다(Gatowski *et al.*, 2001).

더욱 큰 문제는 다우버트 기준을 제대로 이해하지 못한 판사들이 증거의 검사 수준을 지나치게 높이는 판결을 내리게 되었다는 사실이다. 이는 고려할 만한 과학적 증거를 부당하게 제외하는 치명적인 결과를 불러왔다(Berger, 2005). 어떤 판사들은 다우버트 기준이 제시하는 4가지 '가이드라인'을 마치 증거가 반드시 만족해야 할 필수적인 '체크리스트'로 취급하는 경향을 보였다. 이들은 4가지 요소 중 어느 하나를 만족시키지 못하는 증거에 대해서는 엄격한 태도를 견지했고, 특히 '신뢰성'을 만족시킨다는 명분으로 4가지 기준 중 하나인 오류율의 일정한 수준을 정해놓고 이를 넘지 못하는 증거는 다른 정황과 관계없이 무조건 배제하는 식으로 판결했다. 대표적으로 벤딕틴(Bendectin)과 관련된 여러 사건에서 미 항소법원은 95%의 신뢰도를 충족하지 못하는 역학 조사 결과를 신뢰할 수 없는 것으로 보아 적법한 증거로 인정하지 않았다.[7)]

7) 대표적으로 *Raynor v. Merrell Pharmaceuticals Inc.*, 104 F.3d 1371(D.C. Cir. 1997)를 들 수 있다.

더욱이 다우버트 기준을 적용하는 판사들은 특정한 방법론을 사용한 과학적 증거만을 '관련성'이 있는 것으로 인정하는 경향을 보이기도 했다(Berger, 2005). 대표적으로 어떤 판사들은 유해물질로 인한 피해와 '관련 있는' 증거는 역학조사 결과뿐이며, 따라서 의사의 소견이나 동물실험과 같이 다른 전문성에 기반을 둔 증거는 허용할 수 없다는 판결을 내리기도 했다. 일례로, 프리마틴(Primatene)이라는 약품과 관련된 한 소송에서 재판부는 다우버트 판결을 인용하면서, 적당한 역학조사 결과 없이 제시된 동물실험 결과는 병의 인과관계를 입증하는 데에 충분한 관련성이 없다고 판단하여 증거를 배제하였다.[8] 이처럼 다양한 방법으로 얻어진 과학적 사실이 법정으로 들어가기는 점점 더 어려워져, 바로 이 문제를 극복하기 위해 도입된 다우버트 판례의 정신과는 배치되는 결과를 가져왔다(Berman, 2012).

유해물질 소송의 경우 특히 이런 경향이 두드러져 법정이 점점 더 피해자에게 불공정한 환경이 되어갔다(Jurs and DeVito, 2013). 일반 시민인 피해자가 원고가 되어 대형 화학회사 또는 제약회사를 상대로 소송을 제기하는 경우, 원고가 전문적인 과학적 증거를 마련하는 데에는 현실적인 어려움이 많다. 특히 유해물질로 인한 질병은 잘 알려지지 않은 희귀한 것인 경우가 대부분이므로 적당한 과학적 증거를 새로 찾아내는 데에도 한계가 있다(Cecil, 2005). 이러한 현실적인 어려움이 있는 상황에서 다우버트 기준을 적용하는 판사들이 원고가 제시하는 증거의 수용성을 까다롭게 판단한다면, 이는 원고들에게 과중한 입증책임을 요구하는 일이 된다. 실제 판례에서 원고들의 증거가 다우버트 기준의 가이드라인을 만족하지 못해 배심원이 없는 약식판결을 받고 패소하게 되는 확률이 높아진 것으로 드러났다. 앞서 언급한 랜드 연구소의 연구에 따르면 다우버트 기준 도입 후 10년이 지난 시점, 유해물질 소송에서 증거 배제 등으로 인한 약식 판결의 비중은 2배나 늘었고, 이 중 90%에 가까운 판결이 제조사인 피고의 손을 들어주는 것으로 나타났다(Dixon and Gill, 2001). 이렇듯 다우버트 기준을 따르는 판사들이 상대적 약자인 원고에게 이중, 삼중의 부담을 지우게 되면서 이들이 사회 정의를 실현한다는 법의 궁극적 목표에 합당한 판결을 내리고 있지 못하다는 비판의 목소리가 커졌다.

8) *Wade-Greaux v. Whitehall Laboratories, Inc.*, 874 F. Supp. 1441(D.V.I. 1994).

2. 법정을 넘어서: 규제 정책에서 다우버트 기준

연방 법정이 채택하는 기준으로서 공신력을 얻은 다우버트 기준의 영향은 법정 밖에서도 발견되었다. 미 행정부의 여러 규제 기관들은 과학기술과 관련된 정책을 결정함에 있어서 다우버트 기준과 유사한 논리를 적극적으로 활용했다(McGarity, 2003). 예컨대 미정부는 유전자 조작 식품(Genetically Modified Organism, GMO)의 허용에 관한 결정을 내릴 때 GMO가 인체에 유해하다는 과학적 증거가 충분히 신뢰할 만하지 못하다는 이유로, 즉 법정에서 원고의 증거를 배제하는 것과 같은 논리로, GMO의 생산과 유통을 허용했다(Moyer and Anway, 2007). 이러한 논리는 특정 증거의 신뢰도를 따져서 과학적 증거의 수용성을 개별적, 이분법적으로 판단하고자 하는 다우버트 기준과 궤를 같이하고 있다.[9]

미국의 산업계는 여기서 한발 더 나아가 다우버트 기준이 연방 정부의 기관에서 널리 사용될 수 있도록 하는 법률을 지지하기도 했다. 일례로 미 상공회의소는 "소송인들의 권리를 보장하는 적절성과 신뢰성의 높은 기준이 규제 과정에서 대중을 보호하는 데도 똑같이 적용되어야"하며 이를 위해 "정부에게 연방 기관으로 하여금 규제 과정에서 다우버트 기준을 사용하도록 하는 대통령령"을 만드는 것을 촉구했다(마이클스, 2009). 다우버트 기준이 제약, 화학공학, 담배 산업의 수많은 기업들에게 승소를 안겨주었다는 사실을 상기해보면 지지발언의 배경을 충분히 유추할 수 있다. 상공회의소의 이러한 움직임은 연방 법원에서 발생한 다우버트 사건이 행정부와 산업계 전역에까지 영향을 미치고 있다는 사실을 생생히 보여주는 사례이다.

3. 국경을 넘어서: 한국에서 다우버트 기준의 도입

다우버트 기준의 영향력은 국경을 넘어 한국의 판례에서도 나타났다. 심희기의 연구에 따르면 최근 한국의 대법원이 내린 형사 판결들은 다우버트 기준의 영향

---

9) 규제과학의 분야에서 행정기관이 다우버트의 논리를 따르는 경향성은 다우버트 기준이 상용화된 미국과 이가 통용되지 않는 다른 나라의 비교에서 더욱 두드러지게 나타난다. 유럽의 경우 GMO의 유해성을 입증할 만한 과학적 증거가 명백하지 않은 상황에서 일말의 위험 요소를 우선적으로 차단하고자 하는 사전예방주의(precautionary principle)를 적용한다. 과학적 불확실성을 그 자체로 받아들이고 예방하고자 하는 유럽의 태도는 이를 '신뢰할 만한' 증거를 통해 이분법적으로 판단하려는 미국적인 논리와 전혀 다른 인식론적 배경에 기반을 둔 결정이다.

을 많이 받은 것으로 나타났다(심희기, 2011). 그는 2007년 전후의 판례들을 비교 분석함으로써 2007년 이후 대법원이 "과학적 증거방법이라는 일반적인 용어법"을 사용하려는 시도를 발견했다. 과거의 대법원 판결이 그저 개별 증거의 증거능력을 판단하는 데 그쳤다면, 최근의 판결은 '오류의 정도', '일반적 승인', '과학적 방법론' 등의 어휘를 사용해 일반적인 과학적 증거방법에 대한 기준을 제시하려는 태도를 보였다는 것이다.

이정봉은 한발 더 나아가 심희기가 발견한 2007년 이후 우리나라 대법원이 형사소송에서 보이는 과학적 증거의 평가 방식을 확립하기 위해 다우버트 기준과 유사한 합리적인 증거법의 도입이 필요하다고 주장했다(이정봉, 2013). 그는 과학적 증거가 점점 복합적으로 진화하고 있는 현실과 배심 재판이 늘어나고 있는 법정 환경을 고려할 때 앞으로 수문장으로서 판사의 역할이 더욱 부각될 것이라 내다보았다. 나아가 이러한 변화에 대응하기 위해서 다우버트 기준과 같은 일반적인 신뢰성 기준이 입법을 통해 마련되어야 한다는 필요성을 역설했다.

심희기가 발견하고 이정봉 등이 주장한 바가 주로 형사소송에 관련된 것이라면, 최근 들어서는 유해물질과 관련된 여러 민사 및 행정 소송에서도 다우버트 기준과 연관된 문제들을 관찰할 수 있다. 국민건강보험공단과 담배 업체들이 벌이고 있는 손해배상소송, 삼성 백혈병 사건과 관련된 산재보험 불승인 소송, 가습기 살균제 관련 소송 등 인과관계의 증명이 쟁점이 되는 소송이 잇따라 발생하며 이 사건들에서 과학적 증거가 평가되는 방식이 주목을 받고 있는 것이다. 이 소송들은 아직 종결되지 않아 정확한 분석을 위해서는 더 많은 시간과 연구가 필요하다. 그러나 이 사건들 역시 과학적 증거를 법정이 어떻게 판단할 것인가가 주요한 논점 중 하나임을 감안하면, 앞으로의 연구를 통해 다우버트 기준과의 연관성을 확인할 필요가 있다.

Ⅳ. 다우버트 기준의 인식론적 문제

다우버트 기준의 확산과 함께 드러난 문제점에 대한 심각한 비판이 제기되는 상황에서, 다우버트 기준 옹호자들은 여전히 낙관적인 전망을 펼치고 있다. 이들은 다우버트 기준이 "똑똑한 사람이라면 누구나 채택할" 과학적으로 합리적인 기준이므로 걱정할 것이 없으며, 그 부작용은 판사들을 새로운 체제에 맞추어 적당히 교육함으로써 해결될 수 있다는 입장을 취하고 있다(Foster and Huber, 1999; Mueller, 2002; Faigman, 2013). 즉, 다우버트 기준이 제시하는 '신뢰성', '관련성', '과학적 방법론' 등의 대원칙에는 잘못된 점이 없으며 남은 문제는 판사들이 이런 원칙들을 잘 숙지하기만 하면 된다는 것이다. 다우버트 기준의 문제점을 그것의 '오용' 또는 '부작용'의 결과로 여기고 올바른 이해와 훈련을 통해 이를 극복할 수 있다고 믿는 옹호론자들과는 달리, 자사노프(Sheila Jasanoff)를 비롯한 과학기술학자들은 문제점의 뿌리를 다우버트 기준이 취하고 있는 과학과 법에 대한 인식론에서 찾았다. 자사노프는 다우버트 기준에 내재한 과학적 지식의 본성과 법과 과학의 관계에 대한 심각한 왜곡이 문제의 핵심이라고 진단했다(Jasanoff, 1995; 2002; 2005; 2006). 즉, 이 기준 도입 이후 보이는 증거 채택의 편향성은 판사들이 단순히 이를 오용했기 때문만이 아니라, 다우버트 기준이 과학을 가치중립적이고 확실성을 제공하는 진리의 원천으로 보는 태도에 기인한다고 본 것이다. 이 절에서는 자사노프가 제기한 몇 가지 문제점을 중심으로 다우버트 기준의 옹호론자와 비판론자의 인식론적 차이를 살펴보겠다.

1. 가치중립성 문제

다우버트 기준의 옹호자들은 신뢰할 만한 과학적 지식이란 가치중립적인 사실에 바탕을 둬야 한다고 믿는다.[10] 이러한 인식론적 태도는 법정이 과학적 증거를 수용하는 방식에 지대한 영향을 미친다. 먼저 다우버트 기준으로 증거 심리를 진행하는 판사들은 가치중립적인 과학적 증거가 주변의 정황이나 다른 증거들과 분리된 독립적인 지식이라고 여기며, 따라서 여러 개의 증거를 판단할 때 각 증거를 하나씩 분리해 개별적으로 판단하는 것이 합리적이라 생각한다(Berger, 2011). 이러한 인식론하에서 법정은 다수의 과학적 증거가 공통적으로 시사하는 총체성을 판단하기 이전에 개별 증거 각각의 신뢰도를 엄격하게 심사하게 된다. 둘째로 이러한 인식론은 과학적 증거가 유일하고 보편적인 과학적 방법론을 따라야 한다

10) 가치중립적 과학에 대한 인식은 다우버트 기준의 옹호자들 사이에서 다양한 수준으로 받아들여진다. 일례로 포스터와 휴버는 과학적 지식에 가치중립적 진리인 핵(core)과 그 주변(boundary)이 있으며 신뢰할 만한 과학적 증거일수록 가운데 핵에 다가선 것이라는 도식을 제시한다(Foster and Huber, 1999). 이러한 주장은 가치중립적이고 보편적 과학이 상정하는 과학/비과학의 이분법적 도식보다는 훨씬 유연한 것이지만, 여전히 신뢰할 만한 지식과 아닌 것 사이에 명시적인 선을 긋는다.

는 믿음을 낳는다. 만약 과학이 가치중립적인 진리라면, 하나의 현상을 설명하는 신뢰할 만한 과학적 증거는 유일하고 보편적인 '과학' 이외에는 없다. 따라서 법정은 하나의 현상에 대응되는 유일한 과학적 방법론을 상정하게 된다. 이때 한 현상을 증명하는 신뢰할 만한 증거는 특정한 과학적 방법론으로 규정되며 이 방법을 사용하지 않은 다른 지식들은 현상과는 관련이 없는 것으로 간주한다(Jasanoff, 2005).

반면 구성주의적 과학기술학자들은 과학의 지식체계가 특정 사회적 맥락에서 만들어지고 활용되는 역동적인 측면을 다우버트 기준의 옹호론자가 간과하고 있다고 지적한다. 실제 연구자들이 생산하는 과학적 지식은 하나의 연구로부터 도출되는 '순수한' 지식이 아니라 다양한 지식들의 '이질적' 조합으로부터 구성되고 만들어지는 지식이기에, 각 과학적 증거를 다른 과학적 사실로부터 분리하여 탈맥락화시키는 다우버트 기준의 원칙은 과학적 지식의 본성에 어긋나는 행위라는 것이다(Berger, 2011). 또한 구성주의적 접근은 과학적 지식이 각 분야의 사회적 맥락과 관점에 따라 서로 다른 구성의 과정을 거치기 때문에 그 방법론적 차원에서 본질적으로 다원적인 형태를 띤다는 점을 강조한다. 예컨대, 역학조사 결과와 같은 과학적 지식은 수치적이고 정량적인 방법에 근거하는 반면 임상의학의 소견과 같은 분야는 정성적인 접근에 의존한다. 이 두 전문 분야는 서로 다른 종류의 합리성을 가질 뿐만 아니라 평가와 인정의 방식 역시 상이하다. 이러한 상황에서 어느 하나가 다른 하나보다 더 '과학적인 방법론'을 사용하고 있다고 할 수 없기에, 판사는 특정한 방법론을 선호하는 선입견을 버리고 판단할 수 있어야 한다는 입장이다(Jasanoff, 2005; 2008).

2. '번역'의 문제

다우버트 기준을 따르는 이들에게 법은 사회적 가치와 관습에 영향을 받는 제도(institution)인 반면 과학은 가치중립적인 진리를 탐구하는 제도이다. 따라서 법정에서 과학적 사실의 증거 능력을 판단하기 위해서는 과학에서 사용하는 신뢰성과 관련성의 척도도 함께 "번역"되어 사용된다(Jasanoff, 2005). 이 번역의 과정에는 두 가지 중요한 전제가 있다. 첫 번째는 과학이 만들어내는 지식과 법이 필요로 하는 지식 사이에 보편성이 존재한다는 것이다. 따라서 과학자들이 연구할 때 사용하는 신뢰도와 관련성의 판단 기준을 법정 안에서도 그대로 적용하여 이를 충족시키지 못하는 '쓰레기 과학(junk science)'과 '좋은 과학(good science)'을 구분할 수 있다고 믿는다. 두 번째 전제는 수문장으로서 판사가 수행하는 일과 연구자로서 과학자들이 하는 일이 크게 다르지 않다는 가정이다(Faigman, 2006). 다우버트 체제에서 판사의 가장 중요한 책무는 해당 기준이 관련성 있고 신뢰할 만한 증거인지를 합리적으로 평가하는 일이기에, 이 과정에서 판사는 과학적으로 공정한 판결을 내리기 위해 마치 한 명의 '아마추어 과학자'가 되어 증거를 세심하게 검토해야 한다는 것이다.[11]

판사가 아마추어 과학자로 자기 자신을 인식하는 이러한 경향은 실제 판례에서도 찾아볼 수 있다. 일례로 통계적 증거의 법적 수용성을 따지는 데에 있어서 다우버트 기준을 적용하는 판사들은 과학자들이 흔히 사용하는 유의확률 신뢰 기준을 자주 사용한다. 잘 알려진 바와 같이 과학자 사회는 유의확률이 0.05 이하인 명제만을 '통계적으로 유의미하다'고 해석하는 규범을 가지고 있다. 다우버트 기준을 받아들인 이들은 이러한 과학자들의 관습을 법정으로 그대로 수입해 와서 통계적 증거의 수용성을 판단하는 믿을 만한 척도로 받아들인다. 이러한 예시는 다우버트 체제의 법정이 과학자 사회의 명시적 기준을 가감 없이 번역하는 데에 많은 신뢰를 보인다는 점을 보여준다.[12] 역학 조사 결과를 해석하는 데에 있어서도 마찬가지다. 다우버트 기준의 실천자들은 상대적 위험이 2배 이상 커지는 통계 결과만을 신뢰성 있는 결과로 인정하는 과학계의 관습을 법정으로 그대로 들여왔다. 유의확률의 경우와 마찬가지로 역학 분야의 과학자들은 상대적 위험이 2배 이상인 관계를 신뢰할 수 있는 상관관계라고 말하는 경향이 있다. 다우버트 기준은 역학계의 이러한 관습을 통계적 증거의 신뢰도를 판가름할 수 있는 합리적 방식으로 받아들인다.

---

11) 판사가 아마추어 과학자가 되는 경향은 다우버트 사건의 판결문에서도 이미 경고된 바 있다. 당시 대법원장은 소수의견에 과학적 지식의 수용성을 판사들이 직접 심리하게 하는 방식은 이들로 하여금 아마추어 과학자가 되는 것을 강요할 것이며 과학적 지식에 대해 제대로 훈련받지 못한 판사들이 여러 문제를 일으킬 수 있다는 우려를 표했다. *Daubert v. Merrell Dow Pharmaceuticals, Inc.*, 509 U.S. 579(1993).

12) 유해물질에 관련된 모든 판결이 과학자 사회의 규범을 번역해오는 것을 절대적으로 신뢰하는 것은 아니다. 일례로 담배회사인 필립 모리스와 관련된 판결에서 재판부는 담배와 폐암의 인과관계를 조사한 역학조사 증거가 유의확률 증거를 완벽히 만족시키지 못한다고 하더라도 이를 무조건 배제할 수는 없다고 판결한 바 있다(*United States v. Philip Morris USA, Inc.*, 449 F. Supp. 2d 1, 706 n.29 (D.C. 2006)). 그러나 다우버트 판결 이후로 판사들이 직접 증거를 심리하게 되면서 과학의 규범을 그대로 번역해오는 경향이 강화된 것은 분명한 것으로 보인다.

〈표 1〉 다우버트 기준 이후 유의확률이 이슈가 된 주요 판결[13)]

판례	연도	판결 내용
Hall v. Baxter Healthcare Corp.	1996	실리콘 유방 수술에 관련된 상대적 위험이 다우버트 기준에 비춰보았을 때 충분히 신뢰할 만하지 못하다는 이유로 16개의 역학조사 결과를 모두 증거에서 제외함
Raynor v. Merrell Dow Pharms., Inc	1997	원고의 역학조사가 신뢰도 95%를 만족하지 못했다는 이유를 들어 증거를 허용하지 않음
Flue-Cured Tobacco Coop. Stabilization Corp. v. EPA	1998	신뢰도 기준을 95%에서 90%로 바꾼 미국환경보호청(EPA)에 대해 "원하는 결론에 맞추기 위해 유의확률 기준을 변경하려는 시도로 보인다"고 비판
Allison v. McGhan Med. Corp.	1999	다우버트 기준을 적용하여 상대적 위험이 2.0 이하라는 이유로 4개의 역학조사 결과를 허용하지 않음
Good v. Fluor Daniel Corp.	2002	신뢰할 만큼 유의미하다고 생각되는 결과가 부재하므로 다우버트 기준을 적용해 전문가 증언을 재판에서 제외함

위의 <표 1>은 판사들이 과학계로부터 수입해 온 유의확률과 상대적 위험 기준을 엄격히 적용해 증거를 배제한 대표적인 판례들을 정리한 것이다. 이를 비롯한 다수의 예시들은 다우버트 체제의 법정이 과학자 사회의 명시적 기준을 가감 없이 번역하는 데에 얼마나 많은 신뢰를 보이고 있는지를 여실히 보여준다.

반면, 구성주의자들은 판사들이 과학적 규범을 충실히 따라 '아마추어 과학자'가 되어 증거를 판별하려는 경향성이 과학과 법의 본질적 차이에 대한 잘못된 인식론에 기반을 둔 행동이라고 비판한다. 이들에 따르면 과학과 법은 다우버트 기준이 단순히 가정하는 것보다 훨씬 다층적인 차이점을 가지고 있다. 우선, 과학과 법은 각자가 추구하는 궁극적 목표에 있어서 큰 차이점을 보인다. 과학적 지식이 자연에 대한 더 정교한 이해를 추구하는 반면 법적 체제는 정의를 수호하고 사회적 약자를 보호하며 보다 공정한 사회를 만들기 위해 존재한다. 이러한 근본적 목표의 차이로 인해 과학과 법은 상이한 윤리기준과 방법론을 가질 수밖에 없다(Schauer, 2009). 지식 추구의 방법적 측면에서, 과학은 비교적 윤리적 제약에서 자유로우며 과학자 사회가 인정하는 다양한 방법론을 사용해 연구할 수 있다.[14)] 반면 특정한 사회적, 정치적 맥락상에 위치한 법은 그 판단이 야기할 윤리적, 정

13) Berger(2001)와 Cecil(2005)에서 다루어진 예시를 종합한 표임.

14) 과학적 방법론에 아무 윤리적 제약이 없는 것은 아니다. 일례로 인체 유래물에 대한 생물학적 연구의 경우 생명윤리심의를 받는 것을 들 수 있다.

치적 문제로부터 자유로울 수 없으며 따라서 이가 사용해야 할 방법론과 제도 역시 여러 제약을 받는다.[15] 따라서 과학적 기준을 법의 영역으로 완전히 '번역'해 오는 일은 다우버트 기준이 상정하는 것만큼 자연스러운 일이 아니다. 법정이 궁극적으로 만들어야 하는 지식은 방법론적 합리성만을 따지는 과학적 지식이 아니라 사회적, 윤리적 가치를 두루 함양하는 법적 지식이기 때문이다.

3. 비대칭성 문제

다우버트 기준의 옹호론자의 관점에서 볼 때, 과학과 법 사이의 번역의 문제는 그 방향이 일방적이기에 비대칭적인 관계를 낳는다. 즉, 과학은 법의 판단과 개선에 긍정적인 영향을 줄 수 있으나 그 자체는 객관적인 사실이므로 법의 영향을 받지 않는다고 상정한다. 그러나 구성주의자들은 이러한 비대칭적 모델을 받아들이지 않는다. 과학적 체계는 사회의 다양한 요소와 꾸준한 영향을 주고받으며 서로를 구축하고 해체한다. 이는 법과 과학 사이에 관계에 있어서도 예외가 되지 않기에, 과학적 지식은 법적 절차와 제도에 의해 구성될 수 있으며 따라서 과학과 법의 관계는 동적이고 대칭적인 상호 구성적 관계로 이해해야 한다고 주장한다(Jasanoff, 2011).

구성주의자들에게 다우버트 기준은 법과 과학의 상호 구성적 관계를 보여주는 좋은 사례가 된다. 다우버트 기준은 법정에서 수용할 과학적 지식의 특징을 명시함으로써 그 특징에 부합하는 과학의 생산을 촉진하고, 부합하지 않는 과학의 생산을 억제할 수 있다. 일례로, 과학적 지식과 법, 정책의 연관성을 연구하는 학자 그룹인 SKAPP(The Project on Scientific Knowledge and Public Policy)의 연구에 따르면 법적 제도와 과학적 지식의 상호 구성은 미국의 과학계에 실질적인 영향을 주고 있다. 이들은 다우버트 기준이 증거의 판단 절차를 매우 까다롭게 함에 따라 과학자 사회와 법의 관계가 "싸늘해지는 현상"(chilling effect)이 일어났음을 보여주었다. 과학자들이 패소할 확률이 높은 원고를 위해 증언하는 것을 점점 더 회피하는 경향을 보이게 된 것이다. 반면 피고인 대형 제약회사는 막대한 자금력과 자료 수집의 용이성을 바탕으로 소위 '청부과학자'들을 고용해 그들이 필요로

15) 법정에서 사용되는 많은 규범들은 법적 지식 생산이 따라야 할 윤리적, 사회적 의무들을 구체화한 것이다. 예컨대 불법으로 얻어진 증거를 허용하지 않는다거나 전문증거를 지양하고 반대신문을 보장하는 원칙은 법정이 수행하는 역할이 단순히 합리적 사실을 찾아내는 것뿐만이 아니라 절차적 공정성과 사회적, 윤리적 가치를 수호하는 것임을 상징적으로 보여준다.

하는 종류의 통계 및 역학조사 결과를 생산해냈다. 이러한 현상은 결국 제조물 소송이나 유해물질 소송의 피고에게 유리한 과학적 지식만이 편파적으로 만들어지는 불공정한 법정 환경으로 이어졌다(Project on Scientific Knowledge and Public Policy, 2003). 이처럼 법정에서의 판결이 새로운 과학적 지식을 구성하는 데에 직간접적 영향을 미칠 수 있기에, 구성주의적 비판자들은 판사를 신뢰할 만한 지식을 객관적으로 골라내는 공명정대한 수문장이기보다는 과학적 지식을 만드는 여러 행위자들 중 하나로 간주해야 한다고 주장한다.

V. 수문장의 딜레마: 또다시 실용성과 공정성의 함정

공공기관이 채택하는 과학적 증거의 평가 기준이 점차 '다우버트 화'되고, 다우버트 기준이 국경을 넘어 다른 나라의 법정에까지 확산하는 현상을 고려할 때, 자사노프와 같은 과학기술학자들의 지적은 법조계나 정책기관에 큰 반향을 일으키지 못한 것처럼 보인다. 그 이유는 무엇일까? 가장 큰 이유는 다우버트 기준이 실제 판결과 정책 결정에서 실용적 가치가 매우 크기 때문이다. 법은 제도적 특성상 유한한 시간 내에 가능한 합리적인 결론을 낼 필요가 있고, 화학물질이나 약품에 대한 규제정책 역시 시급한 조치를 요구할 때가 많다. 자사노프도 인정하듯, 한정된 시간의 프레임 안에서 내려야만 하는 법정 판결과 행정 결정은 같은 실험을 반복해서 실시하거나 조건을 달리하며 연구할 수 있는 실험실에서의 과학적 판단과는 본질적으로 다른 측면이 있다(Jasanoff, 2005).

따라서 다우버트 기준은 과학적 지식과 법적 규범이 만나는 경계에서 만들어진 타협의 결과로 볼 수 있다. 수문장이 된 판사는 과학의 합리성과 법적 공정성을 동시에 추구해야 하는 딜레마와 마주친다. 다우버트 기준은 손쉽게 해결할 수 없는 이 딜레마를 우회할 수 있는 효과적인 선택지로 기능했다. 적어도 형식적으로는 두 제도의 규범을 따른다는 점에서 다우버트 기준이 법정 현장에서 실제로 적용 가능한 실용적 기준임을 부정할 수는 없다(Foster and Huber, 1999).

과학적 증거를 마주한 판사의 고충은 위에서 언급한 유의확률 기준의 적용 방법을 가지고 잘 이해할 수 있다. 가령 벤딕틴으로 인해 장애를 겪고 있다는 원고가 유의확률 0.1에 해당하는 역학 조사 결과를 제시했다면, 당장 이 증거의 수용성을 평가해야 하는 판사가 참고할 만한 가장 실용적인 결정 방식은 다우버트 기준의 인식론처럼 과학적 규범인 '0.05 이하' 기준을 그대로 번역해 증거를 배제하는 선택일 것이다. 이때 구성주의적 비판자들은 과학적 합리성에만 매몰될 것이 아니라 사회적 정의를 수호하는 법의 정신을 고려하라고 주장할 것이다. 하지만 이러한 요소가 실제 법정에서 얼마나, 어떻게 고려되어야 하는지는 불분명하다. 0.05 이하라는 유의확률 기준이 너무 낮게 책정되어있는 것이라면 이를 0.1로 올려야 하는가? 0.2라면 충분한가? 얼마나 높은 유의확률 기준이 증거 형성의 사회적 맥락을 충분히 고려하는 방식일까? 당장 판단을 내려야 할 판사들에게 구성주의적 비판은 판결에 현실적인 도움을 주지 못하는 지적에 불과할 수 있다.

구성주의적 비판은 또한 공정성의 문제를 제기할 수 있다. 다우버트 기준 옹호자의 관점에서는 구성주의적 논의가 대안 없는 비판으로만 들릴 뿐만 아니라, 판사의 윤리적, 사회적 책무를 지나치게 강조해 사회적 약자의 증거만을 쉽게 인정하는 불공평한 처사를 가져올 위험도 있어 보이기 때문이다. 소송을 제기하는 주체의 사회적 취약성에 따라 수용성 심리의 결과가 바뀌는 것은 결국 법의 공정성을 해치고 법정을 정치화한다는 결과를 가져올 수 있다(Foster and Huber, 1999).

실용성과 공정성이 법정에서 매우 중요한 가치임은 틀림없지만, 그럼에도 불구하고 이를 지나치게 강조할 때 판사는 또다시 형식적 합리성만을 좇는 함정에 빠질 가능성이 있다. 증거가 과학계에서 일반적으로 받아들여지고 있는 이론과 사실에 바탕하고 있는지만을 검토하던 프라이 기준도 그 실용적 가치와 절차적 공정성 덕분에 수십 년간 법정에서 사용되었던 점을 상기할 필요가 있다. 이를 대체한 다우버트 기준도 결국 비슷한 이유 때문에 급속도로 확산되는 것이라면 결국 법정이 프라이 기준에서 진일보한 점은 무엇인가? 과학 증거의 해석적 유연성을 가져오기 위해 도입된 다우버트 기준이 그 해석과정의 심리를 맡은 판사에게 보다 많은 권한을 주었지만, 판사가 일반적인 체크 리스트를 기계적으로 검토하는 수준에 그친다면 다우버트 기준은 그저 보다 까다로운 프라이 기준과 다름없을 수 있다. 더욱 복잡해진 법정 프로세스에서 입증책임의 부담이 점점 더 피해자에게로 옮겨간다면 사회적 약자는 더욱더 법의 보호를 받기 어려워진다. 다우버트 기준 도입 이후 20년을 돌이켜 보면 이러한 경향을 명백히 확인할 수 있다.

이런 관점에서 다우버트 기준에 대한 과학기술학자들의 문제의식을 곱씹을 필요가 있다. 구성주의적 비판의 목적은 단순히 법정에서 사용하기에 편한, 실용적이고 공정한 가이드라인을 제공하는 것이 아니라, 수문장이 된 판사가 실용성과 공정성의 함정에 빠지지 않도록 도와주려는 것이기 때문이다. 규제 과학의 영역에서 과학적 사실이 어떻게 만들어지고 이용되는지, 이를 뒷받침하는 과학적 방법은 어떻게 개발되고 받아들여지는지, 법과 행정이라는 사회적 필요가 과학 연구의 방향과 속도를 어떻게 가이드할 수 있는지 등, 과학과 사회가 관계 맺는 방식에 대한 종합적인 이해가 판사의 증거 심리와 판결과정에 도움이 될 뿐만 아니라 필요하다는 것이다.

이 논문은 구성주의자들의 지적에 타당성이 있다고 보며, 이를 바탕으로 수문장의 딜레마를 새롭게 해석할 것을 주장한다. 수문장으로서 판사가 가지는 딜레마는 과학적 전문성을 얼마나 어떻게 습득해야 충분할지 고민하는 '아마추어 과학자'로서의 딜레마가 아니라, 법정에서 과학지식을 다룰 때 실용성과 공정성의 함정에 빠지지 않으면서 사회적 정의를 실현할 수 있는가를 고민하는 '전문 법조인'으로서의 딜레마가 되어야 한다. 과학지식을 다루기 위해 아무리 정교한 법적 가이드라인을 만든다고 하더라도 과학과 사회의 역동적인 관계 속에서 만들어지는 지식생산과정에 대한 이해가 부족하면 좋은 판결을 내리기 어렵기에, 경우에 따라 가이드라인을 유연하게 해석하고 채택할 수 있는 수문장의 합리성과 용기가 딜레마를 푸는 데 중요한 요소라 본다.

Ⅵ. 전망과 제언: 법, 과학, 과학기술학

법과 과학은 역사적으로 오랜 시간 동안 사회에서 지식 창출의 권위를 인정받아 온 제도이다. 이 두 제도가 단선적이고 일방적인 지식 활용의 관계가 아닌, 다면적이고 상호구성적인 관계를 맺는다는 과학기술학의 최근 연구는 주목할 만하다. 특히 이러한 연구들은 법과 과학의 관계 형성에 있어서 판사의 역할에 대해 새로운 시각을 제공하고 있다. 과학 지식이 법정으로 들어오는 길목을 지키고 있는 수문장으로서 판사는 과학지식의 이용자가 아니라 지식의 생산과정에 영향을 주는 행위자라는 것이다. 따라서 수문장의 딜레마는 단순히 특정 과학 증거의 취사선택 문제에서 그치지 않고, 형식적인 공정성과 눈앞에 보이는 실용성의 유혹을 넘어서 사회적 약자를 어떻게 보호할 수 있는지를 고려하는, 한층 더 복잡해진 가치판단의 문제가 된다.

그럼, 과학적, 법적, 윤리적 문제가 교차하는 지점에서 과학기술학은 무엇을 제공할 수 있을 것인가? 과학자와 과학정책전문가, 법학자와 법관이 좀 더 과학의 본질에 대해 성찰적인 자세를 가져야 한다는 훈계를 넘어 과학적 증거를 보다 사려 깊이 판단하는 데에 실질적으로 어떤 도움을 줄 수 있을 것인가? 본고는 과학기술학이 앞으로 더 기여할 수 있는 연구와 실천 영역에 대한 몇 가지 전망과 제안으로 논의를 마무리하려고 한다.

첫째, 과학계뿐만 아니라 법조계에도 과학기술학의 가치를 알리고 대화하는 노력을 확대해야 한다. 이를 위해선 과학기술적 논점이 포함된 다양한 판례를 역사적 맥락 속에서 폭넓게 분석하여, 과학의 확실성과 불확실성, 보편성과 맥락의존성, 가치중립성과 가치개입성 등 과학의 본질에 대한 다층적 측면과 논의를 설득력 있게 보여줄 필요가 있다. 이를 위해 여러 판결 분석을 통해 한정된 지식과 시간 프레임 속에서 가장 논리적이고 성찰적인 모습을 보인 사례(best legal practice)를 발굴하고 알리는 작업이 필요하다. 판사가 구체적 판례에서 수문장의 딜레마를 어떻게 풀어갔는지 그 지적 고민의 과정을 촘촘히 분석한다면 다우버트 기준을 가이드라인에 한정되지 않고 활용하는 새로운 실천 방식을 제시할 수 있을 것이다.

판사들이 함양해야 할 태도에 대한 조언이 모호한 규범의 수준에서 그치지 않으려면 이를 뒷받침할 수 있는 교육적 제도에 대해서도 함께 고민해야 한다. 미국의 경우 연방사법센터가 과학적 증거에 관한 상세한 매뉴얼을 발간함으로써 교육적 효과를 도모하고 있다. 하지만 이 교육에는 DNA 수사나 역학조사의 절차와 같은 과학적 방법론에 관한 내용이 대다수이고 과학적 지식의 본성에 관한 사회과학적 접근은 포함되어있지 않아 다우버트 기준의 기계적 적용이 가져오는 문제를 고찰하는 데에는 적합하지 않다. 국내 법학계, 과학계, 과학기술학계는 이를 반면교사로 삼아 판사들에게 과학적 사실뿐만 아니라 과학적 지식의 본성과 법의 역할에 대한 폭넓은 교육을 할 수 있는 방안을 도출해야 할 것이다. 사법부나 입법부의 차원에서 판사, 법조인, 과학기술인, 과학기술학자 등이 주기적으로 대화할 수 있는 창구를 마련하는 것이 좋은 시작점이 될 수 있을 것이다.

둘째, 거시적인 안목에서 국가 간 지식이동(knowledge mobility 또는 knowledge travelling)의 현상을 분석하여 다우버트 기준이 한국에 전파된 배경에 대해 면밀한 연구를 할 필요가 있다. 과학과 법의 관계를 규정하는 한 가지 방식이 국경을 넘어 사회적 관습과 법체계가 서로 다른 곳에서도 채택되어 사용된다면, 이를 도모하는 공통의 정치경제적 힘이 작용할 것이라 유추할 수 있기 때문이다. 예컨대 20세기 말 신자유주의 체제의 확산과 함께, 의료/보건, 환경/에너지, IT/NT 등 신기술의 개발과 관련 산업의 촉진이 국가의 주요 정책 의제로 등장하면서 전략적 과학기술에 관한 소송이 국가경쟁력 강화를 추진하는 행정부의 정책에 직간접적인 영향을 주게 되었다. 거대한 정치경제적 변화 속에서 사법부의 판단이 과학기술정책 수립과 집행, 나아가 실험실에서의 구체적 연구에 어떠한 영향을 미쳤는지는 앞으로 더 많은 사례연구를 통해 밝혀나가야 한다. 이를 위해서는 특히 [소송－사법판단－정책결정－연구수행－지식생산]의 고리를 강화하고 순환을 촉진하는 역사적 맥락을 국가 간 비교연구를 통해 규명할 필요가 있다.

셋째, 앞으로의 과학기술학 연구는 한국의 법, 정책, 연구의 현실에 부합하는 과학적 증거의 채택과 평가방식을 개발하는 데 실질적으로 도움을 줄 수 있어야 한다. 다우버트 기준은 미국의 사법 체계에서 만들어졌기 때문에 한국의 소송사건에 바로 적용하기 어려운 점이 많다. 예컨대 미국에서는 증거의 수용성 판단을 판사가 하고 각 증거의 비중은 배심원단이 결정하는 반면, 한국에서는 판사가 증거의 수용성과 가중치를 모두 결정한다. 소송의 형태에 있어서도 차이점을 보인다. 다우버트의 사례와 그 후속 사례에서 볼 수 있듯이 미국에서는 피해자인 원고가 직접 소송을 제기하는 민사소송이 많은 것에 비해, 우리나라는 보험 제도를 바탕으로 하여 국가기관이 관여하는 행정소송이 많다. 이처럼 한국에서는 수문장으로서 판사의 역할과 권한이 전통적으로 컸으며, 국가기관이 피해자와 가해자 사이의 갈등에 보다 적극적으로 개입하는 법적 체계가 발전되어 왔다. 따라서 이러한 한국의 사법체제가 과학적 증거의 채택과 평가에 어떤 영향을 주는지 구체적인 사례연구를 통해 밝힐 필요가 있다. 다우버트 기준과 같이 입증방식의 합리성 확보에만 초점을 둘 것이 아니라, 가해자와 피해자 사이에 입증책임(burden of proof)을 누구에게 부과할 것인지, 입증책임의 수준은 어디까지 요구할 것인지 등의 문제를 부각하고, 관련 과학지식이 부재하거나 불확실한 상황에서 법정이 끝이 없는 과학논쟁의 장이 되는 것을 피하는 방법도 제시할 수 있을 것이다. 수문장으로서의 판사가 과학지식생산에 영향을 주고, 실험실의 연구자가 사법 판결과정에 기여하게 된 것처럼, 과학기술학자도 과학적, 법적 지식의 구성과정에 참여할 수 있을 것이라 기대한다. 그 방법은 풍부한 사례연구를 통한 한국의 실정에 맞는 정책개발에 있다고 생각한다.

Law and Science

Law Meets Science

법적 규제와 과학

10

감염병 팬데믹에서의 강제적 격리와 치료는 정당한가?*

– 방역조치의 정당성에 대한 법철학적 분석 –

유기훈 · 김도균 · 김옥주

유기훈 경북대학교 의과대학 의료인문학 전공 조교수. 정신건강의학과 전문의. 생명과 의료, 장애와 정신건강을 둘러싼 법과 윤리의 문제에 대해 연구하고 있다.
책 『아프면 보이는 것들』을 함께 썼고, 『미쳤다는 것은 정체성이 될 수 있을까』, 『인식적 부정의』를 동료와 함께 한국어로 옮겼다.

김도균 서울대학교 법학전문대학원 교수, 독일 Kiel 대학교 법학박사. 저서로서 『법치주의의 기초: 역사와 이념(공저)』, 『권리의 문법』, 『합법성과 정당성(역)』, 『한국 사회에서 정의란 무엇인가』 등이 있다.

김옥주 서울대학교 의과대학 인문의학교실 주임교수, 미국 미네소타대학 박사, 하버드대학 박사후연구원. 대한의사학회 회장, 한국생명윤리학회 회장, 유네스코 국제생명윤리위원회 위원 등을 역임했으며, 저서로는 『심보성–한국 신경외과학의 선구자(공저)』, 『임상윤리학(공저)』, 『의료윤리학(공저)』, 『미군정기 귀환자 아카이브 현재화(공저)』 외 생명윤리, 의료윤리, 의사학 관련 논문을 다수 발표하였다.

---

* 본 글은 기존에 발표된 여러 글들의 일부를 하나의 글로 편집하여 재수록한 것임을 밝힌다. ① 글의 I장 및 II장의 1, 2절의 논의는 유기훈 · 김도균 · 김옥주, "코로나 19 공중보건 위기 상황에서의 자유권 제한에 대한 '해악의 원리'의 적용과 확장 - 2020년 3월 개정 「감염병의 예방 및 관리에 관한 법률」을 중심으로", 의료법학 21권 2호, 2020의 1 - 3장을, ② 글의 IV장, V장은 유기훈, "코로나19 방역조치에 대한 비례성 심사에서의 '리스크' 개념 연구", 서울대학교 석사학위 논문, 2022의 4장 1, 2절 및 I장 1절을, ③ 글의 II장 3절 및 III장은 상기 석사학위 논문을 일부 수정 · 발전시켜 학술지에 발표한 글인 유기훈, "감염병 팬데믹에서의 '리스크'개념과 방역조치에 대한 비례성 심사의 구체화 - 집합제한조치에 대한 국내외 판결을 중심으로", 의료법학 23권 3호, 2022의 II장 2절 및 III장을 일부 수정을 거쳐 편집 · 재수록한 것이다.

Ⅰ. 서 론

감염병의 팬데믹 상황 속 국가의 방역 대책은 안보로서의 속성을 지니며, 공중보건과 공익의 이름으로 개인의 자유에 대한 일정한 제한이 정당화되어왔다. 그러나 때로는 국가에 의해 과도한 개인의 자유제한이 이루어지는 상황이 발생하며, 따라서 감염병 속 국가의 정책은 공익과 개인의 자유 보장 사이에서 균형을 맞추는 과정의 연속이기도 했다. 이러한 대립구도 속에서, 국가의 개인에 대한 자유제한의 한계를 설정하는 것이 주요한 문제로 떠오르게 된다.

국내에서는 2015년 메르스 사태가 신종 감염병 유행 속 자유의 제한에 대한 한국 정부의 태도와 국민 전체의 시각을 뒤바꾼 사건이었다. 초기에는 메르스 유행에 상대적으로 소극적으로 대처하던 정부는 감염이 급격히 확산되며 전 국민적 비판이 일자, 보다 강력한 자유 제한조치들을 선제적으로 수행하게 되었다.[1)]

이러한 메르스 사태의 경험은 2020년, 코로나바이러스감염증-19(SARS-CoV-2, 이하 코로나19)에 대한 행정·입법부의 빠른 방역대응을 이끌었다. 2020년 1월, 정부는 코로나19를 제1급감염병으로 지정했으며, 2020년 2월 23일에는 감염병 위기경보를 '심각'으로 격상하였고, 2020년 2월 중순 대구의 집단감염이 발생하기 시작하자 국회는 이른바 '코로나 3법'이라 불리는 「감염병의 예방 및 관리에 관한 법률」, 「검역법」, 「의료법」 개정안을 통과시켰다. 그중 「감염병의 예방 및 관리에 관한 법률」(이하 '감염병예방법')의 개정내용을 살펴보면, 개인의 자유에 대한 세 가지 국가의 개입이 법의 이름으로 허용되게 된다.

첫째, 제1급감염병이 발생한 경우 감염병 확진자뿐만 아니라 '감염병의심자'[2)]에 대해서도 격리거부 시에 처벌할 수 있는 법적 근거를 신설하고, 격리거부자 및 격리이탈자에 대한 벌칙을 상향하였다. 둘째, 감염병 확진자가 치료를 거부할 경우에 대한 벌칙을 상향하였다. 셋째, 제1급감염병 환자로 의심되는 사람이 감염병 병원체 검사를 거부할 경우 300만원 이하의 벌금에 처하도록 하는 조항이 신설되

---

1) 보건복지부, 2015 메르스 백서, 2016, 5 - 7, 397 - 400면.

2) 「감염병예방법」 제2조 제15의2에 따르면 '감염병의심자'는 "(1) 감염병환자, 감염병의사환자 및 병원체보유자와 접촉하거나 접촉이 의심되는 사람, (2) 검역법 제2조제7호 및 제8호에 따른 검역관리지역 또는 중점검역관리지역에 체류하거나 그 지역을 경유한 사람으로서 감염이 우려되는 사람, (3) 감염병병원체 등 위험요인에 노출되어 감염이 우려되는 사람"으로 정의된다.

었다.

이러한 개정은 이른바 '3T 모델(Test-Trace-Treat)'이라 불리는 한국의 코로나19 대응방식을 일관적으로 추진할 수 있는 법적 근거가 되었다. 3T 모델을 통해 '첫 증상 후 입원에 걸리는 데까지 소요되는 시간(Time from First Symptom onset to Hospitalization, TFSH)'을 단축함에 있어서, 감염병의심자 강제격리 · 치료와 같은 광범위한 자유 제한조치가 필요했던 것이다.

그러나 개정 「감염병예방법」을 통한 개인의 자유제한은 여러 사회적 논쟁을 빚기도 하였다. 격리장소 이탈자가 타인에 대한 감염을 일으키지 않았음에도 처벌하는 것이 정당한 것인지에 대한 문제부터, 치료를 거부하는 확진자에 대한 치료 강제의 정당화 가능성 및 팬데믹 속 집회의 자유의 보장 문제 등 광범위한 자유권 제한의 문제들이 모두 코로나19라는 특수한 상황 속에서 다시 검토되어야 했던 것이다. 하지만 새로운 방식의 자유 제한조치들이 도입되는 과정 중에도, '공중보건'의 이름으로 개인의 자유를 제한하는 행위의 정당성과 그 도덕적 한계에 대한 법철학적 논의는 충분히 이루어지지 못한 것이 사실이다.

본 연구는 먼저, 코로나19 팬데믹이라는 초유의 경험 앞에서 공중보건과 공익의 이름으로 개인의 자유제한이 이루어질 수 있는 도덕적 한계를 이론적으로 검토하였다. 이를 위해 전통적 '해악의 원리'로부터 출발하여 조엘 파인버그(Joel Feinberg)의 이론을 검토하고, 과학기술학 분야에서의 '리스크(risk)' 논의와 감염병역학 분야의 '감염재생산지수' 논의를 기존의 자유주의 법철학 전통에 적용하는 과정을 거쳤다. 이를 통해 II장에서는 현재의 코로나19 팬데믹 상황을 해석하기 위해서는 기존 '해악의 원리'에서의 '타인에 대한 해악(harm to others)'과 '자신에 대한 해악(harm to self)' 논의에 더하여, '인구집단에 대한 리스크(risk to population)'를 포함한 '확장된 해악' 개념이 필요함을 제기하였다. 나아가 III장에서는 이러한 이론적 검토에 기반한 방역조치에 대한 비례성 심사의 엄밀한 방법론을 제안하였으며, 글의 마지막인 IV장에서는 이러한 비례성 심사기준의 구체화를 통해 개정 「감염병예방법」의 '격리위반', '치료거부'에 대한 처벌조항이 정당화될 수 있는지 검토하였다.

Ⅱ. 감염병 팬데믹에 대한 '해악의 원리'의 적용과 확장

1. 자유제한의 기본원리

가. 해악의 원리(Harm Principle)

상기 개정 「감염병예방법」에서 살펴볼 수 있듯이, 공중보건을 수호하기 위한 법제들은 상당 부분 개인의 자유제한을 동반하게 된다. 개인이 감염병 환자로 의심되면 신체의 자유를 제한하는 검사를 받아야만 하고, 격리 상황에서는 일반적 행동의 자유, 거주・이전의 자유가 제한되며, 감염된 경우에는 개인의 동의 없이도 치료가 강제될 수 있는 것이다.

따라서 '공익'의 이름으로 개인의 자유에 대한 무분별한 침해를 막기 위해, 개인의 자유에 대한 간섭과 통제가 정당화될 수 있는 명확한 원칙을 수립할 것이 요청되어왔고, 이에 대해 존 스튜어트 밀(J.S. Mill)은 다음과 같은 원칙을 수립하였다.

> 나는 이 책에서 자유에 관한 아주 간단명료한 단 하나의 원리를 천명하고자 한다. … **다른 사람에게 해악을 끼치는 것을 막기 위한 목적**이라면, 당사자의 의지에 반해 권력이 사용되는 것도 정당하다고 할 수 있다. 이 유일한 경우를 제외하고는, 문명사회에서 구성원의 자유를 침해하는 그 어떤 권력의 행사도 정당화될 수 없다.[3]

이처럼 밀은 개인의 자유를 제한할 수 있는 유일한 경우는 '타인에 대한 해악'을 막기 위한 경우라 주장하였고, 후대의 학자들은 이러한 밀의 이론을 '해악의 원리'로 정교화하며 이를 바탕으로 자유주의 형벌 이론의 토대를 형성하였다.

나. 피해자이자 매개체로서의 감염병 환자(Patient as Victim and Vector)[4]

그러나 감염병에 노출된 개인에 대한 강제치료・강제검사의 정당화는, 기존에 논의되어온 '타인에 대한 해악'의 측면만으로는 설명되지 않는다. 감염환자에서의

---

3) 존 스튜어트 밀, 서병훈 역, 자유론, 책세상, 2018, 27면(강조 필자).

4) Battin, M. P. *et al.*, 'The patient as victim and vector', in *Blackwell Philosophy Guides to Medical Ethics*, Blackwell Publishing, 2007, pp.269 - 288.

자유제한 문제의 특수성은, 치료받지 않을 경우 타인을 감염시켜 '타인에 대한 해악'을 초래함과 동시에, 감염된 스스로의 건강을 잠식하는 '자신에 대한 해악'의 측면을 함께 갖는다는 점에 있다.

즉, 감염인은 감염을 운반하는 '매개체(vector)[5]'라는 공중보건의 위험요소가 됨과 동시에, 스스로는 감염의 '피해자(victim)'가 되어 공중보건에서의 보호 대상이 되는 독특한 윤리적 위치를 점하는 것이다.[6] 이번 코로나19 팬데믹 상황에서의 자유제한 또한 두 요소가 교차하는 지점에 놓여 있다. 감염자에 대한 강제적 격리 및 치료와 같은 조치들은 한편으로는 피해자 측면에서의 '자신에 대한 해악'을 예방하는 것으로부터, 다른 한편으로는 매개체로서의 환자에 의한 '타인에 대한 해악'을 막는 것으로부터 정당성을 획득한다.

따라서 '피해자이자 매개체로서의 환자(Patient as Victim and Vector)'라는 감염병의 독특한 측면은, 질병을 지닌 개인이 치료를 거부하는 상황에서 개인에게 치료를 강제할 수 있는가 하는 '치료거부권'의 문제임과 동시에, 자・타해의 위험이 높은 개인에 대한 자유의 구속이 실제 해악이 발생하기 이전에도 정당화될 수 있는가 하는 형법적 문제이기도 하다. 생명윤리와 형법이 교차하는 지점에 위치한 '감염병 환자에 대한 개입' 문제는, 그 다면적 특성상 생명윤리와 관련된 의료법의 판례에서도, 형법에서의 구금의 사안에서도 일관적 해답을 추출하기 어려운 양상을 보여왔다.

이에 대한 하나의 해답으로서, 개인의 자유를 구속할 수 있는 조건을 자유주의적 입장에서 일관되게 구축한 파인버그의 『형사법의 도덕적 한계(*Moral Limits of Criminal Law*)』 연작은 치료거부와 사전적 자유제한의 문제를 논리적 일관성을 가지고 다루고 있다.[7] 밀이 자유론에서 제기한 원칙을 따라, 파인버그는 개인의 자유를 제한할 수 있는 유일한 두 경우로, 누군가에게 해악을 끼치는 경우와 타인에게 회피할 수 없는 형태로 불쾌한 마음상태를 유발하는 경우 두 가지만이 가능하다고 이야기한다. '해악의 원리', '혐오유발행위의 원리(offense principle)'로

---

5) 공중보건 분야에서 '매개체(vector)'란 인간과 인간 사이 혹은 동물에서 인간으로 감염성 병원체를 전파할 수 있는 개체를 뜻하며, 모기, 파리, 이, 벼룩, 진드기가 대표적 예시이다.

6) Battin 외, 앞의 논문, p.272.

7) Feinberg, J., The Moral Limits of the Criminal Law: Vol. 1: Harm to Others, Oxford University Press, 1987; Feinberg, J., The Moral Limits of the Criminal Law: Vol. 3: Harm to Self, Oxford University Press, 1989; Feinberg, J., The Moral Limits of the Criminal Law: Vol. 4: Harmless Wrongdoing, Oxford University Press, 1990.

명명된 두 원리 중 첫 번째 '해악의 원리'는, 그 대상에 따라 다시 '자신에 대한 해악'과 '타인에 대한 해악'으로 나뉜다.

파인버그의 언어로 바꾸어 표현한다면, 코로나19 감염자/감염병의심자에 대한 개입은 '자신에 대한 해악'에서 다루는 치료거부의 문제와 '타인에 대한 해악'에서 다루는 자유제한의 문제가 교차하는 지점이 된다. 이처럼 자해와 타해가 공존하는 감염과 공중보건의 특수성을 도식적으로 나타내면 다음과 같다.[8)]

〈표 1〉 자신/타인에 대한 해악의 자발성에 따른 분류

		'피해자'	'매개체'
		자신에 대한 해악	타인에 대한 해악
자발성[9)]	자발적	① 경성후견주의	②
	비자발적	③ 연성후견주의	④

위 도식의 ①, ③은 '피해자'로서의 감염인/감염위험자가 치료나 검사를 거부하는 경우, 즉 '자신에 대한 해악'이 있음에도 개입을 거부하는 경우 언제 국가는 개인에게 정당하게 개입할 수 있는지를 논하는 후견주의적 개입(paternalistic intervention) 논의와 이어진다. 파인버그와 같은 자유주의에 기반한 법학자들은, 위의 ①에 해당하는 경성후견주의(hard paternalism)에 대해서는 강한 비판을 드러내는데, 대표적 경성후견주의 사례가 바로 환자의 '치료거부'의 문제이다.

치료거부와 관련한 민사 판례에서 국내 대법원은 원심판단을 인정하며,[10)] 자살

---

8) Childress *et al.*, "Public health ethics: mapping the terrain", *The Journal of Law, Medicine & Ethics*, 30(2), 2002, pp.170 - 178의 Figure 2를 파인버그의 논의에 맞추어 수정하고 한글로 번역하였다.

9) 치료거부와 같은 자신에 대한 해악의 경우에 파인버그가 중요하게 제기한 관점은, 자유주의와 충돌하지 않는 후견주의는 가능하다는 것이다. '개인의 자율성'과 '국가의 개입' 사이에서 양자택일의 문제로 다루어져온 후견주의의 구도에서, 그는 경성후견주의와 연성후견주의를 구분하며 논의를 이끌어낸다. 개인의 충분한 자발성(voluntariness)이 존재함에도 그에 반하는 개입이 정당화됨을 주장하는 '경성후견주의'와는 달리, 개인의 행위 자발성이 저하된 경우에만 선택적으로 개입하는 '연성후견주의(soft paternalism)'는 자유주의에 위배되지 않는다는 것이다. 본 논문에서 다루는 감염자/감염의심자에 대한 자유 제한조치의 경우에도, 미성년자 및 정신장애인이나 인지장애노인에서의 자유제한과 같은 연성후견주의와 관련된 여러 추가적 이슈가 파생될 수 있다.

10) 대법원 2005. 1. 28. 선고 2003다14119 판결.

목적으로 유기인제 살충제를 음독하고 응급실에 내원, 위세척과 같은 치료를 거부하여 사망한 사건에 대하여 의사는 환자를 '결박하는 등'으로라도 위세척 등의 치료를 강제하여야 한다고 판시한 바 있다. 해당 사건에서 대법원이 인용한 원심 판결에서는 환자의 자기결정권보다 의사의 환자의 생명을 보호할 의무가 우선시될 수 있는 '경성후견주의'의 조건으로 (1) '응급환자의 경우'와 (2) '의사의 의료행위 중지가 환자의 실명(失命)을 가져올 가능성이 있는 경우'라는 두 조건을 제시하며, 두 조건이 모두 만족될 때에만 자기결정권의 제한이 정당화될 수 있을 것이라 제시하였다.[11]

한편 대법원은 종교적 신념에 의한 수혈거부와 관련한 형사 판례에서,[12] 환자의 생명을 보존하기 위해 불가피한 수혈 방법의 선택을 고려함이 원칙이라고 하면서도, "환자의 생명 보호에 못지않게 환자의 자기결정권을 존중하여야 할 의무가 대등한 가치를 가지는 것으로 평가되는 때"에는 이를 고려하여 진료행위를 하여야 한다고 판시하였다. 즉, 응급하게 의료행위를 해야만 환자의 생명을 보존할 수 있는 경우라 할지라도 자기결정권은 "예외적인 경우에 한해 생명과 대등한 가치를 가지는 것으로 평가될 수 있"고, "환자의 생명과 자기결정권을 비교형량하기 어렵거나 적어도 동등한 가치가 있을 때에는 의사가 어느 하나를 존중하는 방향으로 행위했다면, 그 행위는 처벌할 수 없다"는 것이다.[13] 나아가 해당 판결에서 대법원은 "환자의 자기결정권도 인간의 존엄과 가치, 행복추구권에 기초한 가장 본질적인 권리이므로 특정한 치료방법을 거부하는 것이 자살을 목적으로 하는 것이 아니고 제3자의 이익이 침해되지 않는다면 환자의 의사도 존중돼야 한다"고 판시하였다.

위 판례들을 종합하여 보면, '치료거부'의 상황에서 의료인의 경성후견주의적 개입은 여러 제한적 조건 하에서만 정당화될 수 있음을 알 수 있다. 의사의 손해배상책임이 문제된 첫째 판례에서는 1) 응급환자에 대하여, 2) 의사의 의료행위 중지가 환자의 실명을 가져올 수 있는 경우로 제한하여 의사의 경성후견주의적 개입의 의무가 있다고 보고 있으며, 두 번째 판례에서는 "환자의 생명 보호에 못지않게 환자의 자기결정권을 존중하여야 할 의무가 대등한 가치를 지니는 경우"에는 후견주의에 어긋나는 행위(수혈하지 않는 행위)가 정당화될 수 있다고 판단하

11) 서울고등법원 2003. 1. 30. 선고 2001나73741 판결.
12) 대법원 2014. 6. 26. 선고 2009도14407 판결.
13) 대법원 2014. 6. 26. 선고 2009도14407 판결.

고 있다.

한편 개정 「감염병예방법」 제41조 2항과 제79조의3은, '감염병 환자'는 물론, 감염이 확실하지 않은 '감염병의심자'의 치료거부에 대한 처벌을 위와 같은 단서 조항 없이 폭넓게 허용하고 있다. 따라서 개정 「감염병예방법」의 치료거부 처벌 조항은 비감염성 질환에서의 '자신에 대한 해악'의 차원만으로는 정당화될 수 없으며, 「감염병예방법」에서 일반적 치료거부의 사례보다 더 광범위한 자유제한적 개입이 정당화될 수 있다면 그 근거는 '타인에 대한 해악'에서 찾아야 함을 알 수 있다. 즉, '피해자'로서의 감염자가 명시적으로 치료거부 의사를 밝힌 경우 '강제치료'는 비감염성 질환에서와 같은 수준의 엄격한 조건 하에서만 허용될 수 있을 것이기에, 비감염성 질병에는 부재한 '매개체'로서의 감염자/감염병의심자의 속성이 개인에 대한 광범위한 후견주의적 자유제한을 정당화할 수 있는지 검토해보아야 한다는 것이다. 이에, 이어지는 글에서는 기존의 '타인에 대한 해악' 논의를 확장하여 공중보건 위기 속 감염자/감염병의심자가 지니는 '매개체'로서의 속성을 개념화하고, 감염병 환자에 대한 자유 제한조치의 정당성을 '확장된 해악의 원리'에 의거하여 검토해보고자 한다.

2. 타인에 대한 리스크: '타인에 대한 해악' 논의의 확장(1)

가. 해악과 리스크

앞서 밀이 말하였던 해악의 원리에 따르면, '타인에게 해악을 가하는 행위'를 막는 과정에서의 자유 제한조치(<표 1>의 ②, ④)는 모두 개입의 정당성을 갖는다. 따라서 팬데믹 상황에서 타인에게 감염병을 퍼뜨리는 행위는 '타인에 대한 해악'으로 이어지기에, 감염자/감염병의심자의 자유는 정당하게 제한될 수 있다고 속단하기 쉽다. 그러나 이러한 판단에는 공중보건에서의 자유제한이 지니는 독특한 특징에 대한 고려가 누락되어있다.

다른 사안에서의 신체 자유의 제한과는 다르게, 공중보건 영역에서의 자유제한은 '예방적(preventive)'인 속성을 지닌다. 즉, 개인이 타인을 감염시켰기 때문이 아니라, 타인을 감염시킬 가능성, 즉 '확률적 해악(statistical harm)'이 있다는 이유로 '선제적으로' 구금시키는 등의 자유제한이 정당화되는 것이다. 이는 범죄에 대한 귀책사유가 '불특정 다수에 대한 해악의 확률적 증가'일 수 있느냐는 법철학적 문제를 제기한다. 즉, 감염병과 같은 공중보건법제의 영역에서는 타인에 대한 해악의 논의가 타인에 대한 확률적 해악 혹은 리스크(risk) 논의로 확장되며, 단지 타인에 대한 위험성이 있다는 것만으로 개인에게 개입할 수 있는 정당성이 확보되는지 여부가 쟁점으로 떠오르게 된다.

이러한 공중보건 영역에서의 딜레마를 보여주는 연관 사례로, 음주측정 거부의 경우 형사처벌이 정당화될 수 있는지와 관련된 논의를 살펴보자. 도로교통법 제148조의2 제1항에 따르면, 음주측정을 거부한 경우 5년 이하의 징역이나 2천만 원 이하의 벌금이 주어지게 되는데, 이는 음주운전에 의해 실제로 타인에 대한 '해악'이 발생하지 않더라도 적용되게 된다. 즉, 음주운전을 하더라도 사고를 안 내는 경우가 있지만, 타인과 자신에 대한 위해의 '확률적 가능성'만으로 '사전적'인 처벌이 부여되는 것이다. 음주측정 거부에 대한 형사처벌의 위헌성에 대한 헌법재판소 판례[14]에서는, "음주운전 방지와 그 규제는 절실한 공익상의 요청이며 이를 위해서는 음주측정이 필수적으로 요청되는바 … 입법목적의 중대성, 음주측정의 불가피성, 국민에게 부과되는 부담의 정도, 처벌의 요건과 정도에 비추어 과잉금지의 원칙에 어긋나는 것이라 할 수 없다"며 헌법에 위배되지 않는다고 판시하였다. 이처럼, 특정 개인에 대한 음주측정이 지니는 공공의 이익은 확률적으로만 존재할 수 있기에(음주운전을 했지만 사고가 안 날 수 있다), 그러한 '공공'에의 확률적 해악 가능성은 '개인'에 기반을 둔 전통적인 자유주의 형법이론과는 다른 정당화를 요청한다.

파인버그 역시 자신의 저서 『타인에 대한 해악(*Harm to Others*)』에서 타인에게 해를 끼치는 행위가 확률적으로 존재하는 경우를 다루며, 본인의 이론체계 내로 '확률적 해악' 개념의 포섭을 시도한다. 그는 확률적 해악을 설명하기 위해 '리스크(risk)'개념을 도입하며, '발생할 수 있는 해악의 중대성(gravity)'과 '해악이 발생할 가능성(probability)'의 두 축을 설정한다.[15] 그는 해악의 중대성과 발생가능성 중의 한 변수만으로는 자유제한의 정당한 근거를 확보할 수 없다고 주장하는데, 일어날 경우 해악의 크기가 중대하더라도 발생가능성이 극도로 낮거나, 발생가능성이 높더라도 해악의 정도가 매우 낮은 경우에는 정당한 개입의 대상이 될 수 없다는 것이다.[16] 따라서 파인버그는 발생 가능한 해악의 크기와 해악의 발생 가

14) 헌법재판소 1997. 3. 27. 선고 96헌가11 결정.
15) Feinberg, J. The Moral Limits of the Criminal Law: Vol. 1: Harm to Others, Oxford University Press, 1987, p.190.
16) 위의 책, p.191.

능성의 '곱'으로써 리스크를 정의하며, 발생가능성이 매우 높아 1에 수렴하는 경우가 일반적 '해악'에 해당한다고 주장한다.[17)]

리스크(risk) = 해악의 중대성(gravity) × 해악의 발생 확률(probability)

(수식 1) 리스크의 정의

그러나 파인버그의 리스크 개념은 공중보건 위기 상황에서 적용의 한계에 직면한다. 이번 코로나19 팬데믹 상황에서도 볼 수 있듯이, 새로운 공중보건의 리스크가 등장하는 경우 그 해악의 중대성은 물론, 해악의 발생가능성 모두 알기 어려운 상황에 처하기 때문이다. 국지적으로 발생한 신종 병원체는 과거와는 달리 국경을 넘나드는 유동적 인구이동을 타고 새로운 지역으로 급속도로 전파될 수 있으며, 병원체의 전파경로와 예후가 정확히 밝혀지지 않은 초기상황에서는 해악의 정도와 가능성 모두 정확히 파악되기 어려웠다. 따라서 이러한 신종 감염병에 의한 공중보건 위기 상황에서는 파인버그의 '리스크' 정의를 넘어서는 새로운 개념이 필요하게 된다.

나. 불확실성(uncertainty)

1990년대 유전자변형식품, 광우병의 원인으로 지목된 프리온, 기후변화와 같은 새로운 위험 앞에서, 앞서 다루었던 리스크의 개념의 확장이 시도되어왔다. 과학기술학(STS) 분야에서는 (광의의) 리스크 개념을 세분화시켜 4가지 개념 — 무지(ignorance), 모호성(ignorance), 불확실성(uncertainty), (협의의) 리스크(risk) — 으로 정의하는데, 이를 앞서 파인버그가 도식화한 해악의 중대성과 해악의 가능성의 두 축으로 도식화하면 다음과 같다.[18)]

17) 위의 책, pp.191 - 192.

18) Stirling의 도식을 저자가 파인버그(Feinberg, 앞의 책, p.191)의 개념에 맞추어 개념화시킴. Stirling, A., "Risk, precaution and science: towards a more constructive policy debate: talking point on the precautionary principle", *EMBO Reports*, 8(4), 2007, pp.309 - 315.

〈표 2〉 해악의 발생 확률과 중대성에 따른 리스크(risk)의 분류

		해악의 중대성(gravity)	
		알려짐	알려지지 않음
해악의 발생 확률 (probability)	알려짐	① 협의의 리스크(risk)	② 모호성(ambiguity)
	알려지지 않음	③ 불확실성(uncertainty)	④ 무지(ignorance)

위 분류에 따르면 리스크는 해악의 중대성이 알려져 있는지, 해악의 발생가능성이 알려져 있는지에 따라 총 네 가지의 개념으로 나뉘며, 파인버그가 가정했던 것은 중대성과 가능성 모두가 잘 알려진 '협의의 리스크(risk in the narrow sense)'에 해당한다. 둘째로, 발생 가능성은 일정 정도 알려져 있지만 해악의 결과가 명확하지 않은 경우는 모호성(ambiguity)에 해당한다. 유전자변형생물(Genetically Modified Organism, GMO)이 그 대표적 사례로, GMO의 생산량과 섭취량의 통계에 따라 노출된 인구수나 피해 가능성의 범위 등은 어느 정도 알고 있지만, 중장기적으로 인체와 환경에 어떤 나쁜 영향을 미칠지는 정확히 합의되지 못하는 경우이다. 세 번째는 해악의 중대성은 알려져 있지만 발생의 가능성은 알지 못하는 '불확실성(uncertainty)'이며, 마지막은 해악의 결과도, 그 가능성도 알지 못하는 '무지(ignorance)'의 영역이다. 광우병이 처음 발견되었을 당시 혹은 신종 감염병의 전파 초기와 같이, 그 위해와 발생 가능성 모두가 베일에 싸여있는 경우가 '무지'에 해당한다.[19]

그리고 어떠한 위험에 대하여 경험적 지식과 연구가 축적되어 갈수록, 해당 위험이 개념화될 수 있는 범주 또한 4가지 개념 사이에서 점차 변화할 수 있다. 이번 코로나19 팬데믹 또한 사태의 초기에 위험은 그 해악의 크기와 가능성 모두를 알지 못하는 무지의 상태에 놓여있었으며, 이후 전파양상과 사망률, 기초감염재생산지수(R0) 등의 관련 지식이 점차 축적되며 협의의 리스크 범주로 그 성격이 변화하였다.

그렇다면 파인버그가 제안하였던 해악의 크기와 발생 가능성의 '곱'으로써 리스크를 정의했던 방식이 더이상 유효하지 않은 '불확실성'과 '모호성', '무지'의 상황에서는 어떠한 방식으로 정당한 자유제한의 외연을 확정할 수 있을까.

19) Stirling, 앞의 논문, pp.310 - 311.

다. 사전주의 원칙(precautionary principle)

타인에 대한 해악의 방식과 정도에 대한 지식이 불완전한 상황 속에서 국가의 개입을 결정하여야 하는 어려움은 환경 분야에서 제기된 바 있다. 환경오염의 리스크를 관리하기 위한 과정 속에서 제안된 중요한 개념인 '사전주의 원칙'은, 위험이 초래할 잠재적 해악의 크기가 매우 높고 비가역적일 가능성이 있는 경우, 위험의 속성에 대한 과학적 근거가 부족하더라도 선제적인 예방조치가 필요하다는 것을 의미한다.

이러한 사전주의 원칙에 따르면, 앞서 살펴본 위험의 네 가지 분류 중, 해악의 크기와 발생 가능성이 모두 알려진 (협의의) 리스크를 제외한 '불확실성'과 '모호성', '무지'의 영역에서 '선제적'인 개입을 고려할 수 있다.[20] 따라서 공중보건 영역, 특히 '무지' 혹은 '불확실성'의 속성을 지니는 이번 코로나19 팬데믹 상황 또한 사전주의 원칙의 대상이 되며, 엄밀한 해악의 계량 없이 감염병의심자에 대한 강제격리 등의 자유 제한조치가 이루어지는 근거를 이룬다.[21]

실제로, 이러한 사전주의 원칙이 직접적으로 천명되지 않았더라도, 코로나19에 대한 광범위한 방역의 이면에는 사전주의 원칙의 적용 여부를 둘러싼 논쟁 구도가 재현되어왔다. 바이러스가 초래할 미래의 해악에 대해 충분한 정보가 없던 팬데믹 초기, 감염병의심자에 대한 강제격리, 강제검사, 강제치료를 '충분한 근거 없이,' '사전예방적으로' 강행하는 것이 정당화되는가 하는 논쟁부터, 공기전파 및 재감염을 둘러싼 논쟁까지, '무지'와 '모호성', '불확실성'의 상황 속에서 사전주의 접근법의 적용범위와 한계를 정하는 것은 코로나19 사태에서도 유사한 양상으로 반복되었던 것이다.

그러나 이러한 사전주의 원칙을 강하게 적용하여 '정의되지 않는 위험'을 개인의 기본권 제한의 근거로 삼게 되는 경우, 국가 권한의 무분별한 확장을 '불확실성'의 이름으로 허용할 우려가 생긴다.[22] 발생할 수 있는 해악의 크기와 그 가능성이 불확실한 감염병 위기 상황에서, 예방을 위해 적극적인 선제적 조치를 취할

20) Stirling, 앞의 논문, pp.309 - 310.

21) 사전주의원칙과 공중보건 간의 관계에 대해서는 Bayer, R. & Fairchild, A. L., "The genesis of public health ethics," *Bioethics*, 18(6), 2004, p.490을 참고할 수 있다.

22) Husak, D., Overcriminalization: The Limits of the Criminal Law, Oxford University Press, 2008, p.161 및 Ashworth, A. & Zedner, L., Preventive Justice, Oxford University Press., 2014, pp.202 - 203 참고.

경우 개인의 자유가 과도하게 제한될 우려가 있으며, 반대로 그 불확실성이 해소될 때까지 기다리게 되면 적절한 위기개입의 부재로 공공의 복리가 비가역적으로 훼손되는 딜레마적 상황에 놓이게 되는 것이다.

더욱이 기존 사전주의 원칙에 의거한 환경규제가 주로 기업이나 국가를 제약하는 것과는 다르게, '환자가 피해자임과 동시에 매개체로서의 속성을 지니는(PVV)' 감염병 위기의 특성상 환자는 '피해자'이기보다는 위험한 '매개체'로 관리되며, 사전주의 원칙은 '공익'과 '안보'의 이름으로 개인의 자유를 과도하게 제한하는 원칙으로 작동하기 쉽다. 즉, 사전주의 원칙에 따라 '해악의 원리'를 확장시킬 경우, 정당한 형사처벌의 한계를 넘어 '과잉범죄화(overcriminalization)'의 상황에 빠지게 된다는 것이다. 뒤에서 사전주의 원칙의 과도한 적용을 제한하는 세부적 논의를 다루기 위해, 우선 다음에서는 공중보건 위기상황에서의 '불확실성'을 분석할 수 있는 도구로서 '원거리 해악'의 개념을 살펴보아야 한다.

라. 원거리 해악(remote harm)

감염병 위기에서의 개인의 자유제한 상황에서, '사전주의 원칙'과 더불어 전통적 해악의 원리로 설명되지 않는 다른 한 가지는 '원거리 해악'의 문제이다. 전통적 해악의 원리에서 제기하는 '해악'의 개념은 타인에 대한 즉각적 해악 혹은 가시적이고 정량가능한 해악의 리스크를 전제하나, 이러한 전통적 의미의 해악 개념으로는 실제 법률이 제한하는 다양한 상황을 포섭하지 못한다는 것이 지적되어 왔다.[23] '과속운전'을 처벌하거나, '총기 소유'를 규제하는 것이 대표적인 예시로, 이러한 처벌은 모두 특정한 종류의 '우발성(contingencies)'이 동반될 때에만 리스크를 구성한다는 공통점을 지닌다.[24] 빈 도로에서의 과속운전이 해악으로 이어지지 않고 총기 소유만으로 해악이 구성되지 않듯, 특정 행위로 인하여 해악이 곧바로 발생하는 것이 아닌, 동반되는 상황이나 특정 행위들이 추가될 때에만 리스크가 구성되는 경우가 있다는 것이다. 이처럼 다른 우발성을 경유하여서 리스크가 구성된다는 점에서 해악은 행위로부터 '원거리에(remote)' 있으며, 그 거리 사이가 멀수록 더욱 여러 불확실성들이 개입하고 책임소재가 모호하게 된다.[25]

---

23) Von Hirsch, "Extending the harm principle: 'remote' harms and fair imputation", in Simester, A. P. & Smith, A. T. H. ed., *Harm and Culpability*, Oxford University Press, 1996, p.263.
24) 위의 논문, p.263.
25) 위의 논문, p.274.

이러한 원거리 해악은 크게 세 가지 개념으로 나뉜다. 첫째는 '추상적 위험(abstract endangerment)'이다. '추상적 위험'은 '구체적 위험(concrete endangerment)'과 대비되는 개념으로, '우발적인 특정 상황이 존재할 때에만 리스크를 생성하는 행위'를 의미한다.[26] 대표적인 예가 앞서 살펴본 '빈 도로에서의 음주운전' 처벌 문제이다. 음주운전을 처벌하는 이유는 기본적으로 '다른 운전자' 혹은 '도로 내 보행자'의 존재를 전제하며,[27] 전제된 우발적 상황이 존재하는 경우에만 해악이 구성된다. 그러나 우리의 도로교통법을 포함한 많은 국가의 법률은 타인을 해할 위험이 없는 빈 도로 등의 상황에서도 과속운전이라는 행위를 처벌하고 있으며, 이는 일률적 처벌 속에 '해악 없는 행위'와 '무고한 개인'까지 처벌한다는 비판에 직면할 수 있다.

둘째, '중개적(mediating) 행위를 요하는 해악'은, 행위 자체로는 어떠한 해악도 발생시키지 않으나, 그 행위 A로 인해 해악을 일으키는 행위 B의 예비조건이 충족되는 경우에 해당한다.[28] 총기나 마약 소지의 경우, 해당 물건을 소유하는 행위 A에 대해서는 어떠한 해악도 발생하지 않으나, 소지자 혹은 타인의 추가적 행위 B(총기 발사 혹은 마약 사용 후의 범죄)의 중개로 인하여 궁극적 해악(ultimate harm)이 발생하게 된다. 이 경우 '행위 B'로 인한 해악에 대하여, 행위 B에 대한 예비조건을 충족시켰다는 이유로 '행위 A'를 처벌할 수 있는지의 문제가 대두된다.

원거리 해악 분류의 마지막은 '누적적 해악(accumulative harms)'이다. 누적적 해악이란 해당 행위 단독으로는 실제적 해악의 발생은 매우 미미하나, 집단에 의해 누적적으로 행해질 경우 해악이 발생하는 경우를 지칭한다.[29] 강으로의 오물 방류가 대표적 사례로, 특정 개인이 행한 한 차례의 방류로 강이 오염되지 않을 수 있으나, 집단에 의해 반복적, 누적적으로 행해지며 특정 임계점(threshold)을 넘어가는 경우 큰 해악이 발생하게 된다. 이러한 누적적 해악의 경우, 개인의 행위 하나로는 유의한 해악을 끼치지 않을 수 있으나 집단적 수준에서는 중대한 해악이 형성될 수 있으며, 집단적으로 형성된 해악 중 개인 행위자의 책임은 어디

---

26) Simester & Von Hirsch, "Remote harms and non-constitutive crimes," *Criminal Justice Ethics*, 28(1), 2009, p.94.

27) 음주운전을 처벌하는 근거로, '타인에 대한 해악' 이외에도 음주운전 중 사고로 인한 운전자 '자신에 대한 해악' 또한 정당화 근거를 구성한다. 그러나 이는 후견주의 논쟁의 맥락에서의 별도의 검토가 필요하며, 본문에서는 이를 다루지 않았다.

28) Von Hirsch, 앞의 논문, p.264; Simester & Von Hirsch, 앞의 논문, pp.93-104.

29) Feinberg, 앞의 책, p.193 및 pp.227-232; Von Hirsch, 앞의 논문, p.265.

까지 책정되어야 하는지에 대한 귀책의 어려움이 발생한다.[30)]

이번 코로나19 팬데믹의 리스크 또한 다양한 원거리 해악 개념의 합으로 구성된다. '감염병의심자'가 격리조치 위반 시 「감염병예방법」 79조의3에 따라 '1년 이하의 징역 또는 1천만원 이하의 벌금'의 형사처벌이 부과되는데, 실질적 해악 발생과는 상관없이 '타인과의 접촉 없는' 격리 위반까지도 일률적으로 처벌한다는 점에서 이는 위 3가지 종류의 원거리 해악 중 '추상적 위험'에 기반한 처벌의 속성을 갖는다. 또한 감염병 팬데믹 상황은 원거리 해악의 '누적적 해악'의 속성 또한 공유하며, '팬데믹 임계점(pandemic threshold)'[31)]을 넘어가는 경우 대유행으로 번질 수 있다는 점에서 집단적으로 형성된 해악 중 개인 행위자의 책임은 어디까지 책정되어야 하는지에 대한 귀책의 어려움을 공유한다.

이처럼 '사전주의 원칙'의 관점이 형법에 적용되면서, 궁극적 해악과 인과적으로 먼 행위 혹은 궁극적 해악의 크기와 발생가능성 모두 불확실한 행위까지 처벌의 영역으로 포섭된다. 따라서 궁극적·직접적 해악을 중심으로 '예방의 동심원(preventive circle)[32)]'을 그리며 점점 더 먼 거리의 '원거리 해악'에의 처벌을 정당화하는 과정은, '리스크에 대한 예방적 접근'이라는 정당성과 '과잉범죄화'라는 우려 사이의 균형점을 필요로 한다.

3. 인구집단에 대한 리스크: '타인에 대한 해악' 논의의 확장(2)

해악의 원리를 감염병 팬데믹 상황에 적용하는 것의 또 하나의 난점은, 특정 개인이 타인을 감염시키게 되면 해당 타인이 다시 감염원(infection source)이 되어 제3자를 감염시킨다는 것이다. 전염된 '피해자'로서의 타인은 다시 '매개체'가 되어 감염병 해악의 확률적 연쇄를 만들어내는 것이다.

더욱이, 감염의 전파는 단선적으로 일어나지 않는다. 일반적으로 한 명의 감염병 환자가 2명의 타인에게 감염병을 전파시킨다고 할 때, 감염병 환자 A에 의해

30) Feinberg, 앞의 책, p.228.

31) Kermack, W. O. & McKendrick, A. G., "Contributions to the mathematical theory of epidemics – I," *Bulletin of Mathematical Biology*, 53(1-2), 1991.

32) 전통적 형사법 내의 해악 개념을 중심에 놓고, 그로부터 인과적으로 먼 원거리 해악까지도 처벌하는 2000년 이후의 형사법의 경향에 대하여 일군의 저자들은 형사법의 '예방적 전환(Preventive turn)'이라 명명하고 '예방의 동심원(preventive circle)'의 외연이 점차 넓어져 감을 지적하였다. 관련된 연구로는 Lomell, H. M., *op. cit.*, pp.85-87; Ashworth, Andrew and Lucia Zedner, "Just prevention: preventive rationales and the limits of the criminal law," *In Philosophical Foundations of Criminal Law*, Oxford University Press, 2013, pp.284-285를 참고할 수 있다.

감염된 두 명의 타인(B1, B2)은 다시 감염의 매개체가 되어 각자 두 명의 타인(C1과 C2, C3와 C4: 총 네 명)에게 감염을 전파한다.[33] 이처럼 감염의 연쇄가 일어나는 경우 감염의 초기 전파는 지수함수적으로 발생하며, 특히 팬데믹 상황에서는 이러한 감염의 연쇄가 인구집단 전체로까지 확장될 위험이 동반된다. 즉, 감염병 팬데믹 상황에서의 리스크는 단지 '타인에 대한 리스크(risk to others)'를 넘어, 감염의 연쇄 증폭을 통해 '인구집단에 대한 리스크(risk to population)'로 확대될 가능성이 있는 것이다.

따라서 이러한 감염의 연쇄의 결과로서의 리스크를 어떻게 확장된 해악의 원리로 포섭하여 형량가능한 법적 대상으로 규율할 것인지가 쟁점으로 떠오른다. 이러한 감염의 연쇄를 단지 '공익에 대한 중대한 해악' 혹은 '공익에 대한 중대한 위험'이라는 식으로 추상적이고 모호하게 포섭할 경우, 결국 해당 리스크는 법적 형량이 불가능한 대상이 되며, 이러한 (추상적) 공익을 수호하기 위해서라면 개인의 자유제한을 무제한적으로 허용하는 '만능패'로 작용할 우려가 발생한다. 즉, 감염의 연쇄를 억제함으로써 얻어지는 공공의 이익과 그 억제 과정에서 제한되는 개인의 사익 사이의 형량을 위해서는, 연쇄적 감염의 결과로 초래되는 '인구집단에 대한 리스크'를 명확히 개념화할 필요가 있는 것이다.

가. 감염재생산지수와 '인구집단에 대한 리스크'

그렇다면 "위험이 (…) [특정] 사람에 한정되지 않고 훨씬 큰 집단군으로 확장"[34]되는 상황을 어떻게 논의의 대상으로 포섭할 수 있을 것인가? 이를 위해서는 '감염재생산지수'의 개념을 이해하여야 한다.

앞서 감염병의 전파 예시에서 도입한 '한 명의 감염자가 일반적으로 전염시킬 것으로 기대되는 타인의 수'를 감염병 역학(infectious disease epidemiology)에서는 '감염재생산지수(reproduction number, R)'라고 부른다.[35] 특히 그중에서 인구집단 전체가 면역 형성이 안 되어있는 경우(즉, 해당 감염병에 대한 면역이 형성된 구성원이 없는 상태에서 감염이 퍼져나가는 경우)의 감염재생산지수를 R0(기초감염재생산지수)라 부른다.[36] 이때, 일반적으로 감염재생산지수 R값은 다음의 세 요인으

33) 단, 이러한 추정은 인구집단 전체가 면역능이 없는 상태라는 가정에 근거하고 있다. 이후에 살펴볼 것처럼, 이때의 감염재생산지수 R0는 2가 된다.

34) BVerfG 1 BvQ 28/20(2020.4.10.)

35) Nelson, K. E. & Williams, C. M., ed., *Infectious Disease Epidemiology: Theory and Practice*, Jones & Bartlett Publishers, 2014, p.133.

로 구성된다.[37)]

감염재생산지수(Reproduction number, R)

={ 감염자와의 시간당 접촉자 수 (contact)

×감염자가 감염을 전파시키는 기간 (duration) }

×감염자와 접촉 시 감염될 확률 (probability of infection)

=감염자와의 접촉자 수

×감염자와 접촉 시 감염될 확률

(수식 2) 감염재생산지수 (R)

즉, '한 명의 감염자가 일반적으로 전염시킬 것으로 기대되는 타인의 수'인 감염재생산지수는 '(1) 감염자와의 접촉자 수'와 '(2) 감염자와 접촉 시 감염될 확률'로 구해질 수 있는 것이다. 방역조치는 이러한 감염재생산지수를 낮추는 전략에 해당한다. 예를 들어, 격리 조치나 집합금지조치는 감염자와의 접촉자 수를 줄이는 것을 통해, 백신접종은 접촉 시의 감염 확률을 낮추는 방식으로 감염재생산지수를 감소시키게 된다.

감염재생산지수 개념을 통해, 감염 전파가 연쇄적으로 발생하여 해악이 인구집단 전체를 대상으로 발생하는 현상을 포착할 수 있다. 감염병 팬데믹 상황에서 '타인에 대한 해악'이 어떻게 증폭되는지를 살펴보기 위해, 우선 최초의 감염자로부터 한 단계의 감염 전파가 일어나는 상황을 생각하여 보자. 첫 번째 단계의 감염 연쇄에서는 확률적으로 R명에게 감염이 전파되므로, 앞서 타인에 대한 리스크를 해악의 발생 확률(probability)과 해악의 중대성(gravity)의 곱으로 표현하였던 (수식 1)에서의 Feinberg의 논의를 따르면 첫 번째 단계의 타인에 대한 리스크는

36) 이러한 R0값은 감염병마다 제각기 다른 값을 지니고 있다. 감염 전파력이 굉장히 강하다고 알려진 콜레라(Cholera) 균의 경우 연구에 따른 편차를 고려하더라도 R0값이 최소 2.6 이상이라고 알려져 있으며, SARS의 경우 연구에 따라 상이하나 적어도 1.2 이상의 R0값을 가진다는 것이 알려져 있다. Nelson & Williams, 앞의 책, p.134.
그러나 R0가 아무리 크더라도, ① 인구 대부분에게 면역능이 형성되어 있거나, ② 감염 전파를 차단하기 위한 공중보건 조치가 적극적으로 이루어지는 경우, 실제적 R값은 그보다 작아진다는 사실에 주목할 필요가 있다. 즉, R값이 1을 넘어가는 경우 감염의 지수함수적 연쇄 증폭이 일어나므로, 공중보건 정책의 주된 목표는 여러 방역조치를 통해 감염재생산지수를 1 아래로 낮추어 감염의 확대 증폭을 통제하는 것이 된다.

37) 유명수 외, "감염재생산지수 개념 및 방역정책에 따른 변화", 주간 건강과 질병(제14권 6호), 2021, 283면.

다음과 같이 표현된다(이때, 이하에서의 '해악의 중대성'은 한 사람이 감염되었을 때 해당 개인에게 평균적으로 발생하는 해악의 크기를 의미한다).

타인에 대한 리스크의 총합(첫 번째 감염전파단계)

=최초 감염자로부터 감염되는 타인의 수
×해악의 중대성(gravity of harm)

=감염자와의 접촉자 수×감염자와 접촉 시 감염될 확률
×해악의 중대성(gravity of harm)

=R×해악의 중대성(gravity of harm)

(수식 3) 감염재생산지수와 타인에 대한 리스크 총합

이어서 두 번째 감염전파단계까지 진행이 된다면, 첫 번째 단계에서 감염되었던 R명이 각자 R명에게 다시 감염을 전파시키게 된다.[38] 따라서 첫 번째 감염전파단계에서 감염된 R명에 더하여 두 번째 감염전파단계에서는 R×R 명이 새로운 감염자로 추가되며, 따라서 $R+R^2$명에게 감염에 의한 해악이 부과된다. 이러한 감염의 연쇄가 m번째 단계까지 진행된다면, 결국 초기 감염자의 감염 전파로 인하여 영향받는 인구집단 내 구성원의 수는 $R+R^2+R^3+(\cdots)+R^m$명이 된다. 이처럼 감염재생산지수를 이용하면 인구집단 전체로 감염이 확률적으로 전파하는 것을 개념적으로 포착할 수 있고, 이러한 각 단계의 타인에 대한 리스크의 합을 통해 감염자의 '인구집단에 대한 리스크'를 도출할 수 있다. 이를 수식으로 나타내면 아래와 같다.

---

38) 이는 특별한 공중보건 조치나 사회적 상황의 변화가 없어 우선 R값이 시간에 따라 모든 사람에게 일정하게 유지된다고 가정하고 논의를 전개한 것이다.
이러한 논의 전개는 실제 상황에서는 그른 것이다. 최초의 감염자로부터 첫 번째 감염전파단계로 R명의 사람에게 감염이 전파된 경우, 다시 매개체가 된 R명의 사람들이 제3자에게 감염을 다시 전파할 때에는 시간이 흘러 인구집단의 면역능을 포함한 감염 환경의 변화로 R값이 동일하게 유지되지 않을 가능성이 높기 때문이다. 또한 R이 1 이상이고 m값이 매우 커지는 경우에는 $R+R^2+R^3+(\cdots)+R^m$가 인구수를 넘어선 숫자를 나타낼 수 있다는 모순적 상황에 놓인다. 이는 앞의 경우와 마찬가지로, 감염된 환자수가 증가하면서 집단면역(herd immunity)이 형성되어 R값이 줄어든다는 점이 수식에서 고려되지 않은 결과이다.
그러나 본 글에서는 정확한 감염전파의 모델링을 목적으로 하는 것이 아니라 '인구집단에 대한 리스크'를 개념화하는 수단으로서 감염전파 모델을 도입한 것이므로, 논의 전개의 편의를 위해 본문에서는 R이 일정하게 유지된다는 가정하에 논의를 전개하였다.

감염자의 인구집단에 대한 리스크

$$
\begin{aligned}
&= R \times \text{해악의 중대성} \\
&\quad + R \times R \times \text{해악의 중대성} \\
&\quad + R \times R \times R \times \text{해악의 중대성} \\
&\quad (\cdots) \\
&\quad + R^{m} \times \text{해악의 중대성} \\
&= (R + R^2 + R^3 + (\cdots) + R^{m}) \times \text{해악의 중대성}
\end{aligned}
$$

(수식 4) 감염자의 인구집단에 대한 리스크

즉, 감염병의 연쇄적 전파로 인해 한 명의 감염자가 인구집단에 대해 끼치는 리스크의 크기는, 한 명의 타인을 감염시킴으로 인해 해당 개인이 입는 해악의 크기인 '해악의 중대성'에 $(R+R^2+R^3+(\cdots)+R^{m})$의 가중치가 부여된 값으로 추정할 수 있다.

위 수식에서 볼 수 있듯이, R값이 1 이상인 경우 감염은 급속도로 퍼져나가 인구집단에 대한 리스크를 지수함수적으로 증가시킨다. 반면 R값이 1 이하인 경우, $(R+R^2+R^3+(\cdots)+R^{m})$의 가중치는 제한된 값만을 지니고 감염병의 연쇄는 어느 시점에 자연적으로 종료된다. 감염병 통제를 위한 공중보건 조치가 R값을 1 이하로 유지하거나 적어도 일정 수준까지 낮추는 것에 집중하는 이유는, '인구집단에 대한 리스크'의 이러한 지수함수적 증가 양상으로부터 기인한다.[39)]

나. 방역조치 미준수 시의 '인구집단에 대한 리스크'

한편, 위의 논의는 어떠한 자유제한 조치도 부과되지 않거나 구성원들이 동일한 정도로 해당 조치를 준수하여 R값이 모두에게 일정하다는 가정하에 이루어졌다. 그렇다면 방역조치의 주요한 근거로 다루어지는, '특정한 개인이 자유제한 조치를 거부하는 경우'에 초래하는 인구집단에 대한 리스크는 어떻게 구체화될 수 있을까? 모두가 방역조치를 비슷한 수준으로 따르는 가운데 특정한 개인만이 이를 어기는 상황은, 다른 사람들의 감염재생산지수는 R로 일정한 가운데 방역조치 위반자의 감염재생산지수만이 R′로 증가하는 것으로 개념화할 수 있다. 방역조치

39) Meehan, M. T., *et al.*, "Modelling insights into the COVID-19 pandemic," *Paediatric respiratory Reviews*, 35, 2020, p.66.

를 위반함으로써 '감염자와의 접촉자 수' 혹은 '감염자와 접촉 시 감염될 확률'이 증가하기 때문이다((수식 2) 참조). 그렇다면 해당 방역조치 위반 감염자의 인구집단에 대한 리스크는 다음과 같이 변화한다.

방역조치 미준수 감염자의 인구집단에 대한 리스크

$=R' \times$ 해악의 중대성

$+R' \times R \times$ 해악의 중대성

$+R' \times R \times R \times$ 해악의 중대성

$(\cdots)$

$+R' \times R^{m-1} \times$ 해악의 중대성

$=R' \times (1+R+R^2+R^3+(\cdots)+R^{m-1}) \times$ 해악의 중대성

=(방역조치 미준수 시의) 접촉자 수

×(방역조치 미준수 시의) 접촉 시 감염될 확률

$\times(1+R+R^2+R^3+(\cdots)+R^{m-1})$

×해악의 중대성

* R′=(방역조치 위반으로 증가한) 접촉자 수

×(방역조치 위반으로 증가한) 접촉 시 감염될 확률

(수식 5) 방역조치 미준수 감염자의 인구집단에 대한 리스크

위 수식의 의미를 구체적으로 이해하기 위해 다음과 같은 예를 생각하여 보자. 모든 감염자들이 국가에 의한 자유제한 조치를 준수함으로써 감염재생산지수 R이 1로 조절되어 매일 감염병 환자 발생이 비슷한 수준으로 유지되는 상황에서, 감염자 A가 홀로 자유제한 조치(자가격리 및 마스크 착용)를 어겼다고 가정하여 보자.

이때, 다음과 같은 다양한 결과가 발생할 가능성이 있다. 첫 번째 가능성으로, A가 해당 방역조치를 어김으로써 하필 타인 4명을 마주치게 되고(접촉자 수의 증가), 마주친 타인 4명에게 하필 모두 바이러스가 도달하였으며(접촉 시 감염될 확률의 증가), 그 바이러스로 인해 하필 4명 모두가 감염되는 경우가 존재할 수 있다. 이처럼 방역조치를 지키지 않음으로써 해악 발생가능성의 증가함에 따라 타인 4명을 감염시키게 되었다면 개인 A의 R′값은 4가 되며, (조치를 모두가 준수하였을 때의 R에 비해 4배의 값을 가지므로) 위 수식에 따라 인구집단에 대해 4배의

리스크를 부과하게 된다.[40]

마지막으로, 위의 수식 전개는 모두 감염병이 확인된 감염자를 기준으로 이루어진 것이므로, 「감염병예방법」의 주요한 자유제한 조치의 대상인 '감염병의심자'의 경우 한 단계의 추가적 불확실성이 발생한다. 즉, 감염병의심자는 위와 같은 수식을 통해 도출한 리스크에 '실제 감염되었을 확률'이 곱해진 값을 최종적 인구집단에 대한 리스크 값으로 갖는 것이다.

방역조치 미준수 감염병의심자의 인구집단에 대한 리스크

=감염병의심자가 실제 감염되었을 확률
×방역조치 미준수 감염자의 인구집단에 대한 리스크

=감염병의심자가 실제 감염되었을 확률
$\times R' \times (1+R+R^2+R^3+(\cdots)+R^{m-1})$ ×해악의 중대성

=감염병의심자가 실제 감염되었을 확률
×(방역조치 미준수 시의) 접촉자 수
×(방역조치 미준수 시의) 접촉 시 감염될 확률
$\times(1+R+R^2+R^3+(\cdots)+R^{m-1})$
×해악의 중대성

(수식 6) 방역조치 미준수 감염병의심자의 인구집단에 대한 리스크

즉, 감염병의심자 A가 방역조치 미준수 시에 인구집단에 가하는 리스크는 ① 감염병의심자가 실제 '감염자'일 확률에 ② 타인과 접촉하는 '접촉자 수'와 '접촉 시 감염될 확률'을 곱하고(이때, 그 곱의 결과로 해당 감염자에 의해 직접적으로 감염되는 타인의 수를 구할 수 있으며, 그 값은 R′라 정의된다), ③ 인구집단으로 감염이 연쇄적으로 전파되어 나가는 가중치(이는 인구집단의 평균적 감염재생산지수를 R이라 할 때 $[1+R+R^2+R^3+(\cdots)+R^{m-1}]$으로 구해진다)를 곱한 뒤에 ④ 타인 1명을

40) 그러나 여기서 문제가 되는 점은, 똑같은 가설적 상황에서 A의 방역수칙 위반은 전혀 다른 결과로도 이어질 수 있다는 점이다. 위와 같은 가능성 이외에도, A가 방역수칙을 어겼지만 인적이 드문 장소만 방문하여 감염시킬 타인을 아무도 안 마주쳤을 경우도 있을 수 있으며, 설사 마주치더라도 상대방에게 바이러스가 도달하지 않거나 상대방이 감염되지 않을 경우의 수도 충분히 가능하다. 즉, R′값은 여러 단계의 불확실성의 연쇄를 통해 우연적으로 결정되며, 방역 수칙 미준수로 인하여 해당 감염자의 R′값이 증가할 것이라는 '확률적 추정' 혹은 '통계적 위험성'만으로 해당 개인에게 사전예방적(precautionary)으로 자유제한을 부과하는 것이 정당화될 수 있는지가 문제로 떠오르게 된다.

감염시켰을 때에 평균적으로 발생하는 '해악의 중대성'을 마지막으로 곱함으로써 얻어질 수 있는 것이다.

이제까지 고전적인 '타인에 대한 해악' 개념을 선행연구의 논의를 참고하여 '타인에 대한 리스크'로 확장시키고, 이를 다시 감염병 역학의 감염재생산지수 개념을 이용하여 '인구집단에 대한 리스크'로 확장하여 정의하였다. 이제 감염병 팬데믹에서의 방역조치에 대한 비례성 심사 과정에서 보다 엄밀하게 정의된 '인구집단에 대한 리스크', 즉 '공익의 훼손'이 어떻게 형량의 대상으로 구체화될 수 있는지 살펴보고자 한다.

Ⅲ. 감염병 팬데믹에서의 방역조치에 대한 비례성 심사기준

1. 감염병 팬데믹 방역조치에 대한 비례성 심사기준의 부재

코로나19 팬데믹 상황에서 자유제한 조치를 둘러싼 다양한 논의가 있었으나, 정작 감염병 리스크의 발생 속 기본권 제한 심사를 '구체적으로 어떻게 시행할 것인지'에 대한 논의는 거의 이루어지지 않았다. 현재 시행되고 있는 자유제한 조치가 과잉금지원칙에 위배되지 않는다고 주장하는 기존의 선행연구들에서는 "신체적 자유의 구속을 통한 격리 및 강제적 치료 조치만이 공중보건의 수호를 포함하여 피격리자의 생명 및 건강상의 위해 제거라는 법익의 보호를 위하여 유일한 해결방법이라는 점에서 목적의 정당성, 수단의 적합성과 침해의 최소성, 법익의 균형성이 충족된다"라거나 "얻어지는 보건안전의 공익이 결코 적지 않으므로 법익의 균형성에 위배된다고 할 수는 없다"[41]는 등의 방식으로 기본권 제한의 법익 형량을 설시하고 있으나, 앞서 언급한 것처럼 비례성 심사과정의 구체적 논증은 특별히 제시되고 있지 않아, 객관적인 비례성 심사의 방법론에 대한 연구는 부족한 상황이다.

반대로 현재 시행되고 있는 자유제한 조치에 대해 문제를 제기하고 '방역조치

---

41) 김용민, "신종감염병 대응체계 개선을 위한 공법적 고찰 - 코로나19 팬데믹 사태를 통해 개정된 감염 3법에 대한 검토를 중심으로", 법학논총(제40권 3호), 2020, 196면; 류성진, "코로나19 방역조치와 기본권 제한 법제의 정당성 -「감염병의 예방 및 관리에 관한 법률」을 중심으로", 법학연구(제29권 3호), 2021, 118면.

가 부당하다'고 결론 내리는 경우에도, 대부분은 「감염병예방법」과 그 집행이 명확성의 원칙이나 형법의 보충성 원칙, 법률유보의 원칙 등에 어긋난다는 지점을 지적하는 데에 집중되어, 구체적인 비례성 심사의 논증 방법은 제시되지 않은 경우가 많았다.

이처럼 선행연구에서 코로나19 방역조치에 대한 명확한 비례성 심사 기준을 구체적으로 제시하지 못하고 있는 상황 속에서, 기본권의 중대한 제한이 이루어지는 공중보건 방역조치에 대한 엄밀한 비례성 심사기준 확립이 요구된다. 이에 본 장에서는 2장에서 살펴본 '리스크'를 둘러싼 이론적 논의를 과잉금지원칙에 적용하여, 감염병 팬데믹 상황에서의 자유제한 조치의 비례성 심사기준을 구체화하고자 한다.

2. 감염병 팬데믹 방역조치에 대한 비례성 심사기준의 구체화

헌법 제37조 2항은 "국민의 모든 자유와 권리는 국가안전보장·질서유지 또는 공공복리를 위하여 필요한 경우에 법률로써 제한할 수 있으며, 제한하는 경우에도 자유와 권리의 본질적인 내용을 침해할 수 없다"고 선언한다. 제37조 2항의 전단은 '법률유보의 원칙'과 함께 '과잉금지원칙'을 설시하고 있는 것으로 이해되며, 후단은 '본질적 내용 침해 금지 원칙'을 규정하고 있다고 받아들여지고 있다.

이때 '과잉금지원칙'은 국가가 개인의 기본권을 제한할 때에 충족하여야 하는 헌법상의 제약을 설시한 것으로, 헌법재판소는 다음과 같이 과잉금지의 원칙을 구체화하고 있다.

> "과잉금지의 원칙이라는 것은 국가가 국민의 기본권을 제한하는 내용의 입법활동을 함에 있어서 준수하여야 할 기본원칙 내지 입법활동의 한계를 의미하는 것으로서, ① 국민의 기본권을 제한하려는 입법의 목적이 헌법 및 법률의 체제상 그 정당성이 인정되어야 하고(목적의 정당성), ② 그 목적의 달성을 위하여 그 방법이 효과적이고 적절하여야 하며(방법의 적절성), ③ 입법권자가 선택한 기본권 제한의 조치가 입법목적달성을 위하여 설사 적절하다 할지라도 보다 완화된 형태나 방법을 모색함으로써 기본권의 제한은 필요한 최소한도에 그치도록 하여야 하며(피해의 최소성), ④ 그 입법에 의하여 보호하려는 공익과 침해되는 사익을 비교형량할 때 보호되는 공익이 더 커야 한다(법익의 균형성)는 헌법상의 원칙이다."[42]

---

42) 헌법재판소 1990. 9. 3. 선고 89헌가95 결정 등(인용문 강조 및 번호는 필자 추가).

그렇다면 "국민 건강에 위해가 되는 감염병의 발생과 유행을 방지"하고 "국민 건강의 증진 및 유지에 이바지함을 목적"[43]으로 하는 감염병예방법에서의 자유제한 조치가 헌법상의 과잉금지원칙에 위배되는지 여부는 어떻게 평가할 수 있을까.

앞서 살펴보았듯이, 방역조치가 통제의 대상으로 하는 감염병 팬데믹에서의 위해(危害)는, 즉각적이고 명확하게 발생하는 '고전적 해악'과는 다른 특성을 지닌다. 감염병 팬데믹에서의 해악은 ① 여러 단계의 확률적 불확실성을 거쳐야만 최종적 해악에 도달하고(II장 2절), ② 예측하기 어려운 확률로 2차, 3차 감염의 연쇄를 거쳐 인구집단으로 퍼져나간다는 독특성을 지니기에(II장 3절), 단지 '최종적 해악이 중대할 수 있다'는 위해의 가능성만으로 개인의 자유를 과도하게 침해할 위험성이 있는 것이다.

따라서 감염병 팬데믹 상황에서 '인구집단에 대한 리스크 예방'의 허용가능한 외연을 책정하는 비례성 심사가 요청되며, 이를 위해 이하에서는 비례성 심사의 세부 원칙인 ① 수단의 적합성, ② 피해의 최소성, ③ 법익의 균형성을 감염병 팬데믹의 특수성을 반영하여 구체화하고자 한다.[44]

가. 수단의 적합성 심사: 공익에 대한 수단의 인과적 기여

수단의 적합성 심사에서는, 기본권 제한의 수단이 공익성을 갖춘 목적의 달성에 인과적으로 기여할 수 있는지를 검토한다(이하 '공익에 대한 수단의 인과적 기여'라 칭한다). 이때, 여타의 상황에 대한 '공익에 대한 수단의 인과적 기여' 판단이 상대적으로 간단한 것과는 달리, 감염병 팬데믹에서의 '인구집단에 대한 해악'은 확률적 불확실성을 갖는다는 점에서 차이를 나타낸다. 즉, 공익에 대한 훼손이 단지 '확률적'으로 나타날 때, 공익을 보호하기 위한 자유제한 조치라는 수단이 공익의 보호에 '인과적으로 기여하는가'를 판단하는 것이 새로운 쟁점으로 등장하는 것이다.

이러한 '공익에 대한 수단의 인과적 기여'를 감염병 팬데믹 상황에서 명확히 판단하기 위해서는, 공중보건 조치를 통해 확률적 불확실성이 줄어드는 확률적 연

43) 「감염병예방법」 제1조.

44) 감염병 팬데믹 상황에서의 방역조치의 경우, 매우 예외적인 경우를 제외하고는 '공중보건 보호'라는 '목적의 정당성'이 확보될 수 있는 경우가 대부분이기에, 본 글에서는 목적의 정당성 심사에 대한 구체적인 검토를 생략하였다.

쇄의 단계를 정확히 명시하고 그 경험적 근거를 제시할 필요가 있다. 즉, '리스크가 심대하다'는 것으로부터 특정 공중보건 조치가 필요하다고 주장하거나, '리스크가 불확실하다'는 이유로 공중보건 조치 도입을 주장하는 것은 불충분한 논증이라는 것이다. 예를 들어, '감염병 팬데믹이 심각하므로 감염병의심자에 대한 격리 부과는 적합한 수단이다'라는 식의 주장이나 '감염병 팬데믹 상황에서의 리스크는 불확실하므로 그 저감 여부를 논증할 수 없다'는 주장은 충분한 논증이 될 수 없다.

정확한 논증에서는 해당 자유제한 조치가 도입되기 전과 후의 리스크를 비교하고, 어떠한 단계에서 해당 조치가 효력을 발휘하는지 설명하여야 한다. 이때, 리스크가 불확실하더라도 특정 조치 전후의 리스크 사이의 '비교'는 논증될 수 있다는 사실에 주목할 필요가 있다. 이를 위해 '인구집단에 대한 리스크'에 대한 앞서의 (수식 6)을 살펴보자. 방역조치 미부과 감염자의 인구집단에 대한 리스크는 다음과 같이 표현되었다.

방역조치 미준수 감염자의 인구집단에 대한 리스크

=(방역조치 미준수 시의) 접촉자 수

×(방역조치 미준수 시의) 접촉 시 감염될 확률

$\times(1+R+R^2+R^3+(\cdots)+R^{m-1})$

×해악의 중대성

이때, 감염자에 대한 특정 방역조치가 '공익에 대한 수단의 인과적 기여'를 만족하기 위해서는, 위의 수식 중 특정 단계의 발생 가능성을 낮춰 리스크를 감소시킨다는 것을 보여야 한다. 예를 들어, 특정 조치가 위의 수식에서의 '접촉자 수'에 작용하여 그 발생 가능성을 낮춘다고 가정하고 논의를 전개하여 보자. (예를 들어, 격리 조치를 통해 해당 개인이 타인을 마주칠 가능성을 낮추는 과정을 상상해볼 수 있다.) 그렇다면 해당 방역조치 전과 후의 인구집단에 대한 리스크의 차이는 다음과 같다(이때, 해당 값의 변화량을 나타내는 기호 '△'를 앞에 붙여 표현하였다).

△ 방역조치 적용에 따른 감염자의 인구집단에 대한 리스크 감소
={(방역조치 미준수 시의) 접촉자 수×접촉 시 감염될 확률
×$(1+R+R^2+R^3+(\cdots)+R^{m-1})$×해악의 중대성}
−{(방역조치 준수 시의) 접촉자 수×접촉 시 감염될 확률
×$(1+R+R^2+R^3+(\cdots)+R^{m-1})$×해악의 중대성}
={(방역조치 미준수 시의) 접촉자 수−(방역조치 준수 시의) 접촉자 수}
×접촉 시 감염될 확률
×$(1+R+R^2+R^3+(\cdots)+R^{m-1})$×해악의 중대성
=△접촉자 수
×접촉 시 감염될 확률
×$(1+R+R^2+R^3+(\cdots)+R^{m-1})$×해악의 중대성

(수식 7) 방역조치 적용 여부에 따른 감염자의 인구집단에 대한 리스크 감소

이때, 비록 '인구집단에 대한 리스크' 자체는 여러 단계의 불확실한 단계를 거쳐 해악으로 이어지게 되어 확정적이지 않은 값을 나타내지만, 적어도 {접촉 시 감염될 확률×$(1+R+R^2+R^3+(\cdots)+R^{m-1})$×해악의 중대성}이 어떤 값을 나타내든지 방역조치 적용으로 인한 '접촉자 수'의 감소분(△접촉자 수)이 존재한다면 조치 이후의 인구집단에 대한 리스크의 크기는 줄어든다는 사실을 논증할 수 있다. 예를 들어 위의 (수식 7)에서 {접촉 시 감염될 확률×$(1+R+R^2+R^3+(\cdots)+R^{m-1})$×해악의 중대성} 값이 50부터 100 사이의 값을 지닐 수 있는, 리스크의 크기가 불확실한 상황을 생각하여 보자. 단지 해당 값이 '불확실하다'는 것만으로 '△방역조치 적용에 따른 감염자의 인구집단에 대한 리스크 감소'분이 존재한다는 것을 밝힐 수 없는 것은 아니다. 만약 방역조치가 적용되지 않았을 때의 접촉자 수 값이 10이고 방역조치가 이루어짐으로써 접촉자 수 값이 5로 낮아진다면, {접촉 시 감염될 확률×$(1+R+R^2+R^3+(\cdots)+R^{m-1})$×해악의 중대성} 값이 50이었던 경우는 그 값이 500에서 250으로, 100이었던 경우는 그 값이 1000에서 500으로 줄어드는 것을 보일 수 있다.

이처럼 '리스크가 크고 불확실하다'는 사실에 근거하여 특정 자유제한 조치의 도입이 정당화될 수는 없으며, 최종적 해악을 초래하는 데에 기여하는 다양한 단계들 중 대상 조치로 인해 특정 단계의 발생 가능성이 줄어들고, 이로써 전체 리

스크 크기가 감소한다는 점이 명확히 증명되어야만 해당 조치에 대한 수단의 적합성 심사가 만족될 수 있다.

나. 피해의 최소성 심사: '개입방식'과 '규율의 대상의 범위'

피해의 최소성 원칙은 "입법자는 공익실현을 위하여 기본권을 제한하는 경우에도 입법목적을 실현하기에 적합한 여러 수단 중에서 되도록 국민의 기본권을 가장 존중하고 기본권을 최소로 침해하는 수단을 선택해야 한다"는 원칙을 말한다.[45] "입법권자가 선택한 기본권 제한의 조치가 입법목적달성을 위하여 설사 적절하다 할지라도, 보다 완화된 형태나 방법을 모색함으로써 기본권의 제한은 필요한 최소한도에 그치도록 하여야" 한다는 것이다.[46] 이러한 피해의 최소성 원칙은 공중보건 개입에 있어서 '(1) 개입 방식에 있어서의 피해의 최소성'과 '(2) 대상 집단에 있어서의 피해의 최소성'으로 나누어 고려할 수 있다.

1) 개입 방식에 있어서의 피해의 최소성

이러한 피해의 최소성 원칙을 공중보건 분야에 적용하려는 대표적인 시도로, 너필드 생명윤리위원회(Nuffield Council on Bioethics)에서는 '개입의 사다리(Intervention Ladder)' 모형을 개발하였다.[47] [그림 1]과 같은 '개입의 사다리' 모델에서는 사다리의 각 칸마다 특정 유형의 공중보건 개입의 방식이 적혀 있는데, 아래에서 위로 갈수록 점점 더 강압적인(coercive) 방식의 조치가 제시되어 있다. 따라서 아래 칸에서 위 칸으로 올라갔음에도 혹은 위 칸에서 아래 칸으로 내려왔음에도 "여전히 목적을 동일하게 달성(still achieving their aims)"할 수 있다면, 입법자는 사다리 칸들 중에 가장 아래에 있는 "최소 침해적(least intrusive)"인 방식을 선택하여야 한다.[48] [그림 1]은 너필드 생명윤리위원회의 '개입의 사다리' 모델을 필자가 백신접종의 사례를 예시로 하여 구체화한 것이다.

백신접종 정책의 예를 들면, 국가가 국민에게 정보를 충실하게 제공하거나(provide information), 선택지를 넓히는(enable choice) 방식으로 백신접종률이 충

45) 헌법재판소 1998. 5. 28. 선고 96헌가5 결정.

46) 헌법재판소 2006. 6. 29. 선고 2002헌바80, 87, 88, 2003헌가22(병합) 결정.

47) 이하의 '개입의 사다리' 모형과 관련된 설명은 Nuffield Council on Bioethics, *Public Health: Ethical Issues*, 2007, pp.xv - xix 및 pp.41 - 42 참조. 개입의 사다리를 소개한 국내의 문헌으로는 유기훈 · 김옥주, "코로나 19 공중보건 위기 상황에서 백신접종 의무화 정책의 정당성 검토", 한국의료윤리학회지(제25권 1호), 2022, 13면 참조.

48) Nuffield Council on Bioethics, 앞의 책, p.xviii.

분히 확보되는 상황에서는, 개입의 사다리의 상단에 있는 백신 거부자에 대해 불이익 부여나 전면적 격리 부여는 정당화될 수 없다. 공중보건을 위한다는 이름으로 국가의 개인에 대한 과도한 자유제한이 초래될 우려가 높은 상황에서, 개입의 사다리 모형은 공중보건 개입의 주된 방법들을 침해의 정도 순으로 직관적으로 도식화하여 피해의 최소성을 구체적으로 판단하는 데에 도움을 준다.

국가의 자유제한 증가

선택지를 제거한다(Eliminate choice).
백신 거부 시에 형사처벌을 부과하거나, 백신을 강제로 신체에 주입한다.

선택을 제한한다(Restrict choice).
백신접종을 하지 않으면 일체의 외출을 허용하지 않는 전면적 격리 의무를 부과한다.

불이익을 통하여 선택을 유도한다(Guide choice through disincentives).
백신접종을 하지 않으면 여러 방식의 불이익을 부과한다. 예를 들어 백신 거부자에게 추가적 세금을 부과하는 방식, 학교 등교나 다중이용시설 등에 접근하지 못하게 하는 차등적 거리두기 조치 등이 가능하다.

인센티브를 통하여 선택을 유도한다(Guide choice through incentives).
백신접종 시에 금전적, 비금전적 다양한 혜택을 제공한다.

디폴트 정책을 바꿈으로써 선택을 유도한다(Guide choices through changing the default policy).
백신을 맞을 것을 디폴트로 하여 접종 예정일을 제공하고, 백신접종을 희망하지 않는 사람은 이로부터 이탈하는 것을 선택(opt out)하도록 한다. 이른바 '넛지(nudge)'와 관련된 다양한 조치들이 이에 속한다.

선택지를 넓힌다(Enable choice).
백신의 종류와 접종 방식 등을 폭넓게 개발 및 제공하여 선택지를 넓힌다.

정보를 제공한다(Provide information).
대중에게 정보를 제공하고 교육한다. 예를 들어, 백신의 안전성과 효과성을 홍보한다.

국가의 부작위(Do nothing)
아무것도 하지 않거나, 현재의 상황을 관찰한다.

[그림 1] 개입의 사다리(Intervention Ladder) 모형(백신접종 정책의 예시)

2) 규율 대상의 범위에 있어서의 피해의 최소성

한편, 개입의 사다리 모형에서 제시한 자유제한의 '수단' 사이의 최소침해성 이외에도, 해당 조치가 규율하는 '대상 집단'의 최소화 또한 피해의 최소성 심사에서 중요하게 고려될 필요가 있다. 인구집단에 대한 리스크 통제를 위해 집단의 일부에 해당하는 소수의 구성원에게만 자유제한을 부과하는 것이 가능함에도, 인구집단 전체나 특정 집단 전부를 대상으로 일률적인 자유제한을 부과하는 조치는 피해의 최소성 원칙을 만족하지 못한다는 것이다. 헌법재판소가 판시하듯, 일률적인 자유제한은 특정 조건 하에서만 자유를 제한하는 등의 "[피해를 줄일 수 있는] 가능성을 모두 소진한 후에 비로소 고려될 수 있는 최종적인 수단"이며,[49] "사안의 개별성과 특수성을 고려할 수 있는 가능성을 일체 배제하는 필요적 규정을 둔다면 이는 비례의 원칙의 한 요소인 '최소침해성의 원칙'에 위배"된다.[50]

감염병예방법의 가능한 예시로, '감염병환자등'으로 확인된 사람에게 특정 자유제한 조치를 부과하는 것만으로 인구집단에 대한 리스크를 동일한 수준으로 통제하는 것이 가능하다면, 그보다 외연이 넓은 '감염병의심자'나 '전체 인구집단'을 대상으로 해당 자유제한 조치를 부과하는 것은 정당화될 수 없다. 즉, '확진자 격리 조치'만으로 동등한 수준의 인구집단에 대한 리스크 통제가 가능하다면, '감염병의심자 격리 조치'나 '인구집단 전체에 대한 일률적 락다운(lockdown) 명령'은 피해의 최소성 심사를 통과할 수 없다.

다. 법익의 균형성 심사 : '허용가능한 리스크'와 '리스크의 변화'

어떠한 기본권 제한 입법이 목적의 정당성, 수단의 적합성, 피해의 최소성 심사를 통과하더라도, 그로 인한 공익의 달성보다 기본권 제한으로 인한 사익의 침해가 더 중대하다면 해당 입법은 허용될 수 없다. 따라서 감염병 팬데믹 상황에서 국가의 자유제한 조치의 마지막 심사관문으로, 해당 조치를 통해 달성되는 '인구집단에 대한 리스크' 방지의 법익과 '개인의 자유제한' 초래의 법익을 형량할 필요가 있다.

그러나 이때 다시 문제가 되는 것은, 감염병 전파로 인한 인구집단에 대한 피해는 오직 '확률적'으로만 예측된다는 점이다. 어떤 개인이 여러 단계의 해악 발

49) 헌법재판소 2003. 10. 30. 선고 2000헌바67 결정.
50) 헌법재판소 1995. 2. 23. 선고 93헌가1 결정 등.

생 가능성을 거쳐 공익을 훼손할 '위험'이 있다면, 이때 훼손되는 공익은 어떻게 형량할 수 있는가? 특히 해악의 중대성과 발생가능성이 모두 확실히 밝혀지지 않은 상황이라면 모호하고 불확실한 '공익'을 어떻게 형량의 저울에 올려놓을 것인지가 더욱 문제가 된다.

단지 '공익훼손의 위험성이 크다'는 이유로 논증없이 기본권을 제한하여서는 안 될 것이기에, 감염병 팬데믹과 같이 불확실한 리스크를 근거로 개인의 자유를 제한하는 국가의 개입에 대한 법익형량은 면밀한 이론적 검토를 요한다. 이에 이하에서는 감염병 공중보건 위기 상황의 법익의 균형성 심사에서 필요적으로 만족시켜야 하는 제한사항들을 검토하고자 한다.[51)]

1) '허용가능한 리스크' 여부에 근거한 법익의 균형성 심사

타인이나 인구집단에 대한 리스크가 존재한다고 할지라도 모든 리스크 유발 행위가 금지되는 것은 아니다. 만약 모든 리스크 유발 행위가 금지된다면 우리의 사회적 삶을 구성하는 수많은 행위들이 허용되지 않는 결과가 초래될 것이기 때문이다. 예를 들어 일상적 자동차 운전의 사례를 생각하여 보자. 자동차 운전은 설사 교통법규를 충실히 지킨다고 할지라도 일정 확률로 타인에게 중상해를 입힐 수 있는 위험성을 지닌 행위이다. 그럼에도 자동차 운전은 우리의 삶에서 필수적인 '허용가능한' 행위로 여겨지고 있다.[52)]

이러한 '리스크 유발 행위'로서의 일상적 자동차 운전이 허용되는 것은, 자동차 운전이 허용됨으로써 발생하는 이익을 얻는 대가로 그로 인해 상호 간에 초래되는 리스크는 감수하겠다는 구성원 간의 사회적 합의가 성립하였기 때문이다. 일례로, 어떤 공동체의 구성원 A가 자동차 운전을 함으로써 이익을 얻지만, 이와 동시에 개인 B를 포함한 타인들에게 리스크를 부과하는 상황을 생각하여 보자. 이때 만약 개인 B 또한 자동차 운전을 한다면, 해당 행위로 인해 마찬가지로 개인 A를 포함한 타인들에게 리스크를 부과하게 될 것이다. 이러한 상황에서, 개인

---

51) 유의할 점은, 아래의 제한사항들이 공익과 사익의 형량에 있어서의 '충분조건'이 아니라는 점이다. 본 절의 목적은 '리스크의 불확실성'이라는 공중보건 위기상황의 특수성을 반영하여, 인구집단에 대한 리스크를 근거로 개인의 자유를 제한함에 있어서의 '최소한' 만족하여야 하는 심사 방식과 여러 제한 요건들을 검토하는 데에 있다. 즉, 감염병 팬데믹에 대한 법익의 균형성 심사의 필요조건으로서의 정당화 요건들을 밝힘으로써, 불확실한 감염병 리스크를 근거로 자유를 제한하는 국가작용이 만족하여야 하는 '최소한의 합의된 출발점'을 제시하고자 한다.

52) Hansson S. O., "Ethical criteria of risk acceptance," *Erkenntnis*, 59(3), 2003, p.291 이하.

A와 B는 상호 간에 운전을 허용하여 상대방이 자신에게 부과하는 리스크를 감내하는 대신, 자신의 운전 행위를 통한 이익을 추구하는 것을 선택할 수 있다. 즉, 개인 A와 B는 리스크와 이익의 상호호혜적 교환을 통해 운전이란 리스크 유발 행위를 '허용가능한(acceptable)'것으로 합의할 수 있는 것이다.

이러한 사회 구성원 사이의 리스크와 이익의 상호호혜적 교환을 통해 "사회적 삶을 가능하게 하는"[53] 여러 행위들이 허용될 수 있다. 이러한 '허용가능한 리스크(acceptable risk)'의 성립을 Hansson은 다음과 같이 정리하였다.[54]

〈표 3〉 Hansson의 '허용가능한 리스크' 이론

1. 모든 개인은 타인의 행위에 의해 (부정적 효과를 일으키는) 리스크에 노출되지 않을 일응의(prima facie) 도덕적 권리가 있다고 간주된다.
2. 그러나, 이러한 우선적 권리는, 사회적 삶을 가능하게 하기 위해 몇몇 경우에 기각되어야만 한다.
3. 개인에 대한 리스크 부과가 허용되는 것은, 3.1. 그 리스크에의 노출이 '리스크 부담에 있어서 형평성 있는 사회 시스템(equitable social system of risk-taking)'의 일부로서 이루어지고,[55] 3.2. 이러한 시스템이 그 개인의 이익을 위한 것일 때 그리고 오직 그 때에만(if and only if) 허용가능하다.

Hansson의 도식에 맞추어 앞의 일상적 자동차 운전의 사례를 검토하면 다음과 같다. (1) 개인은 일응 타인의 자동차 운전 행위로 인한 리스크에 노출되지 않을 도덕적 권리가 존재한다. (2) 그러나 사회적 삶을 가능하기 위해서는 이러한 운전의 리스크 중 일부가 허용되어야 한다. (3) 그렇기에 일상적 운전의 리스크 노출

53) Hansson S. O., 앞의 논문, p.298.

54) Hansson, 앞의 논문, pp.291 - 309; Hansson S. O., *The Ethics of Risk: Ethical Analysis in an Uncertain World*, Springer, 2013, pp.97 - 110을 참고하여 필자가 재구성함. Hansson의 리스크 이론을 백신접종 사안에 대해 적용한 국내의 논의로는 유기훈 · 김옥주, 앞의 논문, 9면 이하를 참조.

55) Hansson은 그의 초기 저술에서 "리스크 부담에 있어서 형평성 있는 사회 시스템(equitable social system of risk - taking)"이 무엇이며 그렇지 않은 경우와 어떻게 구분할 수 있는지에 대하여 구체적으로 설시하지 않았다(관련한 비판적 논의로는 Hayenhjelm, M., "What is a fair distribution of risk?," in Roeser, S. *et al.*, ed., *Handbook of Risk Theory: Epistemology, Decision Theory, Ethics, and Social Implications of Risk*, Springer Netherlands, 2012, pp.909 - 929 참조). Hansson은 이러한 지적에 대한 응답으로, 2013년 저작에서 해당 문구를 "리스크 부담에 있어서 지속적으로 정의를 추구하는 사회적 관습(a persistently justice - seeking social practice of risk - taking)"으로 구체화하며 추가적 설명을 제공하였으나(Hansson, 앞의 책, pp.104 - 108), 이러한 추가적 설명에서 또한 무엇이 "지속적으로 정의를 추구하는 사회적 관습"인지에 대해서는 명확한 정의를 내리고 있지 않아 지속적인 후속 논의가 이루어지고 있다.

이 형평성 있는 사회 시스템의 일부로 이루어지고 그 시스템이 해당 개인의 이익을 위한 것인 경우, 운전 행위는 사회적으로 합의된 '허용가능한 리스크'의 영역 내로 포섭될 수 있다. 예를 들어, 일상적 자동차 운전은 <표 3>의 요건들을 만족시킨다는 점을 어렵지 않게 추론할 수 있다. 반면 음주운전의 경우, (일반적 운전과는 달리) 구성원 중 소수의 사람들만이 그 허용을 통해 이익을 얻는 반면, 타인에 대한 리스크 초래는 매우 중대한 경우에 해당한다. 따라서 음주운전 행위는 Hansson이 제기한 세 번째 기준을 통과하지 못하며, 따라서 '허용가능하지 않은 리스크' 부과 행위에 해당하게 된다.[56] 즉, 음주운전 행위는 사회적 삶을 가능하게 하기 위한 '형평성 있는 사회 시스템의 일부'가 될 수 없으며, 사회 구성원 간의 '리스크-이익 교환'의 합의가 일어날 수 없다는 것이다.

이처럼 사회적 삶을 가능하게 하기 위해서는 일부 리스크 유발 행위에 대해서 구성원 상호 간의 리스크-이익 교환(risks-benefits exchange)의 합의[57]가 이루어질 수 있으며, 그렇게 합의된 행위는 설사 타인과 인구집단에 대한 리스크를 담지한다 하더라도 허용될 수 있다. 즉, 어떤 행위를 단지 '타인이나 인구집단에 대한 리스크를 유발한다'는 근거로 무조건 제한하는 것은 옳지 않으며, 해당 리스크 유발 행위가 '허용가능한' 범주 내에 있는지 여부를 파악할 필요가 있다는 것이다.

한편, 이러한 허용가능한 리스크 논변은 설사 해당 리스크의 발생 확률과 그 중대성이 완전히 밝혀지지 않은 상황에서도 마찬가지로 적용될 수 있다. 사전주의 원칙을 적용하여 예방적으로 불확실성에 대비하는 경우에도, 국가의 자유제한의 대상이 되는 리스크 유발 행위가 '허용가능한' 외연 내에 있는지에 대한 심사가 선행되어야만 한다는 것이다.[58] 예를 들어 만약 충분히 감수할 만한 사소한 리스크 유발 행위까지도 그 발생 확률이 '불확실하다'는 이유로 금지의 대상이 되었다면, 우리는 코로나19 팬데믹 초기의 모든 순간에 집 밖을 한 발자국도 나갈 수 없었을 것이다. 집을 나서는 순간 타인과 접촉하게 되며, 필연적으로 감염 전파의 불확실성이 발생하기 때문이다. 그러나 팬데믹 초기의 '불확실성'이 지배하였던 시기에도 사람들은 마스크를 착용하고 외출할 수 있었으며, (비록 통제된 형

56) 헌법재판소 1997. 3. 27. 선고 96헌가11 결정 참고.

57) Hansson, 앞의 논문, p.305.

58) 이하의 논증의 초기 형태는 Hansson의 리스크 이론을 백신접종 사안에 대한 적용한 유기훈 · 김옥주, 앞의 논문, 8-9면, 16-17면에 제시되어 있다.

태이지만) 타인과 사회적으로 상호작용할 수 있었다. 즉, 이러한 제한된 사회적 상호작용이 가능하였던 것은, 해당 리스크 유발 행위는 '허용가능한 리스크'의 범주에 포함되어야 한다는 것이 사회적으로 합의를 이루었기 때문이다. 만약 이처럼 합의를 통해 '허용가능한 리스크'에 포함된 행위임에도 국가가 사전주의 원칙에 따라 해당 행위를 제한한다면, 이는 부당한 자유제한에 해당할 소지가 크다.

그렇다면 어떤 감염병 환자나 감염병의심자의 타인/인구집단에 대한 리스크 유발 행위가 '허용가능한 리스크'에 해당하는지 여부를 어떻게 판단할 수 있을까? 어떠한 방역조치를 통해 개인이 얻는 이익을 직접적으로 형량하는 것은 서로 통약불가한(incommensurable) 법익들 사이의 형량이라는 법익의 균형성 심사의 난관에 봉착하므로,[59] 본 글에서는 이를 우회하여 방역조치로 인하여 금지의 대상이 된 리스크 유발 행위를 이미 허용가능한 리스크로 분류된 행위와 비교하고, 둘 사이의 차등적 조치가 정당한 것인지를 판단하는 방법론을 제시하고자 한다.

예를 들어 특정 집단에서는 이미 사회적으로 합의된 허용가능한 리스크가 다른 집단에는 (허용할 수 없는 추가적 이유 제시 없이) 적용되지 않거나, 이전 시점에는 허용가능한 리스크로 분류되었던 행위가 이후에 (허용할 수 없는 추가적 이유 제시 없이) 허용불가능해지는 경우는 '정당화될 수 없는 차등 조치'이며, 따라서 법익의 균형성 심사를 통과하지 못한다고 볼 수 있다. 즉, 이미 사회적으로 '허용가능한 리스크'로 합의된 행위는 보편적이고 지속적으로 보장되어야 할 일응의 정당성이 있다는 것이다. 이러한 '허용가능한 리스크' 여부에 근거한 법익의 균형성 심사가 리스크에 근거한 기본권 제한이 비례성 심사를 통과하기 위한 첫 번째 필요조건이 된다.

2) '리스크의 변화'를 반영한 법익의 균형성 심사 여부

신종 감염병 팬데믹의 또 하나의 특성은, 타인/인구집단에 대한 리스크의 양상이 시간이 지남에 따라 변화한다는 점이다. 신종 감염병 팬데믹의 리스크가 변화한다는 점은 코로나19 팬데믹을 예시로 생각하여 보면 보다 명확해지는데, 이하에서는 리스크 변화의 원인을 네 가지 요소로 나누어 검토하고자 한다.

---

59) '공중보건의 보호'라는 법익과 '개인의 자유권 제한'이라는 법익은 동일한 잣대로 줄 세우고 비교할 수 있는 속성이 아니기에, 애초에 이익형량 저울의 양 팔에 올릴 수 있는 것이 아니라는 것이다. Scalia 전 미국 연방대법원 대법관이 지적하듯, 비교형량은 전혀 다른 법익 간의 비교를 수행하여야 하며, 이는 마치 "어떤 돌의 무게보다 어떤 선이 더 긴지 아닌지를 판단하는" 것과 같은 어려움을 동반한다[Bendix Autolite v. Midwesco Enterprises, 486 U.S. 888, 897(1988)].

시간에 따른 리스크 변화의 첫 번째 이유는, 신종 감염병 병원체에 대한 경험적·과학적 지식이 축적되기 때문이다. 처음에 코로나19 바이러스가 중국 우한에서 시작되어 전 세계로 퍼져나가던 당시에는 감염재생산지수는 물론, 그 전파경로 또한 명확히 파악되지 않았다. 그러나 이후 팬데믹이 점차 진행하며 경험적 지식과 과학적 연구 결과가 축적되었고, 이를 통해 리스크의 발생 확률과 그 중대성이 점차 명확해질 수 있었다.

둘째로, 팬데믹 중간에 병원체 자체의 변이가 생기며 리스크의 양상이 지속적으로 변화하기도 한다. 그 최근의 사례로, 코로나19 팬데믹 또한 그 주요 원인 병원체가 델타 변이와 오미크론 변이로 변화하며, 병원체의 전파양상과 치명률 등이 지속적으로 변화하였다. 이처럼 숙주와 병원체 사이의 상호작용 속에서 해악이 발생하는 병원체의 특성상, 시간에 따른 돌연변이 발생으로 인해 병원체가 변화하면 그 리스크 또한 필연적으로 바뀌게 된다.

셋째로, 인구집단의 해당 감염병에 대한 면역 형성 정도의 변화에 따라 리스크가 변화할 수 있다. 감염병은 타인 1명을 감염시키는 것이 아니라 연쇄적 해악을 통해 '인구집단'으로 퍼져나간다는 특성을 갖기에, 같은 병원체에 의한 감염이라 할지라도 인구집단 중 감염 후 회복된 사람의 비율이나 백신접종 비율에 따라 그 해악의 크기가 달라지게 된다.

넷째로, 한 국가에서 시행되는 방역조치의 수준 및 구성원의 협조 정도, 감염병의 치료·대응 역량은 시간에 따라 변하며, 이에 따라 감염병 리스크 또한 달라진다. 앞서 II장 3절에서는 감염재생산지수 R값이 해당 사회에서 어떠한 방역조치가 시행되고 있으며 구성원이 그 조치에 얼마나 협조하는지에 따라 변화한다는 점을 살펴보았다. 즉, 감염자에 대한 방역조치가 적절하게 이루어지고 구성원들도 이에 성실히 협조하는 경우, 감염된 개인이 타인에게 전염시킬 확률 자체가 줄어들며 R값이 줄어들게 된다는 것이다. 리스크에 영향을 미치는 다른 요인으로, 감염병에 대한 효과적 치료제나 치료방식이 개발된 경우, '해악의 중대성' 자체가 줄어들 수도 있다. 이처럼 시행되는 방역조치의 수준 및 구성원의 협조 정도, 감염병의 치료·대응 역량의 시간에 따른 변화는 R값과 해악의 중대성의 크기를 바꾸게 되며, 따라서 '인구집단에 대한 리스크'의 크기까지도 변화시킬 수 있는 것이다.

이처럼 네 가지 요인들이 중첩적으로 작용함에 따라 신종 감염병 팬데믹의 리스크의 양상은 시간이 지남에 따라 지속적으로 변화한다. 이때 중요한 것은, 어떤 공익적 목적을 위해 개인의 기본권을 제한하는 법률을 제정하는 입법자는 “그 입법에 의하여 보호하려는 공익과 침해되는 사익을 비교형량할 때 보호되는 공익이 더 커야 한다”는 “입법활동의 한계”를 갖는다는 점이다.[60] 따라서 감염병에 의한 ‘인구집단에 대한 리스크’가 지속적으로 변하며 보호하려는 공익의 크기가 변동하는 경우, 그 비교형량의 판단 또한 시간이 지남에 따라 달라지게 된다. 예를 들어, 연구와 경험적 지식이 부족하고 인구집단의 면역능도 형성이 되어있지 않았던 팬데믹 초기의 기본권 제한적 방역조치의 정당화 가능한 외연과, 상당한 지식과 경험이 축적되고 다수의 구성원들에게 백신에 의한 면역능이 형성된 팬데믹 후기의 정당화 가능한 외연은 큰 차이를 보일 수밖에 없다. 즉, 이전 시기에 정당화되었던 방역조치라도 여러 상황의 변화에 따라 이후에는 정당화되지 않을 수 있으며, 따라서 시간에 따른 ‘리스크의 변화’를 반영한 법익의 균형성 심사가 새롭게 이루어져야 한다는 것이다. 이러한 감염병 팬데믹의 특성을 반영하기 위하여, 여러 국가들은 감염병 법제의 일부 조항을 한시법적으로 설정하거나 아예 특정한 감염병 팬데믹 시기에만 적용되는 특별법 형식의 입법을 추진하기도 하였다.[61] 이처럼 감염병 리스크의 큰 변화가 발생한 경우 이를 반영하여 비교형량이 새롭게 시행되어야 한다는 점이 방역조치에 대한 법익의 균형성 심사의 세 번째 필요조건이다.

이번 장에서는 II장에서 이론화한 ‘인구집단에 대한 리스크’ 개념을 이용하여 감염병 팬데믹 상황하의 방역조치에 대한 비례성 심사의 구체적 방법론을 정립하

---

60) 헌법재판소 1990. 9. 3. 선고 89헌가95 결정 등.

61) 그 대표적 사례로, 독일의 입법례를 참고할 수 있다. 2021년 4월, ‘제4차 국가 전역의 감염상태에서 국민의 보호를 위한 법률’에서는 독일 감염방지법 제28b조와 제28c조를 추가하였다. 특히 제28b조에서는 로버트 코흐 연구소(Robert Koch-Institut, RKI)가 발표하는 발병도(Inzidenz, 인구 10만 명당 7일 동안의 신규 감염자 수)를 기준으로 단계적 자유제한 조치를 시행하도록 하였다. 즉, 시간에 따라 변화하는 감염병 팬데믹의 리스크 수준을 반영하여 방역조치를 차등적으로 시행할 것을 법률로 명시하였던 것이다(관련한 선행연구로는 김환학, 독일의 코로나 사태 대응조치에 관한 헌법적 검토, 헌법재판연구원, 2021, 25면 이하 참조).
나아가 일부 자유제한 입법은 코로나19에 대한 특별법적·한시법적 성격을 지니고 제정되었다는 점에 주목할 필요가 있다. 상기의 독일 감염방지법 제28a조, 제28b조, 제28c조의 경우 모두 코로나19 팬데믹 상황에 한정하여 적용되는 법률이었다. 예를 들어 감염방지법 제28a조의 제목은 “코로나19의 확산을 방지하기 위한 특별보호조치(Besondere Schutzmaßnahmen zur Verhinderung der Verbreitung der Coronavirus-Krankheit-2019)”로, 그 제목에서 볼 수 있듯이 코로나19에 한정하여 적용되는 특별입법의 형태를 지님을 알 수 있다(§ 28a Abs. 1 IfSG). 이러한 입법 방식을 통하여, 코로나19 팬데믹이라는 ‘특수한’ 상황 하에서 허용되었던 광범위한 국가의 개입 조치들이 팬데믹 이후에도 상시적·일상적으로 시행될 우려를 방지할 수 있었던 것이다.

였다. 다음 장에서는 이러한 방역조치에 대한 비례성 심사의 구체화 논의를 「감염병예방법」에 근거한 격리 및 치료 의무화 조항에 적용하여 그 정당성을 논하고자 한다.

Ⅳ. 감염병 공중보건 위기 상황에서의 방역조치에 대한 정당성 검토

1. 「감염병예방법」상 격리 의무화 조항의 정당성 검토

〈표 4〉 「감염병예방법」상의 격리 의무화 조항

대상	금지행위	조항	벌칙
감염병의심자	자가 또는 시설격리를 거부하는 행위	제42조 제2항	제79조의3 1년 이하의 징역 또는 1천만원 이하의 벌금
	적당한 장소에서의 입원 또는 격리를 거부하는 행위	제47조 제3호	
조사거부자	자가 또는 감염병관리시설에서의 격리를 거부하는 행위	제49조 제1항 제14호	제80조 300만원 이하의 벌금
		제42조 제7항	

감염병 팬데믹 상황에서 '감염병환자등'의 격리조치를 시행하는 것에는 공통된 합의가 존재하는 것으로 보인다. 「감염병예방법」에서 보다 논쟁이 이루어지고 있는 부분은, 감염이 확인되거나 증상이 발현된 사람이 아닌, '감염병의심자'에 대해서 광범위하게 격리조치를 부과하고 있는 부분이다. 「감염병예방법」에서 '감염병의심자'에 대해 격리 의무를 부과하고 위반 시 처벌하는 것은, 감염병 팬데믹 상황에서의 확률적 불확실성을 근거로 한 처벌의 독특성을 잘 드러낸다.

제1장에서 살펴보았듯이 감염병의심자란 '① 접촉자, ② 검역관리지역 또는 중점검역관리지역에 체류하거나 그 지역을 경유한 사람으로서 감염이 우려되는 사람, ③ 감염병병원체 등 위험요인에 노출되어 감염이 우려되는 사람'을 의미한다. 따라서 감염병의심자에 대한 방역조치는, 해당 개인이 설사 감염자가 아닐지라도 단지 '감염이 되었을 우려'를 지닌다는 것을 근거로 개인의 자유를 중대하게 제한하는 것에 해당한다.

나아가, 설사 해당 개인이 확진되었더라도, 감염이 확인된 '감염병환자'를 격리하는 것 자체도 확률적 리스크에 근거한 자유제한에 해당한다. 감염자가 격리를 어기고 외출한다고 하더라도 결과적으로 타인과 접촉하지 않을 수 있고, 접촉하더라도 감염시키지 않을 수 있기 때문이다.

이러한 '이중의 의심'에 근거한 감염병의심자 규정과, 타인과 인구집단에 대한 전염의 확률적 특성은 앞서 살펴본 (수식 6)을 간략화한 다음의 수식을 통해 더욱 명확히 이해할 수 있다.

감염병의심자의 격리 조치 미준수 시의 인구집단에 대한 리스크

=감염병의심자가 실제 감염되었을 확률
×감염자의 격리 조치 미준수 시의 인구집단에 대한 리스크

=감염병의심자가 실제 감염되었을 확률
×$R' \times (1+R+R^2+R^3+(\cdots)+R^{m-1})$×해악의 중대성

=감염병의심자가 실제 감염되었을 확률
×(격리 조치 미준수 시의) 접촉자 수
×(격리 조치 미준수 시의) 접촉 시 감염될 확률
×$(1+R+R^2+R^3+(\cdots)+R^{m-1})$
×해악의 중대성

(수식 8) 감염병의심자의 격리 조치 미준수 시의 인구집단에 대한 리스크

이처럼 감염병의심자 A의 격리 미준수는 '(1) 자유제한 대상자인 감염병의심자가 실제 감염되었을 확률', '(2) 격리를 어김으로써 발생하는 접촉자 수', '(3) 타인과의 접촉 시 상대방이 감염될 확률'과 같은 여러 단계의 해악의 확률연쇄를 거쳐야만이 '최종적 해악'에 도달하게 된다. 따라서 최종적 해악과 멀리 떨어져 있는(remote), 실제 발생할지 알 수 없는 불확실한 리스크를 근거로 개인에게 엄격한 기본권 제한 조치를 부과하는 것은, 이를 통해 보호되는 공익과 견주어 비례적인 것임이 확인되어야만 하는 것이다.

가. 격리 의무화 조항에 대한 '수단의 적합성' 심사

그렇다면 감염병의심자에 대한 격리 조치는 과잉금지원칙에 의거한 비례성 심사를 통과할 수 있는 것일까. 먼저 수단의 적합성 심사에서는 '감염병의심자의 격

리'라는 수단이 식별된 공익의 보호에 인과적으로 기여하고 있는지 검토하게 된다. 우선 '확장된 리스크' 중에 '인구집단에 대한 리스크'를 중심으로 살펴보자. 앞서 살펴본 (수식 8)을 적용하면, 감염병의심자를 선제적으로 격리함으로써 얻을 수 있는 인구집단에 대한 리스크의 차이는 하기와 같이 나타낼 수 있다(차이값을 나타내는 기호인 '△'를 사용하여 표시하였다).

감염병의심자 A를 격리시킴으로써 격리시점 이후에 추가로 얻는 리스크 감소 효과
=감염병의심자 A를 격리할 때의 인구집단에 대한 리스크
−감염병의심자 A를 격리하지 않을 때의 인구집단에 대한 리스크
={감염병의심자 A가 실제 감염되었을 확률
×(격리 조치 미부과 시의) 접촉자 수×(격리 조치 미부과 시의) 접촉 시 감염될 확률
×$(1+R+R^2+R^3+(\cdots)+R^{m-1})$×해악의 중대성}
−{감염병의심자 A가 실제 감염되었을 확률
×(격리 조치 부과 시의) 접촉자 수×(격리 조치 부과 시의) 접촉 시 감염될 확률
×$(1+R+R^2+R^3+(\cdots)+R^{m-1})$× 해악의 중대성}
=(△접촉자 수)
×감염병의심자 A가 실제 감염되었을 확률×접촉 시 감염될 확률
×$(1+R+R^2+R^3+(\cdots)+R^{m-1})$×해악의 중대성

(수식 9) 감염병의심자 A를 격리시킴으로써 격리시점 이후에 추가로 얻는 리스크 감소 효과

이를 통해 감염병의심자를 '감염되었다는 우려'만으로 선제적으로 격리한다면, 적어도 '접촉자 수'를 줄인 값만큼의 인구집단에 대한 리스크 감소 효과를 창출할 여지가 생긴다. 단, 이러한 리스크 감소 효과가 실제로 발생하려면, (1) '해악의 중대성'과 (2) '접촉시 감염될 확률', 그리고 (3) '감염병의심자 A가 실제 감염되었을 확률'이 0이 아니라는 전제가 필요하다. 만약 위의 (수식 9)에서 '△접촉자 수'와 곱해지는 뒤의 세 항 중 하나라도 0의 값을 지닌다면, 애초에 격리를 통한 리스크 방지효과가 0이 되어 실질적인 리스크 감소 효과가 발생하지 않을 것이기 때문이다. 즉, (1) 해당 감염병에 감염되어도 무해하거나 매우 경미한 증상만을 보이는 경우, (2) 공기전파나 비말전파 등 '접촉'을 통해 전파되는 질병이 아닌 경

우 혹은 (3) 「감염병예방법」 규정에 근거한 감염병의심자의 감염 확률이 없거나 극도로 낮은 경우에는 '감염병의심자'에 대한 선제적 격리조치는 수단의 적합성 심사를 만족하지 못하게 된다.

우선 대부분의 감염병의 경우 감염된 자에게 피해가 발생하므로 (1) '해악의 중대성' 조건은 만족할 것으로 판단되며, (3) '감염병의심자가 실제 감염되었을 확률' 또한 비록 그 값이 낮을지언정 0 이상의 값을 나타내기에 (3) 조건 또한 대부분의 경우 만족할 것으로 생각된다.

반면, '(2) 접촉하여 감염시킬 확률'이 존재하기 위해서는 여러 전제가 만족되어야 한다. 코로나19와 같이 비말을 통해 전파되는 감염병의 경우, 접촉을 통한 호흡기 전파가 대부분의 감염의 원인이 되기에 격리는 공중보건 달성을 위한 적합한 수단이 될 수 있다.

그러나 성매개 감염이나 물을 통한 수인성(水因性) 등의 전파경로를 따르는 경우, 감염병 유행이 발생한 상황이더라도 애초에 '(단순) 접촉하여 감염시킬 확률'이 극히 낮을 수 있다. 즉, 현재의 「감염병예방법」은 과거 중증급성호흡기증후군(SARS)이나 중동호흡기증후군(MERS), 신종인플루엔자 및 이번 코로나19와 같은 '비말/공기 전파 감염병'의 경험을 염두에 두고 설계된 법령으로, 미래에 다른 전파경로를 지니는 감염병이 창궐하는 경우 격리 의무 부과 조치가 애초에 '수단의 적합성'을 만족하지 않을 가능성이 있는 것은 아닌지 개별적으로 검토하여야 할 것이다.

나. 격리 의무화 조항에 대한 '피해의 최소성' 심사

감염병의심자에 대한 격리의무 부과 조치의 피해의 최소성 심사는 다시 '개입 방식'과 '규율 대상의 범위'에 대한 두 가지 세부심사 기준으로 나누어 검토할 수 있다(III장 2절 참조).

우선 '개입 방식에 있어서의 피해의 최소성' 검토를 살펴보면, 감염병의심자의 감염을 통제하는 것은 충분한 정보제공과 교육, 넛지(nudge)와 같은 행동경제학적 개입, 인센티브나 불이익 부과 등의 다양한 층위의 개입을 통해 가능하다(III장 2절 '개입의 사다리' 참조). 즉, 격리보다 자유제한의 정도가 덜한 수단을 통해 동일한 입법목적의 달성(본 사례에서는 동등한 공중보건의 보호)이 가능하다면, 보다 중대한 자유제한을 수반하는 격리 조치는 정당화될 수 없다.

두 번째로, '규율 대상의 범위에 있어서의 피해의 최소성'을 판단하여야 한다. 만약 '감염병환자등'과 같이 감염이 확진되거나 감염병 특이적 증상을 보이는 집단을 선별적으로 제한함으로써 동일한 공중보건의 달성이 가능하다면, 불필요하게 '감염병의심자'라는 광범위한 규율 대상을 선정하여 자유제한 조치를 부과하는 입법 조치는 피해의 최소성을 만족하지 못한다는 것이다.

그러나 피해의 최소성 심사는 기본권을 보다 덜 침해하는 대안에서도 목적은 "동일한 수준"[62]에서 달성될 수 있어야 함을 요구한다는 점에서, 감염병의심자 격리 조치는 적어도 피해의 최소성 심사 단계는 만족할 수 있는 것으로 보인다. 이를 위해서 앞의 '수단의 적합성 심사'에서 정리한 (수식 9)의 일부를 다시 살펴보자.

감염병의심자 A를 격리시킴으로써 격리시점 이후에 추가로 얻는 리스크 감소 효과

=(△접촉자 수)

×감염병의심자 A가 실제 감염되었을 확률×접촉 시 감염될 확률

$\times(1+R+R^2+R^3+(\cdots)+R^{m-1})$×해악의 중대성}

우선 개입 방식에 있어서의 피해의 최소성을 검토하면, '격리'라는 엄격한 자유제한을 통해 '타인과 접촉할 확률'을 직접적으로 통제한다. 따라서 '타인과 접촉할 확률' 자체를 직접적·극단적으로 낮추는 격리 조치는, (비록 '법익의 균형성 심사' 위반의 여지는 커짐에도 불구하고) 교육이나 정보제공, 넛지, 인센티브 제공 등의 간접적·완화된 방식보다 '추가로 얻는 리스크 감소 효과'가 존재할 것으로 예상할 수 있다.[63] 즉, 개인의 자유를 중대하게 제한하는 격리 조치는 비록 '법익의 균형성'을 만족하는가에 대한 의문을 남김에도 불구하고 여타의 기본권을 덜 침해하는 대안에 비하여 소기의 '추가적 공익' 달성에 기여하므로, 적어도 '개입 방식에 있어서의 피해의 최소성 심사'는 만족시키는 것으로 판단된다.

이어서 '규율 대상의 범위'에 있어서도, '격리'라는 강력한 자유제한 조치를 '감염병환자등'뿐만이 아니라 '감염병의심자'에게 확대 적용하는 것은 (비록 '법익의

62) 정종섭, 앞의 책, 384면.

63) 단, 이러한 예상은 명확한 경험적 근거에서 도출된 것이 아니다. 따라서 '격리 의무의 부과'만큼이나 교육이나 인센티브 제공을 통해 효과적으로 '타인과 접촉할 확률'을 낮춘다는 것이 경험적 연구를 통해 밝혀진다면, 격리 조치는 피해의 최소성 심사를 통과하지 못할 가능성이 있다.

균형성 심사' 위반의 여지는 커짐에도 불구하고) 분명 추가적인 공중보건 달성에 기여하는 부분이 있다. (수식 9)에서 볼 수 있듯이, '감염병의심자가 실제 감염되었을 확률'이 조금이라도 존재하는 한, 감염병의심자까지도 격리시킴으로써 공중보건 리스크를 추가로 통제하는 것이 가능하기 때문이다. 즉, 규율 대상을 보다 엄격히 규정하는 것보다 '감염병의심자'라는 포괄적 규율 대상을 지정함으로써 더 큰 공중보건 법익의 달성이 가능하며, 따라서 '피해의 최소성 심사'가 만족된다.[64]

다. 격리 의무화 조항에 대한 '법익의 균형성' 심사

그렇다면 '감염병의심자'에 대한 격리 규정은 법익의 균형성 심사를 만족할 수 있을까? 우선 첫 번째 세부 지침인 '최악의 리스크 기준'에 근거한 법익의 균형성 심사에 따르면, 신종 감염병 팬데믹의 리스크의 중대성과 발생 확률이 불확실하다는 이유로 법익의 균형성 심사가 생략되어서는 안 된다. 또한 세 번째 세부 지침인 '리스크의 변화'를 반영한 법익의 균형성 심사에 따르면, 시간에 따른 감염병 팬데믹 리스크의 변화에 맞추어 자유제한 조치의 방식과 그 적용이 변화하여야 한다. 이러한 첫 번째, 세 번째 심사기준을 염두에 두고, 바로 두 번째 세부 심사인 '허용가능한 리스크' 여부에 근거한 법익의 균형성 심사를 검토해보자.

만약 '감염의 우려'만을 지니는 '감염병의심자'가 자유롭게 돌아다니는 행위가 '허용가능한 리스크'에 해당한다면, 감염병의심자에게 격리의 의무를 부과하고 이를 어길 시 형사처벌을 부과하는 것은 법익의 균형성 심사를 통과할 수 없다. 공동체 내에서 서로가 서로에게 어떠한 리스크도 부과하지 않고 살아갈 수는 없기에, 감염병의심자가 격리되지 않음으로써 발생하는 리스크가 (마치 일상적 자동차 운전의 리스크 유발과 같이) '허용가능한' 수준이라면, 이를 강제하고 위반 시에 처벌하는 것은 부당한 조치가 된다는 것이다. 즉, 우리는 "리스크-이익의 상호호혜적 교환"을 통해 허용가능한 리스크와 허용불가능한 리스크를 구분짓고, 그 위에서 일정 수준의 리스크를 상호 간에 감수하며 공동체를 이루고 있다.

따라서 III장 2절에서 일상적 자동차 운전과 음주운전을 비교하며 살펴본 것처럼, 감염병의심자의 미격리 조치가 사회의 합의를 통해 이루어진 '허용가능한 리스크'의 범주를 넘어서는 것인지 여부를 판단하는 것이 본 심사의 핵심적 쟁점이 된다. 즉, 감염병 팬데믹 하에서 '감염병의심자'가 되더라도 자유롭게 돌아다니는

64) 이러한 '규율 대상의 범위'를 극단적으로 확대한 조치가 바로 전체 인구집단을 대상으로 격리를 부과하는 '락다운(lockdown)' 봉쇄 조치이다.

것이 허용됨으로써 향유하는 각자의 '이익'과[65] 이로 인해 상호 간에 부과되는 '리스크' 사이의 상호호혜적 교환이 사회적으로 합의될 수 있는지 여부를 검토하여야 한다는 것이다.

이때 특히 쟁점이 되는 것은, 「감염병예방법」에서는 감염자와 "**접촉**하거나 **접촉이 의심되는 사람**"까지도 '감염병의심자'로 정의하고 규율의 대상으로 삼고 있다는 점이다.[66] 이때, 2020년 3월 4일 감염병예방법의 개정으로 도입된 "감염병의심자" 규정 (혹은 보다 좁게 언급하여 해당 규정 내의 "접촉이 의심되는 사람"의 규정)은, 코로나19 팬데믹 '초기'의 감염 전파의 불확실성이라는 특수한 상황을 반영한 조항이라는 점을 염두에 둘 필요가 있다. 당시까지도 코로나19라는 신종 감염병에 대해 명확한 정보가 없었으며, 감염 전파가 '공기'를 통해서 이루어지는 것인지, '비말'을 통해서 이루어지는 것인지조차 완전히 합의되지 못한 상황이었다. 즉, 당시 코로나19 바이러스에 의한 리스크는 '무지' 혹은 '불확실성'의 영역에 있었으며, 사전주의 원칙에 따라 선제적·예방적인 조치가 일정 부분 요청되었다. 이에 입법자는 "최근 전파력이 강한 코로나바이러스감염증－19가 확산됨에 따라 감염병 예방 및 관리를 위한 국가의 적극적 대처가 요구되고 있"다는 점을 근거로 "감염병으로 인한 국가위기상황에 보다 효율적으로 대처할 수 있도록 감염병에 관한 강제처분 권한을 강화"하기에 이르렀던 것이다.[67]

그러나 위 서술과 같은 코로나19 팬데믹 초기의 감염병 리스크 양상은 매우 특수한 상황이며, 해당 시기를 기준으로 하여 입법된 자유제한 조치의 범위와 정도는 다른 시기·상황에서는 과도한 기본권 제한에 해당할 소지가 크다. 그 구체적 사례로, 시간이 지남에 따라 코로나19 팬데믹 하의 리스크 양상이 크게 변화하였던 국내의 경험을 살펴보자.

리스크 양상의 첫 번째 변화로, 팬데믹이 중기·후기로 진행하며 코로나19에 대한 경험과 과학적 지식이 축적됨에 따라 코로나19 팬데믹의 리스크의 유형 자체가 변화하였다는 점을 들 수 있다. 코로나19에 의한 리스크는 팬데믹 초기에는 '무지' 혹은 '불확실성'의 영역에 있었으나, 경험과 지식이 축적됨에 따라 '협의의 리스크'로 그 양상이 변화하였으며(II장의 <표 2> 참조), 따라서 '사전주의 원칙'

65) 모든 구성원은 그 스스로 또한 '감염병의심자'가 될 수 있기에, 감염병의심자 격리 미적용을 통해 각자의 잠재적 이익을 향유한다.
66) 「감염병예방법」 제2조 제15의2(강조 필자).
67) 2020.3.4. 「감염병예방법」 개정(법률 제17067호) 개정이유.

에 의거한 선제적・예방적 개입의 필요성 또한 점차 낮아지게 되었다. 예를 들어 전파경로 및 감염력, 이에 대한 예방조치에 대한 상당한 지식이 축적된 2022년 전반기의 시점에서는, 조문에서 정의하는 '접촉' 중에도 (마스크를 쓰지 않고 밀접 접촉하는 등의) 일부 상황만이 유의하게 리스크를 발생시키는 접촉행위에 해당한다는 사실이 알려진 상황이었다. 따라서 2022년 전반기의 실제 관행은 '접촉한 사람' 중에도 극히 일부만을 규율의 대상으로 하였으며, 이중의 의심을 전제하는 '접촉이 의심되는 사람'은 더더욱 그 규율의 대상으로 포함시키지 않았다.[68]

리스크 양상의 두 번째 변화는, 팬데믹의 진행에 따라 확진자 수의 큰 증가를 경험하면서 '감염병의심자' 식별・통제의 사회적 의미와 중요성이 팬데믹 초기와 비교하여 크게 달라졌다는 점이다. 일례로 코로나19 오미크론 변이로 매일 수십만 명이 확진되고 자가격리자만 수백만 명에 이르렀던 2022년 3월의 국내 상황을 생각하여 보자.[69] 당시의 상황에서 '감염병환자등과 접촉이 의심되는 사람'[70]은 사실상 그 외연이 전 국민의 상당수로 확대될 수 있었으며, 따라서 감염병의심자를 모두 격리하는 것은 너무나 큰 사회적 손실을 초래하는 것이었다. 이에 결국 '감염병의심자' 격리조항은 사실상 형해화되었고,[71] 감염병의심자에 대한 격리 미부과는 사회적으로 '허용가능한 리스크'로 수인되어 통제되지 않았다. 즉, 팬데믹 후기의 '리스크−이익의 상호호혜적 교환'의 상황에서는 대다수 "접촉자"의 리스크 유발은 '허용가능한 리스크'의 범위에 놓였던 것이다.

그러나 이처럼 감염병 유행에서의 전파경로 및 감염력에서의 불확실성이 거의 없는 상황이 존재할 수 있음에도 혹은 지식이 축적되어 그러한 불확실성이 대부분 해소된 상황에서도, 법률은 단순한 "접촉"뿐만이 아니라 "접촉이 의심되는 사람"까지도 일률적으로 격리조치 위반 시 형사처벌을 부과할 수 있는 재량을 행정기관에 부여하였다.

물론 이러한 감염병의심자에 대한 격리 미부과는 2022년 초 확진자가 폭증하

---

68) 중앙방역대책본부・중앙사고수습본부, 코로나바이러스감염증-19 대응 지침(지자체용)(제13판)(2022. 4.25.), 42-43면.

69) 대한민국의 일일 최대 확진자 수는 2022년 3월 16일의 확진자 기록으로, 하루 동안 62만 1328명의 확진자가 보고되었다.

70) 「감염병예방법」 제2조 제15의2항.

71) 코로나바이러스감염증-19 대응 지침(지자체용(제13판)) "자가격리자 운영방안"에서는 자가격리 대상자로 "확진자"와 "감염병의심자"를 언급하고 있지만, 감염병의심자 중 실제 격리를 적용하는 것은 "확진자가 감염취약시설 3종 구성원인 경우 해당 시설 내 접촉자"만으로 축소하여 적용하고 있다(중앙방역대책본부・중앙사고수습본부, 앞의 보고서, 42면, 45면).

는 가운데 접촉자 추적이 현실적으로 어려워짐으로 인해 최종적으로 중단된 측면이 있다. 그러나, 만약 단순히 '현실적인 접촉자 추적의 어려움'에 의해 감염병의심자에 대한 격리가 이루어지지 않았던 것이라면, 국민의 자유를 중대하게 제한하고 위반 시 형사처벌을 부여하는 범위와 정도를, 법률이 아닌 행정기관의 자의·편의에 따라 획정하고 있다는 또 다른 문제점을 낳는다.

이처럼 감염병 팬데믹의 하나의 특징은 시간이 지남에 따라 리스크가 지속적으로 변한다는 것이며, 그러한 리스크의 변화에 따라 비례적으로 허용될 수 있는 국가의 강제력 행사의 외연과 강도 또한 지속적으로 변화한다. '감염병의심자'에 대한 격리 위반 시 형사처벌 규정은 팬데믹 '초기'의 상황, 그중에서도 '코로나19' 팬데믹 초기의 상황에 제한적으로 허용될 수 있는 조치를 팬데믹 전체의 기간으로 확장하여 의율했다는 문제가 있다.

따라서 「감염병예방법」 상 격리 의무화 조항은 (1) ('감염병환자등'에 대한 격리를 넘어) '감염병의심자'에 대한 격리까지도 상시적으로 의무화하는 것은 팬데믹 경과에 따른 '리스크'의 변화양상을 반영하지 않았다는 점에서 '법익의 균형성' 심사에 위배될 여지가 있을 것으로 판단된다. 만약 감염병의 '불확실성'이 높은 예외적 비상상황에서 감염병의심자에 대한 격리 강제와 같은, 보다 강력한 자유제한과 처벌을 부여하고자 한다면 (1) 상시법 형태가 아닌, 국외의 입법례와 같이 팬데믹 초기에만 적용되는 한시법적 형태로 입법하거나, 해당 팬데믹에 대한 특별입법을 시행하여 각 감염병 유행의 양상에 따라 그 적용을 달리하는 방식으로 규율하는 것이 타당하다고 사료된다. 나아가, 현행의 격리 미준수에 대한 형사처벌의 외연이 행정기관의 임의적 지침으로 변화하는 측면에 대하여, (2) 「감염병예방법」 상 격리 미준수에 대한 형벌 규정의 행정질서벌로의 전환이 필요할 것으로 판단된다.

2. 「감염병예방법」상 치료 의무화 조항의 정당성 검토

현행 「감염병예방법」에서는 위에서 본 바와 같이 감염병환자등에 대해 치료의 의무를 부여하고, 이를 거부할 경우 1년 이하의 징역 또는 1천만 원 이하의 벌금을 부과하고 있다. 이는 비감염성 질환에서 환자의 치료거부에 대한 강제적 집행이 일부 응급한 상황에서만 매우 제한적으로 허용되고 있는 것과 큰 차이를 보이며, 따라서 국가의 개입이 감염병환자등에 대한 과도한 자유제한에 해당하는 것은 아닌지 엄밀한 검토를 요한다. 이에 이하에서는 감염병환자등이 치료를 거부함으로써 발생하는 '자신에 대한 리스크'와 '인구집단에 대한 리스크'를 각각 검토하여, 앞서 살펴본 치료 의무화 조치가 비례성 심사를 통과할 수 있는지 살펴보고자 한다.

〈표 5〉「감염병예방법」상의 치료 의무화 조항

<table>
<tr><th>대상</th><th>금지행위</th><th>조항</th><th>벌칙</th></tr>
<tr><td rowspan="2">감염병환자등
– 감염병환자
– 감염병의사환자
– 병원체보유자</td><td>감염병관리기관등에서 입원치료를 받지 않는 행위</td><td>제41조 제1항</td><td rowspan="3">제79조의3
1년 이하의 징역 또는 1천만원 이하의 벌금</td></tr>
<tr><td>치료 또는 입원을 거부하는 행위</td><td>제42조 제1항</td></tr>
<tr><td>① 감염병환자등 중, 의사가 자가치료 또는 시설치료가 가능하다고 판단하는 사람
② 감염병환자등 중, 제41조 제1항에 따른 입원치료 대상자가 아닌 사람
③ 감염병의심자</td><td>자가치료, 시설치료 또는 의료기관 입원치료를 거부하는 행위</td><td>제41조 제2항</td></tr>
</table>

가. 치료거부로 인한 '자신에 대한 리스크' 발생의 측면

우선, 감염병환자등이 치료를 거부하는 경우 발생하는 '자신에 대한 리스크'에 근거한 국가의 후견주의적 개입이 정당화될 수 있는지 검토해보자. II장 1절에서 살펴보았듯이 감염병 환자는 '피해자이자 매개체로서의' 특성을 지닌다. 이때 감염병이 비감염성 질환과 본질적 차이를 나타내는 것은 '매개체'로서 '인구집단에 대한 리스크'를 초래할 수 있다는 점으로, '피해자'로서의 '자신에 대한 해악'의 측면은 비감염성 질환과 별다른 차이가 없다. 오히려 '자신에 대한 해악' 측면만을 고려하는 경우, 비감염성 질환 중에는 코로나19 바이러스보다 환자 본인에게 더욱 심각한 해악을 끼치는 질병이 다수 존재한다.

그러나 비감염성 질환에서는 환자 본인에게 더욱 중대한 해악을 끼치고 더 높은 사망률을 나타내는 경우에서조차 국가의 후견주의적 개입은 대부분 허용되고 있지 않다. 대법원에서 판시한 바와 같이, 비감염성 질환에 대한 국가의 후견주의적 개입은 '(1) 응급환자의 경우'이면서 '(2) 의사의 의료행위 중지가 환자의 실명(失命)을 가져올 가능성이 있는 경우'에 해당할 경우에만 극히 제한적으로만 허용되고 있는 것이다.[72] 따라서 현행 「감염병예방법」의 감염병환자등에 대한 치료 의무화 조치는 '자신에 대한 리스크' 측면에서는 과잉금지원칙에 입각한 비례성 심사를 충족시킬 수 없다.

나. 치료거부로 인한 '인구집단에 대한 리스크' 발생의 측면

그렇다면 '인구집단에 대한 리스크'의 측면에서 감염병환자등에 대한 치료 의무 부과가 정당화될 수 있을까? 감염병 환자가 치료를 받는 경우, 아무런 조치가 이루어지지 않는 경우에 비하여 더 빠르게 감염으로부터의 회복함으로써 '전파 가능 기간'을 줄일 수 있다. 이로써 타인에 대한 감염전파 위험을 낮출 수 있으며, 따라서 치료 의무화 조치는 감염병 환자의 '인구집단에 대한 리스크'를 감소시킴으로써 공중보건 법익을 달성할 수 있다. 이처럼 치료를 의무화함으로써 공중의 건강 증진이 가능하기에, '공익에 대한 수단의 인과적 기여'가 만족됨으로 '수단의 적합성' 단계를 만족시킨다는 것은 어렵지 않게 보일 수 있다.

이어서, 치료 의무화 조치에 대한 '피해의 최소성' 심사를 검토하여 보자. 먼저 감염병 환자가 치료를 받지 않을 때 발생하는 '인구집단에 대한 리스크'와, 치료를 받을 때 발생하는 '인구집단에 대한 리스크'의 차이를 앞의 (수식 5)를 적용하여 계산하면 다음과 같은 (수식 10)을 도출할 수 있다.

감염병 환자가 치료받음으로써 감소시키는 인구집단에 대한 리스크

$$
\begin{aligned}
&=\{\text{치료받지 않을 경우의 접촉자 수}\times\text{치료받지 않을 경우의 접촉 시 감염될 확률}\\
&\qquad\times(1+R+R^2+R^3+(\ldots)+R^{m-1})\times\text{해악의 중대성}\}\\
&\quad-\{\text{치료받을 경우의 접촉자 수}\times\text{치료받을 경우의 접촉 시 감염될 확률}\\
&\qquad\times(1+R+R^2+R^3+(\ldots)+R^{m-1})\times\text{해악의 중대성}\}\\
&=\Delta\ (\text{접촉자 수}\times\text{감염될 확률})\\
&\qquad\times(1+R+R^2+R^3+(\ldots)+R^{m-1})\times\text{해악의 중대성}
\end{aligned}
$$

(수식 10) 감염병 환자가 치료받음으로써 감소시키는 인구집단에 대한 리스크(1)

즉, 감염병 환자가 치료받음으로써 감소시킬 수 있는 '인구집단에 대한 리스크'의 크기는, 치료받지 않을 경우의 '접촉자 수×감염될 확률' 값에 비하여 치료받

72) 대법원 2005. 1. 28. 선고 2003다14119 판결.

을 경우의 '접촉자 수×감염될 확률'을 얼마나 낮출 수 있는지에 달려있다.

이때, 수단의 적합성 심사와 피해의 최소성 심사가 달라지는 지점은, 피해의 최소성 심사는 '대안적 조치'와의 비교를 염두에 두고서 쟁점이 되는 조치의 최소침해성을 검토한다는 점이다. 감염전파 차단을 위한 치료 의무화 조치의 대표적 대안은, (치료의 의무까지 부과하는 대신) 감염병 환자에게 '단순 격리의 의무'만을 부과하는 방안이다. 특히 (앞의 1절에서 다룬 '감염병의심자'에 대한 격리 의무화 조치와는 달리) '감염병 환자'에 대한 격리 조치는 여러 사회에서 정당한 조치로 합의되어 시행되고 있다는 점을 염두에 둘 필요가 있다. 즉 감염병 환자에 대해 '격리'의 의무만을 부과하는 조치를 통해 달성되는 공익의 크기에 비하여, '격리'와 '치료'의 의무를 동시에 부과하는 조치를 통해 달성되는 공익의 크기가 더 크지 않다면, '개입의 정도'가 보다 큰 '격리'와 '치료'의 의무를 동시에 부과하는 조치는 '개입 방식에 있어서의 피해의 최소성 심사(III장 2절)'를 통과하지 못한다는 것이다.

즉, 감염병 환자가 설사 치료를 거부한다고 하더라도 이미 정당화된 조치인 '격리 의무화 조치'가 시행될 것이므로, 감염병 환자의 '치료받지 않을 때 인구집단에 대한 리스크'는 엄밀히 말하면 '격리만 이루어지고 치료는 받지 않을 때 인구집단에 대한 리스크'에 해당함을 알 수 있다. 이를 반영하여 상기 (수식 10)을 변경하면 다음과 같다.

감염병 환자가 치료받음으로써 감소시키는 인구집단에 대한 리스크
={(격리된 상황에서 치료받지 않을 경우의 접촉자 수
×격리된 상황에서 치료받지 않을 경우의 접촉 시 감염될 확률)
−(격리된 상황에서 치료받을 경우의 접촉자 수
×격리된 상황에서 치료받을 경우의 접촉 시 감염될 확률)}
×$(1+R+R^2+R^3+(\ldots)+R^{m-1})$×해악의 중대성

(수식 11) 감염병 환자가 치료받음으로써 감소시키는 인구집단에 대한 리스크(2): 격리 조치를 전제하는 경우

만일 확진자 격리 조치가 충실히 이루어지고 있다면, (수식 11)에서의 '격리된 상황에서 치료받지 않을 경우의 접촉자의 수'와 '격리된 상황에서 치료받을 경우의 접촉자의 수'는 둘 모두 0으로 수렴한다. 즉, 감염병 환자가 이미 철저한 격리

하에 놓여 있다면, 감염병 환자가 치료받음으로써 추가적으로 감소시키는 인구집단에 대한 리스크는 존재하지 않는다는 것이다. 즉, 격리만으로도 '타인을 감염시킬 확률'을 통제할 수 있기에, 격리 의무 부과에 더하여 치료의 의무까지 부과하여 추가로 감염자의 자기결정 권한을 제한하는 것은 '개입 방식에 있어서의 피해의 최소성 심사'를 만족시키지 못하고, 결과적으로 비례성 심사를 통과할 수 없다.

이제까지 감염병 환자에 대한 치료 의무화 조치에 대해 '(1) 자신에 대한 리스크'의 측면과 '(2) 인구집단에 대한 리스크'의 측면을 각각 나누어 검토하였다. 이를 종합하면, 감염병 환자에 대한 치료 의무화 조치는 (1) '자신에 대한 리스크'를 국가가 개입하여 방지한다는 후견주의적 측면에서는 '비감염성 질환'과 동등한 수준의 매우 제한적 조건에서만 허용될 수 있으며, (2) '인구집단에 대한 리스크' 초래를 방지한다는 측면에서는 피해의 최소성 심사를 만족하지 못하여 정당화될 수 없음을 논증할 수 있었다.

위 논증의 결과와 유사하게, 독일의 「인간 감염병의 방지와 퇴치를 위한 법률(IfSG)」 第28조 보호조치(Schutzmaßnahmen)에서는 "치료행위는 명해질 수 없다(Heilbehandlung darf nicht angeordnet)"고 명시하며 국가가 감염병의 치료를 강제할 수 없다고 규정하고 있다.[73] 이는 치료행위의 명령이 독일 기본법(Grundgesetz) 제2조 제2항 제1문("모든 사람은 생명에 대한 권리와 신체적 온전성[körperliche Unversehrtheit]에 대한 권리를 가진다")에 위배된다고 판단한 결과이다.[74] 이처럼 국내의 「감염병예방법」상 치료를 강제하는 조항은 과잉금지심사를 통과하지 못할 여지가 있을 것으로 판단되며, 허용되더라도 오직 '비감염성 질환'에 대한 강제치료에 준하는 제한된 상황에서만 이루어질 수 있을 것으로 사료된다.

V. 나가며

'공중보건 위기'를 근거로 일상적인 상황 속에서는 정당화되기 어려운 국가의 자유제한적 개입이 허용되면서, 팬데믹과 같은 공중보건 위기 속 '공익의 압도' 상황에서도 인권과 기본적 권리의 보장은 위기 대응의 핵심에 있어야 한다는 지

73) § 28 Abs. 1 IfSG.

74) 관련하여서는 정문식 · 정호경, "코로나위기와 헌법국가 - 독일에서의 코로나위기 대응에 대한 헌법적 논의를 중심으로," 헌법재판연구 제7권 제2호, 2020, 87면 참조.

적이 이어졌다. 그러나 '감염병 팬데믹'이라는 현상이 지니는 난해한 특성으로 인하여, 감염된 개인으로 인해 초래되는 '공익의 훼손'은 비례성 심사와 같은 법적 평가의 분석 대상이 되지 못하는 경우가 많았다. 감염자가 타인을 감염시키고, 감염시킨 타인을 통한 감염의 연쇄로 인구집단으로 감염이 퍼져나가는 현상은 오직 '확률적'으로만 예측되는데, 그러한 '확률적 불확실성'의 결과로 초래되는 '감염병 리스크(risk)'를 어떻게 법적 분석의 대상으로 다룰지가 문제가 되었던 것이다.

이러한 이론적 분석틀이 부재한 상황 속에서 감염병 팬데믹하의 '리스크'가 법적 차원에서 구체적이고 엄밀하게 분석되지 못함에 따라, 감염병 팬데믹하의 기본권 제한 조치에 대한 비례성 심사 또한 '공익 보호의 중대성'과 '개인의 기본권 제한'이라는 추상적 차원의 비교에 그치는 경우가 많았다. 그리고 그 결과, 감염병 팬데믹하의 기본권 제한 조치에 대한 비례성 심사는 그 구체적 논증 없이 손쉽게 '공익 보호의 중대성'의 손을 들어주는 경우가 많았으며, 이로 인해 기본적 권리가 제대로 보호받지 못하게 되는 결과가 초래되었다.

따라서 본 논문은 ① 감염병 팬데믹이라는 공중보건 위기 상황에서의 '리스크'를 어떻게 구체화하고 분석의 대상으로 개념화할 수 있는지에 대한 법이론적 검토를 수행하고, ② '리스크' 개념의 구체화에 대한 이론적 검토를 바탕으로 감염병 팬데믹 상황에서의 기본권 제한 조치에 대한 비례성 심사의 세부 심사기준을 확립하여, ③ 감염병 팬데믹하 방역조치의 정당성을 보다 엄밀히 판단할 수 있는 이론적 자원을 확보하는 것을 그 목표로 하였다. 본 글이 앞으로 이어질 또 다른 감염병을 둘러싼 학문적 논의에 조금이나마 보탬이 될 수 있기를 바란다.

11

인간 편향성과 인공지능의 교차*

박도현

광주과학기술원(GIST) AI대학원 조교수로 법정책 연구실을 운영하면서 인공지능과 법의 교차점을 연구하고 있다. 서울대학교에서 경제학 학사, 법학전문대학원 전문석사, 일반대학원 법학과 박사 학위를 받았다. 제5회 변호사시험에 합격하였고, 제6회 홍진기법률연구상 대상, 2024년 한국법철학회 신진학자 논문상을 수상하였다. 『인공지능 원론: 설명가능성을 중심으로(공저)』, 『인공지능 시대의 개인정보 보호법(공저)』, 『포스트 챗GPT(공저)』, 『AI 위험과 인간의 대응』을 저술하였고, 약 20편의 논문을 게재하였다.

* 이 글은 박도현, "인간 편향성과 인공지능의 교차", 서울대학교 법학 제63권 제1호, 2022, 139-175면에 실린 논문을 이 책의 취지에 맞게 요약하고 수정한 것이다.

Ⅰ. 들어가는 글

최근 '공정성' 개념이 우리 사회의 지배적 화두로 급부상하고 있다. 이러한 현상은 주로 극심한 경쟁의 한복판에 놓인 청년세대가 경쟁의 규칙이 사적으로 남용된 현상을 마주하여 생겨난 박탈감이 원인이 된 것으로 보인다. 그리하여 노동시장에서의 블라인드 채용 제도로 대표되는, 사적 이해관계의 개입을 차단하기 위한 다양한 제도적 장치가 마련되고 있다. 현재의 공정성 담론이 능력주의 원칙과 과도하게 결부되면서 각종 폐단을 낳고 있다는 지적도 있지만,[1] 오늘날 공정성은 일종의 시대정신으로 보아도 무방할 만큼 중요한 위상을 가지고 있다.

다른 한편 일각에서는 공정성을 '인공지능'이라는 또 다른 시대적 화두와 결부하기도 한다. 이는 인공지능이 종래 인간이 담당해왔던 의사결정의 많은 부분을 대체한다는 사실로부터 비롯된다. 인공지능은 채용과 승진을 좌우하기도 하고, 신용평가와 대출을 결정하기도 하며, 극단적으로는 자율주행자동차가 사고 상황에서 생존자를 선택하게 될지도 모른다. 이처럼 인공지능이 종래 인간이 담당한, 공정성이 중요한 가치로 여겨지는 의사결정을 대체한다는 사실 자체는 문제라고 말하기 어렵다. 그러나 그로 인해 인류에게 해악이 초래된다면 이를 규율하는 모종의 규범적 개입이 필요할 것이다. 그리고 오늘날 많은 논자들이 이에 긍정하는 태도를 보이고 있다.

콤파스(COMPAS) 사건은 이러한 견해를 뒷받침하는 대표적 사례로 꼽히고 있다. 콤파스는 구 노스포인트(Northpointe, 현 Equivant)에 의해 제작된, 법원의 재범예측에 활용된 알고리즘을 가리킨다. 콤파스가 범죄학 분야에서 널리 통용되는 각종 경험적 지표를 바탕으로 개인의 위험도를 10단계로 세분화하여 제시하면 법원은 이를 참고로 최종 결론을 도출하였다. 엄밀히 말해 콤파스가 인간의 의사결정을 전적으로 대체한 사례는 아니지만, 공정성이 중시되는 가석방 결정 등에서 중요한 역할을 담당한 것만큼은 분명하였다.

논란은 비영리 탐사매체 프로퍼블리카(Propublica)가 크게 두 가지 측면에서 콤파스의 불공정성을 지적하면서 시작되었다.[2] 하나는 위험도별 인구분포가 고른

---

1) 마이클 샌델(함규진 역), 공정하다는 착각(와이즈베리, 2020).
2) Julia Angwin *et al.*, "Machine Bias", Propublica(2016. 5. 23).

흑인과 달리, 백인은 위험도가 높아질수록 적은 분포를 보였다는 것이다. 이는 인종이라는 사전적 속성이 콤파스의 사후적 의사결정에 영향력을 미친 불공정한 현상으로 해석될 수 있었다. 다른 하나는 인종별로 1종(type 1) 오류와 2종(type 2) 오류에 커다란 차이가 있었다는 것이다. 흑인은 무죄를 유죄로 추정하는 전자가, 백인은 유죄를 무죄로 추정하는 후자가 여타의 오류보다 과도하게 크다면 서로의 유불리가 달라지기에 설령 인종별 오류의 총합은 동등하더라도 공정하다고 말하기는 어려웠다.[3)]

프로퍼블리카의 보도 이후, 노스포인트는 콤파스가 불공정하지 않은 이유를 제시하는 반박 논문을 발표하였다. 다수의 논점이 제기되었으나 핵심은 프로퍼블리카가 '공정성'으로 규정한 정량적 지표가 타당하지 않고, 자사가 채택한 다른 지표를 활용한다면 인종별로 1종 오류와 2종 오류가 크게 차이 나지 않는다는 것이다.[4)] 그러나 설령 이러한 주장이 사실이라고 해도 그것만으로 모든 문제가 해결되는 것은 아니다. 해당 지표가 통계적 공정성 맥락에서 널리 활용된다는 사실이 법정 의사결정이라는 규범적 맥락에서의 공정성을 담보하는 것은 아닐뿐더러, 이러한 논의를 사전적으로 충분히 거치지 않은 채로 누군가의 일생을 결정하는 형사재판에 널리 활용된 사실 자체가 부당하다고 볼 여지가 있기 때문이다. 오히려 주목해야 할 지점은 다른 데 있었다.

노스포인트는 또 다른 쟁점인 인종별 위험도 분포의 차이에 대해서는 그것이 현실에서 발생한 인종별 범죄율의 격차를 반영한 결과일 뿐이므로 불공정하지 않다는 반론을 제시하였다. 다시 말해 설령 인공지능 의사결정이 편향되었더라도 알고리즘이 단지 현실을 있는 그대로 재현한 것에 불과하여 규범적으로 문제가 되지 않는다는 것이다. 여기서부터 **인공지능 의사결정이 인간의 편향성을 거울처럼 반영하였다면 이에 대한 독자적 규제가 규범적으로 어떻게 정당화될 수 있는가**라는 물음이 제기될 수 있다. 이에 대한 흔한 답변은 오늘날 머신러닝 인공지능의 의사결정은 인간이 직관적으로 이해하기 어려울 만큼이나 극도로 복잡한 탓에, 마치 일종의 블랙박스와 다름없다는 것이다.[5)] 문제는 이것이 인공지능의 불투

---

3) 여기서 말하는 '오류'는 인공지능이 재범 위험도를 예측한 대상이 추후 실제로 재범을 저질렀는지에 대한 정보에 기초하여 측정되었다. Jeff Larson *et al.*, "How We Analyzed the COMPAS Recidivism Algorithm", Propublica(2016. 5. 23).

4) William Dieterich · Christina Mendoza · Tim Brennan, "COMPAS Risk Scales: Demonstrating Accuracy Equity and Predictive Parity", Northpointe Inc.(2016), pp.2 - 3.

5) 가령 Jenna Burrell, "How the machine 'thinks': Understanding opacity in machine learning

명성은 모르겠지만 편향성에 대한 규제가 필요한 이유가 되기는 어렵다는 것이다. 인공지능의 불투명성과 편향성이라는 두 가지 윤리적 문제는 밀접하게 연관되어 있지만, 그렇다고 하여 양자가 전적으로 동일시되는 것은 아니기 때문이다.

인공지능 의사결정이 인간 편향성을 고스란히 반영하고 있다는 문제의식은 국내외에서 홍수처럼 쏟아지고 있는 인공지능 규제 거버넌스 논의의 토대를 위협하는 것이기도 하다. 다수의 논자들이 마치 인공지능이 인간을 차별하는 것처럼 보이는 콤파스 사건과 유사한 일련의 사례를 들어 인공지능 편향성에 대한 규제를 주장하는데, 자세히 들여다보면 그렇게 해야 할 이유가 불명확한 셈이기 때문이다. 블랙박스 문제는 편향성 문제의 간접적 원인일 뿐이므로 양자는 별개이고, 편향성 문제는 종래 인간의 편향성에 추가적 해악을 더하는 것이 없으니 인류의 기존 차별금지 법제와 윤리규범 이외의 새로운 규율은 불필요하지 않은가?

이하에서는 이러한 문제의식을 본격적으로 심화하여, 인공지능은 그저 인간의 편향성을 거울처럼 있는 그대로 반영할 따름이라는 생각의 허와 실에 대해 본격적으로 규명하도록 한다. 먼저 논의의 전제를 이루는 인간 편향성의 양태와 기원을 살펴보겠다(II). 만일 인간이 항상 편향되지 않은 공정한 의사결정만을 한다면 이하의 논의가 성립할 여지 자체가 없기 때문이다. 다음으로 인간에게 편향성이라는 속성이 실재한다면, 인공지능의 인간 의사결정 대체가 인간의 편향성을 고스란히 담아낼 뿐인지 혹은 추가적 해악을 생성할 여지가 있지 않은지에 대해 검토한다(III). 이를 통해 인공지능이 실제로 인류의 해악을 증대시키는 부분이 있고, 그렇기에 인공지능의 편향성에 대한 규제 거버넌스가 일정 부분 정당화될 수 있음을 지적하도록 한다. 끝으로 인공지능이 인간의 편향성을 고스란히 담아내거나 확대재생산할 수 있다는 점과는 별개로, 도리어 편향성을 억제하거나 여타 종류의 편익을 산출하는 양면적 효과를 낳기도 한다는 점을 살펴본다(IV). 이와 같은 양면성이 적절히 고려되지 않으면 대중의 직관과 마찰을 유발하여 인공지능 규제 거버넌스 자체가 무용하다는 오해를 불러일으킬 수 있다는 점을 지적하면서 논의를 마치도록 한다.

---

algorithms", *Big Data & Society*, Vol. 3, No. 1(2016), pp.3 - 5는 머신러닝 인공지능의 불투명성을 ① 영업비밀 내지 국가기밀에서 비롯된 경우, ② 기술적 문맹에서 비롯된 경우, ③ 규모와 복잡도의 확장에서 비롯된 경우로 세분화하는데, 여기에서 말하는 블랙박스성은 주로 ③번 요인과 관련되고 ②번 요인도 일부 영향을 미친다.

Ⅱ. 인간 편향성의 양태와 기원

1. 인간 편향성의 실증적 양태

가. 인간 편향성의 의미

인공지능 의사결정이 인간의 편향성을 고스란히 담아낼 뿐이라는 세간의 인식 속에는 인간이 편향된 존재라는 믿음이 함축되어 있다. 그러면 여기서 말하는 '인간 편향성'이란 무엇을 의미하는가? 표준국어대사전에 따르면, '편향'의 사전적 의미는 단순히 "한쪽으로 치우침"을 가리킨다고 한다.[6] 이는 일상적 용례와는 다소 부합하지 않는 듯하다. 일상에서 인간이 편향되었다고 할 때는 보통 서두에서 언급한 공정성 담론과 같이 모종의 규범적 잣대에서 벗어난 상황을 상정하는 경우가 많기 때문이다. 특히 역사적으로 공동체 내에 형성된, 사회적 약자에 해당하는 취약계층에 대한 왜곡된 심성모형이 편향성의 전형적 양태로 널리 받아들여지고 있다.[7] 따라서 인간 편향성이란 한쪽으로 치우친 개인의 의사결정 중에서 공동체 차원의 규범적 역치를 벗어난 양태라고 정식화할 수 있겠다. 이와 같은 인간 편향성은 그것 자체로 문제인 동시에, 편견이라는 부정적 견해나 차별이라는 부정적 행위로 표출되면서 유형의 해악을 가하는 계기가 되기도 한다.

한편 머신러닝을 비롯한 통계의 맥락에서는 '편향' 개념이 이와 구분되는 의미로 활용되고 있어, 양자의 차이를 구분할 필요가 있다. 통계적 편향은 어떤 모집단에서의 독립변수와 종속변수의 연관성을 부정확하게 평가하여 내적 타당성이 부족한 상황을 가리키되, 이러한 오류가 무작위적인 대신 체계적 속성을 보이는 경우를 의미한다. 따라서 무작위적 오류인 잡음(noise)이나 어떤 모집단의 경향성을 다른 모집단에 일반화하지 못하는 외적 타당성의 부재와는 구분되는 개념이다.[8] 예를 들어 신장이라는 독립변수의 차이가 종속변수의 차이와 구조적 연관성

---

6) 국립국어원 표준국어대사전 참조.

7) David Danks · Alex John London, "Algorithmic Bias in Autonomous Systems", *Proceedings of the 26th International Joint Conference on Artificial Intelligence*(2017), p.4692. 따라서 공적 맥락과는 거리가 있는, 가령 타인의 자녀와 달리 자기 자녀만을 보살피고 애정을 주는 부모의 태도는 여기서 말하는 '인간 편향성'과는 무관하다.

8) Miguel Delgado-Rodriguez · Javier Llorca, "Bias", *Journal of Epidemiology & Community Health*, Vol. 58, No. 8(2004), p.635.

을 보이는 상황에서 표본이 특정 값 이상의 신장을 가진 개체로만 추출되었을 때 (표본) '선택 편향(selection bias)'이 발생하였다고 한다.

통계적 편향은 오류를 낳는 원인이 되므로 최소화하는 것이 보통 규범적 차원에서도 바람직하지만, 반드시 그렇지는 않다. 통계적 편향의 증가가 인간 편향성의 증대로도 이어질 경우에는 규범적으로 문제가 될 수 있겠지만, 통계적 편향의 증가가 도리어 인간 편향성의 감소를 낳는다면 그렇지 않기 때문이다. 예컨대 역사적으로 불리한 대우를 받아온 사회적 약자에게 일종의 '통계적 편향'을 제도적으로 보장하는 적극적 우대조치(affirmative action)와 같은 사례를 떠올려볼 수 있다. 물론 이러한 보정이 과도한 경우에는 역차별이라는 논란에 마주할 수 있겠지만, 과거의 역사적 패턴을 거스르려는 규범적 노력이 일정 정도 필요하다는 사실은 부정하기 어렵다. 따라서 이 경우 통계적 편향의 존재가 인정되더라도 인간 편향성의 존재는 부정된다고 볼 수 있다.[9)]

나. 인간 편향성의 실재

이처럼 인간 편향성은 때로는 통계적 편향과 동반하여, 때로는 동반하지 않은 채로 발생할 수 있다. 예컨대 특정 취약집단에 대한 평가를 실제 능력보다 체계적으로 낮게 측정하는 어떤 지표를 근거로 해당 집단의 업무능력을 평가하였다면 여기에는 통계적 편향과 인간 편향성이 공존한다고 볼 수 있다. 반면 역사적으로 형성된 불리한 여건 탓에 실제로 낮게 형성된 취약집단의 업무능력을 정확히 측정하였다면 이는 통계적 편향이 전혀 없는 '참'이지만 인간 편향성이 없다고 말하기는 어렵다. 이와 같은 인간 편향성은 때때로 그러한 경향을 발현하려는 의식적 선택과 결부되어 발현되고는 한다. 이때 일상적으로 발생하는 기억의 망각과 왜곡은 의식적 편향성의 발견과 교정을 가로막는 2차적 문제를 야기하는 원인이 되기도 한다.[10)]

나아가 최근의 사회과학 연구성과에 따르면, 인간의 인지과정에는 상당량의 무의식적 편향성이 개입하고 있다고 한다. 심리학 연구자들은 인간의 암묵적 편향성을 확인하는 수단으로 '암묵적 연합검사(Implicit Association Test, IAT)'를 개발

---

9) 박도현, "인공지능과 해악 - 창발적 해악론을 중심으로", 박사학위논문, 서울대학교(2021. 2), 157면. 여기서는 통계적 편향을 '사실적 편향성', 인간 편향성을 '규범적 편향성'이라고 명명하여 양자를 구분한다.
10) 고학수 · 박도현, "알고리즘 공정성, 어떻게 확보할 수 있나", 신문과 방송 제608호(2021), 26면 참조.

하여 활용해오고 있다.[11] 암묵적 연합검사란 피험자에게 매우 짧은 시간 동안 사회의 취약집단과 다수집단, 좋음과 싫음을 상징하는 단어를 연상하도록 하고, 연결에 따른 시간적 격차를 바탕으로 취약집단에 대한 암묵적 편견의 정도를 추론하는 실험이다. 이러한 실험으로부터 의식적으로 '교과서적 정답'을 답하는 피험자가 무의식적으로 어떤 편향성을 내재화하고 있는 것은 아닌지 추론해볼 수 있다. 피험자의 의식과 결부되어 변형될 수 있는 답변의 내용과 달리, 답변에 소요되는 반응 시간은 무의식을 적나라하게 드러내기 때문이다. 선행연구에 따르면 현실에서는 암묵적 편향성이 만연해 있고, 이것이 실험적 조건을 넘어 현실에서 차별이라는 외형적 결과로 발현하고 있으며, 심지어 취약집단 스스로 그러한 생각을 내면화하고 있다고 한다.[12]

인간의 암묵적 편향성이 실험이라는 특수한 환경뿐만 아니라 일상에서도 만연해 있다는 사실을 드러낸 가장 유명한 사례가 인종을 대표하는 이름과 채용률의 상관관계를 조사한 선행연구이다. 버트런드(Bertrand)와 뮬라나단(Mullainathan)은 채용 의사결정 과정에서 인간의 암묵적 편향성이 영향력을 행사하고 있다는 가설을 입증하기 위해 신문에 구인광고를 실은 기업에 서로 다른 품질의 이력서를 제출하면서 개인의 이름을 달리 기재하였다. 이때 일부는 백인이, 일부는 흑인이 주로 사용하는 이름을 활용하여 집단별 응답률 차이가 통계적 오차범위를 넘어선다면 인종에 대한 암묵적 편향성이 채용 의사결정에서 작용하고 있다는 가설을 입증한다는 것이다. 그 결과 백인은 이력서의 품질에 따라 30%에 달하는 응답률의 차이를 보였으나 흑인은 미미한 차이만을 보여, 실제로 채용 의사결정에서 암묵적 편향성이 작용하고 있다는 사실을 확인할 수 있었다고 한다.[13]

다. 인간 편향성의 의문점

여기서 제기할 수 있는 한 가지 의문은 공정성에 대한 세간의 인식이 어떤지와는 무관하게, '인간 편향성'이라는 개념이 합리적으로 설명되기 어려워 보인다

---

11) Anthony G. Greenwald · Debbie E. McGhee, · Jordan L. K. Schwartz, "Measuring Individual Differences in Implicit Cognition: The Implicit Association Test", *Journal of Personality and Social Psychology*, Vol. 74, No. 6(1998), pp.1464 - 1480.

12) Christine Jolls · Cass R. Sunstein, "The Law of Implicit Bias", *California Law Review*, Vol. 94(2006), pp.971 - 972, 990 - 991.

13) Marianne Bertrand · Sendhil Mullainathan, "Are Emily and Greg more employable than Lakisha and Jamal? A field experiment on labor market discrimination", *American Economic Review*, Vol. 94, No. 4(2004), pp.991 - 1013.

는 것이다. 누군가에게 편견을 가진다는 것은 어떻게 보면 불필요한 추가적 비용을 생성하는 일이기도 하기 때문이다. 편견으로 인해 고용주가 최상의 능력을 보유하는 후보자를 채용하지 않거나 소비자가 가격 대비 최상의 품질을 지닌 물품을 구매하지 않는다면, 이들은 자신의 경쟁자와 비교하여 얼마간의 손해를 보게 된다. 나아가 정보의 유통을 활성화하는 평판과 같은 외부적 요소가 작용하게 되면 손해액의 크기가 눈덩이처럼 불어날 수도 있다. 그렇다면 편향성을 내면화한 인간 개체는 설령 단기적으로는 자신의 선호를 충족하는 이득을 얻을지 모르더라도 장기적으로는 경쟁력을 상실하여 존속할 수 없기에, 이러한 행위는 합리적이지 않다는 결론이 도출된다.[14]

이러한 결론은 인간 개체뿐만이 아니라 공동체 차원으로 확장될 수 있기도 하다. 어떤 공동체 구성원이 편향성을 자신의 선호로 내면화하고 있다고 하자. 이 개체의 입장에서 타인에 대한 편견이나 차별은 단기적 선호를 충족하면서 장기적 적응력을 감소시키는 양면적 효과를 낳는다. 상당한 사회적 힘을 지닌 일부 구성원은 이와 같은 불이익을 일평생 감수할 용의가 있을지 몰라도, 해당 구성원이 속한 공동체의 관점에서는 그와 같은 행위를 묵과하면 경쟁우위가 심대하게 훼손될 여지가 있다. 이러한 문제의식에서 오늘날 많은 공동체에서는 편향성을 줄이는 다양한 제도를 마련해왔다.[15] 예컨대 윤리와 같은 비공식적 제도는 편향성을 부정적으로 여기는 사회적 선호를 형성하는 동인으로 작용하고, 법과 같은 공식적 제도는 차별적 행위를 발현한 구성원에게 소송에 따른 기대비용을 증대시킨다. 이상과 같은 논리에 따르면 개인과 공동체의 관점에서 편향성을 내면화하는 행위는 비합리적이라는 결론에 이른다.

그러나 현실에서 인간의 편향성은 동서고금을 막론하고 항상 관측되어온 현상이다. 앞서 소개한 실증연구 결과를 제쳐두고라도 일상에서 공정성에 대한 수많은 논의가 꾸준히 전개되고 있다는 사실 자체가 이를 방증하는 것이다. 이하에서는 이처럼 일견 모순되는 현상을 해명하기 위해 인간 편향성이 현재와 같은 형태로 자리 잡은 이유를 보다 심층적으로 살펴보도록 하겠다.

---

14) 고학수 · 박도현 · 정해빈, "인공지능과 고용차별의 법경제학: 블라인드 채용과 베일의 역설을 중심으로", 법경제학연구 제16권 제1호(2019), 43 - 44면.

15) 예컨대 Christine Jolls · Cass R. Sunstein, 앞의 논문, pp.976 - 990은 편향성의 감소에 직 · 간접적으로 기여하는 다양한 법제도적 대안을 제시하고 있다.

2. 인간 편향성의 기원

행동과학자 프라기야 아가왈(Pragya Agarwal)에 따르면, 인간이 편향성을 현실에 발현하는 계기는 '이중 인지체계(dual cognitive system)'로 불리는 인간의 정보처리 방식이라고 한다. 인간은 '시스템 2'라고 불리는 신중하되 느린 의식적 인지체계와 '시스템 1'이라고 불리는 빠르되 통제가 어려운 무의식적 인지체계를 함께 가지고 있으면서도 종종 시스템 1에 의지하려는 경향을 보인다. 유사한 상황이 반복되면서 충분한 정보가 축적된 상황에서는 시스템 1이 인지적 자원의 효율성과 정확성이라는 두 마리 토끼를 모두 잡는 유용한 도구가 되기도 한다. 그러나 시스템 1은 종종 정보 과부화를 방지하기 위해 현실을 재구성한 인지적 지름길을 따르면서 인지편향이라는 체계적 오류를 일정 정도 허용하고는 한다. 두뇌의 연산량에 비해 환경이 만들어내는 불확실성에 따른 계산복잡도가 훨씬 커 역설적으로 일부의 오류를 허용하는 인지체계가 더욱 효율적일 수 있기 때문이다.[16] 이러한 진화적 경로가 실제로 인간이 환경에 적응하는 데 유리한 것이었기에, 오늘날 인류에게도 인지편향을 종종 엿볼 수 있다.

여기서 제기될 법한 한 가지 의문은 '휴리스틱'이라고 불리는 인지적 지름길이 통계적 편향과 오류의 원인이 될 수 있다고 하더라도, 인간 편향성은 규범적 차원의 문제이기에 양자의 층위가 다르다는 것이다. 그러나 사실 양자는 밀접한 연관성을 가진다. 과거 인류는 물론, 현대 정보사회를 살아가고 있는 우리에게도 타인이라는 존재는 참으로 알기 어려운 불확실성의 결정체이다. 그리하여 누군가를 신뢰하거나 신뢰하지 않기로 하는 의사결정은 때로는 막대한 이득을 가져올 여지도 있지만, 때로는 막대한 손실을 초래할 수도 있다. 이는 충분한 정보가 축적되어 확실한 이득이 기대되는 이들에게는 내집단 의식이라는 신뢰를, 확률적으로만 이득이 기대되는 이들에게는 외집단 의식이라는 불신을 일률적으로 부여하려는 휴리스틱을 형성하였다. 특히 이동수단이 마땅치 않아 다른 문화권과의 교류가 쉽지 않았던 과거 인류는 타인에 대한 정보가 부족한 상황에 일상적으로 직면하여 이러한 휴리스틱에 의존하는 빈도가 높았을 것이다. 그리하여 내집단과 외집단의 정보격차가 만들어내는 인지적 지름길은 통계적 편향을 편견이라는 규범적 차원의 편향성으로 확장하게 하는 원인으로 작용하였다.[17]

---

16) 프라기야 아가왈(이재경 역), 편견의 이유(반니, 2021), 27 - 32면.

나아가 인간이 불확실성 하에서 범한 오류의 파괴력이 비대칭적이라는 점이 이러한 습성을 강화하는 원인이 된다. 신뢰 제공에 관한 의사결정을 한 행위자는 상대방의 반응을 토대로 크게 두 가지 종류의 오류에 맞닥뜨릴 수 있다. 하나는 신뢰를 제공하였으나 상대방이 부응하지 않은 경우이고, 다른 하나는 신뢰를 제공하지 않았으나 상대방이 부응한 경우이다. 후자의 대가는 교류로 인한 이익의 상실이라는 기회비용에 국한되지만, 전자의 대가는 극단적으로 말해 자신의 목숨이 될지도 모른다.[18] 따라서 설령 전자와 후자의 산술적 기대이익이 같은 상황에서조차 전자의 오류를 회피하는 경향성이 발현될 여지가 있다.

물론 현실에서는 신뢰하지 못할 내집단 구성원이나 신뢰할 만한 외집단 구성원이 상당수 있게 마련이므로, 통계적으로만 보면 전적인 내집단 구성원과의 교류보다는 외집단 구성원 중 일부와의 교류가 더해지는 상황이 유리할 수 있다. 따라서 외집단 구성원에 대한 정확한 정보를 파악하려는 자생적 동기가 형성될 수 있고 실제로 형성되겠지만,[19] 이러한 논리에는 한 가지 맹점이 존재한다. 일단 생성된 뒤에는 타인의 소비를 배제할 수 없는 정보의 공공재적 특성으로 인해, 외집단 구성원의 정보를 파악하는 일종의 위험을 타인에게 전가하면서 자신은 무임승차를 꾀하는 현상이 만연해질 수 있다는 것이다. 다만 앞서 살펴본 것처럼, 공동체 차원에서는 이러한 문제를 해소하고 인간 편향성을 일정 범위 이내로 축소할 때 경쟁우위를 점할 수 있기에 이에 대항하는 기제를 마련하려는 동기가 있다. 그러나 사회적 선호가 강력한 일부 구성원을 제외한 개인에게는 이러한 자체적 유인이 존재하지 않는다. 따라서 양자의 간극을 완벽히 메울 수 있는 제도를 완비한 이상적 공동체가 수립되지 않는 이상, 현실에서 인간 편향성을 완벽히 근절하는 것은 사실상 불가능한 일이다.

지금까지의 논의를 재구성해보면, 인간 편향성이 만들어지는 실제적 계기는 시

---

17) 프라기야 아가왈(이재경 역), 앞의 책, 42 - 46면. 편의상 내집단을 완전정보와, 외집단을 불완전정보와 동일시한다면, 여기서 말하는 내집단 휴리스틱은 위험회피 선호와 유사한 의미를 지니게 된다.

18) 프라기야 아가왈(이재경 역), 앞의 책, 50 - 52면. 여기서 말하는 '오류의 비대칭성'은 인간이 가진 손실회피 선호와 밀접하게 연관된다. 손실회피 선호는 동일한 기댓값을 전제로 이익보다 손실에 느끼는 효용의 절댓값이 큰 것을 가리킨다. 동일한 이익이 기대되는 상황에서 확률이 개입된 불확실한 선택지보다 확실한 선택지에 느끼는 효용의 절댓값이 큰 위험회피 선호와는 구분된다.

19) 정보경제학에서 주로 논의되는 신호의 발송(signaling)과 선별(screening) 기제를 대표적 사례로 볼 수 있다. 차별이라는 규범적 문제를 불확실한 상황에서 이루어지는 정보의 교류라는 관점에서 분석한 Michael Spence, "Job Market Signaling", *The Quarterly Journal of Economics*, Vol. 87, No. 3(1973), p.355 이하 참조.

스템 1에 주로 의존하는 인간의 인지적 특성과 그것의 원인으로 작용하는 외부적 환경의 불확실성이다. 이로 인해 인간은 정보량을 많이 보유한 내집단과 그렇지 않은 외집단을 구별하여 위험과 손실을 회피하려 드는 성향을 내재화하게 마련이다. 이는 장기적으로 볼 때 개인의 입장에서도, 공동체의 입장에서도 최적의 결과가 아니지만, 정보의 공공재적 성격은 불확실성에 대한 무임승차를 만연하게 하는 원인으로 작용한다. 때때로 공동체가 이를 역행하는 규범을 생성하기도 하지만, 공동체 역시 개인과 마찬가지로 불확실성과 정보의 문제에서 자유로울 수 없어 일체의 인간 편향성이 해소되는 것은 요원한 일이다. 요컨대 제한적 합리성만을 가진 인간의 인지적 불완전성이 인간 편향성의 기원을 이루는 셈이다.

Ⅲ. 인간 편향성과 편향된 인공지능

1. 편향성 거울 인공지능

가. 편향성 거울 문제

지금까지 일견 모순되어 보이는 인간 편향성 개념이 현실에 만연한 까닭을 살펴보았다. 다음으로 살펴볼 문제는 인간 편향성이 최근 급속히 발전하는 인공지능 기술과 어떤 연관을 맺느냐는 것이다. 이에 대한 가장 유력한 답변 중 하나는 데이터 과학자 캐시 오닐(Cathy O'Neil)이 저서 『대량살상 수학무기(*Weapons of Math Destruction*』에서 제시한 다음과 같은 견해이다. 오닐은 오늘날 널리 활용되고 있는 빅데이터와 인공지능 기술이 일견 중립적이고 공정하다고 여겨지지만, 실상은 인간 사회에 만연한 편향성과 차별을 되풀이할 따름이라고 지적하였다.[20] 인공지능에 맹목적으로 의존한 의사결정은 이와 같은 이유로 마치 수학이 개입된 대량살상 무기와 다름없다는 것이다. 오닐의 이러한 지적을 일견 '편향성 거울 문제'라고 명명해볼 수 있겠다.

그렇다면 편향성 거울 문제는 현실에서 어떤 방식으로 구현되고 있을까? 먼저 인공지능이 인간 편향성을 의식적으로 반영하는 경우를 생각해보자. 현재의 인공지능은 자의식을 가지지 않기 때문에, 여기서 의식의 주체는 제작자나 이용자와

20) 캐시 오닐(김정혜 역), 대량살상 수학무기(흐름출판, 2017), 45 - 48면.

같은 배후 인간을 의미한다.[21] 인공지능이 인간 편향성을 의도적으로 반영하게 되는 대표적 계기는 금전적 유인이다. 최근 시장에 다수의 인공지능 스피커가 판매되고 있는데, 전문가적 권위가 필요한 일부 상황을 제외한 대다수 상황에서 여성성을 반영한 목소리로 대답하도록 설계되어 있다. 그 이유는 소비자들이 일반적으로 가지고 있는 성적 고정관념과 인공지능 스피커의 행동양식이 일치할 때 가장 큰 호감을 보이므로 판매량 제고에 도움을 주기 때문이라고 한다. 물론 이러한 행위가 불법은 아니더라도, 현실에 만연한 인간 편향성을 인공지능이 고스란히 반영할 수 있다는 사실을 어느 정도 인식하면서도 이윤극대화를 추구하였다는 윤리적 비난이 제기될 수 있다. 나아가 일각에서는 실정법에 반하지만 막대한 경제적 이윤이 기대되는 딥페이크와 같은 인간 편향성의 반영물을 구현하고 있기도 하다.[22] 이러한 금전적 유인의 원천은 결국 인간의 선호이므로, 이윤극대화를 추구하는 최적화 인공지능은 인간 편향성을 곧이곧대로 반영할 따름이다.

매출액의 증대가 아닌 비용의 절감을 통한 이윤극대화 과정에서도 유사한 문제가 발생할 수 있다. 최근 OpenAI의 ChatGPT로 대표되는 대규모 자연어처리 모형이 커다란 주목을 받고 있는데, 자연어처리 기술의 발전은 인간처럼 대화하는 챗봇을 구현하려는 욕구로 이어지게 마련이다. 이때 훈련 데이터에 담긴 인간 편향성을 사전에 거르는 모종의 장치를 마련하지 않거나 불충분하게 마련하여 혐오표현과 같은 문제를 유발할 여지가 있다. 그러나 여기에는 막대한 추가적 비용이 들 수 있어, 제작자 입장에서는 훈련 데이터의 입력값을 그대로 출력하거나 약간의 변형만을 가한 단순한 보정을 거치려는 유인이 존재한다.[23] 그리하여 어떤 확률분포에 따라 훈련 데이터 중 일부를 그대로 출력하는 챗봇을 제작한다면, 이러한 인공지능은 말 그대로 인간 편향성을 '거울처럼 반영'하는 셈이다.

한편 인공지능은 인간의 암묵적 편향성을 반영할 수도 있다. 배후 인간이 의식적으로 염두에 둔 목적함수에는 특별한 편향성이 개입되지 않지만, 무의식적인

21) 허유선, "인공지능에 의한 차별과 그 책임 논의를 위한 예비적 고찰 - 알고리즘의 편향성 학습과 인간 행위자를 중심으로", 한국여성철학 제29권(2018), 181면 이하.

22) 한애라, "인공지능과 젠더차별", 이화젠더법학 제11권 제3호(2019), 6 - 9면. 딥페이크는 최근 신설된 성폭력범죄의 처벌 등에 관한 특례법 제14조의2에 의해 규율되고 있다.

23) 이에 대해 제작자가 부담하는 추가적 비용이 과도하다면 이를 부담하지 않도록 하는 것이 규범적으로 정당화되지 않느냐는 반론이 제기될 수 있다. 그러나 대법원 판례(대법원 2019. 11. 28. 선고 2017다14895 판결)가 공식화한 핸드 공식(Hand's rule)을 생각해보면, 적어도 기대 한계효용에 미달하는 한계비용조차 해악의 위험 방지에 투입하지 않았다면 이러한 반론이 통용되기 어려울 것이다.

편향성이 최적화 과정에서 간접적으로 발현되는 경우가 그것이다. 머신러닝 알고리즘이 오염된 훈련 데이터에 기초하여 학습된 경우가 이러한 현상의 대표적 사례이다. 가령 과거에 여성 임원이 거의 없던 회사의 역사적 데이터를 기준으로 삼아 지도학습을 마친 인공지능은 실제 능력과 무관하게 여성 직원의 임원 승진 여부에 대해 일률적으로 부정적 판단을 내릴 수 있다. 해당 인공지능은 최고의 성과를 달성할 만한 임원 후보자를 예측하라는 중립적 목적함수를 가지고 있을 따름이지만, 훈련 데이터에 잠재된 과거 인류의 암묵적 편향성이 고스란히 재현된 셈이다.[24] 이는 근본적으로 오늘날의 인공지능이 자유의지를 가지지 않은 일종의 통계적 최적화 도구에 불과하다는 사실에서 비롯되는 결과이기도 하다.

다수의 문헌이 이 문제에 대해 집중적으로 조명하고 있지만, 사실 오염된 역사적 데이터는 암묵적 편향성을 현실에 반영하는 복수의 경로 중 하나에 불과하다. 인공지능 편향성 문제를 다룬 대표적 선행연구에 따르면, 인공지능의 모든 구성요소가 암묵적 편향성이 발현되는 경로가 될 수 있다고 한다.[25] 먼저 데이터의 경우 앞서 본 오염된 훈련 데이터가 가장 널리 알려진 문제이지만, 그저 통계적 편향성으로 인해 특정 취약집단이 과소 혹은 과다 대표되는 현상도 한 가지 원인이 될 수 있다. 가령 스마트폰 신호에 기초하여 구축된 훈련 데이터는 스마트폰을 구매할 여력이 부족한 취약집단의 대표성을 과소평가하게 마련이다. 다음으로 알고리즘의 경우 모형을 이루는 독립변수의 조합을 선택하거나 종속변수에 붙일 라벨의 종류를 결정하는 단계에서 유사한 문제에 봉착한다. 구성원의 암묵적 편향성은 알고리즘이 채택한 독립변수 조합이나 종속변수 라벨의 사회적 의미를 취약집단에 구조적으로 불리한 것이 되도록 만들 수 있기 때문이다. 끝으로 로봇과 같은 하드웨어가 암묵적 편향성의 원천이 될 수도 있다.[26] 하드웨어를 설계할 때 왼손잡이나 사투리를 사용하는 이용자와 같은 소수집단을 적절히 고려하지 못하여 사회에 만연한 암묵적 편향성이 현실에 발현되는 경우가 대표적 사례이다.

나. 편향성 거울 문제에 대한 반론

인공지능 의사결정이 인간 편향성을 고스란히 반영하는 것이 문제이고 이에

---

24) Batya Friedman · Helen Nissenbaum, "Bias in Computer Systems", *ACM Transactions on Information Systems*, Vol. 14, No. 3(1996), pp.333 - 335.

25) 보다 상세한 논의는 Solon Barocas · Andrew D. Selbst, "Big Data's Disparate Impact", *California Law Review*, Vol. 104(2016) pp.677 - 690 참조.

26) Batya Friedman · Helen Nissenbaum, 앞의 논문, pp.335 - 336.

대한 규범적 규율이 필요하다는 오닐의 주장은 상당한 공감대를 얻으면서 널리 확산되었다. 그런데 한편에서는 설령 편향성 거울 문제를 있는 그대로 받아들인다고 하더라도 무엇이 문제냐는 반론이 있었다. 설령 오닐의 주장처럼 인공지능이 인간 편향성을 있는 그대로 반영한 의사결정을 되풀이한다고 하더라도, 인간 사회의 해악 총량[27]에는 어떤 변화도 없어 보이기 때문이다. 예컨대 인간 심사자가 채용 과정에서 편향성을 발휘한 사례와 인공지능을 명목상 내세웠으나 편향성이 개입된 사례에는 어떤 구조적 차이도 없다.[28] 따라서 인공지능 의사결정에 의한 편향성을 제거하여야 한다고 생각한다면, 매개체에 불과한 인공지능에 주목하는 대신 모든 문제의 근원인 인간의 행동양식을 교정하려는 노력에 더욱 집중할 필요가 있다는 것이다.

최근 인공지능이 유발하는 윤리적 문제를 지적하는 무수히 많은 문헌이 발표되고 있지만, 편향성 거울 문제를 이렇게 재해석한다면 그에 대한 규범적 가치판단의 결과는 정반대가 된다. 설령 인공지능이 수백만, 수천만 건에 달하는 윤리적 문제사례를 낳는다고 하더라도 인공지능과 인간의 해악의 총량이 같다는 점만을 놓고 볼 때는 어떤 독자적 규율의 필요성도 인정하기 어렵기 때문이다.

한편 일각에서는 편향성 거울 문제와는 별개로 인공지능의 블랙박스성을 들어 규율을 정당화하기도 한다.[29] 최신 인공지능의 불투명성이 자체로 심각한 문제이고 편향성을 교정할 때 지장을 초래하는 것은 분명한 사실이다. 그러나 이와 같은 문제는 투명성과 설명가능성의 확대를 위한 규율을 정당화할 뿐, 이것만으로 편향성에 대한 규율이 정당화되지는 않는다. 설명가능 인공지능을 도입한다고 해도 얼마든지 인간 편향성이 잔존해 있을 수 있고, 그 결과 발생한 편향성 거울 문제는 불투명성 문제와는 전적으로 별개의 현상으로 보아야 한다. 불투명성은 이미 발생한 편향성을 심화시키는 요인일 뿐이고, 편향성을 만들어내는 직접적 요인은 아니기 때문이다. 이렇게 보면 설명가능 인공지능이 편향성 문제의 만병통치약이라는 세간의 통념은 부분적 진실에 불과한 셈이다.

---

27) 여기서 말하는 '인간 사회의 해악 총량'이 일견 경제적·물질적 가치로 환산할 수 있는 이익만을 전제한 개념처럼 보이지만 반드시 그렇게 제한적으로 해석해야 할 이유는 없다. 가령 인간의 주관적 가치에 관한 심리적 이익이 훼손되는 상황 역시 해악의 증대로 해석할 수 있다. Joel Feinberg, *Harm to Others*, Oxford University Press(1984), pp.45 - 51.

28) 고학수·정해빈·박도현, "인공지능과 차별", 저스티스 통권 제171호(2019), 230면.

29) 캐시 오닐(김정혜 역), 앞의 책, 56 - 57면.

2. 편향성 거울 인공지능의 추가적 해악

가. 훈련 데이터의 규범적 대표성 부재

상술한 편향성 거울 문제에 대한 반론에 따르면, 설령 인공지능이 편견을 표출하거나 차별적 의사결정을 하더라도 편향성의 원천인 인간을 규율하는 것과는 별개로 인공지능에 대한 규제는 필요하지 않다는 결론에 이른다. 문제는 이에 의하면 현재 국제사회에서 이루어지고 있는 수많은 인공지능 편향성에 대한 규제 거버넌스 논의[30]가 논리적 오류와 정치적 구호에서 비롯되었다고 해석할 수밖에 없어진다는 것이다. 물론 그러한 측면이 어느 정도는 사실일 수도 있겠지만, 국제사회 내의 절대다수 주체가 동시에 인공지능 편향성에 대한 편향된 시각을 공유하고 있다는 것은 지나친 생각인 듯하다.

그렇다면 편향성 거울 문제에 대한 반론에 어떻게 대처하는 것이 합리적인가? 핵심은 편향성 거울 문제가 논리적으로 타당한 명제라기보다는 일종의 은유적 수사에 불과하다는 것이다. 특히 편향성 거울 문제가 말하는 "인공지능이 인류의 편향성을 거울처럼 반영"한다고 할 때 '인류'의 의미가 그러하다. 사실 세상에 '인류'라는 존재는 실재하지 않기 때문이다.[31] 오닐이 편향성 거울 문제를 제기한 동기는 인공지능 의사결정이 진정 인류의 어떤 실체적 대푯값을 발견하여 활용한다는 점이 아니라, 기계라고 하여 언제나 공정하기만 한 것은 아니라는 점을 강조하기 위함일 뿐이다. 그러나 편향성 거울 문제에 대한 반론을 제기하는 논자들은 오닐의 취지와는 달리 인류를 훈련 데이터와 문자 그대로 동일시하려는 경향이 있다. 다만 훈련 데이터나 이를 대표하는 통계량이 자의적으로 선정되면 곤란하므로, 통계적 편향성이 없는 훈련 데이터를 대상으로 통계학에서 널리 활용되는 대푯값을 추출하는 방식으로 이러한 문제를 해결하면 된다고 본다.[32]

---

30) 가령 공정성을 중요한 가치로 내세운 OECD 권고안은 2019년 5월 총회에서 채택되고, 바로 다음 달에 개최된 G20 정상회의에서 재차 확인되었다. OECD, "Recommendation of the Council on Artificial Intelligence", OECD/LEGAL/0449(2019); G20, "G20 AI Principles"(2019).

31) 스튜어트 러셀(이한음 역), 어떻게 인간과 공존하는 인공지능을 만들 것인가(김영사, 2021), 311면 참조.

32) 한편 캐시 오닐(김정혜 역), 앞의 책, 201 - 207면에 따르면 현실에서는 종종 통계적 대푯값으로 보기 어려운 자의적이거나 그릇된 수치가 알고리즘에 스며들어 있다고 강조한다. 이것이 사실이라면 편향성 거울 문제를 논할 필요조차 없이 인공지능에 대한 규제가 즉각적으로 도입되어야 한다고 생각할 수 있다. 인공지능이 현실을 있는 그대로 반영하는 것을 넘어 부당한 현실을 재구성하고 있는 셈이기 때문이다. 다만 이러한 쟁점은 본고의 논의 범위인 편향성 거울 인공지능을 넘어선 것으로, 여기서는 별도로 논의하지 않도록 한다.

이러한 관점은 통계적으로는 일견 타당할지 몰라도, 규범적으로는 상당한 문제를 지니고 있다. 평균값과 중간값 등 기술통계의 여러 대푯값은 '통계'라는 특정한 맥락에서만 정당성을 인정받을 수 있을 뿐이기 때문이다. 가령 우리는 특정 공동체 구성원이 가지고 있는 특성의 평균값이나 중간값을 기준으로 공적 의사결정을 하거나 공동체 대표자를 선출하지 않는다. 공적 의사결정 혹은 공동체 대표자가 권위를 획득하는 과정은 수리적 대푯값과는 전혀 별개의 민주주의 혹은 법치주의에 기반한 절차를 통해 이루어질 따름이다. 따라서 그것이 수리적으로 얼마나 정교하든, 통계량 자체에 어떤 공적 권위를 부여하려면 추가적 논증이 필요하다. 그러나 편향성 거울 인공지능을 둘러싼 논의는 이러한 논증의 과정을 생략하고 훈련 데이터의 대푯값이 인류의 대표성을 갖는다고 당연시하는 오류를 범하고 있다. 이처럼 현실에서 훈련 데이터의 특정 대푯값을 기준으로 '인류의 편향성'을 일방적으로 정의한다면, 그보다 더 편향되거나 덜 편향된 개체 모두로부터 자의적이라는 비판을 받아도 이상하지 않다.

어쩌면 훈련 데이터의 통계량에 인류의 대표성이라는 의미를 부여하려는 입장에는 모종의 전략적 의도가 개입되어 있을지도 모른다. 사실 인간 편향성이 무엇이냐는 물음은 규범적 차원의 것이고, 이러한 물음에 대한 답변을 위해서는 기나긴 사회적 합의의 과정이 긴요해진다. 이는 신속한 개발과 서비스의 제공이 요청되는 개발자에게는 일반적으로 상당한 비용을 동반하는 일이기도 하다. 대신에 통계적 대푯값을 인간 편향성으로 치환하게 되면 앞서 논의한 것처럼 인공지능은 단순히 인간 편향성을 가감하지 않고 정확히 반영할 따름이므로 어떤 규제도 불필요하다는 결론에 손쉽게 도달할 수 있다. 오닐의 최초 의도와 달리 편향성 거울 문제는 이러한 동기에서 왜곡될 여지가 있고, 실제로 일정 부분 왜곡되고 있다는 것이 필자의 생각이다.

나. 인간의 편향성 회피 선호 누락

물론 일각에서는 민주적 정당성이 중요한 공적 의사결정과 달리 사적 의사결정을 담당하는 인공지능에 대해서는 이러한 논리가 통용되지 않는다는 지적을 가할 수 있다. 이들은 사적 의사결정을 담당하는 인공지능이 무엇을 인류의 대푯값으로 규정하고 이를 닮아나갈지는 전적으로 개발자가 결정할 영역이라고 본다. 나아가 개발자는 보통 해당 서비스 이용자의 행동양식을 반영한 훈련 데이터의 통계량을 대푯값으로 규정하게 마련인데, 여기에 어떤 특별한 문제가 있다고 보기는 어렵다. 따라서 사회적 합의의 과정을 통해 규범적 논의를 추가로 거치는 것이 이상적일지는 몰라도, 그렇지 않기로 한 사적 주체를 도덕적으로 비난할 수는 없다는 것이다.[33] 이러한 결론을 벗어나고자 한다면, 서비스 이용자에 관한 훈련 데이터 대푯값을 반영한 편향성 거울 인공지능이 인류에게 가하는 추가적 해악의 실체를 구체화할 필요가 있다.

한 가지 실마리는 인류가 스스로의 인간 편향성을 회피하려는 선호를 보유한다는 사실에서 찾을 수 있다.[34] 시대와 장소를 막론하고 인간은 현존재를 역행하는 모종의 이상적 상황을 상정하고 이를 향해 다가가는 행위에 대해 '정의'라는 명칭을 부여하고 칭송해왔다. 이것은 인간에게 자신의 마음속 심연에 자리 잡은 편향성을 있는 그대로 반영하기보다는 어떤 보정을 가하려는 습성이 있다는 것을 의미한다. 가령 프랑스에서는 2006년부터 이력서에 개인의 민감정보를 드러내지 못하도록 하는 제도가 신설된 뒤, 취약집단에 대한 자체적 보정이 사라져 이들의 취업이 불리해졌다고 한다.[35] 나아가 우리는 자신의 내면에 있는 비윤리적 심성을 굳이 드러내지 않거나 억누르려고 하고, 이것이 드러난 상황에서 상당한 불쾌감을 느끼고는 한다. 자신의 추악한 내면을 들키려고 하지 않는 인간의 습성은 바라보기에 따라 편향성 회피 선호로 해석할 수 있다. 물론 이러한 현상이 평판 유지 선호의 일종이라는 반론도 가능하지만, 평판과 관련이 없어 보이는 프랑스 사례를 고려하면 인간에게 어느 정도는 편향성 회피 선호가 실재한다고 말하는 편이 조금 더 타당해 보인다.

이렇게 본다면 훈련 데이터의 대표성 문제를 제쳐두고서라도 인공지능은 인류의 편향성을 거울처럼 반영하고 있지 않다. 인공지능과 달리 인간은 편향성을 회피하는 선호를 보유하고 있고, 자유의지를 통해 이를 의사결정 과정에 반영하기 때문이다. 반면 인공지능은 인간이라면 편향성을 보정하려고 할 상황에서 있는 그대로 반영하거나, 감추려고 할 상황에서 거울처럼 투명하게 드러내면서 인간의

---

33) 이러한 논변의 가능성과 위험성을 지적한 선행연구로, Nicholas Diakopoulos, "Accountability in Algorithmic Decision Making", *Communications of the ACM*, Vol. 59, No. 2(2016), p.58.

34) 이하의 아이디어는 서울대학교 법학전문대학원 허성욱 교수님의 발표에서 얻은 것이다. 발표의 상세한 내용은 차현아, "인간 편향과 비합리성 닮은 알고리즘… '교정'과 '규제'가 답일까", IT Chosun(2018. 12. 13) 참조.

35) 김도승, "프랑스 차별금지 법제도에 관한 소고 - 차별철폐청(HALDE) 경험을 중심으로", 법학논총 제19권 제1호(2012), 127 - 130면.

진의를 왜곡할 여지가 있다. 다시 말해 인공지능은 편향성 회피 선호를 누락하여 인간 편향성을 실제에 비해 과다하게 평가하는 일종의 통계적 편향을 빚을 수 있다는 것이다.

다. 편향성의 창발과 피드백 루프

끝으로 인공지능과 인간을 불문하고, 의사결정이 특정 시점에 국한된 정적인 것이 아니라 동역학적 상호작용을 동반한다는 점을 지적할 수 있다. 모든 의사결정은 행위주체 외부 환경에 물리적 영향력을 끼치는 동시에, 다른 행위주체의 내부 심성모형에 새로운 정보를 제공하여 기존의 믿음을 갱신하게 하는 계기가 되기도 한다.[36] 나아가 이는 일회적 작용에 그치지 않고 이어진 일련의 후속 의사결정에도 고차적 영향력을 행사한다. 따라서 편향성의 시공간 범위를 확장하여 인류에게 미치는 편향성의 동적 총량을 계산하면, 특정 시점의 정적 편향성 부분합과는 다른 경향성을 보이는 것이 일반적이다.

이처럼 복수의 행위가 모종의 연결망을 형성하면서 빚어지는 상호작용을 일반적으로 피드백(feedback)이라고 한다. 피드백은 재차 서로의 영향력을 강화하는 양성 피드백과 양자를 상쇄하는 음성 피드백이라는 두 가지 유형으로 구분된다.[37] 편향성의 맥락에서 보면 양성 피드백이 빚어진 맥락에서는 복수 행위자의 복수 행위 각각에 내재한 편향성이 상호작용하여 부분합을 초과하는 결과를 낳고, 음성 피드백이 빚어진 맥락에서는 부분합보다 적은 편향성만이 사회적으로 만들어지는 것이다. 따라서 만일 인공지능 의사결정이 편향성 맥락에서 일상적으로 양성 피드백을 만들어낼 경우, 이는 추가적 해악이 발현된 것으로 해석될 수 있는 셈이다.

다만 한 가지 문제는 이러한 논리가 인공지능뿐 아니라 인간에게도 마찬가지로 적용될 수 있다는 것이다. 가령 최근 다수 인터넷 커뮤니티에서 특정 극단적 견해를 가진 이들의 상호작용을 통해 편향성이 강화되는 현상이 종종 목격되고 있다. 이러한 문제를 방지하기 위해 인류는 편향성을 중화하는 윤리규범을 교육하거나 양성 피드백이 극화된 일부 행위군을 불법으로 규정하여 규율하는 등의 대안을 동원해왔다.[38] 그러나 이것이 인류가 만들어내는 모든 편향성에 대한 양

36) 카스 R. 선스타인(박지우 · 송호창 역), 왜 사회에는 이견이 필요한가(후마니타스, 2015), 28 - 35면 참조.

37) 김종욱, "복잡계로서 생태계와 법계", 철학사상 제41호(2011), 17면.

성 피드백을 근절하지 못한다는 것은 누구라도 알고 있는 명백한 사실이다. 이때 인공지능이 인간이 만들어내는 편향성의 양성 피드백을 고스란히 반영할 수 있다고 하여 이에 대한 별도의 규율을 당연시한다면, 편향성 거울 문제에서와 똑같은 반론에 처할 수 있다. 정적 편향성이든 편향성의 동적 양성 피드백이든, 인간 편향성을 있는 그대로 반영한 결과물인 것은 매한가지이기 때문이다. 따라서 이에 대한 독자적 규제가 정당화될 수 있으려면 인공지능의 양성 피드백이 인간의 그것과 비교하여 추가적 해악을 낳는 원인이 된다는 점에 대한 논증이 필요하다.

과연 편향성의 양성 피드백 맥락에서 인공지능은 인간과 다른가? 다르다면 어떤 점에서 다른가? 핵심은 설령 인공지능의 작동과 인간의 행위가 외형상으로는 유사할지 몰라도, 의사결정을 만들어내는 양적 빈도에는 엄청난 격차를 빚는다는 데 있다. 과거 인간도 내면의 편향성을 거울처럼 반영하는 언행을 종종 쏟아낸 것은 사실이지만, 그러한 행위를 반복하는 과정에서 인간의 소프트웨어나 하드웨어적 취약성이 강력한 자연적 제약으로 작용한다. 가령 인간은 하루의 3분의 1이나 되는 시간 동안 잠을 자느라 편향성을 발휘할 수 없고, 망각이나 감정 등에 의해 일관되지 않은 의사결정을 종종 범하곤 한다. 인간의 이러한 취약성이 편향성 맥락에서는 도리어 긍정적 결과로 이어질 수 있는 셈이다. 반면 인공지능은 너무나도 정확하여 이러한 '오류'를 동반할 여지가 없으므로, 아주 정확한 편향성을 같은 시간 대비 무수하게 쏟아내게 마련이다. 따라서 가령 인간이 특정 정치적 성향을 대변하는 신문기사만 골라 읽든, 인공지능이 그러한 신문기사를 추천하든 외형상으로는 별다른 차이가 없어도 양성 피드백에 따른 편향성의 총량에는 기하급수적 차이가 있다. 최근 한 선행연구는 이처럼 인간과 다른 인공지능 의사결정의 양성 피드백이 형성한, 최초 해악의 부분합을 초과한 추가적 해악을 창발적 해악(emergent harm)으로 명명한 바 있다.[39]

오닐은 편향성 거울 인공지능이 창발적 해악을 유발하게 되는 핵심적 경로로

---

38) 이러한 점에 주목한 논자들이 종종 제시하는 대안이 인류에게 적용되어온 간접차별 법리를 그대로 인공지능 의사결정에 적용하자는 것이다. 간접차별은 의식적 편향성을 발현한 행위만을 규율하는 직접차별과 달리 편향성의 무의식적 발현이나 편향성의 상호작용이 빚은 결과를 규율할 수 있기 때문이다. 남중권, "간접차별과 머신러닝에 의한 특성추론", 법철학연구 제22권 제2호(2019), 328 - 330면. 다만 간접차별 법리는 아직 인간 사회에서조차 그렇게까지 발달하지 않은데다가 이를 인간과 다른 방식으로 의사결정을 하는 인공지능 기술의 특성에 응용할 수 있도록 변용하는 작업도 충분히 이루어지지 않았다는 한계가 있다. 고학수 · 박도현 · 정해빈, 앞의 논문, 57 - 58면.

39) 특히 인공지능의 작동이 인간의 행위보다 훨씬 많은 의사결정을 산출하는 양적 차이를 '많은 작동의 문제'라고 명명하였다. 박도현, 앞의 논문, 141 - 145면.

'피드백 루프(feedback loop)'라는 개념을 제시하였다. 어떠한 이유로 일단 인간 편향성이 인공지능의 훈련 데이터 혹은 알고리즘에 개입하게 되면, 루프를 따라 출력값이 재차 입력으로 반영될 수 있다는 것이다. 인공지능은 인간의 생각과 행동을 처리하는 데는 능숙하지 않아도, 인공지능이 스스로 만들어낸 정보와는 완벽히 호환될 수 있다. 이것은 인공지능 의사결정이 순환하는 주기를 가속화하는 원인으로 작용하고, 이에 따라 최초 인간 편향성의 부분합을 넘어선 편향성이 창발할 수 있다.[40] 나아가 일각에서는 이러한 피드백 루프가 일종의 악순환적 고리로 작용할 수도 있다고 지적하기도 한다. 일단 취약집단이 피드백 루프가 형성된 사실을 알게 되고 여기서 탈출하는 것이 거의 불가능하다는 인식이 만연해지면 편향성을 당연시하는 적응적 선호가 확립될 수 있기 때문이다.[41]

이와 유사하지만 구별되는 해악의 창발 경로로 인공지능이 인간 편향성의 편차를 감소시킨다는 점을 들 수 있다. 편향성 거울 인공지능은 인류 집단과 같은 편향성의 기댓값을 공유하지만, 또 다른 중요한 통계량인 편차는 현격히 감소시킨다. 극단적으로 말해 훈련 데이터를 공유하는 최적화 알고리즘은 완전히 동일한 모형을 복제하고, 이에 따라 편차가 0으로 수렴하게 된다.[42] 반면 인류는 유사한 견해를 공유하는 구성원 사이에서도 편향성의 정도가 완전히 일치하지는 않는다. 각자가 겪은 경험과 이를 해석하는 방식에 어느 정도의 차이가 있게 마련인 이유에서다.

인공지능이 편향성의 편차를 감소시키는 현상이 문제인 이유는 이러한 편차가 자신과 다른 견해를 가진 구성원과 교류할 가능성과 비례하기 때문이다. 인류는 오랫동안 이견을 가진 사람과 접촉하면서 극단적 생각을 중화하는 경향성을 형성해왔다. 짐작건대 인류가 이러한 성향을 내재화한 이유는 외부 환경이 변화하였음에도 기존의 편향성을 되풀이하는 전략이 인류에게 지속적으로 유익할 확률은 극히 미미하기 때문일 것이다. 추천 알고리즘이 개인의 정치적 선호를 파악한 뒤 입맛에 맞는 기사만을 제공하는 반향실 효과(echo chamber)와 필터버블(filter bubble) 현상은 이러한 문제가 현실에서 발현된 대표적 사례로 널리 알려져 있다.[43] 이들은 인류가 환경의 변화에 맞서 장기적 적응도를 극대화하는 데 지장을

40) 캐시 오닐(김정혜 역), 앞의 책, 57 - 60면 참조.
41) Michael Spence, 앞의 논문, pp.373 - 374.
42) 캐시 오닐(김정혜 역), 앞의 책, 107면.
43) '필터버블'이라는 개념을 처음으로 제시하여 커다란 반향을 불러온 선행연구인, 엘리 프레이저(이현숙 · 이정태 역), 생각 조종자들(알키, 2011) 참조.

초래하기에, 추가적 해악의 발현으로 규정할 만하다.

Ⅳ. 인간 편향성과 공정한 인공지능

1. 인공지능 규제 거버넌스의 맹점

가. 인공지능의 인간 편익 향상

지금까지의 논의로부터 인공지능이 편향성 거울을 넘어 새로운 편향성의 원천이 될 수 있다는 사실을 알 수 있었다. 그런데 여기서 제기될 수 있는 한 가지 의문은 이러한 문제가 사실이라고 해도 이로부터 곧바로 인공지능 규제 거버넌스의 도입이 정당화되지 않을 수 있다는 것이다. 일반적으로 개인의 자유에 대한 규제가 규범적으로 허용되는 상황은 그 대상이 인간에게 해악을 낳거나 해악의 위험을 증대하는 상황으로 국한된다.[44] 현대 입헌주의 체제에서는 일반적으로 개인의 자유와 권리의 존중이 공리(axiom)의 지위를 인정받고 있으므로 이를 제약하는 국가작용은 타인의 또 다른 공리를 침해하는 해악과 결부된 것이어야만 정당화될 수 있다는 것이다. 문제는 인공지능이 새로운 편향성의 원천이 될 수 있다는 것은 규제 거버넌스의 필요조건일지는 몰라도, 충분조건은 아니라는 점이다.[45]

먼저 인간을 대체한 인공지능 의사결정이 새로이 생성하는 편향성이라는 해악 내지 위험의 절대적 크기가 규범적으로 볼 때 극히 미미한 경우를 생각해볼 수 있다. 도덕이론의 관점에서 이러한 상황은 해악의 원리를 위배하기 때문에 부당하고 규율이 필요하다는 평가가 내려질 것이다. 그러나 현실의 인간은 어느 정도의 자체적 회복탄력성을 가지고 있게 마련이고, 이러한 역치를 넘기지 않을 만큼 미미한 편향성만이 새로이 생성되었다면 이에 대해서는 규제를 신설할 필요성이 그렇게 크지 않다. 형사법 영역에서는 이와 같은 사소한 위험을 '허용된 위험'이라고 한다.[46]

---

44) Joel Feinberg, 앞의 책, p.11.

45) 이하의 두 단락은 Urs Gasser · Virgilio A. F. Almeida, "A Layered Model for AI Governance", *IEEE Internet Computing*, Vol. 21, No. 6(2017), pp.59 - 60과 박도현, 앞의 논문, 131 - 132면을 참조하여 필자가 재구성한 것이다.

여기서 한 발짝 더 나아가 인공지능이 인류에게 편향성이라는 해악과 동시에 편익을 가져다줄 수 있다는 측면이 고려되어야 한다. 현실에서는 다수 주체와 그들이 가진 복수 이해관계가 하나의 망(network)으로 형성되어 상호작용을 하게 마련이기 때문이다.[47] 이러한 이익망 내의 무수히 많은 구성요소를 각기 분리하여 사고하는 것은 현실적이지 않아, 결국 어떤 규제 거버넌스의 도입을 판단하는 과정에서는 해악만이 아닌, 해악과 편익 양자를 종합적으로 고려하게 된다. 따라서 인공지능이 새로운 편향성을 낳는다는 지적은 설령 타당하더라도, 규제 거버넌스의 도입 여부는 그것이 가져오는 편익과 해악의 이익형량을 거친 뒤에야 비로소 판단할 수 있다. 그리고 최근 수많은 인공지능 관련 서비스가 시장에 출시되고 있다는 사실은 인류가 느끼는 인공지능에 대한 막대한 편익의 방증으로 해석할 수 있는 대목이다.

다만 한 가지 유의할 사항은 인공지능이 인간에 비해 정확한 의사결정을 하고, 더 많은 편익을 산출한다는 말이 일반론적으로 타당하다고 해서 모든 구체적 맥락에서도 반드시 그러하다는 보장은 없다는 것이다. 같은 주행 시간 대비 사고율이 현저히 줄어들었다는 통계적 수치를 찾아볼 수 있는 자율주행자동차 사례와 달리, 다른 많은 경우에는 알파고가 승리한 사례를 유추하는 등 뚜렷한 과학적 근거를 제시하지 않고 인공지능의 우월성을 당연히 받아들이는 일종의 신비주의가 만연해 있다. 그런데 최근 수행된 연구에 의하면 콤파스 사안을 인공지능에 비해 훨씬 적은 매개변수를 바탕으로 추론에 이르는 인간의 의사결정에 적용하니 도리어 정확도가 일부 향상되었다고 한다.[48] 물론 이러한 한 가지 사례만을 가지고 인공지능보다 인간의 의사결정이 더 정확하고 많은 편익을 산출한다는 결론에 이른다면 그것은 또 다른 논리적 오류일 것이다. 핵심은 구체적 맥락을 전제로 인공지능과 인간이 낳는 해악과 편익을 조화롭게 고려한 규제 거버넌스 논의가 요구된다는 것이다.

나. 인공지능의 인간 윤리성 향상

한편 인공지능은 인류에게 물질적 편익을 선사할 수 있지만 이와 별개로 윤리

46) 신동운, 형법총론(법문사, 2019), 250면.
47) Joel Feinberg, 앞의 책, pp.55 - 61 참조.
48) Julia Dressel · Hany Farid, "The accuracy, fairness, and limits of predicting recidivism", *Science Advances*, Vol. 4, No. 1(2018).

성에도 긍정적 영향을 가할 수도 있다. 인공지능의 대체재라고 말할 수 있는 인간이라고 하더라도 언제나 도덕적인 것만은 아니기는 마찬가지이기 때문이다.[49] 이에 따라 인간을 대체한 인공지능 의사결정이 편향성과 같은 기존 인간의 비윤리성을 억제하는 방향으로 이용된다면 인공지능의 활용은 규범적으로도 정당해지게 된다. 이러한 관점에서 보면 때로는 인공지능의 금지가 아닌 사용을 의무화할 필요가 있다는 생각도 전혀 터무니없지는 않은 셈이다.

때로는 충분한 숙고와 토론을 통해 개인이 가진 왜곡된 견해가 적절히 교정되는 경우도 있지만, 많은 경우 인간은 가치판단의 맥락에서도 단순 휴리스틱에 의존하여 쉽게 헤어나오지 못한다.[50] 가치판단이라고 하여 인지적 자원이 요구되지 않는 것도 아니고, 인지적 효율을 극대화하려는 성향이 특별히 억제될 이유도 없기 때문이다. 널리 알려진, 가석방 허용률이 점심식사 전후로 변화되는 양상을 보이는 것으로 밝혀진 이스라엘 법원 사례가 보여주듯 이것은 엄연한 사실이다.[51]

논자에 따라서는 가치판단 맥락에서 인간과 대비하여 인공지능이 가진 비교우위로 편향성의 발견이 보다 용이하다는 점을 제시하기도 한다. 오늘날 다수의 논의가 인공지능의 불투명성을 문제시하지만, 오히려 진정으로 블랙박스인 것은 인간의 직관적 의사결정이다. 딥러닝 인공지능이 인간의 지식체계에 대응하지 않는 천문학적 수량의 매개변수를 활용한다는 것은 사실이지만, 적어도 의사결정 과정에서 활용된 매개변수의 종류와 가중치의 값은 쉽사리 파악할 수 있다. 반면 인간의 의사결정에서는 정확한 가중치가 얼마인지를 짚어내기 어렵고, 당사자가 내세우는 변수가 실제로 의사결정에 활용되었는지 파악할 방법도 없다. 특히 인간에게는 과거 자신이 한 의사결정이 공정한 것이었다고 믿는 확증편향의 성향이 있고, 이상적 대안이 무엇인지를 규정하기도 어려워 편향성의 존재를 감추기도 용이한 편이다.[52]

나아가 편향된 매개변수와 가중치를 발견한 뒤 이를 개선하는 과정도 인공지

---

49) 김병필, "인공지능에 의한 차별과 공정성 기준", 고학수 · 김병필(편), 인공지능 윤리와 거버넌스(박영사, 2021), 208 - 209면.

50) Cass R. Sunstein, "Moral heuristics", *Behavioral and Brain Sciences*, Vol. 28, No. 4(2005), pp.541 - 542.

51) Shai Danziger · Jonathan Levav · Liora Avnaim - Pesso, "Extraneous Factors in Judicial Decisions", *Proceedings of the National Academy of Sciences*, Vol. 108, No. 17(2011), pp.6889 - 6892.

52) 이상의 논의는 Jon Kleinberg et al., "Discrimination in the Age of Algorithms", *Journal of Legal Analysis*, Vol. 10(2018), pp.125 - 128 참조.

능이 인간보다 훨씬 객관적이고 투명할 수 있다. 인간은 시대와 장소를 불문하고 수없이 많은 공정성에 대한 관념을 논의해왔지만, 아직도 모든 인간이 공유할 수 있는 보편타당한 공정성 알고리즘을 찾지 못하였다. 특정한 인공지능 의사결정이 인류의 도덕적 직관을 거스른다는 판단만큼은 상당한 공통분모를 이루는 듯하나, 막상 어떻게 교정해야 할지를 물으면 제각기 다른 답변을 내놓고는 한다. 반면 일률적으로 작동하는 인공지능의 특성은 이러한 문제를 해결하는 데 있어 이점으로 작동할 수 있다.

한편 이러한 문제의식에서 인간의 정성적 특성과 대비되는 인공지능의 정량적 특성에 주목하면 공정성과 같은 윤리적 가치에 대한 객관적 이해를 도모할 수 있다는 주장이 제기되기도 한다. 이러한 작업의 출발점은 '공정성'이라는 정성적 가치를 모종의 정량적 지표로 규정하는 것이다. 과거 인간이 개략적으로 밝혀낸 기회의 평등이나 결과의 평등과 같은 휴리스틱을 수리적으로 엄밀히 정의하면, 공정성이라는 열린 개념을 특정 방향으로 왜곡하려는 시도를 막을 수 있다는 뚜렷한 장점이 있다. 나아가 인간이 종래 애매모호한 자연어를 통해 논의하던 공정성 담론이 수리적 지표에 기초하여 엄밀해질 수 있다는 부수적 장점도 기대된다. 물론 인류의 정성적 가치를 몇 가지 정량적 지표로 환원시키는 과정에서 표상과 실재의 간극에 따른 문제점이 초래되겠지만, 만일 이와 같은 오류가 인간의 직관이 빚어내는 윤리성의 악화보다 미미한 부작용만을 유발한다면 인공지능은 총체적으로 인류의 윤리성을 제고하는 셈이다.[53)]

2. 균형 있는 인공지능 거버넌스를 위한 제언

인공지능이 가져오리라고 예측되는 장밋빛 미래에 대한 전망이 여기저기서 목소리를 높이면서 가히 '인공지능 만능주의'라고 칭해도 무방한 시각이 등장하고 있다. 이러한 인공지능 만능주의의 정점에 서 있는 것이 사실판단은 물론 종래 인간의 전유물로 여겨져 온 가치판단 영역마저도 인공지능에 양도하는 것이 더 낫다는 믿음이다. 이것은 일견 '알파고 쇼크'로 대변되는 사실판단 영역에서의 이정표 사건을 토대로 인공지능이 가치판단 영역에서 인간보다 우월하다는 그릇된

53) 이러한 문제의식에서 다양한 종류의 인공지능 공정성 지표(fairness metrics)가 개발되고 있다. 이에 대한 상세한 내용은 Solon Barocas · Moritz Hardt · Arvind Narayanan, *Fairness and Machine Learning: Limitations and Opportunities*(2019) 참조.

결론을 성급하게 도출하는 논리적 비약일지도 모른다. 그러나 인간이 사실판단 과정에서는 종종 오류를 범해도 가치판단 영역에서는 그렇지 않다는, 이와 대척점에 있는 견해 역시 실상과 다르기는 매한가지다. 인공지능 만능주의를 무분별하게 받아들여 인간의 자유의지를 폄하하는 것은 분명 문제이지만, 정반대로 인간의 도덕성을 과대평가하는 것도 불공정한 의사결정의 당사자가 된 경험이 있는 대중의 반발심을 유발할 수 있다.

어쩌면 편향성 거울 문제를 둘러싼 논란이 도무지 종식될 기미를 보이지 않는 이유는 인공지능은 사실판단, 인간은 가치판단 영역에서의 비교우위를 가지고 있고, 가져야 한다는 고정관념 때문일 수 있다는 생각이 든다. 반면 앞선 논의를 통해 알 수 있는 결론은 그러한 경향이 있는 것은 사실이지만, 구체적 맥락에 따라 우열관계가 역전되거나 양자 사이에 별반 차이가 없을 수도 있다는 것이다. 따라서 사실판단에 대한 것이든 가치판단에 대한 것이든, 인공지능이 우월한가 인간이 우월한가의 이분법적 사고방식에서 벗어날 필요가 있다. 몇 가지 극단적 사례를 바탕으로 어느 한 편이 다른 한 편과 비교하여 항상 우월하고, 이에 따라 강력한 규제가 필요하거나 어떤 규제도 필요하지 않다는 결론을 성급하게 도출하는 태도는 현실을 개선하는 데 별다른 도움이 되지 않는다. 누구도 이러한 물음의 정답이 무엇인지를 알지 못한다는 것이 적어도 현재 시점에서의 진실이기 때문이다.

확실한 것은 단 한 가지뿐이다. 인공지능이 인간 편향성을 확대재생산한다면 추가적 규제가 필요할 것이고, 거울처럼 있는 그대로 반영할 뿐이라면 인간에 대한 기존의 규제로 족할 것이며, 억제적 기제로 작용한다면 도리어 장려해야 한다는 것이다. 현실에서는 세 가지 선택지 모두 가능하여, 특정 선택지를 모든 인공지능과 인간 의사결정 맥락에 적용하는 것이 아닌, 구체적 맥락에 비추어 서로 다른 선택지를 혼용하는 것이 바람직하다. 앞으로의 논의는 더욱 풍부한 실증연구를 바탕으로 구체적 맥락별로 세 가지 선택지를 어떻게 구체화할 것인지에 집중되어야 한다.

Ⅴ. 맺음말

“인공지능은 인간 편향성을 단지 거울처럼 있는 그대로 반영할 뿐이고 새로운 해악을 더하는 것이 없으므로, 인간에 대한 기존의 규율을 제외한다면 어떠한 별도의 규제도 정당화될 수 없다." 이것은 인공지능 편향성을 주제로 다룬 글이나 토론에서 흔히 접할 수 있는 견해이다. 오닐이 제시한 '편향성 거울 문제'는 본래 인공지능에 대한 규제를 뒷받침하는 논거였는데, 이러한 반론을 접하고 나면 도리어 규제가 불필요한 이유를 지지하는 논거로 보일 정도이다.

이와 같은 문제를 벗어나려면, 인공지능 기술에 대한 모종의 규범적 접근이 필요하다는 당위를 역설하기에 앞서 실제로 인공지능의 작동이 기존 인간의 행위에 비해 어떤 해악을 추가하는지에 대해 진지하게 답해야만 한다. 본고는 이러한 문제의식에서, 먼저 인간 편향성의 의미를 통계적 편향과 대비하여 규정하고 현실에 인간 편향성이 만연해 있다는 사실을 실증연구에 근거하여 제시하였다. 나아가 일견 인간 편향성이 비합리적 현상으로 보이는 듯해도, 외부 환경의 불확실성과 인간의 인지적 불완전성이라는 현실적 제약을 고려한다면 이를 제한적 합리성의 산물로 볼 수 있다는 결론을 도출하였다(II).

이처럼 인간 편향성의 존재가 불가피하더라도, 인공지능 의사결정이 있는 그대로의 사실만을 반영할 뿐이라면 새로운 규율은 필요하지 않을 수 있다. 그러나 다음과 같은 세 가지 문제로 인해 이러한 입장은 받아들일 수 없다. 첫째, 공적 의사결정의 맥락에서는 민주적 정당성이 무척이나 중요한데, 인공지능이 '인류'의 편향성을 거울처럼 반영하였다고 말할 때 인류의 의미에 대한 공적 합의는 존재하지 않는다. 현재 인공지능이 기준으로 삼는 통계적 대푯값은 민주주의나 법치주의에 기반한 정당화 과정과는 무관한 산물이다. 둘째, 사적 의사결정의 맥락에서 인간에게는 편향성을 회피하거나 드러내지 않고자 하는 선호가 실재한다. 따라서 인공지능이 정녕 인간 편향성을 있는 그대로 반영한다면 이러한 편향성 회피 선호와 마찰을 일으키는 셈이다. 셋째, 특정한 의사결정은 일회성의 영향력을 낳기도 하지만, 상호작용을 통해 고차적 영향력을 유발하기도 한다. 인공지능은 인간에 비해 같은 시간 대비 훨씬 많은 의사결정을 수행하거나 피드백 루프를 형성하여 편향성의 양성 피드백을 심화할 수 있고, 견해의 편차를 현격히 줄일 수 있어 이를 통해 새로운 해악이 창발할 여지가 있다(III).

그럼에도 불구하고 곧바로 인공지능에 대한 규제 거버넌스가 정당화되는 것은 아니다. 인공지능은 인간 편향성을 거울처럼 반영하는 것을 넘어 확대재생산하여 추가적 해악을 낳기도 하지만, 이것이 사회에서 허용하는 역치를 넘지 않거나 해악을 능가하는 편익을 함께 산출할 수 있기 때문이다. 나아가 경우에 따라서는 여기서 말하는 편익이 물질적 차원을 넘어선 윤리적 차원을 포괄하기도 한다. 실제로 명료한 수리적 공식에 의해 작동하는 인공지능의 기술적 특성을 활용하여 인간 편향성의 규명과 교정을 보다 용이하게 할 수 있다는 논의가 진행되고 있기도 하다. 이러한 양면적 효과를 고려하여 균형 잡힌 규제 거버넌스 체계를 구축해나가야 한다는 것이 본고의 결론이다(IV).

12

법의 개인화 단상[*][**]

권영준

대법관, 전 서울대학교 교수, 법학박사. 민사법 분야를 중심으로 연구와 교육을 하였고, 지식재산권법이나 개인정보보호법, 데이터법 등 새로운 법 분야에 대해서도 집필 활동을 하여 왔다.

* 이 논문은 서울대학교 법학연구소의 2021학년도 학술연구비 지원을 받았음(서울대학교 법학발전재단 출연).

** 이 글은 『법조』, 제70권 제5호(2021. 10)에 게재한 글이다.

I. 서 론

맞춤형 광고, 맞춤형 의약품, 맞춤형 동영상, 맞춤형 뉴스, 맞춤형 보험료를 떠올려 보자. 이제 이 세상은 하나의 포괄적인 틀로 모든 문제를 해결하는 세상이 아니다. 정밀한 현미경적 접근이 주목받는 세상이다. 전투기도 현미경 폭격을 하는 세상이다. 이러한 맞춤형 세상에서 맞춤형 법(tailored law)은 가능할까? 가령 초보 또는 고령 운전자, 중대 사고 운전자에게는 시속 40㎞, 숙련 또는 비고령 운전자, 무사고 운전자에게는 시속 60㎞의 속도 제한을 부과할 수 있을까? 또는 고도의 성능과 안정성을 갖춘 차량의 운전자와 그렇지 않은 차량의 운전자에게 그 위험 창출 정도에 비례한 속도 제한을 부과할 수 있을까? 상황의 변화에 반응하는 동적 법(dynamic law)은 가능할까? 가령 운전자의 생체 리듬이나 운전자를 둘러싼 기상 상태, 교통 상황 등의 변화에 따라 다른 속도 제한을 부과할 수 있을까? 이러한 속도 제한 정보를 자동차에 시시각각 신호로 전달하면 어떨까? 또는 자율주행 메커니즘에 속도 제한이 곧바로 반영되도록 설계하면 어떨까? 요컨대 개인과 그를 둘러싼 상황에 반응하는 동적 규범은 가능할까?

이러한 법의 개인화(personalization)는 얼핏 생각하면 황당한 발상이다. 하지만 법의 유형화나 세분화가 가능하다면 법의 개인화가 불가능할 이유는 없다. 법의 유형화나 세분화는 이미 널리 활용되고 있다.[1] 민법상 사람(人)은 소비자,[2] 투자자[3] 등의 유형으로 분류된다. 소비자의 하위 유형인 금융소비자는 일반금융소비자와 전문금융소비자,[4] 투자자는 일반투자자와 전문투자자[5]로 다시 세분화되기도 한다. 이들에게는 각각의 특성에 최적화된 맞춤형 규율이 제공된다.[6] 누구도 법의 유형화가 추구하는 정신에 쉽게 반대하지 못한다. 법의 유형화는 법의 적합성과 세밀성을 높여 법의 생명력을 유지하는 요긴한 수단이기 때문이다. 이러한 정신

1) Anthony J. Casey & Anthony Niblett, "A Framework for the New Personalization of Law", 86 U. Chi. L. Rev. 333, 333 (2019).
2) 소비자기본법 제2조 제1호.
3) 「자본시장과 금융투자업에 관한 법률」 제9조 제5항.
4) 「금융소비자 보호에 관한 법률」 제2조 제8, 9호.
5) 「자본시장과 금융투자업에 관한 법률」 제9조 제5항.
6) 이러한 법의 유형화 또는 법의 분화는 비교적 소규모의 사람들을 위한 특별법으로도 이어진다. 「가습기살균제 피해구제를 위한 특별법」이나 「1959년 12월 31일 이전에 퇴직한 군인의 퇴직급여금지급에 관한 특별법」을 생각해 보라.

을 끝까지 밀고 나가 그 효용을 극대화하려는 것이 바로 법의 개인화이다.[7] 법의 개인화는 기술적으로 구현하기 어렵고, 법을 극도로 복잡하게 만드는 문제도 지닌다. 그런데 데이터 기술의 획기적인 발달은 이 문제들을 극복할 가능성을 던져 주었다. 법과 기술의 공진화(co-evolution) 차원에서 법의 개인화 논의를 시작해 볼 만한 상황이 되었다.

우리나라에는 법의 개인화를 정면으로 다루는 문헌이나 논의가 아직 잘 발견되지 않는다.[8] 그러나 외국에서는 관련 논의가 이루어지기 시작했다. 법의 개인화 논의의 씨앗이 될 만한 기초 담론은 일찍이 1980년대부터 발견되나,[9] 본격적 논의는 비교적 최근인 2010년대 중반 이후부터 이루어지기 시작했다. 공간적으로는 미국이 논의의 주된 무대이나 유럽이나 이스라엘에서도 이 문제에 대한 관심이 표명되었다. 학술적으로 특기할 만한 최근 움직임을 보자. 2019년 3월에는 미국 시카고 로스쿨이 "개인화된 법(personalized law)"이라는 주제로 학술대회를 개최하였다.[10] 2020년 6월에는 유럽의 틸부르그 대학, 마스트리히트 대학, 오스나브뤽 대학이 "Should Data Shape Private Law? Between Stereotypes and Personalization"이라는 주제로 학술대회를 공동 개최하였다.[11] 2020년 7월에는 이스라엘 텔아비브 법대가 발간하는 저널(Tel Aviv University Law Review)에 이 주제에 대한 특집 원고들이 게재되었다.[12] 2021년 6월에는 미국 학자 Omri Ben-Shahar와 이스라엘 학자 Ariel Porat이 "Personalized Law: Different Rules for Different People" 이라는 단행본을 출간하였다. 필자는 이러한 문제의식과 배경으로 삼아 이 글에

---

7) Philipp Hacker, "Personalizing EU Private Law: From Disclosures to Nudges and Mandates", *Eur. Rev. Private L.* 651, 676 (2017).

8) 권영준, "약관 설명의무의 재조명", 사법(제53호), 사법발전재단(2020. 9), 215면에서 법의 개인화 문제를 언급하였으나 이를 본격적으로 다루었다고 할 수는 없다. 한편 최경진, "인공지능과 약관", 비교사법(제28권 제3호), 한국비교사법학회(2021. 8), 186-187면은 '동적 약관' 개념에 관하여 언급하고 있는데, 이는 계약의 개인화 논의로 연결될 수 있다.

9) Ian Ayres & Robert Gertner, "Filling Gaps in Incomplete Contracts: An Economic Theory of Default Rules", 99 *Yale. L.J.* 87 (1989); George S. Geis, "An Experiment in the Optimal Precision of Contract Default Rules", 80 *Tul. L. Rev.* 1109 (2006); Miriam H. Baer, "Evaulating the Consequences of Calibrated Sentencing: A Response to Professor Kolber", 109 *Colum. L. Rev.* 11 (2009).

10) 그 학술대회의 성과물들은 같은 해 발간된 시카고 로 리뷰(Chicago Law Review)에 실려 있다. Symposium, Personalized Law, *86 U. Chi. L. Rev. 217* (2019).

11) https://cris.maastrichtuniversity.nl/ws/portalfiles/portal/48672650/Should_data_shape_private_law_participants.pdf

12) *Tel Aviv University Law Review*, Vol 2 (2020). 이 저널에는 개인화된 법에 대한 6개의 글이 실렸다. 다만 이 글들은 히브리어로 작성되었다.

서 법의 개인화 논의와 그 한계를 살펴보고 이 주제가 주는 시사점을 모색하고자 한다.

Ⅱ. 법의 개인화 논의의 내용

1. 이론적 배경

법의 개인화는 법의 일반성에 대한 도전이다. 법의 일반성은 법 적용 대상인 수범자 모두가 똑같은 내용의 법으로 규율되어야 하는 속성을 말한다. 수범자에 따라 법의 내용이 달라진다면, 법 앞의 평등 이념이 훼손되고, 법적 안정성과 예측 가능성은 추락하고 말 것이다. 따라서 법은 개념적으로나 역사적으로 탈개인성 또는 일반성을 갖추어야 하는 것으로 여겨져 왔다. 법이 개개인의 사정을 모두 고려하지 못하여 안타까운 경우도 발생하나 이는 법의 속성상 불가피한 일이다.[13] 만약 개개인이 자신의 개별적 사정을 규범에 반영하고자 한다면 일반성을 지니는 법이 아니라 개별성을 지니는 계약을 체결하면 된다. 또한 일반성을 지니는 법이 개별 사안에 적용되는 과정에서 개별 사정을 고려하는 것은 개별 분쟁을 다루는 사법부의 몫이지 법을 만드는 입법부의 몫은 아니다. 요컨대 법의 일반성은 지금까지 형성, 발전되어 온 법제와 법학의 기본 전제이다. 그러므로 '개인화된 법(personalized law)'은 형용 모순처럼 보인다.

하지만 법의 일반성에 지나치게 함몰되어 현상의 개별성을 무시해서도 곤란하다. 수범자, 그리고 수범자를 둘러싼 법 현상은 개별성을 지닌다. 일반적인 법과 개별적인 적용 대상의 괴리는 어느 정도까지는 감수해야 한다. 그러나 그 괴리가 과도하면 법은 점차 생명력을 잃는다. 따라서 법의 일반성은 개별성의 요청에 따라 일부 완화되기도 한다. 우선 입법부는 법의 내용을 유형화하거나 세분화함으로써 법의 일반성 정도를 완화할 수 있다. 이는 법 자체의 개별화라고 부를 수 있다. 또한 사법부는 일반적인 법을 개별 사안에 적용하는 과정에서 개별 사정을 충분히 고려함으로써 법의 일반성 정도를 완화할 수 있다. 이는 법 적용의 개별

13) Oliver Wendell Holmes, *The Common Law*, London: Macmillan, (1881), p.108. "The law takes no account of the infinite varieties of temperament, intellect, and education which make the internal character of a given act so different in different men"

화라고 부를 수 있다. 법 자체의 개별화와 법 적용의 개별화(이를 합쳐서 '법의 개별화'라고 한다)가 진행되면 다양한 현상을 세밀하게 포섭할 수 있다. 하지만 법이나 법 적용은 더욱 복잡한 모습을 띠게 된다.[14] 그만큼 법을 만들거나 이해시키거나 집행하는 데 비용이 들어간다.[15] 그러므로 법의 일반성과 개별성은 긴장 관계에 서게 된다. 양자의 적절한 균형을 찾기 위한 노력이 필요하다.

이러한 법의 일반성과 개별성은 규칙(rule) 및 기준(standard)의 개념과 밀접하게 관련된다.[16] 규칙과 기준은 둘 다 법률효과를 판단하는 척도이다. 규칙(rule)은 적용 요건이 명확하여 판단 주체의 재량이 개입할 여지가 많지 않은 법 명제이다. 규칙은 명쾌하게 정리되고, 고도로 관리 가능하며 예측 가능한 요건으로 구성된다. 예컨대 성년자와 미성년자를 구별하는 척도는 만 19세이고(민법 제4조), 어린이 보호구역 내 자동차 속도위반 기준은 시속 30㎞이다(도로교통법 제12조 제1항). 이는 명쾌하고 예측할 수 있으며 일률적으로 적용되는 요건이므로 규칙에 속한다. 규칙에서는 법의 일반성이 강조된다. 기준(standard)은 적용 요건이 불명확하여 판단 주체의 재량이 개입할 여지가 많은 법 명제이다. 기준은 유연하게 작용하면서 각 사안 해결의 구체적 타당성을 지향한다. 예컨대 일조방해의 위법성을 판단하는 척도는 '참을 한도'이다. '참을 한도'는 연령이나 시속처럼 수치화되거나 일도양단식으로 결정하기 어렵다. 판례에 따르면 '참을 한도'는 피해의 정도, 피해이익의 성질 및 그에 대한 사회적 평가, 가해 건물의 용도, 지역성, 토지이용의 선후관계, 가해 방지 및 피해 회피의 가능성, 공법적 규제의 위반 여부, 교섭 경과 등 모든 사정을 종합적으로 고려하여 판단한다.[17] 기준에서는 법의 개별성이 강조된다. 요컨대 규칙은 예측 가능성과 명확성을 장점으로 지니고, 기준은 구체적 타당성과 유연성을 장점으로 지닌다.[18]

규칙과 기준은 개념상 양자택일 관계에 있다. 따라서 어떤 법이 규칙으로 분류

---

14) 이는 판례에 의한 법 형성과 법 진화를 도모하는 보통법(common law) 체계에서 잘 드러난다. 흥미롭게도 이러한 보통법은 개별 사안과의 대응을 통해 점층적으로 진화한다는 점에서, 개별 데이터의 학습을 통해 점층적으로 진화하는 머신러닝(machine learning)과 유사하다.

15) Louis Kaplow, "A Model of the Optimal Complexity of Legal Rules", 11 *J. Law. Econ. Organ.* 150 (1995).

16) 이 문단은 권영준, 『민법학의 기본원리』, 박영사(2020), 353 - 357면의 내용을 요약한 것이다. 더 상세한 설명은 Dunkan Kennedy, "Form and Substance in Private Law Adjudication", 89 *Harv. L. Rev.* 1685, 1687 - 1689 (1976) 참조.

17) 대법원 2004. 9. 13. 선고 2003다64602 판결.

18) Louis Kaplow, "Rules Versus Standards: An Economic Analysis", 42 *Duke. L. J.* 557, 572 - 575 (1992).

되면서 동시에 기준으로도 분류될 수는 없다. 양자의 속성을 공유하는 경우는 있을 수 있다. 그러나 이 경우에도 규칙과 기준은 화학적으로 합체되기보다는 물리적으로 병존할 뿐이다. 그런데 개인화된 법이라는 것이 존재할 수 있다면 이 법은 과연 규칙인가, 기준인가?

법의 개인화는 일단 규칙보다는 기준과 더 친숙해 보인다. 왜냐하면 개인화된 법은 고정적이고 명확한 척도에 따른 일도양단식 사고방식이 아니라 모든 사정을 고려한 유연한 사고방식에 기초하기 때문이다. 하지만 기준은 불명확하고 그 적용 결과를 예측하기 어렵다는 단점을 지닌다. 위에서 예시한 '참을 한도'를 생각해 보자. '모든 사정을 종합적으로 고려하여 판단'하는 주체는 법원이다. 법원은 분쟁이 발생한 이후에 과거를 돌아보며 해당 사건에서 가장 타당한 결론을 도출하고자 한다. 문제는 가장 타당한 결론이 무엇인지는 법원이 판결을 선고하기 전까지 아무도 확실히 모른다는 것이다. 당사자가 관련 판례를 찾아보거나 로펌의 의견을 받아 결론에 대한 예측을 시도할 수는 있으나 법원이 종국적으로 어떤 결론을 내릴지는 여전히 불명확하다. 법원은 오랜 소송 끝에 법원은 스스로 타당하다고 생각하는 결론을 내리고 만족스러워할지 모른다. 그러나 그때까지 장구한 기간 드리워진 불명확성의 그림자는 법을 따라야 하는 사회 구성원들의 부담으로 고스란히 남는다. 그렇다면 속도 제한과 같은 규칙(rule)처럼 굳이 법원의 사후적 판단에 의지하지 않아도 미리 그 잣대를 명확히 알 수 있다면 좋을 것이다. 그러나 사안별로 '모든 사정을 종합적으로 고려'해야만 하는 때도 있다. 이러한 종합적인 고려는 입법자가 미리 행하기도 어렵고, 법률에 그 결과를 반영하기는 더욱 어렵다. 법은 전체 수범자에게 일반적이고 공통적으로 적용되므로 결국 추상적 문언으로 표현될 수밖에 없기 때문이다.

그런데 법의 개인화는 규칙과 기준의 양자택일 관계를 깨뜨린다. 즉 기준처럼 세밀하지만 규칙처럼 명확한 법을 만들 수 있다는 것이다. '참을 한도'의 예로 돌아가 보자. 만약 ① 데이터나 인공지능 기술을 활용하여 '참을 한도'에 관한 모든 법령과 행정규칙, 판례들을 토대로 판단 기준을 공식화(公式化)하고, ② 각각의 수범자 개인과 그를 둘러싼 제반 환경 변수들을 입력하여 분석하며, ③ 판단 기준과 수범자 정보를 상호 연결·분석하여 현재 시점에 그 개인의 참을 한도가 어디까지인지(가령 소음 피해의 경우 그 개인에게 규범적으로 요구되는 '참을 한도'로서의 데시벨이 얼마인지)를 도출하여 그의 스마트 기기에 개별적으로 전달할 수 있다면 어떨까? 물론 위에 열거한 전제가 충족될 수 있는가, 또한 그 전제에 기한 법의 개인화 실현이 바람직한가는 별도로 깊이 논의해야 할 대상이다. 하지만 만약 그 전제가 충족되고 법의 개인화가 실현된다면, 그래서 '모든 사정'을 '미리' 고려하여 '개인별'로 '명확하게' 규정하고 알릴 수 있다면 규칙의 장점인 법적 명확성과 기준의 장점인 구체적 타당성을 모두 취합하는 법이 탄생한다.[19] 그 순간 규칙과 기준의 갈등 관계는 사라진다. 법의 개인화가 "규칙과 기준의 사망(The Death of Rules and Standards)"을 의미한다는 선언도 바로 이러한 배경에서 나온 것이다.[20]

2. 논의 양상

법의 개인화 논의는 아직 초기 단계에 있다. 논의는 도발적이고 참신하나 아직은 거칠고 추상적인 수준에 머물러 있다. 법의 개인화를 다루는 문헌의 필자들은 대체로 "하나로 모든 것을 해결한다(one size fits all)"라는 법의 획일성에 의문을 제기하며 법의 개인화가 필요하다고 주장한다. 일부 옹호론자들은 법의 개인화를 "법의 미래"라고 말하기까지 한다.[21] 하지만 이러한 거대 담론을 넘어서서 당장 현실에 구현될 수 있는 구체적이고 정밀한 논의까지는 이루어지지 않고 있다. 다만 주제나 영역의 다양성이라는 관점에서 보면 법의 개인화 논의는 다채로운 양상으로 전개되고 있다. 법의 개인화는 임의규정,[22] 강행규정,[23] 정보제공의무,[24] 불법행위의 과실 판단,[25] 저작권의 로열티 산정,[26] 민사소송절차,[27] 형법상 책임항

19) 이는 법률이 주는 메시지의 구체성과 친절성을 높여 마치 국가가 국민 개개인의 변호사처럼 지침을 주는 것과 같은 상황을 만든다. 이는 법률을 이해하고 자신의 상황에 적용하기 위해 국민들이 지불해야 하는 법률 비용을 현저히 줄인다. 다른 관점에서 보면 법의 개인화는 변호사 업계에도 큰 영향을 미치게 된다.

20) Anthony J. Casey & Anthony Niblett, "The Death of Rules and Standards", 92 *Ind. L. J.* 1401 (2017).

21) Casey & Niblett, Ibid., p.1402.

22) Cass R. Sunstein, "Deciding by Default", 162 *U. Pa. L. Rev.* 1 (2013); Ariel Porat & Lior Jacob Strahilevitz, "Personalizing Default Rules and Disclosure with Big Data", 112 *Mich L. Rev.* 1417 (2014).

23) Omri Ben-Shahar & Ariel Porat, "Personalizing Mandatory Rules in Contract Law", 86 *U. Chi. L. Rev.* 255, 281 (2019).

24) Porat & Strahilevitz, op. cit., p.147; Christoph Busch, "Personalized Disclosures in Consumer Law and Data Privacy Law", 86 *U. Chi. L. Rev.* 309, 328 (2019).

25) Omri Ben-Shahar & Ariel Porat, "Personalizing Negligence Law", 91 *N.Y.U. L. Rev.* 627 (2016).

26) Adi Libson & Gideion Parchomovsky, "Toward the Personalization of Copyright Law", 86 *U. Chi. L. Rev.* 527 (2019).

27) Benjamin Shmueli & Moshe Phux, "Small Data, Not (Only) Big Data: Personalized Law and

변,[28] 세법,[29] 노인법(elder law)[30] 등 다양한 주제와 결부되어 논의되고 있다. 특히 계약법, 소비자보호법, 불법행위법 등 민법학과 관련된 분야에서 논의가 활발하다. 이는 유연하고 개인 지향적 성격을 띠는 민법 분야가 법의 개인화와 결부되기에 덜 부담스럽기 때문일 것이다. 아래에서는 민법과 밀접한 관련이 있는 임의규정, 정보제공의무, 강행규정, 과실 판단에 관한 개인화 논의 양상을 살펴보자.

임의규정은 법의 개인화 논의가 처음 싹튼 영역이다. 법 규정은 계약으로 배제하거나 변경할 수 있는 임의규정과 그렇게 할 수 없는 강행규정으로 나뉜다. 한편 임의규정은 계약을 통한 개별화의 가능성이 열려 있다는 점에서 강행규정과 다르다. 그 점에서 임의규정은 법 명령이라기보다는 가이드라인에 가깝다. 그러나 임의규정도 여전히 법 규정임에는 틀림없으므로 일반적이고 획일적이다. 당사자가 계약으로 정하지 않은 사항에 대해서는 임의규정이 적용되고, 그 임의규정이 당사자의 법률관계를 형성한다는 점에서는 강행규정과 다르지 않다. 그런데 마치 소프트웨어의 기본 세팅(default)을 개인의 취향에 따라 다양하게 바꿀 수 있듯이 임의규정도 개인의 특성을 파악하여 다양화할 수는 없을까? 이러한 생각을 확장한 것이 개시의무(duty to disclosure)의 개별화 논의이다.[31] 법은 일방 거래 당사자로 하여금 상대방에게 정보를 개시하도록 강제하는 경우가 많다. 주로 소비자계약 등 정보비대칭 상황에서 이러한 규제가 행해진다. 이때 상대방이 필요로 하는 정보가 언제나 똑같지는 않다. 현재는 모든 사람에게 동일한 정보를 일률적으로 제공하고 있으나, 기술 발달과 데이터 축적으로 개인별 맞춤형 정보를 제공하는 것이 가능해졌다. 이를 배경으로 각각의 상대방에게 제공되는 정보의 내용과 범위를 개별화하자는 것이다.[32]

법의 개인화 요청이 강력하다면 임의규정을 넘어서서 강행규정마저 개인화하

Using Information from Previous Proceeding", 35 *Ohio St. J. on Disp. Resol.* 331 (2020).

28) Deborah W. Denno, "Neuroscience and the Personalisation of Criminal Law", 86 *U. Chi. L. Rev.* 359 (2019).

29) Jordan M. Barry, John William Hatfield & Scott Duke Kominers, "To Thine Own Self Be True? Incentive Problems in Personalized Law", 62 *William & Mary L. Rev.* 747, 748 (2021).

30) Omri Ben-Shahar, "Personalized Elder Law", 28 *Elder L. J.* 281 (2021).

31) Porat & Strahilevitz, op. cit., p.1417; Busch, op. cit., p.328.

32) 대법원 2019. 5. 30. 선고 2016다276177 판결은 거래상 일반적이고 공통된 사항이어서 평균적 고객이라면 설명을 듣지 않고도 충분히 예상할 수 있으나, 소송당사자인 특정 고객의 특성상 이를 예상할 수 없는 경우에는 그 특정 고객에게 설명의무를 이행해야 한다는 취지로 판시하였다. 이는 설명의무의 범위를 고객의 주관적·개별적 사정에 따라 달리 할 수 있다는 점을 시사한다. 과연 현행법상 이러한 주관적 기준설이 옳은지는 의문스러우나, 적어도 설명의무의 개인화의 단서가 될 만한 사고를 담고 있다는 점은 흥미롭다.

는 것도 생각할 수 있다. 이자 제한의 예를 들어보자. 많은 국가들은 금전 소비대차에서 현저한 고율의 이자 약정을 통해 대주가 부당하게 과도한 이익을, 차주가 부당하게 과도한 부담을 지게 되는 사태를 막는다. 이러한 고리 금지는 공서양속 금지에 관한 일반조항[33] 또는 개별적인 강행규정에 의해 규율되곤 한다. 우리나라 이자제한법에 따르면 현재 법정 제한이율은 연 20%이다(이자제한법 제2조 제1항, 이자제한법 제2조 제1항의 최고이자율에 관한 규정). 「대부업 등의 등록 및 금융이용자 보호에 관한 법률」도 이율 제한조항을 두고 있다(법 제8조). 이러한 강행규정에 따른 이율 상한선은 획일적으로 정해져 있다. 하지만 이율이 가지는 함의는 사안과 당사자마다 다르다. 연령, 금융거래 경력, 신용도, 책임재산의 다과, 담보의 존부, 소비 성향, 현재 수입, 기대 수입, 정보 취약성, 대출의 다급성, 거래 당시의 시장이율, 경제 상황 등 매우 다양한 변수들을 대입해야 해당 거래에서의 불공정성에 대응하는 이율 상한선을 도출할 수 있다. 그렇다면 이율 제한에 관한 강행규정을 개인화할 수는 없을까?[34] 예컨대 甲에게는 연 15%, 乙에게는 연 25%의 제한이율을 적용할 수 없을까? 이러한 정신을 다른 강행규정－예컨대 행위능력에 관한 규정－에 적용할 수는 없을까? 예컨대 아직 만 19세가 되지 않은 미성년자 중 성년 못지않은 지적 능력을 가진 자는 본인이 원하는 경우 행위능력을 부여하고 이를 공적으로 인증할 방법은 없을까?

불법행위의 과실 판단도 법의 개인화 논의의 주요 영역이다. 불법행위의 과실은 사회평균인[35] 또는 합리적 사람[36]을 토대로 판단한다.[37] 이러한 과실 판단은 개인의 개별적 잣대가 아니라 공동체의 획일적 잣대에 기초한다는 점에서 객관적 성격을 띤다. 그런데 개개인에 특화된 주의의무를 부과하자는 주장이 있다.[38] 기

33) 현저한 고율의 이자 약정이 선량한 풍속 기타 사회질서에 반한다고 한 대법원 2007. 2. 15. 선고 2004다50426 전원합의체 판결 참조.

34) Hacker(주 7), op. cit., p.673.

35) 대법원 2001. 1. 19. 선고 2000다12532 판결. 사회평균인은 우리나라를 비롯하여 독일(Durchschnittsmensch, (Münchener Kommentar zum BGB/Wagner, 8. Auflage, C.H.Beck, (2020), § 823, Rn. 41.)이나 일본(通常人, 加藤雅新, 『事務管理・不當利得・不法行爲, 新民法大系 Ⅴ』, 第2版, 有斐閣(2005), 140－141면)과 같은 대륙법계 국가에서 널리 사용되는 개념이다.

36) 합리적 사람(reasonable person)은 영국, 미국을 비롯한 영미법계 국가에서 사용되는 개념이다. Vaughan v Menlove, 132 Eng. Rep. 490 (C.P. 1837); Blyth v Company Proprietors of the Birmingham Water Works, 156 ER 1047 (Exchequer 1856); Restatement(Second) of Torts, § 283, Restatement(Third) of Torts, Negligence: Liability for Physical Harm § 9, 10, 11, 12.

37) 사회평균인은 실증적 개념, 합리적 사람은 규범적 개념인 것처럼 보이나, 실제로는 법계를 불문하고 규범적인 평균인의 의미로 사용된다. 권영준, “불법행위의 과실 판단과 사회평균인”, 비교사법(제22권 제1호), 한국비교사법학회(2015. 2), 97－98면.

준의 주관화를 주장하는 것이다. 이에 따르면 과실 판단은 합리적 사람 기준(reasonable person standard) 또는 평균인 기준(average person standard)이 아니라 합리적 당신 기준(reasonable you standard)에 의한다. 이러한 논자들에 따르면 주의의무의 개인화는 두 가지로 유형화할 수 있다.[39] 하나는 능력 기반 개인화(skill-based personalization)이고 다른 하나는 위험 기반 개인화(risk-based personalization)이다. 능력 기반 개인화는 능력에 따라 주의의무를 차등화하는 것이다. 능력이 뛰어날수록 더 높은 주의의무를 부담한다. 위험 기반 개인화는 위험에 따라 주의의무를 차등화하는 것이다. 일으키는 위험이 클수록 더 높은 주의의무를 부담한다. 논자들은 이러한 두 가지 개인화의 장단점에 기초하여 정교하게 개인화된 주의의무를 부과함으로써 교정적 정의와 효율성의 두 마리 토끼를 한꺼번에 잡을 수 있다고 주장한다.[40]

위 예시들을 통해 알 수 있듯이, 법의 개인화 논의에는 법의 사전적 관점(ex ante perspective)과 사후적 관점(ex post perspective)이 혼합되어 있다.[41] 사전적 관점은 어떤 사건에 일어나기 전에 사전적으로 행위의 척도를 제시하는 것에 관심을 가진다. 즉 법의 행위규범성과 관련되어 있다. 이러한 관점에서 바라본 법의 개인화는 법에 따른 명령의 개인화(individualization of legal command)를 의미한다.[42] 혹자는 이러한 개인화된 법의 명령을 마이크로 지침(micro-directive)이라고 부르기도 한다.[43] 이처럼 개인화된 법 명령은 정밀성과 명확성이라는 두 마리 토끼를 동시에 잡고자 한다. 국가 전체로 보면 법이 극히 복잡하고 다양한 형태로 존재하는 것처럼 보이나 개인 관점에서는 세심한 맞춤형 지침이 단순화되어 전달되므로 더욱 정밀하고 명확하다는 것이다. 앞서 예시한 임의규정이나 강행규정의 개인화가 그 사례이다. 사후적 측면에서는 법의 적용이 개인화된다. 사후적 관점은 어떤 사건이 일어난 후에 사후적으로 그 사건을 해결하는 척도를 제시하는 것에 관심을 가진다. 즉 법의 재판규범성과 관련되어 있다. 이러한 관점에서 바라본 법의 개인화는 법에 따른 판단의 개인화(individualization of legal judgment)를 의

38) Ben-Shahar & Porat(주 25), op. cit., p.627.
39) Ben-Shahar & Porat(주 25), op. cit., p.632.
40) Ben-Shahar & Porat(주 25), op. cit., p.686.
41) Andrew Verstein, "Privatizing Personalized Law", 86 *U. Chi. L. Rev.* 551, 559 (2019). 법의 사전적 관점과 사후적 관점에 대한 일반적인 설명으로는 권영준, 앞의 책, 401-405면.
42) Ben-Shahar, op. cit., p.285.
43) Casey & Niblett(주 20), op. cit., p.1401.

미한다. 법에 따른 명령이 개인화되어 있다면 법에 따른 판단도 개인화될 수밖에 없다. 그 점에서 개인화된 법의 명령이 발달할수록 개인화된 법적 판단의 필요성은 줄어든다. 그런데 개인화된 법의 명령이 과연 언제 구현될 수 있을지는 아무도 모른다. 하지만 현행 법제에서도 법에 따른 판단이 개인화될 여지는 존재한다. 앞서 예시한 주의의무의 유형화가 이러한 가능성을 보여준다. 양형 역시 사후적 개인화의 대표적인 사례이다. 법은 법정형의 상한과 하한만 제시할 뿐이고, 양형은 범죄와 그 범죄 주체인 개인의 모든 사정을 고려하여 개인 단위로 이루어진다. 법의 개인화 논의는 본래 사전적 관점을 염두에 둔 것이나 실제로는 사후적 관점도 중요하게 다루어진다.

Ⅲ. 법의 개인화의 한계

1. 개 관

법의 개인화 논의에는 기술적 측면과 규범적 측면이 있다. 이 두 가지 측면은 뚜렷하게 구별되지 않은 채 함께 논의되기도 하나, 논의의 선명성을 위해서는 양자를 구별할 필요성이 있다. 기술적 측면은 개인의 데이터를 수집, 분석하여 그 결과를 통해 개인을 최대한 정확하게 파악하고, 아울러 이로부터 개인에게 적합한 규범을 도출해 내는 일련의 과정과 관련된다. 이러한 과정에서는 데이터 기술뿐만 아니라 행태 경제학이나 심리학, 유전학의 기법도 동원된다. 기술적 측면은 개인화된 법이 기술적으로 얼마나 실현 가능한가의 문제를 다룬다. 규범적 측면은 개인화된 법의 적용 요건과 범위를 설정하고 법의 내용을 만들며 그 법을 관철시키면서 침해될 수도 있는 반대편의 규범적 가치들과의 형량 및 조정을 행하는 일련의 과정과 관련된다. 이러한 과정에서는 법의 본질과 속성, 가치 판단 등 법학의 근본적인 문제들에 대한 지혜가 대거 동원된다. 규범적 측면은 개인화된 법이 규범적으로 타당하게 여겨지는가의 문제를 다룬다.

법의 개인화가 구현되려면 기술적 측면과 규범적 측면 모두에 큰 문제가 없어야 한다. 그런데 실제로는 법의 개인화에 관하여 아직 기술적, 규범적 한계가 뚜렷하게 존재하는 것으로 보인다. 기술적 한계부터 살펴보자. 법의 개인화는 풍부하고 정확한 데이터, 그리고 그중 의미 있는 데이터를 추출, 결합, 분석할 수 있는 기술과 기법을 전제한다. 그러나 입법 주체인 국가가 양질의 정확한 데이터를 충분히 확보하고 있는지, 그 데이터를 통해 개인의 과거, 현재, 미래를 소상하게 파악하고 예측할 수 있는 정도의 데이터 마이닝 기술이 현존하는지, 증감 변동하는 데이터를 실시간으로 포착하여 법제에 반영할 수 있는 시스템, 조직, 기술이 완비되었는지, 개인화된 법을 모든 수범자에게 빠짐없이 전달할 수 있는 통신 체계와 기술이 정비되었는지 등 수많은 의문이 제기된다. 특히 현재의 데이터 및 인공지능 기술로는 고도의 규범적 판단을 요구하는 미세한 법 영역을 다루기에 아직 충분하지 못하다는 의문도 정당하게 제기된다.[44] 이러한 의문 하나하나는 진지하게 논의되고 해소되어야 마땅하다. 다만 필자는 법의 개인화와 관련된 기술적 토대와 한계를 전문적으로 논할 만한 지식과 경험을 갖추고 있지 않다. 따라서 이 글에서는 법의 개인화 논의가 가지는 규범적 한계에 집중하고자 한다. 목차를 바꾸어 설명한다.

2. 법의 본질에 따른 한계

가. 법의 일반성에 따른 한계

본래 법을 만든다는 것은 일반화하는 것이다.[45] 법의 개인화는 이러한 법의 일반적 속성에 반하므로 충돌이 발생한다. 법의 일반성에 대해서는 이미 설명하였으므로 아래에서는 법의 일반성과 관련된 평등 또는 차별금지 원칙에 대해 좀 더 설명한다. 헌법 제11조 제1항은 "모든 국민은 법 앞에 평등하다. 누구든지 성별·종교 또는 사회적 신분에 의하여 정치적·경제적·사회적·문화적 생활의 모든 영역에 있어서 차별을 받지 아니한다."라고 규정한다. 그 외에 여러 법률에서 평등 또는 차별금지 원칙을 담고 있다.[46] '평등은 '같은 것은 같게, 다른 것은 다르게' 취급하는 것이다. 그런데 수범자들은 같기도 하고 다르기도 하다. '같음'과 '다름' 중 어느 쪽에 초점을 맞추는가에 따라 법의 개인화가 평등 원칙에 반하는지 결정

---

44) Joshua D. Blank & Leigh Osofsky, "Automated Legal Guidance", 106 *Cornell L. Rev.* 179, 208 (2021).

45) Hans Kelsen, *Allegemeine Staatslehre*, Berlin; Springer, (1925), S. 232. "Gesetzgeben heißt verallgemeinern."

46) 예컨대 「장애인차별금지 및 권리구제 등에 관한 법률」, 「고용상 연령차별금지 및 고령자고용촉진에 관한 법률」, 「양성평등기본법」, 「남녀평등과 일·가정 양립 지원에 관한 법률」.

된다. 한편 헌법상 평등 원칙은 1차적으로 국가와 국민의 관계에 적용된다. 사인(私人) 간의 관계에서는 이 원칙이 직접 적용되지 않고 민법 제2조나 제103조, 제750조 등 일반조항을 통해 간접적으로 적용될 뿐이다.[47] 국가가 만들어 관철시키는 법의 개인화는 국가와 국민 간의 관계를 다루는 공적 영역에 속하므로 평등 원칙이 직접 적용된다. 그 점에서 법의 개인화는 사적 영역에서 행해지는 일련의 '맞춤형' 조치와는 달리 평등 원칙과의 관계에서 더 큰 규범적 부담을 떠안게 된다.

법의 개인화가 평등 원칙에 반하는지는 법을 개인 단위로 쪼개어 달리 취급할 만한 정당한 사유가 있는가의 문제로 귀결된다. 이 문제에 대해서는 한마디로 답변하기 어렵다. 가령 성별이나 종교에 따라 법의 내용을 달리 정하는 것은 신용이나 전과에 따라 법의 내용을 달리 정하는 것보다 평등 원칙에 반할 위험이 크다. 또한 자동차의 안전성에 따라 속도 제한을 달리 정하는 것은 합리적으로 보이나, 그러한 자동차를 소유할 수 있는 부자와 그렇지 못한 빈자를 차별한다고 평가받을 수도 있다. 이처럼 법의 개인화의 척도가 되는 수많은 기준 요소들이나 그에 기하여 개발한 알고리즘은 평등 원칙의 검열을 받게 된다.[48] 법의 개인화 소재로 제공되는 데이터도 차별이나 편향으로부터 자유로운 것이어야 한다. 예컨대 인종별 범죄율이나 인종별 대출 연체율에 관한 데이터를 토대로 한 법의 개인화는 평등 원칙에 반할 가능성이 높다. 이처럼 평등 또는 차별금지의 원칙은 법의 개인화를 구현하는 과정에서 한계로 작동할 수 있다.

법의 일반성은 다른 관점에서도 중요한 의미를 지닌다. 법은 일반적이기에 전체에게 공개하기도 쉽고 공론의 주제로 삼기도 쉽다. 전체에게 공개되어 공론화가 시작되면 비슷한 이해관계를 가진 사람들이 결집하여 법에 대한 자신의 목소리를 높일 수 있다. 법을 둘러싼 이러한 공론의 장은 민주주의와 법치주의를 교육하고 전파하는 장이기도 하다. 또한 국민은 자신과 똑같은 법을 적용받는 다른 국민의 행동과 그에 따른 결과를 보면서 법에 대한 교훈을 얻는다. 이것은 법의 내용이 모든 사람에게 동일하기 때문에 가능한 일이다. 그런데 법이 개인화된다는 것은 법의 내용도 파편화되고 수범자가 파편화됨을 의미한다. 이러한 파편화는 전체 공개의 실익을 줄이고, 공론의 주제가 될 가능성도 줄인다. 국민들이 뭉쳐서 목소리를 낼 가능성도 줄인다. 법에 대한 공론의 장도 축소된다. 서로의 행

---

47) 대법원 2011. 1. 27. 선고 2009다19864 판결.

48) 알고리즘과 편견 및 차별의 관계에 대해서는 이상용, "알고리즘 규제를 위한 지도 – 원리, 구조, 내용 –", 경제규제와 법(제13권 제2호), 서울대학교 공익산업법센터(2020. 11.), 148 - 149면.

동을 보고 배울 교훈의 장도 축소된다. 파편화된 각각의 법 내용이나 그 배후 알고리즘에 대한 불투명성[49]까지 더해지면 법 개선에 대한 무관심도 심화된다. 이는 마치 회사가 개개인과 연봉제 계약을 체결하되 서로의 연봉을 알지 못하고 그 산출 근거도 알지 못하는 상황과 유사하다. 이 경우에는 임금의 적정성을 둘러싼 토론은 사라지고, 사람들이 뭉쳐서 임금 투쟁을 하기도 어렵다. 이처럼 법의 개인화가 법에 대한 공론화 가능성을 축소시키면 법의 제정 주체와 수범자 간 관계의 평등[50]은 무너지고 민주주의는 퇴락할 위험성이 있다.

나. 법의 당위성에 따른 한계

법은 현실(Sein)[51]보다는 당위(Sollen)와 더 밀접하게 관련되어 있다. 물론 법은 현실과 무관하지 않다. 오히려 법은 현실로부터 출발해야 한다. 그러나 법이 현실의 반영에 그쳐서는 안 된다. 법은 지금의 현실을 더 나은 새로운 현실로 이끄는 당위를 지향한다. 그 점에서 법에는 향도적 기능이 있다. 현실에 초점을 맞춘 경험주의(empiricism)는 법을 이해하는 중요한 사상적 토대이나, 결국 법은 당위에 관한 규범주의(normativism)로 귀결된다. 법의 개인화는 기존의 경험적 소재, 즉 데이터를 토대로 한다. 이 점에서 법의 개인화는 데이터에 기초한 통계적, 실증적 법학 또는 법의 경험적 연구와 연결될 가능성이 크다.[52] 그런데 법의 개인화는 현실을 잘 반영하기는 하지만, 당위로 나아가지 못할 위험도 지닌다. 가령 내가 어떤 이유로 유튜브에서 한동안 강아지 동영상을 즐겨 보았다면 유튜브 알고리즘은 그 검색 이력에 기초하여 나에게 새로운 강아지 동영상을 추천할 것이다. 이는 내가 유튜브에 더 몰입하도록 하는 회사의 광고 전략으로서는 칭찬받을 수 있다. 유튜브 시청자인 나도 검색의 노력 없이 새로운 강아지 동영상에 쉽게 접할

---

49) 제도적, 본질적, 현실적 측면에서 알고리즘 내지 인공지능에 대한 불투명성이 형성될 수 있다. 고학수, 정해빈, 박도현, "인공지능과 차별", 저스티스(통권 제171호), 한국법학원(2019. 4.), 235-236면.

50) 평등한 존재로서 관계 맺기, 즉 관계의 평등에 대해서는 김주현, "현대 평등주의 이론의 발전", 법철학연구(제23권 제2호), 한국법철학회(2020. 8.), 204-206면.

51) Sein은 '존재'로 번역되는 것이 일반적이나[예컨대 조용경, "문제해결의 도구로서의 '존재'와 '당위' – 대법원 2017. 4. 20. 선고 2011두21447 판결을 중심으로 –", 법학논총(제24권 제3호), 조선대학교 법학연구원(2017. 12.)] 이 글의 맥락에서는 '현실'로 번역하고자 한다.

52) 법의 경험적 연구는 법에 관한 데이터를 수집하여 분석하는 기법을 토대로 한다. D. J. Galligan, "Legal Theory and Empirical Research", in: Peter Cane & Herbert M. Kritzer, *The Oxford Handbook of Empirical Legal Research*, Oxford University Press, (2010), p.979. 미국에서는 이러한 통계적, 실증적 법학의 경향성이 뚜렷하게 발견된다. 예컨대 Jeffrey J. Rachlinski, "Evidence-Based Law", 96 *Cornell. L. Rev.* 901, 904 (2011).

수 있어 편리할지 모른다. 그러나 내가 한동안 강아지 동영상을 즐겨 보았다는 현실의 문제로부터 내가 강아지 동영상을 추천받는 것이 바람직하다는 당위가 당연히 추론되지는 않는다. 이는 마치 역학적 상관관계로부터 법률적 인과관계가 당연히 추론되지는 않는다거나,[53] 관습으로부터 당연히 관습법이 도출되지 않는다는 점과 마찬가지이다.

이러한 현실과 당위의 관계는 법의 개인화 논의에도 의미하는 바가 있다. 법의 개인화는 개인의 현실뿐만 아니라 개인과 사회에 가장 적합한 당위까지 제시하여 개인과 사회를 더 올바른 방향으로 이끌 수 있어야 한다. 그래야 법이다. 이러한 당위의 요청까지 빠짐없이 반영되는 법의 개인화가 가능하다면 별다른 문제가 없다. 그러나 개인의 현실을 세분하여 파악하는 단계를 넘어서서 공동체에서 요청하는 개인의 당위를 세분하여 결정하는 것은 기술적으로나 규범적으로 어려운 문제이다. 또한 당위는 속성상 개별성과 그다지 친하지 않을 확률이 높다. 왜냐하면 당위는 도덕이나 법의 경우에서 알 수 있듯이 본질적으로 공동체 관련성이 강하기 때문이다. 만약 이 세상에 공동체라는 것이 없고 오로지 나 혼자만 살아간다면 내 행동이 마땅히 어떠해야 한다는 당위의 필요성은 거의 사라지게 될 것이다. 당위는 공동체가 그 공동체 구성원인 개인에게 공통으로 던지는 메시지이다. 나에게 요구되는 도덕과 남에게 요구되는 도덕이 다르지 않은 것도 그 이유이다. 이러한 측면에서도 법의 개인화의 타당성은 진지하게 논의될 필요가 있다.

3. 개인정보 보호에 따른 한계

법의 개인화는 개인을 철저하게 파악하여 분석하도록 요구한다. 그러려면 다양한 개인정보를 광범위하게 수집·분석해야 한다. 시계열적 관점에서도 개인에 대한 정보는 오랜 기간에 걸쳐 수집될수록 정확성과 예측성이 높아진다. 하지만 이러한 정보의 수집, 분석 과정에서 개인정보나 프라이버시가 침해될 우려가 있다.[54] 개인정보에 대한 권리는 개인의 인권과 자유를 보장하는 핵심 권리 중 하

53) 역학적 상관관계는 집단현상의 차원에서 특정 위험인자와 특정 질병 사이의 통계적 상관관계이다. 법률적 인과관계는 개별 사건의 차원에서 특정 위험인자와 특정 질병 사이의 규범적 귀책관계이다. 역학적 상관관계가 곧바로 법률적 인과관계로 이어지는 것은 아니다. 이연갑, "역학연구결과에 의한 인과관계의 증명", 법조(통권 제670호), 법조협회(2012. 7.), 136-138면 및 대법원 2013. 7. 12. 선고 2006다17539 판결; 대법원 2014. 4. 10. 선고 2011다22092 판결; 대법원 2014. 9. 4. 선고 2011다7437 판결.

54) 정다영, "빅데이터 시대의 개인정보 자기결정권", IT와 법연구(제14집), 경북대학교 IT와 법연구소

나이다. 개인정보에 대한 권리의 핵심부에는 개인정보 자기결정권이 있다.[55] 개인정보 자기결정권은 자신에 관한 개인정보가 언제 누구에게 어느 범위까지 알려지고 이용되도록 할 것인지를 정보주체가 스스로 결정할 수 있는 권리이다.[56] 그러므로 개인으로부터 정보를 얼마나 수집할 수 있는가에 관한 최종적인 결정권은 원칙적으로 정보 처리자가 아니라 정보 주체에게 있다. 우리나라 개인정보 보호법은 최소 정보수집의 원칙(법 제3조 제1항)을 천명하면서, 개인정보 자기결정권 보호를 위해 정보주체의 동의를 원칙적인 정보 수집 요건으로 삼고 있고(법 제4조 제2호, 제15조 제1항 제1호), 개별적, 명시적인 사전 동의 방식을 요구한다(법 제22조). 이는 개인정보를 토대로 개인을 분석, 파악하는 프로파일링의 경우도 마찬가지이다. 유럽의 정보보호 일반규정(General Data Protection Regulation, 이하 'GDPR'이라고 한다)은 프로파일링을 허용하면서도 정보주체의 명백한 동의나 정보주체의 권리를 보호하기 위한 조치 등 일정한 제한을 가한다(GDPR 제22조).

이러한 일련의 개인정보 보호법제는 이미 국내외에서 상당히 공고하게 정립되어 있다. 따라서 법의 개인화 시도는 필연적으로 개인정보 보호법제와 충돌할 수밖에 없다. 법의 개인화가 사회에 선사할 효용이 현존하는 개인정보 보호 요청을 압도하지 않는 이상, 양자의 충돌에서 법의 개인화가 승리하기는 쉽지 않다. 물론 두 가지 요청을 모두 충족시키는 교집합을 모색해 볼 수는 있다. 개인정보를 활용하면서도 익명화 또는 가명화를 통하여 개인정보를 보호하고, 수집된 개인정보에 대한 보안을 강화하려는 등 개인정보의 보호와 활용을 조화시키려는 노력은 이미 이루어지고 있다. 그런데 익명화나 가명화는 개인의 특정을 불가능하거나 어렵게 만드는 노력이지만, 법의 개인화는 개인의 특정을 당연한 전제로 요구한다. 따라서 이러한 조치에는 한계가 있다. 또한 국가를 법의 제정 주체로 보는 이상, 법의 개인화에 수반되는 개인정보는 국가에 집중될 수밖에 없다. 그런데 완벽한 보안은 있을 수 없다. 보안 실패의 가능성을 줄일 수 있을 뿐이다. 국가의 개인정보 보안이 뚫릴 경우 대재앙으로 이어질 수 있다.[57] 이처럼 법의 개인화가

(2017. 3), 152면; 안정민 · 최경진, "맞춤형 광고와 개인정보보호 – 미국 사례와의 비교를 중심으로 –", 미국헌법연구(제28권 제3호), 미국헌법학회(2017. 12.) 참조.

55) 권영준, "개인정보 자기결정권과 동의 제도에 대한 고찰", 법학논총(제36권 제1호), 전북대학교 법학연구소(2016. 3.), 674면.

56) 헌법재판소 2005. 5. 26. 선고 99헌마513 결정; 헌법재판소 2005. 7. 21. 선고 2003헌마282 결정.

57) 이 때문에 법의 개인화와 관련하여 수집된 정보를 블록체인 형태로 분산 저장하자고 제안하기도 한다. Philipp Hacker(주 7), op. cit., p.664. 그런데 이러한 분산 저장은 데이터 보안성보다는 데이터 무결성과 더 관련 있다.

직면하는 개인정보 관련 한계는 향후 기술적, 법률적 실험 결과에 따라 극복될 수도 있으나, 적어도 현재는 거대한 장벽이다.

4. 전략적 행태에 따른 한계

법의 개인화는 수범자의 의도적 행태에 의해 왜곡된 결과로 이어질 수도 있다. 우선 가격 차별과 소비자의 행태에 관한 사례를 살펴보자. 우버(Uber)는 개인의 가격 민감성에 따라 가격 차별을 하는 알고리즘을 가지고 있다. 가격에 민감한 탑승자에게는 낮은 가격을, 그렇지 않은 탑승자에게는 높은 가격을 책정함으로써 우버의 이익을 극대화하는 것이다. 그러나 이러한 알고리즘의 존재를 알고 있는 탑승자는 가격을 이유로 여러 차례 선택을 거절하는 행태를 반복하여 우버에게 자신이 가격에 민감한 탑승자임을 보일 수 있다.[58] 이를 통해 더욱 싼 가격을 제시받을 수 있다. 마찬가지로 어떤 사람의 행태가 데이터 형태로 수집되고, 그 데이터에 기초하여 자신을 규율하는 법의 내용이 결정된다면, 그 사람은 자신에게 가장 유리한 법을 얻어내기 위해 자신의 행태를 조정하려고 할 것이다.[59] 이러한 전략적 반응은 법의 개인화가 추구하는 목적을 좌절시키고, 알고리즘과 인간 사이의 피곤한 눈치싸움과 줄다리기 때문에 불필요한 사회적 비용을 발생시킬 수 있다.[60]

물론 국가는 알고리즘을 국민에게 공개하지 않음으로써 개인이 그 알고리즘을 자신의 유익으로 이용하려는 행태를 막을 수는 있다. 그러나 이러한 조치는 알고리즘의 투명성이나 설명 가능성에 대한 현재의 흐름에 정면으로 반한다. 가령 GDPR 제13조 제2항(f) 및 제14조 제2항(g)는 개인정보처리자가 정보주체에게 프로파일링에 따른 자동화된 의사결정의 논리에 관한 유의미한 정보 및 그 같은 처리가 개인정보주체에게 미치는 중대성 및 예상되는 결과를 알리도록 하고 있다. 우리나라 방송통신위원회는 「인공지능 기반 추천 서비스 이용자 보호 기본원칙(안)」에 대해 논의하고 있고, 국회에는 알고리즘 투명성에 관한 신문법, 정보통신망법 개정 법률안들이 계류 중이다.[61] 그만큼 설명받을 권리, 알 권리가 중요하다

58) Barry, Hatfield & Kominers, op. cit., p.729.

59) 법의 개인화에 고려되는 요소 중에는 인종, 성별, 나이 등 본인이 변경할 수 없는 것들이 있다. 그러나 소비 성향, 웹사이트 방문 이력, 검색 이력 등 본인이 변경할 수 있는 행태적 요소들도 있다. 이러한 행태적 요소들을 의도적으로 변경하는 유인을 가질 수 있다는 것이다.

60) Barry, Hatfield & Kominers, op. cit., p.731.

61) 하나만 예로 들면 류호정 의원 등 12인이 2021. 6. 25. 발의한 「정보통신망 이용촉진 및 정보보호

는 방증이다. 직관적으로 생각하더라도, 자신의 법적 운명을 좌우하는 법의 내용이 어떤 논리와 방식으로 결정되는지를 알지 못하도록 하는 것은 쉽게 받아들이기 어렵다. 아직은 그 정도로 알고리즘에 대한 신뢰 또는 코드에 대한 신뢰가 공고하지 않다.

한편 수범자의 기회주의적인 행태까지 고려하거나 이를 방지할 정도로 우월한 알고리즘을 만드는 방안은 있다. 실제로 개인의 성격을 파악하기 위한 설문조사는 설문 대상자의 전략적 반응(faking good)까지 예상하여 고려하는 여러 기법을 활용한다.[62] 만약 개인 데이터가 오랜 기간 삶의 모든 국면에 걸쳐 축적되고 분석되고, 행태 분석 기법이 고도로 발달한다면 개인의 일시적인 전략적 행태는 빛을 발하지 못할 수 있다.[63] 하지만 이러한 정도의 기술 수준에 이를 때까지 얼마나 걸릴지 알 수 없다. 또한 이러한 알고리즘을 실현하려면 엄청난 양의 개인 행태 데이터가 수집되어야 한다. 그런데 이러한 방대한 데이터 수집은 앞서 살펴보았듯이 개인정보 보호의 이념과 충돌하는 문제로 연결된다. 또한 이처럼 국가가 개인의 행태 그 자체뿐만 아니라 행태 배후의 동기와 전략까지 파악하는 세상이 과연 바람직한 세상인가라는 의문도 던지게 된다.

Ⅳ. 시사점

1. 개 관

이처럼 법의 개인화가 여러 가지 규범적 한계를 지니고 있다면, 법의 개인화는

등에 관한 법률 일부개정법률안」(의안번호 2111106)이 있다. 이 법안은 알고리즘과 알고리즘 서비스를 법률에 정의하고, 알고리즘과 관련한 이해관계자의 유형을 분류하여 규정하는 한편, 알고리즘 서비스를 제공하는 자에게 이해관계자가 설명을 요구할 수 있게 하는 등의 규제를 부과하고 있다.

62) 최근 문헌으로 Monaro, M. Mazza, C., Colasanti, M. et al., “Detecting faking - good response style in personality questionnaires with four choice alternatives. Psychological Research”, (2021). http://lps3.doi.org.libproxy.snu.ac.kr/10.1007/s00426 - 020 - 01473 - 3. 이 문헌에서 인용된 선행 조사에 따르면 구직자의 63% 정도가 인성 검사에서 자신의 성격과 다른 답변을 골랐다고 한다. S. A. Dwight & J. J. Donovan, “Do warnings not to fake reduce faking? Human Performance”, *Human Performance* 16(1) (2003).

63) 이 점에서 법의 행태적 분석은 향후 중요한 의미를 띤다. 관련 문헌으로는 Philipp Hacker, “Nudge 2.0 - The Future of Behavioural Analysis of Law, in Europe and Beyond”, *Eur. Rev. Private L.* 297 (2016).

무익한 논의인가? 그렇지는 않다. 전면적인 법의 개인화는 어려울지 몰라도 부분적인 법의 개인화, 또는 법의 개인화 정신의 부분적 반영은 생각해 볼 만하다. 이러한 시도는 법의 개인화에 친숙한 환경이 갖추어진 영역, 즉 데이터가 풍부하고 법을 공식화하기 쉬우며 그러한 공식화의 필요성에 대한 공감대가 탄탄하게 형성된 영역에서 행할 수 있다. 즉 전체적으로 현재 법제는 유지하되 일정한 영역에서는 법의 개인화 정신을 반영한 법 정책의 가능성을 모색해 보자는 것이다. 이러한 사고 실험과 법 정책의 모색은 정보 환경의 급격한 변화 앞에서 법이 더욱 정밀하고 효율적으로 적응하고 진화하는 계기가 될 수 있다. 이러한 배경 아래 법의 개인화 논의가 현재의 법 정책에 주는 몇 가지 시사점을 살펴본다. 이러한 시사점은 다음과 같은 생각에 기초하고 있다.

첫째, 사전적 측면의 개인화(즉 법을 처음부터 개인별로 세분화하여 만드는 것)는 사후적 측면의 개인화(즉 법은 일반성을 지니나 그 해석 및 적용 과정에서 개인별 상황을 고려하는 것)보다 더 큰 효용을 지니나 동시에 더 큰 한계도 지닌다. 따라서 현실적으로는 사후적 측면의 개인화부터 출발하는 것이 안전하다. 둘째, 사전적 측면의 개인화가 봉착하는 규범적 한계 중 상당 부분은 동의에 기반하여 덜 침익적인 방식을 채택함으로써 극복할 수 있다. 사실 계약은 법의 개인화의 정신을 반영한 제도이다. 계약은 개인의 자율적 동의를 기반으로 하기 때문에 법의 강제성에 따른 부작용이 적다. 이러한 계약적 사고방식이 적용될 수 있는 영역에서 법의 개인화 정신을 접목할 방법을 모색하자는 것이다. 셋째, 극단적인 개인화를 시도하기보다는 지금의 유형화보다 높은 수준의 세분화를 먼저 시도해 보자는 것이다. 개인화는 개인 단위, 유형화와 세분화는 그룹 단위라는 점에서 구별된다. 한편 세분화는 유형화보다 훨씬 세밀한 유형화를 의미한다. 이러한 세분화는 유형화의 정도를 높이는 기법으로서 법의 개인화의 한계나 부작용을 누그러뜨리는 중간 단계이다. 이러한 의미의 세분화는 이미 법률－시행령－시행규칙－예규로 이어지는 규범체계뿐만 아니라 개별 사안에 관한 판례를 통해서도 이미 이루어지고 있어 거부감이나 이질감이 덜하다.[64)]

64) 현실적으로는 규제 담당 공무원에 의한 사실상 세분화가 이루어지고 있다는 점도 기억해야 한다. 규제 담당 공무원은 추상적인 규제 관련 법령을 해석하여 이를 집행하는 과정에서 법령이 미처 포섭하지 못한 개별적인 사정까지 고려하기도 한다.

2. 사전적 측면의 세분화: 정보제공의무 및 약관을 중심으로

가. 정보제공의무의 세분화

맞춤형 광고의 이야기부터 시작해 보자. 맞춤형 광고는 대체로 환영받는다. 하지만 맞춤형 법에 대해서는 거부감이 있다. 왜 그럴까? 침익성(侵益性)과 후견성(後見性)의 정도가 다르기 때문이다. 맞춤형 광고는 고객의 의사결정을 강제하지 않는다. 고객의 의사결정을 돕기 위해 제공될 뿐이다. 물론 맞춤형 광고 배후에는 사업자의 전략이 숨어 있는 경우가 많다. 때로는 고객이 이러한 전략에 쉽게 넘어가기도 한다. 그러나 맞춤형 광고의 본래 취지는 고객에게 최적화된 정보를 제공하는 것이다. 그 정보를 어떻게 받아들여 어떠한 의사결정을 할 것인지는 최종적으로 고객의 몫이다. 그 점에서 맞춤형 광고는 덜 침익적이고 덜 후견적이다. 하지만 맞춤형 법은 여전히 법이다. 법은 수범자의 의사나 취향과는 무관하게 강제된다. 맞춤형 법의 내용도 수범자가 아닌 법 제정 주체가 결정한다. 수범자는 맞춤형 법의 내용을 결정하는 데 필요한 정보를 제공하는 자이다. 이 점에서 맞춤형 광고와 맞춤형 법은 정보제공 주체와 결정 주체가 뒤바뀌어 있다. 이 지점에서 맞춤형 법에 대한 거부감이 발생한다. 그런데 맞춤형 광고와 마찬가지로 맞춤형 정보를 제공하도록 하는 데 그치는 법이라면 어떠할까?[65] 이는 덜 침익적이고 덜 후견적인 법이므로 거부감도 덜할 것이다. 엄밀히 말하면 이러한 법은 맞춤형 법 그 자체는 아니다. 맞춤형 법과는 달리 최종적인 결정권이 여전히 이른바 수범자에게 유보되어 있기 때문이다. 그러나 이러한 법은 개인의 속성과 상황을 개별적으로 공유하도록 돕는다는 점에서 고유한 의미의 맞춤형 법과 목표를 공유한다.

맞춤형 정보제공에 대한 논의는 이미 이루어져 왔다.[66] 이러한 논의의 배후에는 획일적 정보제공에 대한 의구심이 자리 잡고 있다. 정보제공의무는 당사자 간

65) 정보제공의무는 주로 설명의무라는 이름으로 다양한 법령에 규정되어 있다. 주요한 것으로 「약관의 규제에 관한 법률」(이하 '약관규제법'이라고 한다) 제3조의 약관 명시 및 설명의무, 「금융소비자 보호에 관한 법률」 제19조의 금융상품 설명의무, 보험업법 제95조의2의 보험 관련 설명의무, 「신용정보의 이용 및 보호에 관한 법률」 제35조의2의 신용위험 수반 금융거래의 설명의무가 있다. 이러한 정보제공의무는 소비자 보호와 밀접한 관련이 있다. 유럽의 소비자권리지침(Directive 2011/83 EU on Consumer Rights) 제6조 제1항(a) 및 김진우, "EU 소비자권리지침에서의 소비자의 권리와 사업자의 의무 – 우리 소비자계약법의 개정방향을 모색하며 –", 아주법학(제9권 제3호), 아주대학교 법학연구소(2015. 11.), 634 - 640면 참조.

66) 예컨대 Porat & Strahilevitz, op. cit., p.1417; Busch, op. cit., p.309.

비대칭성을 극복하는 온건한 후견적 수단으로 각광받아 왔다. 기업에게 정보를 충실히 제공하도록 법으로 강제하면 고객은 그 정보를 토대로 자신에게 가장 유익한 의사결정을 하게 된다는 것이다. 즉 기업의 후견적 정보제공이 고객의 자율적 의사결정을 돕는다는 것이다. 이를 통해 후견과 자율이라는 두 마리 토끼를 다 잡을 수 있다는 것이다. 이는 이념적으로는 아름답지만 현실적으로는 무력한 측면도 있다. 정보제공의무가 강화되어 상대방에게 제공되는 정보가 늘어날수록 상대방은 그 정보에 합리적인 무관심(rational ignorance)을 보일 가능성도 높아지기 때문이다. 외국의 실증조사에 따르면 소비자들은 약관을 거의 읽지 않는다.[67] 읽기도 어렵고 이해하기도 어려울 뿐만 아니라 상당한 시간을 들여 읽더라도 어차피 약관 내용을 바꿀 수 없기 때문이다.[68] 따라서 정보제공에 관한 규제는 실제로는 소비자의 후생 증진에 별다른 기여를 하지 못한다.[69] 오히려 소비자에게 별 실익 없는 번잡한 절차를 더하거나 과도한 정보로 소비자를 혼란에 빠뜨리거나 오도할 위험마저 있다.

그런데 해당 소비자 또는 세분화된 소비자 집단에게 개별적으로 의미 있는 정보만 추려내어 제공하면 어떨까?[70] 오늘날 소비자의 수많은 데이터는 거래 과정에서 수집, 분석된다.[71] 때로는 이러한 데이터가 마치 현금처럼 반대급부로 제공되기도 한다.[72] 이러한 데이터는 소비자 개인의 특성을 파악하기 위한 목적으로 활용된다. 이미 이러한 데이터의 수집, 분석은 널리 행해지고 있으므로 그와 같은

---

67) 이에 대한 연구로 Yannis Bakos, Florencia Marotta-Wurgler, & David R. Trossen, "Does Anyone Read the Fine Print? Consumer Attention to Standard-Form Contracts", 43 *J. Legal Stud.* 1 (2014); Omri Ben-Shahar & Carl Schneider, *More than you Wanted to Know: The Failure of Mandated Disclosure*, Princeton University Press, (2014).

68) Melvin Aron Eisenberg, "The Limits of Cognition and the Limits of Contract", 47 *Stanford. L. Rev.* 211, 241, 243 (1995); Lucian Bebchuk & Richard Posner, "One-Sided Contracts in Competitive Consumer Markets", 104 *Mich. L. Rev.* 827, 832 (2006); Peter Alces, "Guerrilla Terms", 56 *Emory L. J.* 1511, 1529-1530 (2007).

69) Anne-Lise Sibony, "Can EU Consumer Law Benefit from Behavioural Insights? An Analysis of the Unfair Practices Directive", 6 *Eur. Rev. Private L.* 901, 902-903 (2014); Omri Ben-Shahar, "The Futility of Cost-Benefit Analysis in Financial Disclosure Regulation", 43 J. *Legal Stud.* 253 (2014).

70) 예컨대 약관 설명의무의 대상은 객관적으로 그 약관에서 "중요한 내용"인데(약관규제법 제3조 제2항). 맞춤형 정보제공모델은 "중요한 내용"의 기준이 주관화된다는 것을 의미한다.

71) Cemre Bedir, "Contract Law in the Age of Big Data", 16 *ERCL* 347, 349 (2020).

72) 김진우, "대가로서의 디지털 개인정보 – 데이터의 개인정보보호법 및 계약법적 의의 –", 비교사법(제24권 제4호), 한국비교사법학회(2017. 11), 1535-1536면; 정다영, "디지털 개인정보와 디지털 콘텐츠의 계약적 교환 – 소비자보호의 관점에서 –", 비교사법(제26권 제3호), 한국비교사법학회(2019. 8), 258-259면.

수집, 분석 결과를 활용하도록 한다면 지금보다 과도한 사회적 비용이 발생하는 것도 아니다. 맞춤형 정보제공모델은 기존의 획일적인 정보제공모델에 근본적 변화를 가져올 수 있다. 가령 전자제품회사는 특정 소비자에게 프린터를 판매하면서 그의 구매이력상 과거에 구입한 것으로 기록된 프린터 토너와 판매 대상 프린터의 호환이 가능한지 소비자에게 알려줄 수 있다. 신용카드회사는 카드대출을 실행하면서 카드 회원의 신용정보에 기초하여 카드 회원이 특히 주의해야 할 사항을 맞춤형 정보로 제공할 수 있다. 만약 카드 회원이 대출금을 자주 연체하였다면 그 연체에 따른 법적 불이익을 더욱 명확하고 상세하게 알릴 수 있다. 안내문을 잘 받지 않는 경향성이 발견된다면 안내문 수령 방법과 미수령에 따른 불이익 및 주소나 연락처 변경 시 조치 사항을 더욱 강조하여 알릴 수 있다. 또한 소비자의 취약성 정도나 성정(性情)에 따라 정보제공의무의 강도를 달리할 수 있다.[73] 이러한 맞춤형 정보제공을 통해 소비자가 직접 접하게 되는 정보의 양은 줄어들지만 정보의 질과 유용성은 올라간다. 소비자가 정보에 관심을 가지고 이를 실제 자신의 의사결정 토대로 삼을 가능성도 올라간다. 물론 맞춤형 정보제공의 법제화를 둘러싸고 수많은 의문이 제기될 수는 있다. 몇 가지 예를 들어보자.

첫째, 소비자는 자신의 의사와 무관하게 언제나 맞춤형 정보를 제공받아야만 하는가? 그렇지 않다. 맞춤형 정보는 소비자의 유익을 제고하기 위한 것이므로 굳이 맞춤형 정보를 제공받기 원하지 않는 소비자에게 이를 억지로 제공할 이유는 없다. 이러한 맞춤형 정보제공을 옵트인(opt-in)과 옵트아웃(opt-out) 중 어느 방식에 의할 것인지는 정책 결정의 문제이다. 옵트인 방식에 따르면 소비자가 적극적으로 맞춤형 정보제공을 요청하는 경우에만 맞춤형 정보제공이 이루어진다. 옵트아웃 방식에 따르면 고객이 원하지 않는다는 의사를 표시한 경우에만 맞춤형 정보제공이 중단된다.

둘째, 맞춤형 정보 외의 일반적 정보는 더 이상 제공되지 않는가? 그렇지 않다. 맞춤형 정보가 소비자에게 필요하거나 중요한 모든 정보를 정확하게 담아낸다는 보장이 없기 때문이다. 따라서 정보는 모두 제공하되 그 층위를 달리하여 정보제공의 효율성을 높일 수 있다. 맞춤형 정보와 모든 소비자에게 공통 필수적인 일반형 정보는 직접 제공 형식을, 그 외의 일반형 정보는 간접 제공 형식을 취할 수 있다. 가령 온라인 거래 시 화면에는 가장 필수적이고 핵심적인 공통 정보와

73) Porat & Strahilevitz, op. cit., pp.1443-1440; Philipp Hacker(주 7), op. cit., p.661.

개인에게 최적화된 맞춤형 정보가 뜨고, 그 외의 정보는 소비자가 원하면 바로 접근하여 읽을 수 있도록 연결 링크를 제공하는 것이다. 이는 정보제공 방식의 이원화라고 표현할 수 있다.

셋째, 모든 기업에게 맞춤형 정보제공을 법으로 강제할 것인가? 그렇게 하기는 어려울 것이다. 기업 중에는 맞춤형 정보제공에 필요한 개인정보 또는 정보 분석 기술을 충분히 보유하지 못한 기업도 있을 수 있기 때문이다. 결국 당분간은 ① 일정한 규모 이상 개인정보를 수집하고 개인별 특성을 파악할 수 있는 기술을 갖춘 일정한 규모 이상의 기업에게 ② 소비자가 옵트아웃(opt-out)하지 않는 이상 맞춤형 정보를 포함하여 이원적으로 정보를 제공하도록 규제하거나 유도하는 방식 정도가 현실적일 것이다.

넷째, 기업에게 맞춤형 정보제공을 하게 할 것이 아니라, 소비자가 자신의 인공지능 비서를 활용하여 자신에게 중요하고 필요한 정보를 특정하여 요청하게 하는 것이 더 효율적이지 않은가? 이처럼 소비자가 정보제공 양상을 주도하는 방식도 가능하기는 하다. 다만 이러한 정보제공청구권이 관철되려면 법제의 정비가 필요하다. 현행 법제상 소비자의 기업에 대한 정보제공청구권이 언제나 인정되는 것은 아니기 때문이다. 또한 기업이 해당 소비자보다 더 많은 정보를 가지고 있다는 점도 고려해야 한다. 즉 기업은 자신에 대한 정보는 물론이고 소비자로부터 수집한 정보가 무엇인지에 대한 정보도 가지고 있다. 따라서 소비자가 기업의 정보제공 시스템 및 정보보유 상황을 알지 못한 채 특정한 정보제공을 요청하는 것은 오히려 비효율을 낳을 수 있다. 또한 모든 소비자가 정보제공 양상을 주도할 능력과 시스템을 갖추고 있는 것은 아니다. 그러므로 소비자의 맞춤형 정보요청은 기업의 맞춤형 정보제공의 대체재라기보다는 보완재로 활용할 수 있다. 즉 기업이 1차적으로 맞춤형 정보를 제공하되, 소비자가 그 이후에 추가적인 정보제공을 요청할 수 있도록 하는 것이다.

나. 약관의 세분화

이제 맞춤형 의약품의 이야기를 해 보자. 맞춤형 의약품은 대체로 환영받는다. 맞춤형 의약품은 신체에 직접 작동하는 제품으로서 때로는 신체에 대한 부작용을 불러일으킬 수 있다는 점에서 맞춤형 정보보다는 더 침익적이다. 그런데도 맞춤형 의약품이 별다른 거부감 없이 그 영향력을 확장해 나가는 이유는 무엇일까?

첫째, 맞춤형 의약품이 환자의 건강 회복에 더 유익하다는 믿음 때문이다. 이는 맞춤형 법이 자리 잡으려면 맞춤형 법이 수범자에게 더 유익하다는 믿음이 요구됨을 시사한다. 일반적인 제품과 마찬가지로 법도 사회적 수용성이 중요하다는 것이다. 둘째, 맞춤형 의약품을 사용하려면 환자에 대한 충분한 설명 및 환자의 진지한 동의가 요구되기 때문이다. 이는 맞춤형 법도 수범자에 대한 충분한 설명과 수범자의 진지한 동의가 선행하면 더 잘 수용될 수 있음을 시사한다. 그런데 본래 법의 집행에는 수범자에 대한 설명과 동의가 요구되지는 않는다. 하지만 현실 세계에서는 약관이 법과 유사한 기능을 수행한다. 프리드리히 케슬러(Friedrich Kessler)의 표현을 빌리면 약관은 '사업자의 입법'이자 '계약에 의한 입법'이다.[74] 그런데도 약관은 계약의 속성도 가지고 있으므로 고객의 설명과 동의를 요구한다. 그만큼 약관은 법보다는 덜 침익적이고 덜 후견적이다. 그렇다면 맞춤형 법 그 자체는 아니라도 맞춤형 약관은 고려할 수 있지 않을까?

맞춤형 약관은 소비자의 성향과 희망에 따라 개별화된 약관이다. 약관 거래의 고객 숫자가 때로는 수천만 명에 이르기도 하는 것을 생각하면 개인마다 약관의 내용을 모두 달리하기는 쉽지 않다. 약관을 유형화 또는 세분화하는 것이 더 현실적이다. 맞춤형 약관에 대해서는 맞춤형 정보제공에 관한 논의가 대부분 적용될 수 있다. 가령 사업자는 일반형 약관을 기본형(default)으로 하되 여기에 고객의 특성별로 내용을 조금씩 달리하는 복수의 특수형 약관을 제시할 수 있다. 이미 약관 거래에서는 복수의 선택지를 제공하는 선택형 약관 조항이 활용되고 있다. 선택형 약관 조항은 사업자가 약관 작성 시 고객에게 몇 가지 선택지를 주어 고객이 그중 하나를 선택할 여지를 제공하는 형태의 조항이다. 참고로 우리나라에는 근저당권 설정비용 등 부담 여부를 선택하되 그에 따라 대출 조건을 달리하는 선택적 약관조항이 약관법상 약관에 해당한다고 본 대법원 판결이 있다.[75] 또한 숙박약관에서 숙박예약 취소 시 환불불가 항목을 선택하면 저렴한 가격을 제시한 사안에서 환불불가 조항의 불공정성이 다투어진 하급심 판결도 있다.[76] 이 역시 환불 가부에 따라서 약관의 내용이 달라진 경우이다. 이는 모두 '맞춤형'의 사고방식을 공유한다.

---

74) Friedrich Kessler, "Contracts of Adhesion - Some Thoughts About Freedom of Contract", 43 *Colum. L. Rev.* 629, 640 (1943).

75) 대법원 2014. 6. 12. 선고 2013다214864 판결.

76) 서울고등법원 2020. 5. 20. 선고 2019누38108 판결. 현재 상고심 계속 중이다.

이러한 사고방식을 좀 더 확장한다면 고객이 설문조사 방식으로 여러 변수에 대한 자신의 선호와 희망을 입력하면 일정한 알고리즘에 따라 그에 가장 적합한 약관이 생성되는 방식도 생각해 볼 수 있다. 인공지능에 의한 계약 체결 가능성은 이미 현실이 되었고,[77] 이는 계약의 일종인 약관에서도 마찬가지이다. 가령 A 고객은 위약벌이나 손해배상액 예정, 관할합의, 준거법, 분쟁해결절차, 면책조항 등 법적 위험 배분에 더 큰 관심을 보일 수 있고, B 고객은 가격과 품질 등 주된 급부의 내용에 더 큰 관심을 보일 수 있으며, C 고객은 보장(warranty)의 내용과 보장 기간에 더 큰 관심을 보일 수도 있다. 이러한 제반 변수들은 결국 해당 거래대상의 가격에 반영될 수 있는데, 이러한 가격 반영 메커니즘을 미리 만들어 알고리즘화할 수 있다면 복수의 맞춤형 약관 템플릿(template)을 생성하는 것은 어렵지 않다.[78] 고객은 이러한 과정을 거쳐 생성된 맞춤형 약관을 선택할 수도 있고, 그것이 귀찮다면 모든 고객에게 일반적으로 적용되는 일반형 약관을 곧바로 선택할 수도 있다. 동적 약관도 생각할 수 있다. 계속적 거래에서는 그 거래기간 동안 발생하는 상황 변화에 따라 약관을 변경해야 하는 경우도 있다. 이러한 약관 변경에 대한 법리는 현재 복잡한 양상을 띠고 있는데, 만일 이러한 변경 메커니즘에 대해 미리 합의하고 알고리즘화할 수 있다면 약관 변경의 복잡한 절차를 생략할 수 있다. 사정변경의 약관 내부화가 이루어지는 것이다. 이러한 약관은 스스로 변경 작성된다는 점에서 자율주행차에 빗대어 일종의 자율작성약관이라고 부를 수 있다. 이러한 맞춤형 약관 서비스를 하도록 법으로 강제하거나 규제할 것인가에 관한 문제는 맞춤형 정보제공서비스와 관련하여 논한 바와 같다.

3. 사후적 측면의 세분화: 불법행위법상 주의의무를 중심으로

사후적 측면의 세분화는 법의 일반성과 추상성을 인정하되 그 법 적용을 세분

77) 인공지능에 의한 계약에 대해서는 이미 논의가 이루어지고 있다. 이상용, “인공지능과 계약법 - 인공 에이전트에 의한 계약과 사적 자치의 원칙”, 비교사법(제23권 제4호), 한국비교사법학회(2016. 11.); 오병철, “현대 사회의 변화와 민법전의 대응”, 민사법학(제93호), 한국민사법학회(2020. 12.); 최경진, “인공지능의 사법적 쟁점”, 저스티스(통권 제182 - 2호), 한국법학원(2021. 2.); 장보은, “인공지능의 발전과 계약 – 계약법의 역할을 중심으로”, 저스티스(통권 제183호), 한국법학원(2021. 4.). 또한 최경진, 앞의 논문(주 8)은 인공지능에 의한 약관에 대해 다루고 있다.

78) 이러한 맞춤형 약관도 약관인가? 이는 논쟁적인 쟁점이나 개인화가 아닌 세분화에 그친다면 여전히 사전성과 일방성 등 약관의 개념 요소를 충족한다고 생각한다. 고객의 특성이나 취향이 반영된다고 하여 그것이 곧바로 약관에서 개별 약정으로 전환되지는 않는다. 이는 맞춤형 약관도 현재의 약관 불공정성 통제 아래 놓여 있다는 점을 의미한다.

화하는 것이다. 이러한 세분화의 가능성은 법관의 판단 재량이 중요한 법 영역에서 커진다. 형사재판에서의 양형이나 책임능력 판단, 행정재판에서의 재량행위인 처분의 위법성 판단, 가사재판에서의 양육비 산정, 민사재판에서의 과실 판단이나 위자료 배상액 산정 등이 대표적인 예이다. 과실 판단의 예만 살펴보자. 과실 판단은 사회평균인을 기준으로 행하므로 하나의 사회에 하나의 객관적 척도만 있다고 생각하기 쉽다. 그러나 사회평균인은 지나치게 포괄적 개념이어서 행위자 및 상황의 개별성을 반영하지 못하는 문제를 지닌다. 따라서 사회평균인의 개념은 계속 분화되어 왔다. 이는 평균인의 모집단(母集團)인 '사회'의 세분화를 통해 이루어졌다. 가령 의료과실을 판단할 때 '통상의 의사'를 기준으로 하면서도,[79] 사안에 따라서는 전문의인지, 일반의인지 또한 일반적인 진료상황인지, 야간의 응급상황인지에 따라 세부적인 주의의무 판단을 달리한다.[80] 이러한 세분화는 재판 실무상 명시적으로 드러내지 않은 채 행해지기도 한다. 법원은 판결 이유에서 사회평균인이라는 명확한 척도를 제시하곤 하지만, 사회평균인은 불가사의한 가상의 인물이다. 법원은 그 불가사의함을 방패 삼아 해당 사안에 존재하는 개별적인 사정들을 모두 고려한 뒤 그 가상의 인물이 마땅히 행했어야 할 바를 추론한다. 이처럼 법 적용 단계에서의 세분화는 흔히 행해지고 있다.

그런데 이러한 주의의무의 세분화는 여전히 객관적 기준에 따른 세분화이다. 그렇다면 이를 넘어서서 개인의 주관적 사정에 따라 주의의무를 개인화하는 것은 바람직한가? 불법행위자의 입장만 놓고 보면 각 불법행위자의 특성과 상황에 부합하게 주의의무를 설정하는 것이 합리적이고 공평하게 보인다. 그러나 피해자 및 공동체의 입장에서 보면 주의의무의 극단적인 개인화·주관화는 위험하다. 특히 성격이나 능력 등 불법행위자에게 주의의무를 낮게 부과할 주관적 사정이 있는 경우에 그러하다. 이 경우 개인의 주의의무를 낮추어 주면 그로 인한 위험은 피해자나 사회가 부담한다. 이는 '내가 부담하는 주의의무를 다른 사람도 부담하므로 나는 기꺼이 그 주의의무를 부담하겠다'라는 상호성(reciprocity)의 원리에 반한다. 주의의무의 상호적이고 평등한 배분에 예외를 인정하려면 사회적 합의가 있어야 한다. 정신질환자나 미성년자에 대해서는 그러한 예외를 인정할 수 있다는 사회적 합의가 존재한다. 하지만 각 개인의 개별적인 사정마다 주의의무를 다

79) 대법원 1998. 7. 24. 선고 98다12270 판결.
80) 대법원 1999. 11. 23. 선고 98다21403 판결.

르게 설정할 수 있다는 사회적 합의는 아직 존재하지 않는다. 그러므로 기술적으로 각 개인의 상황을 완벽하게 파악할 수 있더라도, 여전히 주의의무는 객관적으로 파악하는 것이 옳다. 다만 앞서 전문의의 예에서 알 수 있듯 특수능력과 특수지식이 있어 쉽게 위험을 회피할 수 있는 자에게 그에게 기대되는 높은 주의의무를 부과하는 것은 불법행위자에게 과도한 부담을 지우지 않으면서 피해자와 사회를 더욱 강하게 보호할 수 있으므로 예외적으로 그 사정을 고려하는 것이다.

결국 불법행위법상 과실 판단 기준은 주관적 사정에 따른 개인화보다는 객관적 사정을 고려한 세분화 쪽으로 발전해 나가는 것이 옳다. 그런데 법원의 사후적인 법 적용의 세분화 기준은 법에 명시되어 있지 않은 경우가 대부분이다. 입법기술상 이를 법에 명시하는 것도 쉽지 않다. 판례에는 세분화된 기준이 제시되는 경우가 있으나 '모든 사정을 고려'한다는 마법의 문구 앞에서 그 예측가능성이 희석되어 버리는 경우가 많다. 이러한 '모든' 사정이 무엇인지는 해당 사안을 재판하는 법관의 마음에 들어가 보기 전에는 아무도 정확하게 알 수 없다. 따라서 이러한 '모든 사정을 고려'하는 사건에서는 법의 재판규범 기능은 온존할지 몰라도 행위규범 기능은 훼손된다. 이러한 법 적용의 불명확성은 수범자의 불안감을 가중시킨다.[81] 바꾸어 말하면, 사후적 재판에 의한 법 적용의 세분화는 사회적 비용을 수반한다.[82] 따라서 이러한 법 적용의 세분화는 가급적 예측할 수 있고 명확하게 정립되어 사전에 공유되어야 한다.

이 지점에서 인공지능과 데이터 기술이 도움을 줄 수 있다. 인공지능이 법관을 완전히 대체할 수 있는지는 치열한 논란의 대상이나, 적어도 인공지능이 법관의 재판 업무를 조력할 수 있으리라는 점은 별 의문이 없다.[83] 특히 소규모의 정형적 사건에 대한 온라인 분쟁해결절차에서는 인공지능의 활용이 활발하게 논의되고 있다.[84] 또한 풍부한 데이터의 활용은 과실 판단을 더욱 정교하게 만든다. 예컨대 환자의 데이터를 통해 의료행위 전후의 건강 상태에 대한 정보를 좀 더 많이 수집할 수 있게 되고,[85] 이를 통해 의료과실 여부를 좀 더 정밀하게 판단할

---

81) 일찍이 제레미 벤덤(Jeremy Bentham)은 법의 불명확성 앞에 놓인 사람들을, 이유를 알지 못한 채 주인으로부터 얻어맞는 개에 비유하였다. 정곡을 찌르는 비유이다. Jeremy Bentham, *Collected Works of Jeremy Bentham, Of Law in General*, H.L.A. Hart(ed.) London: Athlone Press, (1970), p.184.

82) Casey & Niblett(주 1), op. cit., p.334.

83) 한애라, "사법시스템과 사법환경에서의 인공지능 이용에 관한 유럽 윤리헌장"의 검토, 저스티스(통권 제172호), 한국법학원(2019. 8.), 39, 46면.

84) 한애라, 앞의 논문, 45, 70면 이하.

수 있다.[86] 명쾌하고 합리적으로 정리된 알고리즘은 법관이 넓은 판단 재량을 활용하는 영역에서 더욱 정확하고 일관성 있는 판단을 하도록 도울 수 있다.[87] 과실 판단에 뒤따르는 배상액 산정도 마찬가지이다. 재산상 손해배상처럼 정밀한 평가와 계산이 필요한 영역은 물론이고, 법정손해배상이나 제재적 손해배상[88] 등 사람들의 행태나 의도가 중요하게 작동하는 배상 영역에서도 빅데이터가 활용될 수 있다.[89] 이러한 데이터 기반 결론이 언제나 법관의 결론으로 이어져야 하는 것은 아니다. 그러나 데이터 기반 결론의 충실성과 정확성이 높아질수록 이를 존중하는 재판 실무 관행이 형성될 것이다.[90] 이는 재판의 예측 가능성 제고로 이어진다.

이러한 예측 가능성 제고는 사고나 이로 인한 재판 전 단계에도 큰 의미를 지닌다. 특히 인간을 대신하여 인간처럼 행동해야 하는 장치를 만들 때 그러하다. 예컨대 수술 로봇이나 자율주행 자동차는 특정한 상황에서 어떻게 반응하고 움직일지를 미리 프로그래밍해야 한다. 이 과정에서 법이 요구하는 구체적인 행위 지침을 반영해야 함은 물론이다. 그런데 상황별 주의의무가 구체적이지 않으면 그러한 프로그래밍은 어려워진다. 반면 복잡다기한 상황별로 구체적 주의의무의 내용을 예측할 수 있다면 그러한 프로그래밍이 가능해진다. 그러므로 사후적인 주의의무의 세분화는 이러한 사전적인 프로그래밍의 필요성 때문에 재판 전에 미리

85) 스마트 워치를 착용한 환자의 데이터를 통해 그 환자의 수술 전 건강 상태가 어떠하였는지를 더욱 잘 확인할 수 있다.

86) Verstein, op. cit., p.562.

87) Casey & Niblett(주 1), op. cit., p.341. 보석허가 결정에서의 일관성을 유지하기 위한 데이터 기술의 활용에 관하여는 Jon Kleinberg, et al., "Human Decisions and Machine Predictions", 133 *Q J Econ* 237, 240 - 245 (2018).

88) 제재적 손해배상 또는 비전보적 손해배상은 어느덧 우리 법제에 익숙한 제도로 등장하였다. 2021년 9월 현재 비전보적 손해배상을 인정하는 법률은 다음 21개이다. 하도급거래 공정화에 관한 법률(3배), 파견근로자 보호 등에 관한 법률(3배), 기간제 및 단시간근로자 보호 등에 관한 법률(3배), 대리점거래의 공정화에 관한 법률(3배), 개인정보 보호법(3배), 신용정보의 이용 및 보호에 관한 법률(5배), 가맹사업거래의 공정화에 관한 법률(3배), 제조물 책임법(3배), 공익신고자 보호법(3배), 대규모유통업에서의 거래 공정화에 관한 법률(3배), 독점규제 및 공정거래에 관한 법률(3배), 환경보건법(3배), 축산계열화사업에 관한 법률(3배), 대·중소기업 상생협력 촉진에 관한 법률(3배), 특허법(3배), 부정경쟁방지 및 영업비밀보호에 관한 법률(3배), 산업기술의 유출방지 및 보호에 관한 법률(3배), 상표법(3배), 디자인보호법(3배), 식물신품종 보호법(3배), 자동차관리법(5배).

89) Libson & Parchomovsky, op. cit., pp.544 - 545.

90) 이는 마치 국민참여재판에서 법원이 배심원의 평결 결과를 존중하는 것과 유사하다. 법원은 배심원의 평결 결과에 구속되지 않지만 이와 다른 판결을 선고할 때는 판결서에 그 이유를 기재해야 한다(「국민의 형사재판 참여에 관한 법률」 제49조 제2항). 즉 법원에 반대 논증의 부담을 지움으로써 가급적 배심원의 평결 결과를 존중하도록 유도하는 것이다.

이루어질 필요가 있다. 사후적 세분화가 사전적 세분화로도 이어져야 하고 또 이어질 수 있는 이유이다. 이러한 변화는 헌법상 권력분립의 구도에도 영향을 미친다. 사법부의 판단 재량이 커질수록 사법부의 비중도 높아진다. 그러나 사전적이건 사후적이건 법이 개별 판결 수준의 세밀성을 갖추면서도 개별 법률 수준의 권위와 명확성을 갖춘다면 사법부의 판단 재량은 줄어들 수밖에 없다. 이는 사법부의 비중 축소로 이어진다. 또한 법이 인공지능 내지 알고리즘에 의존할수록 국회의 입법이 가지는 의미도 줄어들 수밖에 없다. 국회의 입법권력의 상당 부분이 알고리즘으로 대체될 수 있다는 것이다. 이 점에서 인공지능 내지 알고리즘에 의한 법의 개인화는 권력 구도의 문제 또는 법률유보의 원칙이나 위임입법 금지의 원칙과도 연결되는 논의이다.[91)]

V. 결 론

법의 개인화는 법을 현실의 모습에 맞게 미세 조정해 나가는 작업이다. 우리가 살아가는 현실은 총천연색이다. 하지만 우리를 규율하는 법은 무채색이다. 우리는 오랫동안 법은 당연히 무채색이어야 한다고 믿어왔다. 그러나 우리의 상상을 뛰어넘는 기술 발달은 법도 총천연색으로 바꿀 수 있다는 가능성을 보여주었다. 이러한 규범과 현실의 괴리를 좁혀 정밀하고 세심하며 배려심 넘치는 법을 만들어 보자는 것이 바로 법의 개인화 논의이다. 그동안 데이터에 대한 법제 논의는 많았지만, 데이터에 의한 법제 논의는 그리 많지 않았다. 법의 개인화 논의는 데이터에 의한 법제 논의를 선두에서 이끌 수 있다. 그러므로 법의 개인화는 실로 흥미로운 주제이다. 이 주제에는 법이란 무엇인가, 평등이란 무엇인가, 법은 얼마나 정밀하고 효율적이라야 하는가 등의 오래된 물음과 데이터 환경 변화는 법을 어떻게 변화시킬 것인가, 알고리즘에 기한 법은 가능한가, 또한 그것은 타당한가, 알고리즘에 의한 차별은 어디까지 정당화되는가 등의 새로운 물음이 공존한다. 이 주제에는 전통적 법 이론과 새로운 사회과학적, 기술적 방법론이 공존한다. 이 주제에는 법과 기술의 관계, 실증과 규범의 관계, 사전과 사후의 관계 등과 관련

91) 이는 인공지능에 의하여 체결되는 계약에서 개인인 계약 당사자의 자율적 계약 형성력이 후퇴하는 것과도 유사하다. 이에 대해서는 장보은, 앞의 논문, 135-136면.

하여 치열한 대립 구도와 변증법적 절충 구도가 공존한다. 이 주제는 민법, 형법, 헌법, 소송법, 지식재산권법, 세법, 법철학 등 다양한 영역과 연결되어 있어 파급 효과도 크다. 그만큼 법의 개인화는 논쟁적인 주제이기도 하다. 법의 개인화가 과연 "미래의 흐름(the wave of the future)"[92]으로 자리 잡을지, 아니면 거꾸로 찻잔 안 폭풍으로 그칠지, 또한 우리 사회를 유토피아로 이끌지, 아니면 거꾸로 디스토피아로 이끌지는 아직 불분명하다. 그러나 법의 개인화가 법 이론과 법 실무에 선사할 수 있는 유익한 자극과 시사점을 섣불리 차단할 필요는 없다. 이 글은 이러한 주제의 잠재적 폭발성에 주목하여 그 효용과 한계를 현재 단계에서 인식하고 향후 이 주제에 대한 발전적 논의 소재를 제공하고자 시론 차원에서 작성된 것이다.

92) Sunstein, op. cit., p.57.

13

지식재산과 과학기술학의 접점들

– 생의학과 생명공학에서 특허 쟁점들을 중심으로 –

이두갑

서울대학교 과학학과 교수. 과학기술사, 특히 과학기술과 자본주의, 혁신과 사회정의에 대한 연구와 교육을 수행하고 있다. *The Recombinant University*, 『아는 것이 돈이다(공저)』 등을 썼고 『자연 기계(공역)』를 옮겼다. 《과학기술과 사회》 편집장이다.

Ⅰ. 들어가며

2014년 6월 일론 머스크(Elon Musk)는 자신의 회사 테슬라(Tesla)가 가지고 있는 대부분의 전기 자동차 관련 특허를 공개했다. 머스크는 테슬라의 이 특허를 다른 경쟁사들의 "선의(good faith)"를 가지고 사용한다면 이들을 특허 침해로 소송하지 않겠다는 발표를 했다. 그의 이러한 선언은 특허의 취득과 그 독점적 사용이 첨단 과학기술-기반 산업에서의 가장 중요한 사업 전략이라는 점을 고려해 볼 때 다소 놀라운 것이었다. 물론 그의 특허 개방 선언에는 다소 복잡한 사업적 계산과 고려가 있었다. 그는 우선 전기 자동차 관련 기술을 독점하는 것보다, 특허 개방을 통해 다른 자동차 회사들이나 부품 등 관련 회사들이 전기 자동차 관련 기술에 대한 접근을 확대하는 것이 더 중요하다고 보았다. 이를 통해 전기 자동차 산업 분야 자체의 성장을 유도하는 것이 테슬라의 성공을 위해 더 중요하다는 계산이었다.

머스크는 또한 테슬라의 기술이 광범위하게 사용되고, 이러한 기술 확산을 통해 전기차 관련 시장과 인프라가 확대되는 것이 전기차 산업의 확산에 매우 중요할 것이라고 보았다. 내연 기관 차에서 전기차로의 전환이 급속하게 이루어지려면 무엇보다 충전과 유지, 보수 등의 인프라 확대가 필요했기에 테슬라가 가진 특허를 개방하여 다른 회사들이 보다 쉽게 시장과 인프라 건설에 참여할 수 있도록 하는 것이 필요하다는 판단이었다. 머스크는 나아가 특허의 개방을 통해 관련 지식이 널리 보급되고 이로 인해 광범위하게 전기차 관련 분야의 혁신이 나타날 수 있다고 주장했다. 이처럼 특허를 개방한 머스크의 전략이 보여준 점은, 21세기 지식경제의 시대에 특허가 혁신을 유인하고, 사업 전략을 수립하고, 시장을 개척하고 경제 성장을 진흥하는 데 수행하는 역할이 매우 복잡다단해졌음을 보여주는 것이다.

21세기 지식기반경제가 부상하고 과학-기반 첨단 산업이 경제에 차지하는 비중이 매우 커짐에 따라 특허는 과학과 경제의 방향과 운용, 그리고 사회 전반에 매우 중요한 역할을 수행해왔다. 19세기 후반 과학기술-기반 전기 산업과 화학 산업이 등장했던 2차 산업혁명 시기부터 21세기 생명공학과 정보통신산업이 혁신을 선도해나가고 있는 현재 4차 산업혁명 시기에 이르기까지, 점점 더 많은 기업들이 발명과 혁신에 사활을 걸어왔다. 이러한 점을 잘 보여주는 것으로 1980년대 이후 현재까지 생명공학과 정보통신 기술의 발달과 함께 특허의 범주가 광범위하게 확대된 점을 들 수 있다. 이제 세포와 합성 유전자, 그리고 유전공학적으로 생성된 온코마우스(Onco-mouse), 그리고 세계 최초로 식용 유전자조작된 연어(AquaAdvantage Salmon)와 같이 새로운 형태의 생명들을 포함하여, 컴퓨터를 통해 작동되는 각종 알고리즘, 그리고 아마존의 원-클릭 쇼핑과 같은 영업발명(business method)에 이르기까지 새로운 발명들이 특허 대상으로 추가되었다.

이에 특허는 생명공학과 정보통신산업 등 고부가가치 과학기술-기반 산업의 형성과 진화, 그리고 시장에서의 경쟁 전략과 새로운 시장의 창출에 이르기까지 경제적 변화와 경영 전략에 점차 중요한 역할을 미치고 있다. 과학기술혁신과 그로 인한 경제적 이익을 추구하는 데 있어 특허가 핵심적인 역할을 수행하기 때문에, 기업은 혁신 전략을 추진할 때 관련분야의 지식재산 지형도를 필수적으로 고려한다. 일례로 제약회사의 연구 부서는 최근 생의학 부문의 연구 현황에 기반하여 신약 개발과 진단기법 등 혁신을 가져오기 위한 연구 계획을 세운다. 동시에 그 과정에서 특허 변호사들로부터 관련 특허에 대한 여러 자문을 받아 연구 및 개발 전략을 수립한다. 또한 연구 수행 이후에도 이를 특허 형태로 지식재산화하기 위한 다양한 법적, 과학적 실천을 수행한다.

국가 역시 경제활동에 기여하고자 기초 과학기술을 지원하고 있으며, 정부의 지원을 받는 연구자, 특히 대학의 과학기술자 역시 자신의 활동의 경제적 유용성과 혁신에의 기여를 인증받기 위해 특허를 출원하고 있다. 이에 다소 정확하지 못한 통계적 기준이기는 하지만, 많은 국가들이 과학기술 연구의 성과를 측정하는 지표로서 논문의 수뿐만이 아니라 점차 더 특허 출원의 비율 또한 중요한 것으로 간주하고 있다. 점점 더 많은 대학과 정부 부처에서 연구의 성과를 평가할 때 특허를 그 주요 기준으로 사용하고 있는 것이다. 이러한 경향은 보다 다양한 과학기술 연구 기관들에 영향을 미치고 있으며, 이제 첨단 과학연구를 지원하는 정부 부처들뿐만이 아니라 기초 과학 연구를 수행하는 대학에서도 점차 특허 가능한 방향을 강조하고 있다.

동시에 국가와 대학, 그리고 사회 전반의 제도 또한 특허 가능한 발명을 진흥하기 위한 각종 개혁들을 추진하고 있다. 이는 기본적으로 혁신을 유인하고 이를 통해 경제 성장을 가져와 궁극적으로 공공의 이익을 증진하려는 의도이다. 특허

제도는 제약된 기간 동안 독점을 허용하여, 발명과 혁신 활동을 유인하고, 이를 통해 나타난 새로운 기술들이 시장 활동을 증대시키고 사회적으로도 유용할 수 있다. 미국은 이미 1980년대 바이-돌 법안과 같은 기술이전법을 제정하여, 대학에서의 기초 과학기술 연구성과가 기업의 혁신을 낳고 새로운 시장을 창출할 수 있도록 하는 등 지식재산에 대한 제도적 개혁의 선두에 있었다.[1] 그 이후 영국을 비롯하여 2000년대 초반 우리나라에 이르기까지 인해 국가적 차원에서 과학기술 혁신정책과 산업정책에서 혁신을 유인할 수 있도록 특허제도를 개혁하는 것이 중요한 과제로 부상했다. 우리나라도 마찬가지로 대학에서의 상업화와 혁신을 장려하기 위해 산학협력단 설립에 관한 법을 제정하는 등 여러 제도 개혁을 거쳤다.

Ⅱ. 특허에 대한 과학기술학적 연구의 등장

혁신과 경제 부분에서의 법적 제도로서 특허의 중요성으로 인해서 특허에 대한 연구는 주로 법학자들과 경제학자들에 의해 행해져 왔다. 이에 특허에 대한 분석은 무엇보다 법과 혁신, 경제성장의 관계에 대한 연구를 중심으로 한 다소 전문적이고 기술적인 연구 분야였다. 법학자나 경제학자들은 지식재산의 일부로서 특허에 대한 법적 정의에 관련된 문제를 중심으로, 특허 제도가 발명과 혁신에 어떠한 유인을 제공하고 있는지를 살펴보았다. 그리고 보다 구체적인 시기나 영역, 그리고 제도적 상황에서 특허가 지식과 혁신이 경제성장에서 어떠한 역할을 수행해왔는지에 대한 계량적 연구 또한 경제혁신에 관련된 연구의 중요한 한 축으로 발전해왔다. 특히 이러한 연구의 일부는 산업혁신 및 과학기술혁신 정책 연구의 일부로 진화되기도 하였다.

최근에 들어서야 인문, 사회과학자들이 지식재산으로서 특허가 지닌 사회적 함의에 대해 본격적인 분석과 연구를 수행하기 시작했다. 이들은 무엇보다 특허가 경제와 법 부문을 넘어서, 점차 사회 복지와 공중보건 영역에서 중요한 역할을 한다는 점에 주목했다. 일례로 의학과 제약과 같은 분야에서의 특허는 종종 독점과 합리적 가격에 대한 논쟁을 불러일으키며 혁신의 사회적 함의에 대한 논의를

1) David C. Mowery, Richard R. Nelson, Bhaven N. Sampt, and Arvids A. Ziedonis(eds.), *Ivory Tower and Industrial Innovation*(Stanford: Stanford University Press, 2004). 산학협력의 좌표를 찾아서: 미국 대학의 기술이전과 바이-돌 법.

가져왔다. 이에 제약 산업계는 특허가 한정된 기간 동안에 신약에 대한 독점 가격을 가능하게 해 주어, 신약 개발과 같은 혁신을 추구할 수 있는 유인을 마련해 주며, 이렇게 개발된 신약의 사회적 이익은 보다 광범위한 차원에서 사회 복지와 공중보건을 향상시켜 준다고 주장한다. 반면 비판자들은 제약산업체에서 출시하는 신약이 기존의 치료제보다 훨씬 그 효과 면에서 우월한 신약이라기보다는, 복제약이나 유사 약들의 출시를 막기 위한, 즉 독점적 시장 지배를 위한 점진적 개량일 경우가 많다고 비판한다.

이처럼 생명공학과 정보통신 산업과 같은 과학기반-첨단 산업의 영역에서, 특허가 과연 혁신을 유도하고 있는지, 아니면 환자들과 소비자들의 부담만 가중시키고 있는지에 대한 질문이 나타나고 있다. 보다 근본적으로 특허 제도를 통해 신약과 같은 새로운 치료나 인공지능과 같은 새로운 기술혁신을 유인하려는 시도와, 이에 대한 공평한 접근을 추구하고, 보다 공정한 인공지능 기술을 강제하는 사회적 요구 사이에 균형을 추구할 수 있을 것인지에 대한 공공정책적이고 사회 정의에 관련된 논의들이 점차 활발해지고 있다. 과학기술학(Science & Technology Studies) 학자들은 과학기술과 법의 상호작용이라는 맥락에서 이렇게 특허가 지닌 보다 폭넓은 사회적 함의에 관련된 연구들을 수행하기 시작해왔다.

이 글은 과학기술학자들이 어떻게 다학제적 접근을 통해 과학기술과 지식재산의 상호관계에 대해 보다 폭넓은 제도적, 정치경제적, 그리고 공공정책적이고 사회문화적 논의들을 수행해왔는지를 살펴볼 것이다. 과학기술학자들은 생명공학과 정보통신, 그리고 인공지능과 같은 신기술의 등장이 두드러지게 나타난 20세기 후반 이후 과학과 특허, 그리고 혁신과 위험, 그리고 사회경제적 정의의 관계에 대한 보다 다학제적이고 폭넓은 사회적 이슈들을 논의해오기 시작했다. 이러한 논의는 특허가 과학과 정치, 산업과 공공정책적인 논의뿐만 아니라, 신기술과 그 위험을 포함하여 사회에서의 혁신의 유인과 그 성과의 분배에 관련된 정의의 문제들을 포함하여 확장되기 시작했다. 즉 과학기술학자들은 21세기 생명공학과 정보산업, 인공지능 등 과학기술혁신의 시대 특허의 문제가 단순히 법적이고 기술적인 문제에 국한되지 않으며, 혁신이 가져올 사회경제적 함의와 윤리도덕적 문제, 그리고 혁신에 대한 공평한 접근과 이용과 관련된 사회정의에 관련된 이슈를 포함한 중요한 공공정책적 문제라는 점을 지적해오고 있다.[2)]

---

2) 일례로 다음을 살펴볼 수 있다. 이두갑 짓고 엮음, 아는 것이 돈이다: 지식재산권, 누가 무엇을 소

본 글은 지면과 저자의 전문성의 한계로 주로 생의학 연구와 생명공학의 사례에 국한하여 특허와 혁신의 이득과 위험, 그리고 그 사회적 함의에 대한 논의를 소개할 것이다. 본격적인 논의에 들어가기에 앞서 이러한 논의의 한 예로 인간유전자 특허에 대한 구체적 소송을 대해 살펴보자. 이를 통해 과학기술학자들이 특허에 대해 접근하는 문제의식을 읽을 수 있을 것이다. 이 소송은 2009년 미국시민자유연대(ACLU)는 미리어드유전(Myriad Genetics)이라는 회사가 지닌 인간유전자 BRCA1, BRCA2에 대한 특허가 무효라며 제기한 소송이다.

그렇다면 왜 시민단체가 매우 기술적이고 법적인 유전자 특허에 관련된 논쟁을 제기하는 것일까? ACLU는 우선 이 소송에서 생의학 분야에서의 발명의 범주가 확대되어 가는 경향을 비판했다. 이에 자연의 산물(product of nature)에는 특허를 부여하지 않는 미국 특허법에 따라 인간의 유전자는 특허 가능한 물질이 아니라는 것이다. 또한 ACLU와 함께 소송을 제기한 환자, 의학 단체들은 공공자금으로 발전되어온 유전체학 혁신의 성과인 유전자 시퀀스 데이터가 특허를 통해 한 회사의 독점적 소유가 되면서, 이러한 혁신의 성과가 기업에게 부당한 이익을 가져다 준 반면에 이 테스트로 인한 고비용과 관련 연구 접근의 어려움 때문에 환자와 시민 전체의 의료와 복지가 감소하고 있다고 비판했다. 더 나아가 ACLU는 유전자 특허가 학문과 탐구의 자유를 보장하는 미국 헌법에 위배되는 것이라 주장했다. 인간유전자에 대한 특허가 인간에 대한 생물학적, 의학적 이해에 근본적인 역할을 하는 유전자 정보에 대한 독점을 부여하여 관련 연구를 막고 있다는 것이다.

이처럼 ACLU의 인간유전자 소송은 과학기술과 지식재산의 중요한 상호작용에 대한 관심이 점차 증대되고 있으며, 이에 특허에 대한 논의의 폭을 기술적, 법적인 영역을 넘어 보다 사회적이고 공공 정책적인 차원으로 확장시킬 필요가 있음을 보여주고 있다. 이에 일군의 과학기술학자들은 특허와 정치, 그리고 특허와 공공정책에 관련된 논의의 장이 새롭게 열려야한다고 주장하기 시작했다. 이 글은 우선 생명공학의 등장을 살펴보며 어떻게 과학기술의 발전과 특허의 확대가 혁신과 공공이익의 증진에 핵심적 기여를 할 것이라는 믿음이 등장했는지를 살펴보면 시작할 것이다. 이러한 분석을 통해 그 이후 특허와 혁신, 그리고 공공이익이 어

유하는가(이음, 2022); Mario Biagioli, Peter Jaszi, and Martha Woodmansee(eds.), *Making and Unmaking Intellectual Property: Creative Production in Legal and Cultural Perspective* (Chicago: University of Chicago Press, 2011).

떻게 과학기술과 법의 상호작용을 이해하는 데 중요한 중심축으로 등장했으며, 점차 특허가 혁신과 사회의 상호작용을 매개하고, 신기술과 윤리문화적 가치의 대립을 조정하고, 환경 및 사회정의가 논의되는 새로운 장으로 등장했는지 논의한 과학기술학 연구들을 살펴 볼 것이다.

Ⅲ. 특허와 혁신, 그리고 공공이익: 1980년대 생명공학의 부상

유전자재조합기술을 포함하여 유전자 조작을 가능하게 하는 여러 생명과학 기술이 등장하던 1970년대 중엽에서 1980년대 초, 과학자들은 이러한 유전공학적 기술이 제약 산업과 치료와 진단에 있어서의 혁신, 농업에서의 개선을 가능하게 해 줄 것이라 기대하였다. 이에 생명공학산업의 초기 주창자들은 생의학 관련 분야에서 지식재산의 범주와 허용, 소유권에 관련되어 보다 확장적인 정의가 필요하다고 주장했다. 일군의 생의학 연구자들과 대학과 정부의 연구 관리자들, 그리고 초기 생명공학 창업자들은 무엇보다 생명공학 기술들과 신약을 포함한 다양한 유전공학의 결과들에 대한 특허를 광범위하게 허용해 주어야 한다고 목소리 높였다. 특허권 확대를 통해 생명공학이라는 이 신생 분야에 발명과 혁신에 대한 강한 유인을 제공해주어야 한다는 것이 이들의 논리였다.

생명공학의 옹호자들은 우선 유전자재조합 기술과 같은 신기술의 등장으로 등장한 다양한 형태의 유전자 조작 세포와 생명체들은 자연에 존재하지 않는, 인간이 새로이 창출해낸 인공물이므로 이에 특허를 부여해 주어야 한다고 주장했다. 특허청은 이들의 주장을 받아들여 생명공학 조작을 거친 세포와 생명체, 그리고 인공적으로 합성된 유전자 등 새로운 형태의 각종 생물 물체들과 생명체들을 광범위하게 지식재산의 범주들이 특허가 될 수 있다고 판단했다. 미국의 대법원과 특허청은 일련의 결정들을 통해 생명공학을 신산업으로 진흥시킬 수 있는 유인을 마련해주었고, 그 기저에는 특허를 통한 생의학 분야의 혁신의 유도가 경제적 부와 건강한 삶을 가져다 줄 수 있을 것이라는 믿음이 있었다.

생명공학의 규제에 대한 논의에 있어서도 특허가 중요한 역할을 할 수 있다는 주장 또한 이 시기에 나타났다. 첫 유전공학기술인 유전자재조합기술(recombinant DNA technology)이 등장이후 이 기술이 가져올 실험실 안전의 위험에 대한 문제가 제기되었다. 1975년 전 세계의 과학자들은 아실로마 회의(Asilomar Conference)를 개최하여 새로운 유전자 조작 기술의 위험에 대한 첫 논의의 장을 열었다. 이 회의에서 과학자들은 당시 유전자를 이동시키는 벡터로 사용되었던 바이러스를 포함한 다양한 종류의 유전자조작 실험이 가져올 위험에 대해 우려를 표명하였다. 또한 실험을 수행하는 과학자의 안전과 위험한 바이러스와 균이 유출되지 않도록 안전한 실험실 설계에 대해 논의하기도 하였다.

과학자들은 진지한 토론과 숙고, 논쟁을 거쳐 유전공학 실험이 가져올 위험에 대한 명확한 지식을 얻기 전까지 관련 실험을 자발적으로 수행하지 말 것에 합의하였다. 아실로마 회의는 유전공학 실험이 가져올 광범위한 사회적, 윤리적 이슈에 대해 논의하기보다는, 유전자조작 실험이 가져올 공중보건 상 위험과 이를 막을 수 있는 기술적 논의가 주를 이루었다. 그럼에도 아실로마 회의는 과학자들이 신기술의 위험에 대해 신중한 접근을 행하고, 그 위험에 대한 기술적 영향 평가를 통해 분별 있는 판단을 내릴 수 있음을 보여준 모범적인 사례로 평가된다.

1970년대 후반 유전자재조합기술 실험의 위험성에 대한 기술적 지식이 축적되고, 특히 제넨텍(Genentech)과 같은 신생 생명공학회사가 이 기술을 사용해 유용한 신약을 개발할 수 있다는 점을 보여주었다. 특히 제넨텍은 1976년 유전자재조합기술을 사용하여 인슐린을 비롯한 인간호르몬 제조 과정을 통해 입증했으며, 이에 유전공학의 위험과 이익의 균형을 도모할 수 있는 규제 방안에 대한 논의가 시급해졌다. 당시 생명공학의 주창자들은 기술의 사유화와 특허 자체가 관련 기술의 위험을 평가하고, 이를 통해 그 이득을 최대화하는 데 중요한 역할을 할 수 있다는 주장을 펼쳤다.

생명을 조작하는 기술에 대한 기업의 독점적 소유는 오히려 시장에서의 상품화를 추구할 기업이 그들의 기술적 자원과 전문성을 활용해 그 기업의 법적 책임(liability) 문제들을 해결하기 위해 유전공학의 위험을 감소시킬 유인을 강력히 제공해 줄 것이기 때문이라는 것이었다. 이러한 이유로 생명공학의 기반이 된 대학에서의 생명과학 연구의 상업화는 혁신과 경제적 부, 공중보건의 증진, 위험에 대한 효율적 규제를 가져다 줄 최적의 법적 해결책으로 여겨지기도 하였다.

과학기술 분야에서 특허의 소유권과 관련하여 중요한 법적 변화 또한 과학기술-기반 첨단 산업들의 부상, 특히 생명공학의 등장과 함께 진행되었다. 1980년 미국정부는 연방정부의 지원금을 받아 연구한 성과에 기반해서 연구자가 특허를 출원한 경우, 그 특허의 소유권을 연구자가 속해있는 대학과 병원, 중소기업에게 이전할 수 있도록 하는 바이－돌(Bayh-Dole) 법안을 통과시켰다.

사실 바이－돌 법안 이전까지 생의학 분야에서 공공의 자금을 이용해 나타난 발명의 경우, 이것이 시민이 낸 세금에 기반한 발명이기 때문에 이의 공적인 이용을 위해 국가가 그 발명을 공적으로 소유하고 있었다. 그렇지만 1970년대 여러 연구자들과 산업계는 실제 정부가 지원한 기초 생의학 연구의 발명에 기반하여 제약 및 의학 부문에서의 혁신을 도모하기 위해서는 더 큰 자금의 투자가 필요한데, 정부가 이를 공적으로 소유하고 있어 사적 투자가 어렵다고 지적했다.

1970년대 말 오히려 기초 생의학 분야의 발전과 생명공학 분야의 혁신을 유도하기 위해서는 대학과 중소기업의 경우 공공의 자금에 기반한 발명을 이들의 사적 소유로 해야 한다는 주장이 힘을 얻게 되었다. 이를 통해 대학 및 중소기업의 연구자들이 창업, 그리고 벤처 자금을 동원하여 이 기술의 발전을 도모하는 것이 제약 및 의학 분야의 혁신을 이끌 수 있다는 것이다. 바이－돌 법안은 이처럼 미국 정부가 사유화를 통해 이의 과학기술 기반 혁신을 도모할 유인을 제공하고, 대학과 중소기업의 연구자들이 사업화를 통해 경제성장에 기여하도록 하는 것이 공공의 이익에 더 부합한다는 특허와 공공이익에 대한 긍정적 견해에 기반한 것이었다.

1980년대 초에 이르면 생명공학산업의 부상과 발전이 본격화되면서 동시에 나타난 지식재산 범주의 확대와 그 소유권에 대한 사적 이전 허용으로 인해 대학과 중소기업 연구소들의 기초 생의학 연구결과들이 상업화될 수 있는 법적 제도가 확립되었다.[3] 이처럼 생명공학산업의 부상은 유전공학과 같은 과학기술상의 발전뿐만 아니라 지식재산에 대한 제도적 확대, 상업화와 규제, 그리고 공적 이익 증진 간의 관계에 대한 새로운 재정의가 있었다. 그리고 생명공학의 주창자들은 지식재산에 있어서의 이러한 변화는 효율적인 자본의 투자와 생명과학과 의학의 중요한 발견들을 공공이익을 위해 사용할 수 있도록 한 개혁적인 움직임이라고 찬양하기도 했다.

제넨텍과 같은 초기 생명공학회사의 부상과 큰 성공은 이러한 첨단 과학기술－기반 산업이 신약과 진단, 새로운 치료 혁신들을 가져와 의료와 보건 분야에서

---

3) Doogab Yi, *The Recombinant University: Genetic Engineering and the Emergence of Stanford Biotechnology*(Chicago: University of Chicago Press, 2015).

발전을 가져왔다. 또한 이러한 새로운 과학기반 첨단 산업의 성장은 새로운 일자리와 경제성장을 가져오며 당시 위기에 처한 미국 경제를 한 단계 도약시킬 것이라는 희망의 상징이 되기도 했다. 또한 과학의 상업화로 나타난 커다란 수익의 일부분이 다시 특허로 인한 수입으로 대학과 연구소로 이전되고, 관련 분야에 대한 투자가 확대되어 관련 과학 분야가 더 발전될 것이라는 기대가 나타났다. 이를 통해 생명공학산업은 기초과학과 산업이 선순환을 이루는 첨단 산업의 한 모델로 등장하여, 대학에서의 창업과 혁신을 주도하기 시작했다.

Ⅳ. 특허에 대한 비판 등장: 반공유재의 비극

1990년대를 거치며 생명공학의 주창자들의 주장에 대한 비판과 재평가가 나타나기 시작했다. 우선 1980~90년대를 거치면 제넨텍, 암젠(Amgen)과 같은 몇몇 생명공학 회사들의 놀라운 성장이 있었으며, 특히 이들이 제약 및 진단 분야의 혁신을 가져오며 생명공학산업이라는 새로운 산업을 창출하며 거대한 경제적 부를 창출했다. 그렇지만 일군의 비판자들은 무엇보다 첫 세대 생명공학회사들의 성공은 기초과학에 기반하여 암과 같은 질병을 정복할 정도로 놀라운 생의학 분야의 혁신을 가져오리라는 초반의 장밋빛 기대를 만족시키지 못했다고 지적했다. 오히려 이들 생명공학회사들의 혁신은 그 범위와 정도에 있어 매우 제한적인 것이라는 것이다. 일례로 새로운 생명공학 회사들이 개발한 인슐린과 같은 제품들은 혁신적 신약이라기보다는 기존에 존재했던 약들이었다. 게다가 새로운 유전공학 기술을 통해 개발한 약들 또한 신약들의 생산성을 높여 가격 하락을 가져오기보다는, 개발에 투자되는 고비용으로 인해 고가의 가격으로 판매되었다.

보다 구체적으로 하버드 경영대학의 게리 피사노(Gary Pisano)는 생명공학의 탄생기인 1975년부터 2004년까지 생명공학산업의 역사적 수익률(profitability)을 분석해보았다. 이에 따르면 생명공학산업 전반은 과학기술—기반 창업을 통해 큰 매출을 올리며 성장을 거듭해오며 과학기술—기반 새 산업 영역을 확립하는데 성공하였다. 하지만 그 산업 전반의 수익률은 0%에 가까운 실망스러운 것이었다. 즉 1975년 생명공학 산업 전반에 투자를 했다면 아직도 0%의 수익률만 거둘 수 있었으며, 이는 결국 생공명학 산업의 많은 투자자들이 투자원금조차 회수하

지 못했다는 점을 보여준다.[4)]

피사노는 생명공학산업 전반의 수익률이 무엇보다 낮은 가장 큰 요인으로 생명공학산업이 발달시켜 온 산업구조의 문제를 지적한다. 초기 대학의 기초연구에 기반해 회사를 창업한 생명공학 회사들은 특허의 취득을 통해 투자금을 유치하며 새로운 생명공학 사업모델을 개척해 나갔다. 유전자재조합 기술과 같이 유전공학의 플랫폼 기술과 같은 기반 기술에 특허를 취득하며 이에 기반한 신약 상품들을 개발했던 제넨텍과 같은 회사들이 그 모델의 하나였다. 그렇지만 1980년대 초기 생명공학 성공의 물결이 지난 후 1990년대 이후 생명공학 붐이 점차 사그러지자 생명공학 회사들은 점차 특허를 통해 독점 이익을 얻는 전략을 취하게 되었다. 특히 각종 생의학 연구에 필요한 연구 기법이나 기계, 시약과 물질 등 점차 광범위한 생의학 기술에 대한 특허를 취득하고 이를 기반으로 독점권을 행사해 막대한 특허 사용료를 요구하거나 이를 통해 개발된 신약에 대한 로열티를 요구하였던 것이다.

피사노는 이처럼 과학과 생의학 분야에서의 지식재산권의 문제가 생명공학산업의 수익성을 악화시키고 혁신의 비용을 증대시키고 있다고 지적한다. 즉 생명공학산업 전반의 산업구조가 지식재산권의 확대와 새로운 특허에 그 수익을 지나치게 의존하고 있기에, 산업 전반에서 혁신을 창출해내기가 매우 힘들어졌다는 것이다. 학계나 산업계 모두 지식재산권 확보에 사활을 걸게 되면서, 자유로운 정보와 토론이 매우 힘들어지게 되면서 혁신의 광범위한 기반을 마련해줄 생의학 연구의 발달이 점차 어려워지거나 큰 비용이 들게 되었다. 또한 혁신의 기반이 될 여러 신약, 진단 및 치료기술의 개발 과정에서 다양한 종류의 특허들이 필요하게 되면서 혁신 과정에서도 수많은 비용이 필요한 산업구조가 나타났던 것이다.

1990년대 이후 생명공학산업 전반에 나타난 특허를 기반으로 한 각종 사업 모델들은 특허 제도 자체의 한계를 드러내는 대표적인 사례가 되었다. 생명공학 산업 내에서의 경쟁이 심화되자 혁신을 유도하는 동시에 지식재산에 대한 제한을 통해 공공의 이익을 도모하려는 특허제도의 근본적 취지는 점차 설자리를 잃게 되었다. 오히려 이들 생명공학회사들과 대학의 창업가형 연구자들은 점차 어려워지는 혁신에의 창출보다는, 연구개발의 초기 단계부터 특허를 취득하고 이에 대

4) Gary P. Pisano, *Science Business: The Promise, the Reality, and the Future of Biotech* (Boston, Mass.: Harvard Business School Press, 2006).

한 독점권을 통해서 혁신을 추구하는 다른 이들에게 큰 비용을 받아 수익을 얻으려는 경향이 나타났다. 대학과 생명공학 벤처기업들은 기초연구에 광범위하게 사용되는 신기술과 생의학 물질들, 연구용 생명체에 대한 광범위한 특허를 얻고자 시도했으며, 관련 사업의 진흥을 위해 정부는 세포주, 유전자조작 동식물들, 인간 유전자 특허를 비롯하여 생의학 분야에서 폭넓은 지식재산권을 허용해나갔던 것이다.

그렇지만 결국 특허의 범주 확대와 특허 출원의 급속한 증가는 생의학 연구와 개발에 큰 부담을 가져다 주었다. 곧 생명공학 연구개발 과정, 그리고 신약 혁신을 추구하는 과정에서 지나치게 많은 특허들에 대한 권리가 필요해지는 현상이 나타났다. 확장된 지식재산의 범주를 통해 새롭게 지식재산권을 얻은 생의학 분야의 특허의 소유자들은, 점차 경쟁자들에게 특허 침해 관련 소송을 통해서 혹은 특정 특허에 대해 막대한 로열티를 요구하는 것이 하나의 사업전략으로 나타날 정도였다. 이에 생의학 분야에서 그 권한이 광범위하고 수많은 특허의 등장은 연구 개발과 신약 개발에 필요한 비용을 지나치게 증대시키고 있다며 생명공학산업 분야의 특허에 대한 비판이 점차 커졌다. 또한 여러 제약 및 진단 회사들은 특허 침해에 대한 우려가 컸으며, 관련 연구개발을 진행하다가 중첩되는 분야의 특허 등으로 라이센스 비용이 증대하게 되면서 사업에서의 비용 증대와 함께 불확실성 또한 매우 커졌다. 이처럼 생명공학산업에서의 특허 문제는 결과적으로 산업 전반의 혁신을 감소시키고, 연구개발의 비용을 증대시켜 산업 전반의 수익률을 낮추는 부작용을 낳았던 것이다.

생의학 분야의 특허 상황을 진단하며, 1998년 법학자 마이클 헬러(Michael Heller)는 이를 반공유재의 비극(the tragedy of anticommons)이라고 지칭했다.[5] 기존에 생의학 연구공동체 분야에서 자유롭게 공유되던 연구 기법이나 생의학 물질들에 대한, 즉 공유재에 대한 사유화가 광범위하게 진행되면서 관련 분야에서의 혁신적 발전을 가로막게 되었다는 것이다. 그에 따르면 생의학 분야의 지식재산권의 확대의 역사가 보여준 것은, 특허제도의 강화를 통한 혁신의 창출보다는 오히려 지나친 사유화를 불러일으켜 그 산업의 성장을 막게 된, 공유재의 비극과 같은 상황이라는 것이다. 이에 생명공학산업에서의 특허의 확대는 신약개발과 같

5) Michael A. Heller, "The Tragedy of the Anticommons: Property in the Transition from Marx to Markets," *Harvard Law Review* 111:3(1998): 621 - 688.

은 혁신을 유도하기보다는 특허에 대한 독점 이익을 강화해오게 되면서, 오히려 공공의 이익을 해치게 될 지경에 이르렀다는 것이다.

2000년대에 접어들면서 생의학 분야의 특허의 확대에 대한 비판이 점차 강화되었다. 일례로 2009년 미국시민자유연대는 인간유전자에 대한 특허를 허용한 미국 특허청의 법적 판단에 반대하였다. 이에 미국시민자유연대는 유방암 유전자 BRCA에 대한 특허를 지닌 생명공학회사 미리어드유전사를 상대로 특허무효소송을 제기했다. 제약 및 의료 분야에서의 커다란 비용증대가 사회적 문제로 비화된 미국에서, 이 소송은 생의학 산업의 독점이익과 지식재산권의 폐해를 보여주는 사례로 대중의 큰 관심을 끌었다. 결국 2013년 미국 대법원은 인간유전자 특허를 무효화하는 기념비적 판결을 내리며, 생의학 분야의 지나친 사유화에 대한 경종을 울렸다.

Ⅴ. 특허에 대한 비판과 과학기술에서의 대안적 소유양식

인간유전자 특허를 무효화시킨 대법원 판결이 나타난 2013년, 같은 해에 미 연방준비위원회에서 일하는 두 경제학자는 특허가 대부분의 산업에서 혁신을 촉진한다는 경험적 증거가 없다는 주장을 내놓으며 큰 논쟁을 불러 일으켰다.[6] 이들에 의하면 "대부분의 산업에서 특허는 대부분 부정적인 결과만을 가져온다는 강력한 증거가 존재"했다. 이들이 조사한 산업 및 경제적 통계 자료에 따르면, 특허는 기본적은 경쟁을 저해할 뿐이었다. 특허는 연구 및 개발에 필요한 정보의 흐름을 저해하고 비용만 증대시켜 특히 정보통신과 소프트웨어 산업의 혁신에서 아주 부정적인 역할을 수행해왔다는 것이다. 제약산업도 마찬가지이지만, 다만 이 경우는 아주 약한 특허 시스템이 존재할 경우, 이 제도가 혁신을 증가시킬 수 있는 유인을 제공해 줄 수도 있다고 지적했다. 이들은 결국 특허 시스템보다는 시장에서의 자유로운 경쟁을 확립시키고, 연구비 지원에서의 경쟁을 촉진하는 것만으로도 충분히 사회가 필요로 하는 제약 및 의학 분야에서의 혁신이 나타날 수 있다고 주장했다.

---

6) Michele Boldrin and David K. Levine, "The Case Against Patents," *Journal of Economic Perspectives* 27:1(2013): 3 - 22.

기존의 법학자, 경제학자들의 논의가 특허의 부작용, 즉 지나친 사유화로 인한 생의학 분야에서의 혁신의 저해와 공공이익의 침해에 대해 다루었다. 일례로 기업들에게 생명과학의 최근 기술들에 대한 사적 제어와 독점을 허용해주었지만, 그들이 생명공학과 의학 영역에서의 혁신을 더 낳았으며, 식량 안보와 환경 위험을 감소시켜 더 공공이익에 기여하였는가에 대해 본격적인 질문이 나타났다. 또한 막대한 액수의 공공자금이 생명과학 연구에 투자되고 있는 상황에서, 생명공학 영역에서 지식재산권의 확대는 혁신을 유인하고 이에 대한 접근까지를 확대하는 분배정의의 문제를 해결하는 데 기여하였는가를 질문하는 이들 또한 나타났다. 이들은 나아가 오히려 기업들이 이윤을 위해 생명과학의 주요 연구 물질들과 데이터에 대한 독점만을 추구하는 것은 아닌지 비판했다.

이러한 연구들은 2000년대에 들어서며 특허와 혁신, 공공이익의 상관관계에 대한 폭넓은 비판들과 함께 지식재산이 과학과 정치, 그리고 사업의 영역에서 어떠한 역할을 수행하고 있는지에 대해 더욱 더 비판적인 시각과 대안들을 모색하는 기반을 만들어 주었다. 특히 생의학 분야에서의 혁신을 유도하고, 생의학 연구의 성과들을 생명공학산업의 발전과 건강복리 증진을 위한 제도적 대안, 특허제도에 대한 대안이 논의되기 시작했다. 보다 정확하게는 생의학 연구에서 지식과 기술에 대해 혁신을 저해하지 않으면서, 특허와 발명에 기여한 이들에게 이익이 돌아갈 수 있는 대안적인 지식 및 발명에 대한 소유 양식에 대한 공공정책적 논의가 그것이었다.

일례로 인간유전체프로젝트(Human Genome Project)로 얻은 다양한 유전자 정보와 데이터베이스에 대한 소유를 연구를 지원한 정부에게 혹은 개발 연구와 분석을 수행한 개인이나 기업에게 독점적으로 줄 것인지 등에 관한 대안적 소유양식이 논의되었다. 즉 유전자정보에 대한 소유권을 어떻게 정의하고, 이를 의학 혁신을 유도하되 특허의 문제점을 완화시켜 보다 광범위한 공공에게 이득을 주는 방식의 소유권 양식을 제도화시키려는 대안들이 논의되었다. 이를 통해 인간유전체프로젝트를 수행한 각 국가 연구공동체는 연구공유협약인 버뮤다 원칙(Bermuda Principle)을 도출해내었으며, 이 원칙은 생의학 연구의 대안적 소유 양식의 실험의 가장 대표적인 초기 시도였다. 이 원칙에 따라 이 프로젝트의 성과로 밝혀낸 인간 DNA 염기서열들을 매일 업데이트하고 공개하였으며, 공적 영역의 정보로 남길 것을 요구했다. 이는 인간유전체프로젝트를 통해 지원받은 모든 연구 결과에 적용되기 시작했다.

보다 최근에 미국의 국립보건원(National Institutes of Health)에 의해 도입된 연구 결과물 출판에 대한 오픈 액세스(open access) 정책도 연구성과의 소유와 접근에 대한 대안적 양식을 추구하는 한 예라고 볼 수 있다. 이는 국립보건원에서 지원한 연구는 국민의 세금, 즉 공공기금으로 지원한 연구이기 때문에 그 결과가 국민들에게 자유롭게 접근 가능해야 한다는 취지로 시작된 정책이다. 이에 세금으로 지원된 모든 연구는 모든 사람에게 무료(free)로 제공되어야 하며, 수많은 생의학 분야 연구 결과들이 대중에게 즉각적이고도 광범위하게 접근 가능하게 되었다. 이 정책은 생의학 분야에서의 지식의 사유화의 문제들을 해결하기 위한 연방정부 차원의 개입이었다.

생의학 분야에서 지식의 자유로운 이용과 전파의 중요성을 강조하는 정책은 또한 생의학 연구를 위해 세포와 유전자와 같은 샘플을 제공한 환자들, 그리고 각종 자연자원을 제공한 개발도상국의 원주민들에게 어떠한 권리를 부여하고 이익을 공유할 것인지에 대한 논의로 확장되고 있다. 일례로 생명공학 초기인 1980년대 초 존 무어(John Moore)라는 환자는 자신이 제공한 세포를 통해 큰 이익을 본 의사를 상대로 소송을 제기하였지만, 법원은 이 세포를 기반으로 새로운 혁신을 만들어낸 의사가 이에 대한 특허와 이익을 독점할 수 있다고 판결하였다. 그렇지만 이후 유전정보와 생명에 대한 정보와 지식을 공유한 환자와 원주민들의 권리를 인정하는 대안적 소유 양식들에 대한 논의가 활발히 이루어졌고, 이에 이익공유라는 방식으로 생의학 연구의 성과들과 이익을 이들과 공유하는 제도들도 마련되었다.

새로이 나타난 생의학 연구 분야에서 그 분야의 발전 초기단계에서부터 보다 근본적인 대안적 소유 양식에 대한 실험들을 진행하는 사례도 등장했다. 가장 대표적으로 21세기 가장 혁신적인 생명공학 분야의 하나로 등장한 합성생물학 분과의 연구자들은 자신들의 분야가 특허와 지식재산권 문제로 인해 연구 및 개발비용이 증대되어 혁신이 나타나기 전에 어려움에 처할 수도 있다는 위기의식에 보다 대안적인 소유 양식을 탐색하게 되었다. 이들은 합성생물학 분야의 연구의 성과들을 공유하고, 이를 통해 보다 광범위한 혁신의 기반을 마련하기 위해 바이오벽돌재단(BioBricks Foundation)이라는 민간 재단을 설립하였다. 이 재단은 재원을 모으고, 각종 지식재산권 협약들을 마련하여 합성생물학 관련 기술들과 정보들에 대한 접근과 공적 이용을 유도하고 있다. 이처럼 생의학 분야에서 특허 제도가 지닌 사적 이윤의 추구와 공익에의 기여와의 균형을 추구하고, 이러한 균형이 무너졌을 때 이를 보완하거나 대체할 수 있는 대안적 소유 양식에 대한 논의와 실험이 계속 지속되고 있다고 할 수 있다.

Ⅵ. 특허정치: 혁신과 도덕, 사회정의와 시민사회

보다 폭넓은 차원에서, 과학기술과 혁신에 대한 보다 민주적인 거버넌스(governance)를 요구하는 시민사회의 목소리가 커지고 있다. 특히 생명공학과 같은 새로운 기술의 발전과 연관되어 이와 관련된 위험, 새로운 생명과학기술과 관련된 정치적이고 윤리적이고 도덕적인 논의, 그리고 분배정의와 환경정의와 같은 사회적 이슈들이 특허를 중심으로 제기되는 현상이 나타나고 있다. 일례로 특허, 특히 세포와 배아, 그리고 유전자조작 생명체들에 대한 사유화에 대한 윤리적인 논의, 그리고 이러한 특허들에 대한 사회, 정치적인 함의들에 대한 논의들이 점차 첨예하게 나타나고 있다. 또한 특허가 생의학 부분의 혁신을 유인하지만, 동시에 높은 독점 가격의 형성으로 시민의 공공복지와 환자들의 건강한 삶의 증진을 저해하지는 않는지에 대한 분배정의적 논의들이 본격적으로 나타났다.

주로 유럽과 미국의 시민사회 단체가 생명공학, 그리고 생명의 상업화와 관련된 혁신과 특허에 대한 윤리적이고 도덕적 함의에 대한 문제제기를 기반으로 특허의 정당성에 대한 법적 소송으로 촉발된 논의들이 바로 이러한 논의의 시작이었다. 과학기술과 혁신과 관련된 사회경제적이고 환경적 문제들에 관련된 문제들을 제기하고 토론하는 창구로서 유럽과 미국의 시민단체들은 특허제도를 효과적으로 이용해왔던 것이다. 일례로 생명체에 대한 사적 소유가 가능한 것인지 혹은 자연의 산물로서의 생명체나 세포, 유전자와 같은 것들이 특허 가능한 존재인지에 대한 특허의 범주, 특허가능성에 대한 문제제기가 바로 그러한 것이었다.

대표적으로 유럽의 시민단체들은 유럽의 특허제도 상에 있는 공서양속(ordre public)이라는 조항에 기반하여, 생명공학 관련 발명의 윤리적이고 도덕적 함의를 논의하는 법적이고도 대중적인 논쟁의 장을 열었다. 이렇듯 20세기 후반부터 나타난 생명공학 특허를 둘러싼 도덕적이고 윤리적인, 그리고 사회정의적인 문제제기는 시민들이 발명과 혁신과 관련된 폭넓은 이슈를 논의하고, 특허와 혁신의 분배정의적 문제들에 대해 정치적으로 개입하고 참여하여 논의할 수 있도록 하는 소위 특허 정치(patent politics)가 등장했다라고 할 수 있다. 각국의 시민사회가 생의학 및 생명공학 특허의 정당성에 대한 문제제기를 통해 다양한 정치적, 사회정의적 논의의 장을 연 사례들을 비교연구한 과학기술학 연구자 쇼비타 파타사라티(Shobita Parthasarathy)는 특허 정치를 연구한 선도적인 학자이다.

파타사라티는 특히 미국과 유럽의 특허시스템이 각기 다른 발명과 특허에 대한 정치경제적인 입장을 취하고 있고, 이에 따라 특허 정치의 양상이 상이하다는 점을 지적하기도 했다. 그녀는 우선 미국의 특허 시스템이 상대적으로 정치적 입장이나 윤리, 도덕적 가치에 대한 고려에 대해 보다 폐쇄적이고, 특허에 대한 법적, 기술적인 판단을 중시하는 기술관료적이고, 특허 제도를 통해 발명과 혁신을 유도하는 데 우위를 둔 시장-친화적인 제도라고 특징짓는다. 그리고 이러한 특징 때문에 미국에서는 특허 정치의 가능성들, 즉 특허 제도를 통해 혁신과 윤리, 사회정의의 관계를 논의할 장을 여는 데 제한적이라고 진단한다.[7)]

일례로 미국 특허청은 2000년대 유전공학의 산물로 나타난 생명체들이나 인간배아줄기세포(human embryonic stem cell, hESC)와 같은 생명공학의 사회적이고 윤리적 함의에 대한 논의는 특허 시스템 외부의 문제로 취급하는 입장을 보였다. 다시 말하면 인간배아줄기세포에 대한 특허를 판단해야 할 특허청은 생명이란 무엇인며, 배아와 같은 특정 세포는 발달 단계의 어디까지를 생명으로 보아야 하는지, 그리고 배아 세포는 어떠한 정도로 조작 가능한지와 같은 문제를 특허 허용 논의에서 배제해야 한다는 입장이었다. 이러한 윤리적이고 도덕적인 문제를 판단하는 것은 특허청의 역할이 아니며, 오히려 특허청은 이러한 특허 출원에 대한 신규성이나 진보성과 같은 기술적인 문제를 판단하는 것이 그 고유의 역할이라는 것이었다.

그렇지만 배아와 관련 연구에 대한 특허 허용 여부는 생명공학에서 생명현상에 대한 인간의 조작은 윤리적으로 어디까지 허용되어야 하는지에 대한 첨예한 질문들을 피해가기는 어려웠다. 그리고 배아의 조작과 이러한 관련 기술의 상업화가 허용되면, 이러한 기술에 접근할 수 없는 계층들에 대한 사회적 차별이 심

---

7) Shobita Parthasarathy, *Patent Politics: Life Forms, Markets, and the Public Interest in the United States and Europe*(Chicago: The University of Chicago Press, 2017).

화될 수 있는데 이러한 문제를 어떻게 접근해야 할지와 같은 사회 정의에 대한 문제 또한 제기되었다. 이에 배아줄기세포 연구의 발전으로 인해 미국의 특허제도는 생명체에 대한 특허, 그리고 인간배아줄기세포에 대한 특허의 허용과 같은 문제들에 대해 서로 경쟁하는 사회적 이해관계와 문화적 가치가 충돌하는 장소로 부상했다.

1990년대 말 인간유전체 특허로 이러한 논쟁에 휘말린 미국의 특허청은 생명공학과 관련된 사회문화적, 윤리도덕적 문제를 직접 논의하는 것을 피하고, 오히려 특허란 단지 법적이고 기술적인 방식으로 발명의 독창성과 그 소유권이 누구에게 귀속되는지 여부를 다루는 것으로 재정의하려고 시도하는 정책적 입장을 취했다. 생명-형태를 띠고 있는 생명공학 혁신들에 대한 보다 폭넓은 사회, 윤리적 논의는 특허 허용에 대한 시민사회의 문제제기를 통해 해결될 수 있는 문제가 아니라는 입장을 보였던 것이다. 이는 결국 발명의 독창성과 소유권을 기술적 정의와 기준으로 결정한 후, 사후적으로 시장에서 시민들이 그러한 상품을 이용할지 선택하고, 그에 따라 특정 혁신에 대한 윤리, 도덕적 선택이 결정될 문제라고 본 것이다.

이처럼 미국 특허청의 생명공학에 대한 선택은 결국 "시장-형성"(marketmaking) 이데올로기라고 할 만한 특징적인 것이었다. 다시 말하면, 미국 특허청의 입장은 생명공학의 거버넌스에 있어 특허제도의 역할은 법적이고 기술적인 것에 제한된 것이었다. 그리고 이러한 특허청의 결정이 내려진 후 합리적으로 작동하는 시장의 매커니즘에 의해서, 복잡다단한 윤리적, 도덕적, 분배정의적이고 환경에 관련된 이슈들이 소비자의 선택을 통해 해결된다는 입장을 함축하는 것이었다.

반면 유럽의 특허 제도는 윤리, 도덕적 근거를 통해 특허 가능 여부를 판별할 수 있는 공서양속과 같은 제도를 통해 특허 문제에 대한 시민사회의 참여와 개입의 통로를 열어주고 있다. 유럽특허조약(European Patent Convention) 제53조 a항은 "사회질서 또는 도덕에 위배"되는 발명에 대하여 특허를 거부할 수 있도록 하고 있다. 이에 따르면 발명을 "(a) 상업적으로 이용하는 것이 사회질서 또는 도덕에 위배되는 경우; 다만 그러한 이용이 가맹국 일부 또는 전부에서 법령에 의하여 금지된다는 이유만으로 사회질서 또는 도덕에 위배되는 것으로 간주되어서는 아니 된다"고 명시하고 있다.[8] 유럽의 특허청(European Patent Office, EPO)는 법

8) 국내 사례로는 이원복, "특허법 제32조 '공중의 위생을 해칠 우려' 규정의 기능과 해석," 사법 1

적이고 절차적 객관성만을 고려해 특허를 부여하지 않고, 생명공학에 대한 윤리적이고 규제적 고려에 따라 특허 허용 여부를 논의할 수 있는 제도적 절차를 가지고 있는 것이다.

유럽 특허청은 이처럼 공서양속 조항에 기반하여 인간배아줄기세포 관련 발명에 대한 특허를 거부하는 결정을 내리며 전 세계 과학계와 시민사회에 큰 주목을 받기도 했다. 나아가 여러 유럽의 시민 및 환경 단체들은 유전자조작 종자나 유전자 특허 또한 분배정의적 문제 때문에 비도덕적인 특허라 비판했다. 유전자조작 종자는 특정 종 이외의 다른 종들을 광범위하게 제거하는 특정 농약의 대량 살포를 가져와 생물다양성을 해칠 수 있다는 것이 그 논의의 하나였다. 또한 유전공학을 통해 특정 종자를 개발하고, 이러한 종자 특허를 통해 몇몇 다국적 농업 및 화학회사들이 종자시장에 대한 독점적 지배가 가능할 수도 있다는 것이 그들의 주장이었다.

이렇듯 유럽에서 특허의 비판자들은 공서양속과 같은 특허 상 제도를 활용해 새로운 혁신에 대한 사회정의적 문제들에 개입했다. 특히 환경운동가, 환자단체, 그리고 농부들의 연합이 혁신 기술에 대한 특허 정치 부상에 큰 영향을 미쳤다. 유전자 특허가 마치 생명정보에 대한 대중의 접근을 제한하고 보건 의료 서비스에 대한 접근을 제한하듯이, 농업 특허가 지속가능한 농업과 식량안보에 큰 저해가 될 수 있다는 우려가 있다는 것이다. 즉 특허 소유자의 이해관계가 반드시 공공이익이 되는 것은 아니며, 특허제도가 종종 독점을 가져와 소비자의 이익에 큰 저해를 줄 수 있다는 것이다.

유럽 특허법의 공서양속 규정은 생명공학과 생의학 부문에서 특허와 혁신, 공공이익의 관계에 대해 주목했던 과학기술학자나 공공정책학자들에게 큰 주목을 받았다. 일례로 유럽에서 온코마우스에 대한 특허 출원에 반대했던 일군의 시민단체들은, 이 유전공학의 산물이 동물에게 고통을 야기하는 생명윤리적인 문제와 환경에 노출될 경우 여러 위험을 가져올 수 있다고 지적했다. 이에 기반하여 이들은 공서양속 조항을 들어 온코마우스 특허에 반대했다. 하지만 유럽 특허청은 온코마우스가 암 환자들의 고통을 경감시킬 수 있는 실험 동물이라는 점을 지적하며, 이 특허의 윤리적, 도덕적 문제가 그 이득을 상쇄할 만큼 큰 것은 아니라고 판단했다. 또한 이러한 유전자조작 모델 시스템이 다른 동물 실험들의 필요성을

---

(56)(2021): 159 - 204을 참조할 수 있다.

감소시킬 수 있으며, 엄격한 실험실 조건 하에서 살아가기 때문에 환경 유출에의 가능성이 많지 않다며 특허를 허용했다. 그 결과 온코마우스는 미국과 유럽 모두에서 특허를 허가받은 고등생물이 되었다.

반면 최초의 인간 배아줄기세포를 만든 미국의 과학자 제임스 톰슨(James Thomson)이 출원한 배아줄기세포 관련 발명은 미국과 유럽에서 각기 다른 운명에 처하기도 했다. 미국 특허청은 이 발명의 신규성을 인정하며 특허를 허가해주었다. 하지만 유럽 특허청은 이를 거부했다. 이 발명이 인간을 포함한 영장류의 배아를 파괴하는 과정을 포함하고 있다고 보았다. 이에 유럽 특허청은 "산업적 또는 상업적 목적을 위해 인간 배아를 사용"하는 발명을 불허하는 유럽 특허법의 공서양속 규정에 기반하여 이를 불허하였던 것이다. 이처럼 유럽에서는 공서양속 규정을 통해 시민사회가 특허를 새로운 생명공학 기술 도입에 있어 그 사회가 지닌 문화적 가치나 도덕적 관점, 윤리적 논의들에 바탕해 이에 산업적 이윤과 사회적 이익의 균형을 추구하고, 신기술에 대한 정치적 정당성을 부여해주는 장소로 부상했던 것이다.

또 다른 차원에서 유럽의 특허 제도는 숙의민주주의적 논의를 통해 표출된 다양한 시민들의 윤리적, 사회문화적, 분배정의적 논의들을 반영할 수 있도록 구조화되어 있다는 점에서, 특허제도를 점차 혁신과 관련된 사회적이고 공공정책적인 논의의 중요한 장으로 등장할 수 있도록 했다. 시민들의 이러한 민주적 의사 표출과 연합은 생명-형태의 발명과 특허들을 정치경제적이고 상업적 관계를 매개하는 통로로 사용하였으며, 연구의 자유권을 보장하고, 농부의 권리를 정당하게 보장받고, 생명윤리와 환경정의가 실현될 수 있는 대안적 생명공학에 대한 비전을 제시하기도 했다.

이처럼 특허 정치는 새로운 기술이 가져온 윤리적 논란이나 환경적 위험, 그리고 사회적 이슈나 분배정의적 함의에 대한 성찰적 관점을 마련해 줄 수 있다. 특히 신기술의 위험에 대한 지나친 규제를 주장하거나 특허 여부에 대해 보수적으로 접근하는 것을 비판하는 생명공학 옹호자들과 산업 전문가들의 주장에 대해, 특허 정치는 궁극적으로 혁신의 사회적 수용과 시장에서의 성공에도 도움이 될 수 있다고 볼 수 있다. 일례로 파타사라티는 결국 유럽의 특허청의 결정에 개입할 수 있는 길을 통해 새로운 논의의 장을 열어 준 대중들의 특허정치가, 과학기술의 사회경제적이고 윤리적 함의를 재고하고, 생명공학의 분배정의적이고 환경적인 문제들을 논의할 수 있는 새로운 모델을 마련해 준 것이라 평가한다.

Ⅶ. 나가며

본 글은 생의학 분야의 특허에 대한 과학기술학자들의 다학제적인 분석과 논의들을 대략 생명공학 분야의 등장과 발전, 그리고 그 현재 시기 순으로 추적하며 살펴보았다. 이를 통해 과학기술과 법, 특히 지식재산을 중심으로 그 상호작용을 보다 폭넓은 제도적, 정치경제적, 사회문화적, 그리고 공공정책적이고 사회 정의적 맥락에서 논의해 볼 수 있었다. 그리고 이를 통해 과학기술학자들은 특허의 문제가 단순히 법적이고 기술적인 문제에 국한되지 않는다는 점을 지적했다. 오히려 과학기술과 특허, 시민사회와의 상호 작용을 살펴본 논의들을 통해, 즉 과학기술과 법, 시민사회가 만나는 접점의 지점에서 특허정치가 점차 등장하고 있음을 논의했다. 이러한 특허 정치는 점점 특허 제도가 혁신이 가져올 사회경제적 함의와 공공이익과의 관계를 매개하고, 그리고 신기술의 등장에 수반될 수 있는 위험과 윤리도덕적 대립을 중재할 뿐만 아니라, 혁신을 그 사회가 지향하는 사회 정의를 지향할 수 있도록 유인할 수 있는 논의의 장으로 변화시켜 가고 있다.[9]

과학기술과 지식재산이라는 법, 그리고 시민사회의 상호작용에 대한 이러한 과학기술학의 분석은 21세기 혁신과 사회의 상호작용을 새롭게 바라볼 분석틀을 열어주고 있다. 특히 신기술을 공적 이익을 극대화하고, 사회의 정의로운 지향을 이룰 수 있는 방식으로 새롭게 이끌 수 있는 특허 정치라는 실천틀을 하나의 새로운 정치적 가능성으로 제시해 준다고 볼 수 있다. 최근 유전자교정 기술과 같은 생명공학의 새로운 혁신이나 생성형 인공지능 혁신 분야의 특허들에 대한 시민사회의 논의와 도전은 이러한 특허 정치의 중요성과 의의를 잘 보여주는 사례라 볼 수 있다. 이처럼 시민사회는 지식재산제도를 통해 특허를 점차 혁신과 공공 이익의 관계를 재정의하고, 신기술 등장으로 인한 위험과 윤리문화적 대립들을 조정

---

9) Andy Stirling, "'Opening Up' and 'Closing Down': Power, Participation, and Pluralism in the Social Appraisal of Technology," *Science, Technology, and Human Values*, 33:2(2008): 262 - 294; Richard Owen, Phil Macnaughten, and Jack Stilgoe, "Responsible Research and Innovation: From Science in Society to Science for Society, with Society," *Science and Public Policy* 39(2012): 751 - 760.

하고, 신기술의 사회적 수용 및 정치적 권위를 재정립하고, 환경 및 분배에 관련된 사회정의적 논의가 혁신의 새로운 지향점으로 자리매김할 수 있는 장으로 그 새로운 사회적 가능성을 찾아오고 발전시켜 왔다고 할 수 있다.

편저자 해제

김 건 우

이제 책에 대한 본 편저자(이하 '필자') 나름의 해제를 덧붙여 본다. 아주 자세한 해제는 아닐지라도, 그리고 독자들이 이미 본문을 살펴보았을지라도, 이 해제가 독자들의 이해에 행여 도움이 될까 해서다. 이러한 해제 작업은 어쩌면 번역서가 아닌 논집이라는 책의 성격상 다소 이례적인 일일지 모른다. 아니, 본문 각 글이 이미 각 저자가 최선을 다해 작성한 옥고(玉稿)일진대, 그러한 글에 필자가 해제라는 이름으로 이런저런 사족을 단다면, 이는 그 자체로 필자의 본분을 넘거나, 혹은 자칫 원문을 곡해하는 일이 될 여지도 있다. 게다가 이 책의 열 몇 편의 글은 제각기 상이한 주제를 광범위하게 다루는데, 필자 개인이 글 각각에 대한 해제 작업을 수행한다는 것 자체가 무리일 법도 하다. 실제로 작업 과정에서 그런 생각을 많이 했다. 독자를 친절히 안내하고자 의도하면서도, 정작 그것을 위한 필자 자신의 연구가 미흡함을 절실히 느꼈기 때문이다. 저자들의 열정과 통찰을 제대로 담아내지 못할지 모른다는 두려움은 말할 것도 없다.

그럼에도, 미흡한 해제일지라도 그것이 어떻게든 독자들에게 도움이 될 것이라는 기대도 버리지 못했다. 책에 속한 많은 주제와 내용이 독자들에게 생소하거나 이해하기에 다소 버거울 수 있다는 염려도 떨치지 못했다. 그래서 만용을 부리는 심정으로 이 무리한 작업을 감행했다. 부디 이 해제가 저자들의 원문에 충실한 것이기를, 그리고 독자들에게 각 글에 대해 더욱 흥미를 북돋우는 한편 글들을 더욱 조직적이고도 풍부하게 이해하는 데에 보탬이 되기를 바란다.

해제의 구성은 이렇다. 먼저 각 부(部)마다 그 부 전체를 관통하는 대주제가 무엇이고 그것이 어떠한 의의를 가지는지를 가볍게 그려낼 것이다. 그런 다음 각 장마다 다소간 실질적 내용을 포함한 해제를 덧붙인다. 각 장 해제에서는 그 장의 배경과 주제, 그리고 논지를 때로는 저자의 언어로, 때로는 필자의 언어로 소개한 후 해당 장의 요지를 간략히 풀어낼 것이며, 끝으로 주요 논점에 대한 필자 나름의 촌평 내지 더 생각할 사항을 짧게 덧붙일 것이다.

바라건대, 독자들은 본 해제를 잘 활용하면 좋을 것이다. 본문을 먼저 읽은 후 본 해제를 읽는다면 자신의 이해와 문제의식을 다질 수 있을 것이다. 혹은 본문을 먼저 읽었건 아니건 간에, 본 해제를 읽은 후 본문으로 되돌아가 해당 글을 다시 음미해 보는 것도 좋은 수순일 것이다.

1. 법적 인간과 과학(제Ⅰ부)

본문에서 확인한 대로, 이 책은 세 개의 부(部)로 이루어져 있다. 먼저 제I부는 법과 과학의 만남을 조명하되 '인간'이란 무엇인가에 주목한다. 이러한 조명을 왜 시도해야 하는가? 그러한 시도의 의의는 무엇일까? 이들 질문에 대한 답은 대략 다음의 논증으로부터 얻을 수 있을 것이다. 한편으로, 도덕과 법이 궁극적으로 인간 삶과 사회의 규칙과 질서를 이루고, 그것이 인간에게서 유래하면서도 역으로 인간에게 적용되기도 한다면, 인간을 제대로 이해하는 일이야말로 그러한 도덕과 법을 이해하는 데에 필수불가결한 과제다. 다른 한편, 현대과학은 인간이 어떠한 존재인가에 대한 이해를 크게 바꾸어 놓았다. 전통적으로 인간을 종교와 철학에 기초하여 이해했다면, 근대 이후에는 새로운 지적 권위로서 등장한 과학에 기초하여 이해하게 되었다. 특히 인지신경과학(뇌과학)이나 진화생물학·진화심리학, 기타 각종 심리학 분과나 현대 정신의학 등 인간의 마음과 행동과 관련한 여러 분과(分科) 과학에 기초해서 말이다. 이들 과학 분야는 지적 원천으로서 전례 없는 권위를 인정받아 왔기에, 우리는 이들 과학을 통해서 인간 본성, 즉 인간의 심리와 행동의 본성이 어떠한가를 가장 잘 이해할 수 있다. 따라서 이 두 가지 '참'인 전제로부터 우리는 다음의 '결론'을 도출할 수 있다.

> 이론적으로든 실천적으로든 법과 도덕에 대한 이해는 인간을 과학적으로 이해하는 바탕 위에서 더욱 타당하고 온전한 것으로 조명되고 정립될 수 있다.

제Ⅰ부의 모든 글이 이 결론에 대해 전적으로 지지하는 것은 아니지만 대체로 그것에 다소간 동조하는 편이다. 각 글을 차례로 조명해 보자.

제1장 "법인격, 과학을 만나다"는 본서 전체에 대한 총론의 역할을 하는 면이 있어 제1장으로 배치했다. 글의 주제는 법의 주요 개념 중의 하나인 '법인격'으로, 이 개념이 어떻게 과학을 만나는가를 다룬다. 먼저 저자(김건우)는 오늘날 과학기

술의 시대에, 특히 동물과 자연물, 인공지능 등 각종 '사물'(물건)의 법인격 여부가 논란이 되는 첨단 과학기술의 시대에 법인격이란 무엇인지, 그리고 무엇이어야 하는지를 논의한다. 그런 다음 자신의 논지를 일반화하여, '법인격'이 과학을 만나는 양상을 넘어 '법'이 과학을 만나는 접점의 양상이 어떠한가를, 그리고 어떠해야 하는가를 탐색한다. 글의 논지를 요약하면 다음과 같다.

일상에서도 철학에서도 그렇듯이, 법에서는 사람과 사물 등 세상에 존재하는 것들의 범주를 나눈다. 법이 가장 주목하는 범주인 '사람'만 놓고 보더라도, 법은 언제나 사람을 수많은 법규와 기준을 써서 종횡으로 나눈 후 각 범주별로 달리 규율하지 않던가?[1] 남성과 여성의 구분이나, 내국인(국민)과 외국인의 구분, 성인과 미성년자의 구분, 사용자와 피용자의 구분 등이 그러하고, 국민을 노인, 장애인, 공무원, 의료인 등 각종 집단으로 범주화한다. 그리고는 이들을 다시 문제되는 사안의 유형에 따라 — 조문상의 입법을 통해서건 법해석을 통해서건 간에—더 세세하게 나누어 그 세부 범주마다 달리 규율한다. 이렇게 보면, 법은 다른 어떤 학문이나 실천 영역보다도 '구획'(칸 나누기)의 학문이자 실천이다. "같은 것을 같게, 다른 것을 다르게"라는 법언이 이를 말해준다. 이는 법적 정의(正義)나 평등의 제일가는 고전적 구호이자, 사실상 법에 대한 고전적 정의(定意)에 해당한다. 세계 속 존재와 사태가 서로 같은지 다른지를 판단하고 그에 따라 구획을 할 때에야 비로소, 법에서는 자신의 그것들을 같게 혹은 다르게 규율할 수 있다는 것이다. 법적 범주 구분은 법의 알파요 오메가다.

이처럼 법적 범주 구분의 양상은 매우 다양하다. 하지만 법에서 가장 중요한 범주 구분 중 하나를 꼽는다면, 어떤 존재가 '법인격'인지의 여부라 하겠다. 법은 이를 따짐으로써, 법적 정의의 이념에 따라 같은 것은 같게, 그리고 다른 것은 다르게 취급하고자 한다. 단순히 말해, 법에서 모든 사람은 법인격, 즉 권리의무의 주체(예: 소유권의 주체)로서 동등하게 취급되지만, 사람이 아닌 사물은 그 주체가 아닌 객체(예: 소유권의 객체)일 뿐이기에 사람과 비교하여 명백히 차별적으로 취급된다. 법적 존재를 사람과 사물로 나눈 후 법인격을 사람에게 국한하는 이 같은 견해는 종종 '정통적 견해'(The Orthodox View)라고도 불린다. 일종의 교과서적 견해로서 이 견해는 많은 이들에 의해 당연시되고 있다.

1) 형사정책의 맥락에서 사람의 범주를 구분하는 역사와 논리, 그리고 정치에 대한 논의는 본문 제5장 참조.

저자는 논의를 위해 '법인격'의 형식과 내용과 관련하여 근대법이 취해온 견해들을 소개한다. '법률주의'(legalism), '이성주의'(rationalism), '종교주의'(religionism), 그리고 '자연주의'(naturalism)가 그것으로, 이 견해들은 호주의 법철학자 나이리 너핀(Ngaire Naffine)이 정립한 것이다. 이에 따르면, 법률주의는 한 존재가 법인격인가의 여부가 법률이 정하기에 달려 있다는 견해이고, 이성주의는 그 여부란 해당 존재에 이성적 능력이 내재해 있는가에 달려 있다는 견해이며, 종교주의는 그 여부가 해당 존재에 모종의 신성함이 깃들어 있는가에 달려있다는 견해이다. 저자는 이들 견해를 재료로 삼아 정통적 견해의 토대를 해명한다. 즉 근대법에서 법인격 개념은 이들 견해 중에서 특히 법률주의가 이성주의 및 종교주의와 나름대로 결합된 것으로 볼 수 있다는 것이다.

하지만 수많은 다양한 존재 범주 중에서 어떤 범주가 법인격인지를 밝히는 일은 생각보다 간단치 않다. 일견 노예나 여성, 혹은 태아는 마땅히 사람이라 할 법하지만, 그 범주가 법인격인지의 여부는 실상 시대나 역사적 전통, 혹은 사회문화적 조건에 따라 달랐다. 반면 회사 등 법인이나 혹은 동물과 같이, 명백히 사람이 아님에도 법인격임을 인정받게 되었거나 혹은 인정받아야 한다고 주장되는 것들도 늘어나고 있다. 법인격 개념의 이 같은 가변성은 역사적 현실로서 오늘에까지 이어지고 있으며, 이로 인해 법인격 개념을 일반적이고 정합적인 방식으로 정의(定意)하거나 이론화하는 일은 더욱 어려워졌다.

그렇다면 이 점에서 앞서 언급한 정통적 견해가 법인격 개념의 가변성이나 역사성을 제대로 반영해 주는가? 그렇지 않은 것 같다. 따라서 정통적 견해는 법인격 개념을 위한 하나의 성공적 설명이나 이론이라고 할 수는 없어 보인다. 그래서 저자는 '법인격'을 근대법이 정립한 '최고의' 발명품이기는 하되 여전히 그 의미를 명쾌하게 밝히기 어려운 '논쟁적' 발명품이라고 말한다.

하지만 '법인격'을 둘러싼 이 같은 고충은 근대과학의 놀랄 만한 발전에 따라 더욱 크고도 근본적인 도전에 직면하게 되었다. 왜냐하면 과학의 발전으로 인해 인간은 자신과 세계가 어떠한가를 과거와는 크게 다르면서도 진전된 내용으로 이해하게 되었고, 그에 따라 세계 내 존재 범주에 대한 기존의 단순한 구획(즉 사람-사물이라는 구획)을 더 이상 고수하기 어렵게 되었기 때문이다. 무엇보다, 과학적 인간관과 과학적 세계관이 새로운 진리로서 특별한 권위를 누리면서 인간의 모든 지적, 실천적 영역에서 철학적 자연주의(philosophical naturalism)라는 사조가 득세하게 되었다. 이에 따라, 법인격이란 무엇인가에 대해서도 일종의 과학적 세계관에 의한 자연주의적 견해를 취해야 할 좋은 이유가 생긴 것이다. 일명 '자연주의 법인격론'을 말이다.

여기서 저자는 자연주의 법인격론의 예로, 근래 폴란드의 법철학자 토마시 피에트르지코브스키(Tomasz Pietrzykowski)가 내놓은 이론적 제안을 소개한다. 이 제안의 핵심 내용은 크게 두 가지다. 하나는, 법에서 '법인격'과 '권리주체'라는 두 유관 개념을 더 이상 동일시할 것이 아니라 서로 구별하여 사용하자는 것이며, 다른 하나는 그러한 법인격과 권리주체 개념의 자격요건을 단순히 현실적·정책적 필요에 의해 정할 것이 아니라 해당 존재의 이성적·감정적 능력에 관한 과학적·자연적 기준으로 돌리자는 것이다. 한마디로, 법인격과 권리주체와 관련하여 흔한 '법률주의' 혹은 그 변형이 아니라 모종의 '자연주의'를 채택하자는 것이다.

그렇다면 이러한 제안의 귀결은 무엇인가? 그것은 바로, 사람 외에 자기성찰적 의식을 보유한 고등동물도 새로운 법인격이자 인격 주체의 범주에 포함해야 하며, 또한 충분히 발달된 감정적 의식을 가진 준(準)고등동물과 태아 및 배아를 '비인격주체'라는 범주를 법인격도 사물도 아닌 제3의 범주로 간주해야 한다는 것이다. 또한 그렇게 함으로써, "그러한 동물을 모종의 주관적, 법적 권리의 담지자로서 취급해야 하며, 인간은 동물과 관련된 모든 법적 결정에서 그러한 법익을 고려하거나 형량해야 한다"는 것이다.

이어서 저자는 피에트르지코브스키의 이 같은 제안을 비판적으로 검토한다. 먼저 저자는 그의 주장이 분명한 실천적 이점을 가진다는 사실을 인정한다. 동물 등 그 지위가 논란이 되어 온 몇몇 존재 범주를 그것의 이성적·감정적 능력 여하에 따라 (그 능력에 대한 과학적·자연적 기준에 따라) 비인격주체로 범주화함으로써, 온건한 법적 보호망 내에 두는 데에 도움이 될 수 있다는 것이다. 또한 저자는 법인격에 관한 하나의 이론으로서도 그의 제안이 가지는 의의가 있음을 인정한다. 이 이론을 급진 자연주의와 대비되는 온건 자연주의 노선에 선 법인격론의 흥미로운 한 변형이론이라고 보면서, 저자는 이러한 시각으로부터 자연주의 법인격론을 위한 유익한 시사점을 얻을 수 있다고 본다. 특히 '법인격'과 '권리주체'를 분리해내고 '비인격주체'라는 제3의 범주를 도입하자는 피에트르지코브스키의 제안이 여러 논쟁적인 존재 범주의 법적 지위 문제에 관한 기존의 혼란을 해소해주는 면이 있음을 인정한다.

그럼에도 불구하고 저자는 피에트르지코브스키의 제안에 중요한 맹점이 있다고 지적한다. 다음 두 가지다. 첫째, 그의 제안은 법인격에 관한 하나의 '이론'으로서는 비판받을 만하다. 무엇보다, 그의 제안이 하나의 자연주의 법인격론인지가 다소 애매하다. 그것은 법인격의 내용을 (고등동물과 준(準)고등동물의) 의식에 대한 과학적 근거를 통해 해명하려 한다는 점에서 일견 '자연주의적'이다. 하지만 이 제안은 여전히 그러한 존재의 의식이 '자기성찰적'이거나 혹은 '감정적'이어야 한다고 정의하고 있기 때문에, 법인격의 내용을 단순히 자연주의적 법인격론만이 아니라 이성주의적 법인격론(어떤 존재자가 법인격임의 토대가 그것의 이성적·숙고적 특성에 있다는 이론)이나 감정주의적 법인격론(그러한 토대가 해당 존재자의 감정적 특성에 있다는 가상적 이론)을 필수적으로 소환하고 있다. 즉 그의 제안은 자연주의만이 아니라 거기에 이성주의와 감성주의를 혼융하고 있다는 것이다. 이러한 개념구성 방식은 그의 제안을 이론적 선명성을 떨어뜨리는 것일 수밖에 없다.

둘째, 피에트르지코브스키의 제안은 '법인격'에 관한 이론으로서 여러 상이한 존재 범주들을 가로지르는 일관된 기준을 제시하지는 못한다. 그러한 제안이 제시하는 기준에는 적어도 (태아를 제외한) 이른바 '인체유래물'이라는 반례가 있다. 인체유래물이란 혈액이나 조직과 같이 인체로부터 분리된 물질을 말한다. (태아 외의) 인체유래물은 과학적 의미에서건 다른 어떤 의미에서건 비록 의식을 가지지 않음에도 그것이 마땅히 물건과 인격 사이 어딘가의 존재로 취급되어야 할 만한 특수한 범주로 볼 수 있다. 이때 (저자에 따르면) 그의 제안은 인체유래물의 이 같은 법적 지위의 특수성을 제대로 설명하지 못한다(이 논점은 본문 제4장의 논점과도 연결된다).

그럼에도 저자는 자연주의 법인격론의 전망을 완전히 포기하지 않으며, 오히려 그것을 갱신할 것을 제안한다. 저자에 따르면, 피에트르지코브스키의 제안을 포함해서 기존의 자연주의 법인격론 시도는 여전히 '근대적' 기획의 일환에 머물러 있다. 그래서 인간중심주의 내지 인격주의라는 근대적 틀로부터, 그리고 객관성과 진리의 원천으로서의 기존의 '자연' 개념으로부터 벗어나, 그것을 적극적으로 갱신해나가야 한다. 또 이를 위해서는, 소위 근대적 인간론과 형이상학, 인식론, 그리고 가치론을 넘어 새로운 사유 토대를 모색하고, 기존의 인간관과 자연관을 전면적으로 재정립해야 한다. 저자는 이러한 대안적 관점을 '탈근대적·포스트휴먼'(post-human) 관점이라고 부른다.

그렇다면 이러한 대안적 관점의 내용을 상론하는 것이 과제로 남는다. 저자가 이 글에서 그러한 논의에까지 나아가지는 않지만, 자신의 다른 글에서 그 방향에 대해 시론적 논의를 개진한 바 있다.[2] 여기서 이를 상론할 수는 없으니 가볍게만 언급해 두자. 이름하여 '커먼즈'(commons)의 철학사상이다. 이는 한마디로, 인간과 사회, 그리고 사물을 아울러 모든 존재자는 소거불가능한 상호의존적 관계로부터 비롯한다는 것이며, 이때 그러한 관계성을 일종의 '공동성'(commonality)이라고, 그리고 그러한 관계로서의 존재자를 '커먼즈'라고 부를 수 있고, 이러한 커먼즈야말로 곧 새로운 자연이라는 것이다. 그리하여 실체–생명–인간을 중심으로 하면서 인간과 사물의 이분법에 기초한 기존의 인간관 및 자연관에서 벗어나, 커먼즈 기반의 자연주의 법학 즉, 인간과 사회, 그리고 사물을 관계적, 통합적, 시스템적으로 다루는 새로운 형태의 자연주의 법학으로 나아가야 한다는 것이다.

이러한 관점은, 더 이상 개인의 사적 영역과 국가의 공적 영역 간의 길항을 토대로 한 근대법적 틀에 사로잡힐 것이 아니라 이를 전면적으로 갱신해야 함을 시사한다. 그러한 관점 하에서 '법인격'과 '법적 권리'라는 언어는 더 이상 개별자의 인격성이나 그의 배타적 권능을 대별하지 않는다. 그러한 언어는 오직 커먼즈적 관계, 즉 개인과 국가의 이분법이나 사적 영역과 공적 영역의 이분법을 뛰어넘어 다양한 존재 유형 간에 개재된 소거불가능한 상호의존적 관계를 읽어내는 것이어야 한다.

이러한 관점이 완전히 낯설지는 않다. 이미 그러한 지적 혁명을 위한 배경이라 할 만한 여러 시도가 있었다. 한편으로, 이른바 네트워크 이론이나 시스템 과학 등의 이름으로 개진되는 학문적 정향(orientation)이나, 혹은 오늘날 이른바 '신물질주의'(New Materialism) 등 활발히 개진되고 있는 여러 유관 사조가 그 예다. 이런 사조 하에서는 존재의 개별성과 실체성을 토대로 한 근대적 사유에서 벗어나 존재의 관계성과 체계성, 그리고 전일성(holisticity)을 토대로 한 탈근대적 사유를 표방한다(이와 관련한 논점은 이하 제3장이 시사하는 논점과도 부분적으로 상통하니, 두 글을 연결하여 읽어도 좋을 것이다). 다른 한편, 이 관점은 오늘날 환경파괴와 기후변화 등이 가속화되면서 전 인류가 당면한 실존적 위기를 극복하고자 제안되어 온 다양한 형태의 생태주의 사조나 이른바 '인류세'(anthopocene) 담론

---

2) 저자(필자)는 "과학과 법의 생태적 전환과 커먼즈: 의의와 전망", 『과학기술과 사회』, 제5권(알렙, 2023.12)에서 이러한 관점의 일단을 시론적으로 개진한 바 있다.

과도 맞닿을 수 있다.[3)]

다만 이러한 관점이 행여 세계에 대한 '구성주의'나 '해체주의'로 복귀하는 것이라면, 과거에 이들 사조가 노정했던 한계점을 어떻게 하면 재현하지 않고 극복할 것인가에 대한 적극적 논의가 필요할 것이다.

게다가 저자가 제시한 탈근대적·포스트휴먼 관점을 왜, 어떠한 의미에서 여전히 '자연주의적' 관점이라고 할 것인지도 해명해야 할 것이다. 이때의 '자연'의 의미가 무엇인지를 말이다. 역사적으로, '자연'의 의미는 결코 단일한 내포로 포착된 적이 없다. 고대 그리스의 자연철학에서부터 중세의 과학을 거쳐, 근대의 과학혁명, 진화생물학, 그리고 현대의 물리학에 이르기까지 '자연'의 의미는 서로 달랐다.[4)] 뿐만 아니라, 각 시기 내에서나 각 분과과학 내부에서 '자연'의 의미가 통일적인 것도 아니었다.[5)] 나아가 자연 개념은 문화에 따라 다르기도 했다. 동양(유교, 불교, 도교 등)이나 중남미의 문화와 전통에서의 자연관은 서구에서와는 또 달랐기 때문이다. 따라서 만약 자연 개념의 이 같은 다양성을 간과한 채 단지 탈근대적·포스트휴먼 관점을 모종의 '신(新)자연주의적' 관점이라고만 한다면, 이는 자칫 내용이 빈곤한, 그저 이름뿐인 립서비스가 될 우려가 있다.

제2장 "도덕 본능을 넘어서는 법을 위하여"에서 법은 현대의 진화론, 특히 진화심리학(evolutionary psychology)을 만난다. 흔히 진화심리학은 (후술할 사이비과학 논란에도 불구하고) '분과과학', 즉 물리학, 생물학 등 개별적 분과로서의 과학 분야 중의 하나로 간주되지만, 이 분야의 연구자들은 그것을 인간과 생명의 특질

---

3) '인류세'란 현 지질시대를 가리키는 명칭으로 제안되었다. 농경시대 이후 혹은 늦어도 산업혁명 이후 현대 첨단기술문명에 이르기까지, 인간의 다양한 활동의 영향력이 넓고 크다 못해 새로운 지질시대를 형성할 정도로 지배적이라는 것이다. 19세기의 산업혁명이나 20세기의 인구 폭발과 에너지 대량 소비, 그리고 그로 인한 이산화탄소 농도의 급증과 대규모의 기후변화 등이 주요 근거로 거론된다. 또한 이 개념은 과잉생산과 과잉소비를 징표로 한 현대 자본주의에 대한 비판의 중요한 논거로도 거론된다.
인류세라는 개념은 애초 일부 과학계에서 주창되었음에도 정작 과학계보다는 인문학계에서 주목한, 다분히 '인문학적' 혹은 '정치적' 개념에 가까운 것이었다. 하지만 점차 '과학적' 개념으로서도 진지하게 고려되는 추세다. 다만 오늘의 지질시대(현세)에 대한 지질학계의 공식 명칭은 인류세가 아니라 여전히 '홀로세'(Holocene)이다.

4) '자연'의 역사적 변천과 다양성에 관해서는, John Torrance (ed.), *The Concept of Nature* (Oxford University Press, 1992).

5) 예를 들어, 현대물리학에서는 자연 개념이 '법칙' 개념으로 대체되었다고 볼 수 있지만, '법칙'이 자연을 어떻게 표상하는지, 그리고 그러한 법칙의 형식이 결정론적 법칙인지 비결정론적(확률적) 법칙인지 등은 여전히 철학적으로 해결되지 않은 난제이다.

일반에 관한 (진정한) '보편과학'이자 '근본과학'이라고 여긴다.[6] 이러한 시각을 따른다면, 이 장에서도 법은 과학(진화심리학)을 전면적으로 대면하는 셈이다. 저자(전중환)는 국내에서 손꼽히는 진화심리학자로, 진화심리학을 사회 여러 영역에 적용하고 분석하는 연구 기획을 진행해왔다. 이 글에서는 그러한 기획을 법의 영역에까지 사뭇 도전적으로 확장하고 있다.

이 글에서 저자는 현대 진화심리학을 통해 도덕, 정의, 법 등 인간 사회의 '규범적' 개념과 제도를 이해할 수 있다고 주장한다. 간단히 말해, 법을 이해하기 위해 법전이나 판결문, 혹은 법학서적만을 들여다볼 것이 아니라 현대 진화심리학을 들여다 보라는 것이다. 인간 본성에 대한 진화심리학적 설명이야말로 인간 사회의 가치 질서 및 운용의 토대가 되는 개념과 제도를 제대로 이해할 수 있게 해준다고 보기 때문이다. 법교육이나 법실무에서 법조문이나 판례만이 중요하다고 여겨온 법학도나 법률가들이 있다면, 그들에게 이는 가히 도전적 주장이 아닐 수 없다.

주지하듯, 진화생물학은 현대 생물학의 근간을 이루며, 진화심리학은 그러한 진화생물학의 '심리학' 버전이라 할 수 있다. 진화심리학이란 무엇인가? 저자가 자신의 다른 저술에서 서술한 바에 따르면, 진화심리학은 "마음의 복잡한 구조를 진화의 시각에서 파악하려는 시도"다.[7] 인간의 심리와 행동은 과학 중에서도 유전자의 자연선택을 중심으로 한 진화생물학적 토대에 의해 잘 설명된다는 것이다. 이러한 관점에 의하면, 인간의 마음이란, 수백만 년 전 수렵-채집 환경에서 인류의 조상들이 당면했던 적응 문제들에 잘 대처할 수 있도록 자연선택에 따라 인간이 갖게 된 심리적 적응 기제들을 모아 놓은 것이다.[8] 인간의 몸과 마음은 수백만 년 동안 소규모 수렵-채집 생활 속에서 진화한 것이며, 그 이후 근래 약 1만 년밖에 되지 않은 농경 사회나 수백 년밖에 되지 않은 산업 사회의 기간은 심리적 적응 기제가 진화하기에는 너무도 짧은 시간이었다. 그래서 한마디로, "현대인의 두개골 안에는 석기 시대의 마음이 들어 있다."[9]

---

6) 저자는 진화심리학을 연구하고 옹호하는 입장에서, 진화심리학이야말로 현대 심리학의 공통적 토대라고(이어야 한다고) 주장한다. 즉 우리는 인지심리학, 사회심리학, 상담심리학을 놓고 현대 심리학의 분과들이라고 말하지만, 진화심리학은 그런 한 분과에 불과한 것이 아니라 현대 심리학 모든 분과의 토대에 해당한다는 것이다.

7) 전중환, 『진화한 마음』, (Humanitas, 2019), 41쪽.

8) 전중환, 위의 책, 41쪽.

9) 저자의 관점은 세부적으로는 심리 기제의 진화를 설명하는 다각도의 시도 중에서도 특히 '유전자의 눈' 관점(gene's eye view)에서 접근하려는 패러다임에 서 있다. 진화에 의해 자연선택되는 것은

다만 '자연선택'의 의미를 오해하지 않도록 주의가 필요하다. 그것은 자연이 '의식적으로' 특정 심리 기제를 선택한다는 말일까? 그렇지 않다. 이에 대해 저자는, "자연선택에 의한 진화는 특정한 환경에 처한 생물 개체군에서 다음 세대에 복제본을 많이 남기는 유전자가 그렇지 않은 유전자를 제치고 세대에 걸쳐 그 빈도가 높아지는 '맹목적'이고 '기계적'인 과정이다. [여기에는] 어떠한 의도도, 목적도, 계획도 없다"라고 답하며 오해를 불식한다. 하지만 진화생물학자들이나 진화심리학자들은 종종 자연선택이 마치 의도와 목적을 가진 행위자인 양 서술하기도 하는데, 여기에는 자연선택의 조건과 결과를 더욱 선명하게 연결해줌으로써 독자의 이해를 도와주는 긍정적 효과도 있다. 한마디로, 그런 서술방식은 이해와 오해의 여지를 동시에 키우며, 이 점에서 양날의 칼이라 해야겠다.

저자는 인간의 다양한 심리 기제에 관한 적응주의를 개괄한 후, 그중에서도 '도덕판단'과 '도덕본능'이란 무엇인가를 풀어낸다. 이 과정에서 저자는 도덕심리학자 조나단 하이트(Jonathan Haidt)와 진화심리학자 데이빗 버스(David Buss), 그리고 진화법학자 오웬 존스(Owen Jones) 등 현대의 걸출한 연구자들의 성과를 원용하여, 도덕판단은 인간의 사유 방식 중에서 '추론'이 아니라 '직관'에 의해 추동된다고 지적한다. 인간의 마음은 철학에서 논하는 것처럼 본질적으로 선하거나 본질적으로 악한 것이 아니며, 인간은 무엇이 옳고 그른지, 무엇이 공정하고 불공정한지를 추론을 통해 판단하는 것이 아니라 '그냥'(빠르고 무의식적인 직관에 따라) 안다는 것이다. 저자는 인간의 이러한 면모를 진화심리학을 통해 잘 설명할 수 있다고 본다. 진화심리학은 추론에 의한 도덕판단(즉 도덕형이상학)을 함축하지 않는다. 마음은 경제적 이득을 최대화하거나 사회정의를 실현하게끔 만들어진 것이 아니다. 단지 먼 과거의 소규모 사회에서 오직 조상들의 번식을 높이게끔 '설계된' 것일 뿐이다. 이를 마음과 도덕에 관한 '진화적 적응주의'(evolutionary adaptationism)라고 부른다.

이어서 저자는 법판단과 법행동, 법감정, 그리고 법본능에 관한 해명으로 나아간다. 이는 도덕판단과 연관되어 있지만 그것과는 구별되는 심리 기제다. 저자에 따르면, 법은 "객관적이고 초월적인 도덕 원리의 집합이 아니라 사회생활에서 이해관계의 갈등을 조정하게끔 자연선택된 도덕본능으로부터 유래한다." 그래서 법전이나 법규범이란, "수렵-채집 사회에서 행위의 잘잘못을 직관적으로 판단하도

집단도, 종도, 개체도 아닌 유전자라는 것이다.

록 진화한 심리적 적응, 즉 도덕 본능 혹은 도덕 모듈이 구체적으로 성문화한 것"이다.

저자는 다음의 결론으로 나아간다. "법은 신, 우주적 질서, 혹은 초월적인 도덕 원리로부터 나오지 않았다. 법은 인류의 진화 역사를 통해서 행위의 옳고 그름을 판단하도록 진화한 심리적 적응이 만드는 직관으로부터 나온다. 달리 말하면, 오늘날의 법은 정의, 배려, 자유 등에 대한 빠르고 무의식적인 직관이 성문화된 것이다."

이러한 주장을 있는 그대로 해석하면, 인간 본성에 관한 진화심리학이야말로 '과학적' 법학이자 '진짜' 법학을 위한 토대일 수 있다는 말이 된다. 저자는 관련 연구를 빌어 이러한 주장을 뒷받침하는 몇몇 실증적 증거를 제시한다. 첫째, 발달심리학자들은 심사숙고하는 합리적 추론 능력이 아직 발달하지 못한 시기인 영아와 유아조차도 응보, 처벌, 정의 등에 대한 도덕 직관을 분명히 지니고 있다는 사실을 발견해냈다. 둘째, 문화인류학자들은 성문법이 있는지와 무관하게 전 세계 어느 문화권에서든 간에 행위의 옳고 그름, 그리고 행위자의 권리와 의무를 판단하는 도덕규범이 보편적으로 존재한다는 사실을 보고했다. 집단의 이익을 해치는 반사회적 행동은 비난받거나 추방, 사형, 몰수 등의 처벌을 받으며, 살인이나 폭력, 강간 등은 말이나 글로 된 법규에 의해 제재를 받는다는 것이다. 셋째, 진화법학자들은 여러 나라의 법률이, 그리고 한 나라에 속하는 개개의 시민들이 응보, 처벌, 정의 등에 대한 도덕 직관을 정교하고 체계적으로 공유한다는 사실을 발견해냈다. 도덕을 담당하는 심리적 적응은 특정 문화만의 것이 아니라 인간 종에 대해 특이적이고 보편적인 형질이라는 것이다.

이렇듯 법은 인간의 도덕 본능에서 비롯한다. 하지만 저자는 법이 종종 정의와 도덕을 무너뜨린다는 사실 또한 지적한다. 한마디로, 법은 정의나 도덕과 관련하여 이중적으로 작동한다는 것이다. 저자는 이 같은 이중성의 미스터리를 다음과 같이 풀어낸다. 첫째, 자연은 선하지도 악하지도 않으며 정의롭지도 부정의하지도 않다. 자연은 오직 번식가능성, 즉 DNA의 생존가능성을 높이도록 선택을 해나갈 뿐이다(진화생물학에서는 그러한 가능성을 '적합도'(fitness)라고 부른다). 즉 자연 선택은 개체의 건강이나 행복을 최대화하기 위한 것이 아니라 번식 성공도를 최대화하기 위한 것이다.

둘째, 구체적 사안에 대한 도덕 판단에서 사람마다 견해가 달라 종종 논쟁이 일어난다는 사실(소위 '도덕 상대주의')은 흔히 진화심리학에 대한 반례로 제시되지만, 진화심리학은 그러한 사실도 충분히 잘 설명할 수 있다. 진화적 심리 기제가 도덕의 토대라면 도덕논쟁은 왜 발생하는가? 진화심리학은 이렇게 답할 것이다. 도덕논쟁이 벌어질 때 각 개인이나 진영이 처한 진화적 조건은 제각기 다를 수 있기에, 그들은 자신에게 진화적으로 유리한 규범을 주장하며 그것을 상대편에게 강요하고자 하는 것이라고.

나아가 이러한 설명은 현대산업사회에서 도덕 논쟁 외에 법적 논쟁이나 정책 논쟁이 발생하는 이유까지도 그럴듯하게 밝혀준다. 사람들은 자신의 성별, 연령, 소득, 번식전략 등에 따라 각자 자신에게 진화적으로 가장 유리한 입장을 지지하며, 이에 따라 공동체의 표준으로서 법률을 제정할 때에 각 진영은 자신들의 도덕 규범을 상대 진영에게 설득하고 강요하려 한다는 것이다.

따라서 "법학은 그 어느 분야보다도 다윈주의적인 설명과 반다윈주의적인 응용의 절묘한 결합이 요청되는 분야다." 그러한 결합은 어떻게 해서 가능한가? 저자는 진화생물학자 리처드 도킨스의 말을 빌어 답한다.

> "과학자로서 나는 다윈주의를 지지하지만, 정치의 영역에서 우리가 인간사를 어떻게 꾸릴 것인가에 대해 나는 열렬한 반(反)다윈주의자다. ... 과학자로서 다윈주의를 옹호하면서 한 인간으로서 다윈주의에 반대하는 태도에는 어떠한 모순도 없다.

나아가 저자는 이러한 견지에서 우리의 통념을 정면으로, 통렬하게 뒤집는다.

> 정의, 자유, 인권 등에 대한 우리의 강렬한 직관은 허상이다. 이러한 직관은 먼 과거의 환경에서 그러한 직관을 만드는 유전적 토대가 후대에 잘 전파되는 데 도움을 주었기에 진화했을 따름이다. [...] 가슴을 뜨겁게 뒤덮는 정의감은 외부의 실재를 객관적으로 반영하지 않는다.

법학자나 법률가에게든, 철학자에게든, 아니면 일반 독자에게든 분명 이는 놀라운 주장일 것이다. 아니, 그들 다수를 다분히 불편하게 하는 주장일 것이다.

저자에 의하면, 법이 도덕 본능으로부터 기원한다는 사실은 인간의 도덕과 정의 실현에 종종 역설적으로 작동한다. 한편으로는 전술한 바대로 마음이 설계된 목적이 무엇인가에 대한 진화적 시각이야말로 사법적 정의, 환경 보전, 가족, 폭력, 사회계약, 노동, 남녀 관계 등 법의 다양한 갈래에 대해 중요한 함의를 가진다. 저자가 구체적 실례들을 통해 이를 뒷받침하고 있기도 하다. 그럼에도 불구하고 그러한 법은 종종 우리가 공동체의 복지와 정의를 실현하는 것으로부터 멀어지게 하기도 한다. 따라서 분명한 사실은 인간 본성에 대한 진화적 설명은 법이라는 지렛대를 탄탄하게 지지하는 받침점이라는 것이다. 왜 인간은 하필이면 이렇게 행동하는가에 대한 과학적 이해가 선행되어야만 법은 비로소 인간 행동을 바람직한 방향으로 변화시킬 수 있다는 것이다.

이제까지 인간의 도덕 본능은 마음의 진화적 적응에 따른 것이며, 법은 그러한 도덕 본능을 형식화하고 제도화한 것이라는 저자의 견해를 소개했다. 독자들의 생각은 어떠한가? 독자들의 이해를 돕기 위해 필자가 다음 몇 가지 (철학적) 촌평을 덧붙여 본다.

우선 진화심리학 자체를 보자. 유념할 것은, 저자도 언급하고 있듯이 진화심리학이 여전히 스캔들 속의 학문이라는 점이다. 첫째, 진화심리학의 과학성을 둘러싼 논란이다. 그 과학성에 대한 의구심은 여전하다. 진화심리학은 "마음을 가장 일반적이고 깊은 수준에서 탐구하고 해명하고자 하는 과학"을 표방한다. 앞서 필자는 이렇게 볼 경우 진화심리학이야말로 '과학적' 법학이자 '진짜' 법학을 위한 토대라는 슬로건을 내걸 수 있다고 지적했다. 하지만 기실 진화심리학은 오래도록 사이비과학(pseudo-science)이라는 혐의에 휩싸여 왔다. 이는 얼핏 진화심리학이 매우 단순하면서도 투박해 보일 수 있는 가정에 압도적으로 의존한다는 데서 비롯한다. 즉 진화심리학은 원시 구석기 시대 인간(과거의 조건)이 진화적 적응에 따라 가졌을 법한 심리적 특성(적응의 메커니즘)을 현대 인간에 그대로 투사할 수 있다(현재의 작동방식)고 하는 전제에 의거하여 사실상 인간에 관한 모든 것을 설명하려 하는데, 이러한 전략은 진화심리학을 일종의 '모든 것의 이론'(theory of *everything*)으로 만들며, 이는 곧 '아무것의 이론도 아닌 것'(theory of *nothing*)이 아닌가 하는 의구심을 낳는다는 것이다.

둘째, 진화심리학에 대해 사이비과학의 혐의를 더욱 부추긴 것은 그것이 차별과 혐오를 옹호한다고 하는 혐의이다. 오랫동안 진화생물학이나 진화심리학은 비판이론이나 페미니즘 등의 진영으로부터 차별과 혐오를 정당화하는 불량한(?) 분야라는 비판을 받아왔으며, 이러한 비판은 많은 공방과 논란으로 이어졌지만 이는 아직까지 제대로 해소되고 있지 못하다. 일례로, 진화생물학이나 진화심리학이 강간을 정당화한다는 비판과 이를 둘러싼 논란이 그것이다.[10] '일부' 진화심리학자들은 강간을 일종의 자연선택의 산물, 즉 '적응' 혹은 (과잉 성욕의) '부작용'이라고 설명한다. 진화는 남성을 그렇게 프로그래밍했다는 것이다.[11] 위에서 '일부'를 강조한 이유는 진화심리학계 내에서도 이 가설이 여전히 논란거리이기 때문이다. 강간이 과연 생존과 번식에 도움이 되는지는 분명치 않으니 말이다. 이 점에서 일부 진화심리학자들이 주도한 강간 논쟁은 진화심리학에 대한 오해와 거부감을 키운 계기가 된 면이 있다.

저자도 여느 진화심리학자들처럼 이 같은 비판에 대해 오래도록 맞서왔다. 그것이 진화심리학을 둘러싼 지독한 오해에 기인한다고 보고 이를 풀고자 노력해온 것이다. 저자도 강조하듯이, 사실 현대의 인간은 수렵-채집 시대의 인류로부터 너무나 멀리 와 있다. 온갖 현대적 교육을 받으며 현대 문명의 이기 속에서 생활하고 있는 우리 삶의 여건은 과거 그 시대와는 너무도 다르다. 그럼에도 진화법학에 의하면 법(특히 입법과 사법)은 인간의 원초적 정서가 말해주는 직관을 그대로 따라야 하는가? 저자는 그렇지 않다고 답한다.

> 먼 과거의 환경에서 진화한 도덕 본능이 현대의 대규모 산업 사회에서 정의를 실현하는 데에 도움이 되는 선택을 언제나 내리게끔 우리를 마법처럼 인도해주리라는 보장은 없다. 자연선택의 유일한 '관심사'는 그저 다음 세대에 복제본을 잘 퍼뜨리는 유전자를 골라내는 것이다. 어떤 도덕 본능이 현대의 환경에서 정의를 세우는 데 도움이 될지 여부에 대해 자연선택은 아무 '관심'이 없다. 도덕 본능이 어쩌다 지금 현 사회에서 정의를 실현하는 데 도움이 되는 경우도 있다. 하지만 이는 자연 선택의 '관심사'[도 '의도'도] 아니다.

따라서 만약 어떤 입법자가 원초적 정서가 진화적으로 선택된(설계된) 심리적 적응이라는 이유로 그러한 정서에서 비롯하는 직관에 따라 입법하고자 한다면, 이는 존재 진술로부터 당위 진술을 추론하는 오류, 즉 '자연주의적 오류'(naturalist fallacy)를 범하는 일이라는 것이다. 달리 말해, "우리는 무엇을 기피하는가?"라는 기술적 질문을 "우리는 무엇을 금지해야 하는가?"라는 규범적 질문과 혼동해서는 안 된다는 것이다.

---

10) 그러한 비판의 예로, 이인숙, "진화생물학 고찰을 통한 강간죄 검토", 『형사법연구』, 제19권 제3호 (2007); 조현진, "진화심리학의 성적 편향성과 그 정치철학적 함축 비판", 『한국여성철학』, 제24권 (2015) 등.

11) Randy Thornhill & Craig T. Palmer, *A Natural History of Rape: Biological Bases of Sexual Coercion* (The MIT Press, 2000).

이와 같은 저자의 논변을 정리하면, (i) 진화심리학적 관점에서 볼 때 법은 인간의 마음과 행동에 관한 과학적 사실을 성문화한 것으로부터 비롯하지만, (ii) 복잡한 현대 사회에서 특정한 이념 지향 하에서 인간의 행동을 규율하고 정향하기 위해 제정하고 적용하는 법은 원칙적으로 그러한 사실((i))과 독립적이라는 것이다. 얼핏 저자의 이 같은 주장은 (i)과 (ii) 사이에서 '분리 전략'을 취하는 것으로 보이지만, 정확히는 진화의 법적 함축에 대해 '이중적 · 양면적 입장'을 취하는 것으로 볼 수 있다.

한마디로, 법과 도덕, 그리고 정의의 '기초'는 진화적으로 선택된 심리기제이지만(전자), 현대의 우리는 법과 도덕, 그리고 정의를 그러한 기제와는 독립적으로 이론적, 제도적, 문화적으로 구축하고 지향해나갈(후자) 수 있다는 것이다. 쉽게 말해, 진화와 법, 혹은 진화와 도덕은 별개라는 것이다. 그렇다면 저자의 이러한 대응은 진화법학자로서 일관성 있는 대응인가? 저자의 논리는 전자와 후자가 양립가능하도록, 즉 전자가 후자의 역을 함축하지 않도록 하기 위한 것이다. 이러한 전략은 표면상 논리적 모순을 피하는 듯 보이지만, 정작 전자의 내용적 기반 자체를 약화시키는 일이 되지 않는가?

만약 그것이 사실이라면, 진화법학을 지지하는 입장에서 좀 더 정교하게 대응할 수는 없을까? 예컨대 다음과 같이 말이다.

> 진화윤리학과 진화법학은 인간의 원초적 심리기제가 무엇인가를 말해줄 뿐이다. 따라서 그것은 인간의 도덕이나 법(특히 입법과 사법)에 대해 단지 잠재적으로 강력한 '제약조건'을 제공해줄 뿐, 그것이 진화적 함축과 그대로 부합해야 한다고 말해주는 것이 아니다. 이때 '제약조건'이란 무엇인가? 이는 진화적 함축에 위배되는(하지만 당위적 설득력을 가지는) 법을 제정하고 시행할 경우 인간(수범자)로부터 일정한 저항이 일어나기 쉬우며, 바로 이 때문에 그런 식의 법제정과 시행은 법률적으로 효력이 있을지라도 정작 현실적 실효성을 갖기 어려울 수 있다는 점이다. 이 점에서 진화적 함축은 도덕과 법을 일정한 범위 내로 견인하는 제약조건이 된다. 예를 들어, 페미니즘이나 기타 다양한 급진적 관점에 입각한(대체로 학계 안팎에서 주류 담론에 대한 대항 담론으로서의 입지를 가지는) 이론들을 입법하거나 시행하는 경우를 생각해 보자. 이들 이론은 그 자체로 일정한 이론적 설득력을 가지지만, 수범자 인간의 진화적 본성과 맞지 않은 면이 있다. 따라서 이들 이론을 그대로 현실정책에 반영한다면 수범자의 저항에 직면하기 쉬우며, 그 결과 입법자나 정책입안자가 애초 의도한 바의 효과를 얻기 어려울 수 있다는 것이다.

다음으로, 도덕과 법에 초점을 맞춰 보자. 도덕과 법에 관한 우리의 일반적 관점은 어떠한가? 필자가 볼 때, 우리의 도덕 관념과 법 관념에는 이중적, 자기모순적 측면이 있다. 우리는 도덕이란 무엇인가와 관련하여 이중적, 자기모순적 관념(직관)을 가지고 있다. 이는 윤리학의 두 차원을 이루는 '규범윤리'(normative ethics)와 '메타윤리'(metaethics) 양면에서 그러하다. 우리는 규범윤리의 차원에서 '목적론적' 도덕관과 '의무론적' 도덕관이라는 상이한 직관을 모두 갖고 있는 듯하며, 메타윤리의 차원에서도 주관주의(혹은 비인지주의)와 객관주의(인지주의)라는 상이한 직관을 모두 갖고 있는 듯하다.[12)]

이러한 이중성은 법에 대한 관념에서도 유사하게 발견된다. 우리는 법은 사람이 의도적으로건 비의도적으로건 일구어낸 것이라는 실정법적 직관과, 법이라면 마땅히 갖추어야 할 형식과 내용이 있으리라는 자연법적 직관을 모두 갖고 있는 듯하다. 상이하고도 상반된 두 직관을 말이다. 물론 이 두 법관념 중에서 한쪽으로 치우친 이들도 적지 않지만, 많은 이들은 두 관념 사이 어딘가에 자리하고 있거나 모순된 두 관념을 동시에 온전히 수용하고 있는 것 같다.

그렇다면 우리의 이러한 이중적 태도와 비교하여, 도덕과 법에 관한 저자의 (진화론적) 관점과 설명은 어떠한가? 도덕과 법에 관한 저자의 진화론적 관점은 필자가 좀 전에 지적한바 우리의 이중적 태도(관념 혹은 직관)을 잘 설명해주는가?

먼저 저자의 '도덕' 개념이다. 표면상 저자는 '도덕'의 의미를 이중적으로 사용하고 있는 것처럼 보인다. 그 한 가지 의미에서, 도덕은 '자연적' 개념이다. 즉 도덕은 진화적 적응, 달리 말해 자연선택에 의해 '설계'된 심리적 적응이며, 이러한 도덕이 성문화된 것이 법이라는 점에서 도덕은 법의 토대이다. 또 다른 의미에서 도덕은 '실증적' 개념이다(실정 도덕). 인류가 지성사와 사회사 속에서 구축해 온 소위 보편 도덕이론이나 도덕 원리와 같은 것으로, 이때 도덕은 종종 인간의 복리나 정의 개념과 동일시되거나 밀접하게 연결되기도 한다. 이처럼 저자는 도덕을 이원적으로, 즉 두 가지 상이한 의미로 사용하고 있다. 여기서 중요한 점은 이 두 가지 의미의 도덕이 서로 별개의 기반을 가진다는 것이다. 후자는 전자의 영향을 받았을 수 있지만 전자와 같아야 할 이유는 없으며 내용과 형식 면에서 얼마든지 다를 수 있다.

12) 유사한 지적으로, 정원규, "현대사회와 윤리개념의 분화: 사회윤리와 개인윤리", 『철학연구』, 제59집 (2002), 254-5.

법에 대해서는 어떠한가? 저자는 자연법론에 유보적 입장을 취하면서 법을 하나의 도구로 본다. 법은 사람들의 행동을 정의의 실현, 공공복리, 사회질서 유지 등의 바람직한 방향으로 변화시키기 위한 도구라는 것이다. 이러한 견해는 법이론적으로 말한다면 '법실증주의', 그중에서도 특히 '법도구주의적' 견해의 일종이라 하겠다. 따라서 법은 인간이 왜 그렇게 행동하는지, 인간이 어떠한 환경적 압력에 어떻게 반응할지를 잘 알고 있어야 한다. 즉 인간의 그러한 자극-반응에 대한 이론적 체계를 반드시 암묵적으로 가정해야 한다. 오늘날 현대과학이 인간 심리와 행동을 설명하는 엄밀한 과학 이론을 제공하고 있음을 감안하면, 법체계야말로 마음에 대한 최신 연구 성과에 탄탄히 기반해야 함을 알 수 있다.

이 글은 도덕과 정의, 그리고 법의 사안을 흔히 규범이나 당위, 혹은 가치라는 하나의 큰 유관 범주로 묶으면서, 이들 범주가 진화의 산물임을 밝히고 있다. 이들 범주의 주요한 부분을 차지하는 '정의감'(sense of justice), '도덕감'(sense of morality), 그리고 '법감정'(sense of law; legal sentiment)도 그러한 산물이라는 것이다. 법은 진화론을 이렇게 만난다. 이 글은 우리 학계에서 법을 새로운 각도에서 이해할 수 있게 해줌으로써, 진화론과 법의 만남을 주목하고 탐구할 마땅한 이유가 있음을 보여준다. 서구에서는 이미 이와 관련한 연구를 지난 반세기 이상 축적해왔다. 어쩌면 우리 학계가 여러 학문 내외적 이유로 그동안 소홀했을지라도[13] 이제부터라도 관심이 절실하다. 갈 길이 멀다. 필자도 신발끈을 동여맬 것이다.

제3장 "법적 인간과 생물학적 인간, 그리고 시스템"에서 법은 현대생물학, 특히 진화생물학과 뇌과학, 그리고 시스템 과학을 만난다. 저자(백도명)에 따르면, 그 만남의 결과는 사뭇 급진적이다. 우리는 인간과 인과관계, 책임 등 법의 주요 개념을 기존에 행위주체이자 책임주체로서 개인을 중심으로 보던 것과 다르게 시스템을 중심으로 하여 바라봐야 한다. 이른바 '시스템 사고'(systems thinking)를 통해서 말이다. 시스템 사고는 최근 행정이나 경영을 포함한 사회 제반 영역에서 두루 각광을 받고 있는데, 이것이 법의 영역에서도 요청된다는 것이다.

이 글은 본서 제1장과 여러 접점이 있다. 제1장에서 인류 역사를 통해 적어도 근대 이후 법적 인간상 및 그에 따른 법의 주요 개념이 크게 변화했음을 힘주어

13) 다만 예외가 있다면, 김혜경 외, 『법과 진화론』, (법문사, 2016)에 수록된 윤진수, "진화심리학과 가족법" 등을 꼽을 수 있다.

지적했듯이, 이 글 제3장의 저자도 법적 인간상의 사실적·당위적 변화를 논지의 한 축으로 제시한다. 그리고 두 글 공히 그러한 변화의 주요 원인과 배경을 과학기술 발전에 따른 인간상과 사회상의 변화에서부터 찾고 있다. 반면 두 글에 중요한 차이점도 있다. 제1장에서는 글 마지막에 가서 세계의 총체적 관계성과 같은 근대성·인본주의 너머의 대안적 전망을 온건한 논조로 짧게 스케치하기만 했을 뿐이지만, 제3장은 그러한 전망을 급진적이고 전면적인 방식으로 채색해간다. 이러한 전망은 이른바 '시스템'적 사고와 그러한 시스템의 변화를 새로운 탈근대적 인식을 위한 틀로서 취해야 한다는 것이며, 이는 저자 논지의 또 다른 한 축을 이룬다.

저자의 논지를 좀 더 자세히 들여다보자. 먼저 "법적 인간의 변화"다. 저자는 이를 다음과 같이 설명한다. 근대 이후 오늘에 이르기까지 현실에서 제시되고 있는 법적 인간은 칸트의 실천이성을 갖춘 인간이며, 실천이성은 대부분의 법에서 인간이라면 하나의 당위로서 마땅히 행해야 하는 것이다. 그러한 인간은 자율성과 책임을 가지는 개인으로서의 인간이다. 그러한 개인은 자유의지에 따라 행위하며, 따라서 그러한 자유의지를 행사한 결과로서 '타행위가능성'이 있었는가(위법하지 않은 다른 행위를 할 수 있었는가)의 여하에 따라 마땅히 책임을 질 수 있는 존재인 것이다. 이것이 곧 근대법적 인간상이다.

하지만 저자는 이러한 인간상의 한계점을 통렬하게 지적한다. 이를 위해 근대법적 인간상이 염두에 둔 '작위'(作爲)와 '부작위'(不作爲) 개념을 살펴본다. '작위'란, 어떤 행위를 실제로 했는데 만약 그것을 하지 않았다면 어떻게 되었을지를 알고서 했을 경우에 한해 성립하는 개념이고, 반면 '부작위'란, 어떤 행위를 실제로 하지 않았는데 만약 그것을 했다면 어떻게 되었을지를 알고서 하지 않았을 경우에 한해 성립하는 개념이다. 이 두 개념 간의 구별은 인간이 자유의지를 갖고서 이 양자 사이에서 판단하고 선택할 수 있음을 나타내기 위해 근대법이 고안한 것이다. 하지만 이 같은 구분에는 심각한 문제점이 있다. 이는 곧, 하지 말았어야 하는데 했거나, 혹은 했어야 하는데 하지 않은 것을 기계적으로 가리키는 데에 그치고 있을 뿐, 작위와 부작위 중 어느 쪽인지를 판단하고자 할 때 해당 법적 인간 주체가 어떠한 시스템에 처해 있었나를 이 구분이 제대로 고려하고 있지 않다는 것이다.

저자는 이러한 문제점이 여러 법적 맥락에서 불거지고 있다고 지적한다. 공정거래, 심신미약, 촉법연령 등의 쟁점 사안을 그 예로 든다. 그중에서 공정거래법의 예를 보자. 공정거래법에서는 시장지배적 지위에 의한 공동행위, 기업결합, 기업진단 등 경제적 집중, 내부거래, 독점, 지식재산권 위반·남용 등과 관련한 위반행위를 시정하도록 한다. 이를 위해 공정거래법은 두 가지 유형의 시정조치를 취한다. 하나는 기업으로 하여금 적극적 행위를 하도록 '작위'를 요구하는 것이며, 다른 하나는 중지명령이나 금지명령을 내림으로써 더 이상 특정 위법행위를 하지 않게끔 하는 것, 즉 '부작위'를 요구하는 것이다.

문제는 공정거래법에서 작위범 처벌을 원칙으로 하고 부작위범에 대한 처벌은 예외적으로만 행한다는 것이다. 달리 말해, 부작위는 일반적으로 합법적이며 공정한 것이라는 판단을 기본값(default)으로 취하고 있는 것이다. 저자에 따르면, 이 같은 태도는 일종의 '부작위 편향'(omission bias)이라는 인식편향을 반영한다. 작위든 부작위든 공히 불공정하고 위법한 것일 수 있으며, 작위 조치든 부작위 조치든 간에 공정거래위원회가 내리는 처분은 공히 행위자(기업)의 자유를 제약하는 것이기 때문이다. 현재의 공정거래법은 시정조치를 단지 도식적으로 작위적 조치와 부작위적 조치로 구분하고 있을 뿐, 공정거래법이 목표로 하는 바의 공정성이 어떠한 시스템(맥락과 조건 등) 하에서 침해되지 않는지(않을 수 있는지), 그리고 그러한 시스템은 어떻게 가동되고 확인되어야 하는지 등에 대해서는 제대로 기술하지 않는다.

하지만 저자는 작위와 부작위를 포함한 인간의 인식과 행동에 관해 현대 인지심리학이나 뇌신경과학이 근대법적 설명과는 크게 다른 설명을 해준다고 지적한다. 이에 따르면, 인간의 인식은 대체로 자유의지에 의해서가 아니라 무의식 하에서 이루어진다. 또한 의식 하에서 이루어지는 행위에서조차도, 인간은 자유의지에 따라 먼저 문제상황을 인식한 후 그 인식 여하에 따라 자신의 행위를 선택하는 것이 아니라, 문제상황이 낳을 결과를 예측함과 동시에 행위를 먼저 선택한 후에야 비로소 그 행위와 관련한 상황을 인식하게 된다. 사실 인간의 뇌에서 행위 직전이나 행위 시에 '의식'이라 할 만한 과정이 이루어지는 경우도 있다. 하지만 그러한 의식은, 단지 그와 동시에 예측과 행위를 해놓고서는 이를 마치 문제상황을 인식하고 그에 따라 반응한 것처럼 사후적으로 해석하는 것일 뿐이다.

특히 인간이 '위험'을 인식하는 기제도 마찬가지다. 인간은 위험의 가능성을 인식한 후에 자신의 자유의지에 따라 어떤 행위를 선택하거나 선택하지 않는 것이 아니라, (뇌과학에 따르면) 인간은 먼저 위험의 가능성과 관련한 일정한 모델에 기반하여 예측을 하며, 이와 동시에 그 예측에 따른 행위를 선택한다. 인간은 그다음에야 비로소 그러한 위험에 대한 사후적 설명을 하며 이를 위험에 대한 자신의 인식이라고 여긴다. 한마디로, 위험에 대한 '인식'은 실상은 위험에 대한 '예측'이라는 것이다.

저자는 법적 인간의 행위에 대해서도 이 같은 과학적 관점에 따라 재고찰해야 한다고 주장한다. 예를 들어, 촉법소년의 연령 문제를 보자. 기존 관점에서는 마치 촉법소년의 행위를 도식적이고 단순화하여 바라본다. 마치 촉법소년이 일정 연령이 되면 행동도 그 전과 비교하여 갑자기 바뀔 수 있는 것처럼 전제한다. 하지만 실은 그렇지 않다. 촉법소년은 사회와 교육 시스템 속에서 여러 해에 걸쳐 역할과 책임이 재형성되는 사회화 과정을 거치고 있다. 심신미약자들의 행위도 마찬가지다. 심신미약상태에서 자신만의 예측모델에 따라 인식하고 행위하는 것이며, 이는 보편적 자유의지가 작동하지 않는 상태인 것이다. 한편 인간이 안전보건과 관련한 위험을 인식하는 양상에 대해서도 같은 설명을 할 수 있다.

이러한 논점의 키워드는 '시스템'이다. 한마디로, 과학적으로 볼 때 인간의 인식과 행위는 원인과 결과의 단선적 관계로서 이루어지는 것이 아니라 되먹임과 적응의 반복 속에서 회귀적·시스템적으로 이루어진다는 것이다. 저자의 이 같은 관점은 법에까지도 연장된다. 법도 시스템의 일부라는 것이다. 그래서 법적 인간의 자유의지나 사물변별능력, 혹은 행위통제능력 등을 고려할 때에도 그러한 인간이 처한 시스템의 맥락을 서술하고 평가해야 한다. 인간은 항상 시스템 하에 놓여 있으며, 단지 제한적 합리성만을 갖고서 즉각적으로 예측할 뿐이다. 그래서 작위와 부작위 문제로 돌아가면, 부작위란 또 다른 작위다. 작위 의무를 이행하지 않았을 때의 위험이나 결과가 어떠할 것인지를 온전히 예측할 수 없으며, 작위 의무를 이행하지 않았다고 해서 곧바로 의도적 부작위를 행한 것으로 볼 수는 없다.

저자는 이러한 시스템 관점에 의거하여, 산업현장에서 반복되는 산업재해를 시스템 위험의 결과라고 지적한다. 이와 관련하여 저자는 두 가지 사례를 제시한다. 한국 법원이 2011년 불거진 가습기살균제 사건 이후 관련 유해물질 심사에서 한국 정부에 대해 부작위에 따른 국가배상책임을 인정하지 않은 사건과, 1972년 일본 법원이 일본 정부에게 석면제품 제조사업장에서 석면 피해를 입은 사람들에 대해 부작위에 따른 보상 책임을 지도록 판시한 사건이 그것이다. 나아가 저자는 이태원 사고와 같은 일들을 '사회적' 재난이라거나 '시스템적' 재난이라고 간주한다. 개인의 자율적 선택과 행위, 그에 따른 책임에 기인하는 재난이 아니라는 것이다. 나아가 이 같은 '사회적 · 시스템적' 관점을 더욱 적극적으로 우리 법과 제도에도 수용해야 한다고 강조한다.

나아가 시스템은 고정된 것이 아니라 지속적으로 '변화'해 나간다. 법도 시스템의 일부라는 점에서, 법의 변화도 시스템적 변화와 맞물려 있다. 따라서 법의 변화를 온전히 서술하고 밝혀내기 위해서는 법을 둘러싼 시스템을, 그리고 그러한 시스템의 변화를 온전히 서술하고 밝혀내야만 한다.

이제 필자가 저자의 이 같은 논지에 대해 짧은 부연설명과 논평을 더해 본다. 먼저 시스템이란 무엇이고, 시스템 관점/사고/접근법이란 무엇인가에 대해 부연해보자. 시스템이란 행위 주체(들) 및 그것과 상호작용하는 객체(들), 그리고 이들을 둘러싼 사회적 · 자연적 환경, 이 모든 것이 서로 연결되고 복합적으로 구조화된 상태를 가리키는 개념이다. 이때 주체나 객체는 시스템으로부터 독립하여 홀로 존재하거나 선형적으로(일방적으로) 원인이나 결과로서 작용하는 것이 아니라, 시스템이라는 더 큰 틀과 상호작용하고 피드백을 주고받으면서 역동적으로 변화해가는 존재다. 따라서 이러한 존재들은 그 자체로 시스템의 일부이며, 그것들의 변화는 곧 시스템의 변화와 맞물려 있다. 이러한 혼일적(混一的, holistic) 관계 속에서는 어느 하나(존재나 시스템)를 도외시하고서 다른 하나(존재나 시스템)를 온전하게 서술할 수 없다.[14] 대략 20세기 중반 이후 이른바 '시스템 사고'(systems thinking), '시스템 이론'(systems theory), 혹은 '시스템 접근법'(systems approach)은 근대과학의 기존 패러다임을 이루었던 환원적 사고를 대체할 유력한 대안으로서 떠올랐다.[15] 이러한 접근법은 세계 인식을 위한 새로운 패러다임, 즉 새로운 세계관으로서 많은 주목을 받아왔다. 원래 물리계에 대한 시스템론과 생태계에 대한 시스템론으로부터 비롯했지만, 이제 인간 사회 전반에 관한 이해와 사유, 그리고 서술의 틀로서 점점 더 널리 수용되고 있다.[16]

---

14) 이 대목 저자의 시스템론을 소개하면서 필자는 그것이 '전체론적' 세계관을 마땅히 채택하는 것처럼 서술했지만, 저자가 그러한 세계관을 수용한다고 명시적으로 언급하고 있지는 않다. 그럼에도, 생각건대 그러한 세계관이야말로 저자의 시스템론을 철학적으로 일관되고 타당하게 정초짓는 토대일 것이다.

15) 때로 '시스템' 대신 '네트워크'를 써서, '네트워크 사고', '네트워크 이론', '네트워크 접근법'이라고 하기도 한다.

16) 관련한 설명과 논의로, 졸고(김건우), "과학과 법의 생태적 전환과 커먼즈: 의의와 전망", 『과학기술과 사회』, 제5권 (알렙, 2023.12), 177-99쪽.

관련한 예로, 물리학의 방법론적 틀을 사회과학에 적용한 일명 '사회물리학'(social physics)와 같은 새로운 연구분야가 각광을 받는 것을 들 수 있다. 예를 들어, 미국사회의 흑백 간 인종 분리 현상과 같이, 사회 전체의 성질로서 하나의 패턴처럼 드러나는 현상이 있다고 생각해 보자. 이때 이러한 사회적 현상(예: 흑백 인종간 주거지역이 분리되어 있는 현상)은 대개의 예단과 달리 그 구성원 개개인의 욕망이나 의도, 습관, 태도 등으로 환원되지 않으며, 어떤 단순한 법칙이나 규칙(예: 자신의 거주지역에서 자신이 인종적 소수자로는 살고 싶지 않다는 생각)에 따른 개인의 행위(예: 자신과 동일한 인종이 다수 거주하는 지역으로 이사를 감)로부터 시스템적으로 혹은 창발적으로 발현된 것일 수 있다는 것이다. 이렇게 해서 우리는 복잡한 개인을 온전히 이해하지 않고서도 그들의 집합적 행동 패턴이 어떠한가를 이해할 수 있다는 것이다.[17] 전술한 대로, 과학기술 및 관련 산업이 촉발하는 사회적 위험도 기술과 산업을 포함한 사회 전체가 하나의 시스템이며, 이러한 시스템이 가지는 예측불가능한(하지만 설명은 가능한) 복잡성에서 비롯한다는 것이다.

다만 이 글 저자가 시스템 접근법과 같은 새로운 패러다임을 모든 분야와 영역에서 수용할 것을 주창하고 있지는 않다. 저자가 오랫동안 천착해온 산업재해 및 환경의료 분쟁 영역을 중심으로 하여 시스템 사고로의 전환을 주문하고 있을 뿐이기 때문이다. 하지만 독자들은 이러한 시대적 전환의 요구가 분명 더 이상 거부할 수 없는 하나의 '대세'로서 자리 잡았다는 사실을 놓쳐서는 안 될 것이다.

혹자는 저자의 관점과 주장을 급진적이라거나 비현실적이라고 비판할지 모른다. 개인의 자유의지와 책임의 의의와 역할을 지나치게 과소평가하는 한편, 시스템이라는 모호한 가공의 존재를 실체화해서 행위성과 책임성을 과도하게 부여하는 것 아닌가 하고 말이다. 예를 들어, 저자는 이태원 참사와 같은 사고에 시스템 관점을 적용하여 사고의 책임을 개인들이 아니라 시스템의 탓으로 돌리는데, 이러한 관점에 대해 동의하지 않는 이들도 있을 것이다. 이는 제기할 만한 비판이라고 본다. 분명 자유의지와 그에 따른 행위 책임은 근대적 인간상의 요체이며, 우리는 여전히 행위와 책임의 주체로 개인을 일차적으로 떠올릴 수밖에 없는 사회현실 속에 살고 있다. 사실 사안을 미시적이고 환원적으로 볼 것인가, 아니면 거시적이고 시스템적으로 볼 것인가 하는 문제는 사회 현상 전반에 대해 불거지는 문제이지만, 역사적 사건에 대한 상이한 해석 간의 논쟁에서도 빈번하게 일어

17) 마크 뷰캐넌(김희봉 역), 『사회적 원자』, (사이언스북스, 2010), 6-7쪽.

난다. 우리 사회에서 특히 현대사의 굵직굵직한 사건들을 어떻게 해석할 것인가를 둘러싸고 끝없는 논쟁이 있지 않은가?

하지만 이 글에서 상론된 것처럼, 근대적 의미의 행위와 책임의 주체로서 '개인'과, 그리고 법적 인간관에 기초한 법학 안팎의 주류적 패러다임 전반이 이미 한계점에 봉착해 있으며 그것이 반드시 극복되어야 할 과제라는 사실만큼은 부인할 수 없을 것이다.

무엇보다, 이 글에는 저자가 긴 세월 보건의료와 사법의 현장과 연구실을 오가며 경주해 온 실천과 헌신, 그리고 지적 연마를 통해 일구어낸 학문적·실천적 통찰이 집약되어 있다. 이렇게 볼 때, 그러한 통찰은 우리가 진지하게 검토해야 할 소중한 자원이 아닐까 한다.

제4장 "인체유래물의 법적 지위에 관한 패러다임(paradigm) 전환의 필요성"에서 법은 과학 중에서도 현대 생명과학, 특히 유전학을 만난다. 저자(유지홍)는 주로 인체와 그 유래물과 관련하여 생명공학 및 의학에서 불거지는 각종 민사법학적 쟁점을 탐구하는 데에 천착해 온 (아마도 국내에서 몇 안 되는) 연구자다. 이 글에서는 특히 '인체유래물'이라 불리는 존재 범주에 주목하여 그것의 법적 지위 및 기타 관련 쟁점을 논의한다. 인체유래물을 물건으로 보는 기존의 관점과 달리 그것을 인격성을 담지한 무엇으로 보아야 한다는 것이 글의 논지이다.

인체유래물의 법적 지위라는 주제는 상대적으로 새롭다. 인간과 사물의 법적 범주와 관련한 주제들이나 생명의료법학에서의 여러 주제들에 비해서 그동안 덜 주목받은 편이다. 하지만 이 글이 보여주듯 그 주제는 현대 과학의 발전에 따라 기존 법학의 토대를 재검토하게 하기에 주의깊게 들여다 볼 만하다.

인체유래물은 앞서 제1장에서 저자(필자)가 '경계 사례' 혹은 '예외 사례'라고 불렀던 범주이기도 하다. 두 글의 전체적 관점이나 세부 논점은 상이하지만, 법적 범주가 과학이라는 새로운 시대의 최고 권위를 만나 거기에 어떻게 조응해 나가야 할 것인가를 진단하고 처방한다는 점에서 맥을 같이한다. 이러한 공통의 맥락 하에서 제1장이 법적 범주와 과학의 만남의 '총론'에 가깝다면, 제4장은 그 '각론'의 하나에 가깝다고 해도 되겠다.

본 장의 배경을 잠깐 짚은 후 저자의 논의를 따라가 보자. 알다시피, 사람은 살아가는 동안 많은 흔적을 남긴다. 피부 각질이나 머리카락, 손발톱은 물론, 혈액이나 기타 체액과 배설물 등을 끊임없이 배출하거나 흘리고 있다. 대략 말해, 인체로부터 분리된 이 같은 물질을 '인체유래물'이라 한다.[18] 오늘날 생명공학 기술과 의료 기술이 발달하면서 연구나 치료를 위해 이러한 물질들을 의도적으로 '적출'하기도 한다.

흥미롭게도, 인간으로부터 유래한 이 모든 것들은 오늘날 '법적으로' 취급되고 있다. 법에서는 그것들의 원천이 되는 사람이나 그것들을 관리하고 지배하는 사람을 권리주체라 하고, 그 유래물들을 이 주체가 가지는 권리의 객체(대상)라 하여, 이들 객체에 대한 일정한 권리를 해당 주체에게 귀속시킨다. 해당 주체는 해당 객체를 사용하거나 그로부터 수익을 얻거나 그것을 처분하는 등의 권리를 행사할 수 있는 권능(법적 능력)을 가진다는 것이다. 예를 들어, 사람은 일정한 법규와 법리에 의해 자신의 몸의 일부나 기타 인체유래물에 관한 일정한 권리를 보장받는다.

법학에서는 전통적으로 사람의 몸이나 그 일부의 법적·규범적 지위와 관련한 다양한 견해가 있었다. 하지만 그중에서도 다수 견해가 있었고, 이는 비교적 단순했다. 사람은 살아있는 동안 인격적 존재로서 각종 권리의 '주체'이지만, 죽는 순간, 즉 심장이 멎는 순간, 물건으로 전환되며 소유권 등 이른바 물권의 '객체'가 된다는 것이다. 곧 다수 견해는 (분리된) 인체유래물을 하나의 물건으로서 (피분리자의) 소유권 객체라고 본다. 다만 생식세포나 배아 등과 같은 것은 인격적 속성을 가진다는 점에서 특수성이 있음을 인정하여 소유권이 제한적으로만 적용되어야 한다고 본다. 어쨌든 이러한 전통적 다수 견해는 이론적으로는 그리 정교하지 않을지언정 우리의 상식이나 직관에서 크게 벗어나지 않는 듯하다.

하지만 저자는 위와 같은 전통적 견해를 재고해야 한다고 논구한다. 현대 생명과학의 발전과 그 함의를 진지하게 읽어낸 결과로서 말이다. 저자의 논지를 축약하면 다음과 같다. 현대 생명과학은 생명을 형성하는 '본질'이 DNA에 있음을 밝혀냈다. 그 결과 DNA를 품은 인체유래물(세포)은 역분화하여 유도만능줄기세포(iPS cell)로 신체에 재주입되거나 복제생명체로 탄생할 수도 있다는 점에서 생명의 구성요소를 그대로 지니고 있다. 이는 인체유래물이 인체로부터 분리된다고 해서 통상의 물건이 되지는 않으며, 유전정보나 활용범위, 혹은 보호의 필요성 등

---

18) 저자의 정의는 다소 다르다. 저자는 인체유래물을 인체로부터의 분리 여부에 상관없이 'DNA를 내포하는 인체의 구성부분'이라고 좁게 정의한다. 저자는 인체유래물을 '인격적 가치'를 가지는 물질로 국한하고자 하기 때문이다.

에서 사람의 신체만큼 인격적 중요성을 그대로 지님을 시사한다. 즉 신체로부터 분리되었느냐 아니냐에 관한 법적 구별은 더 이상 무의미하다. 따라서 (DNA를 품은) 인체유래물을 '인체에 준(準)하는 무엇'이자 '인격성을 담지한 무엇'으로 파악해야 한다.

저자의 이 같은 주장은 그 자체로 흥미로울 뿐 아니라 유익한 논의를 위한 풍부한 소재를 제공하고 있다. 또한 그 과정에서 인체유래물의 정의 및 법적 지위에 대한 기존의 여러 견해들을 간략히 비교하여 소개하고 있으며, 그 법적 지위에 관한 국내외 주요 판례들을 소개하고 있다. 독자들은 그 같은 소재들을 일차적 재료로 삼아, 관련 주제를 이해하고 자신의 논의를 도모하고자 해도 될 것이다.

저자는 이처럼 총론적 차원에서 인체유래물의 법적 지위를 그것의 인격성에 입각하여 재조명할 것을 강조한 데에 이어, 글의 후반에서 이 주제의 각론적 차원으로 나아간다. 특히 저자는 인체유래물을 둘러싼 민법상의 주요 쟁점과 그에 대한 자신의 주장을 추가로 제시한다. 이는 다음 몇 가지로 요약할 수 있다.

첫째, 시체의 법적 지위와 관련하여, 시체는 사자(死者)의 인격권의 객체로서 사자의 생전 인체에 준하는 법적 지위를 가지는 것으로 인정해야 한다. 둘째, 의학연구를 위한 인체유래물 기증계약의 경우, 그 법적 성격은 의료계약과 유사한 '준(準)위임계약'으로 볼 수 있으며, 향후 독자적 특성을 감안하여 새로운 계약 유형으로 정립해나갈 수 있다. 셋째, 첨단의료보조생식술의 함의로서, '부모'란 DNA 제공자로 재정의되어야 한다. 따라서 친생자 추정을 규율한 민법 제844조의 경우, 보조생식술로 출생한 자는 유전적 부모의 친생자로 추정하며, 유전자(DNA) 기증을 통한 보조생식술로 출생한 자는 그러한 보조생식술을 의뢰한 부부의 친생자로 본다는 규정에 의해 보완되어야 한다(다만 여기에 대리모 계약은 전면 금지되어야 한다는 단서가 있다). 넷째, 인체유래물을 활용한 불법행위에 대해서는 재산권 침해가 아니라 인격권 침해가 그 본질이기에, 그 침해에 대한 구제 역시도 재산적 손해에 대한 배상이 아니라 정신적 고통에 대한 배상이어야 한다.

다만 저자는 이러한 논의에 약간의 단서를 단다. 자신의 목표가 위와 같은 논의를 통해 인체유래물의 법적 지위에 대한 확답을 제시하려 하는 것이 아니라, 단지 향후 관련한 법정책 마련을 위한 논의의 단초를 제공하려 하는 데 있다고 말이다.

끝으로, 이 글에서 직접적으로 다룬 논점 외에, 더 생각해 볼 만한 개념적, 이론적 논점이 있다. 독자의 이해를 돕고 사유를 자극하기 위해 필자가 몇몇을 덧붙여 본다. 첫째, 저자의 논변을 좀 더 분석해보자. 논변을 요약하면, 인체유래물은 생명의 본질이라 할 DNA를 품고 있기에, 그것을 법적으로 물건이 아니라 인체에 준하는 무엇, 나아가 인격성을 담지한 무엇으로 보아야 한다는 것이다. 하지만 이러한 논변의 타당성에 대해 다음과 같은 의문을 품을 수 있다. 논변의 전제(인체유래물은 생명의 본질이라 할 DNA를 품고 있다)로부터 논변의 결론(인체유래물의 법적 지위를 물건이 아니라 인체에 준하는 무엇, 나아가 인격성을 담지한 무엇으로 보아야 한다)이 어떻게 따라 나오는가? DNA가 생명의 본질일지언정 그것이 왜 인격성의 본질이어야 하는가? DNA가 생명의 본질이라는 새로운 진리는 오히려 인간의 몸을 더 이상 인격적이거나, 신성하거나, 존엄하다고 하기 어려움을 시사하는 것은 아닌가? 결국 저자의 논리에 공백이 있는 것은 아닌가?

분명 생명의 본질이 DNA로서 인체유래물에 화체되어 있다고 하는 전제 자체만 놓고 보면, 이 전제는 대척점에 있는 두 관점, 즉 인간 본성이 인격이라는 관점(형이상학적 인간론)과 인간 본성이 물질(유물론적 인간론)이라는 관점 모두와 양립가능해 보인다. 그러한 전제로부터 인체유래물이 인격적 존재자라는 저자의 결론으로 곧바로 나아갈 수 있는가? 이를 위해서는 이 결론을 위한 추가적 논거가 필요할 것이다. 그 논거는 곧 '인체'와 '인격'을 동일시할 수 있다는 주장이거나, 혹은 이를 위한 다른 논거이어야 할 것이다. 이러한 논리적 공백을 메꾸기 위해 저자는 모종의 철학적 '인격주의'(personalism)나 '형이상학적 인간론'을 암묵적으로 취하고 있는 듯하다. "인체가 곧 인격이다", 즉 "어떤 사람의 인체는 그 사람의 소유의 대상이 아니라 인체 자체로 그 사람이다"라는 견해를 말이다. 다만 저자가 그러한 견해를 채택하고 있는지가 적어도 이 글에 명시적으로 드러나 있지는 않다.

이러한 쟁점은 실정법학적·법정책적 쟁점을 넘어 철학적 쟁점이 된다. 그래서 이 같은 분석으로부터 한 가지 일반적 교훈을 얻을 수 있다. 이러한 철학적 견해 자체를 논구하는 일이야말로 본 실정법학적 논의의 궁극적 쟁점이 된다는 것이다. 언제나 그렇듯이, 실정법학적 쟁점의 배후에는 (법)철학적 근본 문제가 도사리고 있다는 것이다.

한편 위 쟁점과 이어진 또 하나의 쟁점이 있다. 인체유래물을 피분리자의 권리객체라고 할 때 이는 소유권의 객체임을 말하는 것인가(소유권설), 아니면 인격권의 객체임을 말하는 것인가(인격권설)? 저자는 분명 인격권설을 지지하는 것으로 보인다. 하지만 위 분석에서 보듯이, 생명과학의 성과에 기댄 저자의 전제에만 의거한다면 두 권리설이 모두 지지받을 수 있을 것이다. 그리고 이 두 권리의 성격이 반드시 배타적인지, 양자를 절충적으로 취할 수는 없는지에 대해서도 논의의 여지가 있을 것이다. 물론 이러한 문제들은 사실상 논의의 지평을 실정법학을 넘어 (법)철학으로 끌어올리는 것이기에, 이에 대한 답을 요구하는 것은 저자의 논의 범위를 넘는 일일 수 있다.[19)]

둘째, 저자는 인체유래물을 소유권이 아니라 인격권의 관점에서 보아야 한다고 주장하면서, 아울러 인체유래물에 대한 기증이나 활용을 '공익적' 관점에서 보아야 한다고도 주장한다. 하지만 개념적으로 보면, 이 주장의 전단과 후단은 동일하지 않다. 인체유래물이 인격적 존재자라는 주장이 그것을 공익적으로 활용해야 함을 함축하지는 않기 때문이다. 오히려 논변 여하에 따라, 전자의 주장은 인체유래물을 공여자(피분리자)의 개인적 이익을 위해 활용되어야 함을 함축할 수도 있기 때문이다. 저자는 아마도 지면상 제약으로 인해 인체유래물의 공익적 활용과 관련한 논거를 상론하고 있지는 않은 듯하다. 어쨌든 독자들은 두 주장의 차이에 유의하면 좋을 것이다.

셋째, 이 글의 논의 범위를 넘어 우리의 사유를 확장해 보자. 이 글은 '물질'(물건)로서의 인체유래물에 초점을 두고 있다. 하지만 인체유래물을 확장해서, DNA 등에 화체된 개인정보로서의 의료'정보'(특히 유전정보)가 가지는 법적, 규범적 지위를 묻는다면 어떨까? 이러한 정보에 대해서도 이 글에서 저자가 전개한 논지가 그대로 적용될까? 일면으로, 그러한 정보를 소유권이나 지식재산권의 객체로서 취급해야 한다는 주장이 커지고 있음을 보면, 해당 정보주체(피분리자)가 그것에 대해 가지는 소유권적·재산권적 지위를 완전히 부정하기는 어렵다. 하지만 '정보'는 '물질'과 다르기에, 물질에 적용되는 법리가 정보에 그대로 적용되기도 어렵다. 예를 들어, 정보는 물질과 달리 배타적 지배의 대상이 되기 어렵다. 즉 내 개인정보는 내 손을 떠나는 순간 타인의 접근과 활용을 완전히 배제하기가 거의 불가능해진다. 그렇다면, 저자가 주장하듯이, DNA에 깃든 유전정보는 물질성을 넘어 인격성을 화체하고 있으며, 그 때문에 그것을 특별히 취급해야 한다고 해야 할까?

---

19) 관련한 약간의 논의로, 졸고(김건우), "인체유래물의 법적·규범적 지위에 대한 짧은 고찰", 『과학기술과 사회』, 제3권 (알렙, 2022.12), 특히 77-81쪽.

현 대한민국 개인정보 보호법(제23조)은 그러한 정보를 '민감정보'라 하여 그 처리를 특별히 엄격하게 제한하고 있기는 하다. 이러한 쟁점과 관련하여 관심있는 독자들의 고견을 끌어낼 수 있기를 기대한다. 이 글을 실마리로 해서 말이다.

제5장 "인간 분류의 과학과 법"에서는 법이 과학을 만나 '위험한 사람', 더 정확히는 '범죄자'라는 인간 집단을 어떻게 분류하는가를 다룬다. 형사사법에서는 사회방위라는 목표하에 형사상 위험을 예측하고 범죄자라는 인간 범주를 분류하기 위해 '넓은 범위의 과학'을 동원해왔다.[20] 범죄자의 심리와 행동에 관한 과학으로서 각종 범죄학(범죄심리학, 범죄인류학 등)에서부터 상대적으로 현대적인 정신의학이나 심리학 등을 발전시켜 활용해 온 것이다. 이 글은 그러한 과학지식이 '성폭력' 범죄자, 반사회적 성격장애, 사이코패스 등을 포함하여 소위 '위험한 범죄자'라는 집단 범주를 어떻게 구성해왔는가를 서술하고 있다. 바로 그러한 과학지식이 법제도적 실천과의 상호작용을 통해 이루어져왔다는 것이다.

본 장 내용으로 곧바로 들어가 보자. 앞서 제1장에 대한 리뷰에서 존재자에 대한 '구획'이야말로 법과 정의(正義)의 본령이라고 언급한 바 있다. 인간 집단을 분류하는 일도 그러한 본령의 일환이다. 그래서 법은 언제나 이런저런 기준을 들어 인간 집단을 분류하고자 해왔다.

그렇다면 '범죄자'라는 범주는 어떻게 생겨났을까? 저자에 따르면, 인간 집단 중에서도 '범죄자'라는 범주는 19세기에 범죄학과 (법)정신의학에 의해 학문적 탐구의 대상으로서 형성되었다. 이들 분야는 그전 18세기 체사레 베카리아(Cesare Beccaria)와 제레미 벤덤(Jeremy Bentham)의 견해를 중심으로 한 고전주의 범죄학으로부터 결별하고자 한 것이었다. 고전주의 범죄학에서는 범죄자 역시 특별한 종적 범주가 아니라 단지 자유의지를 가진 일반적 행위자로서 위법행위를 저질렀을 뿐이며, 형벌은 (공리주의 원칙과 그에 의거한 일반예방이론에 따라) 그의 범죄행위가 침해한 이익에 비례하여 가해져야 한다고 보았다.

그러나 고전주의 범죄학은 19세기에 와서 새로운 관점들에 의해 대체되었다. 19세기에 발흥하여 서로 각축을 벌인 실증주의 범죄학과 범죄사회학, 범죄인류학, 그리고 (법)정신의학이 그것인데, 이러한 분야들은 현대적 형사정책 및 인간과학

20) '넓은 의미의 과학'이라고 말할 것은, 이들 분야가 때로 진정한 과학이 아니라 단지 '유사과학'(pseudo-science)일 뿐이라고 취급되기도 하기 때문이다. 하지만 그러한 분야의 과학성 여부를 논하는 것이 본 논의의 초점은 아니다.

의 전사(前史)에 해당한다. 저자는 이들 각 분야가 범죄를 어떻게 바라보고 범죄자라는 범주를 어떻게 형성해갔는지를 일별해준다. 이를 잠깐 따라가 보자.

먼저 19세기 '실증주의 범죄학'에서는 일반예방주의와 차별되는 특별예방주의를 내세웠다. 이에 따르면 형벌의 목표는 범죄적 소질을 지닌 범죄자를 교정하고 개선하는 것으로 재정의되었다. 한편 19세기에 대두된 '범죄사회학'에서는 범죄통계를 근거로 하여, 범죄행위를 일정한 법칙성과 규칙성을 갖는 사회현상이자 정상상태로부터 연속선상에 있는 상태로 보았다. 그리고 이러한 사회적 사실의 배후에 있는 사회적 원인을 찾아 개선함으로써 범죄율을 감소시킬 수 있다고 믿었다.

범죄자라는 범주가 연구대상으로서 형태를 갖춘 것은 범죄인류학과 (법)정신의학이 발흥하면서부터였다. '범죄인류학'은 19세기 이탈리아의 범죄학자 체사레 롬브로조(Cesare Lombroso)로 대표된다. 여기에서는 범죄를 바라보는 시각이 고전주의 범죄학에서와 크게 달랐다. 즉 범죄란 자유의지를 가진 보편적 법적 주체가 자유의지에 따라 위법한 행위를 선택한 것이라고 보는 것이 아니라, 범죄적 성향을 생물학적으로 타고난 '생래적 범죄인'(born criminal)이 있어서 그가 일탈행위를 저지른 것이라고 보았다. 나아가 범죄인류학에서는 당대 영향력이 날로 커져가던 찰스 다윈(Charles Darwin)의 진화론과 허버트 스펜서(Herbert Spencer)의 사회진화론을 범죄현상에 적용하여, 범죄자는 진화적으로 퇴보한 존재라고 보았다. 그래서 골상학(phrenology)에 따라 두개골 크기 등을 측정하여 범죄자의 비정상성을 입증하고자 했다. 잘 알려져 있듯이, 이러한 발상은 이내 과학적으로 반박되었지만, 이후 20세기 전반과 중반의 우생학(eugenics)과 후반의 범죄생물학에 큰 영향을 미치기도 했다.

한편 (법)정신의학은 동기를 파악할 수 없는 범죄가 점차 증가하자 이를 설명하기 위해 도입되고 발전되었다. 정신의학은 범죄와 비행이라는 사회적 일탈을 병리적 현상으로 진단할 수 있는 지식체계로서 범죄자에 대한 '정신감정'을 도입했다. 정신감정을 통해 범죄자의 생애사 속에서 그의 위험성을 밝혀낼 수 있다는 것이었다. 이렇게 해서, 범죄자라는 범주는 범죄성을 나타내는 신체적·정신적 표지를 지닌 특수한 유형으로서 만들어져갔다.

저자에 따르면, 20세기에 오면 서구 형사정책이 변화해감에 따라 범죄자라는 범주도 함께 변모해갔다. 이 시기 형사정책은 다각도로 시도되었지만, 범죄자를 '재활'의 대상으로 보는 관점과 '위험관리'의 대상으로 보는 관점, 이 두 관점이 유력하게 교차했다. 두 관점 모두 형사정책의 목표를 사회보호에 두고 있지만, 이러한 목표에 도달하기 위해 취하는 정책적 방향과 수단에서 서로 달랐던 것이다. 전자의 관점에서는 사회연대와 복지를 강화함으로써 사회갈등과 빈곤으로부터 야기되는 문제를 해소하고자 했던 반면, 후자의 관점에서는 형사제재를 강화하여 위험한 개인을 통제하고자 했다.

저자는 이 두 관점이 엇갈리고 자리바꿈을 한 양상을 다음과 같이 설명한다. 범죄자 개인에 적합한 노동, 교육, 치료 등을 통해 범죄자를 재활시키고자 한 형사정책은, 19세기의 범죄인류학과 (법)정신의학이 서구의 복지국가 패러다임과 결합하여 정립된 것이었다. 하지만 이러한 형사정책은 1970년대 이후 그 실효성이 부정되기 시작하면서 새로운 국면을 맞게 되었다. 잘 알려져 있듯이, 20세기 후반 철학자 미셸 푸코(Michel Foucault)는 재활과 교정을 주요 이념으로 한 감옥이라는 행형체계를 비판적으로 분석해낸 바 있다. 이에 따르면, 부랑민과 빈민, 그리고 광인이 혼재되어 있던 수용소에서 광인을 독자적 수용대상으로 분류해내면서 정신의학이 발전하였고, 범죄학은 수용소에서 분리되어 나온 빈민계층으로부터 공급된 범죄자를 탐구의 대상으로 삼으면서 등장했다는 것이다.

결국 범죄자라는 범주가 단지 구성된 것이라면, 범죄와 형벌의 문제는 '범죄자'가 아니라 '범죄행위'로 초점이 옮겨갈 수밖에 없다. 그래서 형사정책은 범죄자를 어떻게 교정할 것인가가 아니라 위험 자체를 어떻게 관리할 것인가의 문제로 치환되었다. 예를 들어, '보호관찰'과 같은 제도도 재활 패러다임 하에서 범죄자 개인에 대한 치료를 비롯한 '사회복지'라는 견지에서 행해졌다면, 위험관리 패러다임 하에서는 단지 범죄자를 감시함으로써 범죄의 위험을 관리하고자 하는 견지에서 행해질 뿐이다. 그래서 비록 20세기 후반에도 기존 범죄학 패러다임의 연장선상에서 '사이코패쓰'(psyhcopath)와 같은 범죄자의 범주가 대두되기도 했지만, 이제 주류 범죄학에서는 범죄자를 비범죄자와 구별되지 않는 정상적이고 합리적인 개인이라고 전제한다. 다만 그의 합리성은 범죄의 손익을 계산하여 선택할 수 있는 합리성인 것이다. 이러한 개인에 대한 형벌은 재활보다는 위험관리와 중형주의를 목표로 하게 되었다는 것이다. 저자는 이 두 관점 중에서 어느 관점을 취하는가에 따라 법과 과학의 관계가 달라지고 인간을 분류하는 방식도 달라진다고 지적한다.

이어서 저자는 흔히 '인간과학'으로 불리는 정신의학과 심리학이 인간을 어떻게 분류하고 범주화해왔는가를 살핀다. 인간과학은 인간의 행동 및 정신의 병리(病理)라는 광범위한 영역을 탐구대상으로 한다. 이들 분야는 범죄자를 일반인과 구별되는 특별한 관리와 통제의 대상으로 구획해냈으며, 이로써 형사정책 및 사회정책에 폭넓게 개입할 수 있었다. 일종의 '사회공학'(social engineering)의 역할을 한 셈이다. 이러한 개입을 뒷받침한 근거는 무엇이었을까? 정신질환은 빈곤이나 차별과 같은 사회적 요인에 의해 야기되기 때문에, 이를 해소하기 위해서는 일정한 정책적 개입이 요구된다는 것이 이유였다. 이들 분야에서 인종갈등과 도시폭동은 치료되어야 할 사회적 병리 현상으로 간주되었으며, 이러한 병리 현상은 개인의 정신건강 및 성격구조와 직결되는 것으로 여겨졌다. 인간의 심리와 내면이 공공정책의 대상으로 떠오른 것이다.

이들 인간과학의 진화사를 볼 때 흥미로운 점은, 20세기에 와서 정신의학의 역할이 축소된 반면 심리학이 그 자리를 대신하기 시작했다는 사실이다. 이 시기에 반(反)정신의학운동과 정신장애인 인권운동이 발흥하면서, 정신의학의 권위와 열기는 차갑게 식었다. 아울러 정신의학의 정체성과 정당성도 흔들리기 시작했다. 이러한 변화의 이유는 무엇일까? 정신의학이 사회적 일탈을 통제하는 억압적 권력으로 기능한다고 여겨진 반면, 심리학은 범죄자에 대한 위험관리의 일환으로서 위험평가에 주력하면서 그 유효성을 높여갔기 때문이다. 1980년대에 심리학자들은 각종 위험평가방법을 개발하기 시작했다. 특정 개인이 범죄·재범을 저지를 위험을 계량적으로 평가하고자 한 것이다. 여기에 가장 유력하게 활용된 것은 '통계적 방법'이었다. 이 방법을 통해 대상자의 위험요인을 평가함으로써 범죄행동을 확률적으로 예측할 수 있고, 개인의 위험수준에 따라 관리 프로그램의 강도를 조절함으로써 재범 위험을 감소시키고 범죄를 효과적으로 통제할 수 있다고 믿은 것이다.

저자가 서술하는바 이러한 변화의 양상을 좀 더 자세히 살펴보자. 우선 정신의학의 진화와 관련하여 두 가지 주목할 만한 변화를 꼽을 수 있다. 하나는 정신질환진단 및 통계편람(이하 'DSM')의 내용 및 역할의 변화이다. 1970년대까지 DSM에는 표준화된 진단기준이 없었으며, 정신의학자들은 단지 자신의 개인적 훈련과 경험에 따라 진단을 내릴 뿐이었다. 또한 프로이트의 이론에 기반하여, 환자의 내면적 갈등이 정신의학적 증상의 기저에 자리한 원인이라고 보아, 원인을 명확히 함으로써 행동의 변화를 이끌어내는 것을 치료의 목적으로 삼았다. 하지만 이후

DSM 3판에 이르는 개정 작업이 이어졌고, 1974년 개정의 결과로 나온 DSM 3판에서는 정신의학 진단을 위해 환자의 외견적 증상과 행동에 초점을 두었으며, 그럼으로써 정신장애를 명시적이고 구체적으로 분류하고 진단할 수 있는 기준을 확립하고자 했다. 즉 정신의학의 '객관성'과 '체계성', '일관성', 그리고 '계량성'을 높이고자 했으며, 그럼으로써 정신의학을 객관적 관찰에 기반한 신뢰성 있는 일반의학의 일환으로서 자리매김하고자 했다.

다만 DSM 3판에 대한 이견과 반발도 있었다. 성격적 특질을 배제하고 행동적 증상에만 의거하는 진단 방식은 정신의학자들로부터 해석의 여지를 빼앗는 효과를 낳았기에 그들로부터 불만을 살 수밖에 없었다. 또한 이 판본은 반사회적 성격장애의 핵심요소를 배제한 데다 범죄나 비행과 관련한 행동을 진단 증상으로 강조했기에 그것은 그러한 성격장애를 진단하기에 부적합하다고 하는 비판도 제기되었다. 게다가 이 판본으로의 개정은 결과적으로 정신의학계가 사회적 의제에 대한 개입을 주저하는 쪽으로의 변화일 뿐이라는 비판도 이어졌다.

정신의학과 관련한 또 다른 변화의 양상은 '사이코패쓰' 범주의 재부상이다. 전술한 대로 '반사회적 성격장애'라는 범주가 정신의학적 진단에 부적합하다고 평가받으면서, 이 범주를 대체하는 차원에서 '사이코패쓰'가 부각된 면이 있다. 사이코패쓰 개념은 20세기 초부터 사용되었지만 20세기를 거치면서 적잖이 변모하였다. 이 범주 개념의 진화는 위에 서술한 '주류' 정신의학의 진화 양상과는 다소 결이 다르다. 주류 정신의학이 계량화의 길을 걷는 중에서도 사이코패쓰 개념을 고수한 정신의학자들이 있었고, 이들은 진단을 위한 중요한 요소로서 여전히 피험자(대체로 범죄자)의 성격특질을 꼽고 있었다. 하지만 성격특질은 정신의학자 개인의 자의적 판단으로부터 영향을 받을 여지가 다분하다는 맹점이 있었다. 그래서 이러한 맹점을 극복하기 위해 1980년대에 와서는 범죄적 성격을 진단하는 도구로서 각종 심리검사가 개발되었다. 전통적으로 심리측정 및 성격검사의 도구가 개발되고 활용되어온 바 있었지만, 이런 노력이 위험한 성격을 정량화여 측정하고자 하는 시도로 이어진 것이다.

오늘날 사이코패쓰 진단도구로 널리 알려진 PCL-R도 이 무렵에 개발되었다. 1990년에 심리학자 로버트 헤어가 제안한 PCL-R은 20개의 성격과 행동 특질을 확인케 하는 체크리스트로 되어 있으며, 총점 0~30점의 스펙트럼상에서 점수를 산출해낸다(한국에서는 현재 총점 0~25점의 버전을 사용한다). PCL-R은 당초 임상

현장에서 사이코패쓰 진단을 위한 보조도구로 고안된 것이었지만, 점차 위험평가도구로 널리 사용되고 있다.

저자에 따르면, 이러한 전용의 한 가지 유력한 이유는 필자가 앞서 언급한 바 있는 1980년대 이후 미국 형사정책의 변화에서 찾을 수 있다. 당시 형사정책의 목표는 범죄자를 재활시켜 재사회화한다는 것으로부터 위험한 범죄자를 무력화하여 위험을 관리한다는 쪽으로 변해갔다. 이 가운데에서 위험관리를 요하는 이들을 분류해낼 위험평가방법이 필요했는데, PCL-R이 바로 그 역할을 할 수 있다고 보아 수용된 것이다.

여기서 PCL-R을 DSM 3판과 비교해보면 그것의 중요한 특성과 맹점을 알 수 있다. 두 가지를 지적할 수 있다. 첫째, PCL-R은 통계에 기반한 위험평가도구이다. 즉 특정 개인의 행동에 대한 구체적 예측이 아니라 집단을 준거로 한 확률계산을 보여줄 뿐이다. 이러한 예측에는 소위 위양성(false positive)과 위음성(false negative)의 문제가 발생하는 것을 피할 수 없다.[21] 즉 위험하지 않은 자를 위험하다고 잘못 예측하거나(위양성), 위험한 자를 위험하지 않다고 잘못 예측하는(위음성) 오류 말이다. 둘째, DSM 3판에서 제시된 반사회적 성격장애 진단 기준은 단순히 그러한 장애의 여부만을 판단하도록 되어 있었던 반면, PCL-R에서는 피험자가 원형적 사이코패쓰에 얼마나 가까운가의 '정도'를 연속 스펙트럼상에서 수치로 보여준다. 그렇다면 이 같은 PCL-R 검사를 통해 특정 피험자를 사이코패쓰로 정성적으로 '분류' 내지 '범주화'하는 것이 어떻게 가능할까? 이는 이론적으로나 실무적으로나 여전히 분명치 않다. 그럼에도 '사이코패쓰'는 이런 논란의 여지를 우회한 채 1990년대 이후 하나의 정신병리적 범주로서 더욱 부상했다. 범죄자를 분류하는 가장 영향력 있는 개념으로서 말이다.

이상의 논의를 맺으면서 저자는 자신의 논지를 다음과 같이 요약한다.

> 인간을 분류한다는 것은 유사한 속성을 지닌 것으로 간주되는 사람들을 하나의 범주로 묶고 다른 범주에 속한 사람들과 구별하는 것이다. 인구집단을 각기 다른 범주로 묶어내는 분류는 유사성과 차이를 구획하는 원칙을 전제한다. 이러한 분류의 원칙은 객관적 실제에 의해 자동적으로 부여되는 것도, 논리적 필연성을 지닌 것도 아니다. 분류의 원칙과 그에 따라 생성된 범주들은 그것을 배태한 정치적 맥

21) 이러한 문제는 미국에서 재범위험성평가 알고리즘으로 잘 알려진 '컴파스'(COMPAS)에 대해서도 유사하게 불거진 바 있다. 관련 쟁점과 논의 동향에 대한 소개로, 홍성욱, 「인공지능 알고리즘과 차별」, 『STEPI Fellowship 연구보고서』, (과학기술정책연구원, 2018), 16-22쪽 참조.

락이 기입되어 있는 사회관계의 침전물이다. 마찬가지로 지금까지 살펴본 범죄자라는 범주와 분류는 19세기에 등장하여 당대의 시대적 맥락에 따라 변화하는 사회적 조건을 체현한 구성물이라고 할 수 있다.

다소 어렵게 표현된 이 논지를, 그중에서도 특히 '위험한 범죄자'에 관한 '구성주의적'(constructivist) 논점을 필자가 바꾸어 말해보면 다음과 같다.

> 사이코패쓰를 포함한 이른바 '위험한 범죄자'라는 범주는 특정한 사람들의 본질적(자연적, 특히 생물학적 · 의학적) 특성에 의해 결정되어 그 결과로서 발견되는 것이 아니라, 그들에 대해 위험한 범죄를 저지를 '성향'을 지닌 특별한 '종류'의 인간 범주라고 '구성'하고 '창출'해낸 것이다. 그리고 이러한 구성과 창출은 사람들의 법과 제도 고유의 기준에 의해서가 아니라, 서구의 정신의학, 심리학, 범죄학 등이 개발해낸 '정상－비정상 구분'에 관한 의학적 · 과학적 모델에 의해 이루어졌으며, 그러한 범주가 '발견'된 것이 아니라 '발명'된 것임을 시사한다.

이 글은 위와 같은 구성주의적 작업을 특별히 '과학기술학'(Science and Technology Studies, STS), 혹은 '과학기술 사회학'(Sociology of Science and Technology)의 관점과 통찰을 빌어 수행해내고 있다고 볼 수 있다. 이들 분야는 아직까지 많은 이들에게 낯설기는 하지만, 20세기 후반에 발전된 융합적 분야다. 21세기 현대 사회에 가장 지배적 영향력을 행사하는 원천이라 할 과학기술을 대상으로 하여, 인문사회의 다양한 성찰적 관점과 접근법을 아울러 적용하고자 하는 도전적인 분야이다. 이 글이 그렇듯이, 생명정치를 주요 이론적 자원의 하나로 취하고 있기도 하다.

이 모든 점에서 이 글은 보고(寶庫)와 같다. 인간 분류의 이론과 실천을 계보학적으로 그려내는 한편, 그것을 범죄학(형사정책)과 정신의학 및 심리학, 과학기술학, 그리고 생명정치라는 여러 분과영역을 오가며 종횡으로 엮어가는 특별한 글이기 때문이다. 저자(유진)는 과학기술학 분야에서의 전문성을 바탕으로 하여, 그것과 형사정책의 교차점에서 일찍이 연구성과를 누적해 온 드문 연구자다. 이에 저자는 이 글 주제와 그 너머에서 인간 분류의 법과 과학이라는 융복합적 연구프로그램 전반을 충실히 안내해주고 있다. 이 글은 이 점을 보여주기에 부족함이 없을 것이다.

2. 법적 판단과 과학(제Ⅱ부)

다음으로, **제Ⅱ부**의 테마는 **'법적 판단과 과학'**이다. '판단'(judgment), '추론'(reasoning), '논증'(argument 혹은 argumentation), '사고방식'(ways of thinking), 혹은 '의사결정'(decision-making)이라는 작업은 추상적 법규범이 구체적 사안을 만나 그 사안을 해결하는 사고의 기술적 과정과 규범적 이치를 일컫는다. 그래서 법적 판단이라는 영역에서는, 그러한 작업이란 무엇이며(개념), 그것이 실제로 어떠하며(존재 사실), 그것이 마땅히 어떠해야 하는가(당위)가 주요 관심사다.

이 같은 물음은 쉽게 해명되지 않는다. 왜냐하면 대개의 경우 법적 판단은 복합적인데다가 애매하고 불투명하기까지 하기 때문이다. 강학상 법리가 법적 판단을 지배한다고 말하지만 실상 판사 개인의 경험과 직관, 그리고 때로 감정도 거기에 관여한다는 점은 부인할 수 없을 것이다. 게다가 판결문상에서 드러나는 추론이 실제 행해진 법적 추론과는 별개일 수도 있다. 요컨대, 법적 판단이란 어떤 측면에서는 대단히 논리적이고 해명가능한 작업이면서도, 다른 측면에서는 대단히 비논리적이고 해명불가능한 작업이라는 것이다.

법적 판단은 때로 법률가들 사이에서 '리걸 마인드'(legal mind)라는 다소 신비스런 용어로 표현되기도 한다. 대략 말해, 리걸 마인드란 훈련받은 법률가들(만)이 가지는 특별한 판단 방식이나 능력을 의미한다. 리걸 마인드의 원천에 대해서는 견해가 나뉜다. 그래서 그것은 논리일 수도, 경험일 수도, 직관일 수도, 혹은 또 다른 무엇일 수 있다. 어쨌든 법적 판단이란 실무적으로는 그러한 리걸 마인드를 실행하는 일이요, 학술적으로는 그것을 포괄적·일반적 견지에서 해명하는 일이라 할 수 있다.

'리걸 마인드'가 엄밀한 학술적 개념일 수 있는지, 혹은 법적 판단을 그러한 리걸 마인드라고 표현하는 것이 타당한지는 논외로 해두자. 분명한 점은, 법적 판단이야말로 법 및 법학의 알파이자 오메가라 해도 과언이 아니라는 사실이다. 법적 판단은 법실무의 큰 부분을 차지한다는 점에서 법실무의 주요 관심사이며, 실정법학에서는 물론이고 법이론이나 법철학에서도 언제나 중심적 탐구주제의 하나였다. 본서 제6장부터 제9장까지의 글들도 제각기 법적 판단과 연관된 탐구에 도전하고 있다. 각 장을 차례로 살펴보자.

제6장 "법적 추론과 심리학"에서는 법적 추론의 이론과 실제 전반을 개관한다. 저자(강태경)는 법적 추론에 관한 기존의 탐구 양상을 한편으로는 '법학'으로부터, 다른 한편으로는 현대 심리학이라는 '과학'으로부터 불러내 보여준다. 특히 후자의 작업에서는 '범주화'(categorization)와 '이상적 인지모형'(idealized cognitive model) 등 현대 인지심리학의 유력한 이론과 접근법을 원용한다. 이 글의 주제 분야인 심리학은 법이 조우하는 분과과학 중에서도 아마도 가장 큰 비중을 차지하는 분야라 할 것이다. 저자는 바로 법과 심리학이 교차하는 영역, 즉 '법심리학'(law and psychology 혹은 psychology and law) 분야에 천착해온 국내에서 손꼽히는 연구자다.

저자는 이 글에서 심리학이 법(학)에 미친 복합적 양상을 드러내고자 하는데, 이러한 작업 노선은 위 제1장이 제안하고 검토한 '자연주의적 접근법'의 일환으로 볼 수 있다. 제1장이 자연주의적(경험과학적) 접근법이 '법인격'과 같은 법학의 개념 일반을 어떻게 다룰 것인가에 관한 것이라면, 이 글 제6장은 심리학을 중심으로 한 경험과학적 접근법이 '법적 추론' 일반을 어떤 식으로 다룰 것인가를 논하고 있기 때문이다.

이 글은 구조상 보편에서 특수를 향해 나아가는 전형적인 역피라미드를 이룬다. 먼저 법적 추론 일반에 관한 이론적 개관에서부터 출발하되, 그것에 이어 법적 추론을 범주화라는 심리학적 개념틀의 일환으로 이론화하는 한편, 그것을 특히 이상적 인지모형이라는 심리학적 개념틀로 좀 더 정교하게 도식화해간다. 끝으로 이상적 인지모형을 성폭력사건에 적용한 사례를 소개하면서, 이를 통해 이상적 인지모형의 규범적 함의를 짚는다. 이상적 인지모형은 그 자체로 좋거나 옳은 모형임을 함축하지는 않으며, 옳고 그름의 규범적 판단에 대해 열려 있다는 것이다. 각 논의 단계의 요지를 개괄하면 다음과 같다.

먼저 저자에 따르면, 법적 추론이 현실에서 어떻게 행해지는지, 그리고 그것이 어떻게 행해져야 하는지를 둘러싼 논의는 법학을 넘어 여러 인접 학문 분야의 관심사이다. 저자는 그것을 '법학적(법이론적)' 관점과 '심리학적' 관점으로 나누어 소개한다. 법학적 관점은 (현대 영미 법학계를 중심으로 볼 때) 법의 논리성, 자율성, 형식성을 강조하는 법형식주의(legal formalism)와, 법규칙의 불확정성 및 이른바 규칙 회의주의(rule scepticism)에 기반한 법현실주의(legal realism), 이 모두를 비판하며 법을 사회적 규칙의 체계로 본 하트(H.L.A. Hart)의 현대 법실증주의

(legal positivism), 그리고 법에 내재한 모순과 비합리성을 드러내는 데 주력한 비판법학(critical legal studies) 등으로 대별된다.

반면 법적 추론은 실정법학이나 법철학에서만이 아니라 현대 심리학에서도 다루는 주제이다. 일군의 법심리학자들은 주로 법원의 판결에 영향을 미치는 다양한 요인들을 경험적 방법으로 연구해왔다. 예를 들어, 판사들의 이념적 태도나 각종 인지적 편향 등이 그것이다. 이러한 연구 노선은 법현실주의와 정신을 같이 하는 것으로, 국내 학계 일각에서의 관심과 탐구로 이어지고 있기도 하다.

이러한 심리학적 접근이 알려주는 바로서, 저자는 법적 추론을 '범주화'의 일환이라고 해명한다. 즉 법적 추론이란 "성문규범으로 코드화된 범주(구성요건)에 법적 사태가 포함될 것인가를 판단하는 범주화 과정"이라는 것이다. 범주화는 특히 이른바 '어려운 사안'(hard cases)에서는 미결정되는 양상을 보이는 특징이 있다. 저자가 제시한 예로, 우리는 "스케이트보드를 탈 것[차량]으로 범주화[할 것인가, 아니면 다른 개념으로 범주화할 것인가]? ... 유산을 노리고 할아버지를 살해한 손주를 살인자로 범주화할 것인가, 상속자로 범주화할 것인가 ...?"를 물을 수 있다.

저자에 따르면, 이러한 범주화 과정은 현대 인지의미론에 의해 더욱 정교화된다. 레이코프(G. Lakoff) 등이 주창한 '이상적 인지모형'이 이를 위한 유력한 도구이다. 이상적 인지모형이란 "[인간이 자신을 둘러싼] 세계를 이해하는 데에 사용하는 비교적 안정적인 정신 표상"을 말하는데, 이러한 모형은 사변적·분석적으로 얻어낸 것이 아니라 경험적 연구 결과를 토대로 하여 추상화한 것이다. 이때 고전적 인지이론과 이상적 인지모형론을 비교할 때, 특정 구성원(예: 자전거, 자동차, 기차, 스케이트 보드, 유모차 등)이 특정 범주(예: 탈 것[차량])에 속하는가의 여부가 이들 두 이론에서 설명되는 방식은 상이하다. 고전적 범주이론에서는 문제의 구성원이 해당 범주를 위한 필요충분조건을 만족시키는가의 여부에 따라 전부 아니면 전무(all-or-nothing)의 방식으로 판단된다. 반면 이상적 인지모형에 따른 범주이론에서는 전형적으로 동일 개념 범주 내 구성원들 간에 대표성의 차이가 있음을 잘 해명해준다. 이른바 그러한 구성원들 간의 가족유사성과 원형효과(prototype effect), 그리고 범주의 역동성 등을 잘 포착해내는 것이다. 또한 동일한 개념과 관련한 이상적 인지모형일지라도 그것이 단일하지 않을 수 있으며 이들 간에도 서로 불일치하여 원형효과가 발생할 수 있다.

이상적 인지모형에 관한 이 같은 일반론을 바탕으로, 저자는 법정에서 사실이 인정되는 과정에 대해서도 이상적 인지모형을 써서 이해할 수 있다고 주장한다. 그러한 모형이 사실 인정을 위한 경험칙의 인지 기제를 이룬다고 보기 때문이다. 주지하듯, 형사재판에서 고의, 과실, 목적, 행위, 인과관계 등 범죄의 구성요건요소를 이루는 사실이 피고인의 자백이나 범행 현장에 대한 목격자의 증언과 같은 직접증거만으로 증명되어야 하는 것은 아니며, 요증사실을 간접적으로 추인하게 하는 간접증거를 통해 뒷받침할 수도 있다. 또한 그러한 간접사실을 증명하는 데에는 경험칙이 중요한 판단 근거가 되며, 실제로도 범죄의 구성요건요소는 경험칙을 통해 간접사실을 증명하는 방식으로 입증되는 것이 일반적이다. 저자는 이상적 인지모형이야말로 바로 이러한 입증의 과정을 해명해준다고 말한다.

이때 이상적 인지모형이 작동하는 틀로서 저자가 도입하는 심리학적 모형이 '이야기 모형'(story model)이다. 이야기 모형에 따르면, 법적 사건이란 하나의 이야기이며, 이러한 이야기는 재판 중 제시된 증거, 비슷한 상황에 대한 경험, 그리고 이야기의 구성요소에 대한 광범위한 지식이라는 세 가지 요소로 구성된다. 여기서 특히 그러한 지식은 해당 사건과 관련한 이상적 인지모형을 통해 이해될 수 있다.

저자에 따르면 이야기 모형에는 유의미한 이점이 있다. 이야기 모형은 사람들이 증거를 개별적으로 분석하기보다는 전체적 맥락 속에서 종합적으로 평가한다는 경험적 사실과 부합한다. 법적 추론이 증거와 결론을 단선적으로 연관짓는 과정이 아니라 증거와 이야기가 상호 영향을 주고받는 복잡한 쌍방향의 소통 과정이라는 것을 보여준다. 특히 배심원의 증거평가 방법 및 법률가의 법적 판단이 이야기에 의존하기에, 그 맥락에 따라 달라질 수 있음을 잘 설명해준다. 또한 이야기 모형의 틀을 써서 법적 판단을 살펴보면 판단 과정에서 인지적 편향이 개입되었는지의 여부를 판단하기가 더욱 쉬워진다.

저자의 마지막 논점은 이상적 인지모형의 '규범적'(normative) 함의이다. 이상적 모형은 관련 진술의 옳음이나 좋음, 혹은 정당함을 함축하는가? 전술한 대로 이상적 인지모형은 개념의 범주화의 인지 기제로 작동하고 법적 구성요건요소나 증거를 판단하는 배경이 되는 이야기 구성에서 중요한 기제가 된다. 하지만 저자는 이상적 인지모형에 따른 추론이라고 해서 그것이 올바른 추론임이 보장되지는 않는다고 말한다. 이상적 인지모형은 옳고 그름이라는 규범적 판단에 대해 열려 있다는 것이다.

저자는 이를 보여주기 위해 한 가지 사례 연구를 제시하고 분석한다. 성폭력 사건에 관한 법적 판단과 해석이 그 사례이다. 성폭력 사건은 특성상 피해자의 진술이 유일한 증거인데다 그러한 진술의 진위가 쟁점인 경우가 많으므로, 사건과 관련한 판단자의 사전 지식, 경험, 기대가 어떠한가에 따라 증거에 대한 평가와 이야기의 구성 내용이 크게 달라질 수 있다. 따라서 저자에 따르면, 성폭력 사건에서 이상적 인지모형은 피해자와 가해자 사이에서 어느 한쪽에 유리한 방식으로 일의적으로 작동하는 것이 아니라 양면적으로 작동한다. 한편으로, 이른바 '강간 통념'(rape myth)이라는 것이 (역기능적인) 이상적 인지모형으로서 작동할 수 있다. 강간 통념이란 "일반적으로는 거짓임에도 불구하고 널리 퍼져 있는 여성에 대한 성적 공격을 정당화하는 데 사용되는 태도와 신념"으로서, 특히 '전형적 강간 피해자상', 즉 강간 피해자라면 전형적으로 이러저러할 것이라는 생각을 말한다. 판단자가 이러한 통념에 영향을 받으면 피해자의 진술이 오해되고 가해자에게 유리한 내러티브가 수용되는 등 사건의 실체가 왜곡될 수 있다. 경험 연구는 그러한 통념이 때로 실제 법적 판단에 작용하여 사법절차를 왜곡하고 있음을 보여준다. 반면 적어도 판결문을 놓고 볼 때, 이러한 왜곡이 생각만큼 자주 발생하지는 않는다는 경험 연구도 있다. 오히려 우리 법원은 2018년 이래 이른바 '성인지 감수성'을 채택했다. 성폭력 형사사건을 다루기 위한 가장 중요한 새로운 법리로서 말이다. 이 법리는 사실 무죄추정의 원칙이라는, 형사사법의 금과옥조라 할 지배적 원칙에 배치된다는 비판의 여지가 여전히 남아있다. 그럼에도 이 법리는 이론적으로는 판단자로 하여금 그러한 사건에서 성별에 기반한 편견과 고정관념을 배제하고 각 개인 특유의 경험과 상황을 이해할 것을 요구하는 한편, 현실에서는 피해자 중심적 판단을 할 것을 요구하는 것으로 이해되고 그렇게 적용되어 왔다.

법적 추론을 지나치게 합리적·형식적으로 접근하거나 지나치게 이념지향적으로 접근하다 보면, 자칫 법이 인간이 인식하고 실행하는 활동이라는 사실을 놓칠 수 있다. 저자가 말하듯이, 성숙한 경험과학(심리학)의 성과를 원용한 관점과 접근법은 적어도 법적 추론의 실상이 어떠한가에 관한 기술적(descriptive) 이해를 제공하며, 그럼으로써 법적 추론에 대한 총체적 이해로 나아가기 위한 공통의 밑바탕이 될 것이다. 무엇보다, '법적 추론'이야말로 법이론과 법실무 양면에서 가장 첨예한 문제라 할 때, 저자의 접근법은 법적 추론이라는 안개자욱한 미로 속에서

길을 찾고자 하는 이들에게 더없이 유용한 지도책이 될 것이다.

제7장 "법적 제재와 인지신경과학"에서 법은 '인지신경과학'(cognitive neuroscience)을 만난다. 저자의 글을 소개하기 전에, 필자가 관련 논의의 배경을 소개해 본다.

우선 인지신경과학이라는 과학 분야를 확인해 두자. 인지신경과학은 인지과학과 신경과학(뇌과학)을 합쳐 부르는 것으로, 지난 몇십 년간 과학계의 인간 연구를 주도해 온 분과다. 과거 분자생물학이나 유전학에서의 발전이 그러했듯이, 최근 인지신경과학이 비약적으로 발전하면서 인간과 사회 전반에 걸쳐 중대한 변화의 전망이 나오고 있다. 특히 신경생리학, 신경심리학, 뇌영상(neuroimaging) 기술, 정신약물학 등이 발전함에 따라 인간의 인지활동이 점차적으로 규명되고 있으며, 관련한 질병을 진단하고 치료하는 데에도 획기적으로 길이 열리고 있다.

인지신경과학(이하 '신경과학')의 발전이 주는 함의는 혁명적이다. 신경과학은 생물학적, 의학적 측면에서 인간에 대한 새로운 이해의 길을 열어주는 데에 그치지 않고, 인간이 무엇인가에 대한 우리의 이해를 근원적으로 바꾸어 놓고 있기 때문이다. 이러한 혁명의 중심에는 '뇌'가 있다. "마음은 뇌가 기능적으로 발현한 것"이라는 컴퓨터과학자 마빈 민스키(Marvin Minsky)의 말처럼, 뇌가 인간 마음의 가장 주요한 원천이라는 사실은 이제 하나의 상식이 되었다. 신경과학은 뇌의 과학이자 마음의 과학인 셈이다. 심지어 일종의 신경중심주의, 즉 신경이나 뇌를 통해서만 인간을 제대로 이해할 수 있다는 생각까지도 확산되고 있다. 미국 의회에서 1990년대를 "뇌의 시대"라고 선언했던 것처럼, 우리는 이미 뇌의 시대를 살고 있다.

신경과학은 새로운 '과학'이라는 데에 그치지 않고, (마음을 다루는) '철학적' 주제들과도 직결된다. 인간의 자아와 의식, 자유의지, 자기 정체성, 합리적 판단, 책임, 그리고 프라이버시 등과 같은 철학의 고전적 주제들과 관련하여 기존의 논의와는 크게 다른 — 때로는 혁명적이라 할 — 논의의 장을 열어주고 있다.

또한 뇌과학의 함의는 철학만이 아니라 전방위적으로 뻗치고 있다. 인간 및 사회와 관련한 여타의 모든 탐구 분야들에게까지 말이다. 그리하여 이른바 '신경철학'(neurophilosophy), '신경윤리학'(neuroethics), '신경법학'(neurolaw), '신경경제학'(neuroeconomics), '신경미학'(neuroaesthetics), '신경마케팅'(neuromarketing),

'신경교육학'(neuroeducation) 등 다양한 간학제적이고 융합적인 분과들이 새로 생겨나고 성행하고 있다. 이 같은 학문적 분화와 발전의 양상은 해외 학계에서 일찍부터 두드러졌지만, 2000년대에 들어서는 국내에서도 많은 이들이 연구관심을 기울이고 있으며 관련 논의가 지속적으로 확산되고 있다.[22)]

이 중에서도 신경법학에 국한해서 본다면, 이 분야의 새로운 탐구주제로서 법학 전반에 걸쳐 다음과 같은 물음들을 유력하게 제기할 수 있다.[23)]

- 재산권의 기본원리가 인간의 뇌에 코드화되어 있는가? 기능성 뇌영상(fMRI[24)])은 인간의 재산권 관련 행동과 뇌의 특질 간의 상관관계를 밝혀낼 수 있는가? (재산법)
- 만약 신경과학이 창조적 생각이 어떻게 발생하는지를 밝혀낼 수 있다면, 어떤 기술이나 아이디어와 관련하여 저작권과 특허권의 토대라 할 '신규성'이나 '진보성'의 존재 여부를 판정할 과학적 기준을 마련할 수 있는가? (지식재산권법)
- 불법행위로 인해 발생한 고통이나 통증을 입증하거나 측정하는(정량화하는) 데에 뇌영상 기술과 같은 것을 적용하거나, 그 결과를 관련 손해배상 소송에 활용할 수 있는가? 특히 정신적 고통이나 피해에 대해서라면? (불법행위법)
- 기능성 뇌영상을 거짓말탐지기로 활용할 수 있는가? (헌법, 형사법 및 각종 사회경제법)
- 뇌영상 등을 통해 피험자의 뇌에 접근하는 것은 언제, 얼마나 허용될 수 있는가? 뇌영상 정보는 특별하게 강화된 기밀 보호나 프라이버시 보호를 필요로 하는가? (헌법, 의료법, 형사법 등)

---

22) 관련하여 참고할 만한 국내 문헌으로, 홍성욱 · 장대익 편(신경인문학연구회 역), 『뇌 속의 인간, 인간 속의 뇌』, (바다출판사, 2010); 신경인문학연구회(홍성욱 · 장대익 편), 『뇌과학, 경계를 넘다』, (바다출판사, 2012) 등.

23) 스테이시 A. 토비노, "기능성 뇌영상과 법", 홍성욱 · 장대익 편(신경인문학연구회 역), 『뇌 속의 인간, 인간 속의 뇌』, (바다출판사, 2010) 제6장 곳곳.

24) fMRI는 'functional Magnetic Resonance Imaging', 즉 기능성자기공명영상 장치를 뜻하는 것으로, fMRI 장치는 특정한 행위나 감정과 연관된 부위를 뇌 단면의 해부구조를 나타내는 영상 위에 시간대별로 3차원 색채 영상으로 표시해 보여준다. 폭력적 범죄를 저지른 수감자들의 뇌를 fMRI로 촬영한 결과, 그들 중 많은 수의 뇌에서 전전두엽이 손상된 사실이 확인되었다. 또한 전전두엽이 손상된 많은 환자들에게서 감정조절이나 충동조절에 장애가 발생하는 경향이 이미 발견된 바 있었다. 따라서 뇌의 전전두엽의 손상은 폭력적 범죄로 이어지는 경향이 있다는 추정을 하게 되었다. 특히 사이코패쓰(psychopaths)의 경우, 흔히 뇌의 전전두엽과 편도체(amygdala) 간의 연결성이 저하되어 있는 특징을 보이는데, 이들 중 일부는 폭력적 범죄를 저지른 이들임이 밝혀졌다.

· 뇌영상 등을 통해 피험자의 마음 상태, 행동, 선호, 성격 등을 이해할 수 있다면, 언론, 생명보험, 건강보험, 고용, 의료, 사법 등의 영역에서 당사자의 프라이버시(소위 '신성한 자아의 마지막 영역')나 기본적 자유권이 침해될 수 있지 않은가? (헌법, 노동법, 의료법, 형사법 등)

이러한 법학적 쟁점들 외에 신경과학은 특히 '형사적' 맥락에서 중요한 쟁점들을 제기한다. 이른바 '신경형법'(neurocriminal law)에서 말이다. 피고인의 정신 상태가 어떠한지를 진단하거나 그가 미래에 어떠한 행위를 행할 것인지를 예측하는 데에 뇌영상 기술과 같은 것을 활용할 수 있을 것이기 때문이다. 신경형법이 제기하는 주요 질문 둘을 꼽으면 다음과 같다.

· 뇌영상 등을 통해 행위자의 형사적 책임능력이나 법정 진술의 신빙성을 판정할 수 있는가? 범죄자의 뇌손상은 형사적 책임/처벌을 얼마나 감소시키는가? 만약 내가 (중증)정신질환자나 아동성애자, 혹은 싸이코패스이고, 이러한 심신상실 상태의 원인이 나의 뇌손상에 있다면, 내 범죄는 "내" 탓이 아니라 "뇌" 탓이라 할 수 있는가?
· 신경과학의 발전이 형의 선고나 재활(rehabilitation) 규제에 영향을 끼칠 수 있는가?

이 같은 쟁점과 관련하여 신경법학의 전망은 어떠할까? 학계의 의견은 크게 엇갈린다. 일각에서는 신경과학이 인간의 행동이나 본성에 대한 이해를 제고함으로써 향후 법의 모습을 크게 바꿀 것이라고 보는 반면, 다른 일각에서는 그 변화의 가능성과 정도에 대해 회의적이기도 하다.

이상의 배경을 뒤로 하고 저자(박은정)의 글을 살펴보자. 저자의 글 또한 위와 같은 연구관심에서 신경법(철)학의 일단을 시도하는 글이다. 정확히는, 신경법(철)학이 새로운 도전과제를 제기한다고 할 때 저자는 그러한 도전과제에 대해 응전하고 있다. 저자는 그러한 과학의 성과가 어떤 식으로 법의 규범성(특히 법적 제재)을 정당화하는지를 검토하고, 경험과학의 의의와 관련하여 비판적이고 부정적인 답을 내놓는다. "인간의 판단이나 의사결정 영역에 대한 경험과학적 설명이 늘어날수록 [인간의 사유와 활동의] 규범지향적 태도는 약화될 수 있다"라고 말이다. 이렇듯 저자는 인간의 보편적 규범지향성을 근거로 하여, 신경과학에 대한 맹신이 신경중심주의나 신경본질주의, 혹은 과학주의로 나아갈 수 있으며, 이는 곧 법의 근본 토대를 허무는 일이 될 것이라고 경고한다.

저자는 일찍이 현대적 자연법론을 재조명함으로써 국내 법철학 분야에서 뚜렷한 자취를 남긴 법철학자이자, 과학기술로 인한 변화된 시대상 하에서 법의 의의를 재조명하는 데에도 선구적으로 노력해 온 법학자다. 이 글에서처럼 신경법철학이라는 새로운 분야에서 도전적 논의를 하고 혜안을 제공하기에 이상적인 연구자가 아닐 수 없다.

다시 저자의 논의를 따라가 보자. 이 글에서 저자는 법적 제재의 정당성이라는 법철학의 근본 문제를 검토하면서, 지금까지 그러한 정당성의 원천과 토대가 '존재유추'와 '책임주의'에 있었다고 지적한다. 저자를 따라, 다소 낯설 수 있는 이 두 개념을 설명해 본다. 먼저 존재유추란, 인간존재의 본성을 규명하고 이로부터 법의 본성을 정초짓고자 하는 사고다. 모든 법적 사고의 밑바탕에는 이러한 방법론적 전략이 깔려있다. 그래서 법의 역사를 곧 인간의 역사라고 한다면, 법이란 무엇인가를 논하는 법철학의 역사는 인간이란 무엇인가를 논하는 인간학의 역사인 셈이며, 이러한 역사를 통해 법적 제재의 의의와 정당성을 확보하고자 한 노력의 역사라 할 수 있다.

다음은 책임주의다. 책임주의는 법적 제재의 실질적 토대를 이루는 것으로, 법이 전통적으로 전제해 온 그러한 인간상을 말한다. 인간은 스스로 자유롭고 책임지는 인격적 주체라는 것이다. 이 같은 인간상은 경험적으로 확인가능한 인식의 대상이 아니라 칸트적 실천이성이 알려주는 바로서의 선험적 지식으로 여겨졌다. 이러한 인간상을 전제로 하여, 법은 책임이 있는 행위와 책임이 약화되거나 면제되는 행위를 구분하여 인간의 행위를 규범적으로 달리 평가해왔다는 것이다. 이러한 논점은 앞서 제1장과 제3장의 저자가 근대법적 인간상으로 지적했던 바와 다르지 않다.

그러나 현대 인지신경과학의 놀랄 만한 발전으로 인해 이러한 전통적 인간상과 법적 토대는 크나큰 도전에 직면해 있다. 그러한 발전에 발맞추어, 특히 개인적 책임에 근거한 전통적 제재 모델을 수정해야 한다는 생각이 확산되고 있다. 저자는 이러한 추세를 생물학적 '환원주의'의 부활로 읽어내면서, 이 같은 환원주의적 인식관심이 과학기술 그 자체의 측면에서도, 법철학적 함의의 측면에서도, 중대한 한계를 노정한다고 비판한다.

저자의 논지를 좀 더 들여다보자. 먼저 인지신경과학이라는 과학기술이 제시하는 함의를 과장 없이 냉철하게 봐야 하며 그 한계점을 놓쳐서는 안 된다. 분명 오늘날 fMRI 등 뇌영상기술이나 뇌파 신호와 관련한 기술의 발전이 눈부시기는 하다. 하지만 뇌영상 이미지나 뇌파 신호로부터 곧바로 '마음'을 읽어낼 수 있다는 주장이나, 혹은 벤자민 리벳(Benjamin Libet)의 실험에서 그랬듯이 그 같은 과학적 데이터가 자유의지가 존재하지 않음을 보여준다고 추론하는 것은 논란의 여지가 크다. 신경과학자들이라면 기술적, 물리적 언어 범주를 넘어서는 개념들(예: 마음, 자유의지, 감정 등)을 자신의 작업에 끌어들임으로써 그러한 작업이 명시적으로 입증해주는 바를 넘어선 더 큰 주장("마음은 뇌신경상태의 일정한 배치 상태이다" 혹은 "자유의지는 존재하지 않는다" 등)으로 나아가고 싶은 유혹을 느낄 법하지만, 그러한 주장을 하는 순간 그들은 환원주의의 근본적 난점으로 빠져들고 만다. 그러한 주장을 액면 그대로 받아들이기는 힘든 것이다. 인지신경과학은 분명 인간의 마음과 행동, 그리고 의사결정에 대한 이해를 증진해 줄 것이지만, 그러한 이해가 온전한 것이리라고는 기대할 수 없다. 이러한 맹점의 요체를 저자는 다음과 같이 표현한다.

> [...] 실험결과들은 일정한 자극이 있을 경우 그 뇌영역과 행동의 상관성을 밝히는 데이터를 보여준 것이다. 그러나 이렇게 행위의 원인을 뇌기능적 용어로 설명할 수 있다고 해서 이를 통해 행위수행자의 의지의 자유나 책임 차원의 문제를 설명할 수 있는 것은 아니다. 왜냐하면 한마디로 뇌는 **'자동적으로'** 작동하지만 정신은 **'해석적'인** 대상이기 때문이다.

나아가 저자는 그러한 과학적 성취로부터 인간의 자유와 책임과 같은 규범적 개념과 원리를 환원적으로 설명해내는 것은 더욱 요원하다고 말한다. 인간의 정신 활동은 뇌의 활동과 같은 물리적 차원, 심리적 차원, 사회적 차원이 복합적으로 발현되는 영역이며, 이러한 영역에서 그 같은 복합적 연관과 발현이 어떻게 해서 일어나는지는 여전히 제대로 이해되지 못한 채 남아있다. 저자는 인간 본성이 생물학적 차원과 사회문화적 차원을 모두 아우르는 영역이라고 보며, 이에 따라 환원적 인식관심이 아니라 통합적 인식관심을 견지해야 한다고 주장한다. 심지어 우리는 아직까지 그처럼 다차원적인 마음에 대해서는 말할 것도 없고 그 토대의 (전부가 아닌) 일부라 할 뇌조차 제대로 알지 못한다는 것이다.

그 과정에서 저자는 '자유의지와 결정론'이라는 문제를 상론한다. 세계는 결정론적인가? 자유의지는 존재하는가? 이 둘은 양립가능한가? 이들 고전적 물음에 대해 저자는 다음과 같이 답한다. 이들 물음은 책임, 범죄에 대한 처벌의 정당성, 법적 강제의 근거, 몸과 정신의 관계, 필연과 우연의 문제 등 철학사의 근본 문제들과 연계되어 있기에 더욱 중요하다. 자유의지라는 문제 사안은 법학에서 흔히 형법학의 관심사이지만, 이를 넘어 법철학의 관심사가 될 수밖에 없다.

이때 신경과학의 성과를 액면 그대로 해석하여 모종의 결정론을 받아들여야 한다면, 자유의지의 존재를 부정해야만 하는가? 저자에 따르면, 그렇지 않다. 그 이유는 이렇다. 법치민주주의의 기본 질서는 인간의 자유와 존엄, 그리고 가치를 바탕으로 하며 행위 주체의 책임을 전제로 하며, 따라서 '자유의지'가 모종의 절대적 의지를 의미하지 않는 한 우리는 그것을 부정할 수 없다. 만약 그러한 토대가 인지신경과학적 성과에 의해 부정된다면, 이는 곧 법제도 자체의 주춧돌이 허물어짐을 의미할 따름이다.

저자의 논지는 좀 더 일반화된다. 저자는 "뇌과학이 특정한 행동의 원인에 대한 정보를 주는 것과, 이것이 곧 법적으로 정당화되는가의 여부는 각기 다른 차원의 고려에 속한다"라고 지적한다. 이는 행위와 결과 간에는 내적 연관이 있기에, 이러한 연관은 결과를 결정하는 원인에 대한 전제와는 독립적으로 존재하기에 결코 소거할 수 없는 것임을 의미한다. 로널드 드워킨(Ronald Dworkin)의 지적을 따라, "내게 판단에 따른 책임이 없다고 믿을 수 없는 한, 우리는 누군가의 행위가 [물리적·신경생리학적으로] 결정되었다는 것을 이유로 그에게는 이런 책임이 없다고 가정할 이유는 없다"라고 말한다. 나아가 저자는 드워킨의 논변을 원용하여, 책임의 원리는 '인과적 통제'(causal control)가 아닌 '능력의 통제'(capacity control)로 파악해야 한다고 주장한다.[25] 자연과학을 특징짓는 3인칭 관점(관찰자의 관점)에 서서 서술할 것이 아니라 정신과학을 특징짓는 1인칭 관점(행위자의 관점)에 서서 서술해야 한다는 것이다.

저자는 이처럼 신경과학적 자료가 형사정의의 문제에 답을 줄 것으로 기대하는 경향이 커지는 것을 우려한다. 그러한 경향으로 인해 개인이 가져야 마땅할 책임의 의의가 희석될 수 있다고 보기 때문이다. 오늘날 위험책임, 예방책임, 집

---

25) 여기서 저자가 말하는 '능력'은 아마도 '물리적'·'신경생리학적' 능력이 아니라 '규범적'·'도덕적' 능력을 의미하는 것일 테다.

단적 책임, 인류의 책임, 자연물에 대한 책임 등 책임의 주체와 대상을 다각도로 확대시키려는 추세도 개인의 책임이 가지는 의의를 희석시킬 수 있다는 점은 마찬가지다.

저자의 이 같은 우려는 이 글을 제3장과 대조해 읽을 때 더욱 선명하게 부각된다. 두 글은 근대적 법관념이 책임주의에 기반해 있으며 신경과학 등 현대과학기술이 그러한 기반에 대해 도전하고 있음을 공통적으로 지적하면서도, 그러한 도전에 대해 상반된 대응을 한다. 즉 제3장은 인간을 시스템 하의 존재로 보면서, 개인의 자유의지와 행위 책임을 과대평가하지 말고 책임을 시스템의 것으로 확장할 것을 주문한다. 이에 반해, 이 글은 오히려 그러한 전향적 시각이 개인의 자율성과 책임이라고 하는 근대법의 토대를 위협한다는 점을 들어 그것을 경계하고 있다. 개인은 얼마나 자율적인가? 행위의 책임은 개인에게 있는가, 아니면 시스템에게 있는가? 이러한 근본 물음에 대해 두 글은 정반대에 가까운 답을 취하는 것이다.

다시 저자의 논지를 요약하면 이렇다. 전술한바 신경과학으로부터의 도전은 결국 인간의 마음과 행위에 대한 이해를 둘러싼 자연과학 진영과 정신과학 진영 간의 충돌의 한 사례이며, 이러한 충돌은 양 진영 간 일종의 '상호 인정 투쟁'으로 이해할 수 있다. 하지만 위에서 약술했듯이, 이러한 투쟁의 결말은 적어도 전자가 후자를 몰아낼 수는 없다는 것이어야만 한다. 저자가 힘주어 말하듯, 실존적 인간으로서 우리는 '목적을 향한 열망'을 가지고 있으며, 우리는 그러한 열망을 결코 포기할 수 없는 존재이기 때문이다.

끝으로, 필자가 한 가지 논점을 부연해 본다. 흔히 새로운 학문이 유행하면 그 분야에 대한 지나친 기대와 우려가 동시에 교차하기 마련이다. 이는 과학기술 연구자들의 성과 지상주의, 미디어의 선정주의, 그리고 대중의 미성숙한 인식과 태도 등이 서로 복합적으로 상승작용을 하기 때문이다. 그리고 지나친 포장과 기대든 혹은 지나친 폄하와 우려든 간에, 많은 이들이 이러한 유행과 흐름에 편승하기도 한다. 특히 과학기술을 단순히 '경외'의 눈으로만 바라보는 이들일수록 단순히 과학기술이야말로 객관성과 진리를 담지하는 최고의 권위라고만 여기기 쉽다. 거품이 더욱 커지기 쉬운 것이다.

이는 인지신경과학에 있어서도 마찬가지다. 인지신경과학이 화려하게 포장되던 시절은 지났다. 그럼에도 여전히 '일부' 인지신경과학자들은 스스로 의도했던 아니건 간에 자신들의 성과를 적잖이 '과대선전'(hype)하고 있고, 미디어는 이를 더욱 증폭시키고 있다. 게다가 일부 법학자나 기타 인문사회과학 연구자들마저도 그러한 선전을 액면 그대로 받아들여 자신의 입지를 높이는 데에 활용하고 있다. 내 생각에, 이 모든 문제는 대체로 사회적으로 주목과 인정을 받고자 하는, 혹은 연구비 등을 지원받고자 하는 욕심에서 비롯한다. 마치 오늘날 제일의 관심사인 인공지능 기술을 둘러싸고 이런저런 과장과 신비화가 넘쳐나는 것과 다를 바 없이 말이다.

저자도 시사했듯이, 이러한 현실에 대해서는 각별한 주의와 성찰이 필요하다. 특히 신경결정론(neural determinism)이나 신경본질주의(neuro-essentialism)와 같은 주장을 섣불리, 액면 그대로 받아들이지 않도록 말이다. 이들 주장은 "인간은 뇌다" 혹은 "인간은 뉴런 다발에 불과하다"와 같은 단순한 명제로 표현된다. 이 같은 주장은 인간의 마음과 행동의 특정한 특질(예: 감정, 고통, 지능 등)이나 기능을 뇌의 특정 부위의 특정한 상태와, 특히 그러한 상태를 나타낸다고 여겨지는 특정 이미지나 그 패턴과 동일시하고자 한다. 하지만 후자가 전자에 대응된다거나 그것을 결정한다는 식의 추론은 그 자체로 논리적 비약이기 쉽다. 왜냐하면 무엇보다 그러한 특질은 언어적으로든, 행동적으로든, 기타 계량적 방법으로든 엄밀히 정의되는 것부터가 어렵기 때문이다.[26]

물론 이와 정반대의 우려도 결코 가볍지 않다. 과학기술을 지나치게 두려워하거나 오해하고서 폄하거나 비판하는 일이 적지 않다. 본 장의 관심사인 신경과학에 대해서도 마찬가지다. 신경과학에 대해 널리 퍼진 공포나 오해에 쉽게 편승하지 않도록 주의해야 한다. 오늘날 신경과학은 신비의 영역에 있던 인간의 마음과 행동을 과학의 영역으로 옮겨놓았으며, 그것을 이해하기 위한 가장 유력한 지적 원천이자 수단이 되었다. 이러한 사실을 부정할 수는 없지 않은가? 혹자는 이를 애써 부정하여, 그러한 과학이 단지 정치권력이나 자본, 혹은 기술전문가들의 신자유주의적 이데올로기로부터 비롯하는 것일 뿐이라고 비판하기도 한다. 이러한 비판은 부분적으로 설득력이 있다. 하지만 그러한 비판은 자칫 과학의 목표가 세계에 대한 '이해'를 증진해주는 데에 있다고 하는, 결코 부정할 수 없는 사실 자체를 부정하는 어리석은 주장이 되기 쉽다.

---

26) 유사한 지적으로, 홍성욱, "보는 것이 믿는 것이다: fMRI 영상을 어떻게 해석할 것인가?", 홍성욱·장대익 편(신경인문학연구회 역), 『뇌 속의 인간, 인간 속의 뇌』, (바다출판사, 2010) 제10장.

마지막으로, 신경윤리, 혹은 더 크게는 과학기술윤리와 관련하여 STS연구자 홍성욱이 제공한 원칙을 공유하고자 한다. 이는 법철학적 논구를 목표로 하는 본 장과는 성격을 달리하지만, 과학기술에 대한 비판적 독해라는 큰 틀에서 그 취지는 유사하다. 홍성욱은 fMRI 뇌영상에 대한 해석에서 비판적 태도를 견지할 것을 주문하면서 다음의 일반적 원칙들을 제안하였다.

> 첫째, 과학에서 실험은 언제나 문제가 많[다]. 실험은 사실을 발견하는 것이 아니라, 만들고 해석해내는 과학자의 실천이다. 그렇기 때문에 특히 논쟁적인 fMRI와 같은 영상기기를 사용한 실험에서는 훨씬 더 철저하고 엄격하게 통제된 방법이 어느 때보다도 요구된다고 할 수 있다. 둘째, 과학 커뮤니케이션이나 PUS[Public Understanding of Science; 대중의 과학이해]와 관련해서, 과학적 발견을 미디어를 통해 대중에게 전달한다는 단방향 커뮤니케이션 모델을 극복하고 과학과 대중의 상호 소통 모델을 채택할 필요가 있[다]. 셋째, 뇌과학 연구에 대한 건전하고도 상식적인 철학이 필요하다. 이러한 철학을 가질 경우에, fMRI 실험 결과가 특정한 인지기능과 특정 뇌 부위의 연관성을 보여준다고 하더라도, 그것이 1 대 1로 대응할 개연성은 적다는 것을 어렵지 않게 알 수 있다. 넷째, 뇌 연구 기술과 결과를 상업적으로 응용하는 일에 주의해야 한다. 아직 밝혀진 것이 많지 않은 상태에서 뇌에 대한 여러 가지 응용과 상업화가 이루어지고 있으며, 이에 뇌과학 연구자들이 자의반 타의반으로 동원되는 일이 잦은데, 이러한 상업화는 연구에 독이 될 수도 있음을 지각해야 한다. 마지막으로 사회적 이슈와 관련해서 신경 환원주의나 신경결정론에 빠지는 일에 주의해야 한다. 여기에는 여러 가지 이유가 있을 수 있지만, 무엇보다 이러한 환원적인 프로그램이 근현대 역사를 통해 성공한 경우가 거의 없다는 점에 다시 한 번 주목할 필요가 있다.[27]

제8장 "베이지안 망을 이용한 법적 논증 분석"에서 저자들(고민조/박주용)은 법적 논증 방법의 하나로서 베이지언(Bayesian) 논증을 소개하고 그 의의와 전망을 검토한다.

이 글 논의의 지형을 훑어보자. 많은 독자들에게는 '베이지언' 혹은 '베이즈주의'(Bayesianism)라는 용어 자체가 생소할지 모르겠다.[28] 어쩌면 본서 각 장이 법과의 대면을 위해 불러내는 제 과학분야들 중에서 이 글이 다루는 베이즈주의야

27) 앞의 책, 336-7쪽. 필자가 항목별로 줄을 바꾸어 편집함.

28) '베이즈'라는 명칭은 18세기 통계학자이자 철학자로서 조건부확률에 관한 수학적 규칙(이른바 '베이즈정리')을 고안한 토마스 베이즈(Thomas Bayes)의 이름을 딴 것이다.

말로 독자들로서는 소화하고 수용하기에 가장 난감한 것일지 모른다. 그 이유는 이렇다. 베이즈주의는 진화생물학이나 인지신경과학, 혹은 심리학과 같은 경험과학이 아니라 그 자체로 수학(확률론)에서 비롯한 형식적 틀이다. 게다가 앞서 언급한 대로, 법적 판단이란 그야말로 변화무쌍하고도 불투명하기로 악명 높다. 그렇다면 베이지언 네트워크와 같은 양적·통계적 분석틀이 그 같은 법적 판단의 이론과 실무에 과연 얼마나 타당하고 유용할까? 이를 가늠하기란 좀처럼 쉽지 않다.

하지만 섣불리 포기할 일은 아니다. 법적 추론을 베이즈주의와 같은 통계적 기법을 써서 분석하거나 형식화하려는 노력은 일찍부터 있었으며, 저자들이 힘주어 말하듯이 통계학적 기법 및 관련 소프트웨어, 그리고 심지어 인공지능 기반 애플리케이션[29]까지 발달하고 있는 오늘날 그러한 노력을 구현하기란 어느 때보다도 용이해졌기 때문이다.

저자들은 다음의 요약문을 보내주었다. 이를 통해 글의 윤곽을 미리 그려보는 것이 좋겠다.

> 처벌과 관련된 법 제도인 형사사법절차에서는 사건에 대한 실체적 진실 규명을 중시한다. 그런데 예나 지금이나 실체적 진실을 밝히기란 쉽지 않을 뿐만 아니라, 종종 그 과정에서 오류를 일으키기도 하고 결과적으로 잘못된 판단에 이르기도 한다. 국내외에서 오판의 실태를 확인하고 유형을 나누는 연구가 최근 활발하게 이루어지고 있으며, 이를 바탕으로 오판을 줄이기 위한 실질적 방안이 모색되고 있다. 이러한 배경에서, 본 연구는 영미 학계에서는 비교적 오래 전부터 탐색되어 왔음에도 불구하고 국내에서는 상대적으로 생소한 베이지안 법적 논증 방식을 소개하고 국내외의 실제 사건들을 대상으로 그 적용가능성을 알아보고자 하였다. 베이지안 분석법의 이론적 유용성은 도처에서 인정되었지만, 계산의 복잡성 때문에 전문가들조차 이 분석법을 적용하는 것이 쉽지 않았다. 최근 통계학적 기법과 이를 처리하는 소프트웨어의 발전으로 그 사용가능성이 그 어느 때보다도 유망하다. 본 연구에서는 AgenaRisk 프로그램을 이용하여 국내외의 재판 사례를 분석하고, 궁극적으로 법적 논증에서 베이지안 분석법의 적용 가능성을 높이고자 한다.

이러한 윤곽 속에서 다음의 질문이 떠오른다. 베이즈주의란 무엇인가? 그것이 어떻게 해서 법적 논증의 개념적, 형식적 틀이 될 수 있는가? 만약 그것이 법적 논증이 될 수 있다면, 그것은 필요하고도 타당한 논증이 될 수 있는가? 나아가 그

29) 한 예로, agena.ai를 들 수 있다. https://www.agena.ai/.

것이 법적 논증으로 법정 안팎의 실무에서 효과적이고 적합할 것인가? 이하 이 일련의 물음에 대해 저자들의 설명을 좇아 간략히 답해 본다.

먼저 베이즈주의란 무엇인가를 보자. 베이즈주의의 출발점은 수학에서의 확률 계산법, 그중에서도 '베이즈정리'(Bayes' theorem)이다. 한마디로 말해, 베이즈 정리는 어떤 사건이 일어날 사전확률과 사후확률 간의 관계를 나타내는 정리다. 아래와 같은 수식으로 표현된다.

$$P(A|B) = \frac{P(B|A)P(A)}{P(B)}$$

여기서 $P(A)$는 어떤 확률 사건 A가 일어날 확률을 가리키는 것으로, 사건 A에 대한 '사전확률'(prior probability)이라고 불린다. 이 확률은 다른 어떠한 정보나 사건도 개입되지 않은 상태에서 A라는 사건이 일어날 확률을 말한다. 따라서 법적 판단의 경우라면, A는 어떤 사건에 대한 유무죄 판단에 해당하고, $P(A)$는 그 가설이 맞을 확률에 해당할 것이다. $P(B)$는 사건 B에 대한 사전확률로, (사건 A와 관련하여) 어떤 증거가 발견될 확률을 가리킨다. 이 확률은 사건 A의 참 거짓 여부 등 아무런 사전 정보 없이 사건 B 자체가 참일 확률이라고 할 수 있다.

한편 $P(A|B)$는 사건 B가 발생했음을 조건으로 할 때 A가 일어났을 조건부 확률을 가리키며, 이 확률은 사전에 B가 발생했다고 할 때 A가 사후에 발생할 확률이기에 '사후확률'(posterior probability)이라고 불린다. 이 확률은 $P(A)$와는 구별해야 한다. 법적 판단 상황에서라면, 이 확률은 어떤 사건의 증거 B가 발견되었을 때 가설 A가 맞을 확률을 의미하며 대개 우리는 궁극적으로 이 값을 알고자 한다.

반면 $P(B|A)$는 사건 A가 발생했을 때 사건 B가 일어날 조건부 확률로, 어떤 사건의 유무죄 판단에 대한 해당 가설 A가 참임을 전제로 할 때 증거 B가 발견될 확률을 가리킨다. 이 항은 '가능도' 또는 '우도(尤度, likelihood)'라고 부르며, 이 값이 중요한 이유는 법적 판단을 요하는 많은 현실의 상황에서 그것이 가용한 정보인 경우가 많기 때문이다.

사건 A에 대해 발견될 증거는 B에 그치지 않고 C, D 등으로 추가될 수 있다. 베이즈 정리에 따르면, 이 경우 어떤 사건 A(예: 특정 피고인이 진범·유죄임)

에 대한 확률에 새로 발견된 사건들(증거들)을 반영함으로써, 기존에 가지고 있던 상대적으로 불확실한 확률 정보 $P(A|B)$를 계속해서 갱신해나갈 수 있다. 이렇듯 기존의 사전확률을 이후 추가되는 증거에 따라 사후확률로 (베이즈정리 등 확률계산법에 따라) 업데이트해가는 것을 '베이즈주의'라고 부른다.

위에서 보듯, 베이즈 정리는 가설과 증거의 관계를 확률적으로 나타내는 수학적 방법론으로서, 합리적 선택과 의사결정을 위한 효과적 장치가 된다. 따라서 베이즈 정리에 기반한 베이즈주의는 단순히 수학적 방법론임을 넘어 훨씬 광범위한 학문분과에 활용되고 있다. 무엇보다 오늘날 베이즈주의는 '철학'에서 전통적 접근법들에 대한 강력한 대안으로 부상해왔다. 현대 인식론과 과학철학에서 특히 그렇다. 나아가 베이즈주의는 사회학, 경제학, 수학, 통계학, 전산학, 인공지능, 생물학, 의학, 그리고 법학에 이르기까지 광범위하게 응용되고 있다.

이렇듯 다양한 분과에서 베이즈주의는, 가설에 대한 확률이 새로운 증거가 적용되기 전후에 어떻게 변화하는지를 추적함으로써 추론 양식을 규범적으로 해명하고자 하는 새로운 방법론이자 인식론으로서 크게 각광을 받아왔다. 하지만 베이즈주의는 사전확률의 주관성 문제나 비현실적 가정에 대한 우려 등과 관련하여 많은 비판과 도전에 직면해오기도 했다. 그럼에도 베이즈주의는 "불확실성하에서 증거들의 상호의존적 관계를 잘 나타내고 비교적 정확하게 예측할 수 있는 도구"로서 널리 수용되고 있다.

많은 사람들은 어떤 가설 H가 참일 확률 $P(H)$를 그것이 증거 E가 있다는 조건 하에서 참일 확률 $P(H|E)$와 혼동한다. 현실에서는 후자가 관심사인 경우가 많다. 그럼에도 사람들은 후자가 필요할 때 전자부터 떠올리기 쉬운 것이다. 베이즈주의는 바로 이러한 착각와 오류를 형식적으로 바로잡아주며, 정확한 계산식을 제공해준다. 이것이 베이즈주의가 선호되는 이유다.

그렇다면 이러한 베이즈주의가 어떻게 해서 법적 논증의 개념적, 형식적 도구가 될 수 있는가? 저자들은 특히 베이지언 망(이하 '베이지언 네트워크')을 이용한 법적 논증 분석에 주목한다. 이러한 분석법의 의의와 방법론, 그리고 실제 사례를 소개하고 있다. 그러한 법적 논증 분석의 의의를 살펴보기 전에, 그것을 위한 유익한 배경지식으로서 '증거능력'과 '증명력'의 구별에 대해 잠깐 언급해두자.

주지하듯, '증거능력'은 특정 유형의 증거(예: 자백이나 거짓말탐지기 증거, 혹은 DNA 증거)가 법정에 제출될 자격을 말한다. 형사소송법상 이 자격의 여부는 경험적으로 결정할 사항도, 판사가 자의적으로 판단할 사항도 아니다. 그것은 법률이 정할 뿐이다. 반면 '증명력'은 특정 증거가 사실인정을 위해 얼마만큼의 가치를 갖는가에 대한 평가로서, 그 판단은 판사에게 일임되어 있다. 판사는 특정 증거를 사실인정의 자료로 삼을 것인가의 여부는 물론이고 그러한 증거의 신빙성, 즉 그것이 참일 가능성에 대해서도 스스로 판단하여 결정할 수 있다. 단 경험법칙과 논리법칙에서 벗어나지 않는 한도 내에서 그렇다. 이것이 이른바 증거의 증명력에 관한 (법정증거주의에 대립되는) '자유심증주의 원칙'이다(형사소송법 제308조). 물론 이러한 원칙에 따라 판단한 결과 판사가 범죄사실을 '합리적 의심을 넘을 정도로' 확신할 수 없을 경우에는, "의심스러울 때에는 피고인의 이익으로"라는 법원칙에 따라 무죄로 판결해야 한다.[30]

그런데 실제 형사사건에서는 직접증거가 없이 다수의 간접증거만으로 범죄사실을 증명해야 하는 경우가 적지 않다. 이 경우, 판사는 이러한 증거들 간의 관계에 관한 적절한 논증에 기초하여 종합적으로 판단할 수밖에 없다. 이때 이러한 논증 분석의 형식적 틀을 제공해주는 것이 베이지언 네트워크이다. 그렇다면 베이지언 네트워크란 무엇인가? 이를 이용한 법적 논증 분석의 방법론은 어떠한 것인가?

우선 베이지언 네트워크는 변인들(variables) 간의 확률적 의존 관계를 그래프로 나타내는 형식언어의 일종이다. 이 그래프는 마디(node)와 화살표로 이루어지는데, 각 변인은 마디로 표현되며, 변인들 간의 영향 관계는 마디 간의 화살표로 표현된다. 그래서 이러한 영향 관계는 해당 변인(마디) 간의 조건부확률로 명세되어야 한다. 이러한 조건이 충족되면, 베이즈정리와 확률법칙에 따라 네트워크 내 각 마디들의 상태 여하에 따라 다른 마디들의 확률이 어떻게 갱신되어야 하는지를 계산해낼 수 있다.

다만 각 사건에 해당하는 변인(마디)들 간의 네트워크를 그래프로 표현해내는 것이 과제다. 이는 물론 쉬운 일은 아니다. 사건에 따라서는 변인(마디)의 수가 대단히 많을 수 있으며, 이 경우 각 변인의 참거짓에 관해 명세해야 할 확률값도 크게 늘어나는 데다 전체 네트워크를 그래프를 써서 시각화하기도 어려워지기 때문이다. 하지만 일단 네트워크를 마련해놓으면 변인들 간의 관계를 명확히 할 수 있고, 그에 기초하여 종합적 판단을 할 수 있게 된다.

30) 이 대목 법률상 용어는 '판사'가 아니라 '법관'이지만, 표기상 본서 전체의 일관성을 위해 여기서도 '판사'로 칭한다.

변인(마디)의 수가 많아지거나 유사한 마디나 연결이 반복되는 경우를 처리하기 위한 방법의 하나는 '객체(개체) 지향 베이지언 네트워크'(Object-oriented Bayesian Network, OOBN)이다. 이는 컴퓨터 프로그래밍이나 인과적 모델링에서 흔히 사용되는 기법으로, C나 Javascript, 혹은 Python이 대표적 객체지향 프로그래밍 언어다. 이러한 기법에서는 기존의 '절차적' 프로그래밍에서처럼 프로그래밍을 명령어를 사용한 데이터 처리 방법(절차)으로 보는 것이 아니라, 객체라는 기본 단위들 간의 상호작용으로 본다. 객체는 작은 문제를 신뢰성 있게 해결할 수 있도록 설계된 독립적 단위이므로, 다양한 모형을 만들 때에도 재사용할 수 있다.

이러한 기법을 법적 논증분석에 활용한 몇 가지 프로그래밍 도구들도 고안되었다. 특히 이러한 네트워크는 컴퓨터 소프트웨어로도 구현할 수 있는데, 그 대표적인 프로그램이 *AgenaRisk*다. 이것을 활용하면, 해당 사건에서 법적 쟁점이 어떠한지를 시각적으로 파악할 수 있고, 이들 간의 지지와 의존 관계를 확률값으로 계산해낼 수 있다.

객체 지향 베이지언 네트워크나 그 프로그램인 *AgenaRisk*의 테크니컬한 내용을 여기서 더 서술할 필요는 없겠다. 저자들은 *AgenaRisk*를 활용하여 실제 형사사건을 분석한 사례를 소개하고 있다. 세 건을 소개하고 있는데, 하나는 해외의 사례인 'Claus von Bulow 사건'이며, 나머지 두 개는 국내 사례인 '청산염 사건'과 '모자살인 사건'이다. 이러한 분석 사례를 통해, 해당 사건에서 법적 쟁점이 어떠한지를 시각적으로 파악할 수 있고, 이들 간의 지지와 의존 관계를 확률값으로 계산해낼 수 있다.

저자들에 의하면, 이들 사례에서 보듯이 *AgenaRisk*와 같은 베이지언 네트워크를 이용한 법적 논증 분석에는 유의미한 이점이 있다. 그러한 분석은 복잡한 형사사건에서의 여러 증거와 증언을 서로 독립적인 몇 개의 영역으로 구분하여 분석하는 데 도움을 줄 뿐 아니라, 증거나 증언의 유관성을 더 쉽게 논리적, 인과적으로 파악할 수 있게 해준다. 사건에서의 쟁점을 시각적, 양적으로 확인하기 쉬운 점은 말할 것도 없다. 이 점에서 법적 추론의 불투명성을 덜어내는 데에 기여할 수 있다. 실제로 법적 판단이 이루어지는 수사 과정이나 재판 과정에서는 물론이고, 그로부터 산출된 수사결과나 재판결과(판결문)를 검토하고 분석할 연구자들이나 일반인들에게도 해당 수사나 판결의 핵심이 무엇인지를 객관화하는 데에 도움이 될 것이다. 또한 이미 판결이 난 사건들을 되돌아보는 경우만이 아니라 현재 진행 중인 사건에 직접 응용하고자 하는 경우에도 베이지언 네트워크를 적용해 볼 만하다. 이 모든 장점이 옳다고 볼 때, 이를 법관 양성 교육에도 활용할 법하다.

다만 저자들은 이러한 법적 논증 분석법에는 중대한 과제가 남아있음을 인정한다. 위와 같은 성과가 다음 몇 가지 연구과제가 후속으로 수행된다는 전제 하에서만 제대로 얻어질 수 있다는 것이다. 첫째, 베이지언 네트워크 기법의 효용성을 평가하기 위해서는 그것을 활용한 판사 집단과 그렇지 않은 판사 집단 간의 판결의 질을 비교하는 연구가 수행되어야 한다. 두 집단 간에 유의미한 차이가 없다면 그러한 복잡하고 번거로운 기법을 도입할 유인이 없을 것이기 때문이다. 둘째, 베이지언 네트워크가 분석자가 누구인가에 상관없이 일관성 있고 객관성 있게 이루어질 수 있는지 검토해야 한다. 만약 그렇지 않다면, 그렇게 할 수 있는 방안을 모색해야 할 것이다. 셋째, *AgenaRisk*와 같은 기법이 제공해주는바 가설에 대한 확률값을 어떻게 '평가'할 것인가 하는 문제다. 예를 들어, 만약 증거가 제시된 후 *AgenaRisk*가 이에 기반해서 피고인의 유죄 확률을 85%라고 계산해냈다면, 이 결과를 토대로 하여 피고인에 대해 어떤 법적 판단을 할 것인가? 영미법에서는 '증명력'의 정도, 즉 유죄 심증의 정도를 계량화하여, ① 절대적 확실성(100% 확실), ② 합리적으로 의심할 수 없을 정도의 확실성(95%), ③ 상당한 이유 또는 증거의 우월(50% 초과 확실), ④ 합리적 의심의 여지가 있음(5~20%), 네 단계로 나누기도 한다. 이러한 단계 구분을 활용하면 *AgenaRisk*의 결괏값을 평가하는 가이드라인 같은 것을 만들어 볼 수 있다. 물론 이 문제는 어쩌면 법률적, 정책적, 철학적 문제로, 통계적 기법 자체의 테크니컬한 문제를 넘는 것일 수 있다. 이것이 아마도 그러한 기법에서 궁극적인 방법론적 과제일 것이다.

마지막으로, (감사하게도) 저자들은 후기(後記)를 덧붙여, 이 글 원문의 출간 이후 현재까지 지난 10년 간 이 분야에서 이루어진 연구의 진전 양상을 업데이트해주고 있다. 저자들에 따르면, 이는 크게 두 갈래다. 베이즈주의를 네트워크 기법을 통해 인과추론과 법적 논증에 확장하는 연구와, 그렇게 해서 만들어진 베이지언 네트워크를 실제 판례를 분석하는 데에 적용하는 연구다.

이러한 업데이트를 맺으면서, 저자들은 이 글 원문에서 법적 논증에 대한 베이지언 네트워크 분석 기법의 의의에 대해 밝혔던 바를 다시 한 번 역설한다. 오랫동안 법적 추론은 법학교육과 실무를 통해 비전(祕傳)되어 왔지만, 여전히 그 실체를 밝힐 수 없는 상태일 뿐 아니라 그러한 실무의 결과 오판이 적지 않기 때문이다. 따라서 저자들은 비록 이 기법이 진입장벽이 높고 자체적 도전과제를 안고 있음에도 불구하고 고유의 탄탄한 학문적 기반 위에 서 있을 뿐 아니라 적어도 재판의 보조도구로서의 유용성이 여전히 충분하다고 본다. 그래서 법률가들이 각별히 마음을 열고서 이 기법을 진지하게 검토하고 활용해주기를 바란다고 당부한다.

제9장 "수문장의 딜레마: 다우버트 기준 도입 이후 과학과 법의 관계 변화"는 제Ⅱ부의 앞선 글들과는 달리 법적 판단을 일반적 견지에서 밝히거나 그러한 판단에 과학이 어떠한 함의를 주는지를 일반적으로 해명하고자 하지는 않는다. 대신에, 저자들(김성은/박범순)은 법적 판단 중에서도 특히 '법정'에서의 판단 기준으로 '과학'이 어떻게 도입되고 운용되어 왔는가를 반성적으로 다룬다.

저자들의 논의를 거론하기에 앞서, 필자가 그러한 논의의 법학적 배경을 가볍게 소개해 본다. 앞서 강조한 바 있듯이, 과학기술은 현대인의 삶과 사회 전반에 깊숙이 침투해 있으며 그 영향력과 지배력은 날로 커지고 있다. 과학기술에 대한 '신뢰'를 넘어 '맹신'의 양상도 보인다. 이런 현실 속에서 과학기술은 사회적 분쟁이나 갈등의 국면에서도 점점 더 중요해지고 있다. 특히 보건의료, 정보통신, 제조업, 건설·건축, 환경 등의 사회 영역에서 그렇다. 유해물질 손해배상소송 같은 것을 떠올려 보라. 이 같은 '전문화된' 분쟁은 불법행위 손해배상에서만이 아니라, 특허법이나 공정거래법 등을 포함하여 사실상 법의 거의 모든 주제영역으로 확산되고 있다. 이러한 분쟁에서 감정인(鑑定人)이나 전문가는 증인으로서 법정에 자신의 전문적 의견이나 증언을 내놓는다. 이러한 의견이나 증언을 포괄적으로 '과학적 증거'(scientific evidence)라고 부른다.[31] 그래서 이러한 증거를 어떻게 이해하고 다룰 것인가가 재판에서 결정적 관건이 되며, 관련한 전문적 지식을 적절히 이해하고 활용하는 일은 양 당사자는 물론 재판부나 관련 법실무를 담당하는 법률가들에게 중요한 과제가 된다.[32]

이에 미국에서는 그러한 증거의 기반이 되는 제 과학 영역의 원리를 해설하고 그러한 증거가 사용된 사례들을 제시해주는 안내책자가 마련되었다. *Reference Manual on Scientific Evidence*이 그것이다. 1994년에 초판이 나온 직후 미국의 많은 법률가들에게 필수적 참고자료가 되었다. 2011년에 나온 제3판[33]은 미국 국

31) 국내 현행법에서 법률적으로 정의된 개념은 아니다.

32) 앞서 제3장도 유해물질 소송에서의 인과관계 판단 등 관련한 문제를 다룬 바 있다. 제3장이 다소 총론적 수준에서 문제를 다루었다면, 본장은 그러한 문제의식을 더 구체적으로 다룬다.

립과학아카데미(National Academies of Science)와 미국 연방사법센터(Federal Judicial Center)가 공동으로 발간한 것으로, 교수, 판사, 과학자, 공학자, 의학자 등 다양한 전문가들이 참여했다. 포렌식 과학(forensic science), DNA 증거 감식, 통계 기법, 설문조사, 경제적 손해 산정, (유해물질)노출과학(exposure science), 역학(epidemiology), 독성학, 의학적 증언, 뇌과학, 정신보건, 공학 등 제 과학 영역별로 방법론을 소개하는 한편, 인과관계와 이해상충문제를 중심으로 하여 법적 판단에서 유의할 점까지도 제시하고 있다. 다만 이 자료는 판사들에게 과학적 증거나 증언과 관련한 유용한 참고자료일 뿐, 특정 유형의 과학적 증거에 대한 허용가능성 여부를 판단할 수 있게 해주는 요건이나 규칙을 제공해주는 것은 아니다.

법정에서 과학적 증거나 전문가 증언을 다루기 위한 노력은 법실무와 법제도를 통해서도 정착되었다. 변화한 현실에 따라, 판사가 과학기술의 전문가들의 감정이나 증언의 도움을 받을 수 있게 하는 일정한 절차적 장치가 마련되어 온 것이다. 이른바 감정인 제도나 전문가 증인(expert witness) 제도가 그것이다. 이러한 제도와 관행은 영미법계 국가에서 두드러지게 발달했지만, 대륙법계 소송제도하에 있는 우리나라에서도 이제 낯설지 않다.[34]

하지만 이렇게 제도가 정립된 이면에는 항상 결정적 물음이 자리해 있었다. 바로, '과학적' 증거를 '법정'에서 어떠한 기준으로 승인할 것인가 하는 물음이다. 얼핏 생각하면, 과학적 증거이니만큼 법정에서도 가장 신뢰할 만한 것으로 쉽게 수용해야 할 법하다. 하지만 그러한 증거가 검토되는 현장은 과학자의 실험실이나 학술지의 지면이 아니라 '법정'이라는 점이 문제다. 그래서 법정에서의 과학적 증거에 대한 판단 기준이 긴요하게 요청되었다.

이에 따라, 법정 안팎에서는 과학적 증거를 적절히 수용하기 위한 기준이 거론되기 시작했다. 20세기 전반에서 후반에 이르기까지 영미법계에서는 이른바 '프라이 기준'(Frye Standard)이 그 역할을 했다. 이 기준은 1923년 이른바 '프라이 사건'[35]에서 비롯한 것으로, 과학적 증거가 해당 분야 학계에서 '일반적으로 수용

33) 발간 주체인 미국국립과학아카데미 측은 2022년 경에 제4판이 출간될 것이라고 예고한 바 있었지만, 2025년 2월 현 시점까지 아직 나와 있지는 않다. 자료 원문은 https://schachtmanlaw.com/2021/02/28/reference-manual-on-scientific-evidence-v4-0/.

34) 이원복, "미국 전문가 증언 허용에 관한 Daubert 기준의 재고찰", 『법학논고』 제58집 (2017. 5), 278쪽. 이 글은 도버트 기준이 한국의 민사소송절차에 대해 주는 시사점에 관한 유익한 논의를 담고 있다.

35) *Frye v. United States*, 293 F. 1013 (D.C. Cir. 1923)

된'(generally accepted) 것인가에 따라 법정에서의 수용 여부를 결정한다는 것이다. '일반적 수용'이라는 기준은 모호하지만 강력한 것이었다. 이 기준은 이후 1973년 연방증거규칙(Federal Evidence Rule)이 제정되기 전까지 과학적 증거의 수용에 관한 미국 법원의 오랜 관행을 형성했다. 프라이 기준과 달리, 당시 연방증거규칙 702조에서는 과학적 증거(전문가 증언)에 대해 사건과 '유관할'(relevant) 것만을 요구했으며, 이는 프라이 기준의 '일반적 수용성'보다 완화된 기준이었기 때문이다.

그러나 프라이 기준의 '대세'는 1993년 이른바 다우버트(이하 실제 발음에 가까운 '도버트'로 표기) 기준이 등장하면서 크게 기울었다. 도버트 기준은 도버트 판결[36]에서 설시된 것으로, 이내 과학적 증거의 증거능력 판단 기준 중에서 가장 발전된 것으로서 하나의 랜드마크가 되었다. 이 기준에서는 연방증거규칙에서 요구한바 해당 증거의 '유관성'에 더해 '신뢰성'(reliability)을 요구했다.

그렇다면 과학적 증거의 유관성과 신뢰성에 대한 도버트 기준의 내용은 무엇일까? 도버트 판결에서 미연방대법원은 그러한 증거의 과학성, 즉 그것의 유관성과 신뢰성을 판단할 때에 고려할 사항으로 다음 네 가지 질문을 제시했다.[37]

- **시험가능성**(Testifiabillity): 해당 이론이나 기술이 시험가능한가? 만약 가능하다면, 실제로 시험된 바 있는가?
- **동료 평가**(Peer Review): 해당 이론이나 기술이 과학 간행물에 게재되어 과학자(전공자) 동료들의 검토대상이 된 바 있는가?
- **오류율**(Error Rate): 사용된 방법에 대해 알려져 있거나 잠재되어 있는 오류의 발생률은 얼마나 되는가?
- **과학공동체의 일반적 수용**(General Acceptance by Science Community): 해당 이론이나 기술이 관련 과학공동체 내에서 일반적으로 수용되고 있는가?

다만 여기서 유의할 점이 있다. 이들 기준은 판사들이 법정에 현출된 과학적 증거의 유관성과 신뢰성 여부를 판단하기 위해 일률적이고 기계적인 방식으로 적

---

36) *Daubert v. Merrell Dow Pharmaceuticals, Inc.*, 509 U.S. 579 (1993).

37) *Daubert v. Merrell Dow Pharmaceuticals, Inc.*, 509 U.S. 579 (1993). 도버트 기준의 질문 목록으로는 때로 이 네 가지 질문에 더해 실험 통제의 표준(Standard for Controlling Experiments)에 관한 다음의 질문을 포함하기도 한다. "실험과정을 통제할 수 있는 표준이 있는가? 만약 있다면, 전문가의 증언을 형성하는 과정에서 이러한 표준이 사용되었는가?"

용하도록 제안된 것이 아니었다. 그것은 단지 당시 법원이 내놓은 하나의 예시적 기준일 뿐이었다. 따라서 이 기준은 고정적이지 않았으며, 이후 여타의 판결을 통해 한두 가지 질문(요건)이 더해지는 등 내용이 다소간 수정되기도 했다.

도버트 판결에는 또 다른 중요한 내용이 있다. 전문가 증언을 포함한 과학적 증거를 허용·수용할 것인가의 여부를 판사가 직접 판단하고 결정하도록 했다는 것이다. 판사로 하여금 일종의 문지기(gatekeeper)[38]로서 그러한 증거를 걸러내는 역할을 하도록 한 것이다. 그래서 이 같은 역할은 판사들로서는 권한이자 책무가 되었다. 결과적으로 판사들의 부담이 늘었음은 말할 것도 없다.

이제 저자들이 제공한 논의로 들어가 보자. 먼저 도버트 판결이 미국 법정에 미친 영향과 효과는 어떠했을까? 저자들은 이를 다음 몇 가지로 말하고 있다. 첫째, 도버트 기준이 프라이 기준을 완전히 대체하지는 않았지만, 도버트 기준을 활용하는 판사들이 크게 증가했다. 둘째, 법정 입구에서 과학을 걸러내는 문지기로서 판사의 역할과 권한이 커진 만큼 부담과 책임도 대폭 커졌다. 셋째, 도버트 판결에 이은 조이너 판결과 금호타이어 판결에서도 도버트 기준의 수용이 확인되었으며, 이에 따라 도버트 기준의 영향력은 더욱 확대되었다. 넷째, 도버트 기준은 법정에서의 판결만이 아니라 행정기관의 규제 심의에도 폭넓게 적용되었다. 예를 들어, 유전자변형식품(GMO)의 인체 유해성 여부의 판단을 들 수 있다. 다섯째, 도버트 기준은 미국 국경을 넘어 다른 나라의 법정에도 영향을 주었다.

이와 동시에, 도버트 기준을 적용하는 데에 따른 문제점도 대두되었다. 저자들은 이를 다음 몇 가지로 지적한다.

(i) 많은 판사들은 '반증가능성'이나 '오류율'과 같은 도버트 기준의 주요 개념의 의미를 제대로 이해하지 못했다.
(ii) 이러한 판사들이 증거의 검사 수준을 지나치게 높게 책정했다. 그 결과 정작 고려할 만한 과학적 증거를 부당하게 제외하는 판결을 내리는 경우가 늘어났다. 예를 들어, 벤덱틴(Bendectin)과 관련한 여러 소송에서 미항소법원은 95%의 신뢰도를 충족하지 못하는 역학조사 결과를 신뢰할 수 없는 것으로 보아 적법한 증거로 인정하지 않았다.
(iii) 도버트 기준을 적용한 판사들은 특정 방법론을 사용한 과학적 증거만을

38) 저자들은 '수문장'이라고 칭하고 있다.

'유관성' 있는 것으로 인정하는 경향이 생겨났다. 예를 들어, 어떤 판사는 유해물질 피해와 유관한 증거로 의사의 소견이나 동물실험 같은 증거는 인정하지 않고 오직 역학조사 결과만을 인정했다. 그 결과, 다양한 방법으로 얻어진 과학적 사실이 법정에서 인정받기 어려워졌다. 특히 피해자(원고) 측의 입증부담이 커짐에 따라 원고 패소 확률이 높아졌다.

앞서 필자는 도버트 기준이 프라이 기준보다 완화된 것이었다고 했다. 과학적 증거가 법정에서 인정받을 수 있는 문턱을 낮춘 면이 있다는 것이다. 이것이 도버트 기준에 대한 일반적 평가이기도 하다. 하지만 위 (ii)와 (iii)을 보면, 오히려 그 문턱이 더 높아진 면도 있음을 알 수 있다. 이는 두 기준 간의 차이가 그리 간단치 않음을 시사한다.

나아가 저자들은 도버트 기준이 (비록 프라이 기준에 비해 더 진전된 면도 있지만) 몇 가지 중대한 '인식론적' 문제에 직면한다는 사실을 지적한다. 이를 위해 저자들은, 저명한 과학기술학(STS) 연구자 쉴라 자사노프(Sheila Jasanoff)를 비롯한 구성주의 진영의 연구를 적극적으로 원용한다. 법적 쟁점을 과학기술학적 관점에 따라 살펴보는 일은 기존의 법학계에서는 흔치 않은 일일 테다. 곧 보겠지만 이는 꽤나 유익한 시도다. 저자들은 다음 세 가지 문제를 들고 있다.

첫째, 과학의 '가치중립성' 문제다. 도버트 기준을 옹호하는 이들은 전통적 과학관에 따라, 과학적 증거가 객관적이며 가치중립적이라고 믿는 경향이 있다. 과학철학자 칼 헴펠(Carl Hempel)이나 칼 포퍼(Karl Popper) 식의 실증주의적 혹은 반증주의적 과학관이 그렇다. 과학적 증거는 맥락이나 여타의 증거와 독립적이라고, 즉 증거 각각을 별개로 취급할 수 있다고 믿는 것이다.[39] 즉 과학이 단일하고 보편적 방법론에 따르며, 특정 증거에는 특정 과학방법론이 일의적으로 대응된다는 것이다. 하지만 구성주의 과학기술학에 따르면, 이런 생각은 틀렸다. 과학지식은 맥락적이다. 과학지식은 사회와 독립적으로(예를 들어, 신의 명령이나 인간 이성, 혹은 인간의 객관적 경험의 산물로서) 얻어지는 것이 아니라 특정 사회적 맥락에서 역동적으로 만들어진다. 따라서 과학적 사실이나 과학적 증거도 과학 외적 사실이나 증거와 분리되지 않으며, 이들은 비록 이질적 사실과 정보라 할지라도 서로 결합하여 만들어진다. 예를 들어, 역학조사는 정량적·통계적 방법에 의거하지만,

39) 브루스 D. 세일즈, 다이엘 W. 슈만 (조은경·이희정 역), 『증언대 위의 과학』 (시그마프레스, 2016), 64-5쪽.

임상의학 소견은 정성적 방법에 의존한다. 따라서 판사는 특정한 방법론을 선호하거나 선입견을 가져서는 안 된다는 것이다.

둘째, '번역'의 문제다. 도버트 기준은 법정에서 과학의 맥락으로부터 법의 맥락으로 번역된다. 이 작업은 판사들이 행하는 일종의 '번역' 과정이다. 따라서 판사는 판사인 동시에 '아마추어 과학자'로서 역할을 하는 셈이다. 하지만 여기에는 두 가지 인식적 전제가 있다. 한 가지 전제는 과학이 만들어내는 지식과 법이 필요로 하는 지식이 동질적일 수 있다는 것이다(이를 **'두 지식의 동질성 전제'**라 하겠다). 과학자들이 사용하는 신뢰도 및 유관성 기준을 법정에서도 그대로 사용할 수 있기에, 법정에서도 이른바 '좋은 과학'(good science)과 '쓰레기 과학'(junk science)을 구별해낼 수 있다는 것이다. 또 다른 전제는, 문지기로서 판사들이 행하는 일(역할)과 연구자로서 과학자들이 행하는 일(역할)이 같을 수 있으며, 이 과정에서 판사들은 일종의 '아마추어 과학자'의 역할을 수행하기만 하면 된다는 것이다(이를 **'두 직역의 동질성 · 연속성 전제'**라 하겠다). 예를 들어, 판사들은 법정에서 통계적 증거를 적용할 때에 과학자들이 적용하는 것과 동일한 유의수준(0.05)을 적용하는 경향이 있다. 역학조사결과를 해석할 때에도 판사들은 상대적 위험이 2배 이상 커지는 통계결과만을 신뢰성 있는 것으로 해석하는 과학계의 관습을 그대로 수용하는 편이다. 요컨대, 이 두 전제의 정당화가 문제다.

게다가 번역의 맥락에서 볼 때, 도버트 기준은 똑똑한 사람이라면 누구나 채택할 합리적 기준이므로 판사들을 적절히 교육시킴으로써 부작용을 해결할 수 있을 것이라는 막연한 기대도 한몫 하고 있다. 또한 이러한 기대는 미국의 배심원제도나 한국의 국민참여재판제도의 배심원에 대해서도 이어갈 법하다.[40] 하지만 판사든 배심원이든 간에, 그들이 과연 '사이비과학'이나 '쓰레기과학'으로부터 '진짜 과학'이나 '좋은 과학'을 제대로 식별해낼 수 있을지는 의문이다. 이는 그들이 충분히 지적이지 않아서가 아니다. 그것은 바로 과학적 증거에 대한 판단은 그 자체로 복합적이고 불투명하며 해석과 맥락에 크게 의존하는 데다가, 그러한 증거가 법정에 들어오면 그 같은 여러 특성이 더욱 증폭되기 때문이다.

셋째, '비대칭성' 문제다. 도버트 기준의 옹호자들은 법적 판단에 과학이 영향을 줄 수 있지만 (과학은 객관적이고 탈사회적이기에) 그 역은 성립하지 않는다고

40) 법원이 국민참여재판의 배심원이 내린 평결에 '사실상' 구속되는 국내 현실에서 사이비과학에 의거한 증거의 법정 유입이 상당한 논란을 가져올 수 있다는 지적으로, 권영법, 『형사소송과 과학적 증거』, (세창출판사, 2012), 11-2쪽.

여긴다. 법과 과학의 관계가 비대칭적이라는 것이다. 과학에서 법으로의 번역이 어떻게 이루어지는가를 보면 판사들의 그러한 인식과 실무관행을 알 수 있다. 하지만 자사노프 등의 구성주의적 견해에 따르면, 이러한 인식과 관행은 판사들이 과학과 법 사이에 존재하는 중대한 차이를 제대로 이해하지 못한 데에서 비롯한다. 과학적 기준을 법의 영역으로 완전히 번역하는 일은 그저 당연한 일이 아니다. 과학지식은 법적 절차와 제도에 의해 구성될 수 있다. 따라서 과학과 법의 관계는 과학이 법에 일방적으로 적용되는 식의 관계가 아니라, 서로가 서로를 구성하는 동적·대칭적이며 상호구성적 관계로 이해해야 한다.

위 (ii)와 (iii)의 결과, 도버트 기준은 증거의 판단 절차를 매우 까다롭게 했고, 이에 따라 과학자사회와 법의 관계는 점차 싸늘해졌다(이른바 'chilling effect'). 그 결과 과학자들은 높은 확률로 패소할 원고를 위해 증언하기를 점점 더 회피하게 된 반면, 피고인 대형제약회사는 막대한 자금력과 자료수집의 용이성을 바탕으로 소위 '청부과학자'들을 고용해 자신들이 필요로 하는 통계나 역학조사 결과를 생산해낸다. 그 결과, 제조물 소송이나 유해물질 소송에서 피고에게 유리한 과학적 지식만이 편파적으로 만들어짐에 따라, 재판은 점점 더 불공정해지기 쉬워졌다. 하지만 판결 자체가 새로운 과학지식이 구성·형성되는 데에 직간접적 영향을 미칠 수 있음을 놓쳐서는 안 된다. 따라서 도버트 판결에서처럼 판사를 신뢰할 만한 지식을 객관적으로 골라내는 공명정대한 문지기로 볼 것이 아니라, 판사 자신도 과학지식을 형성하는 데에 일조하는 여러 행위자들 중 하나로 봐야 한다는 것이다.

도버트 기준을 되돌아보면, 이 기준의 결과로 판사는 과학적 증거를 적극적이고 능동적으로 판단해야 하는 입장에 서게 되었다. 이에 필자는 도버트 기준의 도입과 수용을 이렇게 표현할 수 있지 않을까 한다. "'과학성'에 대해 도버트 기준을 도입함으로써, 미연방대법원은 사실상 판사들을 (아마추어) 과학자로 만들었고 자신들은 과학철학자가 되었다."

이 글의 요지와 의의를 짚는 것으로 마무리하자. 저자들은 사회적 정의를 추구하는 법의 정신과 불변의 진리를 찾아가는 과학의 속성 사이에서 합리적 판단을 해야 하는 판사의 고충, 즉 '수문장[문지기]의 딜레마'를 문제의 핵심으로 보고, 판사가 도버트 기준의 실용성과 형식적 공정성에 매몰되지 않아야 한다고 주장한다. 그리고 저자들은 이러한 풍부한 함의를 제대로 읽어내기 위해 과학기술학

(STS)으로부터 배울 것을 제안한다. 즉 도버트 기준 확산의 역사적 맥락에 대한 연구와 함께 깊이 있는 판례 연구를 통해 입법과정과 공공정책 개발 과정에 적극적으로 참여할 것을 제안하는 것이다.

다시 말해, 법과 과학이 만나는 주요한 장이라 할 법정에서 이루어지는 판단과 실천은 법과 과학 양자를 상호적으로 변모시킨다. 저자들에 따르면, 과학적 기준이라 할 다우버트 기준이 소송에 적용됨에 따라 법정의 실무가 크게 영향을 받아 변화했음은 물론이고, 역으로 이러한 법정의 관행상의 변화가 특히 피고에게 유리한 과학적 시기만을 편파적으로 만들어내거나 정립해내는 데에 영향을 미칠 수 있다.

이 점에서 저자들의 관점은 현대 비판적 인문사회과학의 주요한 흐름으로서 '구성주의' 노선에 서 있다. 저자들도 인정하듯이, 이러한 관점은 판사들에게 실무적 지침을 주지 못한다고, 혹은 형식적 공정성을 저해한다고 비판받을 여지가 있다. 하지만 동시에 그 관점은 그들로 하여금 끊임없이 자신의 관련 역량을 배양하게 해주고 자신의 판단을 되돌아보게 해주는 지적 원천이 될 것이다. 사실 과학적 증거의 법적 수용이라는 이 글의 주제와 관련한 국내 연구는 많지 않다. 이러한 현실에서 이 글은 그러한 연구를 위한 길을 개척하는 작업으로서 더없는 의의를 갖는다 하겠다.

3. 법적 규제와 과학(제Ⅲ부)

마지막으로 **제Ⅲ부**의 초점은 '**규제**'(regulation) 혹은 '**규율**'이다. 어떤 의미에서 규제나 규율은 그 자체로 법의 본령이지만, 현대 과학기술적 맥락과 배경 속에서 인간 삶의 양상이 더욱 복잡해짐에 따라 그것은 더 중요한 문제가 되었다. 그래서 제Ⅲ부에서는 사람이나 사물의 법적 지위나 권리와 의무가 어떻게 규율되며, 그러한 규율이 언제, 어떻게 정당화되는가를 논하는 글들을 마련했다. 이들 글에서 보듯, 법적 규율의 양상은 크게 변모하고 있기도 하다. 오늘날 법적 규율은 개인의 자유·권리·의무와 그것을 규제·규율하고자 하는 국가법 사이의 이분법적 혹은 변증법적 역학을 통해서 구성되고 작동할 뿐만 아니라, 과학기술 자체가 규율의 형식과 적용방법 면에서 새로운 유형의 (법적) 규율 코드일 수 있기도 하다. 각 글을 보자.

제10장은 세 저자(유기훈/김도균/김옥주)가 공저한 글로, **"감염병 팬데믹에서의 강제적 격리와 치료는 정당한가?"**이다. 이 글에서 법의 무대는 감염병과 공중보건이며, 법이 대면하는 과학은 '역학'(疫學, epidemiology)이다.

2020년 초에 시작된 코로나19 팬데믹을 기억하는가? 2025년 1월 현재, 팬데믹이 끝난 지 2년여의 시간이 지났다. 마스크 착용, 사회적 거리두기, 지역 봉쇄, 백신 접종과 같은 방역 조치로 대표되는 팬데믹 하에서 우리의 삶이 어떠했던가? 이는 벌써 아득하게만 느껴진다. 하지만 팬데믹은 불과 몇 년 전의 일이었고 약 2~3년간이나 지속되었다. 또한 팬데믹은 사람들을 물리적·사회적으로 분리시키고 고립시켰을 뿐 아니라 심대한 경제적 박탈을 가져오는 등 우리 삶에 사상 유례가 없는 변화를 초래했다. 개인과 나라마다 정도의 차이는 있을지언정, 그것은 사실상 모든 인류가 겪은, 그야말로 세계사적 사건이었다.

한국도 예외는 아니었다. 사실 한국은 다른 나라보다 팬데믹에 대해 더 잘 대응했다는 평가를 받기도 했다. 첨단 디지털 정보 기술과, '코로나19에 대한 신속 확인 및 신속 격리치료'라는 제도적 전략을 적극적이고 효과적으로 활용했기 때문이다. 하지만(이른바 'K-방역'!) 팬데믹 기간 동안 사회 전반은 크게 위축되었고, 계층간 사회경제적 간극은 더욱 커졌다. 무엇보다 당시 많은 이들의 자유와 프라이버시가 심각하게 침해되었다. 다들 기억할 테지만, 한국에서는 감염병확진자와 감염병의심자들의 일상이 IT기술을 통해 추적되고, 감시되고, 공개되었다. 그 외 모든 이들에 대해서도 다중이용시설을 이용할 때에 일일이 QR코드를 찍게 하여 백신접종 여부를 확인하거나 출입 명부를 작성하는 것을 의무화했다. 심지어 중국에서는 감염자가 집 밖으로 나오지 못하도록 외부에서 출입문의 빗장을 걸어 잠그거나 아예 못질을 하기도 했다. 코로나 사망자들은 인간으로서의 존엄이 무색할 정도로 가족과의 마지막 대면도 차단당한 채 단시간에 소각처리되었다. 한마디로, '통제'의 시대였다. 적어도 동아시아 국가들에서는.

이 모든 일은 도대체 어떻게 일어난 것일까? 이러한 일은 그저 국가적 위기 상황에서의 불가피한 조치였기에 그저 용인하고 넘어가야만 했던 것일까? 그래서 그러한 권력을 두려워할 것이 아니라 고마워해야 하는 것일까? 이 같은 질문은 팬데믹의 극적 위기를 망각한, 그저 배부른 투정이나 비뚜른 시선에 불과할까?

이제 팬데믹을 뒤로 하고 그때를 성찰할 때다. 삶과 죽음이 무엇인지에 대해, 그리고 개인과 국가가 무엇인지에 대해 돌이켜볼 시점이다. 공법학이나 공공철학의 관점에서라면, 당시 정부가 취한 여러 조치의 결과가 어떠했는지, 그리고 그것이 적절했는지를 평가해야 한다. 비록 당시 그 모든 조치가 감시나 통제는 아니었을지라도 말이다. 하지만 당시 전 세계적으로 논쟁이 활발했던 것에 비하면, 팬데믹 이후 여태껏 어디에서도 그러한 적극적 움직임은 찾아보기 힘들다.

본 장은 바로 이러한 작업의 일단(一端)을 수행한 글이다. 그것도 생생한 코로나19 팬데믹의 한가운데에서 말이다. 감염병 팬데믹 상황과 같은 예외적 상황 하에서 국가가 공중보건과 공익을 목적으로 개인의 자유를 얼마나 제한할 수 있는가를 다루고 있다. 나아가 그러한 자유 제한 조치의 정당성에 대한 판단 기준을 다각도로 분석하는 한편, 국가가 팬데믹에서 취한 법률적 조치에 대한 분석과 평가의 틀을 제시하고 있다. 이를 통해 우리는 모두가 한동안 잊고 있었던 팬데믹 하의 자유 제한의 의의와 한계를 다시금 돌아볼 것이다.

이 글에서 법은 '역학'을 만난다. 역학은 전염병 등 질병의 원인이나 변동 상태를 인구집단 차원에서 연구하는 분야로, 어쩌면 많은 이들에게 익숙치 않을 것이다. 흥미로운 점은, 이 분야가 물리학이나 생물학과 같은 과학의 전형적 분과들과는 사뭇 다른, '과학 아닌 과학'이라는 점이다. 역학은 주로 사람이나 사물 개체가 아닌 '인구집단'(population)을 건강과 관련한 속성을 가진 대상으로 간주하며, 축적된 자체적 '이론'이 없으며, 실험을 주요 방법론으로 사용하지 않고 그 대신 환자-대조군 연구나 코호트 연구와 같이 '관찰'에 기반한 '통계적' 기법을 주요 방법론으로 한다는 점 등에서 그렇다.[41]

글의 요지부터 정리해 보자. 글은 크게 전반부와 후반부로 나뉜다. **전반부**는 팬데믹 하에서의 공중보건을 위해 개인의 자유를 얼마나, 어떻게 제한할 수 있는가에 관한 일반 원리를 다룬다. 먼저 국가가 개인의 자유를 제한하는 일반적 원리로서 '해악의 원리'(Harm Principle)를 제시한 후, 팬데믹 하의 정부의 자유제한 조치를 다룰 수 있도록 그러한 원리를 적절히 확장한다. 특히 대한민국 정부가 「감염병의 예방 및 관리에 관한 법률」(이하 「감염병예방법」)을 통해 감염병 환자의 자유를 제한하고자 취했던 조치를 다룰 수 있도록 말이다.

좀 더 자세히 살펴보자. 저자들에 따르면 감염병 환자는 피해자(victim)로서의 속성과 매개체(vector)로서의 속성을 동시에 지닌다는 점에서 독특하다. 그래서 이들의 자유를 제한하고자 하는 데에 밀의 고전적 해악 원리를 직접 적용하기는 어렵다. 따라서 타인에 대한 '해악' 개념 대신, 미국의 법학자 조엘 파인버그(Joel Feinberg)가 제안한 타인에 대한 '리스크'(risk) 개념을 적용해야 한다는 것이다.

게다가 감염병 팬데믹에서의 해악은 고전적 해악과는 그 성격이 다르다. 고전적 해악이 즉각적이고 명확하게 발생하는 반면, 감염병 팬데믹에서의 해악은 ① 여러 단계의 확률적 불확실성을 거쳐야만 최종적 해악에 도달하고, ② 예측하기 어려운 확률로 2차, 3차 감염의 연쇄를 거쳐 인구집단으로 퍼져나간다. 이때 감염병 환자가 타인에게 미치는 해악은 그 중대성과 발생 확률 중 어느 쪽도 알기 어렵다는 점에서 불확실성이 크다. 따라서 이 경우 파인버그가 해악의 중대성과 해악의 발생 확률의 곱으로 제시한 리스크(risk) 개념은 더 이상 유효하지 않다.

이러한 이유로, 저자들은 그 대안으로 해악과 리스크 개념을 확장 갱신할 것을 제안한다. '원거리 해악'(remote harm) 개념과 '인구집단에 대한 리스크' 개념을 도입함으로써 말이다. 원거리 해악이란, 행위나 조치의 결과로서 해악이 곧바로 발생하는 것이 아니라 동반되거나 여타의 행위들이 더해질 때에만 리스크가 구성되는 경우의 해악을 말한다. '인구집단에 대한 리스크'란, 감염병 해악(리스크)의

41) 알렉스 브로드벤트(전현우 · 천현득 · 황승식 역), 『역학의 철학』, (생각의 힘, 2015), 곳곳. 이 점에서, "역학이 과학인가?"라는 물음은 과학철학적으로 흥미롭고 도전적인 물음이 된다. 왜냐하면 이 질문은 과학에 대한 기존의 정통적 정의나 견해를 전제로 하여 역학의 과학 여부를 묻는 질문이기도 하지만, 만약 역학을 과학으로 볼 나름의 이유가 있다고 한다면 이는 오히려 그러한 정통적 정의나 견해를 적잖이 수정해야 할 이유가 될 수도 있기 때문이다. 그 질문은 과학의 '본성' 자체에 관한 질문일 수 있다는 것이다.

특성상 그 해악이 특정 개인이 아니라 훨씬 큰 인구집단에 미치기 쉽다는 점을 포착한 개념이다. 비록 불확실성 하에서일지라도 그러한 해악은 매개체를 통해 연쇄적으로 증폭된다. 따라서 감염병 팬데믹에서는 단지 '최종적 해악'이 중대할 수 있다는 여지, 즉 위해의 가능성만을 근거로 하여 환자 개인의 자유를 과도하게 침해할 위험성이 다분하다. 이처럼 특수한 리스크를 다루기 위해 저자들은 '감염병 역학의 감염재생산지수'(R)라는 정량적 개념을 활용하여 문제의 리스크를 R의 수식으로 형식화해낸다. 이때 R은 한 명의 감염자가 일반적으로 전염시킬 것으로 기대되는 타인의 수를 가리키는 지표이다.

글의 **후반부**의 작업도 크게 두 가지로 나뉜다. 하나는 '총론적' 작업이요, 다른 하나는 '각론적' 작업이다. 먼저 **총론적** 작업으로, 저자들은 코로나19 팬데믹 상황에서의 자유제한 조치가 기본권을 제한하는지의 여부를 심사한 '결론'은 가부 모두 거론되었으나 정작 왜 그러한 가부가 도출되는지의 '논거'가 제대로 논의되지 않았음을 지적한다. 기본권 제한 심사를 위한 기준으로, 소위 '비례성 심사'라는 일반 원칙만 반복적으로 거론되었을 뿐 구체적 기준이 논의되지 않았다는 것이다. 주지하듯, 우리 헌법상 "국민의 모든 자유와 권리는 국가안전보장 · 질서유지 · 공공복리를 위하여 필요한 경우에 법률로써 제한할 수 있[다]"고 되어 있다(헌법 제37조 제2항 전단). 그렇다면 팬데믹 상황에서 국가의 특정한 자유 제한 조치를 이 헌법 조항에 비추어 어떻게 심사할 것인가? 저자들은 바로 그 구체적 기준을 제시하고자 한다. 그리고 글 전반부의 논의에 따라, 그 요체는 바로 '인구집단에 대한 리스크 예방 조치'의 허용가능한 외연을 책정하는 일이라는 것이다.

그리하여 비례성 심사를 위한 세부 원칙으로 알려진 기존의 기준들을 전반부 논의에 맞게 재정식화한다. 주지하듯 헌법학에서 그러한 기준들은 다음 네 가지이다. ① 수단의 적합성 ② 피해의 최소성 ③ 법익의 균형성 ④ 목적의 정당성. 저자들은 R을 활용한 세부 기준을 제시하는데, 이 중에서 일단 ④ 목적의 정당성은 확보된다고 가정하고서 나머지 세 기준을 차례로 재정식화한다. 내용은 이렇다.

첫째, '수단의 적합성' 심사를 위해서는, 정부가 취한 법적 수단이 공익에 대해 인과적 기여를 얼마나 하는가를 밝혀내야 한다. 그리고 이를 위해 정부의 특정 조치 전과 후에 감염자가 인구집단에 대해 끼치는 리스크를 서로 비교해야 한다. 만약 조치 후의 리스크가 조치 전의 리스크보다 유의미하게 낮아진다면, 그러한 조치는 수단의 적합성 기준을 충족시키는 것으로 볼 수 있다는 것이다. 그래서 저자들은 다음의 결론을 도출한다.

> 리스크가 크고 불확실하다는 사실에 근거하여[사실만으로?] 특정 자유제한 조치의 도입이 정당화될 수는 없으며, 최종적 해악을 초래하는 데에 기여하는 다양한 단계들 중 대상 조치로 인해 특정 단계의 발생가능성이 줄어들고, 이로써 전체 리스크 크기가 감소한다는 점이 명확히 입증되어야만 해당 조치에 대한 수단의 적합성 심사가 만족될 수 있다.

둘째, '피해의 최소성' 심사를 위해서는 다음 두 가지 사항을 고려해야 한다. 하나는 여러 가능한 개입 방식 중에서도 침해를 최소화하는 방식을 선택해야 한다는 것이다. 이를 위해 영국 너필드 생명윤리위원회(Nuffield Council on Bioethics)가 고안한 이른바 '개입의 사다리' 모형을 원용한다. 이 사다리에서 위로 올라갈수록 자유제한이 증가하는, 즉 침해적 방식의 조치라 할 때, 국가(입법자)는 정책상의 목적을 달성할 수 있는 수단들 중에서 가장 아래의 최소침해적 정책 수단을 선택해야 한다는 것이다. 예를 들어 백신 접종의 경우, 해당 사다리의 하단에 해당하는 조치, 가령 대중에게 백신과 관련한 정보를 제공하거나 백신의 종류나 접종방식 등 선택지를 넓혀주는 조치를 통해서도 백신접종률이 충분히 확보된다면, 해당 사다리의 상단에 해당하는 조치, 가령 백신접종을 하지 않으면 일체의 외출을 허용하지 않는 전면적 격리의무를 부과하거나 아예 백신을 강제로 신체에 주입하는 등의 조치를 취하는 것은 정당화되지 않는다는 것이다.

다른 하나는 규율의 '대상 집단의 범위'를 최소화할 수 있는 조치를 선택해야 한다는 것이다. 인구집단 중 일부나 소수에 대한 자유제한 조치만으로도 공중보건이라는 목적을 달성할 수 있음에도 인구집단 전체나 다수를 대상으로 한 일률적 자유제한 조치를 취할 경우, 이는 정당화되지 않는다는 것이다.

셋째, '법익의 균형성' 심사를 위해서는 국가가 개인의 자유를 제한함으로써 인구집단에 대한 리스크를 방지하여 얻게 될 법익과 그러한 개인의 자유제한으로 인해 잃게 될 법익을 형량해야 한다. 하지만 이 두 법익 중에서 특히 전자는 그 불확실성이 크다. 왜냐하면 당해 해악의 중대성과 발생가능성이 모두 불확실하기 때문이다. 저자들은 이러한 난점을 해결할 방안으로 다음 두 가지를 제안한다.

하나는 '허용가능한 리스크'(acceptable risk) 여부를 기준으로 삼는 것이다. 이를 위해 저자들은 스웨덴 철학자 스벤 핸슨(Sven O. Hansson)의 '리스크 이익[편익] 교환'(risk-benefit exchange) 개념을 원용한다. 일반적으로, 공동의 생활 속에서 인간의 행위는 다양한 수준과 내용의 리스크를 유발하는 한편 일정한 편익도 창출한다. 이때 사회구성원 간에 리스크와 편익을 호혜적으로 교환할 수 있다면, 그러한 리스크 및 그것을 유발하는 행위를 허용가능하다는 데에 합의할 수 있다. 공동의 삶을 영위하기 위해서 말이다. 예를 들어, 일상적 자동차 운전행위의 리스크를 보라. 이러한 행위는 신체안전이나 환경보전에 대한 리스크를 낳지만, 그로 인한 편익을 그러한 리스크와 충분히 교환할 수 있기에 사람들은 사회적 삶을 공동으로 영위하기 위한 방편으로 그러한 리스크를 용인하지 않는가? 코로나 팬데믹의 경우도 마찬가지다. 이미 사회적으로 허용가능한 리스크로 합의된 행위는 향후에도 지속적으로 보장되어야 할 일응의 정당성이 있다고 봐야 하며, 한 집단에 대해 이미 사회적으로 허용가능한 리스크로 합의된 리스크로 간주된 행위를 다른 집단에 대해 불허하는 것은 일응 정당화될 수 없다고 봐야 한다는 것이다.

다른 하나는 '리스크의 (시간적) 변화'를 반영하는 것이다. 감염병 팬데믹에서의 타인/인구집단에 대한 리스크는 시간이 흐름에 따라 변화한다. 다양한 이유 때문이다. 우선 병원체에 대한 경험적·과학적 지식이 축적되어 그 리스크의 발생 확률과 중대성이 점차 명확해진다. 그 외, 병원체 자체의 변이에 따라, 인구집단의 면역 형성 정도가 변화함에 따라, 한 국가 내 방역조치의 수준 및 구성원의 협조 정도, 그리고 대응 역량 등이 변화함에 따라서도 리스크는 변화하며, 이러한 변화에 맞게 양 법익 간 비교형량도 달라질 수밖에 없다. 그래서 팬데믹 초기에 정당화되었던 방역 조치일지라도 후기에는 더 이상 정당화되지 않을 수 있다. 법익의 균형성 심사는 이 같은 가변성을 반영해야 한다는 것이다.

마지막으로 저자들은 **각론적** 작업으로 나아간다. 저자들은 앞서 개념화한 '확장된 해악의 원리' 하에서 개정 「감염병의 예방 및 관리에 관한 법률」의 자유 제한이 정당화될 수 있는지를 검토한다. 특히 논란이 된 동법상 '격리의무화 조항'과 '치료의무화 조항' 각각의 정당성을 검토한다. 먼저 격리위반 처벌조항은 감염병 확진자만이 아니라 감염병 의심자에 대해서까지 적용되었기에 더욱 논란이 되었다. 저자들은 이 조항에 따른 조치에 대해 앞서 논의한 비례성 심사 세부 기준들을 충족하는지를 검토하고, 그러한 조치는 '인구집단에 대한 리스크'에 대한 자유 제한에 해당하기에, 강제검사 또한 무증상 감염자라는 감염병의 특성에 의거하여 '확장된 해악의 원리'의 차원에서는 정당성이 부정되지 않는다고 논구한다.

이에 반해, 치료거부 처벌조항은 전통적 해악의 원리뿐만 아니라 '인구집단에 대한 리스크'라는 팬데믹의 특성을 고려한 '확장된 해악의 원리' 하에서도 정당화되기 어려우며, 추가적 단서조항을 포함하여야만 정당화 근거를 획득할 수 있다는 점도 논증해낸다.

이제 필자가 가볍게나마 약간의 촌평을 덧붙여 본다. 우선 전체적으로 볼 때 이 글은 두 가지 점에서 특별히 신선하고 야심차다. 첫째, 이 하나의 글 안에서 적어도 네 가지 상이하면서도 연관된 과제를 차례로 수행하고 있다. ① 자유 제한의 한계에 관한 기존 법철학적 논의를 공중보건 영역(감염병 팬데믹)에 변용하기, ② 리스크 개념에 관한 기존 논의를 공중보건 영역(감염병 팬데믹)에 변용하기, ③ 이러한 변용에 기초하여 감염병 팬데믹상의 방역조치에 대한 일반적 비례성 심사 기준을 정립하기, ④ 이렇게 정립한 기준을 한국 감염병법상 방역조치에 적용하기. 각 과제만으로도 하나의 독자적 주제일 법하지만, 이 글은 이 모든 주제를 유기적으로 연결하고 있다.

둘째, 이 글은 특정 분야의 것이 아니라 융복합적 성격의 글이다. 왜냐하면 이 글에는 서로 다른 지적 배경을 가진 저자 3인의 공동작업을 통해 이들의 관점과 배경이 합쳐져 있기 때문이다. 그 결과, 절묘하게도 '헌법학적'이면서도 '법철학적'이고, 다른 한편으로 '과학기술학(Science and Technology Studies; STS)적'인 글이 탄생했다. 그래서 독자는 하나의 글 속에서 여러 이질적 주제와 관점이 합쳐지는 것을 경험하게 될 것이다. 마치 풍성한 코스 요리와도 같은, 흔치 않은 신선하고도 풍요로운 주제와 관점의 조합을 맛보는 것처럼 말이다. 저자들은 이들을 화학적으로 조직화하여 더 큰 하나의 일관된 논의로 만들어내고 있다.

다만 글의 내용에 집중해 보면, 이 글에 나타난 확장된 위해 · 리스크 개념이나 R을 활용한 비례성 심사 기준을 좀 더 냉정하게 볼 여지도 있다. 이들 개념과 기준은 감염병으로 인한 해악과 같은 불확실성 속의 해악을 다루기 위한 개념적 · 이론적 장치로서 보다 발전된 도구임이 분명하다. 하지만 여전히 그 내용 요소에는 '접촉자 수'나 '감염 확률' 등 정량적으로 확정하기 어려운 변수들이 포함되어 있어 불확실성이 남아있다. 하지만 이러한 불확실성은 이 글이 노정한 한계점이라기보다는 감염병 해악이라는 주제 자체의 고유한 특징이자 난점이라고 봐야 할 것이다.

다음으로, 글의 주제인 코로나19 대응 모델이 '한국적 특성'을 가진다는 점을 생각해 볼 법하다. 혹자는 말한다. 한국인들이 서구 근대적 의미의 '자유'를 제대로 체험해 본 적이 없다고. 그래서 권위주의 시대를 벗어나 자유민주주의 국가를 이루었다고 하는 21세기 지금에조차도 여전히 근대적 의미의 개인성이나 자유에 대한 인식이 희박한 반면, 국가나 정치적 지배자의 권위에 크게, 심지어 맹목적으로 기대는 경향이 있다고. 왜 그럴까? 어떤 이들은 그것이 권위와 질서에 복종하는 것을 미덕으로 하는 유교적 전통의 일반적 결과라고 말한다. 어쩌면 한국의 역사적 · 지리적 특수성 때문일지도 모른다. 한국인들은 오랫동안 한반도라는 제한된 공간을 중심으로 하여 높은 밀도로 집단화되어 협동과 경쟁을 오가며 살아왔기 때문이라는 것이다.[42] 이러한 진단이 맞다면, 팬데믹 방역 정책과 관련하여, 아마도 유럽의 모델과 중국의 모델은 양극단에 해당하고, 한국의 모델은 그 사이에서 다소 중국 모델에 가까운 무엇에 해당할 것이다.

하지만 이러한 한국적 특수성을 인정한다고 하더라도, 이는 국가가 개인의 자유를 과하게 제한하는 조치가 큰 저항 없이 수용되는 한국적 현실을 이해하고 설명하는 데에 도움이 되는 것일 뿐, 그러한 현실을 정당화하는 데에 도움이 되는 것이 아니다.

한편, 또 하나 짚고 넘어갈 만한 점이 있다. 이 글이 전반적으로 취하고 있는 관점과 개념틀이 무엇인가 하는 것이다. 즉 이 글은 개인 자유의 한계와 국가의 자유 제한의 한계를 고찰함에 있어, 원칙적으로 '자유주의적' 법이론(liberal legal theory)의 관점과 틀 속에서 행하고 있다는 점이다. 이는 저자들도 처음부터 인정하고 있는 바다. 대략 말해, 자유주의적 법이론이란 사회 공동체를 자유롭고 이성적인 개인들의 집합으로 보면서, 그러한 공동체 속에서 개인의 자유를 최대한 보장하기 위해서는 국가와 법의 일정한 개입과 제한이 불가피하다고 보는 틀이다. 물론 자유주의의 유파(流派)에 따라 자유의 원천이나 한계, 혹은 개인과 국가의 지위 등에 대한 입장은 다시 적잖이 나뉜다. 자유주의적 법이론은 현 시대 주류적 사회인식의 틀로서, 흔히 급진적 · 비판적 법이론(radical/critical legal theory)과 대조하여 이해된다. 따라서 만약 자유주의적 법이론만을 취해야 할 배제적 이유가 없다면, 그래서 만약 모종의 비(非)자유주의적 틀을 취한다면, 국가가 개인의 자유를 제한하는 데 있어서의 한계라는 현 주제는 자유주의적 틀에서와는 크게

42) 이진우는 이를 '생명정치적 민족주의'(biopolitical nationalism)라고 명명한 바 있다. 이진우, "코로나 시대의 생명권력과 생명정치", 『불교평론』 (2022년 9월 3일) https://www.budreview.com/news/articleView.html?idxno=20250 (최종검색일: 2024년 11월 7일)

다르게 접근할 수 있을 것이다.

제11장 "인간 편향성과 인공지능의 교차"에서 저자(박도현)는 최근 국내외에서 인공지능 윤리 및 규제와 관련하여 많이 거론되어 온 주제인 '편향성' 문제를 정면으로 다룬다. 우선 본 편저가가 이 주제의 배경을 간략히 설명해 본다.

흔히 현 시대를 '인공지능의 시대' 혹은 '디지털 전환의 시대'라고들 말한다. 돌아보면, 2016년 바둑 인공지능 알파고(AlphaGo)가 큰 충격을 던졌고, 이후 2022년 말 챗지피티(ChatGPT)를 필두로 하여 마치 사람처럼 대화하고 전례 없던 창작물을 만들어내는 소위 '생성형 인공지능'이 대거 등장하여 각광을 받고 있다. 이러한 변화와 더불어 전 세계는 다시금 인공지능이라는 블랙홀로 빨려 들어가고 있다. 인공지능은 현 시대의 아이콘이 된 것이다.

흥미롭게도, 인공지능이라는 새로운 기술이 가져올 놀라운 효용에 대한 기대가 넘치는 한편, 그러한 기술이 가져올 부작용과 위험에 대한 경고도 날로 높아지고 있다. 이때 흔히 거론되는 인공지능 기술은 우리 삶의 모든 영역을 아우른다. 자율주행자동차나 자율살상무기(lethal autonomous weapons, LAWs), 혹은 의료용 로봇에서부터, 범죄예측 알고리즘, 금융(대출) 및 보험 알고리즘, 교육이나 엔터테인먼트 등 서비스용 챗봇, 질병진단 인공지능, 그리고 헬스케어 인공지능 등이 그렇다. 이 모든 기술에 대해 낙관과 비관이 교차하고 있는 것이다.

이러한 흐름 속에서 새로운 융복합적 분과들이 떠오르고 있다. '인공지능철학'이나 '인공지능윤리', '인공지능법', 혹은 '인공지능 규제', '인공지능 거버넌스' 등의 분야가 그것이다. 이들 분야 안팎에서 인공지능을 둘러싼 다양한 인문사회과학적 논의와 담론이 넘쳐나고 있다. 인공지능의 가공할 충격과 영향을 감안하면 이런 추세는 마땅한 일일 것이다. 그중에서도 '인공지능윤리'는 가장 인기 있고 호소력 있는 신생 분과다. 필자처럼 윤리학이나 법철학과 같은 소위 '규범학'에 전념해 온 이들만이 아니라, 일반 법학자나 과학철학자, 심리철학자, 문예이론가, 정치학자, 행정학자, 사회학자, 경제학자, 과학기술학자('STS' 연구자) 등의 연구자들에서부터 법률가나 기업종사자 등 실무 종사자들에 이르기까지 다양한 분야의 사람들이 인공지능윤리를 말하고 있다. 제각기 자신의 원래 전공을 끌어다 인공지능 시대의 문제를 진단하고 해법을 말한다. 모두가 전문가를 자처하는 현실이다. 이는 어쩌면 윤리가 대중적 관심을 불러내기 용이한데다 여타의 학문 분과에 비해 상대적으로 접근하기가 용이하다고 생각해서인지도 모른다. 바야흐로 인공지능윤리의 전성시대라 해야 할까? 아니면 인공지능윤리가 오남용되고 있다고 해야 할까?

어느 쪽이든 간에, 인공지능 기술에서 기인하거나 연관된 심각한 사회적 · 윤리적 · 법적 논란거리가 생겨나고 있다는 사실에는 변함이 없다. 다채롭고도 폭발력 있는 쟁점들이 거론되고 있다. 예를 들면:

- 인공지능 기술로 인한 각종 위험 통제
- 사고 및 해악에 대한 책임의 귀속 및 그 공백
- 프라이버시와 개인정보에 대한 보호 및 보안 침해, 그리고 디지털 감시
- 인공지능과 기계에 대한 인간의 종속화, 그리고 자율성과 인간성의 상실
- 데이터 주권(sovereignty), 데이터 민주주의, 데이터 정의(justice)
- 데이터 및 알고리즘으로 인한 편향(bias)과 차별, 그리고 불공정

어느 것 하나 사소한 것이 없다. 이러한 문제들은 실제로 몇몇 떠들썩한 스캔들을 통해 더욱 부각되었다. 개인정보 보호와 알고리즘 편향 및 차별과 관련하여 국내에서는 2022년 이른바 '이루다 사건'(챗봇 이루다 서비스에서 사용자의 성희롱, 이루다의 혐오발언, 타 서비스로부터의 데이터 전용 등이 문제된 사건)이 큰 화제가 되었다. 해외에서는 '케임브리지 애널리티카'(Cambridge Analytica) 사건(페이스북에서 수집된 방대한 개인정보가 정치컨설팅 서비스인 케임브리지 애널리티카에 넘어간 사건)과, '컴파스'(COMPAS) 사건(재범위험 예측 알고리즘인 컴파스가 흑인 재소자의 재범위험을 백인 재소자의 재범위험에 비해 차별적으로 높게 산정한 사건) 등이 그러했다.[43)]

그래서 이 같은 쟁점과 관련하여 적절한 규제 및 거버넌스가 필수적이라고들 말한다. 특히 인공지능 개발 및 규제가 지향해야 할 일반 원칙이나 가치를 먼저 확립해야 한다는 목소리가 높다. 그 우선적 가치로, '공정성'(fairness), '투명성'(transparency) 및 '설명가능성'(explainability), '책무성'(accountability), 그리고 '자율성'(autonomy) 등이 흔히 거론된다. 혹자는 이 모든 가치를 아울러 '신뢰가능

43) 관련 사례에 대한 설명과 분석으로, 졸고(김건우), "인공지능윤리의 의의와 쟁점", 『인공지능 규제 거버넌스의 현재와 미래』, (파이돈, 2022), 제1장; 해나 프라이(김정아 역), 『안녕, 인간』, (와이즈베리, 2019), 제2, 3장; 롭 라이히, 메흐란 사하미, 제러미 M. 와인스타인(이영래 역), 『시스템 에러: 빅테크 시대의 윤리학』, (어크로스, 2022), 제4장을 보라.

성'(trustworthiness)이라는 단일 가치 개념으로 대체하기도 하고, 또 다른 혹자는 '인간존엄'이나 '인간중심성'을 최상위의 가치로 내세우기도 한다.[44]

한편 이러한 원칙과 가치는 단순히 이념적 지향점으로만 채택할 것이 아니라, 소위 '연성규제'(soft regulation)라는 하나의 규제 패러다임으로 확보되어야 한다고 주장하기도 한다. 인공지능 기술은 단일한 특성으로 정의되기 어려울 정도로 접근법이나 적용영역별로 매우 다양한데다 급속도로 발전해가고 있다. 바로 이 때문에 법적 규제와 같은 소위 '경성규제'(hard regulation)가 적합하지 않으며, 오히려 윤리적 규제와 같은 '연성규제'가 더 적합하다는 것이다.

최근 인공지능 규제에 대한 논의는 크게 확장되고 있다. 인공지능을 규제하는 방안에 관한 논의를 넘어, 인공지능이 법을 대신해서, 혹은 법의 일환으로서 인간 삶을 규제하는 것에 관한 논의에까지 뻗치고 있는 것이다. 이것이 '알고리즘 규제'(algorithmic regulation)다. 심지어는 알고리즘 규제의 한 급진적 단면으로서 '법의 개인화'(personalization of law)가 새로운 주제로 주목받고 있기도 하다. 이는 이하 제12장이 다루고 있는 주제이기도 하다.

이러한 배경을 뒤로 하고 저자의 글로 돌아와 보자. 이 글은 위 주제들 중에서도 가장 첨예한 논란을 불러온 '편향·차별성·공정성'의 문제의 의의와 쟁점을 소개한 후, 그와 직결된 또 다른 주요 주제인 인공지능에 대한 '규제 거버넌스'에 관한 논의로 나아가고 있다.

저자는 먼저 인공지능 편향성 문제에 대해 신선한 분석을 개진한다. 사실 이 주제는 이미 넘칠 정도로 많이 거론되었기에, 어쩌면 독자들 중에서는 이 주제에 새로울 것이 없다고 생각할지 모른다. 하지만 기존의 많은 논의에서는, 인공지능의 판단이나 의사결정으로부터 얻어진 결과가 차별적이라거나 불공정할 수 있다는 주장을 애써 반복하거나, 혹은 이러한 주장에서 출발하여 이런저런 기술적, 사회적, 정치적, 혹은 제도적 방안을 써서 그러한 편향과 차별을 완화하거나 제거해야 한다는 당위 주장으로 나아가곤 했다. 그 과정에서 종종 평등에 대한 정치한 논변보다는 그것에 대한 사람들의 정제되지 않은 편향에 호소하고는 했지만, 적어도 그러한 논점은 어느 하나 사소한 것이 없었다.

이에 반해, 저자는 사뭇 차분하다 못해 냉정한 논조로 기존 논의와는 다른 관

44) 관련 주제들에 대한 좀 더 자세한 설명과 예시를 위해서는, 졸고(김건우), "인공지능윤리의 의의와 쟁점", 『인공지능 규제거버넌스의 현재와 미래』, (파이돈, 2022), 제1장을 보라.

점을 제시한다. 저자는 기존의 논지를 반복하지 않으며, 대신 인공지능의 편향 문제를 '있는 그대로', 혹은 어떤 의미에서는 '과학적으로' 볼 것을 주문한다. 이러한 논증에서 저자가 소환하고 있는 과학은 진화심리학 및 진화경제학이다. 이러한 과학에 따라 저자는 인간을 합리적 의사결정의 주체, 즉 효용극대화와 같은 목적을 달성하기 위해 자신의 행위를 선택하고 결정하는 주체로서 바라본다. 다만 인간은 제한된 합리성에 따라 예측하고 행위할 수밖에 없는 존재이기에, 편향을 선호하는 성향과 회피하는 성향을 모두 가지고 있다는 것이다. (저자의 이러한 관점과 접근법은 이 책 제2장이 진화심리학적 인간관에 주목하고 거기에서부터 법의 유래와 토대를 찾고자 했던 것과도 일맥상통한다! 따라서 이러한 연계성에 주목하여 두 글을 묶어서 읽는 것도 좋겠다.)

이러한 과학적 개념틀을 바탕으로 하여 저자는 인공지능의 편향성이 인간의 편향성과 어떻게 관계되는가를 분석하는 한편, 이를 통해 인공지능 편향성의 실체(저자의 표현으로는 '허와 실')를 밝혀내려 한다. 이 작업에서 저자가 겨냥하는 표적은 그가 '편향성 거울 문제'라고 부르는 논제다. 이 논제는 인공지능이 산출하는 결괏값(output)이 인간 사회에 만연한 편향성과 차별을 마치 '거울' 비추듯 되풀이한다고 하는 것으로, 인공지능 기술에 대한 기존의 비판자들에게서 흔히 발견된다. 한마디로, 인공지능의 편향성은 인간의 편향을 반복하거나 확대재생산하는 것일 뿐이라는 것이다. 그리하여 기존의 비판자들은 대체로 이 논제(전제)를 당연시하면서, 그에 따라 인공지능에 대한 새로운 (대체로 강력한!) 규제가 필요하다는 주장(결론)으로 나아간다.

하지만 저자는 얼핏 당연해 보이는 이 같은 기존의 논제 및 논변을 정면으로 논박한다. 다음 세 가지 논증을 통해서 말이다. 첫째, 그 같은 (기존의) 논변은 그 자체로 자가당착적이다. 왜냐하면 만약 그 논제가 '참'이라면, 인간의 편향성을 다루는 기존의 규제 외에 인공지능 편향성을 규율하기 위한 새로운 규제가 불필요할 것이기 때문이다.

둘째, 그러한 논변에서는 그 전제라 할 '편향성 거울 논제' 자체가 틀렸다. 인공지능의 편향은 인간의 편향과 단순히 일의적인 연관을 갖고 있지 않기 때문이다. 즉 인공지능의 편향성은 인간의 편향성을 주요 원천으로 하지만, 인공지능은 인간의 편향성을 그대로 재생산하거나 확대하기만 하는 것이 아니라 오히려 인간이 범하는 편향성을 완화하거나 제거할 수도 있기 때문이다.

셋째, 더 일반적으로 말해, 인공지능이 편향성과 관련하여 만들어낼 수 있는 효과는 긍정적 효과와 부정적 효과의 양면이 있다. 인공지능은 그 편향성으로 인해 인간에게 해악을 일으킬 수 있는 반면, (인공지능은) 인간이 스스로는 좀처럼 만들어내지 못할 혜택을 줄 수도 있다는 것이다. 따라서 인공지능에 대한 새롭고 강력한 규제가 필요하다는 결론은 나이브한 것이기에 재고되어야 한다. 위 논변은 건전하지 않으며 논변의 결론은 논리적으로 따라나오지 않는다는 것이다.

저자의 위와 같은 논변은 인공지능이나 알고리즘을 마땅히 규제해야 한다는(그러한 규제를 당연시하는) 기존의 통념을 통렬하게 비판하는 것이다. 그렇다고 해서 저자가 그러한 규제가 불필요하다는 결론으로 곧바로 나아가는 것은 아니다. 저자는 문제의 연원이 우리가 인공지능과 인간 사이의 비교 우위에 사로잡힌 데 있을 수 있음을 지적한다. 이에 대해 글의 말미에서 다음과 같이 쓰고 있다.

> 어쩌면 편향성 거울 문제를 둘러싼 논란이 도무지 종식될 기미를 보이지 않는 이유는 인공지능은 사실판단, 인간은 가치판단 영역에서의 비교우위를 가지고 있고, 가져야 한다는 고정관념 때문일 수 있다는 생각이 든다. 반면 앞선 논의를 통해 알 수 있는 결론은 그러한 경향이 있는 것은 사실이지만, 구체적 맥락에 따라 우열관계가 역전되거나 양자 사이에 별반 차이가 없을 수도 있다는 것이다. 따라서 사실판단에 대한 것이든 가치판단에 대한 것이든, 인공지능이 우월한가 인간이 우월한가의 이분법적 사고방식에서 벗어날 필요가 있다. 몇 가지 극단적 사례를 바탕으로 어느 한 편이 다른 한 편과 비교하여 항상 우월하고, 이에 따라 강력한 규제가 필요하거나 어떤 규제도 필요하지 않다는 결론을 성급하게 도출하는 태도는 현실을 개선하는 데 별다른 도움이 되지 않는다. 누구도 이러한 물음의 정답이 무엇인지를 알지 못한다는 것이 적어도 현재 시점에서의 진실이기 때문이다.

저자는 인공지능에 대한 규제가 당연하다는 견해가 자칫 기술비관론에 근거한 것이거나 정치적 수사에 불과하다는 혐의를 받을 수 있다는 점도 덧붙인다. 나아가, 저자는 인간 편향성이 인공지능에 와서 확대재생산되는 면이 있다고 하더라도 인공지능 편향성이 가지는 효과가 복합적임을 고려해야 하고, 편향과 관련하여 인공지능이 미치는 실질적 효과를 경험적으로 풍부하게 검토해야 하며, 이에 따라 인공지능 규제 거버넌스 체계를 추구해야 한다고 결론내린다. 개발을 섣불리 통제하는 식의 규제가 아니라 인공지능의 효과에 대한 균형 잡힌 접근법이 요청된다는 것이다. 한마디로, 인공지능 기술과 관련하여 자율론자보다는 규제론자

쪽에 (규제의 필요성과 당위성에 대한) 입증의 책임이 우선적으로 부여된다는 논리라 하겠다.

제12장 "법의 개인화 단상"의 주제는 '법의 개인화'(personalization of law)라는 주제다. 아마 많은 독자들에게 낯설, 그야말로 최신의 주제라 할 것이다. 이 글에서 저자(권영준)는 법의 개인화란 무엇인지, 그것이 가능한지, 그것이 어떠한 법적 쟁점을 낳는지를 둘러싸고 서구 학계에서 진행되어 온 논의를 소개하고, 이 모든 논의가 시사하는 바가 무엇인지를 정리해주고 있다.

법의 개인화란 무엇인가? 흔히 법은 규칙이라고, 혹은 규칙들의 체계라고 한다. 또한 규칙은 적용의 대상이나 시간, 혹은 장소를 가리지 않고 동일하게 적용된다는 의미에서 '일반성'(generality)을 가진다고 말한다. 따라서 일반성은 법이라면 마땅히 가져야 할 특징으로 이해된다. 하지만 법의 개인화라는 기획은 정확히 법의 이러한 특성을 뒤엎으려 하는 시도다. 이 기획은 법규칙을 "사람(개인)마다 다르게 (그 사람에 맞게 달리) 적용되도록" 만들려는 것이기 때문이다(이름하여, "different rules for different people!"). 이렇게 만들어진 규칙은 '개인화된 법'(personalized law)이라고 불린다.

법의 개인화는 분명 대단히 급진적 변화의 상상이다. 어쩌면 이러한 전망은 그저 허황된 상상으로 들릴지 모른다. 하지만 허황된 상상만은 아니다. 왜냐하면 바로 우리가 이미 정보 혁명 혹은 디지털 혁명의 길에 들어서서 그러한 전망을 눈앞에서 보고 있기 때문이다.

예를 들어, 도로상의 속도제한(speed limit)을 고찰해 보자. 법의 개인화 기획에 따라, 운전자의 연령, 건강상태, 사고경력, 신체리듬, 차량의 성능과 상태, 도로 및 날씨 등 환경의 상태에 따라 운전자별로 달리한다면 어떨까? 어느 도로에 대해 적용가능한 속도제한 규율 방식으로 다음 네 가지를 가정할 수 있다:

- "합리적으로 안전하게 운전하시오." (규준에 따른 규율)
- "시속 80km 이상으로 운전하지 마시오." (규칙에 따른 규율)
- "시속 80km 이상으로 운전하지 마시오." (동적 규칙에 따른 규율; 규칙에 따른 규율과 동일한 규율 형식을 띠되 규율 내용이 시시각각 상황에 따라 조정됨)
- "2024년 12월 25일 자정에 운전자 홍길동은 시속 80km로 운전하시오." (미세지침에 따른 규율)

이들 규율 방식을 비교하면, '규준'(standards)에 따른 규율로부터 '규칙'(rules)에 따른 규율과 '동적 규칙'(dynamic rules)에 따른 규율을 거쳐, 마지막으로 '미세지침'(micro-directives)에 따른 규율에 이르기까지 규율에 담긴 "정보량"과 "명세성"(specificity)이 커진다. 상이한 규율 기준마다 정보량과 명세성이 달라지는 것이다. 법의 개인화는 규율의 방식을 기존의 주요 방식, 즉 "규준에 따른 규율"이나 "규칙에 따른 규율"에 그치지 않고, 이를 넘어 적어도 "동적 규칙에 따른 규율"이나 심지어 "미세지침에 따른 규율"로까지 나아가고자 하는 발상을 담고 있다. 그럼으로써 규율에 담긴 정보량과 명세성을 높이다 못해 아예 극대화하고자 하는 것이다. 그리하여 법규칙은 더 이상 일반적이고 추상적인 것이 아니라, 개별화되고(individualized), 특수화되고(particularized), 구체화되고(concretized), 맥락화되며(contextualized), 깨알 같고(granulated), 개인 맞춤형이 될(tailored) 것이다.

이러한 배경을 뒤로 하고 저자의 논의를 본격적으로 들여다보자. 다소 시론적 논의이기는 하지만, 저자는 이 글에서 법의 개인화 논의가 가지는 잠재력과 한계점을 모두 개관한다. 또한 이 한편의 글을 통해 제한적으로나마 법의 개인화에 관한 총론과 각론을 모두 제시한다. 법의 미래에 관한 혁신적 발상은 흔히 다각도로 시도해 볼 수 있는 일이지만, 그러한 시도는 자칫 성급한 구호나 공허한 상상에만 그치기 쉽다. 그럼에도 저자는 실질적 가능성의 범위를 넘지 않으면서 그러한 논의를 야심차게 펼치고 있다. 이 글이 법의 개인화를 주제로 한 사실상 국내 첫 시도라는 점을 감안한다면, 그것의 의의는 결코 가볍지 않다.

우선 저자의 총론적 논점을 보자. 저자는 법의 개인화 논의를 데이터에 '대한' 법제가 아니라 데이터에 '의한' 법제의 일환으로 간주하면서, 법의 개인화라는 프로그램이 효용과 한계를 모두 안고 있다고 지적한다. 주지하듯 '데이터'나 '알고리즘', 혹은 '인공지능'이라는 새로운 존재 유형이 등장하여 그 법적, 사회적 영향력이 커짐에 따라, 이를 대상으로 한 법적 규율의 필요성과 의의, 그리고 관련한 논란 또한 커져왔다. 이 모든 경우는 법제가 주체 내지 수단이 되어 그러한 새로운 영역을 규율의 대상으로 취하는 것이기에, 그러한 규율은 데이터에 '대한' 규율 및 법제라 할 수 있다. 반면 법의 개인화 논의는 데이터에 '의한' 규율의 전망을 불러일으킨다. 데이터 자체가 마치 하나의 법규처럼 작용하여 인간 행위자를 포함한 존재 영역을 규율할 수 있다는 것이다. 달리 말하면 이렇다. 독자들은 코드(code)가 프로그래밍 언어의 기초 단위로서 사이버 세계를 지배하는 법의 역할을 한다는 말을 들어보았을 것이다. 데이터/코드에 '의한' 규율이란, 그러한 코드가 이제는 데이터 폭발 및 알고리즘 혁명의 시대에 실제 인간 세상의 법과도 같은 역할을 할 수 있다는 전망을 말하는 것이다.

저자는 법의 개인화 전망이 완전히 허황된 것이 아니라 점진적·부분적으로나마 시도해 볼 수 있다고 본다. 특히 법의 집행 및 적용상 비용 절감 등의 측면에서 법의 개인화는 효용이 클 수 있다는 것이다. 하지만 다른 한편, 저자는 그러한 논의가 중요한 한계점을 노정한다고 지적하기도 한다. 그것이 법의 본성 자체를 변화시킬 수 있는데다, 수범자들의 자율성과 조화되기 어려울 수 있고, 여전히 알고리즘 차별 등 윤리적 문제가 불거질 수 있으며, 개인정보 침해의 여지도 크다는 점 등 여러 법리적 논란의 여지가 있다는 것이다.

이어서 '각론'적 논의에서는 법적 개인화의 응용 주제로 시도해 볼 만한 것으로 둘을 소개한다. 하나는 사전적(ex ante) 측면에서의 응용 사례로서 '정보제공의무 및 약관'이며, 다른 하나는 사후적(ex post) 측면에서의 응용 사례로서 '불법행위법상 주의의무'이다. 역시 이들 영역에서만큼은 법의 개인화를 부분적으로나마 시도해 볼 만하다는 것이다.

저자는 한국 민법학에서 손꼽히는 전문가로서, 법원에서의 실무 경험을 바탕으로 하면서도 민법학의 이론적 연구에까지 두루 천착해 왔다. 그리고 이 글에서는 법의 개인화라는 최첨단의 주제까지 적극적으로 연구관심을 넓히고 있다. 저자도 언급하고 있듯이, 법의 개인화라는 프로그램을 실무적으로 가장 두드러지게 시도해보고 그 전망을 가늠해 볼 만한 영역은 '민사(법)'의 영역이다. 왜냐하면 공법이나 형사법에서보다 민사법에서는 (법적) 규율의 형식과 내용이 상대적으로 더 유연하기 때문이다. 이 점에서 본 주제는 저자의 관심 및 지적 배경과 잘 맞는다고 하겠다. 다만 주제 자체가 최신의 것인데다 아직까지 논의가 성숙하지 않은 터라, 저자는 자신의 관점이나 주장을 과감하게 개진하거나 이론화하는 데까지 나아가지는 않는다. 그 대신 해당 주제와 쟁점에 관한 독자의 관심을 환기시키는 한편 후속 연구를 위한 발판을 마련하는 데에 주력하고 있다.

저자가 개진한 법의 개인화 논의에 이어, 좀 더 생각할 거리를 하나 던져 보자. 앞서 법의 개인화가 낳을 결과로서, 규칙은 더 이상 일반적이고 추상적인 것이 아니라 개별화되고, 특수화되고, 구체화되고, 맥락화되며, 깨알 같고, 개인 맞춤형으로 될 것이라고 말했다. 만약 법의 개별화 혹은 특수화라는 목표를 극단으로까지 밀고 나간다면, 인공지능 시스템은 우리의 행동을 너무도 잘 예측할 것이고, 그에 따라 우리는 사람마다 다르고 시간과 장소 및 상황마다 다른, 완전히 개별화되고 특수화된 '행동 지침'을 얻게 될 것이다. 변화된 상황과 상황 사이에서 상이한 규율 간에 아무런 간극이 없이 연속적으로 변화해가는 철저히 개인화된 법, 그래서 일반성과 보편성이 완전히 소거된 극한의 '미세지침'(microdirective)을 말이다. 이를 통해 어떤 의미에서 법을 완전한 것으로 만들고자 하는 것이다.

혹자는 이 같은 지침은 일반성을 결여했다는 점에서 더 이상 '(법)규칙'이 아니라고 말할지 모른다. 하지만 여기서 이를 쟁론하는 것은 제쳐두고, 그러한 지침의 형식과 내용, 그리고 함의가 무엇인지를 고찰하는 데에 집중해 보자. 디지털 혁명이 궁극적으로 가져올 변화와 관련하여 이미 종종 거론되어 온 개념인 '초지능'(super-intelligence)이나 '초연결'(super-connectivity)과 병렬적으로 표현한다면, 그러한 지침은 그 형식상 법의 '초개인화'(super-personalization), '초개별화'(super-individualization), '초특수화'(super-particularization), '초맥락화'(super-contextualization), '초구체화'(super-concretization), '초맞춤화'(super-tailoring)라 할 것이다.

이 같은 변화는 내용과 형식 양면에서 지극히 급진적일 것이다. 문제는 이 같은 미래상의 함의와 관련하여 뒤따르는 다음의 근본 질문들이다. 그러한 미래에 법은 각 개인에 대한 최적의 규율을 통해 마침내 '정확한 법'(precise law), '정밀한 법', 혹은 '완전한 법'(complete law)이라는, 도달할 수 없을 것 같던 법의 이상에 도달하는가? 그렇다면 이러한 정확성과 완전성은 법의 해방구이자 유토피아를 예고하는가?[45]

이들 질문에 쉽게 긍정의 답을 하기는 어렵다. 예를 들어, 동일한 운전 환경 하에서 운전자 A에게는 운전실력이 좋다는 이유로 속도제한 시속 100km를 부과하고, 운전자 B에게는 초보운전이라는 이유로 속도제한 시속 40km를 부과한다면 어떨까? 혹은 위 제11장 해제에서 언급한 재범위험 예측 알고리즘 '컴파스'(COMPAS)와 같은 경우에, 만약 컴파스를 철저히 개인화할 수 있다면, 즉 각 재소자별로 재범위험을 정확히 측정하고 재범 여부를 정확히 예측할 수 있다면 어떨까? 그래서

---

45) *The Legal Singularity*(법의 특이점)의 저자 아이디드와 얼래리는 이러한 단계를 법의 '특이점'(singularity)이라고 칭한 바 있다. Abdi Aidid & Benjamin Alarie, *The Legal Singularity: How Artificial Intelligence Can Make Law Radically Better*, (University of Toronto Press, 2023).

해당 재소자가 흑인이든 백인이든 상관없이 그에 맞게 산정된 재범위험 및 재범 여부에 따라 가석방 등 그에 대한 처우를 결정한다면 어떨까? 이 같은 개인간 차별화된 대우는 각 운전자의 운전 성향과 법규 위반 이력이나 각 재소자의 전과 여부나 학력, 혹은 소득수준과 같은 제반 여건을 종합적으로 고려한 맞춤형의 것일 테다. 하지만 어쩌면 이 같은 차별화는 (부당한) '차별' 발생을 가능케 하는 것을 넘어 그것을 낳는 것 아닐까? 그렇다면 이는 오늘날 사회적으로 첨예한 차별이라 할 인종주의(racism), 성차별주의(sexism), 경제적 불평등 등을 정당화하고 공공히 하는 것 아닐까? 나아가, 이 경우 인간은 자율적이고 이성적이어서 자신의 행위에 대한 단독 저자로서 선택하고 노력함으로써 미지의 미래에 도전할 수 있는 주체가 더 이상 아니라, 단지 인공지능이 자신에게 맞춤형으로 시시각각 설정해주는 미세지침에 따라 예측가능한 방식으로 반응함으로써 하나의 거대한 시스템 속 작은 톱니바퀴처럼 돌아가는 존재가 되지 않을까? 그렇다면 법의 개인화 기획은 오히려 법의 디스토피아이자 인간성의 디스토피아, 아니 법과 법치, 그리고 인간성의 종말을 의미하는 것 아닐까? 그 기획은 과연 이러한 극한의 부정적 함의를 해소할 수 있는가?

이 같은 우려에 비추어 볼 때, 어쩌면 법의 개인화는 파멸적인 것일지 모른다. 적어도 근대 이후 인류 문명이 구축해 온 기존 제도는 말할 것도 없고 그러한 제도를 뒷받침하는 토대가 되는 모든 가치와 이념을 송두리째 바꾸어 놓거나 무너뜨릴 수 있다는 점에서다. 인간의 자유 및 행위주체성(agency)과 책임, 프라이버시, 법성(legality), 선(good), 민주주의, 법치(rule of law), 정의(justice) 등 규범학적 가치에서부터, 진리, 진정성(authenticity), 지식(episteme), 혹은 미(beauty), 그리고 종교적 영성(spirituality)에 이르기까지, 이 모든 가치를 말이다. 이는 특히 법과 도덕으로 대표되는 '규범성'(normativity)에 대해 죽음 혹은 종말을 고하는 것일지 모른다.

이 같은 쟁점들을 본격적으로 논하는 것은 이 지면의 목적을 넘어서는 일이다. 그 대신 독자들께 이 주제와 관련하여 다음의 주요 연구서 몇 권을 소개한다. 관심있는 이들의 적극적 도전을 기대하며, 더불어 국내 학계에서도 이 주제에 대한 본격적 논의가 시작되기를 기대해 본다.

- Omri Ben-Shahar & Ariel Porat, *The Personalized Law: Different Rules for Different People*, (Oxford University Press, 2021)

- Christoph Busch & Alberto De Franceschi, (ed.) *Algorithmic Regulation and Personalized Law: A Handbook*, (Beck/Hart, 2021)
- Abdi Aidid & Benjamin Alarie, *The Legal Singularity: How Artificial Intelligence Can Make Law Radically Better*, (University of Toronto Press, 2023)

마지막 **제13장 "지식재산과 과학기술학의 접점들"**은 '생의학'과 '생명공학'을 만난다. 관련한 주제는 '지식재산'(intellectual property), 그중에서도 '특허'(patent)다. 그리고 저자(이두갑)가 취하는 관점과 접근법은 앞서 제5장에서도 언급한 바 있는 '과학기술학(STS)'이라는 신생 학문 분야의 것인 동시에, 역사학적이면서도 철학적인 성격 또한 띠고 있다.

'지식재산'이란 무엇인가? 이는 인간의 창의적 사유의 산물로서, 아이디어나 정보와 같은 무체재산(non-physical property)을 말한다. 이른바 21세기 지식재산 사회에서 지식재산은 과학기술 및 문화예술을 위한 혁신과 창의성의 아이콘이다. 관련 교과서에서는 대체로 지식재산이 그에 대한 배타적 권리보장과 경제적 보상을 통해 발명과 창작을 유인하고 장려해주며 국가간 기술과 문화의 교류를 촉진한다고 서술한다.[46)]

하지만 저자는 지식재산의 이러한 의의와 효과가 자명하지 않다고 말한다. 관련한 역사를 돌이켜보면서 여러 '논쟁'을 소환해낸다.

이 같은 탐색의 결과는 매우 흥미롭고 호소력이 있다. 저자는 특허의 쟁점이 단순히 법적·기술적 쟁점에 국한되지 않는다는 점과, 정치경제, 사회문화, 공공정책, 윤리 및 사회정의 등 광범위한 차원에서 새로운 분석과 실천의 길을 열어주고 있다는 점을 환기시킨다. 특히 특허가 단순히 개인의 권리를 법적으로 보호하고 규율할 뿐 아니라, 그것이 운용되는 정치적 맥락에 따라 기술의 혁신을 추동하기도 저해하기도 한다는 점을 인정한다. 이런 의미에서 그에게 특허는 복합적 '정치'의 성격을 띠는 주제이며, 글은 이 점을 설득력 있게 보여준다.

이제 이 글이 제기하는 주요 쟁점을 보자. 그 몇 가지를 질문 형태로 정리하면 다음과 같다.

(1) 현대생명공학 산업의 성장과 발전의 역사에서 특허는 어떠한 역할을 했는

46) 정상조·박준석, 『지식재산권법』(홍문사, 2013), 12-4쪽.

가? 혁신을 추동하고 공익을 증진하는 데에 이바지했는가? 아니면 그것을 오히려 저해했는가? (주로 글 II, III, IV절)

(2) 특허가 과연 생명 등 대상에 대한 적절하고 타당한 소유양식인가? 아니라면 그 대안은 무엇인가? (주로 글 V절)

(3) 생명특허는 정치적인가? 어떠한 의미에서 그러한가? (주로 글 VI절)

각 쟁점에 대한 저자의 서술을 들여다보자. 먼저 저자는 **쟁점 (1)**에 답하기 위해 현대 생명공학 특허의 역사를 개괄한다. 이러한 서술에서 특히 '과학기술학적' 관점을 중심으로 하여, 특허에 대한 사회과학적 연구가 어떻게 제기되고 성장해왔는가를 스케치한다. 글은 특허의 '신화'를 소개하는 것으로 시작한다. 이때 신화란, 과학기술의 발전 속에서 특허가 확대됨으로써 사회혁신과 공익의 증진에 핵심적 역할을 할 것이라는 믿음을 말한다. 특허와 혁신, 그리고 공공이익, 이 세 축이 함께 전진해 갈 것이라는 믿음 말이다.

이러한 신화는 1980년대에 유전자재조합기술(recombinant DNA technology)을 포함하여 생명공학이 부상하게 된 역사에 잘 나타나 있다. 당시 생명공학의 창업자들은 생명공학 기술과 신약을 포함한 다양한 유전공학의 결과물에 대해서도 일반적 발명에 대해서처럼 특허를 광범위하게 허용해야 한다고 주장했다. 이 같은 결과물은 자연에 존재하지 않는 인공물이라는 것이 그들이 내세운 이유였다. 당시 미국 특허청과 연방대법원은 인공적으로 합성된 유전자와 같은 새로운 생물체들도 지식재산의 범주가 될 수 '있다'고 판시했다. 이러한 사조가 극적으로 드러난 사건이 이른바 '차크라바티 사건'(Diamond v. Chakrabarty)[47]이다. 이 사건은 1980년 미연방대법원이 유전자 변형으로 만들어진 미생물(박테리아)에 대한 특허를 인정한 것으로, 생명체에 대해 최초로 특허를 인정한 사례이다. 나아가 이 사건과 같은 해에 통과된 '바이-돌 법'(The Bayh-Dole Act)은 해당 특허의 소유권을 정부도 개인도 아닌, 대학과 병원, 중소기업 등 '기관'에게 이전할 수 있도록 하였다. 이러한 일련의 흐름은 기업으로 하여금 생명조작 기술을 독점적으로 소유할 수 있게 하는 등 생명과학 연구를 상업화함으로써, 혁신과 부, 그리고 공중보건을 증진시킴과 동시에 위험을 효율적으로 규제할 수 있으리라는 생각에서 비롯한 것이다. 이렇게 해서 1980년대 초 지식재산의 범주는 생명체로까지 확대되

47) 447 U.S. 303(1980).

었고, 특허와 소유권을 사유화할 수 있는 제도적 기반이 마련되었다.

이렇듯 생명특허의 범주는 확장되었고, 특허출원 숫자는 급속히 증가하였다. 그러자 생의학 분야에서 새롭게 특허를 얻은 특허권자들은 이러한 변화에 편승하여 아예 특허를 주요 사업전략으로 취하고자 했다. 경쟁자들을 상대로 하여 특허소송을 제기하고 승소하여 거액의 배상을 받아내거나 자신들의 특허에 대해 경쟁자들로부터 높은 로열티를 받음으로써, 수익을 얻고 사업을 확대해나가는 것이 하나의 전략이자 추세가 된 것이다. 그 결과 신약개발 등 각종 연구개발에 드는 비용이 치솟았으며, 사업 전반에서의 비용과 불확실성이 증대하기에 이르렀다. 결과적으로 산업 전반의 혁신은 감퇴했고 수익률도 낮아졌다. 이는 특허제도의 애초의 취지와는 상반되는 결과였기에, 특허제도에 대한 비판이 고조될 수밖에 없었다.

이러한 역설적 상황은 '반(反)공유재의 비극'(the tragedy of anticommons)이라고도 불린다. 미국의 법학자 마이클 헬러(Michael Heller)가 '공유재의 비극'(the tragedy of commons)을 패러디하여 붙인 이름이다. 마땅히 공유재이어야 할 재화가 특허에 의해 반공유재가 됨에 따라 빚어진 비극이라는 뜻으로 말이다. 미국의 기술경영학자 개리 피사노(Gary Pisano)는 유사한 취지의 실증연구를 내놓았다. 그는 1975년부터 2004년까지 생명공학산업의 수익률을 분석한 결과, 0%에 가깝게 나타났다고 보고했다. 그는 이를 특허라는 장벽의 확대로 인해, 즉 공유재의 사유화로 인해, 기업의 입장에서 혁신의 비용이 크게 증가했기 때문이라고 설명했다.

2000년대에 들어 생의학 분야에서 특허에 대한 비판은 더욱 고조되었다. 이를 보여주는 예로 저자는 2009년 인간유전자 소송을 소개한다. 시민자유연대(ACLU)라는 미국 시민단체는 BRCA 인간유전자 특허를 보유한 생명공학회사 미리어드유전(Myriad Genetics)을 상대로 특허무효소송을 제기했다. 저자에 따르면, 이 소송은 특허가 폐해를 낳을 뿐 아니라 그것을 둘러싼 쟁점과 논의가 기술적, 법적 논의를 넘어 사회적·공공정책적 차원으로 확장되어야 함을 보여준 실례다.

이러한 반작용의 연장선상에서, 2013년 미연방대법원은 마침내 인간유전자특허를 무효화하는 판결을 내렸다. 일명 BRCA 유전자 특허 판결이 그것이다. 이때 BRCA는 유방암 발병의 주요 원인으로 알려진 인간유전자다. 이 분리된 인간유전자는 차크라바티 사건에서의 기준을 충족하지 않기에 특허의 대상이 될 수 없다고 판시한 것이다. 생의학 분야의 지나친 사유화에 제동을 건 의미심장한 역사적 반전(反轉)이었다.

같은 취지에서 학계에서의 비판도 이어졌다. 일군의 법학자들과 경제학자들은 특허가 경쟁과 혁신을 저해한다는 자료를 제시하면서, 시장에서의 자유로운 경쟁과 연구비 지원을 촉진하는 것만으로도 충분히 생의학 분야에서 혁신을 이끌어낼 수 있다고 주장했다. 나아가 그들은 특허의 부작용으로 인해 공익과 분배정의가 오히려 더 악화되었다고 비판했다.

이어서 저자는 **쟁점 (2)**에 관해서 논의한다. 전술한 대로 특허의 의의 및 정당성과 관련하여 비판의 목소리가 커지자 그 대안을 마련하고자 하는 흐름이 뒤따랐다. 연구혁신과 산업발전, 그리고 공공보건과 복리 증진을 위해 특허에 대해 어떤 '제도적 대안'이 가능할 것인가에 관한 논의가 시작된 것이다. 지식이나 발명에 대해 '특허'라는 배타적·특권적 소유양식 대신 더 적절한 소유양식은 없을까? 그래서 일각에서는 특허와 발명에 기여했지만 특허제도 하에서 권익을 보호받지 못한 이들에게 이익이 돌아갈 수 있도록 하는 소유양식을 제안했다. 예를 들어, 생의학 연구를 위해 세포나 유전자 같은 샘플을 제공한 환자들이나 각종 자연자원을 제공한 개발도상국의 원주민들의 경우가 그렇다. 이들에게도 그러한 물질이나 자원에 관한 일정한 권리를 인정하고 발생한 이익을 그들과 공유해야 한다는 것이다.

이러한 제안은 생의학을 포함한 연구개발 전반에서 지식이 자유롭게 공유되고 전파될 수 있어야 한다는 주장으로 이어졌다. 이러한 생각이 점차 확산되면서 관련 정책적 시도가 이어졌다. 저자는 이러한 시도의 예로 '인간유전체프로젝트'(Human Genome Project)를 든다. 이 프로젝트에 참여한 세계 각국의 연구공동체는 '버뮤다 원칙'(Bermuda Principle)을 따라, 인간 DNA 염기서열들을 공개하고 공적 영역의 산물로 남기고자 했다. 또한 21세기 첨단생명공학 분야라 할 '합성생물학'의 연구자들은 '바이오벽돌 재단'(BioBricks Foundation)이라는 민간재단을 설립하여 관련 기술과 정보를 공유하여 활용하고 있기도 하다. 이는 자신들의 성과를 공유하고 더 광범위한 혁신의 기반을 마련하기 위한 것이다.[48)]

48) 나아가, 대안적 소유 양식을 향한 이 같은 실험은 더욱 확장되어, 특허에서만이 아니라 저작권에서도 시도되었다. 최근 활성화되고 있는 '오픈 액세스(Open Access; OA) 정책'이 이와 유사한 취지의 사례다. 이 정책은 공적 자금의 지원을 받은 연구 결과물이 출판될 때 대중에게 무료로 광범위하게 제공되어야 한다는 것으로, 역시 지식의 사유화에 대한 반작용이자 지식 공유 운동의 일환이다.

마지막으로 저자는 **쟁점 (3)**을 논한다. 오늘날 지식재산을 비롯한 과학기술과 혁신 전반에 관한 논의는 기술과 법률을 넘어 윤리와 정치로 확대되고 있다. 관련 과학기술 및 특허에 대한 민주적 거버넌스, 그리고 이를 둘러싼 '윤리'와 '정의'(justice)에 대한 요청이 거세다. 이 같은 보편적 차원에서 쟁점과 목표를 불러냄으로써 그들의 문제제기는 더욱 호소력을 얻고 있다.

관련하여 저자는 과학기술학자 쇼비타 파타사라티(Shobita Parthasarathy)의 연구에서 중요한 실마리를 얻는다. 이에 따르면, 미국과 유럽의 특허시스템이 발명과 특허에 대해 취하고 있는 정치경제학적 입장과 두 지역에서 벌어지는 특허정치의 양상이 서로 다르다는 것이다. 미국의 특허시스템은 특허에 대해 법률적, 기술적 판단을 중시한다는 점에서 기술관료적 제도이자, 특허제도를 통해 발명과 혁신을 유도하는 데에 우위를 둔 시장-친화적 제도이다. 특허를 둘러싸고 생명윤리나 환경윤리, 혹은 분배정의의 쟁점이 불거질 수 있지만, 이러한 쟁점은 단지 소비자들이 해당 기술이나 제품을 자발적으로 선택하느냐에 달린 일일 뿐이다. 이에 반해, 유럽의 특허제도는 특허가능 여부를 판별하는 데에 윤리적 기준을 고려하는 데에 적극적이었다. '공서양속'(ordre public)과 같은, 도덕으로부터 기원한 대륙법 일반의 법리를 적극적으로 활용한 것이 그것이다. 유럽특허조약 제53조 a항은, "사회질서나 도덕에 위배"되는 발명에 대해 특허를 거부할 수 있다고 규율한다.[49] 그리하여 유럽특허청은 인간배아줄기세포 관련 발명에 대해 특허를 거부하기도 했다. 비슷한 맥락에서, 유럽의 시민단체들은 생명공학 발명 특허 문제를 윤리와 정의의 문제로 끌어올림으로써, 기술과 혁신을 둘러싼 사회적 사안에 적극적으로 참여하고 개입할 수 있었다.

대서양 양쪽의 이 같은 차이에 주목하면서, 저자는 소위 '특허정치'(patent politics)의 의의를 길어 올린다. 저자에 따르면, 특허정치는 특허'법'의 한계점을 넘어선다. 특허정치는 새로운 기술이 가져온 윤리적 논란이나 환경적 위험, 그리고 사회정의에 관한 함의에 대해 성찰적 관점을 가져다줄 수 있을 뿐 아니라, 혁신이 사회적으로 수용되고 시장에서 성공하는 데에도 도움이 될 수 있다.

이제 위 각 쟁점 및 그에 대한 저자의 논의에 대해 필자가 약간의 논평을 덧붙여 본다. 첫째, 지식재산권의 일반적 의의와 정당성에 관한 문제다. 위 **쟁점**

---

49) 참고로, 국내 특허법도 이러한 영향에 따라 이른바 공서양속 조항을 둠으로써 '특허를 받을 수 없는 발명'을 정해놓고 있다. 특허법 제32조, "공공의 질서 또는 선량한 풍속에 어긋나거나 공중의 위생을 해칠 우려가 있는 발명에 대해서는 [...] 특허를 받을 수 없다"라는 규정이 그것이다.

(1)을 다시 불러내 보자. 이른바 특허를 비롯한 지식재산은 '지식재산'(intellectual property)은 근대법의 대표적 발명품이다. 지식재산권은 발명가, 작가, 예술가 등의 창작자들에게 특정한 생각과 지식, 그리고 그 산물을 일정 기간 동안 독점적으로 이용할 수 있는 특권을 부여하는 법률의 산물이다. 그래서 21세기 지식기반사회 혹은 지식기반경제의 꽃이라고도 불린다.

하지만 지식재산은 여러 이론적, 철학적 난제에 휩싸여 있다. 그 근본 문제는 그것의 정당성과 한계에 관한 것이다. 다음 질문들을 보라. 인간 정신의 산물인 지식(정보, 아이디어, 저작물 등)도 재산일 수 있는가? 즉 지식은 경합성(rivalry)이나 희소성이 없는데도 그것을 산출한 인간에게 배타적 재산권을 인정해야 하는가? 만약 인정해야 한다면 이는 왜 그런가? 그러한 권리를 어느 범위만큼 인정할 것인가? 전통적으로, '재산'이란 부동산(토지, 건물)과 동산(유형의 사물)에만 국한된다고 생각되어 왔음을 감안할 때, 이 물음들은 쉽게 답하기 어렵다. 진지한 법학적 주제이기도 하지만 실상 오래도록 해결되지 않은 '철학적' 난제 중 하나다.

지식재산의 정당화 근거로서 여러 철학적 논변이 제시되어 왔다. 첫째, 지식재산을 마땅히 개인 '인격'의 확장이라고 보는 입장이 있다(헤겔). 둘째, 로크로 대별되는 자연권론 하에서 지식재산을 개인 '노동'의 산물로서 '확장된 재산'이라고 보는 입장이 있다. 셋째, 공리주의적 관점에 따라 지식재산이 발명자나 저작자에게 발명이나 창작을 위한 인센티브가 됨으로써 혁신과 공익 증진에 기여한다고 보거나, 혹은 (법)경제학적 관점에서 지식재산 독점으로 인한 제반 비용보다 지식재산을 통해 지속적 혁신을 유지함으로써 동적 효율성을 증대시킬 수 있다고 보는 입장 등이 있다.[50)]

하지만 자연권 전통 하의 자유지상주의자들은 대체로 지식재산의 정당성을 부정해왔다. 그 논변은 이렇다. 지식재산은 재산권에 근거하지 않으며, 그 집행을 위해서는 타인의 재산권을 침해할 수밖에 없다. 따라서 지식재산권은 진정한 재산권이 될 수 없다. 지식재산을 '재산'이라고 부르는 것은 진정한 재산권의 이름을 더럽히는 일이다. 지적 재산은 '재산'이 아니라 '특권'(privilege)일 뿐이며, 지식에 대한 독점이다.

이 같은 취지에서 법학자 톰 벨(Tom W. Bell)은 말한다:

---

50) 각 논변에 대한 상세한 소개와 반론은, Moore, Adam and Ken Himma, "Intellectual Property", The Stanford Encyclopedia of Philosophy (Fall 2022 Edition), Edward N. Zalta & Uri Nodelman (eds.), URL=https://plato.stanford.edu/archives/fall2022/entries/intellectual-property/

> 국가권력을 행사함으로써, 저작권이나 특허를 소유한 자는 평화적 표현과 유형 재산을 조용히 향유하는 사람들에게 선제공격과 다름없는 구속, 감금, 압류를 시행할 수 있다. 따라서 이는 우리의 입에 재갈을 물리고, 우리의 손을 묶고, 우리의 표현을 파괴하기 때문에, 저작권법과 특허법은 로크가 옹호했던 바로 그 권리를 침해한다.[51)]

이와 같이 지식재산 옹호론과 반대론은 양자 모두 다양한 논거를 가지고 있으며, 이들 논거 각각에 대한 반론도 만만치 않다. 이들 간의 논쟁은 여전히 지속되고 있으며, 난제임에 의문의 여지가 없다.

둘째, '특허정치'의 문제다. 위에서 말한 대로 저자의 주요 논점은 특허가 일종의 '정치'라는 것이지만, 그것에 관한 관점과 태도는 대체로 온건한 편이다. 저자의 분석과 주장은 많은 과학기술학자들의 주장에 비해 균형잡힌 시각을 제공한다. 저자는 특허가 혁신을 저해하기만 하는 것이 아니라 추동하여 공익을 증진하기도 한다는 사실을, 그리고 그럴 만한 합당한 이유가 있다는 사실을 인정하기 때문이다. 저자가 지적하는 특허의 '정치'에 따르면, 특허제도는 그저 자본이든 국가든 지배 권력을 가진 자가 휘두르는 억압적 기제의 일환이기만 한 것은 아니다. 이 점에서 저자의 시각은 급진적이지도, 편향적이지도 않다.

그럼에도 저자의 특허 정치는 여전히 '정치'다. 왜 그런가? 과학기술학의 지배적 논점에 따르면, 특허를 포함한 기술 일반은 그 자체로 가치중립적이지 않다. 기술은 필수적으로 인간의 사고와 행위의 원인이자 결과가 됨으로써 타인과의 연결을 매개한다는 점에서, 인간 사회에서 세력 간 지배와 피지배, 힘의 작용과 반작용을 어떤 식으로든 동반한다.

과학기술학(STS)이라는 신생의 응용적・융합적 학제는 과학기술 일반의 사회정치성이라는 면모에 주목해왔다. 따라서 과학기술학이 중요시하는 쟁점들은 흔히 자원분배나 환경/생태에 관한 윤리, 혹은 그것과 관련한 사회정의의 맥락에서 제기되어 왔다. 이러한 논의에서 과학기술과 혁신 전반에 대한 민주적 거버넌스를 요구하는 견해가 확산되어 왔다. 전문가나 정부, 혹은 기업이라는 권력과 권위만이

---

51) Tom W. Bell, "Indelicate Imbalancing in Copyright and Patent Law," in AdamThierer and Clyde Wayne Crews, Jr., eds., *Copy Fights: The Future of Intellectual Property in the Information Age* (Washington, DC: Cato Institute, 2002), 4 (내부 각주 생략), http://papers.ssrn.com/sol3/papers.cfm?abstract_id=984085

거버넌스를 주도할 것이 아니라, 그러한 기술혁신의 직접적 영향을 받는 시민들이 주체적이고 능동적으로 그러한 기술혁신의 형성과 진화에 참여하고 관여할 수 있어야 한다는 것이다. 이러한 주제와 맥락, 그리고 문제의식과 더불어 과학기술학은 오늘날 짧은 역사 속에서도 자신만의 학문적 성격과 형태를 갖추게 되었다.

저자도 이러한 논점을 많은 부분을 받아들이는 것으로 보이기에, 저자에게도 기술은 하나의 '정치'이다. 특허도 이와 유사한 의미에서 그렇다.

참고문헌*

권영법, 『형사소송과 과학적 증거』, (세창출판사, 2012)

권영준, "법의 개인화 단상", 『법조』, 제70권 제5호.

김건우, "법인격론의 최근 연구 동향", 『법철학연구』, 제24권 제3호 (2021.12)

_____, "인공지능윤리의 의의와 쟁점", 『인공지능 규제거버넌스의 현재와 미래』, (파이돈, 2022)

_____, "인체유래물의 법적・규범적 지위에 대한 짧은 고찰", 『과학기술과 사회』, 제3권 (알렙, 2022.12)

_____, "과학과 법의 생태적 전환과 커먼즈: 의의와 전망", 『과학기술과 사회』, 제5권 (알렙, 2023.12)

_____, "인공지능 법인격 논쟁 다시 보기: 철학적 분석", 『법철학연구』, 제26권 제3호 (2023.12)

김혜경 외, 『법과 진화론』, (법문사, 2016)

신경인문학연구회(홍성욱・장대익 편), 『뇌과학, 경계를 넘다』, (바다출판사, 2012)

이영의, 『베이즈주의: 합리성으로부터 객관성으로의 여정』 (한국문화사, 2015)

이원복, "미국 전문가 증언 허용에 관한 Daubert 기준의 재고찰", 『법학논고』, 제58집 (2017. 5)

이인숙, "진화생물학 고찰을 통한 강간죄 검토", 『형사법연구』, 제19권 제3호 (2007)

전중환, 『진화한 마음』, (Humanitas, 2019)

정원규, "현대사회와 윤리개념의 분화: 사회윤리와 개인윤리", 『철학연구』, 제59집 (2002)

정종섭, 『헌법과 기본권』, (박영사, 2010)

조현진, "진화심리학의 성적 편향성과 그 정치철학적 함축 비판", 『한국여성철학』, 제24권 (2015)

홍성욱, 「인공지능 알고리즘과 차별」, 『STEPI Fellowship 연구보고서』, 과학기술정책연구원, 2018)

홍성욱・장대익 편(신경인문학연구회 역), 『뇌 속의 인간, 인간 속의 뇌』, (바다출판사, 2010)

가이 스탠딩(안효상 역), 『공유지의 약탈』, (창비, 2021)

데이비드 볼리어(배수현 역), 『공유인으로 사고하라』, (갈무리, 2015)

---

* 본 참고문헌은 편저자 해제에 관한 것으로, 본문에 관한 참고문헌은 본문 중의 각주로 대신함.

롭 라이히, 메흐란 사하미, 제러미 M. 와인스타인(이영래 역), 『시스템 에러: 빅테크 시대의 윤리학』, (어크로스, 2022)

마크 뷰캐넌(김희봉 역), 『사회적 원자』, (사이언스북스, 2010)

미하엘 슈톨라이스(조동현 역), 『법의 눈』, (큰북소리, 2017)

브루스 D. 세일즈, 다이엘 W. 슈만 (조은경 · 이희정 역), 『증언대 위의 과학』, (시그마프레스, 2016)

알렉스 브로드벤트(전현우 · 천현득 · 황승식 역), 『역학의 철학』, (생각의 힘, 2015)

프레더릭 샤워(김건우 역), 『법률가처럼 사고하는 법』, (도서출판 길, 2019)

해나 프라이(김정아 역), 『안녕, 인간』, (와이즈베리, 2019)

힐러리 로즈(김동광 역), 『신경과학이 우리의 미래를 바꿀 수 있을까?』, (이상북스, 2019)

Abdi Aidid & Benjamin Alarie, *The Legal Singularity: How Artificial Intelligence Can Make Law Radically Better*, (University of Toronto Press, 2023)

Omri Ben-Shahar & Ariel Porat, *The Personalized Law: Different Rules for Different People*, (Oxford University Press, 2021)

Christoph Busch & Alberto De Franceschi, *Algorithmic Regulation and Personalized Law: A Handbook*, (Beck/Hart, 2021)

Simon A. Cole & Alyse Bertenthal, "Science, Technology, Society, and Law", *Annu. Rev. of Law Soc. Sci.* 13: 351-71 (2017)

Sheila Jasanoff, *Science at the Bar: Law, Science, and Technology in America* (Harvard University Press, 1995)

_____, "Making Order: Law and Science in Action" in Edward J. Hackett, Olga Amsterdamska, Michael Lynch, and Judy Wajcman (ed.) *The Handbook of Science and Technology Studies* (3rd ed.): 761-86.

Owen D. Jones, "Evolutionary Psychology and the Law", in David M. Buss (ed.) *The Handbook of Evolutionary Psychology* (2005)

Dennis L. Krebs, "The Evolution of a Sense of Justice", in E. Slingerland and M. Collard (Eds.), *Creating Consilience: Evolution, Cognitive Science, and the Humanities*, (Oxford University Press, 2011)

George Lakoff & Mark Johnson, *Philosophy in the Flesh: The Embodied Mind and its Challenge to Western Thought* (Basic Books, 1999)

Judia Pearl, *Causality*, (2nd ed., Cambridge University Press, 2009)

_____ & Dana Mackenzie, *The Book of Why: The New Science of Cause and Effect*, (Basic Books, 2018)

Susan S. Silbey, (ed.) Law and Science I & II(Ashgate Publishing Ltd, 2008)

Randy Thornhill & Craig T. Palmer, A Natural History of Rape: Biological Bases of Sexual Coercion (The MIT Press, 2000)

John Torrance (ed.), *The Concept of Nature* (Oxford University Press, 1992)

Steven L. Winter, *Clearing in the Forest: Law, Life, and Mind* (The University of Chicago Press, 2001)

이진우, "코로나 시대의 생명권력과 생명정치", 『불교평론』 (2022년 9월 3일) https://www.budreview.com/news/articleView.html?idxno=20250 (최종검색일: 2024년 11월 7일)

법, 과학을 만나다

2025년 4월 1일 초판 인쇄
2025년 4월 5일 초판 1쇄 발행

편저자 김 건 우
발행인 배 효 선

발행처 도서출판 法 文 社

주 소 10881 경기도 파주시 회동길 37-29
등 록 1957년 12월 12일/제2-76호(윤)
전 화 (031)955-6500~6 FAX (031)955-6525
E-mail (영업) bms@bobmunsa.co.kr
(편집) edit66@bobmunsa.co.kr
홈페이지 http://www.bobmunsa.co.kr
조 판 법 문 사 전 산 실

정가 38,000원 ISBN 978-89-18-91597-5